全国职业教育“十二五”规划教材

全国高等职业教育财会类规划教材——工学结合项目化系列

电算会计项目化教程
（用友 ERP-U872 版）
（第 2 版）

张冬梅　编　著

李　艳　王武蓉　副主编
蔡　丽　钟　伟

肖洪兰　彭艳丽　参　编
肖调生　粟德琼

電子工業出版社

Publishing House of Electronics Industry

北京 · BEIJING

内 容 简 介

本书以用友 ERP-U872 为操作平台，以项目任务的形式介绍会计软件的应用原理及操作技能。全书共 11 个项目，主要包括：走进电算会计、账套管理、系统初始化、总账系统业务处理、会计报表编制、薪资管理、固定资产管理、采购与应付款管理、销售与应收款管理、库存与存货核算管理和综合实训。每个项目依据工作与教学实际划分成若干任务，全书共 33 个任务，突出任务实施的操作步骤及相应图示，循序渐进，简单易学，以任务活动形式实现“理实”一体化的教学模式。

本书可作为高等职业技术学院、高等专科学校、成人高等学校及本科院校的二级职业技术学院的会计专业的必修专业课教材，也可作为经济管理类专业的选修课教材，还可供会计从业资格考试及 ERP 认证、会计、审计、财税、金融部门干部培训与自学之用。

图书在版编目（CIP）数据

电算会计项目化教程：用友 ERP-U872 版 / 张冬梅编著. —2 版. —北京：电子工业出版社，2015.8
全国高等职业教育财会类规划教材. 工学结合项目化系列

ISBN 978-7-121-26710-9

Ⅰ. ①电… Ⅱ. ①张… Ⅲ. ①会计电算化—高等职业教育—教材 Ⅳ. ①F232

中国版本图书馆 CIP 数据核字（2015）第 164443 号

策划编辑：贾瑞敏
责任编辑：郝黎明
印　　刷：北京虎彩文化传播有限公司
装　　订：北京虎彩文化传播有限公司
出版发行：电子工业出版社
　　　　　北京市海淀区万寿路 173 信箱　邮编　100036
开　　本：787×1 092　1/16　印张：23.25　字数：595.2 千字
版　　次：2012 年 9 月第 1 版
　　　　　2015 年 8 月第 2 版
印　　次：2021 年 8 月第 7 次印刷
定　　价：48.50 元

凡所购买电子工业出版社图书有缺损问题，请向购买书店调换。若书店售缺，请与本社发行部联系，联系及邮购电话：（010）88254888，88258888。
质量投诉请发邮件至 zlts@phei.com.cn，盗版侵权举报请发邮件至 dbqq@phei.com.cn。
本书咨询联系方式：（010）88254019，jrm@phei.com.cn。

前　言

2015 年 3 月 5 日，第十二届全国人民代表大会第三次会议上，李克强总理提出制定“互联网+”行动计划，推动移动互联网、云计算、大数据、物联网等与现代制造业结合，促进电子商务、工业互联网和互联网金融健康发展，引导互联网企业拓展国际市场。进入“十二五”收官之年，政府明确把“互联网+”作为国家战略写入了政府工作报告。近两年，特别是随着移动互联网的加速发展，云计算、大数据、物联网等新技术更快融入到传统产业，如金融理财、打车等民生领域，及家电等传统制造业等，PC 互联网时代升级到移动互联网时代，互联网技术与两化融合相结合催生了许多新兴产业及传统产业的换代升级。事实上，“互联网+”不仅正在全面应用到第三产业，形成了互联网金融、互联网交通、互联网医疗、互联网教育等新生态，而且正在向第一和第二产业渗透。工业互联网正在从消费品工业向装备制造和能源、新材料等工业领域渗透，全面推动传统工业生产方式的转变；农业互联网也在从电子商务等网络销售环节向生产领域渗透，为农业带来新的机遇，提供广阔发展空间。

在这样一个“互联网+”的大变革时代，拙作《电算会计项目化教程》在经历了中国特色的高等职业技术教育“工学结合，理实一体”的项目化课程改革之路后迎来了教育信息化背景下的慕课（MOOC）、微课改革的新一波浪潮。《会计电算化》作为会计与信息技术的结合课程首当其中，也最适合慕课（MOOC）、微课、翻转课堂教学视频应用。本次增改修订是在适应用友新道公司联合北京师范大学汪琼老师推出的《教你如何做 MOOC》和《新道 SPOC》课程设计需要，细化了部分项目任务：如 3-1 系统初始化；8-1 采购应付款管理初始化，进一步明确了项目应用环境，教程任务划分更适合微视频短小精悍需要。

再则，进入“互联网+”时代，会计电算化应用平台——ERP 软件发展趋势正以新一代移动 ERP 为代表，财务、业务高度集成融合为特点。由传统的财务核算走向多模块决策支持系统成为提升企业管理核心竞争力的制高点。高职会计专业核心课程《会计电算化》内容也应适时过渡到财务+供应链为主体的应用模块。故近几年来的教育部、省级会计专业技能比赛——电算化项目内容都考虑了这个要素，强调了会计电算化中的供应链系统应用。本次修订继续保留第一版的基于电算化工作过程的项目任务式体系（项目一～五为总账+往来模式数据；项目六～十为总账+供应链+应收应付模式），并订正补充了个别错误遗漏之处。

编　者

2015 年 6 月 4 日于长沙

目　　录

项目一 走进电算会计

—◎ 学习目标 ◎—

【知识目标】

1. 认识电算会计，了解电算会计的发展。
2. 掌握电算会计的作用及意义。
3. 掌握会计软件的概念，掌握会计软件的不同分类方法。
4. 掌握会计软件的功能，熟悉会计软件功能在具体会计业务处理中的体现。

【技能目标】

1. 具备电算会计的理论基础，为具体实施电算会计做准备。
2. 具备会计软件使用环境的配置能力。

任务一 了解电算会计

任务解析

目前，基于计算机高速发展与现代经济发展的现状，要求以利用信息管理为主的管理模式对电算会计产生了迫切的需求。本次任务主要是了解电算会计，掌握电算会计的概念、任务及意义，分析电算会计信息系统与手工会计核算系统之间的关系，理解电算会计产生的必然性。

知识链接

“电算会计”一词是 1981 年中国会计学会在长春市召开的“财务、会计成本应用电子计算机专题讨论会”上正式提出来的。它旨在突出电子信息技术对会计的作用，强调计算机替代手工会计核算的技术与方法。

一、电算会计的概念

电算会计是以电子计算机为主的当代电子技术和信息技术应用到会计实务中的简称，是一个应用电子计算机实现的会计信息系统。它是一个以人起主导作用，实现数据处理自动化的人机相结合的系统。其基本构成包括会计人员、硬件资源、软件资源和信息资源等要素，其核心部分则是功能完善的会计软件资源。电算会计是会计发展史上的一次重大革命，它不仅是会计数据处理手段的变革，而且是经济和股份发展对会计工作提出的要求，是对会计理论研究和会计实务发展的促进。

随着电算会计工作的发展，从不同的角度分析，电算会计含有以下两层含义。

（1）狭义的电算会计是指以电子计算机为主体的当代电子信息技术在会计工作中的应用，

也就是一个用计算机来代替人工记账、算账、报账，以及替代部分由人脑完成的对会计信息的分析、预测和决策的过程，其目的是提高企业财会管理水平和经济效益，从而实现会计工作的现代化。

（2）广义的电算会计是指与实现会计工作电算化有关的所有工作，包括电算会计软件的开发和应用、电算会计人才的培训、电算会计制度的建立、电算会计的宏观管理、电算会计的市场与发展、电算化会计档案等。

目前，电算会计已成为会计学的一个新兴分支，是一门融会计学、管理学、电子计算机技术、信息技术、网络通信技术为一体的交叉学科。电算会计极大地减轻了会计人员的劳动强度，提高了会计工作的效率和质量，促进了会计职能的转变。随着信息技术的快速发展和管理要求的不断提高，会计手工操作正逐步被电算会计取代。因此，要满足社会经济发展对会计人才的需要，必须培养和造就大批既掌握计算机基本应用，又懂会计业务处理的复合应用型会计人才。

二、电算会计的任务和工作内容

电算会计的基本任务是：建立健全电算会计组织机构和管理制度，对会计核算软件及生成的会计资料符合国家统一的会计制度情况实施监督。加强会计人员的培训，提高会计工作水平，建立电算会计信息系统，促进各单位逐步实现电算会计，并完成会计的各项工作。

电算会计的工作包括微观和宏观两个方面：宏观方面主要是对全国电算会计工作的组织、推广和管理等，促进电算会计工作的顺利开展；微观方面即基层单位的电算会计工作，主要是组织本单位开展电算会计工作，包括本单位制度规划、系统开发与改进、制度建设、运行管理等。

三、电算会计的管理体制

我国电算会计的管理体制是：财政部管理全国的电算会计工作；地方各级财政部门管理本地区的电算会计工作；单位在遵循国家统一的会计制度和财政部门电算会计发展规划的前提下，结合本单位具体情况，具体组织实施本单位的电算会计工作。

四、电算会计的特点

电算会计与手工会计比较，除具有计算机具备的一般特点外，还具有以下明显的特点。

1. 及时性与准确性

电算会计处理会计信息远比手工会计快捷、准确，其原因有 3 个：第一，计算机对会计数据的分类、计算、传递、汇总的速度是手工操作所无法比拟的，信息量越大，数据越多，越能体现其速度的优越性；第二，标准的计算机软件计算程序避免了手工运算时容易产生的差错；第三，计算机采用手工条件下无法采用或很难采用的计算方法，使会计核算更精确，更深入，从而更好地发挥会计管理职能。

2. 规范化与标准化

只要使用的会计核算软件符合财政部颁布的《会计基础工作规范》和《会计软件基本功能规范》，电算会计输出的会计资料比手工操作提供的资料更加标准和规范。主要体现在四个方面：第一，从填制会计凭证方面看，无论是填制原始凭证还是会计凭证，都不会出现大小写金额不符、编号顺序颠倒或不连接、涂改和挖补等现象，且填制的会计凭证必定是清晰、工整的标准字体；第二，从登记会计账簿看，电算会计能实现自动记账和“日清月结”，不会出现漏登、重登、汇总错误等现象，程序自动生成标准的记账格式，借贷自动平衡、账证、账账自动相等；第三，从编制财务报告看，计算机能根据单位的会计账簿记录按标准的格式，规范、准确、快捷地自动生成会计报表，并能利用已有的会计历史资料进行规范的、标准的财务分析；第四，从内部会计控制看，计算机通过程序化步骤进行内部控制，既严密又准确。

3. 自动化与一体化

实现电算会计后，将分散各个会计核算岗位的会计数据统一收集后集中录入计算机，先由计算机自动进行记账、转账和编表处理，再根据计算机程序指令将所需信息以账表形式打印输出。由此可见，大部分工作由计算机自动按程序运行，所有数据集中处理和存储，所需任何中间资料均可通过查询得到，实现了数据共享，体现了账务处理过程一体化。

4. 会计信息存储磁性化与传输介质化

电算会计要求建立规范化的会计基础工作，它对数据的处理也按程序规范化进行。在电算化系统中，各种会计数据以数据文件的形式组织，并以电信号和磁信号的形式存储于计算机的内外存储器中，因而磁性介质成为保存会计信息和会计数据的主要载体。另外，计算机记账是通过键盘、磁盘、屏幕和打印机等外部设备作为数据传输媒介的，故存储磁性化和传输介质化是电算会计的又一技术特征。

另外，在电算会计数据处理中还具有会计数据录入代码化、会计数据处理自动化、会计数据存储电子化、会计数据传递规范化、内部控制程序化等特点。

五、电算会计的发展

1. 国外电算会计的发展

国外会计软件在研制思想上注重内部控制、法律法规、行业规范与标准、审计监督、系统集成性等方面都表现得较为完善。将能够设置控制点的环节全部设计控制功能，企业在根据具体情况进行选择和设置的前提下，实施强制性控制。对企业的制约性较强，这也是国内企业抱怨国外软件死板、不够灵活的原因之一。

国外电算会计的发展经历了 4 个阶段：单项会计核算业务电算化；会计综合数据处理的全部电算化；建立了网络化的、以管理为重心的会计信息系统或企业管理信息系统；建立了会计或企业管理决策支持系统和专家系统。

决策支持系统是以计算机存储的信息和决策模型为基础，协助管理者解决具有多样化和不确定性问题的，以进行管理控制、计划和分析并制定高层管理决策和策略。据统计，美国 1983 年，55%的新程序用于管理控制、计划和分析，用于核算的仅占 45%，这说明国外已进入了决策支持系统的开发和应用阶段。

2. 我国电算会计的发展

我国的电算会计工作从 20 世纪 70 年代末期开始，至今已 30 多年，基本上经历了 4 个发展阶段。

（1）模拟手工记账的探索起步阶段。

20 世纪 80 年代，我国电算会计工作开始起步。这个阶段的会计核算软件只是将电子计算机作为一种高级的计算工具应用于会计领域，采用相应的数据库管理系统，出发点主要是为减轻会计人员的工作强度，提高工作效率。一般只是设置专门的账务处理系统，模拟手工业务处理过程。

（2）与其他业务结合的推广发展阶段。

20 世纪 90 年代，随着国内市场需求的扩大及国际化进程的加速，国内各大软件生产厂家出于发展战略的考虑，先后推出了商品化会计核算软件。这个阶段是电算会计的丰富发展阶段，引入了更多的会计核算子系统，将企业其他部门的日常核算纳入计算机管理，形成了一套完整的会计核算软件系统，包括账务处理子系统、报表子系统、往来管理子系统、工资核算子系统、固定资产核算子系统、成本核算子系统、销售核算子系统等。电算会计工作顺利完成由单项会计核算业务到全面电算化的发展，实现企业内部以会计核算系统为核心的信息集成化。

（3）引入会计专业判断的渗透融合。

2006 年，我国对企业会计标准进行了重大改革，建立了与国际趋同的企业会计准则体系。会计准则体系引入了会计专业判断的要求，同时，新准则适度、审慎地引入了公允价值等新的计量基础，对金融工具、资产减值、合并报表等会计业务做出了系统的规范。

这个阶段是在电算会计系统提供信息的基础上，结合其他数据和信息，运用会计专业判断将《企业会计准则》、《会计基础工作规范》中关于各种确认、计量、记录、报告等要求渗透融合进企业的电算会计系统和管理信息系统，逐步完成了由单机应用向局域网应用的转变。

（4）与内部控制相结合建立 ERP 系统的集成管理。

内部控制是为合理保证企业经营管理合法合规，资产安全、完整，财务报告及相关信息真实完整等制定和实施的一系列控制方法、措施和程序。我国的企业内部控制标准体系经历了内部牵制、内部会计控制和全面风险控制 3 个发展阶段。

ERP（Enterprise Resource Planning，企业资源计划）是将企业各种资源进行整合集成管理，是指建立在信息技术基础上，以系统化的管理思想，为企业决策层及员工提供决策运行手段的管理平台，是企业管理信息化的代名词。简单地说，就是对企业的三大流——物流、资金流、信息流进行全面一体化管理的管理信息系统。它的功能模块不同于以往的财务管理软件，它不仅用于生产企业的管理，而且可被许多其他类型的企业用于资源计划和管理。一般分为财务系统、供应链管理系统、制造管理系统、项目管理系统、人力资源管理系统和决策支持系统等。其中财务系统涵盖会计和财务管理的功能，包括现金管理、资产管理、财务计划、应收和应付款管理、费用管理、报表及分析、财务管理等。ERP 系统体现了先进的财务会计、管理会计和成本管理思想。由于会计信息由计算机进行集中化、程序化处理，会使手工处理中的某些职责分离，相互牵制的控制措施失去效用，计算机的磁存储介质也不同于纸张载体，其数据能被不留痕迹地修改和删除。为了系统的安全可靠，为了系统处理和存储会计信息的准确完整，必须结合会计信息系统的特点，建立一整套更为严格的内部控制制度。这些内部控制制度除了包括有关信息化数据处理的制度、规定和审核、检查外，还包括很多建立在应用系统中，由计算机自动执行的一些控制制度，如系统权限控制、角色权限控制、功能权限控制、数据权限控制等。这些制度能够满足信息使用者的多样化信息需求。

总之，我国会计信息化发展较快，特别是金融企业会计信息化已比较成熟，得到了普遍应用，且网络化程度也比较高。我国许多 ERP 系统就是在会计软件的基础上开发的（如用友、金蝶等）。可以说我国的会计软件已比较完善，并且符合我国财会人员的工作习惯。同时，财政部还积极推进构建会计信息化的社会平台，以方便企业会计信息化所提供的会计信息再开发和利用。XBRL（Extensible Business Reporting Language），即可扩展商业报告语言，是基于因特网、跨平台操作，专门应用于财务报表编制、披露和使用的计算机语言。2008 年 11 月，中国会计信息化委员会暨 XBRL 中国地区组织正式成立。2010 年 10 月，我国发布了《企业会计准则通用分类标准》，标志着我国会计信息化迈上一个新的台阶。

六、电算会计信息系统与手工会计核算系统的比较

1. 电算会计信息系统和手工会计核算系统的共同点

（1）信息系统目标一致。

最终目标都是为了加强经营管理，为有关部门提供会计信息，参与单位经营决策，提高经济效益。

（2）会计法规一致。

无论是电算会计还是手工会计的业务处理工作，都必须严格遵守国家的会计法规及现行的财经制度。

（3）会计理论与会计方法一致。

会计理论是会计学科的结晶，会计方法是会计工作的总结。实行电算会计后，虽然会引起理论上与方法上的变革，但是这种变革是渐进型的，而不是突变型的。其仍然应当遵循最基本的会计理论和方法（如会计要素和记账方法等）。

（4）会计档案保存要求相同。

按照会计制度的要求，会计档案是会计的重要历史资料，必须按规定妥善保管。实行电算会计后，存储信息的介质发生了变化，备份的消失与复制很容易，除了与手工会计的会计档案保存相同之外，对系统的信息资料管理更要加强。

（5）编制会计报表的方法和依据相同。

会计报表是企业经营、资金、成本等主要经济活动的综合反映，也是国家宏观决策的依据之一。无论电算或是手工都应当按照一定的要求编制出符合国家要求的会计报表，不得各行其是。

（6）信息系统的基本功能相同。

任何一种信息系统都应有 5 个方面的基本功能，即：①信息的采集与记录（录入）；②信息的存储；③信息的加工处理；④信息的传输；⑤信息的输出。无论是手工系统还是人机系统，要达到系统目标，必须具备上述 5 个功能。实行电算会计后，由于使用了现代化的装备和科学的管理体制，其功能应当比手工系统更强。

2. 电算会计信息系统和手工会计核算系统的区别

电算会计信息系统与手工会计核算系统相比，无论是运算工具还是方式、方法、组织机构，以及内部控制体系都发生了很大的变化。

（1）运算工具不同。

手工系统使用的运算工具是算盘、机械或电子计算器，计算过程中每运算一次都要重复一次。由于不能存储运算结果，人员不得不边运算边记录，工作量大，且速度慢。

电算化系统使用的运算工具是电子计算机，数据处理过程由计算机完成。由于它能存储运算结果，人只要录入原始数据便能得到所希望的信息。

（2）信息载体不同。

手工系统中所有信息都以纸张为载体，占用空间大，保管难度大，查找困难。

电算化系统除必要的会计凭证之外，均可用磁性介质（磁带、磁盘等）或光盘为信息载体，它占用空间小，查找方便，保管容易，可以利用网络系统传输。

（3）账簿及记账规则不同。

手工系统规定的日记账、总账采用订本式账册，明细账采用订本式或活页式账册；账簿记录的错误要用划线更正法、红字冲销法和补充登记法更正；账页中的空行、空页要用红线划销。

电算化系统打印输出的账页是折叠账页，账簿不必全部打印；凭证的分类、排序、合并、记账都是由一个程序完成的，不存在账账、账证、账表核对；电算账簿不可能完全采用手工的改错方法，为保证审计的追踪线索，规定凡是已记账的凭证数据不能直接修改，只能采用红字冲销法和补充登记法更正，以便留下修改痕迹；打印输出的账页空白部分也不准用划线注销。

（4）会计核算形式不同。

手工系统的账务处理程序有记账凭证核算程序、科目汇总表核算程序、日记账核算程序和汇总记账凭证核算程序 4 种，但是都避免不了重复转抄与计算的根本弱点，伴之而来的是人员、环节与差错的增多。

电算化系统的账务处理程序有两种方案：第一方案是基本上按手工系统的方式进行系统移植，兼容多种核算方式，目前大多数商品化会计软件都采用这种方案；第二方案是理想化的全自动账务处理程序，即会计凭证磁性化（或用条形码），由阅读机识别后录入计算机，根据用户的定义由计算机加工处理，并按照用户的设定输出（可以是显示器或打印机）。

（5）会计工作组织体制不同。

手工系统的会计工作组织体制以会计事务的不同性质作为制定的主要依据。一般的手工系统划分为以下的专业组：材料组、工资组、资金组、成本组、固定资产组、综合财务组，它们之间通过信息资料传递、交换建立联系，相互稽核牵制，使系统正常运转。会计岗位划分一般分为出纳、工资、材料、固定资产和成本等若干工作岗位。

电算系统的会计工作组织体制以数据的不同形态作为制定的主要依据。一般的电算系统可划分为以下的专业组：①数据（信息）收集组（以原始凭证作为原始数据，处理各项会计业务，其主要工作面向系统外部，类似于手工系统的出纳工作）；②凭证编码组（按事先规定的编码原则或编码手册对凭证或需要数据处理的其他文件进行编码）；③数据处理组（包括数据录入、处理、输出等各项操作）；④系统维护组（对系统的软、硬件维护，保证系统的正常运行，满足系统的业务要求）。电算会计岗位划分一般分为录入、审核、维护等岗位。

显然，这两种系统的工作组织体制是截然不同的。电算系统将手工系统对数据分散收集、分散处理、重复记录的操作方式改造成集中收集、统一处理、数据共享的操作方式。

（6）人员结构不同。

手工系统中的人员均是会计专业人员，属于专职会计人员。电算系统中的人员由会计专业人员，计算机软件、硬件及操作人员组成，对人员的要求比较高，要求既要掌握一定的会计专业知识，又要掌握相关的计算机知识、会计软件使用技术及设备的保养和维护知识。

（7）内部控制方式不同。

手工系统对会计凭证的正确性，一般从摘要内容、数量、单价、金额、会计分录、签字和盖章等项目来审核，通过账证相符、账账相符、账实相符等内部控制方式来保证数据的正确，堵塞漏洞。

电算系统由于账务处理程序和会计工作组织体制的变化，在手工的内部控制方式上做了必要的改变。账证、账账、账表核对的控制方式已经不再存在强调录入的严密控制；保留了签字、盖章等控制，增设了权限、序时等控制方式。

七、电算会计的意义

电算会计对于提高会计工作质量，促进会计职能转变，提高企业管理水平，推动企业现代化管理有着十分重要的作用，对会计理论研究和会计实务发展产生了深远的影响。其主要意义包括以下几个方面。

1. 减轻会计人员的劳动强度，提高会计工作效率

实现电算会计后，大量数据的计算、分类、归集、汇总、分析等工作由计算机自动完成，这就将会计人员从繁杂的记账、算账、报账中解脱出来，减轻了劳动强度。同时，由于计算机数据处理速度快，运算准确率高，从而使大量的会计信息得到及时、迅速的处理，提高了会计工作效率，便于满足企业市场经济预测和决策的需要。

2. 促进会计工作规范化，提高会计工作质量

实现电算会计后，软件对录入数据提出一系列规范要求，并进行数据校验，防止非法数据的进入，使数据在整个处理过程中得以严格控制，避免了手工操作中存在的不统一、不规范、易错记、漏记等问题。从而保证会计信息的合法性、完整性，促进了会计工作的规范化，提高了会计工作的质量。

3. 促进会计工作职能的转变，提高企业的管理水平

电算会计后，不仅可以将会计人员从繁杂的事务中解放出来，使他们有更多的时间和精力用于对会计信息进行分析，参与经济管理。同时也提供了更全面、科学的决策依据，更加充分地发挥会计的预测、决策职能，从而较好地促进会计工作职能的转变。

4. 促进会计队伍素质的提高

电算会计的实现，对会计人员提出了更高的要求：一是会计信息处理方式的改变，要求会计人员学习和掌握许多新知识，以便适应工作需要；二是大部分工作由计算机来完成，留出了更多的学习时间和培训机会；三是会计职能的转变，需要会计人员更多地参与经济活动的分析、预测，探索经济活动的规律。这样必然可以提高整个会计队伍的业务素质。

5. 促进会计理论研究和会计实务的发展，促进会计制度的改革

在实现电算会计的过程中又提出了许多新的技术问题，如电算化后的内部控制、审计程序等，促进会计理论和会计实务的探索，推动会计理论研究和会计实务的发展。

6. 推动企业管理现代化

会计信息作为经济活动信息的重要组成部分，在经济管理中起着至关重要的作用。据统计，会计信息量占企业管理信息量的 60%～70%。实现电算会计后，会计信息可以得到及时、准确的处理，加快了信息流动，为企业管理现代化奠定了重要基础，促进和带动其他业务、管理部门的信息沟通，加快企业管理现代化的实现。

八、电算会计岗位的划分

实行电算会计的单位，要建立电算会计岗位责任制，要明确每个工作岗位的职责范围，切实做到事事有人管，人人有专职，办事有要求，工作有检查，这是建立电算会计岗位责任制的原则。电算会计后的工作岗位可分为基本会计岗位和电算化会计岗位。

基本会计岗位可分为会计主管、总账会计、出纳、成本、会计核算、稽核、会计档案管理等工作岗位。基本会计岗位必须是持有会计从业资格证的会计人员，可以一人一岗、一人多岗或一岗多人，但应当符合内部控制制度的要求。

电算会计岗位是指直接管理、操作、维护计算机及会计核算软件的工作岗位，一般可分为以下基本岗位。

（1）电算主管。负责协调计算机及会计软件系统的运行工作。可由会计主管兼任。

（2）软件操作。负责录入记账凭证和原始凭证等会计数据，输出记账凭证、会计账簿、报表和进行部分会计数据处理工作。鼓励基本会计岗位的会计人员兼任。

（3）审核记账。负责对录入计算机的会计数据（如记账凭证和原始凭证等）进行审核，操作会计软件登记机内账簿，对打印输出的账簿、报表进行确认。可由主管会计担任。

（4）电算维护。负责保证计算机硬件、软件的正常运行，管理机内会计数据。维护人员不应对实际会计数据进行操作。可由会计人员兼任。

（5）电算审查。负责监督计算机及会计软件系统的运行，防止利用计算机进行舞弊。此岗位可由会计稽核人员兼任。

（6）数据分析。负责对计算机内的会计数据进行分析。此岗位可由主管会计兼任。

（7）档案管理。负责磁盘或光盘等数据、程序的保管，打印输出账表、凭证等各种会计档案资料的保管工作，做好数据及资料的安全保密工作。

上述电算化会计岗位中，软件操作岗位与审核记账、电算维护、电算审查岗位为不相容岗位。

在实施电算会计的过程中，各单位可根据内部牵制制度的要求和本单位的工作需要，参照上述电算化会计岗位的划分进行调整和设立必要的工作岗位。基本会计岗位和电算化岗位可在保证会计数据安全的前提下交叉设置，各岗位人员要保持相对稳定。电算会计岗位及其权限设置一般在系统初始化时完成，平时根据人员的变动可进行相应调整。电算主管负责定义各操作人员的权限。具体操作人员只有修改自己口令的权限，无权更改自己和他人的操作权限。

任务二　选择会计软件

任务解析

通过本任务的学习，可以帮助用户了解会计软件，理解会计软件的不同分类，能利用会计软件的基本理论和基本思想，为基层单位选择适合单位实际需要的会计软件。

知识链接

电算会计工作中一个重要的方面就是会计人员应用会计软件指挥计算机完成各项会计工作，因此，用好会计软件是电算会计工作的重要前提。

一、会计软件的概念

会计软件是指专门用于完成会计工作的计算机应用软件，包括采用各种计算机语言编制的一系列指挥计算机完成会计工作的程序代码和有关的文档技术资料。其作用有助于会计核算及管理的规范化，提升企业的管理水平，提高企业的效益。同时，还可以提高会计核算的工作效率，降低会计人员的工作强度，改变“重核算轻管理”的局面。

从软件的功能与任务来看，会计软件是以会计制度为依据，以计算机及其应用技术为技术基础，以会计理论和会计方法为核心，以会计数据为处理对象，以提供会计信息为目标，将计算技术应用于会计工作的软件系统。

二、会计软件的选择要求

目前，随着电算会计的发展，越来越多的企业认识到电算会计的重要性，以及它给企业所带来的价值。会计软件市场迅速扩大，其种类繁多，如何选择适合本企业会计核算要求的通用会计软件呢？在选择会计软件时，应注意软件的合法性、安全性、正确性、可扩充性和满足审计要求等方面的问题，以及软件服务的便利，软件的功能应满足本单位当前的实际需要。一个好的企业财务软件，既要有利于相互牵制，互相监督，又要有利于加强管理，堵塞漏洞。因此，高品质软件的内涵，并不体现在漂亮的界面上，而是体现在实实在在的功能上，体现在系统清晰的控制思想上，考虑到今后工作发展的需要。

1. 合法性

合法性是指会计软件提供的功能，必须符合会计核算的规定。例如，软件中采用的总分类会计科目名称、编号方法、录入的记账凭证的格式等应符合国家统一的会计制度的规定；软件应当同时提供国家统一会计制度允许使用的多种会计核算方法，以供用户选择；软件应当提供机内记账凭证打印输出功能，可以提供原始凭证的打印输出功能，必须提供会计账簿、会计报表的打印输出功能，打印输出的格式和内容应当符合国家统一会计制度的规定。另外应当考虑版本的合法性。

2. 安全性

安全性是指会计软件提供的功能，能防止误操作和作弊行为。例如，对于程序文件和数据文件，软件应当有必要的加密或者其他保护措施，以防被非法篡改；软件应当具有在计算机发生故障或者由于强行关机及其他原因引起内存和外存会计数据被破坏的情况下，利用现有数据尽量恢复到破坏前的功能。

3. 正确性

正确性是指计算正确和防止录入错误。例如，当录入的记账凭证重号、录入的记账凭证金额借贷方不相等，软件应提示或者拒绝执行；软件应当提供自动进行银行对账的功能，根据机内银行存款日记账与录入的银行对账单及适当的手工辅助，自动生成银行存款余额调节表；机内数据进行总分类账、明细分类账汇总的计算结果，应正确无误；软件应当提供机内会计数据按照规定的会计期间进行结账的功能等。

4. 查询性

查询性功能是指能查询机内总分类会计科目的名称、科目代码、年初余额、期初余额、累计发生额和余额，能查询记账凭证。另外，设计复合条件查询、模糊查询等功能，使用会计信息人员方便操作。使用灵活的界面切换功能，这样可以使会计信息人员很灵活地寻找凭证、明细分类账、总账的信息资料。

5. 易用性

易用性主要指软件系统易学易用易懂的性能。优美的软件界面设计，美观大方。业务流程设计清晰，账簿报表一目了然。如果软件的模块化程度高，在一个模块中聚合了多种功能，使会计人员只需记忆少量功能模块的使用方法就能完成全部工作，便于自学和掌握操作。

6. 扩展性

遵循财务软件数据交换标准，提供标准格式凭证、财政部通用报表接口、税务接口、合并报表接口等标准数据接口，以满足用户对账套数据的处理和二次开发需要。同时可将系统中的凭证、账簿、报表、工资核算方法等从其他账套引入引出，方便用户交互数据，简化用户的工作。为行业系统内各单位、部门间不同产品版本的应用提供集成应用方案和能适应未来企业的发展要求。

7. 售后服务

售后服务包括会计软件的日常维护、用户培训、二次开发、相关技术支持和软件版本的升级换代。如果会计人员的计算机使用水平还不高，靠自身的能力，无法排除会计软件运行中出现的全部故障。所以，还需要销售单位派出人员加以解决，如果拖延，会计核算工作就会被迫停止。所以要了解培训的内容、方式是否可行；维修服务人员是否充足；二次开发的方式是否具体；版本升级是否及时。

8. 关注报价内容

软件公司有时按软件价格报价，有时按两部分总计全额报价。所以，要注意报价的含义。

三、会计软件的分类

会计软件按照不同的分类方法，可以分为不同的类型。目前对会计软件分类的方法主要有以下几种。

（1）按软件适用范围划分，可分为专用会计软件和通用会计软件。

专用会计软件也称定点开发会计软件，指由使用单位根据自身会计核算与管理的需要自行开发或联合其他单位开发，专供本单位使用的会计软件。

通用会计软件一般是指由专业软件公司研制，能适应不同行业、不同单位会计核算与管理基本需要的会计软件。通用会计核算软件又可分为全国通用的会计核算软件和行业通用的会计核算软件。

（2）按软件提供信息的层次划分，可分为核算型会计软件和管理型会计软件。

核算型会计软件是指专门用于完成会计核算工作的应用软件，用以实现会计核算电算化。主要功能包括账务核算、工资核算、固定资产核算、成本核算、采购与应付核算、销售与应收核算、存货核算及会计报表处理等。其具备相对独立的会计数据输入、处理和输出功能。

管理型会计软件是专门用于完成财务部门内部的会计核算与管理工作的会计软件。主要功能包括全面会计核算、购销存业务管理、辅助核算管理、财务分析与财务监控等。

（3）按软件提供方式划分，可分为商品化会计软件和非商品会计软件。

商品化会计软件是指为销售而开发的会计软件，而非商品化会计软件则是用户为满足自己业务处理的需要而开发的会计软件。从软件的通用性来看，商品化会计软件是通用会计软件，而非商品化会计软件一般属于专用会计软件，单位定点开发。

（4）按硬件结构划分，可分为单用户会计软件和多用户（网络）会计软件。

单用户会计软件是指将会计核算软件安装在一台或几台计算机上，每台计算机中的会计软件单独运行，生成的数据只存储在各自的计算机中，计算机之间不能直接实现数据交换和共享。

多用户（网络）会计核算软件是指将会计核算软件安装在一个多用户系统的主机（或计算机网络的服务器）上，该系统中各个终端（工作站）可以同时运行软件，且不同终端（工作站）上的会计操作人员能够共享会计信息。

四、会计软件的功能结构

会计核算软件是一个复杂的大系统，一般由若干功能模块组成。会计核算软件的功能模块是指会计核算软件中能够相对独立完成会计数据输入、处理和输出功能的各个部分。我们通常按会计核算软件的职能来划分功能模块，并以账务处理为中心来划分结构，一个完整的会计核算软件必定包含账务处理模块，其他职能模块也将直接或间接与账务处理模块发生联系。会计核算软件的功能模块一般可以划分为账务处理、工资核算、固定资产核算、应收款核算、应付款核算、存货核算、销售核算、采购核算、成本核算、会计报表、财务分析等。会计核算软件的主要功能模块也经常被称为子系统或系统。

1. 会计核算软件各个模块的功能

（1）账务处理子系统。

账务处理子系统是最重要的核心系统，对所有的会计软件来说都是必不可少的。以会计凭证为原始数据，完成全部的记账、算账、对账、转账、结账、账簿查询及账务数据管理等工作。

（2）工资子系统。

工资子系统主要完成工资核算、发放工资、工资费用的分配、工资统计分析及个人所得税的核算。它与账务处理子系统可以集成使用，自动编制工资费用分配转账凭证传递到账务处理子系统。

（3）固定资产管理子系统。

固定资产管理子系统主要用来反映单位固定资产卡片管理，增减变动及折旧计提情况。在此模块中，对于折旧的计提是通过设置自定义转账凭证的方式每月由计算机自动编制机制转账凭证，供账务处理子系统和成本管理子系统使用。

（4）存货核算子系统。

存货核算与企业的生产计划、物资管理密切相关，因此，此模块是一个较为复杂的子系统。它主要是对存货的收、发、存业务进行会计核算。从采购与应付核算子系统取得存货增加的成本和金额，从销售与应收系统取得存货出库的数量，自动计算出出库商品的成本。反映和监督存货的收发、领退、保管及存货资金的占有情况。

（5）成本管理子系统。

成本管理子系统的主要任务是归集和分配各种成本费用，及时计算产品的总成本和单位成本，计算和结转成本差异，输出成本核算的有关信息，并自动编制机制转账凭证传递给账务处理子系统。

（6）销售管理与应收款核算子系统。

销售管理与应收核算子系统主要核算销售所取得的收入，登记发出商品的数据，计算相关的税金，确认与管理应收账款，并管理有关票据，对企业的往来账进行综合管理。

（7）采购管理与应付款核算子系统。

采购管理与应付核算子系统主要核算采购业务，包括登记商品的数量、价格，按适用税率计算税金，并确认应付款项，对企业的往来账进行综合管理。

（8）报表管理子系统。

报表管理子系统主要实现各会计报表的定义和编制。根据事先定义好的格式和数据生成公式，由计算机自动从账务处理系统的账簿数据库中获取核算数据，完成各种报表的编制工作，并进行报表分析和报表汇总。该系统生成的会计报表包括对外编制的会计报表和对内管理用的会计报表。

（9）财务分析子系统。

财务分析子系统主要是利用会计核算数据进行会计管理和分析。

2. 会计软件各子系统间的联系

上述可见，一个完整的企业会计软件可分解成十多个功能模块，各模块之间相互作用、相互依赖的关系主要表现为控制联系和数据传递联系两种，如图 1-1 所示。

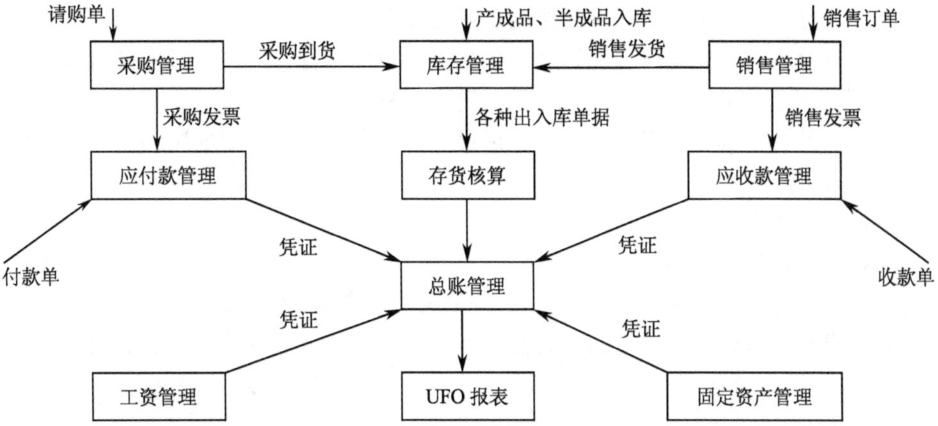

图 1-1　会计核算软件中各模块之间的关系

任务实施

根据新阳光有限公司的基本情况，为其选择会计电算化的合适软件。

一、会计软件的模式

1. 小规模模式会计软件

小规模的会计软件以账务为核心，主要完成记账、报表等核算工作。固定资产、材料等业务通过设立辅助账核算、工资计算等一般使用通用表处理软件进行辅助核算。

2. 中等规模模式会计软件

中等规模会计软件是指具备电算会计的各个核算模块，其主要目的是进行核算工作和基本的分析与管理。

3. 大规模模式会计软件

大规模会计软件要求功能复杂，数据量大，在网络系统下，既要求充分实现数据共享，又要求各业务核算岗位能独立处理。

二、会计软件的选择

1. 取得方式

会计软件的取得方式主要有自行开发方式、委托外单位开发方式、与外单位联合开发方式、购买商品化软件方式（通用会计软件）4 种方式，其中商品化会计软件在市场所占比例较大。

2. 会计软件的选型

目前，不同单位对会计软件的要求不一样。一般来说，小规模核算单位，采用小规模模式会计软件，可以直接购买商品化的会计软件；中等规模单位，选择合适的商品化会计软件开展电算化工作，最好选择多用户（网络）版；大规模单位，可通用软件与专用开发相结合，也可以选择合适的商品化会计软件。一般选择多用户（网络）版。

由此可见，购买商品化会计软件被广大用户采用，在购买商品化软件时要衡量利弊，使用户可以用较低的费用实现会计工作电算化。具体选择商品化会计软件应注意以下问题。

（1）会计软件必须通过财政部门的评审，符合国家统一要求。

（2）会计软件必须符合本企业单位的需要，从行业特点和单位核算特点两个方面考虑。

（3）会计软件要安全可靠，对内部控制、网络安全管理。

（4）会计软件要符合企业环境的要求，包括企业类型、行业、产品、内部机构设置、财务会计业务、硬件和相关设施、会计人员素质、资金和发展前景等。

（5）会计软件公司具有良好的信誉和售后服务。具有人员培训、安装调试、业务咨询、软件维护、软件升级等服务。

（6）价格费用适中，性价比高。

3. 商品化会计软件的简介

用友软件和金蝶软件是国内软件，主要服务于国内中小型企业。SAP 系统是世界级别的 ERP 软件，很多国家的大型企业才使用的。它们各有自己的系统功能及特性，能够满足不同行业不同单位的要求，具体介绍如下。

（1）用友软件。

用友财务软件是以财政部颁发的会计准则、企业会计制度等为基础，以规范的流程、清晰的参与角色，以及明确的职责划分为前提的系列财务管理工作，它以会计核算为核心，主要为企业完成从凭证到报表、报税等财务基本工作，辅助企业管理者经营决策。为了适应不同行业的需求，其管理软件包括用友 NC、用友 HR、用友 ERP-U8、畅捷通 T1/T3/T6 等，如图 1-2 所示。本书主要介绍用友 ERP-U872 软件的业务处理方法及操作技能。

① 用友 NC，面向大型企业、集团企业管理软件。其是为集团与行业企业提供的全线管理软件产品，用友 NC 率先采用 J2EE 架构和先进开放的集团级开发平台 UAP，按照“全球化集团管控、行业化解决方案、平台化应用集成”的设计理念而设计，目前形成了集团管控六大领域，十大行业的 38 个解决方案。

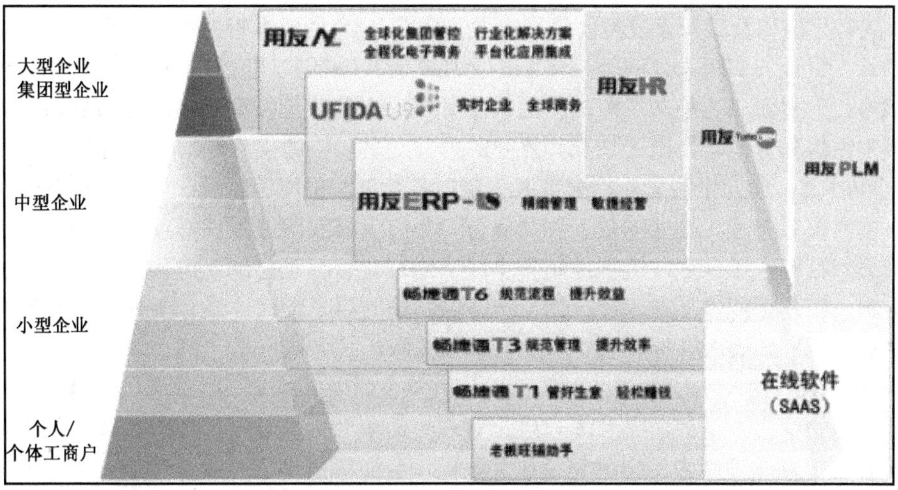

图 1-2 用友管理软件结构

② 用友 ERP-U8，面向中型企业管理软件。所谓 ERP 是英文 Enterprise Resource Planning（企业资源计划）的简写，是指建立在信息技术基础上，以系统化的管理思想，为企业决策层及员工提供决策运行手段的管理平台。用友 ERP-U8 以集成的信息管理为基础，以规范企业运营，改善经营成果为目标，帮助企业实现“精细管理，敏捷经营”。用友 ERP-U8 提供财务管理、供应链管理、生产制造管理、客户关系管理、人力资源管理、办公自动化和商业智能等集成化功能，并整合各种合作伙伴的方案。在总结中国企业各行业最佳实践的基础上，提供的行业解决方案涵盖机械、电子、汽配、服装、化工、食品、制药、服务业、零售业等，是中国企业应用最广泛的 ERP 管理软件。

③ 用友 T1/T3/T6，面向小型企业管理软件。其中 T1 针对小企业，单项级应用；T3 针对中小企业，部门级应用；T6 针对中小企业，企业级应用。

④ 用友 HR/PLM/Turbo CRM/MA/BQ，面向中型企业管理软件。用友 HR 致力于为客户提供优秀和最适用的战略人力资本管理解决方案，覆盖信息化服务、咨询、人力资本云服务等 HR 业务的方方面面。用友 PLM（产品生命周期管理）是一种战略管理方法。它应用一系列企业应用系统，支持跨组织地从概念设计到产品使用生命结束整个过程中，产品信息的协建、分发、应用和管理。用友 PLM 通过 PDM（产品数据管理）和 CPD（协同产品开发）软件为企业提供在产品整个生命周期过程中产品信息的管理。PLM 还为 ERP 提供准确的产品结构和工艺信息数据源，用友 PLM 与用友 ERP 一起形成企业信息化全面解决方案。用友 Turbo CRM 客户关系管理系统，以客户为主要管理对象，基于客户生命周期的发生、发展，以“一对一营销”和“精细营销”的方法，帮助企业建立“以客户为中心”的经营理念、组织模式、业务规则及评估体系，全面提升企业核心竞争力。用友 MA 通过移动因特网将 ERP 的应用从计算机延伸到手机，以短信和 WAP 为主要应用方式，帮助企业实现对异地终端的实时监控、重要信息的实时推送和重要审批业务的实时处理，全面提升企业管理效率，成就实时企业。用友 BQ 商业智能软件是集企业多系统的数据中心、分析中心、控制中心、挖掘中心于一体的全方位 BI 软件。

（2）金蝶软件。

金蝶软件目前有 3 种 ERP 产品，分别为面向中小型企业的 K/3 和 KIS，以及面向中大型企业的 EAS，涵盖企业财务管理、供应链管理、客户关系管理、人力资源管理、知识管理、商业智能等，并能实现企业间的商务协作和电子商务的应用集成。具体介绍如下。

① 金蝶 EAS，面向大型集团企业。是集团企业的一体化全面管控解决方案，适用于资本

管控型、战略管控型及运营管控型的集团企业。金蝶 EAS 为资本管控型的多元化企业集团提供财务、预算、资金和高级人才的管控体系，为战略管控型的集团企业提供集团财务、企业绩效管理、战略人力资源、内控与风险的全面战略管控，为运营管控型的集团提供战略采购、集中库存、集中销售与分销、协同计划及其复杂的内部交易和协同供应链的集成管理。

② 金蝶 K/3，面向中型企业。金蝶 K/3 集财务管理、供应链管理、生产制造管理、人力资源管理、客户关系管理、企业绩效、移动商务、集成引擎及行业插件等业务管理组件于一身，以成本管理为目标，以计划与流程控制为主线，通过对目标责任的明确落实、有效的执行过程管理和激励，帮助企业建立人、财、物、产、供、销的科学管理体系。金蝶 K/3 产品家族包括金蝶 K/3 成长版、金蝶 K/3 标准版、金蝶 K/3 精益版。

③ 金蝶 KIS，面向小型企业。金蝶 KIS 是小型企业以低成本、高效率、快速入门的方式实现管理信息化的解决方案。金蝶 KIS 以“让管理更简单”为核心设计理念，适用于小型企业。金蝶 KIS 旨在提高管理能力、完善规范业务流程，全面覆盖小型企业管理的五大关键环节：老板查询、财务管理、采购管理、销售管理、仓存管理。

④ 金蝶易记账，面向小型企业。是金蝶软件专门为小型企业开发的一款财务记账软件，具备记账、查账、结账、报表等多种功能，并提供发票验证、快递查询、财务制度范本等丰富的企业应用，安装方便，无账套数量限制；一次付费，永久使用，可免费在线升级，中国第一款会计人员“云+端”应用的财务记账工具。

（3）SAP 软件。

SAP 是 SAP 公司的产品——企业管理解决方案的软件名称，是目前全世界排名第一的 ERP 软件，主要是用于对成本控制及供应链资源进行管理。SAP 软件功能包括商务智能、客户关系管理、企业信息管理、企业绩效管理、企业资源规划、管理和遵从、人力资本管理、产品生命周期管理、服务与资产管理、供应链管理、供应商关系管理。软件系统分为许多模块：物料管理模块（MM）、销售与分销模块（SD）、财务会计模块（FI）、人力资源模块（HR）、生产计划模块（PP）、管理会计模块（CO）、项目管理模块（PS）、资产管理模块（AM）、质量管理模块（QM）、工厂维修模块（PM）、工作流管理（WF）和开发模块（ABAP）。

项目总结

随着计算机和现代信息技术的飞速发展，要求以利用信息管理为主的管理模式对电算会计产生了迫切的需求。现代企业都在运用计算机数据处理技术对会计数据进行获取、加工、传输、存储、应用等全面处理，并进行经营管理、控制决策。会计软件已在广泛应用，它大大提高了会计工作效率，推动了会计管理现代化。

本项目任务主要学习了电算会计的基本理论和会计软件的基本知识。认识电算会计发展的必然性，理解电算会计系统将从“核算型”向“管理型”转变，逐步实现企业经济活动的事前计划、预测和决策，事中管理控制，事后分析评价的职能。并且能利用会计软件的基本知识，选择适合本单位实际需要的会计软件，使企业数据精准，精细管理，降低企业的风险，同时使财务人员从繁重的业务核算工作中解脱出来，进行真正的业务及财务管理，提高企业的信息化管理水平。

项目二 账套管理

学习目标

【知识目标】

1. 认识用友 ERP-U872 软件。
2. 熟悉电算系统管理的基本要求与主要功能。
3. 熟悉账套与年度账概念。
4. 熟悉角色、用户、权限概念。

【技能目标】

1. 初步掌握用友 ERP-U872 软件安装和卸载。
2. 能根据企业核算要求建立账套、年度账、备份与修改。
3. 能根据企业会计岗位分工设置角色、用户及操作权限。

任务一 认识并安装用友 ERP-U872

任务解析

通过本任务的学习，读者可以了解用友 ERP-U872 应用系统及其运行环境，掌握它的安装与卸载及系统操作流程。

我国大部分 ERP 软件体系结构是以会计软件为核心和主导地位的基础上，向业务系统延伸发展形成的，实现了企业物流、资金流和信息流的有效整合。ERP 软件的开发成功，积累了丰富的财务会计软件的开发和实施的经验，理清了企业资金的循环周转过程，以及与资金周转的每一个环节密切相关的业务活动。

注：本书中所使用的 ERP-U872 同 ERP-U8.72。

知识链接

用友 ERP-U8 企业应用套件（简称用友 ERP-U8）是中国 ERP 普及旗舰产品，是中国用户量最大、应用最全面、行业实践最丰富的 ERP，并与中国企业最佳业务实践相结合，形成了中国企业最佳经营管理平台。它充分适应中国企业高速成长且逐渐规范发展的状态，为广大中小企业连接世界级管理，是蕴涵中国企业先进管理模式、体现各行业业务最佳实践、有效支持中国企业国际化战略的信息化经营平台。在今天，它不仅成为管理者进行企业运营与管理的桌面工具，更是企业实现精细管理、敏捷经营的利器。

一、用友 ERP-U8 的主要功能

面对快速多变的市场和日益激烈的竞争环境，提升管理水平，提高内外部协同效率，是中型及中小型企业保证企业持续盈利和不断成长的基础。用友 ERP-U8 以集成的信息管理为基础，以规范企业运营，改善经营成果为目标，帮助企业实现“精细管理，敏捷经营”。用友 ERP-U8 提供财务管理、供应链管理、生产制造管理、客户关系管理、人力资源管理、办公自动化和商业智能等集成化功能，并整合各种合作伙伴的方案。在总结中国企业各行业最佳实践的基础上，提供的行业解决方案涵盖了机械、电子、汽配、服装、化工、食品、制药、服务业、零售业等，是中国企业应用最广泛的 ERP 管理软件。用友 ERP-U8 以行业最佳业务实践为特征的显著优势，使其在新经济形势下成为广大企业蓬勃发展的转型升级的强大动力。

二、UAP 二次开发支持

UAP 平台是 ERP-U8 的核心技术平台，提供系统底层的基础设施支持，即提供了 ERP-U8 运行所必需的基本运行时框架，封装了 ERP-U8 各层运行必需的基本构件，保障各层之间通信畅通，并制定了相关技术标准。同时 UAP 是一个集成应用平台，提供一系列的设计、开发、集成、安装和部署工具。基于 UAP 平台，可以开发 U8 的标准产品，开发满足行业需求的行业插件，开发企业的个性化应用，以及对第三方系统的集成；客户和实施人员可以通过可视化的规则定义工具进行个性化的配置，满足企业的个性化需求。因此，强大的 UAP 平台就是中国企业信息化的集成应用平台。

三、初识用友 ERP-U872

用友 ERP-U872 是以集成的信息管理为基础，以规范企业运营，改善经营成果为目标，帮助企业“优化资源，提升管理”，实现面向市场的赢利性增长。

用友 ERP-U872 是一个企业综合运营平台，用以满足各级管理者对信息化的不同要求：为高层经营管理者提供大量收益与风险的决策信息，辅助企业制定长远发展战略；为中层管理人员提供企业各个运作层面的运作状况，帮助做到各种事件的监控、发现、分析、解决、反馈等处理流程，帮助做到投入产出最优配比；为基层管理人员提供便利的作业环境，易用的操作方式实现工作岗位、工作职能的有效履行。

根据业务范围和应用对象的不同，用友 ERP-U872 划分为财务管理、供应链、生产制造、人力资源、决策支持、集团财务、企业门户、行业插件等系列产品，由 40 多个系统构成，各系统之间信息高度共享。

（1）财务会计领域。

财务会计领域主要包括总账管理、应收款管理、应付款管理、工资管理、固定资产管理、报账中心、财务票据套打、网上银行、UFO 报表、财务分析等模块。这些模块从不同的角度，实现了从预算到核算到报表分析的财务管理的全过程。通过财务会计系列的产品应用，可以充分满足企事业单位对资金流的管理和统计分析。

（2）财务会计领域。

财务会计领域主要包括项目管理、成本管理、专家财务分析等模块。通过这些模块实现各类工业企业对成本的全面掌控和核算，帮助企业对各种报表及时进行分析，及时掌握本单位的状况，为企业的管理决策提供依据、指明方向。

（3）供应链管理。

供应链管理主要包括物料需求计划、采购管理、销售管理、库存管理、存货核算等模块，主要功能在于使企业的管理模式更符合实际情况，制定出最佳的企业运营方案，实现管理的高效率、实时性、安全性、科学性、现代化和职能化，集团财务管理。主要包括资金管理、行业报表、合并报表等模块及分行业的解决方案。

（4）Web 应用。

该部分实现企业因特网模式的经营运作，主要包括 Web 财务、Web 资金管理和 Web 购销存。

（5）商务智能。

通过管理驾驶舱帮助企业领导实现移动办公的需求，企业领导可以随时、随地、随身实现对企业的实时监控。

四、用友 ERP-U872 产品范围及新业务特性

用友 ERP-U872 于 2009 年发布，主要包括以下产品：企业门户、财务会计、管理会计、客户关系管理、供应链管理、生产制造、分销管理、零售管理、决策支持、人力资源管理、办公自动化、集团应用、企业应用集成。

本版重点是提高系统运行效率、改进产品易用性，另外推出了面向中高层管理人员及专业分析人员，进行全面的企业财务、业务的综合查询、实时监控和分析决策的商业智能平台。本版充分考虑国外企业在华投资和国内企业向海外发展的国际化运营模式的需求，提供多语言（简、繁、英）支持。

用友 U8 移动 ERP 是一个基于 WAP 技术的移动 ERP 解决方案，并且支持未来 4G 协议和技术。用友 U8 移动 ERP 系统是 U8-ERP 软件上拓展的移动增值服务。以因特网和移动通信作为载体，利用手机，通过 WAP 方式，进行企业信息的查询、审批等操作，使整个 ERP 应用范围不再局限于计算机网络，通过支持 GPRS 的手机，使企业人员随时随地可掌控企业的一切业务、财务变动情况，实现随时管理功能。（注：本版取消 Web 财务、Web 业务、公司对账、OA 四个产品）。

任务实施

一、用友 ERP-U872 的安装与卸载

1. 用友 ERP-U872 的运行环境

用户的硬件及网络环境直接会影响到用友 ERP-U872 应用系统的运行效率与稳定性；建议用户在准备运行环境的过程时应遵循以下标准进行建设。

用友 ERP-U872 应用系统的运行环境如表 2-1 所示。

表 2-1 用友 ERP-U872 应用系统的运行环境

硬件环境		
	最低配置	最高配置
客户端	内存 256MB 以上、CPU500MHz 以上、磁盘空间 2GB 以上	内存 512MB 以上、CPU 为 1GHz 以上、磁盘空间 4GB 以上
数据服务器	内存 1GB 以上、CPU1GHz 以上、磁盘空间 10GB 以上	内存 1GB 以上、CPU 为 1GHz 以上、磁盘空间 20GB 以上

续表

硬件环境		
发布服务器	内存 1GB 以上、CPU1GHz 以上、磁盘空间 10GB 以上	内存 1GB 以上、CPU 为 1GHz 以上、磁盘空间 10GB 以上
网络带宽	广域网：56KBps 以上	局域网：10MBps 以上
软件环境		
操作系统	Windows 2000，Windows XP，Windows 2003，Vista，建议使用 Windows 2000，Windows XP	
数据库	SQL 2000（包括 MSDE）[SP4 及以上版本补丁]、SQL 2005（包括 EXPRESS）[SP2 及以上版本补丁]和 SQL 2008[及以上版本]	
网络协议	TCP/IP,Named Pipe	

2. 安装前注意事项

（1）操作系统。

安装操作系统的关键补丁：Windows 2000——SP4+KB835732、Windows XP——SP2、Windows 2003——SP2；Vista——SP1；使用 Windows Update 进行其他所有微软补丁的更新（推荐）；Windows 2000 的注册表空闲空间请保持在 50MB 以上；英文和繁体操作系统，必须安装简体中文语言包（通过 Windows 安装盘进行安装）后才能正常使用 U8 产品；U872 全面支持 64 位环境，推荐安装和使用服务器端产品（包括应用服务器和数据库服务器）。安装之前，需要先手工安装 U872 所需要的基础环境补丁和缺省组件；如果在 Vista 操作系统上安装运行 U872 产品，建议至少配置 2GB 以上内存。

（2）数据库。

如果安装数据库服务器，请先安装好数据库，U872 支持以下 SQL Server 数据库版本：SQL 2000（包括 MSDE）[SP4 及以上版本补丁]、SQL 2005（包括 EXPRESS）[SP2 及以上版本补丁]和 SQL 2008[及以上版本]。

（3）浏览器。

支持微软 IE 浏览器 IE 6.0 + SP1 或以上版本（如 IE 7）使用 U872 的 Web 产品。

（4）产品相关。

如果选择安装 U872 服务端（如应用服务器、Web 服务器、数据服务器和文件服务器等），推荐使用 Server 版的操作系统，且磁盘分区的文件系统格式应为 NTFS；如果选择安装应用服务器、Web 服务器或文件服务器，请先安装 IIS，否则将导致 Windows.NET Framework 2.0 不能在 IIS 上成功注册文件映射关系和系统组件，需要手工完成 IIS 文件映射配置和 aspnet_isapi.dll 的注册；IIS 组件可以通过操作系统安装盘获取；如果是 Vista 或 Windows 2008 系统，请务必手工安装 IIS，以 Vista 为例详细操作方式请查看 Vista 上安装 IIS 的方法。

如果选择安装数据库服务器，请按照实际业务数据量确保存储数据文件的逻辑磁盘至少有 10GB 以上的空闲空间，因 U8 产生的所有数据和临时数据均存储在这台服务器的硬盘上。

分布式安装（即不同的组件安装到不同的服务器上）时，各服务器应该在同一个域或者工作组中。

如果选择使用客户关系管理(CRM)，安装客户关系管理客户端的机器必须先安装 MS Office 2000 或以上版本（如 Office 2003 等），因为它需要使用到 Office 的部分组件功能。

如果选择使用生产制造，请确保 IIS Web 服务中的 Http 连接超时参数为 28800 秒。在小于此值的情况下执行生产制造的 MPS/MRP 处理时，因服务端组件运行的时间比较长，IIS 会认为客户端异常断开连接，自动清除此客户端的会话信息，导致客户端系统异常退出。

如果已安装过 U872 之前的任何历史版本 U8 产品，请务必先通过控制面板或历史版本安装程序正常卸载（安装过补丁则先卸载补丁再卸载产品），重启计算机后手工删除“system32”下的“UFCOMSQL”文件夹和整个 U8 安装目录（默认为 U8SOFT），再进行 U872 的安装（注：“admin”目录下的文件需要停止数据库后才可以正常删除，删除后需要再进入 SQL Server“企业管理器”删除已置疑的数据库，否则会导致初始化数据库和建立账套异常失败）。

如果已安装过任何版本的U8产品（包括U872），但无法卸载或卸载失败，请先使用U872MSI清除工具。

3. 用友 ERP-U872 系统的安装

用友 ERP-U872 应用系统不分单机/网络版本，视具体的应用模式而定。如果是单机应用模式，那么只要把用友 ERP-U872 管理软件光盘放入光驱内，运行其上的“SETUP.EXE”文件即可使用，不需要额外的配置；如果是 C/S 网络应用模式，需要用同一张光盘在服务器和客户端，分别安装(服务器安装基本运行环境)，然后在客户端进行配置即可。在系统运行过程中，可根据实际需要随意切换远程服务器，即通过改变服务器名称来访问不同服务器上的业务数据。安装步骤如下。

（1）安装加密盒（教学演示版无须安装）。

（2）以 Windows 系统管理员的身份注册进入系统，将用友 ERP-U872 管理软件光盘放入服务器的共享光盘中，打开资源管理器，打开光盘目录，双击“SETUP.EXE”文件，显示用友 ERP-U872 管理软件安装欢迎界面之后在安装向导下完成以下相关操作，如图 2-1～图 2-5 所示。

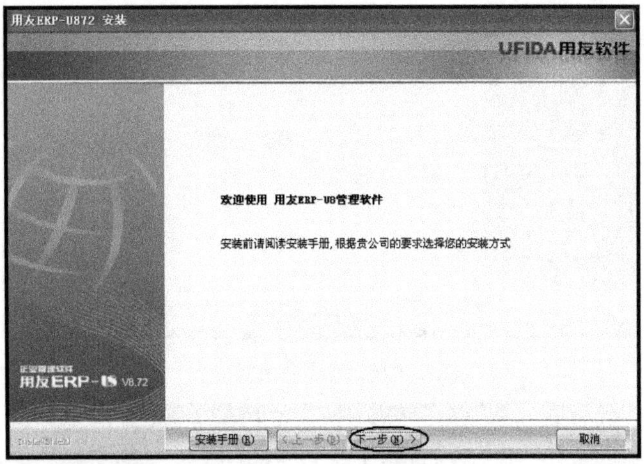

图 2-1　安装初始界面

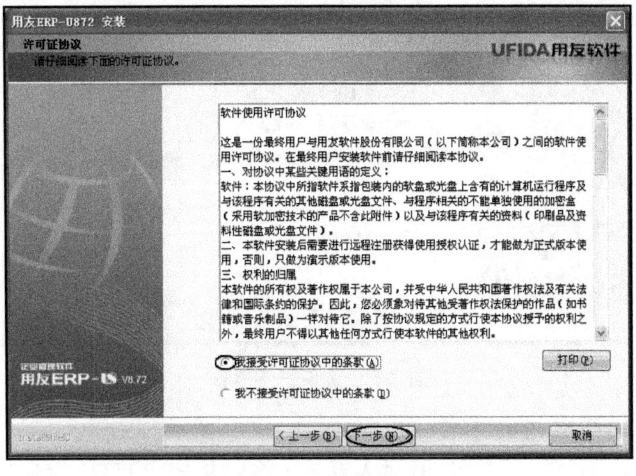

图 2-2　授权许可协议界面

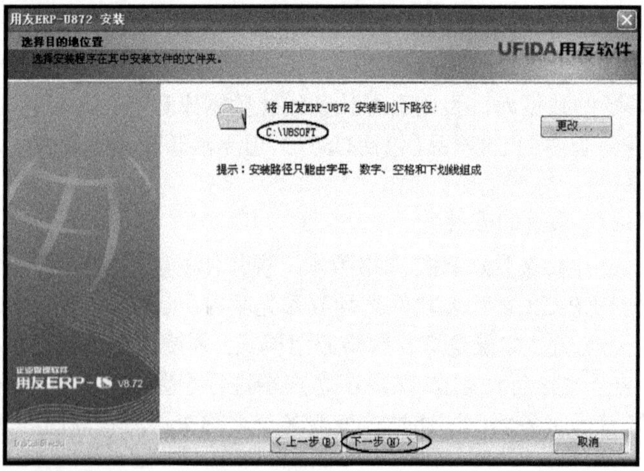

图 2-3　选择安装目标界面

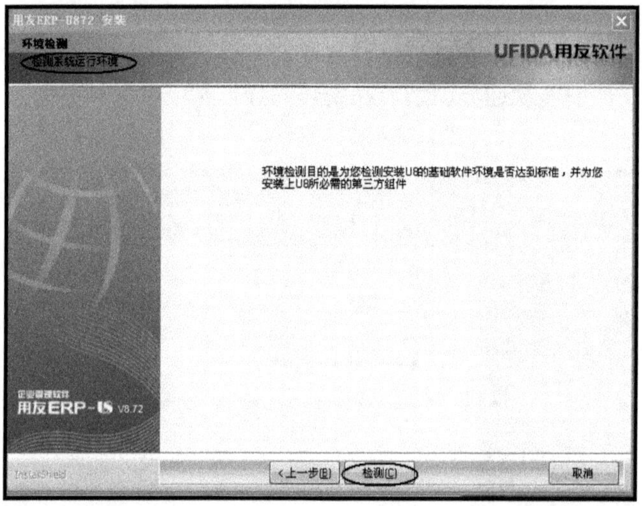

图 2-4　安装环境检测界面

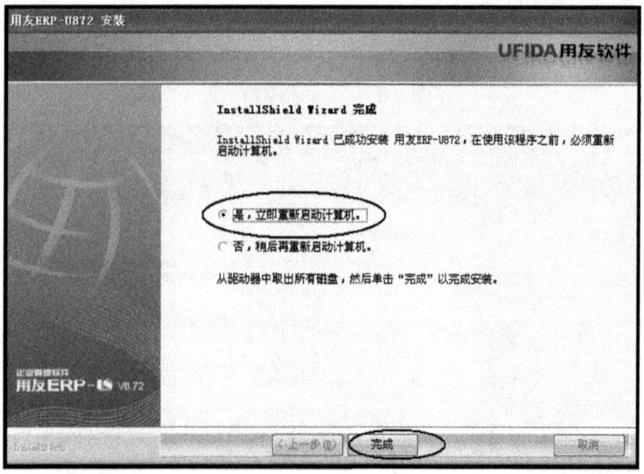

图 2-5　安装完毕界面

4. 用友 ERP-U872 系统的卸载

（1）以 Windows 系统管理员的账号进入系统，将用友 ERP-U872 管理软件光盘放入服务器的共享光盘中，打开资源管理器，打开光盘目录，双击“SETUP.EXE”文件，显示用友 ERP-U872 管理软件卸载界面，在安装向导的提示下完成卸载，如图 2-6～图 2-8 所示。

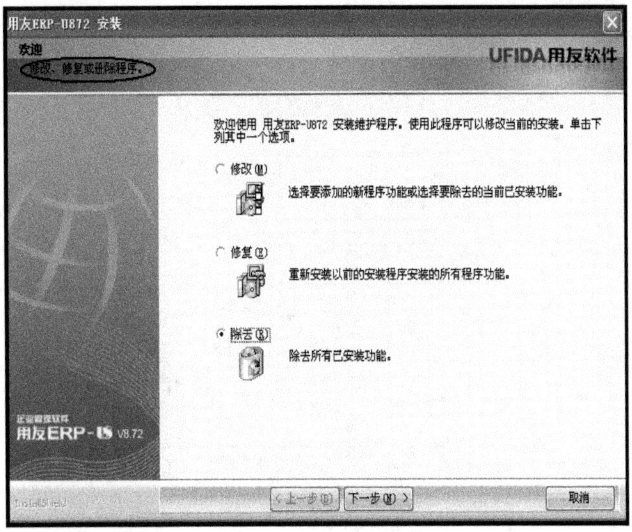

图 2-6　卸载初始界面

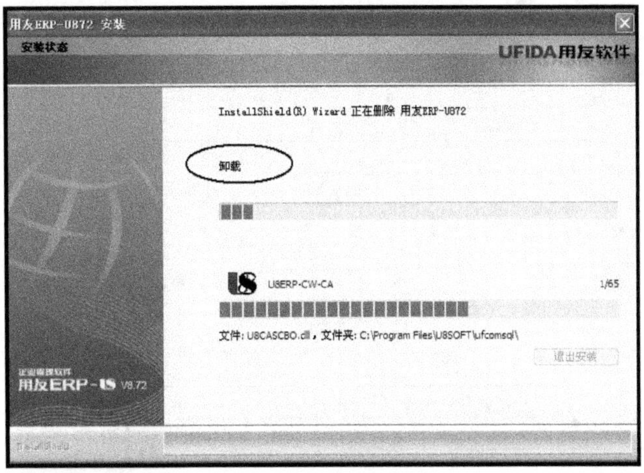

图 2-7　卸载界面

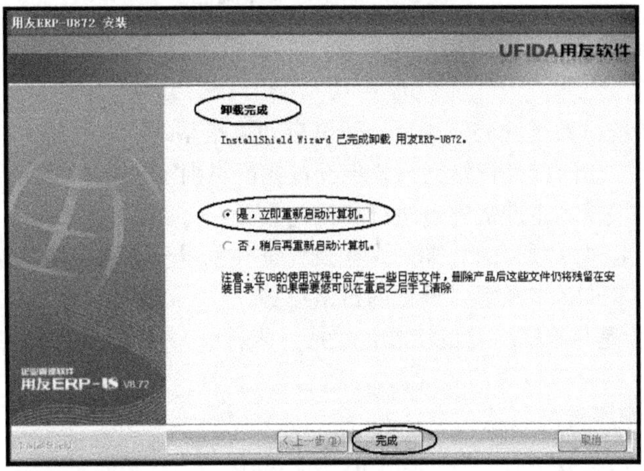

图 2-8　卸载完成界面

二、系统操作流程

1. 新用户的操作流程

第一次使用总账时，操作流程如图 2-9 所示。

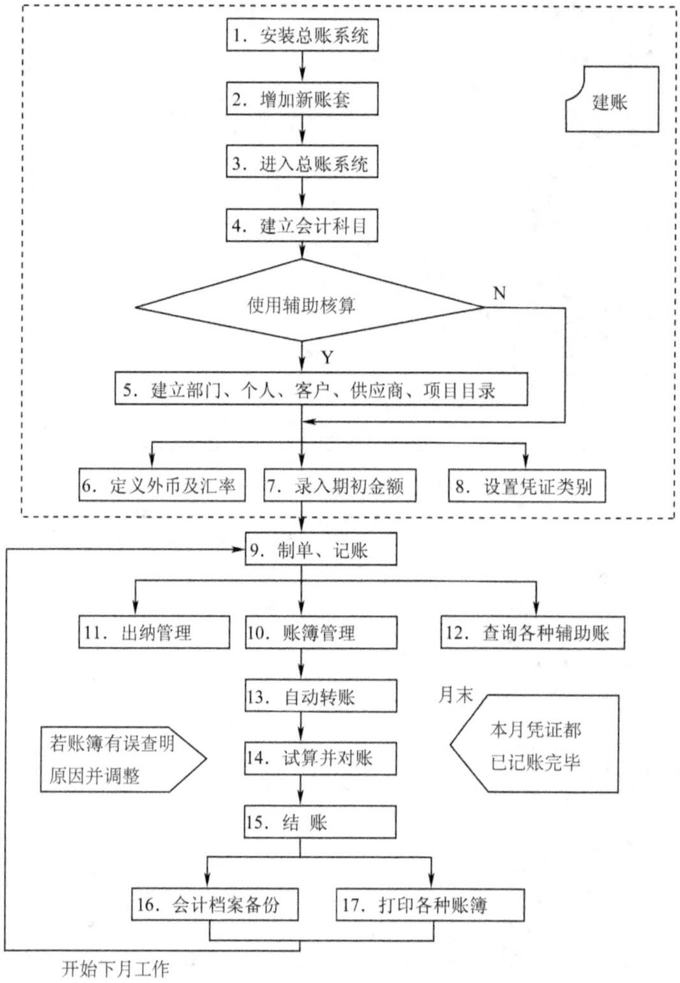

图 2-9 新用户操作流程

（1）安装总账系统。

（2）增加新账套。

（3）进入总账系统：系统安装完毕后，即可启动总账系统。

（4）从第 4 步建立会计科目开始到第 8 步设置凭证类别（即图中虚线所括部分），是对账套进行的初始设置，应根据本企业的特点进行相应的设置。

（5）会计科目、各辅助项目录、期初余额及凭证类别等已录入完毕，可以使用计算机进行填制凭证、记账。第 9～12 步是每月进行的日常业务。

（6）第 13～15 步是月末需进行的工作，包括月末转账、对账、结账，以及对会计档案进行备份等。

2. 老用户的操作流程

老用户使用以前账套数据时，应按图 2-10 所示的操作次序进行。

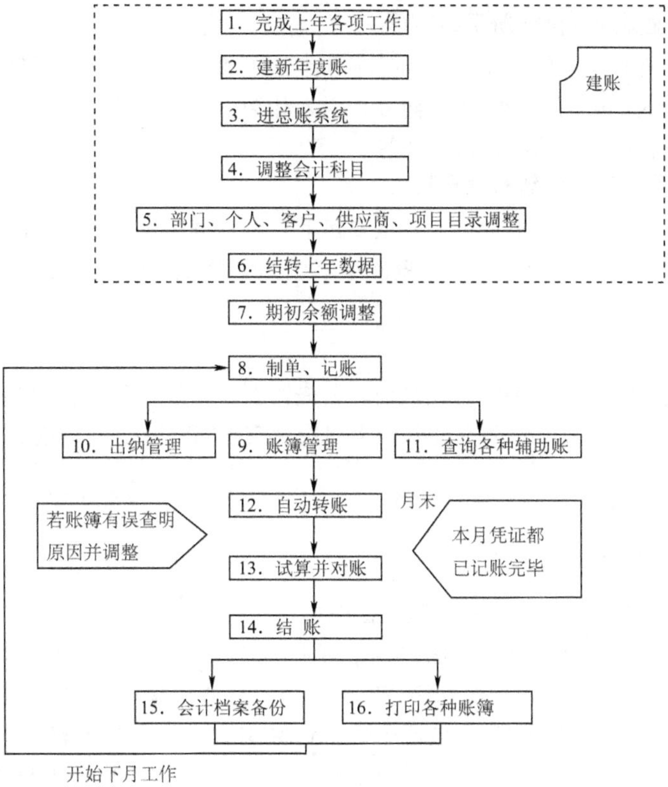

图 2-10 老用户操作流程

（1）安装总账系统。

（2）在系统管理中建立新的年度账。

（3）从企业应用平台——控制台进入总账系统。

（4）第 4～6 步（即图中虚线所括部分），是对账套进行的基本设置进行相应的调整和设置。

（5）会计科目、各辅助项目录、期初余额及凭证类别等已录入完毕，可以使用计算机进行填制凭证、记账。第 9 步、第 10 步是每月进行的日常业务。

（6）第 11～15 步是月末需进行的工作，包括月末转账、对账、结账，以及对会计档案进行备份等。

任务二 注册系统管理、建立并启用账套

任务解析

用友软件 ERP-U872 中账套是一组相互关联的数据，是每个独立核算企业建立的一套完整的账簿体系。各账套之间的数据相互独立、互不影响。通过此项学习，要求学生能够根据不同企业的实际情况来建立企业核算账套，并掌握注册系统及建立、启用账套等系统管理功能。

知识链接

一、注册系统管理

系统允许以两种身份进入系统管理：一是以系统管理员的身份；二是以账套主管的身份。

1. **以系统管理员的身份注册系统管理**

系统管理员负责整个应用系统的总体控制和维护工作，可以管理该系统中所有的账套。以系统管理员身份进入，可以进行账套的建立、引入和输出，设置用户、角色和权限，设置备份计划，监控系统运行过程，清除异常任务等。

2. **以账套主管的身份注册系统管理**

账套主管负责所选账套的维护工作。主要包括对所管理的账套进行修改、对年度账的管理(包括创建、清空、引入、输出及各子系统的年末结转)，以及该账套操作员的权限设置。

二、建立账套

企业应用用友 ERP-U872 系统开始之前，首先需要在系统中建立企业的基本信息、核算方法、编码规则等，称为建账，然后在此基础上启用用友 ERP-U872 系统的各个子功能模块，进行日常业务处理。

任务实施

根据如下资料完成新阳光有限公司建账工作。

新阳光有限公司为一般纳税人制造企业；单位名称:新阳光有限公司；单位简称：新阳光公司；单位地址：长沙市雨花区芙蓉路 78 号；法人代表：李正大；《税务登记证》编号：430000000201201；邮编：410004；电话号码：5678118。共有职工 8 名，设置办公室、财务部、销售部、生产部 4 个部门，主要生产 A、B 产品。执行 2007 新企业会计准则，存货采用实际成本法核算，该厂从 2015 年 1 月 1 日起实行电算会计，因往来业务简单，拟采用总账+往来辅助核算模式。

根据以下资料建立核算账套:（7 步）

账套资料	账套号：001　　账套名称：新阳光有限公司 采用默认路径　　启用会计期：2015 年 1 月 1 日
单位基本信息	单位名称：新阳光有限公司　　简称：新阳光公司
核算类型	记账本位币：人民币　　企业类型：工业 行业性质：2007 新会计准则　　账套主管：学生本人
基础信息	该企业无外币核算，存货、客户、供应商须分类
分类编码方案	科目编码级次：4-2-2-2-2　部门编码：2-2　结算方式编码：1-2
数据精度	均定为 2 位小数
系统启用	启用总账、工资、固定资产、应收款、应付款管理子系统，启用日期为 2015 年 1 月 1 日
财务核算规则	存货采用实际成本计价核算 发出存货成本采用全月一次平均法计算确定

一、注册系统管理

注册系统管理有以系统管理员的身份注册系统管理和以账套主管的身份注册系统管理两种方式。

1. **以系统管理员的身份注册系统管理**

以系统管理员的身份注册系统管理的主要操作步骤如下。

（1）执行“开始”→“程序”→“用友 ERP-U8”→“系统服务”→“系统管理”命令，进入“用友 ERP-U8[系统管理]”窗口，如图 2-11 所示。

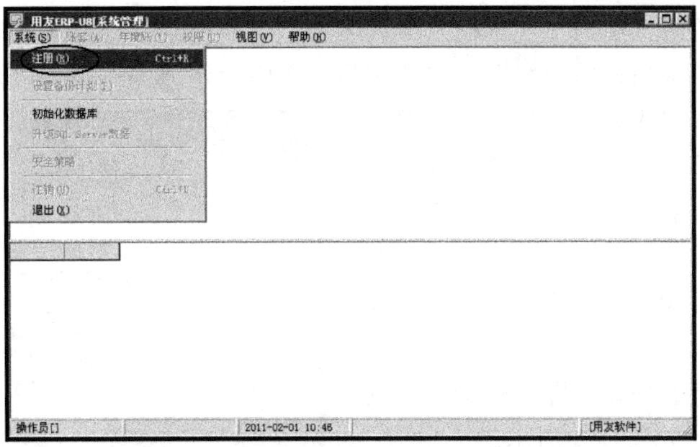

图 2-11 “用友 ERP-U8[系统管理]”窗口

（2）执行“系统”→“注册”命令，打开“登陆”对话框，选择服务器。单击“服务器”文本框，单击文本框右端出现的“←”，打开“网络计算机浏览”对话框。如果在客户端登录，则选择服务端的服务器名称；如果本身就在服务端或是单机用户，则选择本地服务器。输入操作员及密码。单击“操作员”文本框，输入用友 ERP-U8 默认的系统管理员“admin”；单击“密码”文本框，输入密码。用友 ERP-U8 默认系统管理员的密码为空，如图 2-12 所示。

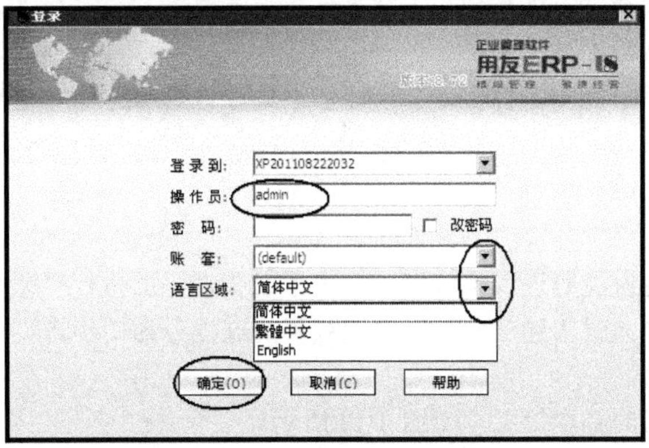

图 2-12 注册系统管理

提示

系统管理员是用友 ERP-U8 应用系统中权限最高的操作员，对系统数据安全和运行负责，因此，企业安装用友 ERP-U8 应用系统后，应该及时更改系统管理员的密码，以保障系统的安全性。

设置（更改）系统管理员密码的方法是：在系统管理员注册“登陆”对话框中，录入操作员密码后，选中“改密码”复选框，单击【确定】按钮，打开“设置操作员口令”对话框，在“新口令”文本框中录入欲设置的系统管理员密码，在“确认新口令”文本框中再次录入相同的密码，单击【确定】按钮进入系统管理。

（3）单击【确定】按钮，即以系统管理员的身份进入系统管理。

2. 以账套主管的身份注册系统管理

以账套主管的身份注册系统管理，主要操作步骤如下。

（1）进入“用友 ERP-U8[系统管理]”窗口，执行“系统”→“注册”命令，打开“登录”对话框。选择服务器。录入操作员及密码。单击“操作员”文本框，录入欲登录系统的账套主管的姓名或编号，单击“密码”文本框，录入账套主管的密码。选择账套。录入操作员之后，系统会在“账套”下拉列表框中根据当前操作员的权限显示该操作员可以登录的账套号。只能从下拉列表框中选择某账套。选择会计年度，单击“会计年度”下拉列表框，从中选择要进行业务处理的会计年度。录入操作日期。在“操作日期”文本框内录入操作日期。录入格式为“yyyy-mm-dd”。也可单击“→”选择录入操作日期。

（2）单击【确定】按钮，即以账套主管的身份进入系统管理，如图 2-13 所示。

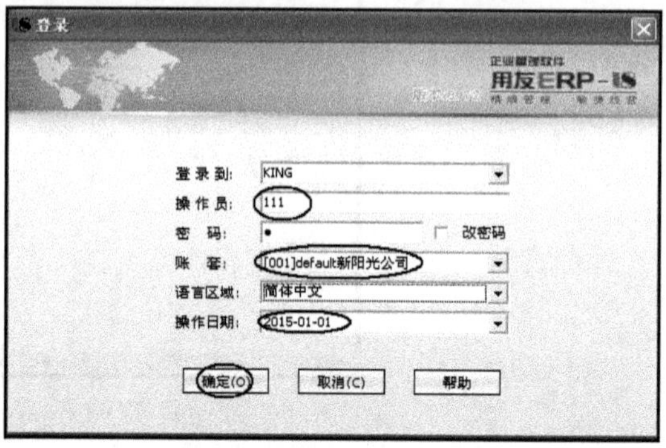

图 2-13 账套主管注册系统管理

提示

如果是初次使用本系统，第一次必须以系统管理员的身份注册系统管理，建立账套和指定相应的账套主管之后，才能以账套主管的身份注册系统管理。

系统自动根据模块+站点保存最后一次登录的信息。

系统管理员（admin）和账套主管看到的系统管理登录界面是有差异的。系统管理员登录界面只包括服务器、操作员、密码 3 项，而账套主管登录界面则包括服务器、操作员、密码、账套、会计年度、操作日期 6 项。

单击“会计年度”后的[浏览]按钮可参照会计日历查看所选定账套指定会计年度与自然时间之间的关系。

二、建立账套

以系统管理员的身份注册进入系统管理。在系统管理界面执行“账套”→“建立”命令，打开“创建账套”向导。跟随建账向导，创建账套的过程分为 7 步。

（1）输入账套信息。

用于记录新建账套的基本信息，如图 2-14 所示。

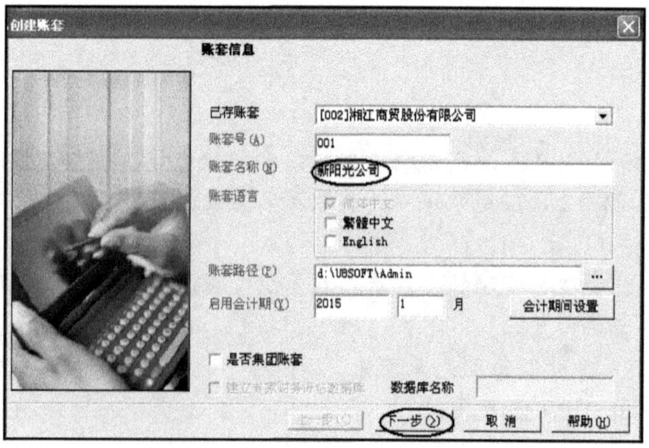

图 2-14 “账套信息”对话框

① 已存账套。系统将已经存在的账套以下拉列表框的形式在此栏目中显示，用户只能参照，而不能输入或修改，其作用是在建立新账套时可以明晰已经存在的账套，避免在新建账套时重复建立。

② 账套号。用来输入新建账套的编号，账套号为 3 位。系统提供默认的账套号，用户可以修改，账套号的取值范围为 001～999，用户输入的账套号不能与系统内已有的账套号相同。

③ 账套名称。用来输入新建账套的名称，用户必须输入，且不得超过 40 个字符。

④ 账套路径。用来输入新建账套所要被保存的路径，系统默认的路径为“C:\U8SOFT\Admin”；用户可以修改，也可以利用浏览进行参照输入。账套路径不能是网络路径中的磁盘。

⑤ 启用会计期。用户输入新建账套的启用时间，用户必须输入。系统默认为计算机的系统日期，可单击【会计期间设置】按钮，设置账套的启用年度和月度。

⑥ 输入完成后，单击【下一步】按钮，进行“单位信息”设置。

（2）输入单位信息。

用于记录本单位的基本信息，包括单位名称、单位简称、单位地址、法人代表、邮政编码、联系电话、传真、电子邮件、税号、备注等，如图 2-15 所示。

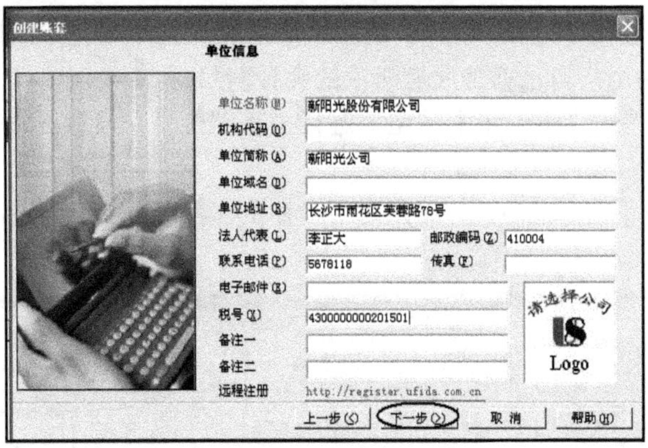

图 2-15 “单位信息”对话框

① 单位名称。用户单位的全称，必须输入。企业全称只在发票打印时使用，其余情况全部使用企业的简称。

② 单位简称。用户单位的简称，最好输入。

③ 备注。输入用户认为有关该单位的其他信息，如所有制类型。

④ 输入完成后，单击【下一步】按钮，进行“核算信息”设置。

（3）输入核算信息。

用于记录本单位的基本核算信息，包括本位币代码、本位币名称、账套主管、行业性质、企业类型、是否按行业性质预置科目等，如图 2-16 所示。

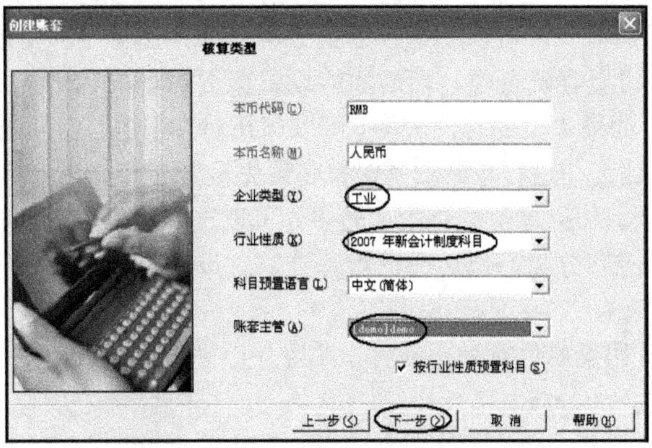

图 2-16 “核算类型”对话框

① 本币代码。用来录入新建账套所用的本位币的代码，如“人民币”的代码为 RMB。

② 本币名称。用来录入新建账套所用的本位币的名称，如“人民币”，用户必须录入。

③ 企业类型。用户必须从下拉列表框中选择。U872 版本提供了工业、商业、医药流通 3 种类型。

④ 行业性质。用户必须从下拉列表框中选择本单位所属的行业性质；这为下一步“是否按行业预置科目”确定了科目范围，并且系统会根据企业所选行业预制一些行业的特定方法和报表。

⑤ 科目预置语言。U872 支持多语言版本：English、中文（繁体）、中文（简体）3 种选择，此账套选择中文（简体）。

⑥ 账套主管。用来录入新建账套主管的姓名，用户必须从下拉列表框中选择。对于账套主管的设置和定义将在操作员及权限管理中详述。如操作员未曾设置，采用系统默认账套主管“demo”。

⑦ 按行业性质预置科目。如果用户希望在总账系统预置所属行业的标准科目，则选中该复选框；如果不选，则由用户自己增加所有级次的会计科目。

⑧ 输入完成后，单击【下一步】按钮，进行“基础信息”设置。

（4）输入基础信息。

选择企业是否有外币核算业务；并确定是否对存货、客户和供应商进行分类管理，如图 2-17 所示。

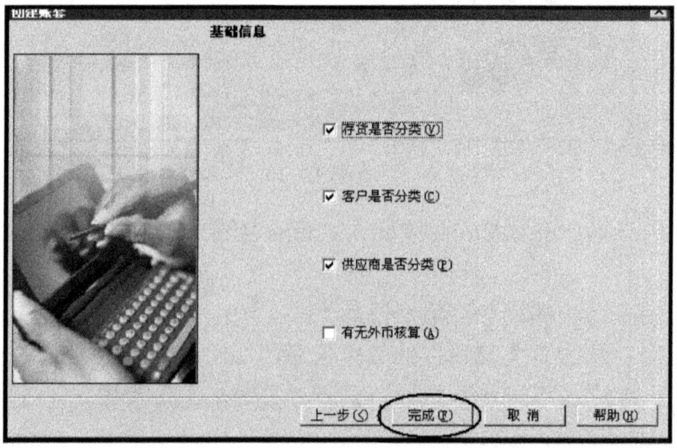

图 2-17　“基础信息”对话框

① 存货是否分类。如果单位的存货较多，且类别繁多，可以选择对存货进行分类管理；如果单位的存货较少且类别单一，可以不进行存货分类。如果选择了存货要分类，那么在进行基础信息设置时，必须先设置存货分类，然后才能设置存货档案。

② 客户是否分类。如果单位的客户较多，可以选择对客户进行分类管理，否则可以不分类。如果选择了客户分类，那么在进行基础设置时，必须先设置客户分类，然后才能设置客户档案。

③ 供应商是否分类。如果单位的供应商较多，可以选择对供应商进行分类管理，否则可以不分类。如果选择了供应商分类，那么在进行基础信息设置时，必须先设置供应商分类，然后才能设置供应商档案。

④ 有无外币核算。如果单位有外币业务，如用外币进行交易或用外币发放工资等，需要选中此复选框。

⑤ 以上信息输入完成后，单击【完成】按钮，系统提示“可以创建账套了么?”，单击【是】

按钮，完成上述信息设置，等候几分钟，系统自动打开“编码方案”对话框，如图 2-18 所示。

（5）设置分类编码方案。

为了方便用户进行分级核算、统计和管理，本系统可以对基础数据的编码进行分级设置，可分级设置的内容包括科目编码级次、客户分类编码级次、部门编码级次、地区分类编码级次等，如图 2-18 所示。

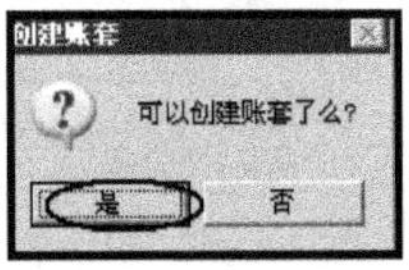

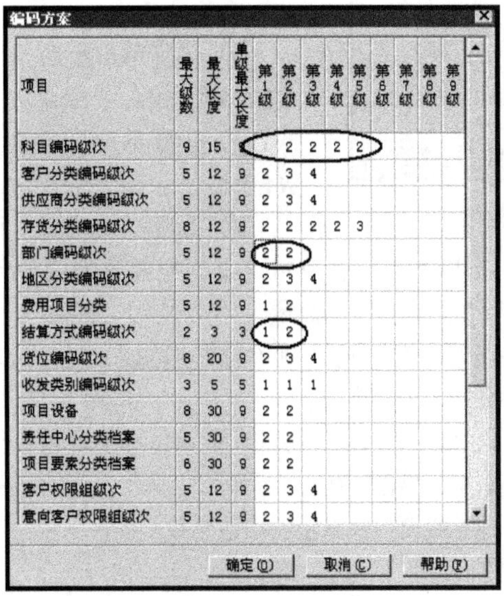

图 2-18 设置编码方案

① 科目编码级次。在此设定企业会计科目的编码级次和各级长度。例如，某单位将科目编码设为 4-2-2，则科目编号时一级科目编码是 4 位长，二、三级科目编码各是 2 位长。

② 客户权限组级次。对存货、客户、供应商设置记录权限可以通过分组设置对应权限来达到设置档案记录权限的目的。在此，可以设置客户、供应商、存货权限组的级次。编码级次和各级编码长度的设置将决定用户单位如何编制基础数据的编号，进而构成用户分级核算、统计和管理的基础。各项编码级次的设置应遵循系统定义的规则，设置方法基本相同，只需要单击要修改的编码方案中的级次单元格，背景显示为蓝色，就可以按数字键修改系统默认的位数。

③ 设置完成后，单击【确定】按钮，打开“数据精度”对话框。

提示

设置的编码方案级次不能超过最大级数；同时系统限制最大长度，只能在最大长度范围内，增加级数，改变级长。若需要删除级长，必须从最末一级开始删除。

当你在建立账套时设置存货、客户、供应商、不需分类，则在此不能进行存货分类、客户分类、供应商分类的编码方案设置。

该编码方案的设置在此可以按系统默认，待建账完毕后在“基础信息→基本信息”中根据企业实际情况进行修改。

（6）数据精度。

由于各用户企业对数量、单价的核算精度要求不一致，为了适应各用户企业的不同需求，本系统提供了自定义数据精度的功能。在系统管理部分需要设置的数据精度主要有存货数量小数位、存货单价小数位、开票单价小数位、件数小数位、换算率小数位和税率小数位。各文本框只能录入 0～6 的整数，系统默认值为 2，如图 2-19 所示。

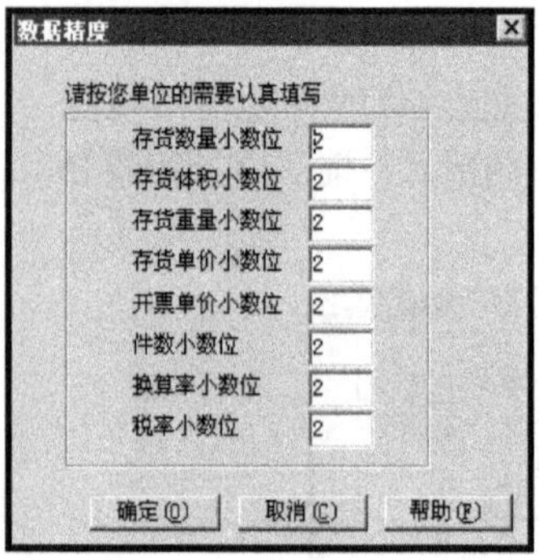

图 2-19 “数据精度”对话框

① 存货数量小数位。确定用户在进行存货数量核算时所要求的小数位数。

② 存货体积小数位。确定用户在进行存货体积核算时所要求的小数位数。

③ 存货重量小数位。确定用户在进行存货重量核算时所要求的小数位数。

④ 存货单价小数位。确定用户在进行存货单价核算时所要求的小数位数。

⑤ 开票单价小数位。确定用户在开票时所要求的单价的小数位数。

⑥ 件数小数位。一种存货可以有多个计量单位，如衬衣以件为单位计价，但以箱为单位发货，我们把件称为主计量单位，把箱称为辅计量单位。在很多单据上，都反映“主计量”、“数量”、“单位”、“件数”几个量，分别代表主计量单位、主计量单位的数量、辅计量单位、辅计量单位的数量。这里可以根据企业的实际情况，录入在进行开票时所要求的件数小数位数。

⑦ 换算率小数位。换算率是指辅计量单位和主计量单位之间的换算比。例如，1 箱衬衣=30 件，则 30 就是辅计量单位“箱”和主计量单位“件”之间的换算比。用户可根据企业的实际情况，录入在进行单位换算时所要求的换算率的小数位数。

⑧ 税率小数位。税率是指增值税税率。

（7）系统启用。

设置完成后，单击【确定】按钮，系统提示是否进行系统启用设置，如图 2-20 所示。若单击【是】按钮，可以立即进行系统启用的设置；单击【否】按钮，结束建账，返回系统管理界面。

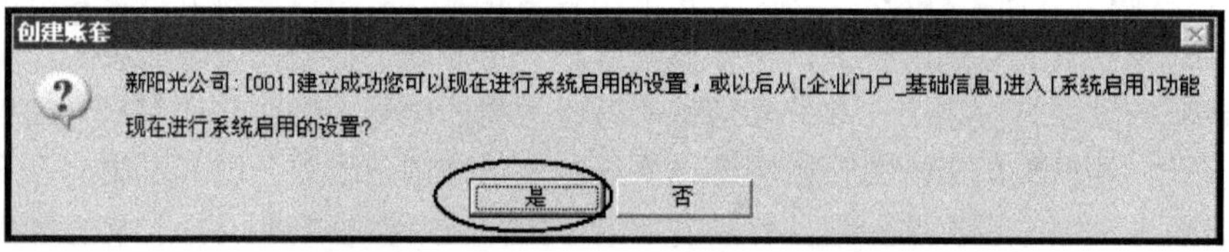

图 2-20 创建账套成功是否启用系统提示

提示

在上述建账过程中的每个步骤中，均可以单击【上一步】按钮返回上一界面进行修改，或单击【放弃】按钮取消建账过程。

三、系统启用

已安装系统（或模块）的启用，并记录启用日期和启用人。要使用一个产品必须先启用这个产品，有以下两种方法。

（1）创建一个新账套后，自动打开“系统启用”对话框，用户可以一气呵成地完成创建账套和系统启用。

① 以系统管理员的身份打开“系统启用”对话框，列示所有产品，如图 2-21 所示。

② 选择要启用的系统，只有系统管理员和账套主管有系统启用权限，如图 2-22 所示。

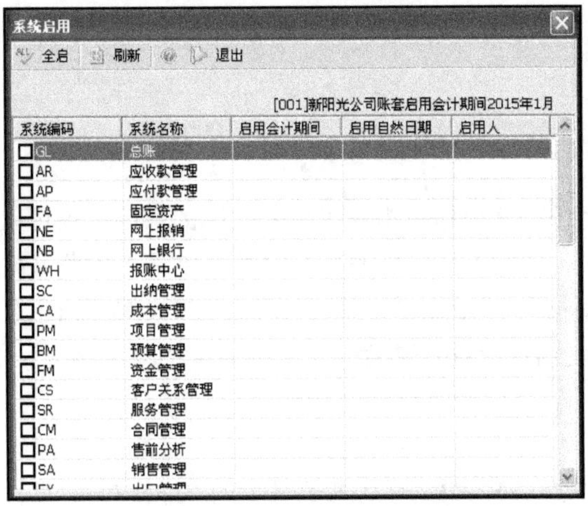

图 2-21 “系统启用”对话框

图 2-22 “提示信息”对话框

③ 在“启用会计期间”内录入启用的年、月数据；用户单击【确认】按钮后，保存此次的启用信息，并将当前操作员写入启用人，如图 2-23 所示。

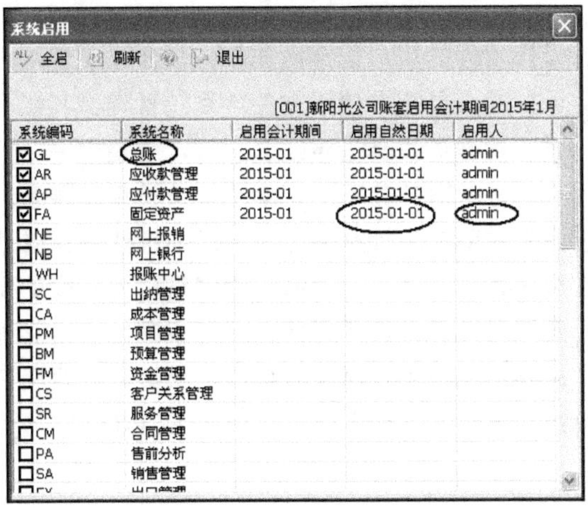

图 2-23 “系统启用”完成

提示

所有系统进入时都要判断系统是否已经启用。未启用的系统不能登录。

（2）在企业应用平台中启用。具体内容将在项目三系统初始化中详细介绍。

任务三 设置操作员及权限管理

任务解析

用友 ERP-U872 中系统管理对操作员及其功能权限实行统一管理，设立统一的安全机制，包括用户、角色和权限设置等功能。以明确指定系统权限进行授权的操作员，并对操作人员的使用进行明确规定，以避免无关人员对系统进行非法操作。本次任务主要掌握如何对操作员及其权限进行合理分配与管理。

知识链接

一、角色管理

角色是指在企业管理中拥有某一类职能的组织，这个角色组织可以是实际的部门，也可以是由拥有同一类职能的人构成的虚拟组织。例如，实际工作中常有的会计和出纳两个角色（他们既可以是同一个部门的人员，也可以分属不同的部门但工作职能是一样的）。在设置了角色之后，就可以定义角色的权限，当用户归属某一角色后，就相应拥有了该角色的权限。

二、用户管理

用户是指有权限登录系统，对应用系统进行操作的人员，即通常意义上的“操作员”。每次注册登录应用系统，都要进行用户身份的合法性检查。只有设置了具体用户之后，才能进行相关的操作。

三、权限管理

权限管理是指对允许操作软件的用户规定操作权限。在系统使用之前需要对用户进行岗位分工，以此来防止与业务无关的人员擅自使用软件。系统管理员与账套主管都可以进入系统管理，但权限不完全相同。系统管理员负责指定账套主管，对整个系统的安全和维护工作负责，对账套进行管理，设置用户并进行财务分工。账套主管负责年度账套的维护工作，对所选年度账套进行管理，并对所选账套的用户进行财务分工，但不包括主管自己。

为了保证系统运行安全、有序，适应企业精细管理与内控制度的要求，权限管理必须向更细、更深的方向发展。用友 ERP-U872 应用系统提供了权限的集中管理功能。除了提供用户对各模块操作权限的管理外，还相应提供了对于数据的记录级、字段级权限与金额的权限控制。不同的组合方式使得权限控制更灵活、更有效。在用友 ERP-U872 应用系统中可以实现三个层次的权限管理。

1. 功能级权限管理

功能级权限提供了细致的功能级权限管理功能，包括各功能模块相关业务的查看分配权限。例如，赋予用户 SYSTEM 对[U8 培训演示账套]中总账模块、工资模块的全部功能。

2. 数据级权限管理

数据级权限可以通过两个方面进行控制：一个是字段级的权限控制；另一个是记录级的权限控制。例如，设定出纳员只能录入收付凭证类别的凭证。

3. 金额级权限管理

金额级权限主要用于完善内部金额控制，实现对具体金额数量划分级别，对不同岗位和职位的操作员进行金额级别控制，限制他们制单时可以使用的金额数量，不涉及内部系统控制的不在管理范围内。例如，设定吴英对“库存现金”科目金额级别六级控制额为 6 000 元。

功能权限的分配在系统管理中的“权限”→“权限”中设置，数据级权限和金额级权限在企业应用平台的“基础设置”→“系统服务”→“权限”中进行设置，且必须是在系统管理的功能权限分配之后才能进行设置。

任务实施

沿用新阳光有限公司的账套资料，根据下表进行财务人员分工（所有操作员口令均可设为 1）。

编号	用户	所属部门	具体分工	应赋权限
111	学生本人	财务部	凭证审核、记账 结账、报表编制等	账套主管，拥有账套全部权限
222	吴英	财务部	填制凭证等	总账权限中的凭证处理、查询凭证权限； 公用目录设置； 工资、固定资产管理系统的全部权限
333	洪天	财务部	应收款管理 应付款管理等	公共单据处理； 公用目录设置； 应收款管理的全部操作权限； 应付款管理的全部操作权限
444	周平	财务部	出纳签字等	总账中的凭证下出纳签字权； 总账中出纳所有权限

一、角色管理操作

角色管理包括角色的增加、删除、修改等维护工作。具体操作步骤如下所述。

（1）以系统管理员的身份进入系统管理窗口，执行“权限”→“角色”命令，进入“角色管理”窗口，如图 2-24 所示。

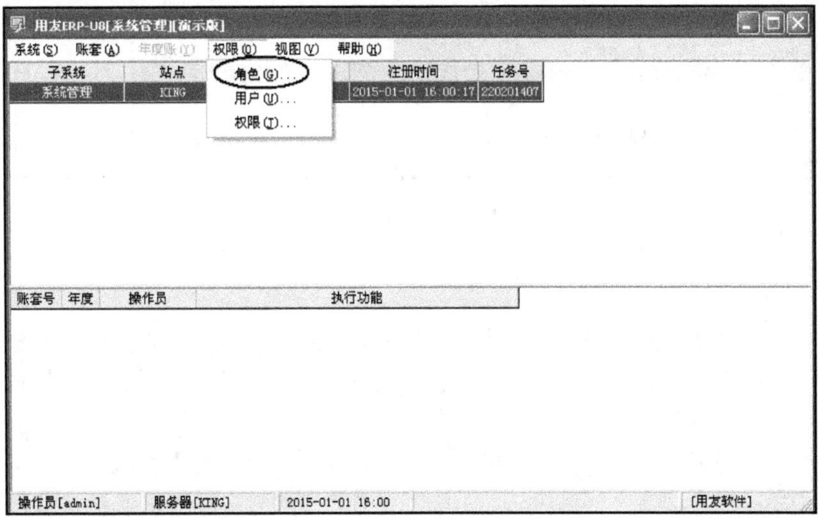

图 2-24 进入“角色管理”窗口

（2）在“角色管理”窗口中，单击【增加】按钮，打开“角色详细情况”对话框，输入角色编号和角色名称等，如图 2-25 所示。

（3）如果要修改某角色，单击【修改】按钮，对当前所选角色记录进入编辑，除角色编号不能进行修改之外，其他的信息均可以修改。如果要删除某角色，单击【删除】按钮，系统弹出提示信息要求确认，单击【是】按钮后即可删除角色，如图 2-26 所示。

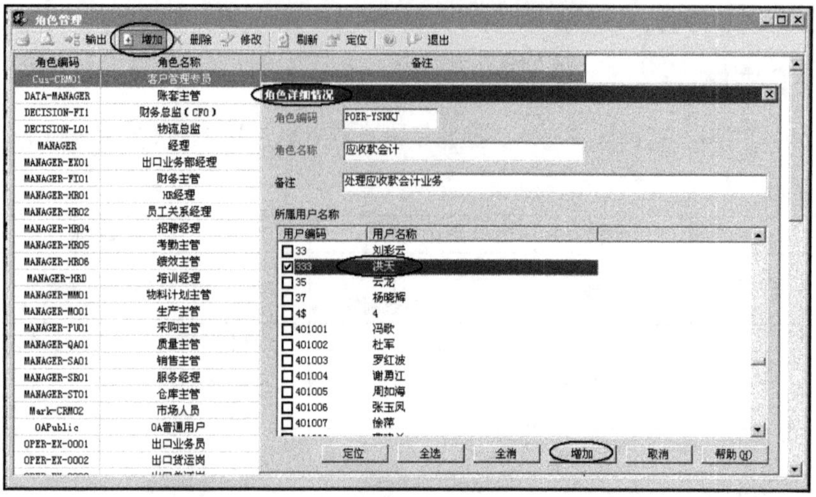

图 2-25　增加角色

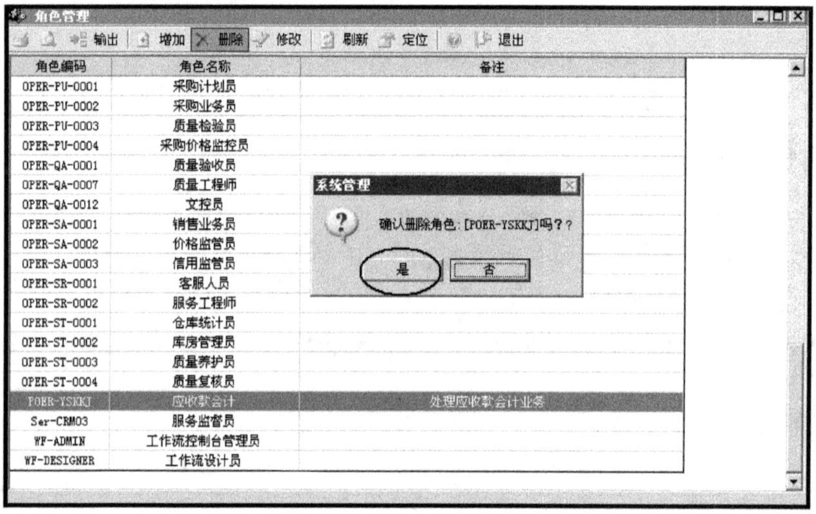

图 2-26　删除角色

提示

用户和角色设置不分先后顺序，用户可以根据自己的需要先后设置。但对于自动传递权限来说，应该首先设定角色，然后分配权限，最后进行用户的设置。这样在设置用户的时候，如果选择其归属哪一个角色，则其自动具有该角色的权限。

一个角色可以拥有多个用户，一个用户也可以分属于多个不同的角色。

若角色已经在用户设置中被选择过，系统则会将这些用户名称自动显示在角色设置中的所属用户名称的列表框中。

只有系统管理员才有权限进行本功能的操作。

二、用户管理操作

软件操作需要设置用户。以系统管理员的身份进入系统，建立用户的编号、姓名等相关信息。

（1）在系统管理窗口中，执行“权限”→“用户”命令，进入“用户管理”窗口。

（2）在“用户管理”窗口中，单击【增加】按钮，如图 2-27 和图 2-28 所示。分别增加 4

个用户，其编号分别为“111”、“222”、“333”、“444”，姓名分别对应于“学生本人”、“吴英”、“洪天”、“周平”，单击【增加】按钮后退出。

图 2-27 增加用户

图 2-28 用户增加完成

用户修改与删除的步骤和增加基本相同，先选中要修改或删除的用户，单击【修改】按钮即可修改用户，单击【删除】按钮即可删除用户，但用户一旦已经进入系统进行过操作或已分配角色，则不允许删除。

三、权限管理操作

在系统管理中只进行功能级权限管理的操作步骤如下。

（1）以系统管理员的身份注册进入系统管理，执行“权限”→“权限”命令，进入“操作员权限”窗口。

（2）设置账套主管。从左侧的操作员列表框中选择操作员，从“账套”下拉列表框中选择账套，选中“账套主管”复选框，系统弹出提示信息，如图 2-29 所示。单击【是】按钮，则该操作员具有该年度账所有 22 个子系统的操作权限。

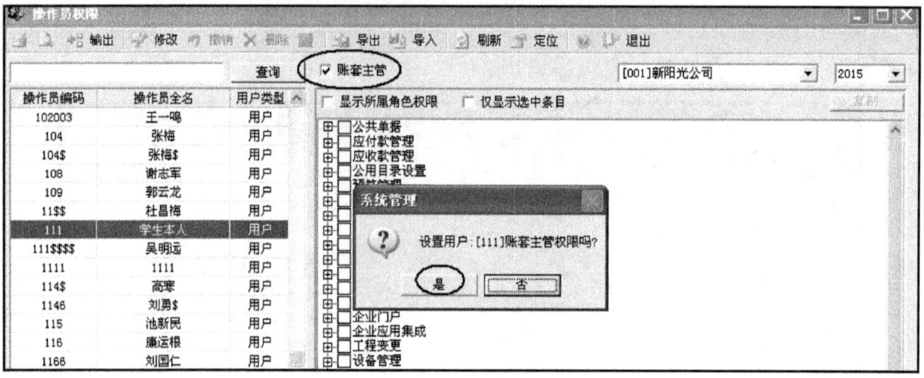

图 2-29 增加权限

提示

只有以系统管理员的身份注册才能设置账套主管。如果以账套主管的身份注册，只能分配所辖账套子系统的操作权限。

一个账套可以有多个账套主管。

如果在角色管理或用户管理中已将“用户”归属于“账套主管”角色，则该操作员即已定义为系统内所有账套的账套主管。

（3）增加或修改操作员权限。从左侧的操作员列表框中选择操作员，单击【修改】按钮后，系统提供了 22 个子系统的功能权限的分配，可以选中相应功能前的复选框，将该权限分配给当前用户，如左侧选中“周平”出纳权限。展开“总账”节点，选中“出纳”、“凭证”、“出纳签字”复选框，如图 2-30 所示。同理赋予其他财务人员权限。

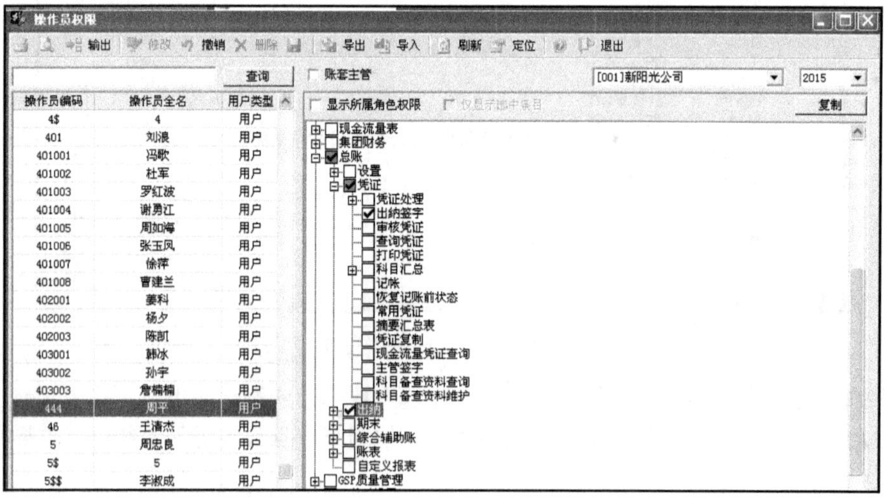

图 2-30 修改权限

任务四 系统维护

任务解析

用友软件 ERP-U872 自带了许多系统维护工具，如对账套数据的输出与删除、引入、修改，实施系统监控，清除异常任务，查看上机日志，年度账套数据管理，设置自动备份计划等以保证软件运行正常。本次任务主要掌握如何在运行过程中进行系统维护。

知识链接

一、系统数据的输出与删除

企业实际运营中，存在很多不可预知的不安全因素，如地震、火灾、计算机病毒、人为的误操作等，任何一种情况的发生对于系统安全都是致命性的。如何在意外发生时将企业损失降低到最低，是每个企业共同关注的问题。对于企业系统管理员或账套主管来讲，定时地将企业数据进行备份并存储到不同的介质上（如 U 盘、光盘、网络磁盘等），对数据的安全性是非常重要的。备份数据一方面用于必要时恢复数据之用；另一方面对于异地管理的公司，此种方法还可以解决审计和数据汇总的问题。

二、账套数据的引入

账套数据的引入是将系统外的账套数据引入到本系统中。例如，当账套数据遭到破坏时，将最近备份的账套数据引入到本账套中。该功能的增加将有利于集团公司的操作，子公司的账套数据可以定期被引入母公司系统中，以便进行有关账套数据的分析和合并工作。如果是作为集团公司的管理人员应用本系统，最好在建立账套之前就预先做好规划，为每个子公司分配不同的账套号，以有效避免引入子公司数据时因为账套号相同而覆盖其他账套的数据。

三、账套数据的修改

用户可以通过系统提供的修改账套功能，查看或修改账套信息。当系统管理员建完账套并设置了账套主管后，在未使用相关信息的基础上，需要对某些信息进行调整，以便使信息更真实、准确地反映企业的实际情况时，可以进行适当的调整。只有账套主管可以修改其具有权限的年度账套中的信息，系统管理员无权修改。

四、系统监控功能

系统管理一个很重要的用途就是对各子系统的运行实施适时监控。为此，系统将正在登录到系统管理的子系统及其正在执行的功能模块在界面上列示出来，以便于系统管理员或账套主管用户进行监控。如果需要看最新的系统内容，就需要启用刷新功能来适时刷新列表的内容。

五、清除异常任务

用友 ERP-U872 软件除了提供手动进行异常任务的清除之外，还提供了增强自动处理异常任务的能力，不用每次必须由系统管理员登录系统管理后手工清除。如果用户服务端超过异常限制时间未工作或由于不可预见的原因非法退出某系统，则视此为异常任务，在系统管理主界面显示“运行状态异常”，系统会在到达服务端失效时间时，自动清除异常任务。在等待时间内，用户也可选择“清除异常任务”菜单，自行删除异常任务。系统会把这些异常任务所申请的系统资源予以释放，使系统恢复正常。

六、上机日志

为了保证账套数据的安全，为审计留下更充足的线索，系统可以随时对系统的用户、操作起止时间、操作的具体内容进行自动记录，形成上机日志。

七、年度账套数据管理

年度账操作与账套操作基本一致，所不同的是年度账操作不是针对某个账套，而是针对账套中的某一年度的年度账进行的。年度账套管理由账套主管负责，包括年度账套的建立、引入和输出，结转上年数据和清空年度数据等。

年度账套的建立是在已有的上年度账套的基础上，通过年度账建立，在每个会计期间结束时自动将上个年度账的基本档案信息结转到新的年度账中。对于上年余额等信息则需要在年度账结转操作完成后，由上年自动转入下年的新年度账中。

引入和输出年度账与账套操作中的引入和输出的含义基本相同，作用都是对数据的备份与恢复。所不同的是年度账套操作中的引入和输出不是针对整个账套，而是针对账套中的某一年度的年度账进行的。年度账的引入操作与账套的引入操作基本一致，不同之处在于引入的是年度数据备份文件。在输出操作的界面上选择的是具体的年度而非账套。

“清空年度数据”并不是指将年度账的所有数据全部清空，而是要保留一些信息，主要有基础信息、系统预置的科目报表等。保留这些信息的目的主要是方便用户使用清空后的年度账重新做账。

八、设置自动备份计划

在用友软件 ERP-U872 中，提供了设置自动备份计划的功能，其作用是自动定时对设置的账套数据进行输出操作。设置自动备份计划的优势在于设置定时备份账套功能、多个账套同时输出功能，在很大程度上减轻了系统管理员或账套主管的工作量，同时可以更好地对系统进行管理。

任务实施

沿用新阳光有限公司的账套。根据以下资料进行账套管理与系统维护。

1. 事先在计算机 D 盘中新建“新阳光账套”、“新阳光年度账”文件夹。
2. 以系统管理员的身份注册系统管理，输出新阳光公司账套数据到相应文件夹。
3. 以账套主管的身份注册系统管理，输出新阳光公司 2015 年度账套数据到相应文件夹并作比较。
4. 以系统管理员的身份注册系统管理，引入该账套数据。提示引入位置。再以账套主管的身份进入系统管理，检查并修改账套相关数据。（修改资料：录入电子邮箱 lzd20080608@126.com）
5. 分别以系统管理员和账套主管的身份设置自动备份计划，计划内容自拟。

一、系统数据的输出与删除操作

在账套数据输出前需建立一个空的文件夹，以便把备份数据存放在该文件夹中。例如，在 D 盘下新建一个空文件夹，名称为“用友数据备份”。

（1）以系统管理员的身份进入系统管理。

（2）执行“账套”→“输出”命令，如图 2-31 所示，在“账套号”下拉列表框中选择“[001] 湖南省新阳光”选项，如果要删除当前账套，则选中“删除当前输出账套”复选框，如不删除则按系统默认路径，单击【确认】按钮。

（3）如要改变输出路径，在“请选择账套备份路径”对话框中，选中 D 盘，找到事先建立的文件夹“新阳光公司”，双击打开，单击【确认】按钮，然后系统开始备份输出，备份后出现提示“输出成功”，单击【确定】按钮，如图 2-32 和图 2-33 所示。

图 2-31　账套输出

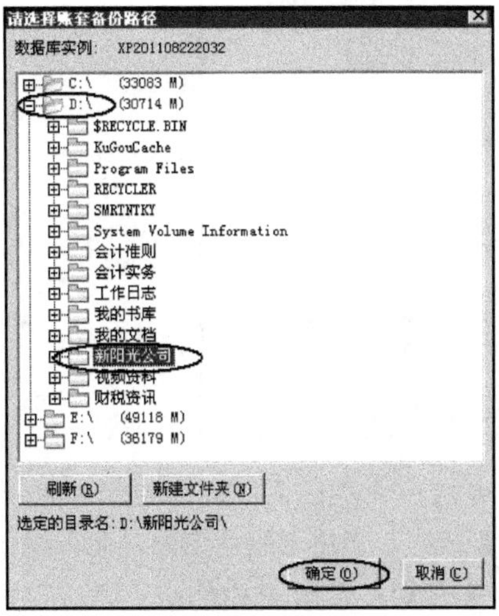

图 2-32　“请选择账套备份路径”对话框

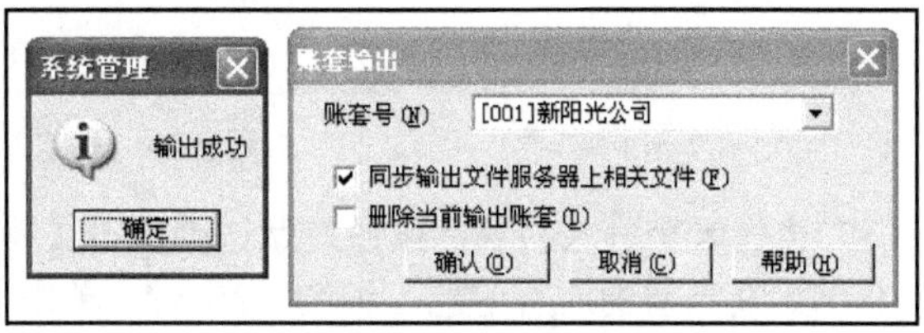

图 2-33　账套输出完成

学生本人以（账套主管）的身份进入系统管理，执行“年度账”→“输出”命令，如图 2-34 所示。

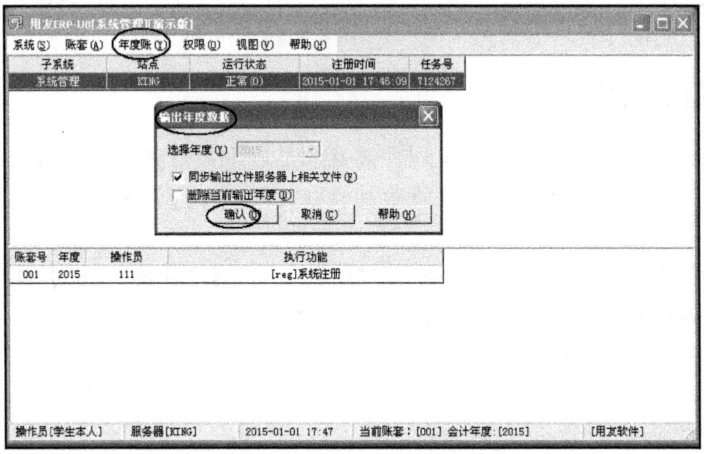

图 2-34　年度账套输出

提示

系统管理员只能做账套备份，账套主管只能做年度账备份。

账套备份输出的文件为 UFDATA.BAK、UfErpAct.Lst；年度账备份文件为 UFDATA.BAK、UfErpYer.Lst。

二、账套数据的引入操作

引入账套功能是将系统外某账套数据引入本系统中。年度账的引入与账套操作中的引入含义基本一致，所不同的是它的引入是针对账套中的某一年度的年度账进行的。

（1）以系统管理员的身份进入系统管理。

（2）执行“账套”→“引入”命令，如图 2-35 所示，选中 D 盘中的“新阳光公司”选项，双击打开，选择“UfErpAct.Lst”账套索引文件后，单击【确定】按钮。

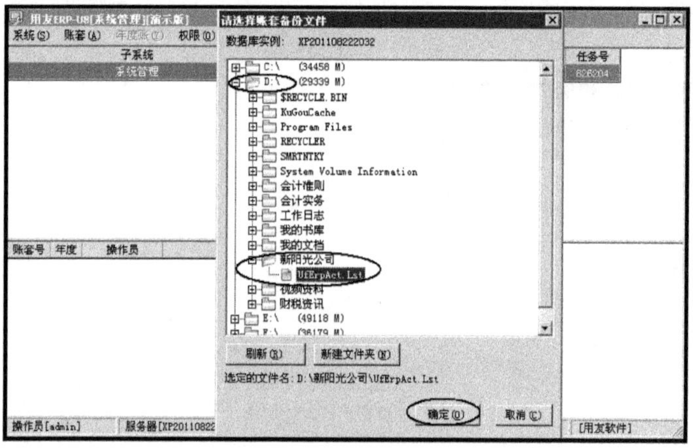

图 2-35 账套引入

（3）选择账套引入的目标路径，默认则单击【确定】按钮，当出现提示信息“此项操作将覆盖[001]账套当前的所有信息，继续吗?”时，单击【是】按钮，如图 2-36 所示。

提示

账套输出时未选择删除，系统里存在相同账套号，账套号是账套识别的唯一标志。

相同号账套，可能账套数据内容不同，选择覆盖时要慎重。

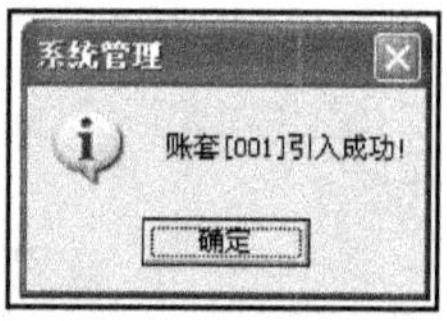

图 2-36 账套引入完成

三、账套数据的修改操作

当建完账套或年度账后，在未使用相关信息的基础上，需要对某些信息进行调整，可以进行适当的调整。但只有账套主管可以修改其具有权限的年度账套中的信息，系统管理员无权修改。

（1）用户以账套主管的身份注册，执行“账套”→“修改”命令，选择相应的账套，进入修改界面，如图 2-37 所示。

（2）修改完成，如图 2-38 所示。

提示

在账套的使用中，可以对本年未启用的会计期间修改其开始日期和终止日期。只有没有业务数据的会计期间可以修改其开始日期和终止日期。使用该会计期间的模块均需要根据修改后的会计期间来确认业务所在的正确期间。只有账套管理员用户才有权限修改相应的账套。

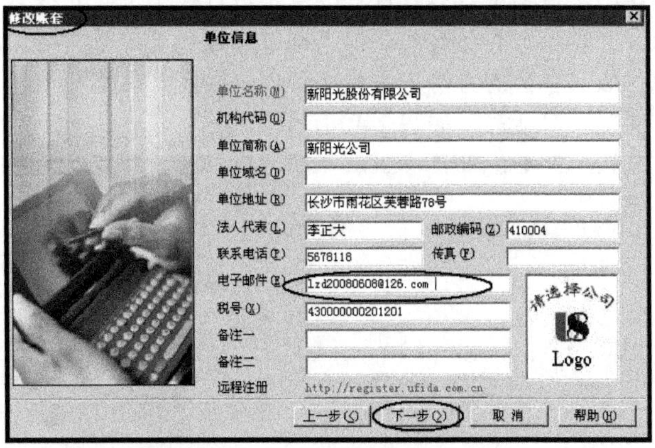

图 2-37 “修改账套”对话框

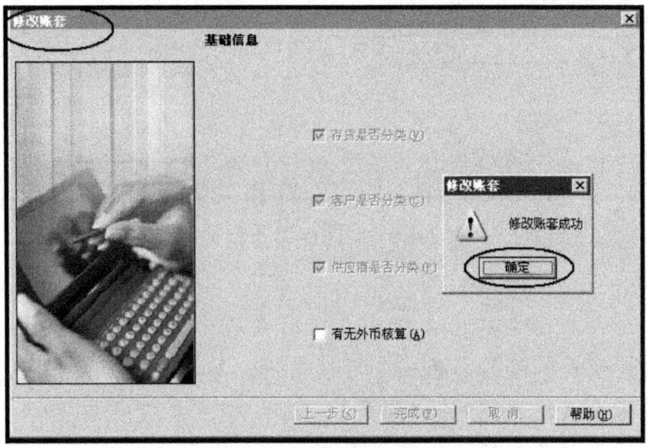

图 2-38 账套修改完成

四、系统监控操作

如果想看最新情况，可以在系统管理窗口中执行“视图”→“刷新”命令，如图 2-39 所示。此功能对“清除异常任务”和“清除单据锁定”尤为有效，通过刷新可以将异常从界面更新为正常状态。

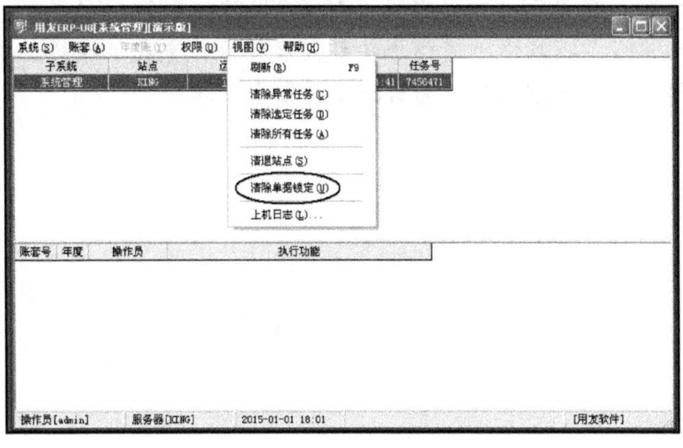

图 2-39 “视图”菜单

五、设置自动备份计划操作

设置备份计划的作用是自动定时对设置好的账套进行输出（备份）。设置备份计划的优势在于定时备份，多个账套同时输出的功能，在很大程度上减轻了系统管理员的工作量。

以系统管理员或者账套主管的身份进入系统管理，执行“系统”→“设置备份计划”命令，打开“备份计划详细情况”对话框，如图 2-40 所示。

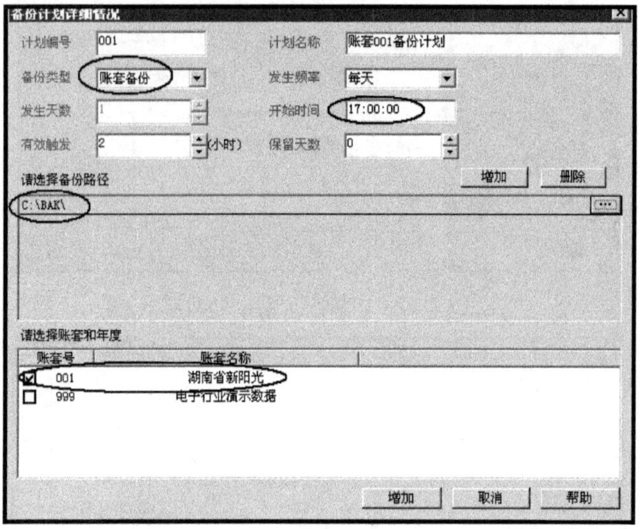

图 2-40　设置自动备份计划

提示

备份类型：系统管理员可选账套备份与年度备份，账套主管只能选年度备份。

发生频率：可选择每天、每周、每月。

发生天数：如发生频率选每周，则发生天数 1 为星期日，以此类推。

保留天数：0 为永久保留，故设置时慎用。

——◎ 项目总结 ◎——

本项目包括安装用友 ERP-U872；注册系统管理、建立并启用账套；设置操作员及分配权限；系统维护 4 个任务。项目实施凭借用友 ERP-U872 系统管理后台界面，由系统管理员或账套主管两个角色分别完成各项功能。通过本项目任务的操作完成了模拟企业的建账、用户权限设置、系统基本维护等系统管理工作，为后续工作奠定了基础。

项目三 系统初始化

学习目标

【知识目标】

1. 认识企业应用平台的主要功能。
2. 熟悉基础档案、数据权限、电算核算体系的概念。
3. 熟悉系统初始化的基本要求和主要内容。

【技能目标】

1. 掌握企业应用平台常规操作。
2. 能根据企业核算要求设置总账系统选项、数据权限、科目辅助属性。
3. 能根据资料设置会计科目、各项档案、凭证类别、外币、结算方式、项目目录。
4. 能正确建立企业电算核算体系并录入期初余额，完成系统初始化工作。

任务一　认识企业应用平台

任务解析

用友软件ERP-U872提供了企业应用平台。用户通过单一的访问入口访问企业的各种信息，定义自己的业务工作，并设计自己的工作流程。可以实现信息的及时沟通，资源的有效利用，与合作伙伴的在线和实时的链接。通过这个公共的交流平台可高效地完成企业初始化工作。

本任务主要学习系统主操作界面——企业应用平台的运用。

知识链接

为使企业能够存储在企业内部和外部的各种信息，使企业员工、用户和合作伙伴能够从单一的渠道访问其所需的个性化信息，以场景驱动业务工作在门户中体现，系统预置了4个常用工作场景：简易桌面、工作场景、高级桌面、流程导航。门户系统菜单有一个“工作场景”工具栏，可以单击上面的按钮，以实现在不同场景间的切换。

简易桌面：系统预置的进入门户的默认显示布局，用户可以修改，包括业务导航视图、我的工作、消息中心（隐藏）、子产品许可管理（隐藏）。

工作场景由“视图”组成，“视图”是指用于用户处理或监控某项工作、完成某种功能的窗口。U8提供10个视图业务导航视图、我的工作、消息中心、审批进程表、审批视图、许可管理视图、我的报表、工作日历、流程导航、助手视图。

高级桌面：包括业务导航视图、我的报表、许可管理视图、我的工作、工作日历、消息中心。用户可修改。

任务实施

沿用新阳光有限公司的账套，以账套主管的身份完成企业应用平台的常规操作。

通过企业应用平台可以了解常用工作场景、基本操作、U8 窗口、使用帮助等，从而掌握 U8 产品基本操作，快速开始实际应用。

一、常用工作场景

1. 简易桌面

简易桌面及业务导航视图如图 3-1 和图 3-2 所示。

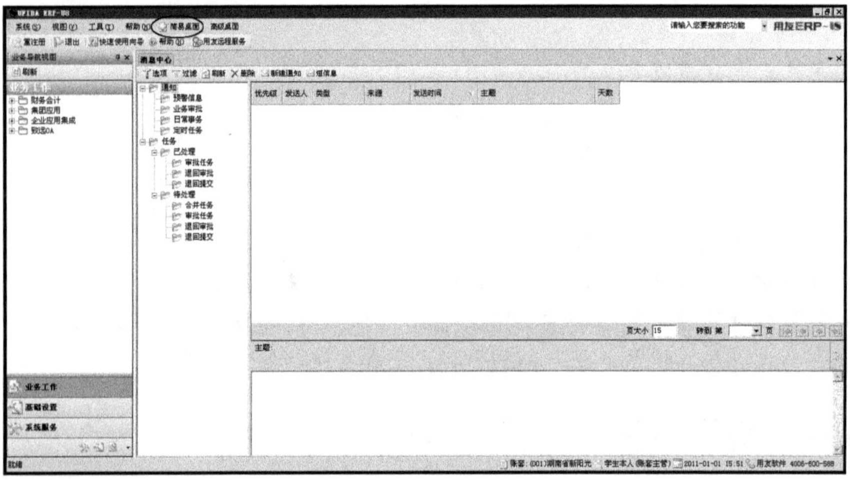

图 3-1 简易桌面

图 3-2 业务导航视图

2. 高级桌面

高级桌面如图 3-3 所示。

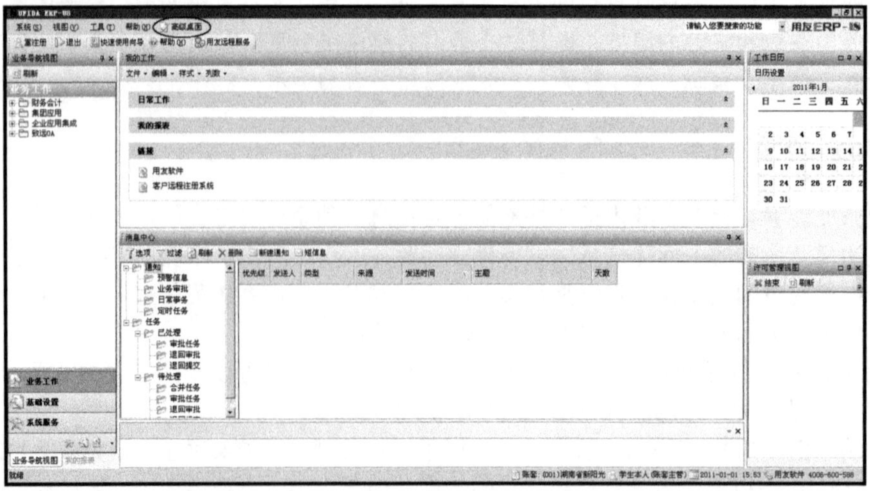

图 3-3 高级桌面

二、基本操作

1. 工具按钮

工具栏中常用的按钮如图 3-4 所示。

图 3-4　常用按钮

2. 快捷菜单

在熟练使用系统之后，可不用打开菜单，而直接在键盘上按下列快捷键就可完成相应的操作，如表 3-1 所示。

表 3-1　快捷键对应的功能

快捷键	功能	说明
F1	帮助	在线帮助
F2	参照	光标所在字段的参照
F3	查询	在账表及列表中调出查询条件窗口 在参照中模糊查询后连续定位
F5	增加	新增一张凭证或单据
F6	保存	保存单据、凭证或账表格式
F7	会计日历	在基础档案中为修改
F8	修改	在基础档案中为批量修改
F9	计算器	
F10	激活菜单	
F11	记事本	
F12	显示命令窗	
Ctrl+F3	定位	用于单据、列表和报表界面
Delete	删除	一般用于对单元格的操作
PageUP	上一个/张	
ALT+PageUP	第一个/张	
PageDown	下一个/张	
ALT+ PageDown	末一个/张	
Ctrl+I	增行	在单据和其他行录入界面操作时新增一行
Ctrl+D	删行	在单据和其他行录入界面操作时新增一行
Ctrl+X	剪切	一般用于对单元格的操作
Ctrl+C	复制	一般用于对单元格的操作
Ctrl+V	粘贴	一般用于对单元格的操作
Ctrl+P	打印	
Ctrl+F4	退出当前窗口	
ALT+F4	退出系统	

提示

对帮助键【F1】来说，在没有进入任何功能时，按【F1】键进入“帮助主题”窗口；在操作某功能时，按【F1】键则弹出与当前操作相关的帮助内容。

三、窗口使用

用友 ERP-U8 管理软件基础设置系统有 3 种常见的可视窗口，即页编辑窗口、行编辑窗口和目录编辑窗口。下面对这些窗口进行区域分布描述和操作管理说明。

1. 页编辑窗口

页编辑窗口如图 3-5 所示。

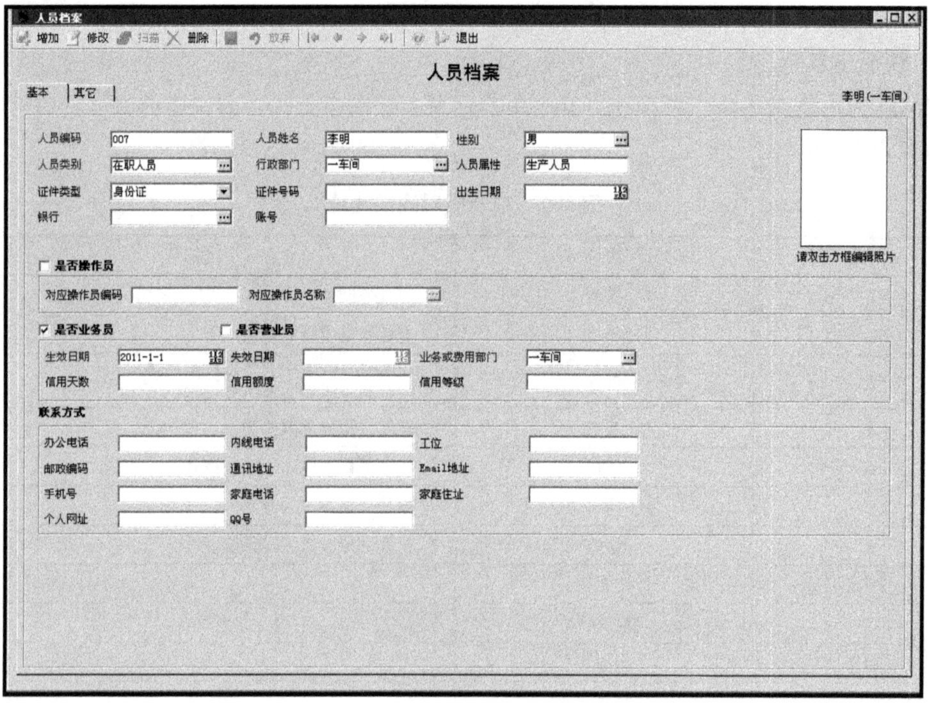

图 3-5 页编辑窗口

2. 行编辑窗口

行编辑窗口如图 3-6 所示。

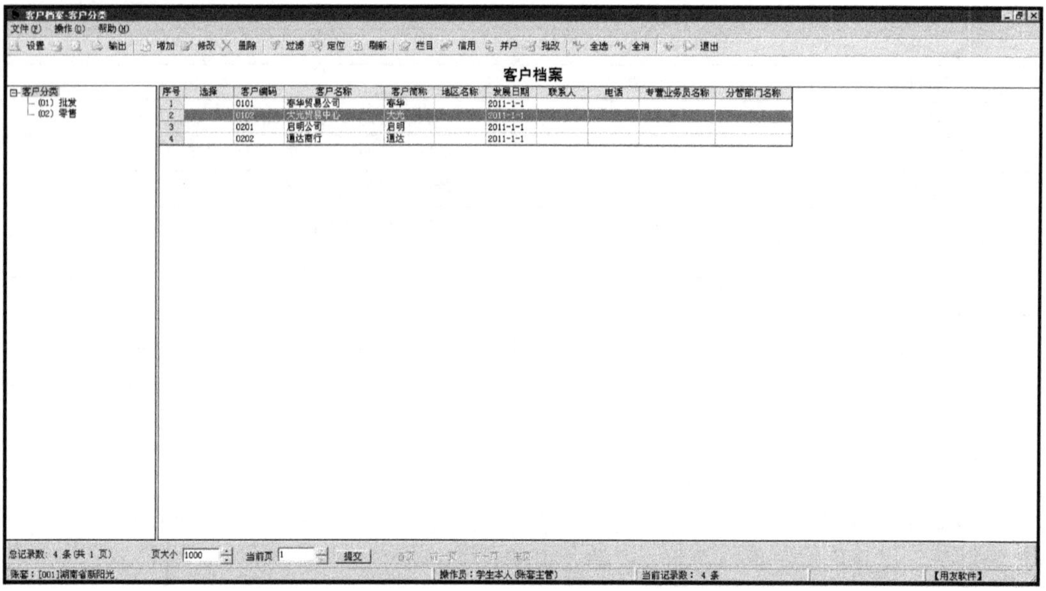

图 3-6 行编辑窗口

3. 目录编辑窗口

目录编辑窗口如图 3-7 所示。

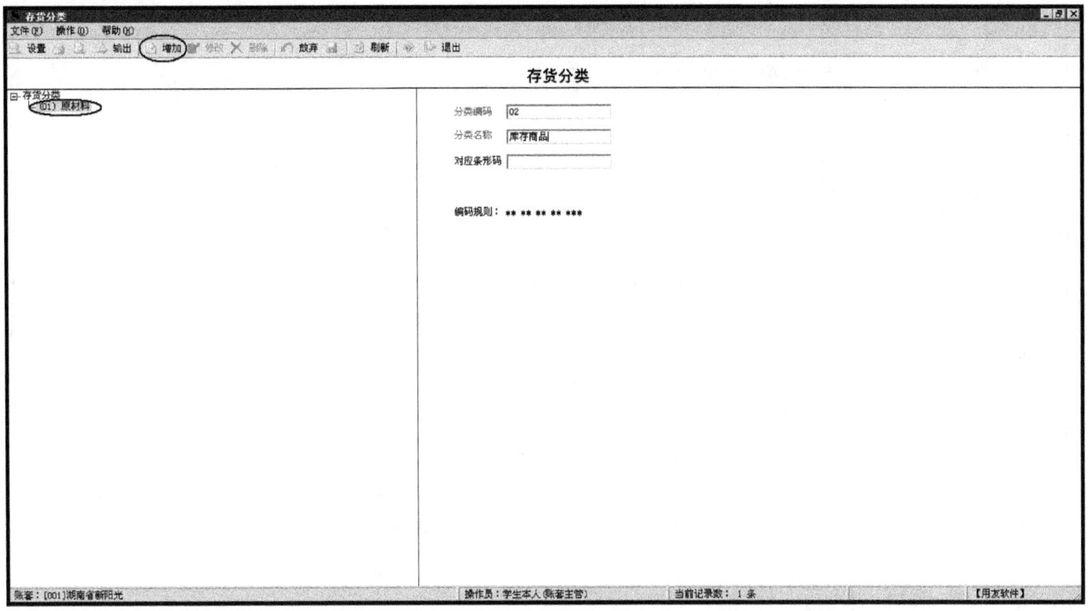

图 3-7　目录编辑窗口

四、帮助使用

用友软件 ERP-U872 支持全程帮助，能够帮助及时、快捷地获得所需要的帮助信息。在企业应用平台窗口，单击工具栏右侧的【帮助】按钮，即可进入帮助窗口，如图 3-8 所示。

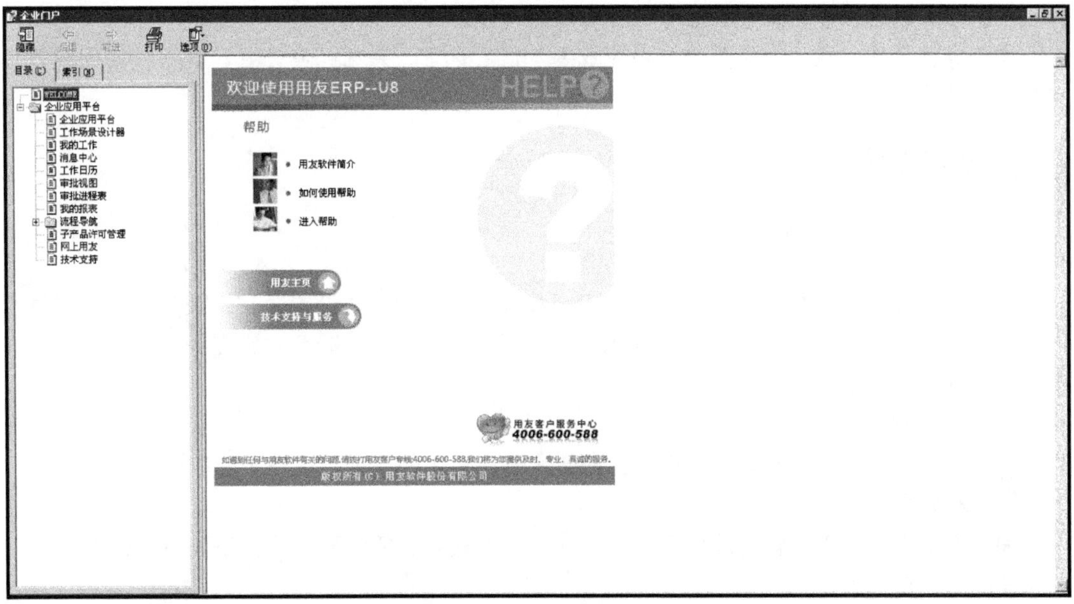

图 3-8　应用平台帮助窗口

用友系统帮助：选择该功能，在进入的窗口中单击【帮助】按钮，即可弹出帮助信息，如科目档案帮助系统，如图 3-9 所示。

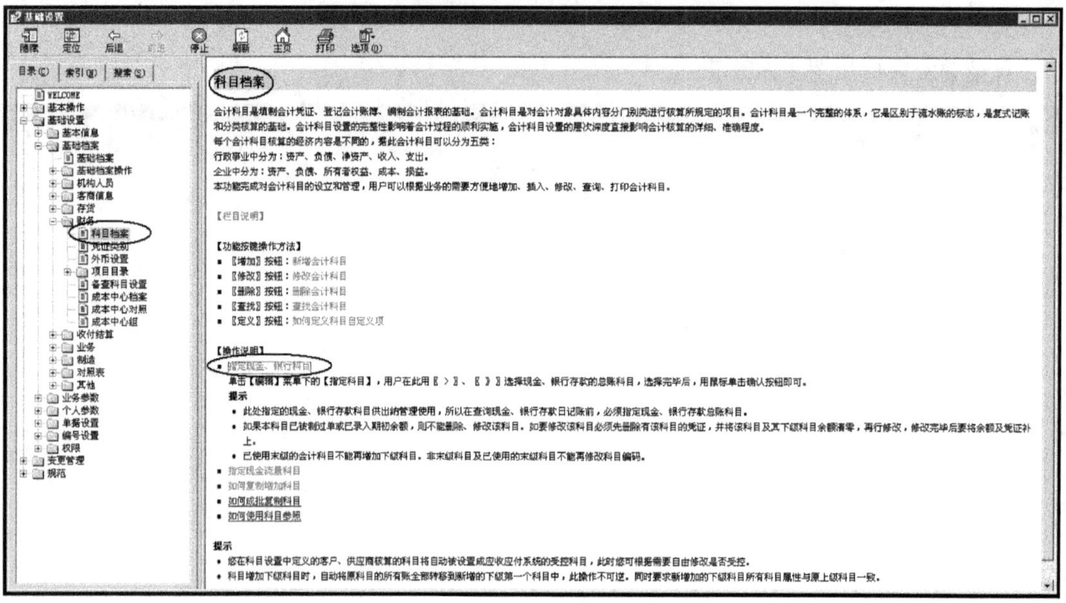

图 3-9 （科目档案）帮助系统窗口

任务二 基础档案设置

任务解析

用友软件 ERP-U872 在企业应用平台集中了系统的所有功能，为各个子系统提供了一个公共的交流平台。在企业应用平台中通过基础档案设置可完成各模块的基本信息、基础档案、数据权限划分等设置，以保障后续业务工作的顺利开展。

本任务主要学习在企业应用平台中完成基本信息设置、基础档案设置、数据权限设置等系统初始化功能。

知识链接

一、基本信息设置

基本信息设置包括系统启用、编码方案、数据精度等功能的设置。在建账时系统管理员已进行了设置，但系统管理员不能操作具体业务，因此，系统允许账套主管在企业应用平台中按实际情况重设相关参数。

1. 系统启用

系统启用即记录启用日期和启用人。在建账时未启用的系统，可在企业应用平台中重设。

2. 编码方案

编码方案主要用于设置有编码级次档案的分级方式和各级编码长度，编码方案未使用，可在企业应用平台中重设。

3. 数据精度

数据精度主要用于设置业务系统中一些特定数据的小数位长度。数据精度未使用，可在企业应用平台中重设。

二、基础档案设置

基础档案是把手工资料经过加工整理，根据本单位建立信息化管理的需要，建立软件系统应用平台，是手工业务的延续和提高。基础档案的内容约有几十项，可在企业应用平台中设置，其结果由各个模块共享。基础档案设置则根据企业的实际情况，在开始日常业务之前设置所用到的所有基础数据。

1. 部门档案设置

部门档案主要用于设置企业各个职能部门的信息，部门指某使用单位下辖的具有分别进行财务核算或业务管理要求的单元体，可以是实际中的部门机构，也可以是虚拟的核算单元。其主要功能如下所述。

增加功能：单击【增加】按钮，可增加一条部门记录。在屏幕右侧录入部门编号、部门名称、负责人、部门属性、电话、地址、备注、信用额度、信用等级等信息即可。

修改功能：在部门档案界面左侧，将光标定位到要修改的部门编号上，单击【修改】按钮。这时界面即处于修改状态，除部门编号不能修改外，其他信息均可修改。

删除功能：单击左侧目录树中要删除的部门，背景显示蓝色表示选中，单击【删除】按钮即可删除此部门。注意：若部门被其他对象引用后就不能被删除。

刷新功能：在操作中，可能同时有多个操作员在操作相同的目录。可以单击【刷新】按钮，查看到当前最新目录情况，即可以查看其他有权限的操作员新增或修改的目录信息。

撤销功能：单击左侧目录树中要撤销的部门，背景显示蓝色表示选中，单击【撤销】按钮，录入撤销日期，即可撤销此部门。

反撤销功能：单击左侧目录树中要反撤销的部门，背景显示蓝色表示选中，单击【反撤销】按钮，即可反撤销此部门。

2. 人员档案设置

人员档案主要用于设置企业各职能部门中需要进行核算和业务管理的职员信息，必须先设置好部门档案后才能设置相应的职员档案。其设置与部门档案设置类似。

3. 客户、供应商分类及档案

客户分类企业可以根据自身管理的需要对客户进行分类管理，建立客户分类体系。可将客户按行业、地区等进行划分，设置客户分类后，根据不同的分类建立客户档案。其设置与部门档案设置类似。

客户档案功能主要用于设置往来客户的档案信息，以便于对客户资料管理和业务数据的录入、统计、分析。如果在建立账套时选择了客户分类，则必须在设置完成客户分类档案的情况下才能编辑客户档案。其设置与部门档案设置类似。

供应商分类企业可以根据自身管理的需要对供应商进行分类管理，建立供应商分类体系。可将供应商按行业、地区等进行划分，设置供应商分类后，根据不同的分类建立供应商档案。其设置与部门档案设置类似。

供应商档案功能主要用于设置往来供应商的档案信息，以便于对供应商资料管理和业务数据的录入、统计、分析。如果在建立账套时选择了供应商分类，则必须在设置完成供应商分类档案的情况下才能编辑供应商档案。其设置与部门档案设置类似。

建立供应商档案主要是为企业的采购管理、库存管理、应付款管理服务的。在填制采购入库单、采购发票和进行采购结算、应付款结算和有关供货单位统计时都会用到供货单位档案，因此必须应先设立供应商档案，以便减少工作差错。在录入单据时，如果单据上的供货单位不在供应商档案中，则必须在此建立该供应商的档案。

4. 存货分类、计量单位及存货档案

存货分类企业可以根据对存货的管理要求对存货进行分类管理，以便于对业务数据的统计和分析。存货分类用于设置存货分类编码、名称及所属经济分类。其设置与部门档案设置类似。

计量单位组分无换算、浮动换算、固定换算 3 种类别，每个计量单位组中有一个主计量单位、多个辅助计量单位，可以设置主辅计量单位之间的换算率；还可以设置采购、销售、库存和成本系统所默认的计量单位。先增加计量单位组，再增加组下的具体计量单位内容。其设置与部门档案设置类似。

存货档案存货主要用于设置企业在生产经营中使用到的各种存货信息，以便于对这些存货进行资料管理、实物管理和业务数据的统计、分析。本功能完成对存货目录的设立和管理，随同发货单或发票一起开具的应税劳务等也应设置在存货档案中。同时提供基础档案在录入中的方便性，完备基础档案中的数据项，提供存货档案的多计量单位设置。其设置与部门档案设置类似。

5. 结算方式及开户银行设置

结算方式功能用来建立和管理用户在经营活动中所涉及的结算方式。它与财务结算方式一致，如现金结算、支票结算等。结算方式最多可以分为两级。结算方式一旦被引用，便不能进行修改和删除的操作。其设置与部门档案设置类似。

本单位开户银行本系统支持多个开户行及账号的情况。此功能用于维护及查询使用单位的开户银行信息。开户银行一旦被引用，便不能进行修改和删除的操作。其设置与部门档案设置类似。

6. 凭证类别设置

凭证类别许多单位为了便于管理或登账方便，一般对记账凭证进行分类编制，但各单位的分类方法不尽相同，所以本系统提供了“凭证类别”功能，用户完全可以按照本单位的需要对凭证进行分类。如果是第一次进行凭证类别设置，可以按以下几种常用分类方式进行定义。通常设置记账凭证或收款、付款、转账凭证。其设置与部门档案设置类似。

7. 项目档案设置

项目档案企业在实际业务处理中会对多种类型的项目进行核算和管理，如在建工程、对外投资、技术改造项目、项目成本管理、合同等。可以将具有相同特性的一类项目定义成一个项目大类。一个项目大类可以核算多个项目，为了便于管理，还可以对这些项目进行分类管理。亦可以将存货、成本对象、现金流量、项目成本等作为核算的项目分类。

使用项目核算与管理的首要步骤是设置项目档案，项目档案设置包括增加或修改项目大类，定义项目核算科目、项目分类、项目栏目结构，并进行项目目录的维护。

建立项目目录的操作流程如图 3-10 所示。

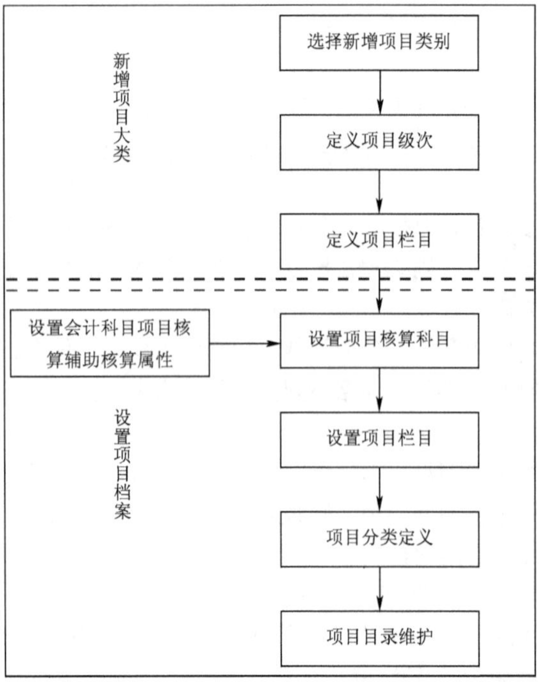

图 3-10 建立项目目录的操作流程

8. 外币及汇率设置

企业如有外币业务，要对外币及汇率进行设置。在企业应用平台中可对本账套所使用的外币进行定义：在“填制凭证”中所用的汇率应先在此进行定义，以便制单时调用，减少录入汇率的次数和差错。当汇率变化时，应预先在此进行定义，否则，制单时不能正确录入汇率。对于使用固定汇率（即使用月初或年初汇率）作为记账汇率的用户，在填制每月的凭证前，应预先在此录入该月的记账汇率，否则在填制该月外币凭证时，将会出现汇率为零的错误。对于使用变动汇率（即使用当日汇率）作为记账汇率的用户，在填制该天的凭证前，应预先在此录入该天的记账汇率。

其主要功能如下。

增加功能：单击【增加】按钮，在空格处输入外币名称、外币符号等信息。

删除功能：将光标移到要删除的外币上，单击【删除】按钮，即可删除当前外币。

9. 常用摘要设置

常用摘要是将常用摘要存储起来，在输入单据或凭证时随时调用。调用常用摘要可以在输入摘要时直接录入摘要代码或按【F2】键或参照输入。

常用摘要主要功能如下。

增加功能：可单击【增加】按钮，新增一条常用摘要，录入编号、摘要内容、相关科目，这些信息（数据）可任意设定并在调用后可以修改补充。如果某条常用摘要对应某科目，则可在相关科目处输入，那么在填制凭证时，在调用常用摘要的同时，自动调入相关科目，提高凭证录入效率。

修改功能：双击要修改的栏目，直接进入修改状态。

删除功能：单击功能键中的【删除】按钮，便可对当前常用摘要内容进行修改或删除。

选入功能：填制凭证时，选择某条常用摘要，单击【选入】按钮，则调入到凭证中。

三、数据权限设置

数据权限设置主要包括数据权限控制设置、数据权限分配、金额权限分配 3 项子功能。它们均可在企业应用平台中设置完成。

1. 数据权限控制设置

数据权限控制设置是数据权限设置的前提，可以根据需要先在数据权限默认设置表中选择需要进行权限控制的对象，数据权限的控制分为记录级和字段级两个层次，对应系统中的两个选项卡“记录级”和“字段级”，系统将自动根据该表中的选择在数据权限设置中显示所选对象。

2. 数据权限分配

数据权限设置必须在系统管理中定义角色或用户，并分配完功能级权限后才能在这里进行“数据权限分配”。数据级权限分配包括记录权限分配，指对具体业务对象进行权限分配。使用前提：在“数据权限控制设置”中选择控制至少一个记录级业务对象。字段权限分配是对单据中包含的字段进行权限分配。

3. 金额权限分配

金额权限设置用于设置用户可使用的金额级别，对业务对象提供金额级权限设置：采购订单的金额审核额度、科目的制单金额额度。在设置这两个金额权限之前必须先设定对应的金额级别。对如下业务对象提供金额级权限设置：采购订单的金额审核额度、科目的制单金额额度。在设置这两个金额权限之前必须先设定对应的金额级别。

任务实施

沿用新阳光有限公司的账套，录入以下资料，完成基础档案设置。

1. 部门档案

编码	01	0101	0102	02	0201	0202	03	0301	0302
名称	管理部	办公室	财务部	销售部	销售一部	销售二部	生产部	一车间	二车间

2. 职员档案

编码	001	002	003	004	005	006	007	008
姓名	丁一	吴英	洪天	周平	马义	赵月	李明	张光
性别	男	女	男	男	男	女	男	男
人员类别	在职人员 10							
	管理人员 1001				营销人员 1002		生产人员 1003	
所属部门	办公室	财务部			销售一部	销售二部	一车间	二车间
是否业务员	√	√	√	√	√	√	√	√

3. 客户分类

分类编码	01	02
分类名称	批发	零售

4. 客户档案

客户编码	0101	0102	0201	0202
客户名称	春华贸易公司	大光贸易中心	启明公司	通达商行
客户简称	春华	大光	启明	通达
所属分类	批发		零售	

5. 供应商分类

分类编码	01	02	03
分类名称	材料供应商	电力供应商	自来水供应商

6. 供应商档案

供应商编号	0101	0201	0301
供应商名称	万达公司	光明电力公司	思源供水中心
简称	万达	光明	思源
所属分类	材料供应商	供电商	供水商

7. 存货分类

编号	类别
01	原材料
02	库存商品

8. 计量单位

（1）计量单位分组。

计量单位组编码	计量单位分组名称	计量单位分组类别
01	重量	固定换算
02	数量	无换算

（2）计量单位。

所属组	单位编码	单位名称	主计量单位标志	换算率
01	0101	公斤	是	1
01	0102	吨	否	1000
02	0201	件		

9. 存货档案

存货编码	存货名称	计量单位	是否内外销	是否外购	是否生产耗用	计划价/售价	增值税税率
001	甲材料	吨	√	√	√		17%
002	乙材料	吨	√	√	√		17%
003	A 产品	件	√	√			17%
004	B 产品	件	√	√			17%

10. 结算方式

结算方式编码	1	2	
结算方式名称	现金	支票	
		现金支票 201	转账支票 202
票据管理	否	是	

11. 开户银行

编码	户名	账号	币种	所属银行编码	客户号	机构号	联行号
01	工商银行长沙市分行	201206181234	人民币	01			
02	建设银行长沙市分行	201106098888	人民币	03	02	03	03

12. 凭证类别

凭证名称	收款凭证	付款凭证	转账凭证
限制条件	借方必有	贷方必有	凭证必无
限制科目	1001，1002	1001，1002	1001，1002

13. 项目辅助核算设置（7 步）

（1）项目大类名称：生产成本。

（2）项目分类编码级次：1-2-2。

（3）项目栏目：采用默认。

（4）项目取数科目：直接材料、直接人工、其他费用。

（5）项目结构：不变。

（6）项目分类定义：1——A 产品，101——基本生产成本，10101——直接材料，10102——直接人工，10103——其他费用，2——B 产品，201——基本生产成本，20101——直接材料，20102——直接人工，20103——其他费用；

（7）项目目录：1——直接材料（分类编码 10101），2——直接人工（分类编码 10102），3——其他费用（分类编码 10103），4——直接材料（分类编码 20101），5——直接人工（分类编码 20102），6——其他费用（分类编码 20103）。

要求：

1. 学生本人以账套主管的身份注册登录企业应用平台。
2. 在“业务导航视图”中选择“基础设置”选项，展开“基础档案”下属各项。
3. 对照给定的资料录入各项并思考设置的意义。
4. 检查修改各项基础资料并讨论思考该项设置意义。

一、基本信息设置

1. 启用系统

登录企业应用平台后选择“基础设置”→“基本信息”→“系统启用”选项，进行系统启用的设置。以学生本人（账套主管）的身份在企业应用平台完成“系统启用”过程，如图 3-11 所示。

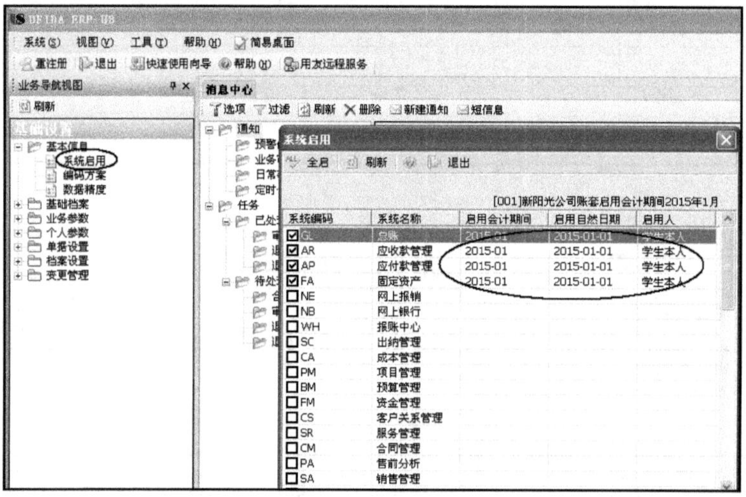

图 3-11 企业应用平台启用系统启用完成

2. 设置编码方案

选择“基础设置”→“基本信息”→“编码方案”选项，进行相关设置，如图 3-12 所示。

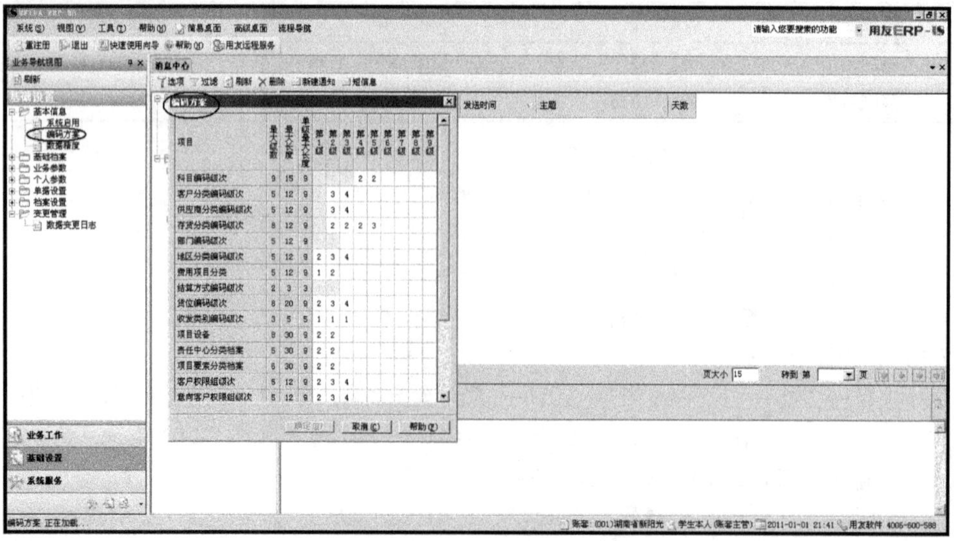

图 3-12 企业应用平台编码方案设置

3. 设置数据精度

选择“基础设置”→“基本信息”→“数据精度”，进行相关设置，如图 3-13 所示。

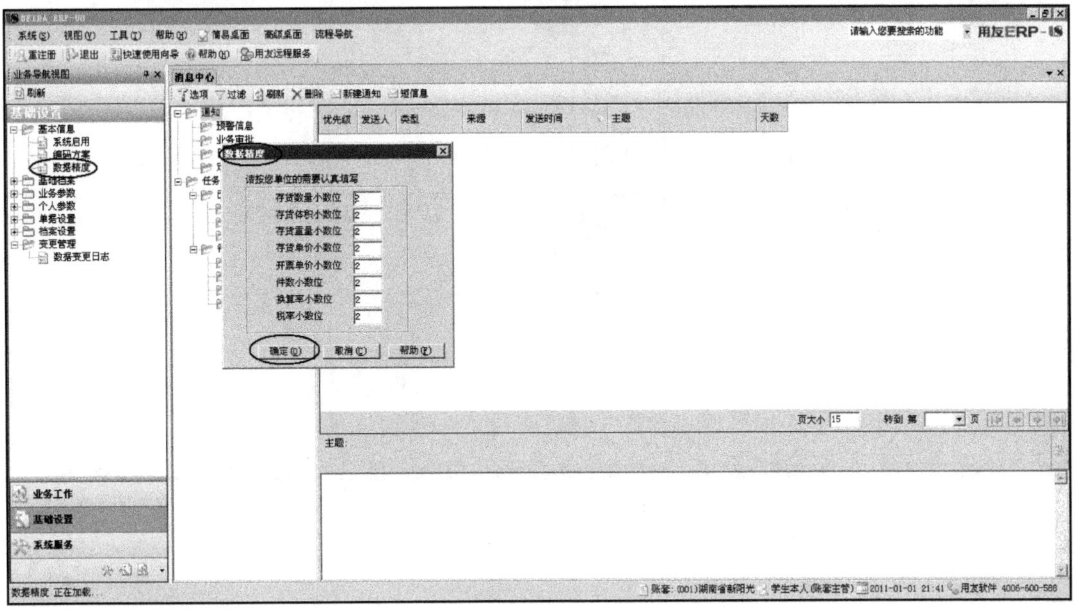

图 3-13　企业应用平台数据精度设置

二、基础档案设置

1. 部门档案设置

（1）进入“业务导航视图”界面，选择“基础设置”→“基础档案”→“机构人员”→“部门档案”选项，如图 3-14 所示。

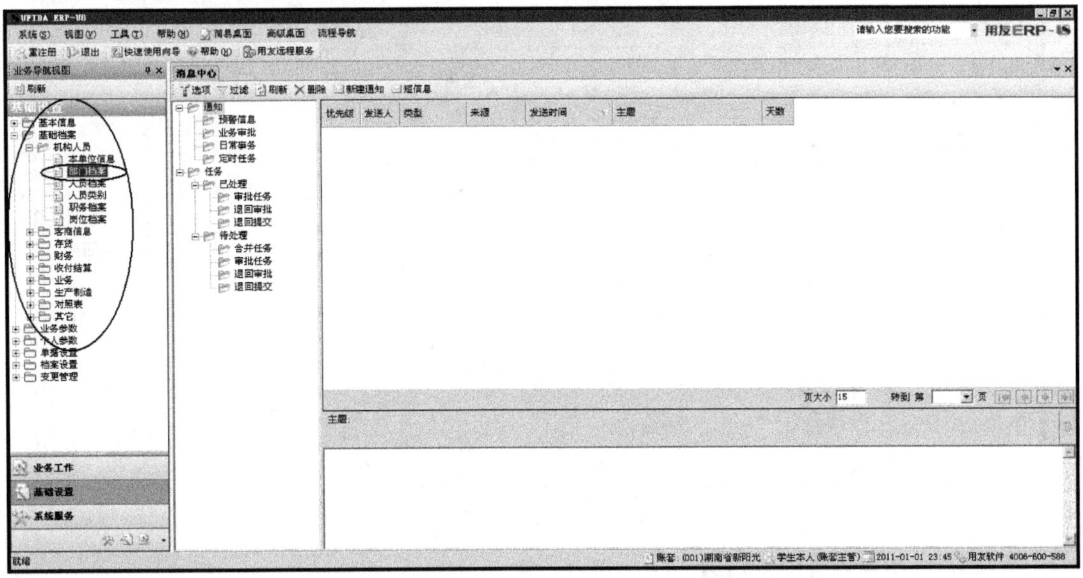

图 3-14　进入“业务导航视图”界面

（2）单击【增加】按钮，录入部门编码、部门名称、建立日期等，蓝色名称项为必输项，完成后单击【退出】按钮，如图 3-15 所示。

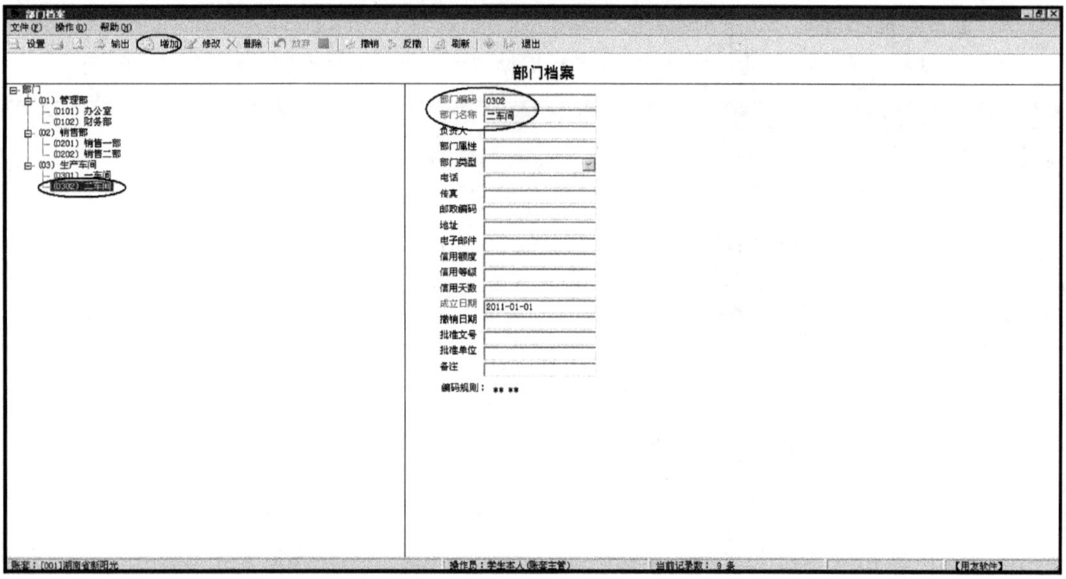

图 3-15　部门档案设置

反撤销的部门可继续使用，但转出的人员只能手工再调整回此部门。

2. 人员档案设置

选择“基础设置”→“基础档案”→“机构人员”→“人员档案”选项，选中需增加人员的所属部门，单击【增加】按钮，设置人员编码、姓名、类别、属性、是否业务员等，完成后单击【退出】按钮，如图 3-16 所示。

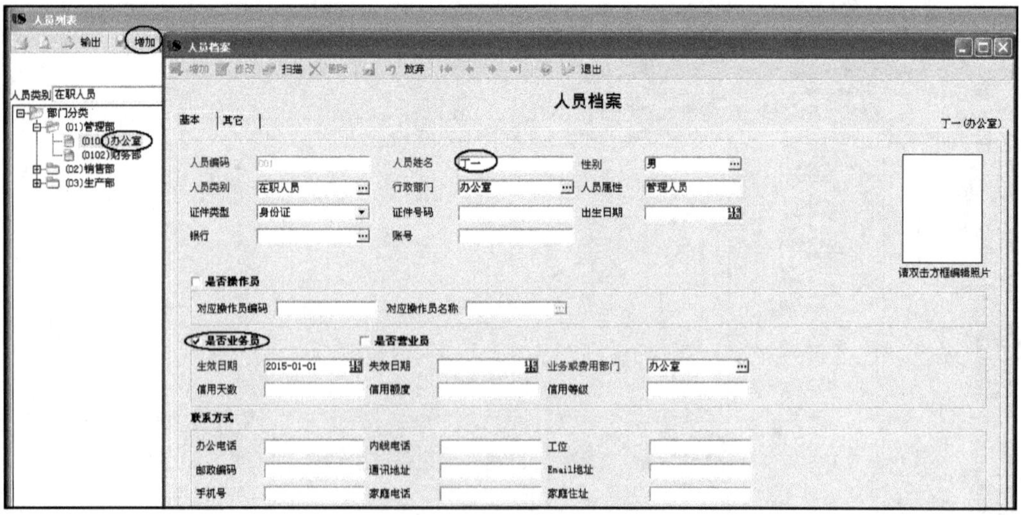

图 3-16　人员档案设置

3. 客户、供应商分类及档案

（1）客户分类及档案。

① 选择“基础设置”→“基础档案”→“客商信息”→“客户分类”选项，单击【增加】按钮，录入客户分类编码、分类名称等，完成后单击【退出】按钮，如图 3-17 所示。

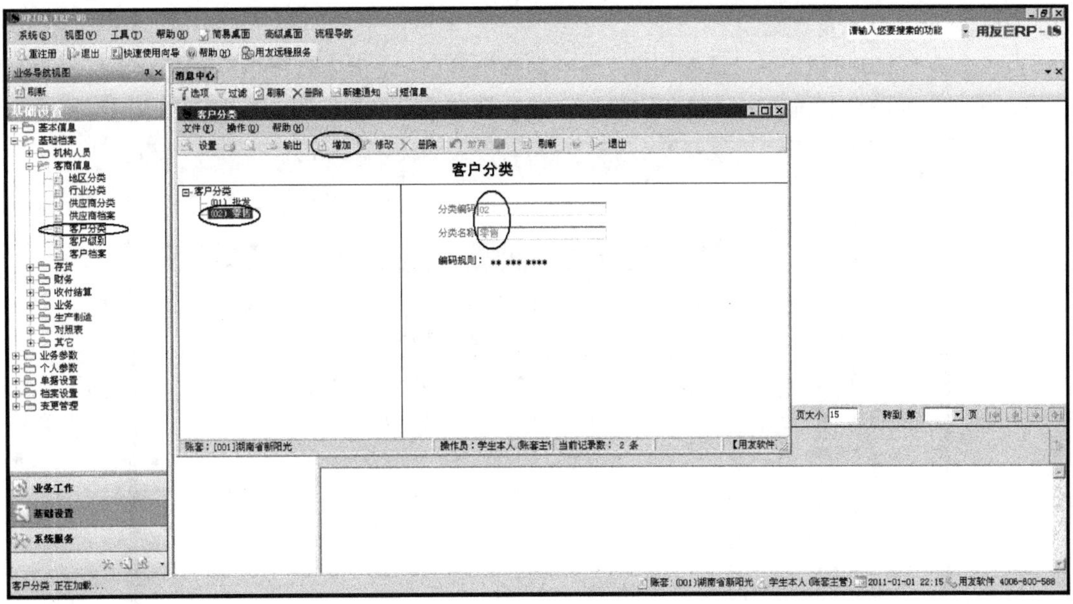

图 3-17 客户分类设置

② 选择“基础设置”→“基础档案”→“客商信息”→“客户档案”选项，选中需建档客户的所属类别，单击【增加】按钮，录入客户编码、简称、所属分类等，完成后单击【退出】按钮，如图 3-18 所示。

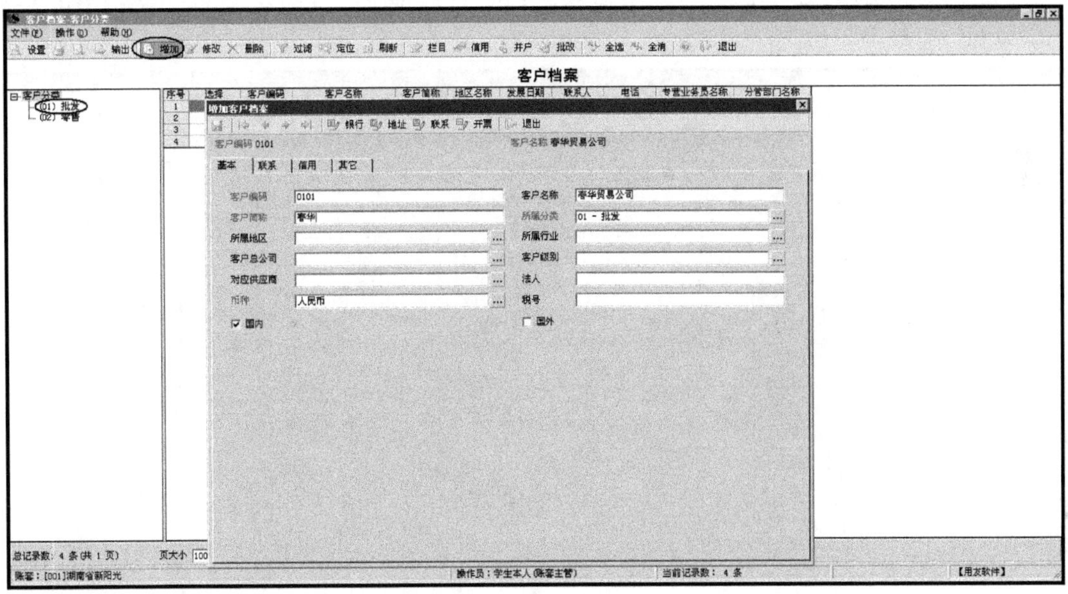

图 3-18 客户档案设置

提示

客户分类必须逐级增加。除了一级客户分类之外，新增的客户分类的分类编码必须有上级分类编码。例如，编码级次结构为“××-×××”，那么“01001”这个编码只有在编码“01”已存在的前提下才是正确的。

（2）供应商分类及档案。

① 选择“基础设置”→“基础档案”→“客商信息”→“供应商分类”选项，单击【增加】按钮，录入供应商分类编码、分类名称等，完成后单击【退出】按钮，如图 3-19 所示。

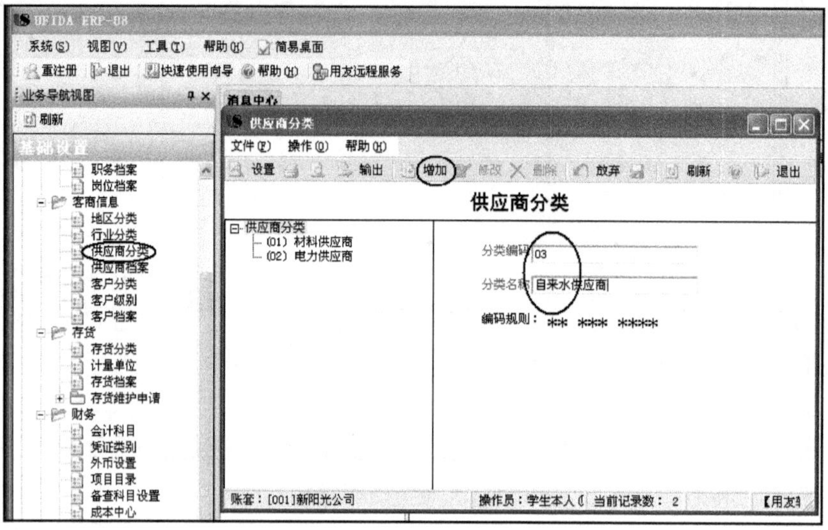

图 3-19 供应商分类设置

② 选择“基础设置”→“基础档案”→“客商信息”→“供应商档案”选项，选中需建档供应商的所属类别，单击【增加】按钮，录入供应商编码、简称、所属分类等，完成后单击【退出】按钮，如图 3-20 所示。

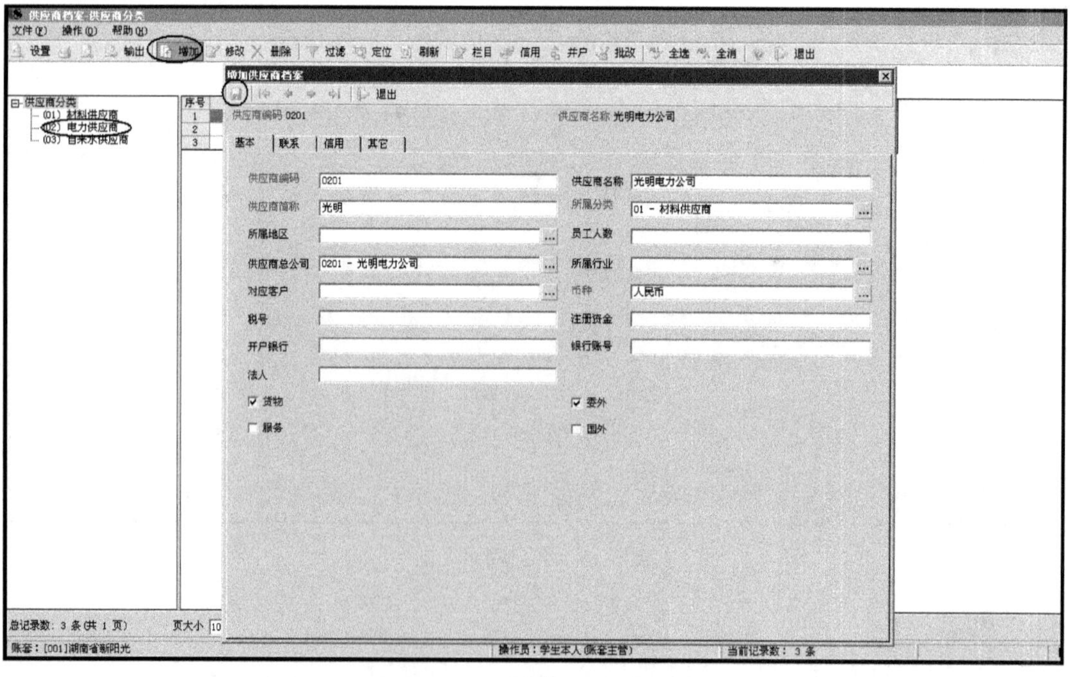

图 3-20 供应商档案设置

4. 存货分类、计量单位及存货档案

（1）进入“存货分类”窗口，单击【增加】按钮，录入存货分类编码、分类名称等，完成后单击【退出】按钮，如图 3-21 所示。

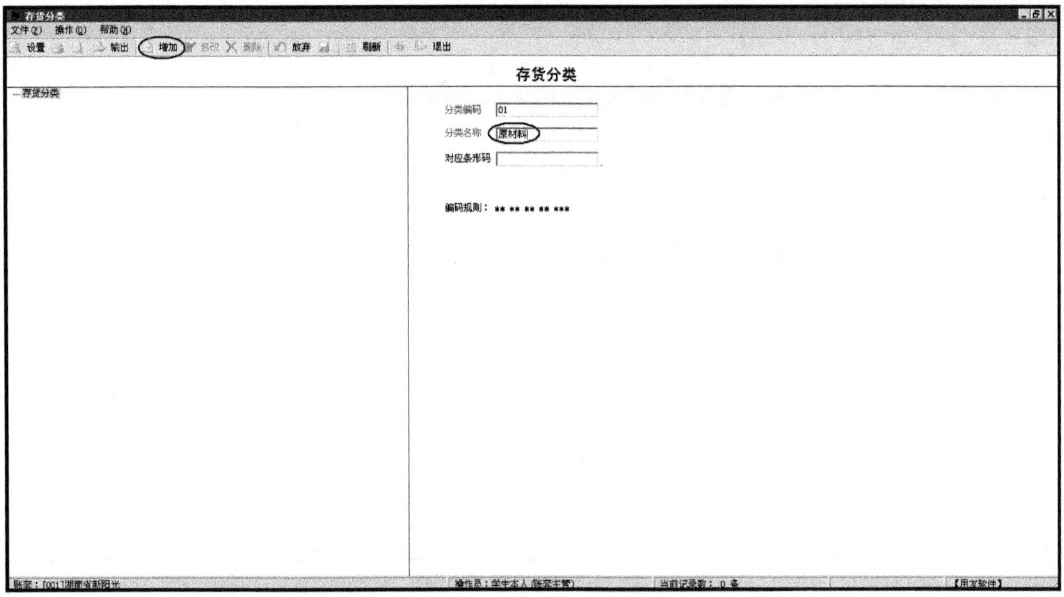

图 3-21　存货分类设置

（2）进入“计量单位”窗口，单击【分组】按钮，打开“计量单位组”对话框；单击【增加】按钮，输入唯一的计量单位组编码，输入组名称等，根据各计量单位组的特点选择计量单位组类别，完成后单击【退出】按钮，如图 3-22 所示。

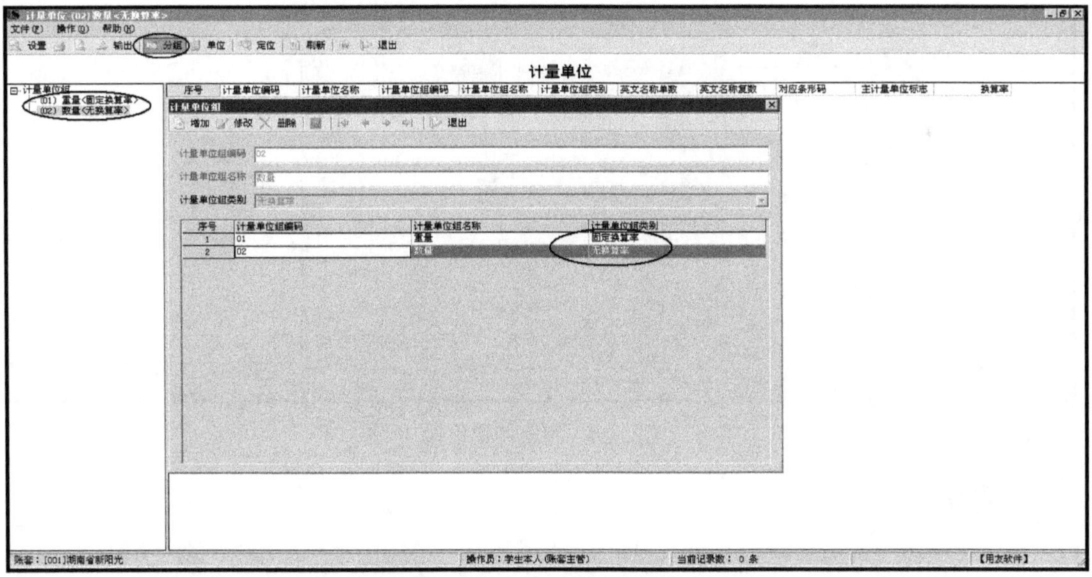

图 3-22　计量单位分组

（3）进入“计量单位”窗口，选中需增加计量单位的计量单位组，单击【单位】按钮，打开“计量单位”设置对话框。单击【增加】按钮并录入主计量、辅计量单位，完成后单击【退出】按钮，如图 3-23 所示。

（4）进入“存货档案”窗口，选中需建档的存货，单击【增加】按钮，录入存货编码、名称、分类、计量单位组、主计量单位等，完成后单击【退出】按钮，如图 3-24 所示。

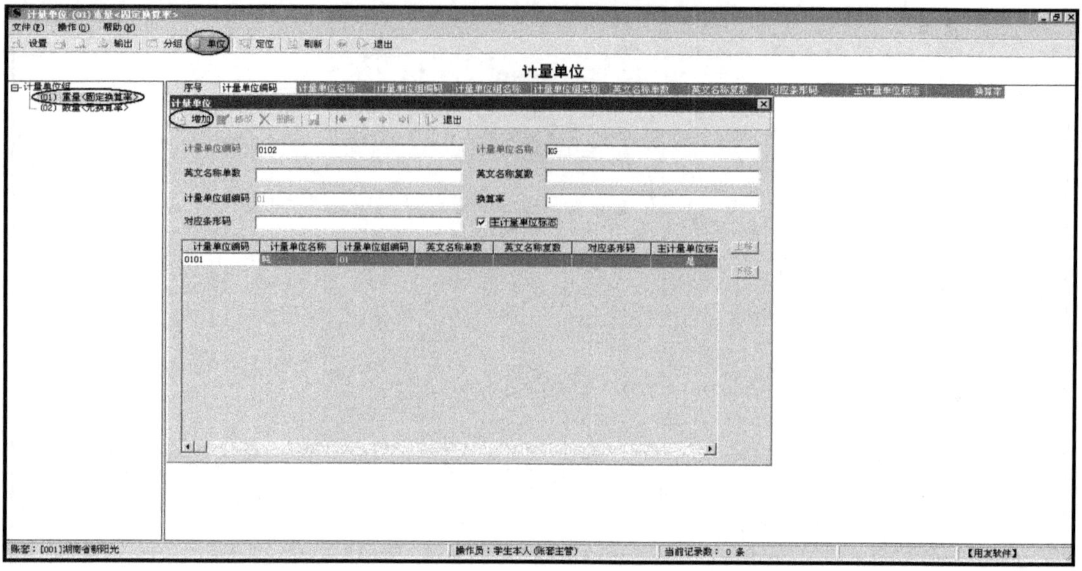

图 3-23　设置计量单位

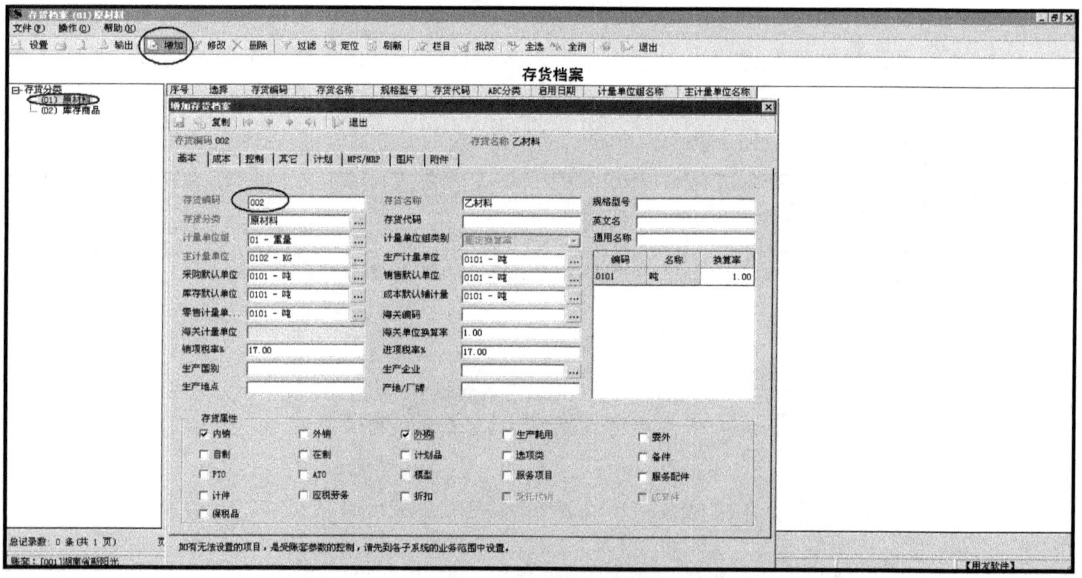

图 3-24　存货档案设置

提示

已经使用的存货分类不能删除；非末级存货分类不能删除。

提供自动复制功能。单击【复制】按钮，则每增加一个存货时，自动复制上一个存货内容。存货编号、代码、名称不复制。

保存存货记录时，若发现该条记录的存货名称+规格型号与别的记录相同，则应提示用户："该存货记录的名称+规格型号与×××记录重复，是否继续进行？"，若选择继续进行，则保存该记录，否则不予保存档案记录，且将焦点停留在"存货名称"文本框中。

5. 结算方式及开户银行设置

（1）进入"结算方式"窗口，单击【增加】按钮，录入结算方式编码、名称等，并选择是否为票据管理的标志，完成后单击【退出】按钮，如图 3-25 所示。

（2）进入“本单位开户银行”窗口，单击【增加】按钮，录入编码、银行账号、币种、开户银行、所属编码等，完成后单击【退出】按钮，如图 3-26 所示。

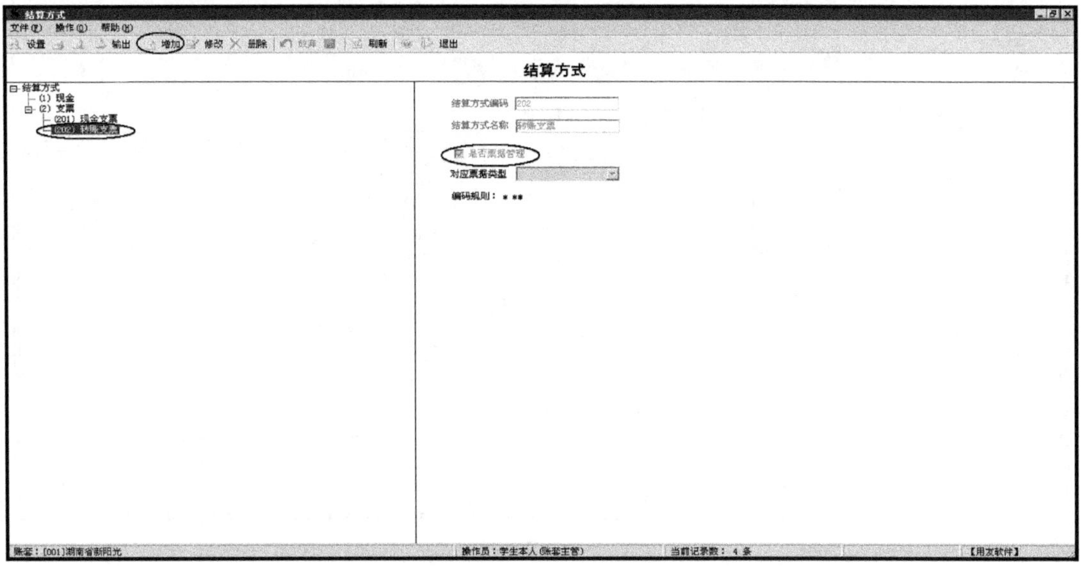

图 3-25　设置结算方式

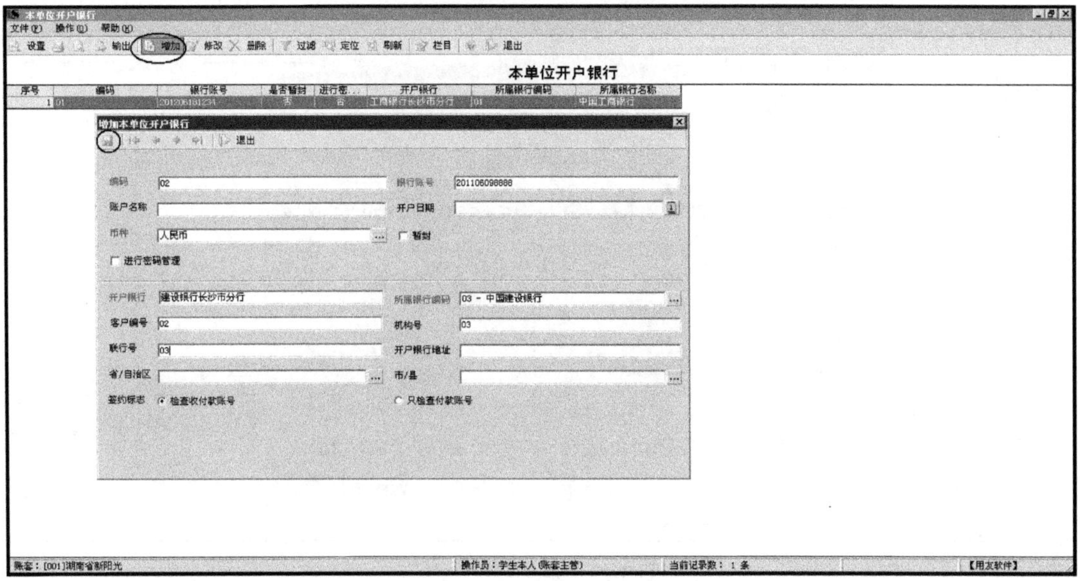

图 3-26　设置开户银行

6．凭证类别设置

选择“基础设置”→“基础档案”→“财务”→“凭证类别”选项，单击【增加】按钮，录入类别字、类别名称、限制类型、限制科目等，完成后单击【退出】按钮，如图 3-27 所示。

7．项目档案设置

（1）选择“基础设置”→“基础档案”→“财务”→“项目目录”选项，单击【增加】按钮，在“项目档案”对话框中单击【增加大类】按钮，在“项目大类定义_增加”对话框中输入项目档案名称“生产成本”，进入下一步设置。增加项目大类，接着定义项目级次和项目栏目，完成项目大类的定义。新增加的项目大类在“项目大类”下拉列表框中会有显示，选择新增加的项目大类，进行该大类下的其他设置。完成后单击【退出】按钮，如图 3-28 所示。

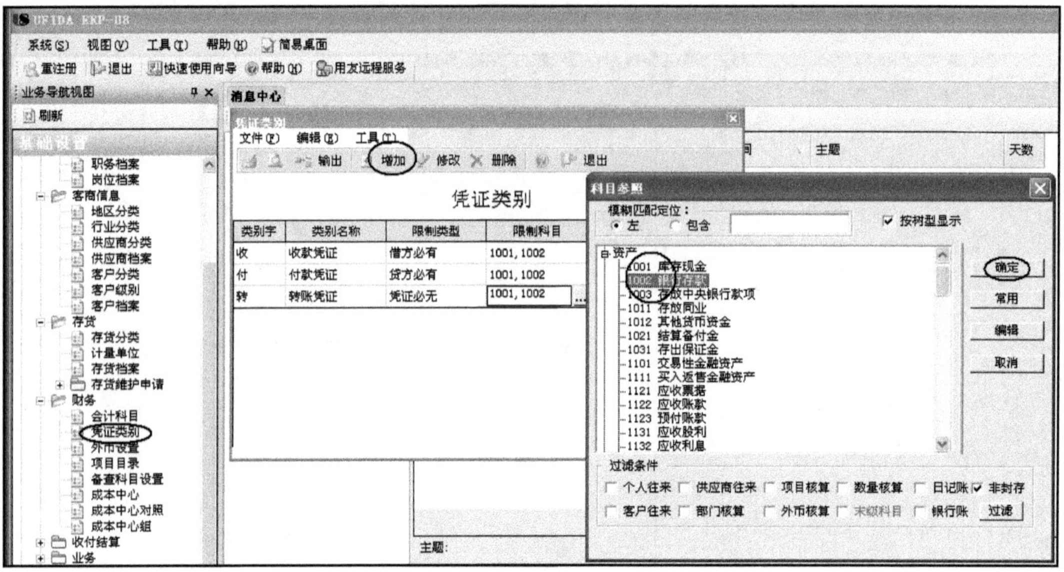

图 3-27　设置凭证类别

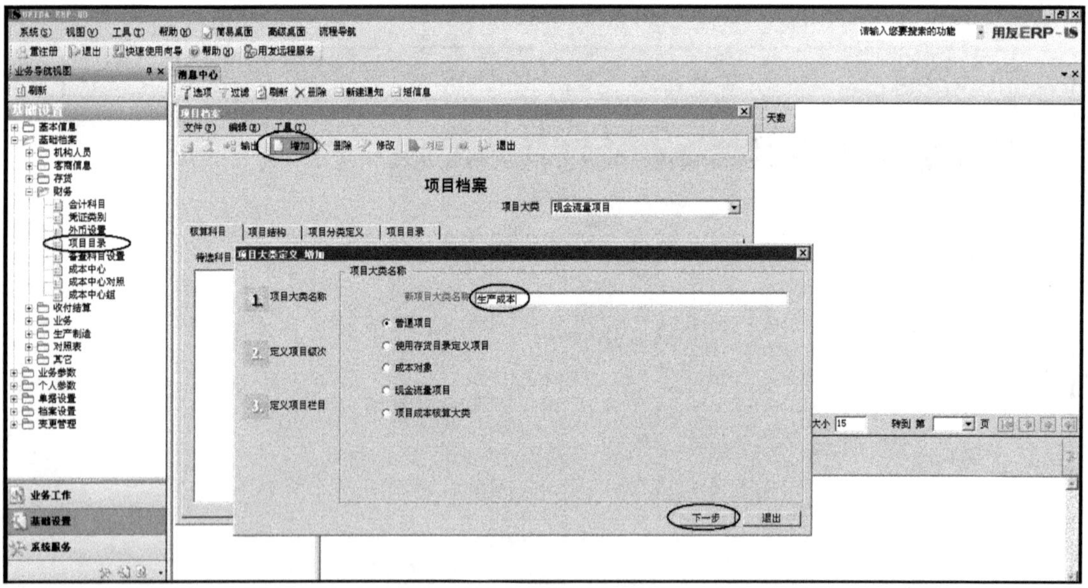

图 3-28　定义项目大类

（2）增加项目核算科目。将属于“生产成本”项目大类下的“待选核算”科目移至“已选科目”，单击右下角的【确定】按钮，如图 3-29 所示。

（3）项目结构设置和定义项目分类。选择“项目结构”选项卡即可设置项目结构，项目结构设置可选择默认值。选择“项目分类定义”选项卡，开始定义项目分类。分别设置分类编码和分类名称，再单击【确定】按钮，已定义好的项目分类在左侧会有显示。如图 3-30 所示。

（4）项目目录设置。选择“项目目录”选项卡后，单击【维护】按钮，进入“项目目录维护”窗口进行项目目录的设置。单击【增加】按钮，开始项目目录的设置工作，至此该项目档案设置完成，如图 3-31 所示。

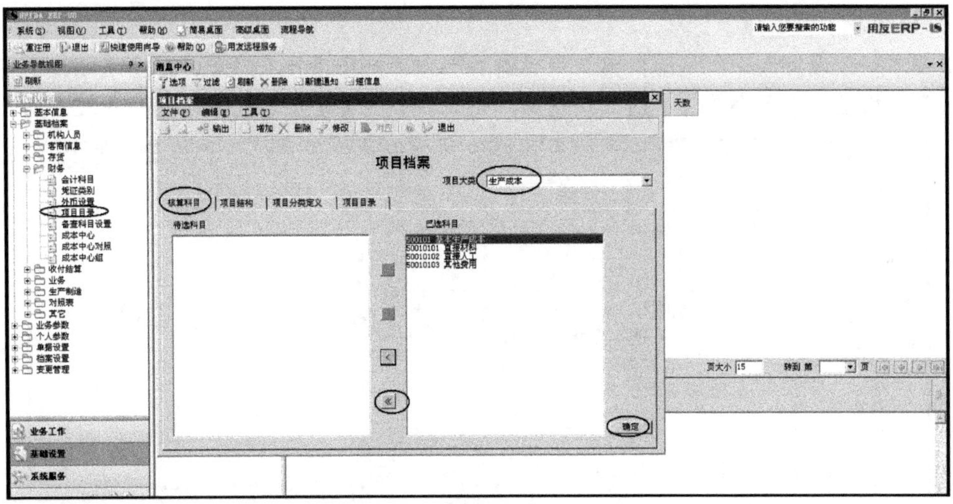

图 3-29　选定项目核算科目

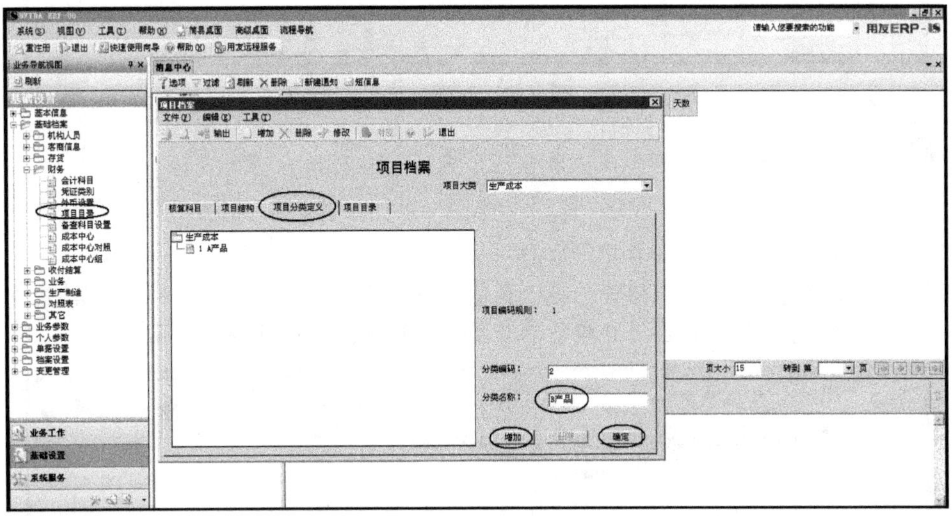

图 3-30　定义项目分类

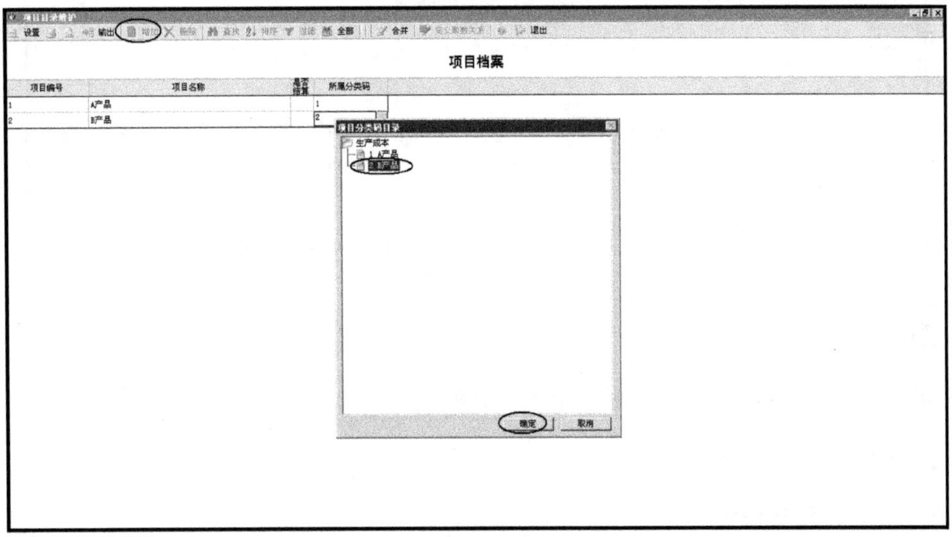

图 3-31　设置项目目录

8. 外币及汇率设置

选择“基础设置”→“基础档案”→“财务”→“外币设置”选项，单击【增加】按钮，录入币符、币名、汇率小数位、最大误差等，完成后单击【确定】按钮，如图 3-32 所示。

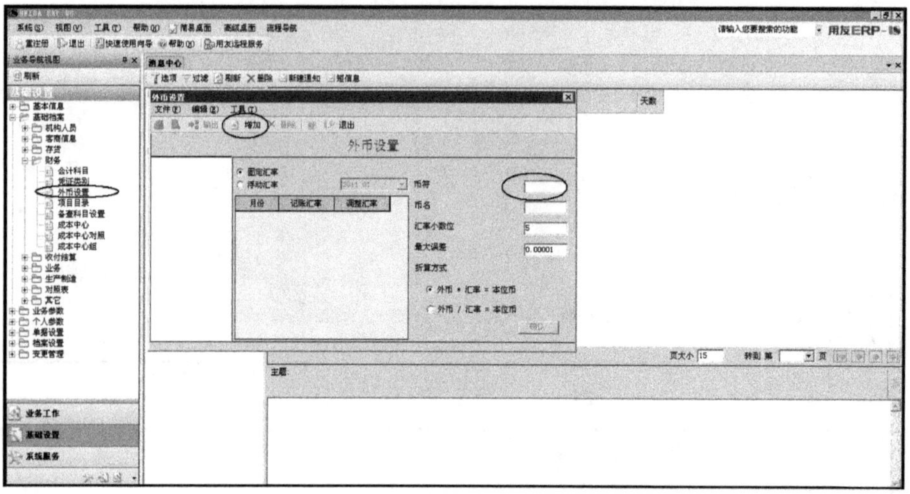

图 3-32　设置外币

提示

已经使用的外币不能删除。

9. 常用摘要设置

选择“基础设置”→“基础档案”→“其他”→“常用摘要”选项，单击【增加】按钮，录入编号、摘要内容、相关科目，完成后单击【退出】按钮，如图 3-33 所示。

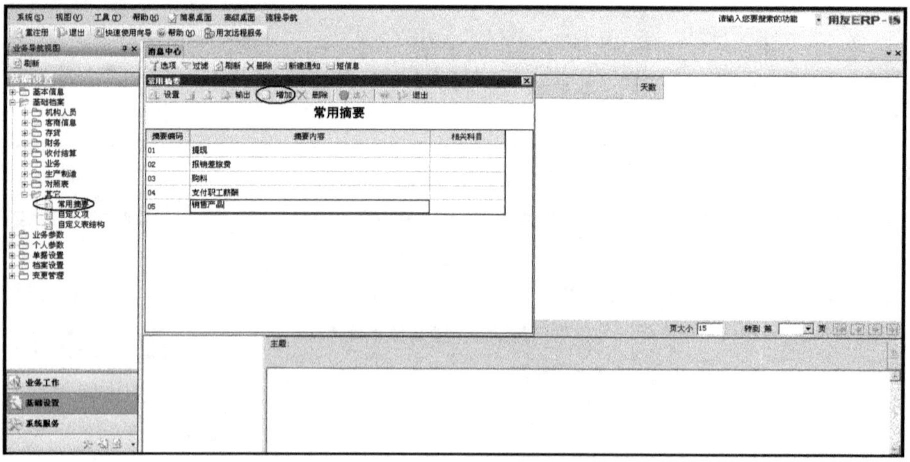

图 3-33　设置常用摘要

提示

常用摘要一旦被引用，便不能进行修改和删除的操作。

三、数据权限设置

1. 数据权限控制设置

选择“系统服务”→“权限”→“数据权限控制设置”选项，进行数据控制权限设置，针对记录级业务对象和字段级业务对象，选择是否进行控制。完成后单击【退出】按钮，如图 3-34 所示。

提示

系统预置了 3 个敏感业务对象：存货、供应商、客户。

账套主管不参加数据权限分配。

对应每一个业务对象，其权限的控制范围在数据权限默认控制界面和权限设置界面中均有一个简单说明。

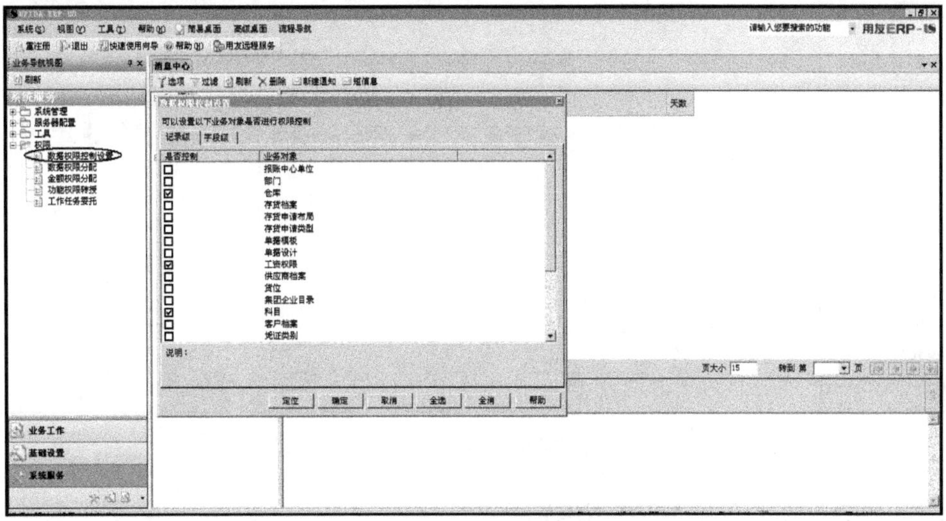

图 3-34 数据权限控制设置

2. 数据权限分配

选择“系统服务”→“权限”→“数据权限分配”选项，进入“权限浏览”界面，选择用户“周平”，单击【授权】按钮，打开“记录权限设置”对话框，选中“查账”复选框，分别选中“1001 库存现金”、“1002 银行存款”等科目，单击【>】按钮，将以上科目选为可用科目，完成后单击【保存】按钮，如图 3-35 所示。

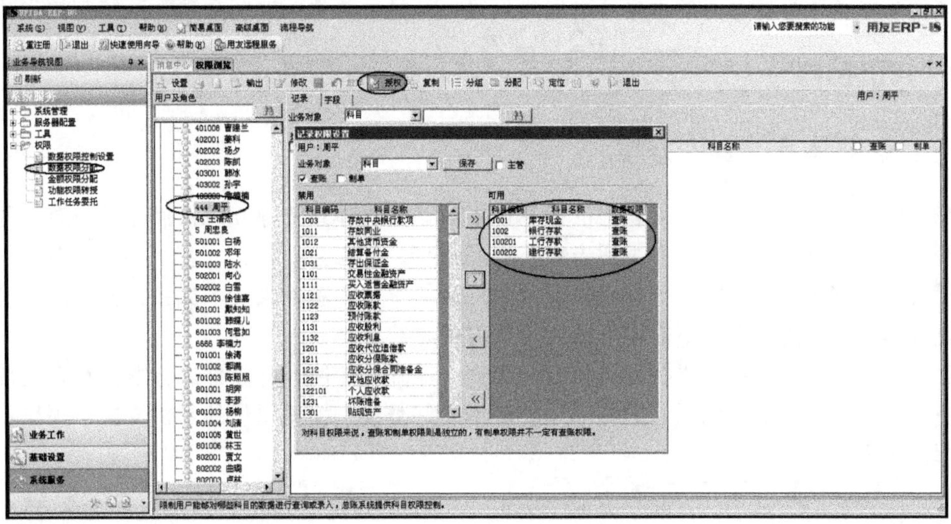

图 3-35 记录权限设置

3. 金额权限分配

选择“系统服务”→“权限”→“金额权限分配”选项，进入“金额权限设置”界面，单击【增加】按钮，在列表中增加一个用户金额级别权限记录。录入用户编码、名称并选择已设置好的金额级别（金额级别手工录入），一个用户只能选择一个级别。完成后单击【退出】按钮，如图 3-36 所示。

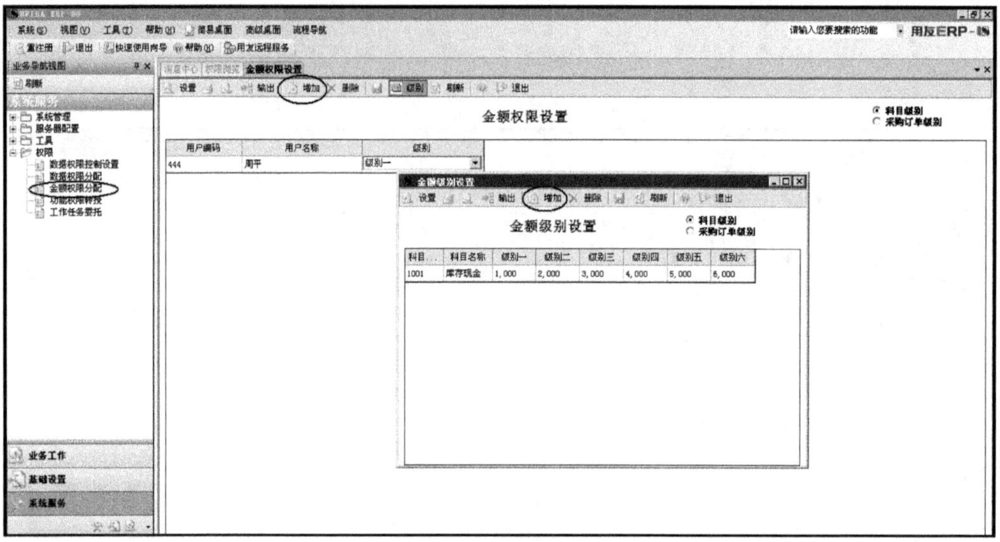

图 3-36 金额权限设置

任务三 会计科目设置及余额录入

任务解析

用友软件 ERP-U872 的建账过程就是系统初始化过程。即根据单位账务处理的具体情况以账套为单位对系统进行个性化设置。按用户操作流程，完成基础设置后应进行会计科目设置及期初余额录入。

本任务主要学习在企业应用平台中完成设置会计科目及录入期初余额等系统初始化功能。

知识链接

一、核算体系的解决方案

在使用总账系统前，应建立自己的核算体系。该核算体系的建立包括操作员设置、建立核算账套、操作员权限设置、定义编码方案、启用账套、建立会计科目、客户档案设置、供应商档案设置、结算方式定义等。操作步骤同项目二系统管理和基础设置，如果已在系统管理和基础设置中建立，则总账系统不需再行建立，实现资源共享。

如果单位一直采用手工进行财务核算，那么，在开始使用财务软件进行财务管理之前应对会计资料进行整理，进而为后续的各项功能应用做好准备。根据单位的具体情况，采用不同的应用解决方案。

1. 对于业务较小的小型企业

对于实际业务比较简单，业务数据较小的小型企业，可以只使用总账系统，按照制单→审核→记账→查账→结账的业务流程进行日常业务处理。

2. 对于业务较复杂的企业

如果企业核算业务较复杂，建议使用本系统提供的各种辅助核算进行管理，如个人往来款项的管理、部门管理、项目管理和客户及供应商管理。

3. 对于机构设置较复杂的企业

如果企业机构设置较复杂，则应使用部门核算管理，多级部门的设置将更方便地管理企业各部门的收入和支出。

4. 对于往来业务管理要求不同的企业

如果企业往来业务较频繁，则会有较多的往来客户、供应商。可采用以下 3 种应用模式。

（1）总账+往来模式。

采用这种模式时，在选项中，将客户（供应商）核算选择在总账中，才能在总账中查询供应商往来和客户往来辅助账；往来辅助核算的科目（如“应收账款”、“应收票据”、“预收账款”、“应付账款”、“应付票据”、“预付账款”）一般设置为带客户（供应商）往来辅助核算属性，但不受控应收应付系统；总账系统期初余额录入时，客户（供应商）辅助核算科目在总账科目辅助窗口录入期初辅助数据；总账制单时，可以使用客户（供应商）辅助核算科目；月末结账时，不必判断应收应付系统是否已经结账，应收应付系统只有科目设置、制单、凭证查询等功能。例如，本书新阳光有限公司的账套。

（2）总账+应收应付模式。

在选项中，将客户（供应商）核算选择在应收应付系统中；上述 6 个科目必须设置为带客户（供应商）往来辅助核算同时受控应收应付系统的科目；总账系统期初余额录入时，上述 6 个科目只录入一个总数，期初辅助数据在应收应付系统中录入；总账制单时，不能使用客户（供应商）辅助核算科目（即应收应付受控科目）；月末结账时，要判断应收应付系统是否已经结账；在这种模式下，总账系统中没有客户（供应商）往来辅助查询，而应收应付系统可以进行单据录入、核销、制单、账簿查询等功能。例如，本书综合实训 1。

（3）总账+供应链+应收应付模式。

在企业管理信息化程度较高的企业，UFERP-U872 完全可以实现财务、业务一体化，即总账+供应链+应收应付系统集成使用模式。其基础设置同模式 2，不同的是在集成使用环境下，供应链业务系统（采购管理、销售管理、库存管理、存货核算）要与财务系统协同分工。即采购销售业务单据录入在业务系统中进行，审核制单则在财务系统中。例如，本书湘江公司账套、综合实训 2。

二、总账系统启用

使用总账系统首先要启用总账系统。

执行“开始”→“程序”→“用友 ERP-U872”→“企业应用平台”命令，打开企业应用平台“登录”对话框，如图 3-37 所示。以账套主管用户登录时选择：账套[001]（default）湖南省新阳光公司，会计年度 2015 年，操作日期 2015 年 01 月 01 日，单击【确定】按钮，即进入企业应用标准套件窗口，如图 3-38 所示，选择“业务工作”→“财务会计”→“总账”选项即可进入“总账”系统。

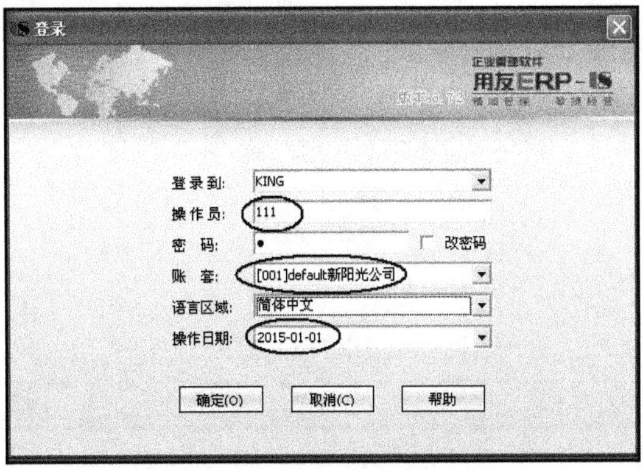

图 3-37　企业应用平台登录对话框

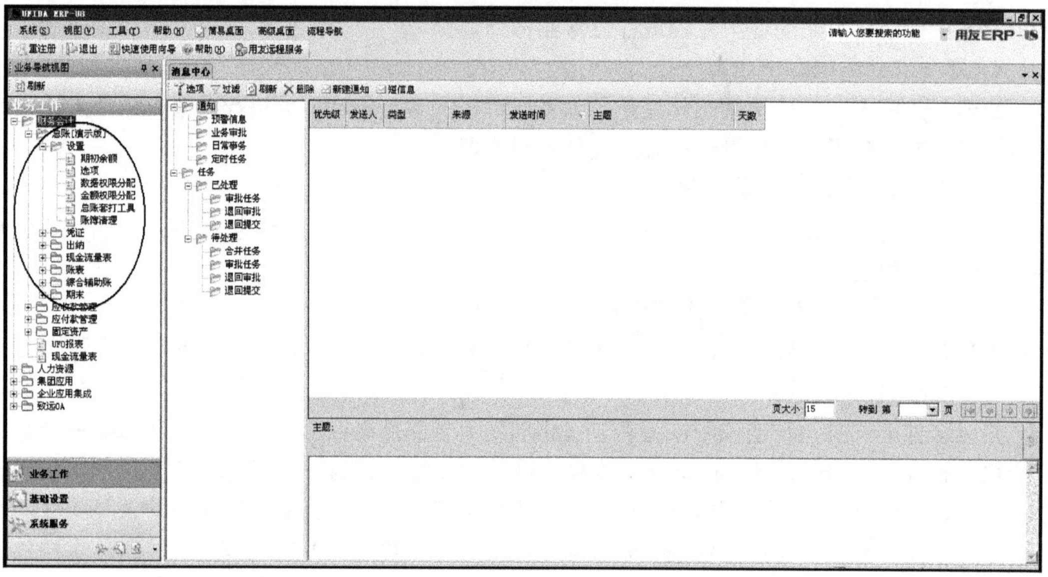

图 3-38　业务导航视图总账系统界面

三、总账系统选项设置

系统在建立新的账套后由于具体情况的需要，或业务变更，发生一些账套信息与核算内容不符，可通过“选项”功能进行账簿选项的调整和查看。可对“凭证”、“账簿”、“凭证打印”、“预算控制”、“权限”、“会计日历”、“其他”、“自定义项核算”八部分内容的操作控制选项进行修改。

1. “凭证”选项卡

“凭证”选项卡如图 3-39 所示。

（1）制单控制。

主要设置在填制凭证时，系统应对哪些操作进行控制。

制单序时控制：此项和“系统编号”选项联用，制单时凭证编号必须按日期顺序排列，10 月 25 日编制 25 号凭证，则 10 月 26 日只能开始编制 26 号凭证，即制单序时，如果有特殊需要可以将其改为不序时制单。

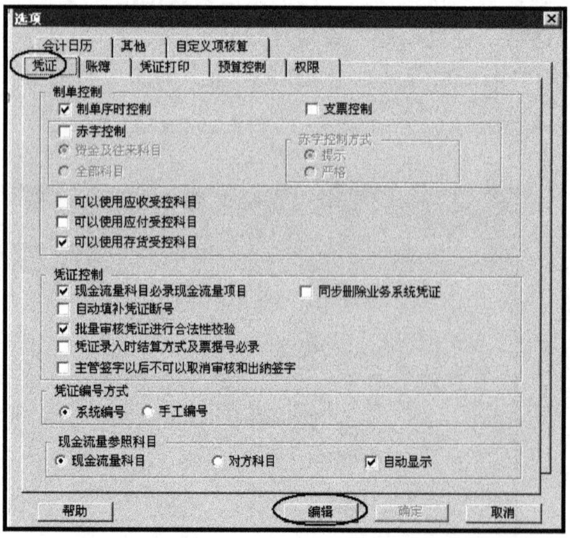

图 3-39　“凭证”选项卡

支票控制：若选中此复选框，在制单时使用银行科目编制凭证时，系统针对票据管理的结算方式进行登记，如果录入支票号在支票登记簿中已存在，系统提供登记支票报销的功能；否则，系统提供登记支票登记簿的功能。

赤字控制：若选中了此复选框，在制单时，当“资金及往来科目”或“全部科目”的最新余额出现负数时，系统将予以提示。提供了提示、严格两种方式，可根据需要进行选择。

可以使用应收受控科目：若科目为

应收款管理系统的受控科目，为了防止重复制单，只允许应收系统使用此科目进行制单，总账系统是不能使用此科目制单的。所以如果希望在总账系统中也能使用这些科目填制凭证，则应选中此复选框。注意：总账和其他业务系统使用了受控科目会引起应收系统与总账对账不平。

可以使用应付受控科目：若科目为应付款管理系统的受控科目，为了防止重复制单，只允许应付系统使用此科目进行制单，总账系统是不能使用此科目制单的。所以如果希望在总账系统中也能使用这些科目填制凭证，则应选中此复选框。

可以使用存货受控科目：若科目为存货核算系统的受控科目，为了防止重复制单，只允许存货核算系统使用此科目进行制单，总账系统是不能使用此科目制单的。所以如果希望在总账系统中也能使用这些科目填制凭证，则应选择此复选框。

提示

总账和其他业务系统使用了受控科目会引起应付系统与总账对账不平。

（2）凭证控制。

管理流程设置：若要求现金、银行科目凭证必须由出纳人员核对签字后才能记账，则选中“出纳凭证必须经由出纳签字”复选框；如要求所有凭证必须由主管签字后才能记账，则选中“凭证必须经主管签字”复选框；如要求出纳签字、审核后才可对凭证执行领导签字，则选中“主管签字以后不可取消审核和出纳签字”复选框。

现金流量科目必录现金流量项目：选中此复选框后，在录入凭证时如果使用现金流量科目则必须录入现金流量项目及金额。

自动填补凭证断号：如果选择凭证编号方式为系统编号，则在新增凭证时，系统按凭证类别自动查询本月的第一个断号默认为本次新增凭证的凭证号。如无断号则为新号，与原编号规则一致。

批量审核凭证进行合法性校验：批量审核凭证时针对凭证进行二次审核，提高凭证录入的正确率，合法性校验与保存凭证时的合法性校验相同。

凭证录入时结算方式及票据号是否必录。

同步删除业务系统凭证：选中此复选框后，外部系统删除凭证时相应将总账的凭证同步删除。否则，将总账凭证作废，不予删除。

（3）凭证编号方式。

系统在“填制凭证”功能中一般按照凭证类别按月自动编制凭证编号，即“系统编号”；但有的企业需要系统允许在制单时手工录入凭证编号，即“手工编号”。

（4）现金流量参照科目。

用来设置现金流量录入界面的参照内容和方式。点选“现金流量科目”单选按钮时，系统只参照凭证中的现金流量科目；点选“对方科目”单选按钮时，系统只显示凭证中的非现金流量科目；点选“自动显示”单选按钮时，系统依据前两个选项将现金流量科目或对方科目自动显示在指定现金流量项目界面中，否则需要手工参照选择。

2. “账簿”选项卡

“账簿”选项卡如图 3-40 所示。

（1）明细账（日记账、多栏账）打印方式。

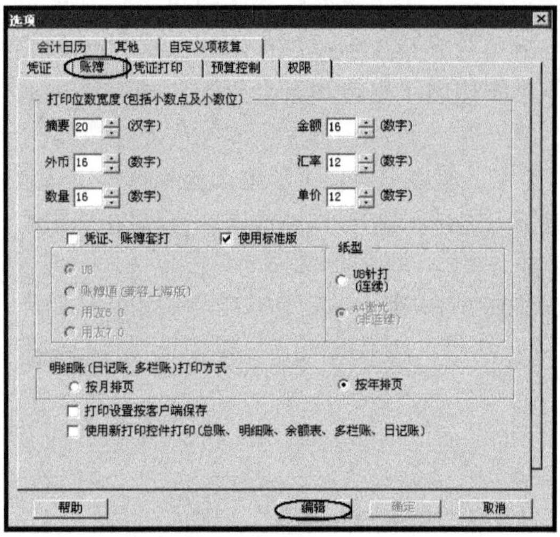

图 3-40 “账簿”选项卡

设置打印正式明细账、日记账或多栏账时，按年排页还是按月排页。

（2）凭证、账簿套打。

凭证、账簿套打是用友公司专门为用友软件用户设计的，适用于各种打印机输出管理用表单与账簿。系统提供 4 种套打纸型：U8——用友 U8.X 版本软件使用的标准版套打纸[分 U8 针打（连续）纸型和 A4 激光（非连续）纸型]。凭证套打分为金额式和外币数量式凭证。明细账套打分为金额式明细账、外币式明细账、数量式明细账。日记账套打分为金额式日记账、外币金额式日记账。多栏账套打只有金额式多栏账。

3. “凭证打印”选项卡

“凭证打印”选项卡如图 3-41 所示。

合并凭证显示、打印：选中此复选框，则在填制凭证、查询凭证、出纳签字和凭证审核时，以系统选项中的设置显示；在科目明细账显示或打印时凭证“按科目、摘要相同方式合并”或“按科目相同方式合并”合并显示，并在明细账显示界面提供是否“合并显示”的选项。

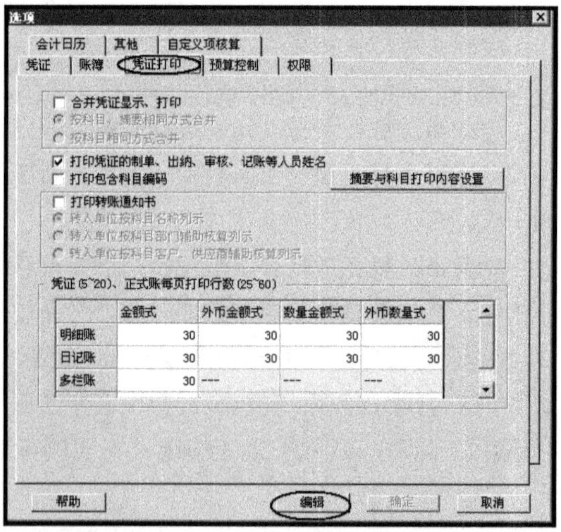

图 3-41 “凭证打印”选项卡

打印凭证的制单、出纳、审核、记账等人员姓名：在打印凭证时，是否自动打印制单人、出纳、审核人、记账人的姓名。

打印包含科目编码：在打印凭证时，是否自动打印科目编码。

摘要与科目打印内容设置：通过此功能，可设置凭证中的摘要栏与科目栏内打印的辅助项。

打印转账通知书：选中此复选框，才能够在科目编辑时指定可打印的科目，在凭证中可打印转账通知单。

凭证、正式账每页打印行数：“凭证打印行数”可对凭证每页的行数进行设置，“正式账每页打印行数”可对明细账、日记账、多栏账的每页打印行数进行设置。双击表格或按空格键对行数直接修改即可。

4. “预算控制”选项卡

“预算控制”选项卡如图 3-42 所示。

预算管理系统：在此显示预算管理系统是否启用总账预算控制，当启用时该复选框选中。

5. “权限”选项卡

“权限”选项卡如图 3-43 所示。

制单权限控制到科目：要在系统管理的“功能权限”中设置科目权限，再选中此复选框，权限设置有效。选中此复选框，则在制单时，操作员只能使用具有相应制单权限的科目制单。

允许修改、作废他人填制的凭证：若选中此复选框，在制单时可修改或作废别人填制的凭证，否则不能修改。

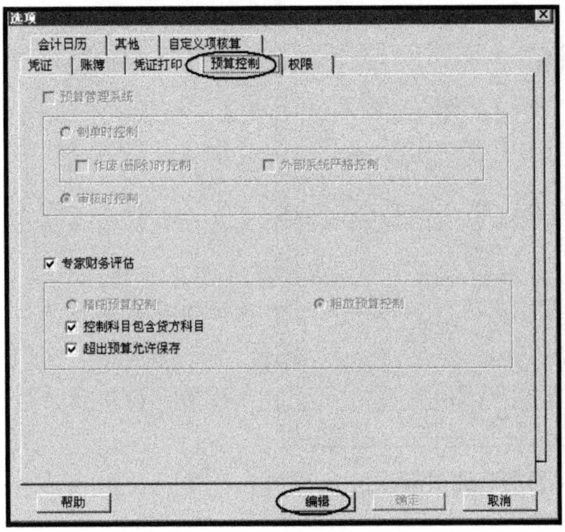

图 3-42　“预算控制”选项卡

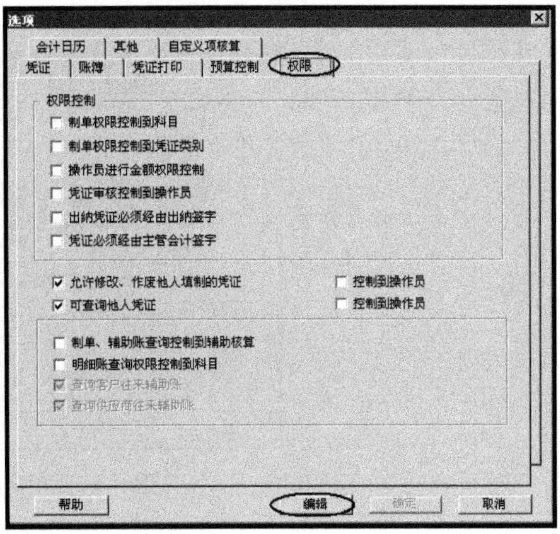

图 3-43　“权限”选项卡

制单权限控制到凭证类别：要在系统管理的“功能权限”中设置凭证类别权限，再选中此复选框，权限设置有效。选中此复选框，则在制单时，只显示此操作员有权限的凭证类别。同时在凭证类别参照中按人员的权限过滤出有权限的凭证类别。

操作员进行金额权限控制：选中此复选框，可以对不同级别的人员进行金额大小的控制，如财务主管可以对 10 万元以上的经济业务制单，一般财务人员只能对 5 万元以下的经济业务制单，这样可以减少由于不必要的责任事故带来的经济损失。如为外部凭证或常用凭证调用生成，则处理与预算处理相同，不做金额控制。

凭证审核控制到操作员：如只允许某操作员审核其本部门操作员填制的凭证，则应选中此复选框。

出纳凭证必须经由出纳签字：若要求现金、银行科目凭证必须由出纳人员核对签字后才能记账，则选中此复选框。

凭证必须经由主管会计签字：如要求所有凭证必须由主管签字后才能记账，则选中此复选框。

可查询他人凭证：如允许操作员查询他人凭证，则选中此复选框。

明细账查询权限控制到科目：这里是权限控制的开关，在系统管理中设置明细账查询权限，必须在总账系统选项中打开，才能起到控制作用。

制单、辅助账查询控制到辅助核算：设置此项权限，制单时才能使用有辅助核算属性的科目录入分录，辅助账查询时只能查询有权限的辅助项内容。

查询客户往来辅助账：U850 以后版本，默认在总账中查询客户往来辅助账。

查询供应商往来辅助账：U850 以后版本，默认在总账中查询供应商往来辅助账。

6. “会计日历”选项卡

“会计日历”选项卡如图 3-44 所示。

选择“会计日历”选项卡，可查看各会计期间的起始日期与结束日期，以及启用会计年度和启用日期。此处仅能查看会计日历的信息，如需修改请到系统管理中进行。

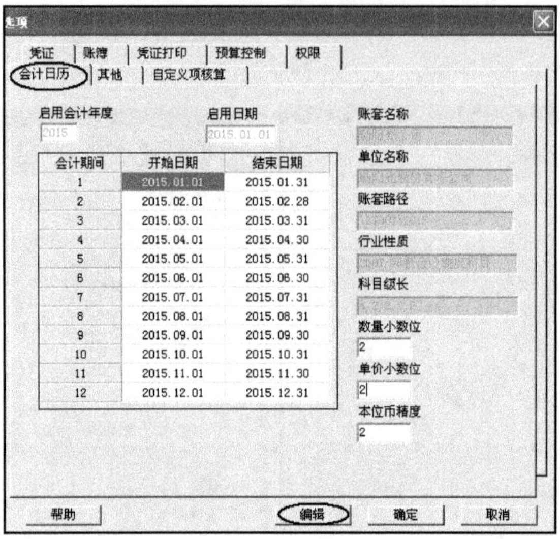

图 3-44 “会计日历”选项卡

提示

总账系统的启用日期不能在系统的启用日期之前。

总账中已录入期初余额（包括辅助期初）则不能修改总账启用日期。

总账中已制单的月份不能修改总账的启用日期，其他系统中已制单的月份不能修改总账的启用日期。

第二年进入系统，不能修改总账的启用日期。

7. 其他

“其他”选项卡如图 3-45 所示。

（1）外币核算。

如果企业有外币业务，则应选择相应的汇率方式——固定汇率、浮动汇率。“固定汇率”即在制单时，一个月只按一个固定的汇率折算本位币金额。“浮动汇率”即在制单时，按当日汇率折算本位币金额。

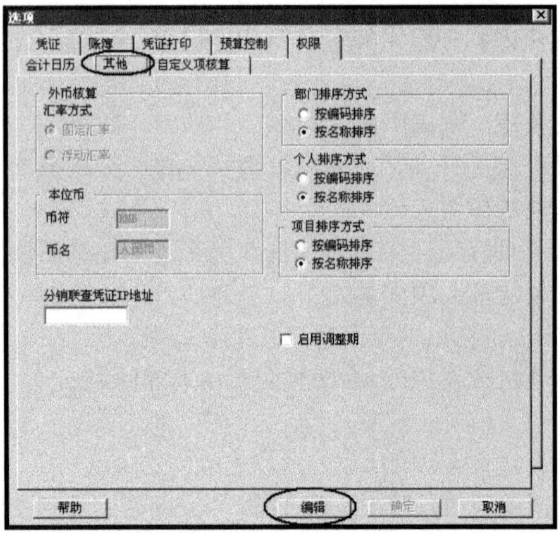

图 3-45 “其他”选项卡

（2）本位币。

可以在这里录入核算的本位币的币符和币名。例如，如果企业核算本位币是人民币，那么币符为“RMB”，币名为“人民币”。

部门排序方式：在查询部门账或参照部门目录时，是按部门编码排序还是按部门名称排序，可根据需要在这里设置。

个人排序方式：在查询个人账或参照个人目录时，是按个人编码排序还是按个人名称排序，可根据需要在这里设置。

项目排序方式：在查询项目账或参照项目目录时，是按项目编码排序还是按项目名称排序，可根据需要在这里设置。

四、会计科目设置

会计科目是填制会计凭证、登记会计账簿、编制会计报表的基础。会计科目是对会计对象具体内容分门别类进行核算所规定的项目。会计科目是一个完整的体系，它是区别于流水账的标志，是复式记账和分类核算的基础。会计科目设置的完整性影响着会计过程的顺利实施，会计科目设置的层次深度直接影响会计核算的详细、准确程度。

1. 会计科目设置的内容

（1）科目编码。

科目编码应是科目全编码，即从一级科目至本级科目的各级科目编码组合。其中，各级科目编码必须唯一，且必须按其级次的先后次序建立，即先有上级科目，然后才能建立下级明细科目。科目编码中的一级科目编码必须符合现行的会计制度。通常，通用商品化会计核算系统在建立账套时，会自动装入规范的一级会计科目。

（2）科目名称。

科目名称是指本级科目名称，通常分为科目中文名称和科目英文名称，科目中文名称和英文名称不能同时为空。

（3）科目类型。

科目类型是指会计制度中规定的科目类型，分为资产、负债、所有者权益、成本、损益。

（4）账页格式。

账页格式用于定义该科目在账簿打印时的默认打印格式。通常系统会提供金额式、外币金额式、数量金额式、外币数量式 4 种账页格式供选择。

（5）助记码。

助记码用于帮助记忆科目，提高录入和查询速度。通常科目助记码不必唯一，可重复。

（6）科目性质（余额方向）。

增加记借方的科目，科目性质为借方；增加记贷方的科目，科目性质为贷方。一般情况下，只能在一级科目设置科目性质，下级科目的科目性质与其一级科目的相同。已有数据的科目不能再修改科目性质。

（7）辅助核算。

辅助核算也叫辅助账类。用于说明本科目是否有其他核算要求，系统除完成一般的总账、明细账核算外，还提供部门核算、个人往来核算、客户往来核算、供应商往来核算、项目核算 5 种专项核算功能供选用。在设置辅助核算时应尽量慎重，因为如果科目已有数据，而又对科目的辅助核算进行修改，那么，很可能会造成总账与辅助账对账不平。

（8）其他核算。

其他核算用于说明本科目是否有其他要求，如银行账、日记账等。一般情况下，现金科目要设为日记账；银行存款科目要设为银行账和日记账。

（9）外币核算。

外币核算用于设定该科目是否有外币核算，以及核算的外币名称。

（10）数量核算。

数量核算用于设定该科目是否有数量核算，以及数量计量单位。

2. 科目编码方案

在进行科目代码设置时，一级科目代码应该使用财政部统一规定的代码。其他各级科目码应按使用单位的实际情况，在满足核算和管理要求的基础上自行设置。但这种设置还应符合前面所设的会计科目编码规则。通常对会计科目编码采用分组的顺序码。

由于总账系统运行时计算机只以科目代码来识别账户，因此科目编码非常重要，除上面所说的原则外，编码时还需要提示以下问题。

（1）科目代码应录入全码，即从一级科目至本级科目的各级代码组合而成的代码组。

（2）科目代码必须具有唯一性，即每一个会计科目有且只有一个代码来代表。

（3）科目代码要在满足核算和管理的前提下适合计算机识别和分类处理。

（4）科目代码应简单明了，便于操作人员记忆和使用。

（5）科目代码既要反映科目间的统属和逻辑关系，也要尽量减少位数，以免增加录入和运算的工作量，增加出错的可能性。

（6）考虑到单位业务的扩展和管理要求的不断提高，科目代码还应具有一定的扩展性，以便需要时能够灵活对科目进行增删。

3. 指定会计科目

指定会计科目包括指定现金总账科目、指定银行总账科目和指定现金流量科目。现金总账科目和银行总账科目是出纳的专管科目，只有指定会计科目后才能执行出纳签字，查看现金、银行存款日记账，从而实现现金、银行存款管理的保密性。在指定“现金科目”、“银行科目”之前，应将“现金”、“银行存款”科目设置为“日记账”科目属性。

指定现金、银行存款科目功能：执行“编辑”→“指定科目”命令，用户在此用“>”、“》”选择现金、银行存款的总账科目，选择完毕后，单击【确认】按钮即可。

指定的现金流量科目是供 UFO 出现金流量表时取数函数使用，在录入凭证时，对指定的现金流量科目，系统自动进入窗口要求指定当前录入分录的现金流量项目。只有事前在这里指定现金流量科目，才能在填制凭证时录入现金流量项目。

指定现金流量科目功能：执行“编辑”→“指定科目”命令，用户在此用“>”、“>>”选择现金流量科目，选择完毕后，单击【确认】按钮即可。

每个会计科目核算的经济内容是不同的，建账时按 2007 新会计准则预置的企业会计科目表分为 6 类：资产、负债、共同类、所有者权益、成本、损益类；行政事业单位会计科目则分为资产、负债、净资产、收入、支出 5 类。会计科目设置功能完成对会计科目的设立和管理，用户可以根据业务的需要方便地增加、插入、修改、查询、打印会计科目。

增加功能：单击【增加】按钮，进入会计科目页编辑界面，根据栏目说明录入科目信息，单击【确定】按钮后保存。

修改功能：选择要修改的科目，单击【修改】按钮或双击该科目，即可进入会计科目修改界面，用户可以在此对需要修改的会计科目进行调整。

删除功能：删除选中的科目，但已使用的科目不能删除。

查找功能：录入会计科目编码、会计科目名称或助记码，可在所有科目中迅速找到要查看的科目。

复制功能：如果新增会计科目与某一已设置好的会计科目相似，可以使用科目表中“编辑”菜单下的“成批复制”功能复制增加新科目。例如，“库存商品”、“主营业务收入”、“主营业务成本”的下属明细科目相同，且科目属性相同，就可以采用成批复制科目的办法以提高准确率与效率。

五、期初余额录入

为了保证新系统的数据能与原系统的数据衔接，保持账簿数据的连续完整，在应用总账系统前，需要将一引动基础数据录入到系统中。首先，将各账户的年初余额或启用月份的月初余额，以及年初到该月的累计发生额计算清楚，然后录入到总账系统中。

“期初余额”功能包括：录入科目期初余额，用于年初录入余额或调整余额；核对期初余额，并进行试算平衡。

1. 功能按钮操作说明

[试算]：显示期初试算平衡表，显示试算结果是否平衡，如果不平衡，重新调整至平衡后再进行下一步工作。

[查找]：录入科目编码或名称，或通过科目参照录入要查找的科目，可快速显示此科目所在的记录行。如果在录入期初余额时使用查找功能，可以提高录入速度。

[清零]：当此科目的下级科目的期初数据互相抵消使本科目的期初余额为零时，清除此科目的所有下级科目的期初数据。

[方向]：每个科目的余额方向由科目性质确定，如资产类科目余额方向为借，权益类科目余额方向为贷。单击【方向】按钮可修改科目的余额方向（即科目性质）。只能调整一级科目的余额方向，且该科目及其下级科目尚未录入期初余额。当一级科目方向调整后，其下级科目也随一级科目相应调整方向。

[对账]：由于初次使用，对系统不太熟悉，在进行期初设置时的一些不经意的修改，可能会导致总账与辅助类账、总账与明细账核对有误，系统提供对期初余额进行对账的功能，可以及时做到账账核对，并可尽快修正错误的账务数据。录入期初余额后单击【对账】按钮，再单击【开始】按钮可对当前期初余额进行对账，如果对账后发现有错误，可单击【显示对账错误】按钮，系统将把对账中发现的问题列出来。

2. 一般科目期初余额录入

如果是老用户将光标移到需要录入数据的余额栏，直接录入数据即可。如果是年中启用，还可以录入年初至建账月份的借、贷方累计发生额。录完所有余额后，单击【试算】按钮，可查看期初余额试算平衡表，检查余额是否平衡，也可单击【对账】按钮，检查总账、明细账、辅助账的期初余额是否一致。

如果是第一次使用总账系统，必须使用此功能录入科目余额。如果系统中已有上年的数据，在使用“结转上年余额”功能后，上年各账户余额将自动结转到本年。新用户如果是年中建账，如是 9 月开始使用账务系统，建账月份为 9 月，可以录入 9 月月初的期初余额，以及 1~9 月的借、贷方累计发生额，系统自动计算年初余额；若是年初建账，可以直接录入年初余额。增加期初余额清零功能：当此科目的下级科目的期初数据互相抵消使本科目的期初余额为零时，清除此科目的所有下级科目的期初数据，此功能只能在没有已记账凭证时使用。具体操作方法见老用户操作方法。（注：此功能最好由专业技术人员设置）

如果您的计算机中安装了 SQL，您可以用它打开 Ufsystem.mdb 数据库的 GL_codeclass 表，找到您的账套所属的行业性质编号及其所对应的科目类型，其中的平衡公式方向（bl_r 字段）决定您的试算平衡公式，当 bl_r 字段值为真时，表示此科目类型在平衡公式的左边，当 bl_r 字段值为假时，表示此科目类型在平衡公式的右边。例如，您的科目类型及 bl_r 字段值设置如下：

科目类型（cclass 字段）	平衡公式方向（bl_r 字段）
资产	真
负债	假
净资产	假
收入	假
支出	真

那么，试算平衡公式为：资产+支出=负债+净资产+收入。

3. 辅助核算科目的期初余额录入

辅助核算科目必须按辅助项录入期初余额，双击辅助核算科目的期初余额（年中启用）或年初余额（年初启用），进入辅助核算科目期初余额录入窗口。

单击【增行】按钮，增加一条新的期初明细，可顺序录入各项内容，在最后一栏按【Enter】键后系统将自动新增一行记录，可继续录入下一条数据。如果录入过程中发现某项录入错误，可按【Esc】键取消当前项录入，将光标移到需要修改的编辑项上，直接录入正确的数据即可。如果想放弃整行增加数据，在取消当前录入后，再按【Esc】键即可。如果需要修改某个数据，将光标移到要进行修改的数据上，直接录入正确数据即可，如果想放弃修改，按【Esc】键即可。要删除某一期初明细时，将光标移到要删除的期初明细上，单击【删行】按钮，经确认后即可。屏幕下端的状态栏显示期初的合计数。单击科目下拉选择框可选择相同辅助账类的其他科目录入期初余额。若为项目核算科目则可选择相同项目大类的其他科目录入期初余额。在录入客户、供应商、部门、个人、项目、自定义项信息时，按【F2】键可参照录入。单击【查找】按钮可对辅助期初明细进行查找定位。当需要跟踪往来未两清记录以便日后的往来两清时，单击【往来明细】按钮，录入期初往来明细。录入完成后，当还尚未录入当前客户（供应商）的期初余额时，可单击【汇总】按钮，自动汇总并给出当前客户（或供应商）的辅助期初余额。

4. 调整科目的余额方向

每个科目的余额方向由科目性质确定，占用类科目余额方向为借，来源类科目余额方向为贷。单击【方向】按钮可修改科目的余额方向（即科目性质）。只能调整一级科目的余额方向，且该科目及其下级科目尚未录入期初余额。当一级科目方向调整后，其下级科目也随一级科目相应调整方向。

任务实施

沿用新阳光有限公司的账套，根据以下资料，完成会计科目设置及余额录入。

1. 新阳光有限公司 2015 年 1 月有关会计科目及期初余额表如下。

单位：元

科目编码	科目名称	辅助类	方　向	金　额
1001	库存现金	日记账、指定科目	借	1 000
1002	银行存款	日记账、银行账、指定科目	借	802 303
100201	工行存款	日记账、银行账、指定科目	借	200 000
100202	建行存款	日记账、银行账、指定科目	借	602 303
1121	应收票据	客户往来（春华）、不受控	借	30 000
1122	应收账款	客户往来（大光）、不受控	借	135 000
1131	坏账准备		贷	675
1123	预付账款	供应商往来（万达）、不受控	借	54 000
1221	其他应收款		借	6 000
122101	应收个人款	个人往来（财务部周平）	借	6 000
1401	材料采购		借	0
140101	甲材料		借	0
140102	乙材料		借	0
1403	原材料		借	235 000
140301	甲材料	数量金额式（吨） （140 吨）	借	140 000
140302	乙材料	数量金额式（吨） （100 吨）	借	95 000

续表

科目编码	科目名称	辅助类	方　向	金　额
1405	库存商品		借	210 000
140501	A 产品	数量金额式（件）（200 件）	借	121 800
140502	B 产品	数量金额式（件）（100 件）	借	88 200
1801	长期待摊费用		借	9 010
180101	保险费		借	0
180102	报刊费		借	9 010
1601	固定资产		借	11 201 000
160101	生产经营用固定资产	部门核算（一、二车间、销售一、二部各占有 1/4）	借	9 085 000
160102	非生产经营用固定资产	部门核算（办公室、财务部各占 1/2）	借	2 116 000
1602	累计折旧		贷	2 230 500
1604	在建工程		借	175 000
160401	出包工程		借	175 000
1606	固定资产清理		借	0
2001	短期借款		贷	36 000
2201	应付票据	供应商往来（万达）、不受控	贷	55 000
2202	应付账款	供应商往来（光明）、不受控	贷	40 000
2203	预收账款	客户往来（启明）、不受控	贷	60 200
2211	应付职工薪酬	部门核算（财务部）	贷	0
2221	应交税费		贷	96 474
222101	应交增值税	综合多栏式	贷	0
22210101	进项税额		贷	0
22210102	销项税额		贷	0
222102	未交增值税		贷	10 000
222103	应交营业税		贷	5 500
222104	应交城建税		贷	72 749
222105	应交个人所得税		贷	7 325
222106	应交教育费附加		贷	900
2241	其他应付款		贷	3 500
224101	应付个人款	个人往来（办公室丁一）	贷	1 400
224102	存入保证金	客户往来（通达）、不受控	贷	2 100
2231	应付利息		贷	3 292
2501	长期借款		贷	7 990 500
250101	基本建设借款		贷	7 990 500
4001	实收资本或（股本）		贷	1 750 547
4002	资本公积		贷	27 850
4101	盈余公积		贷	48 775
410101	法定盈余公积		贷	48 775
4103	本年利润		贷	0
4104	利润分配		贷	515 000

续表

科目编码	科目名称	辅助类	方　向	金　额
410401	未分配利润		贷	515 000
5001	生产成本		借	0
500101	基本生产成本		借	0
50010101	直接材料	项目核算（A、B 产品）	借	0
50010102	直接人工	项目核算（A、B 产品）	借	0
50010103	其他费用	项目核算（A、B 产品）	借	0
500102	辅助生产成本		借	0
5101	制造费用		借	0
510101	工资及福利费	部门核算	借	0
510102	折旧费	部门核算	借	0
510103	办公费	部门核算	借	0
6001	主营业务收入		贷	0
600101	A 产品	数量金额式（件）	贷	0
600102	B 产品	数量金额式（件）	贷	0
6601	销售费用		借	0
660101	工资及福利费	部门核算	借	0
660102	折旧费	部门核算	借	0
660103	水电费	部门核算	借	0
6401	主营业务成本		借	0
640101	A 产品	数量金额式（件）	借	0
640102	B 产品	数量金额式（件）	借	0
6403	营业税金及附加		借	0
640301	城建税		借	0
640302	教育费附加		借	0
6602	管理费用		借	0
660201	工资及福利费	部门核算	借	0
660202	办公费	部门核算	借	0
660203	折旧费	部门核算	借	0
660204	水电费	部门核算	借	0
660205	差旅费	部门核算	借	0
660207	报刊费	部门核算	借	0
6603	财务费用		借	0
6711	营业外支出		借	0
6801	所得税费用		借	0

2. 任务要求

（1）以账套主管的身份设置本单位会计科目（包括增、删、修改科目，特别提示科目账类属性设置）。

（2）指定出纳科目。

（3）录入期初余额并试算平衡。

一、增加会计科目

1. 直接增加

选择“基础设置”→“基础档案”→“财务”→“会计科目”选项，在“会计科目”窗口中单击【增加】按钮，录入科目编码、科目名称、辅助核算等，蓝色名称项为必输项，完成后单击【确定】按钮，如图3-46所示。

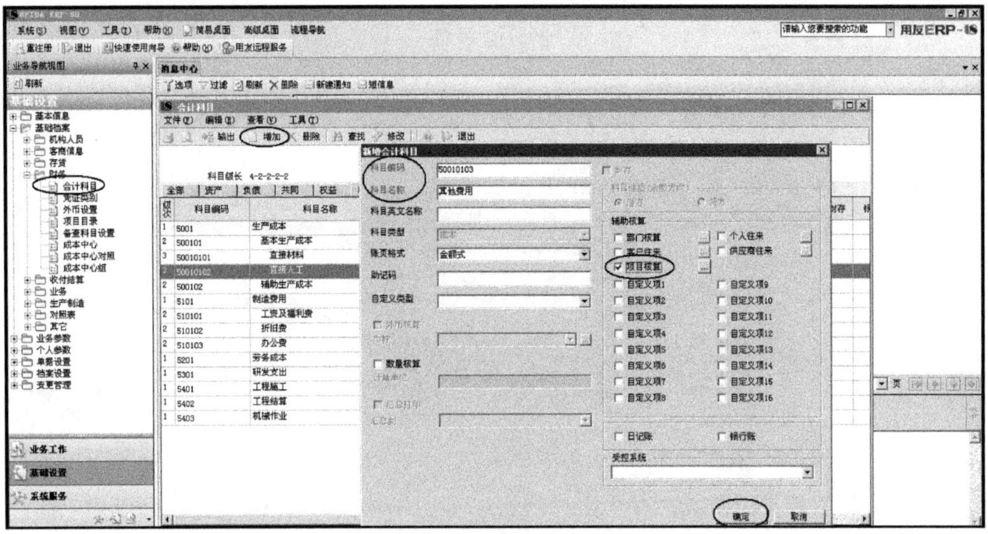

图3-46　新增会计科目

提示

在科目设置中定义的客户、供应商核算的科目将自动被设置成应收应付系统的受控科目，可根据需要自由修改是否受控。

总账和其他业务系统使用了受控科目会引起应付系统与总账对账不平;总账和其他业务系统使用了受控科目会引起存货系统与总账对账不平。

科目增加下级科目时，自动将原科目的所有账全部转移到新增的下级第一个科目中，此操作不可逆。同时要求新增加的下级科目所有科目属性与原上级科目一致。

2. 复制增加会计科目

（1）选择“基础设置”→“基础档案”→“财务”→“会计科目”选项，在“会计科目”窗口中执行“编辑”→“成批复制”命令，如图3-47所示。

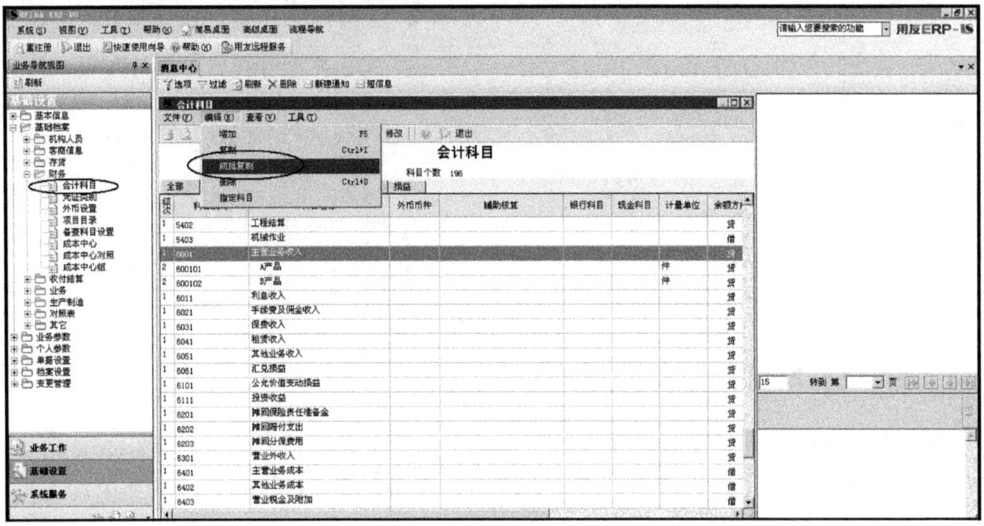

图3-47　成批复制会计科目

（2）在打开的“成批复制”对话框中设置复制科目编码、被复制科目编码、辅助核算等，完成后单击【确定】按钮，如图 3-48 所示。

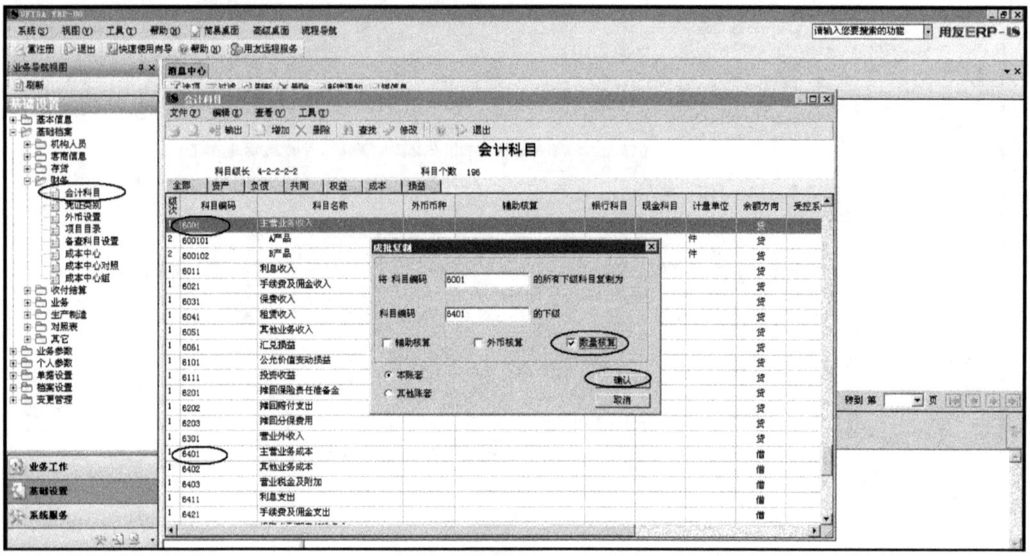

图 3-48　成批复制会计科目设置

二、修改会计科目

选择“基础设置”→“基础档案”→“财务”→“会计科目”选项，在“会计科目”窗口中单击【修改】按钮，修改会计科目，完成后单击【确定】按钮，如图 3-49 所示。

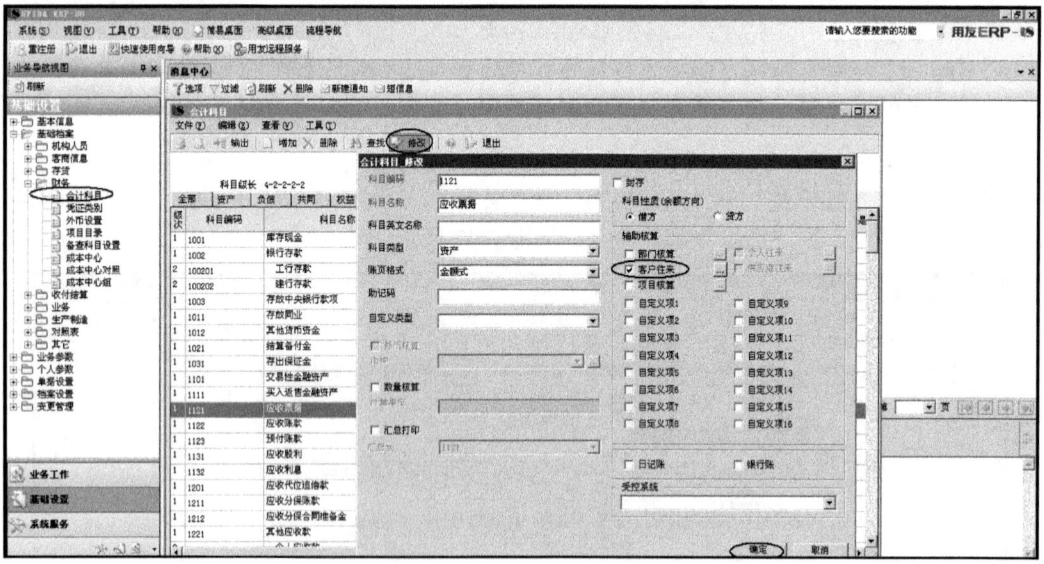

图 3-49　修改会计科目

三、删除会计科目

选择“基础设置”→“基础档案”→“财务”→“会计科目”选项，在“会计科目”窗口中单击【删除】按钮，在“删除记录”对话框中单击【确定】按钮，如图 3-50 所示。

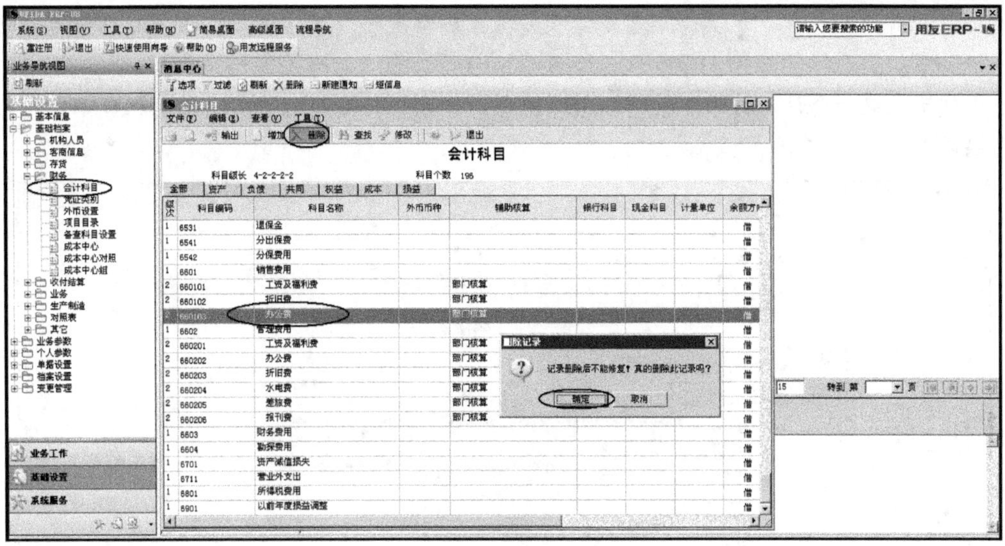

图 3-50 删除会计科目

四、指定会计科目

1. 指定现金、银行存款会计科目

（1）选择“基础设置”→“基础档案”→“财务”→“会计科目”选项，在“会计科目”窗口中执行“编辑”→“指定科目”命令，如图 3-51 所示。

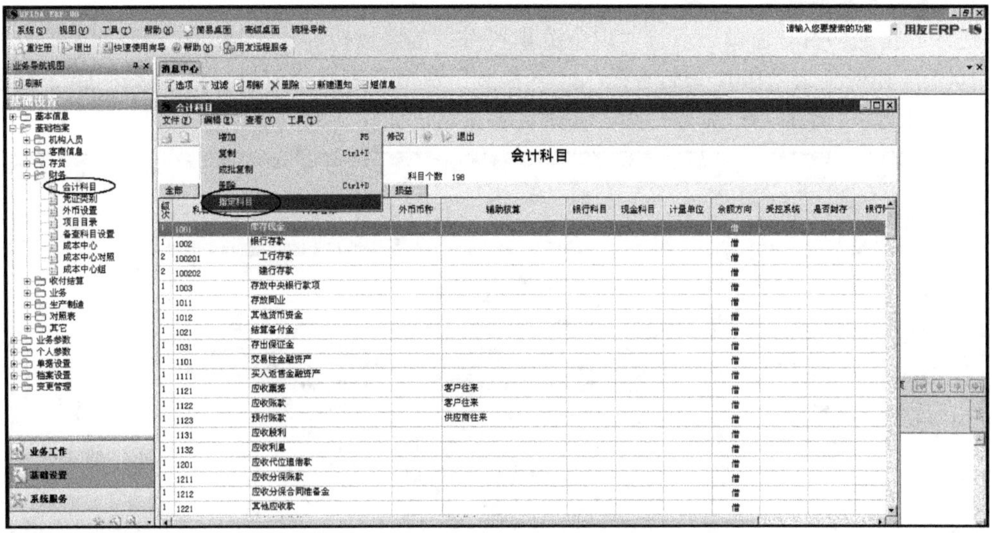

图 3-51 指定科目

（2）分别在打开的“指定科目”对话框中点选“现金科目”单选按钮，从“待选科目”列表框分别选中“1001 库存现金”、“1002 银行存款”出纳科目，单击【>】按钮，将以上科目选为已选科目，完成后单击【确定】按钮，如图 3-52 所示。

提示

此处指定的现金、银行存款科目供出纳管理使用，所以在查询现金、银行存款日记账前，必须指定现金、银行存款总账科目。

如果本科目已被制过或已录入期初余额，则不能删除、修改该科目。如要修改该科目必须先删除有该科目的凭证，并将该科目及其下级科目余额清零，再行修改，修改完毕后要将余额及凭证补上。

已使用末级的会计科目不能再增加下级科目。非末级科目及已使用的末级科目不能再修改科目编码。

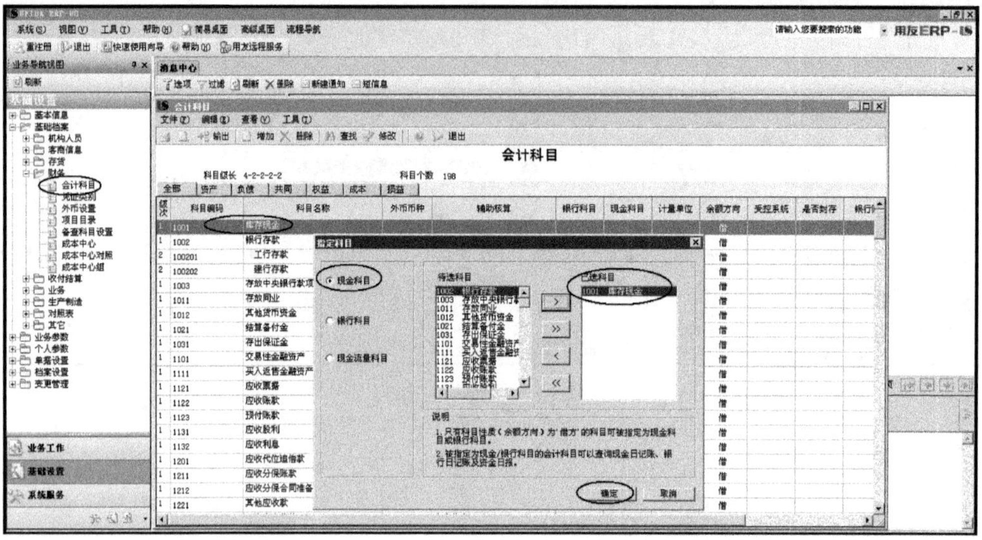

图 3-52 指定科目设置

2. 指定现金流量会计科目

进入“指定科目”窗口，点选“现金流量科目”单选按钮，从“待选科目”列表框分别选中“1001 库存现金”、“1002 银行存款”、“其他货币资金”等现金流量科目，单击【>】按钮，将以上科目选为已选科目，完成后单击【确定】按钮，如图 3-53 所示。

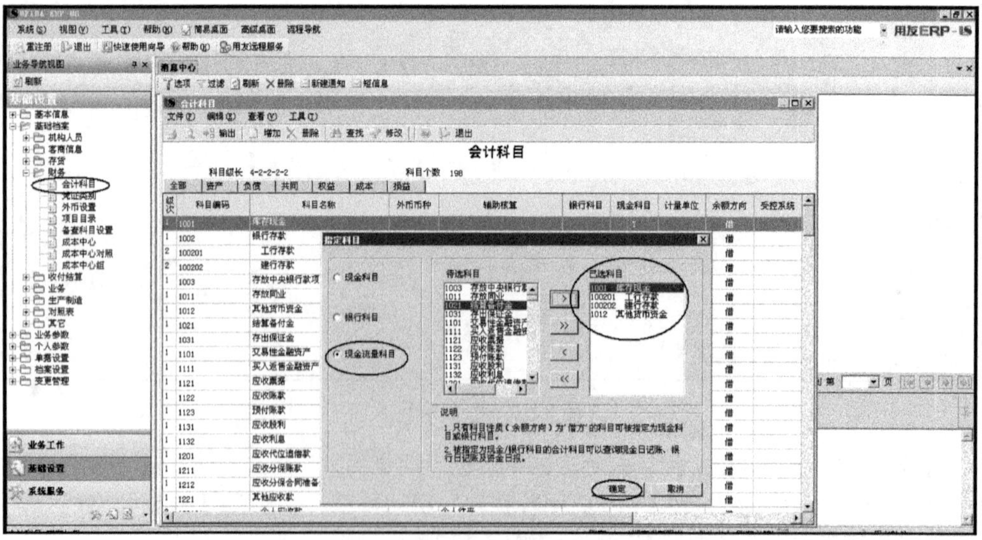

图 3-53 设置现金流量科目指定

五、科目期初余额录入

1. 一般科目期初余额录入

选择“业务工作”→“总账”→“设置”→“期初余额”选项，在“期初余额录入”窗口中直接录入数据并按【Enter】键，完成后单击【退出】按钮，如图 3-54 所示。

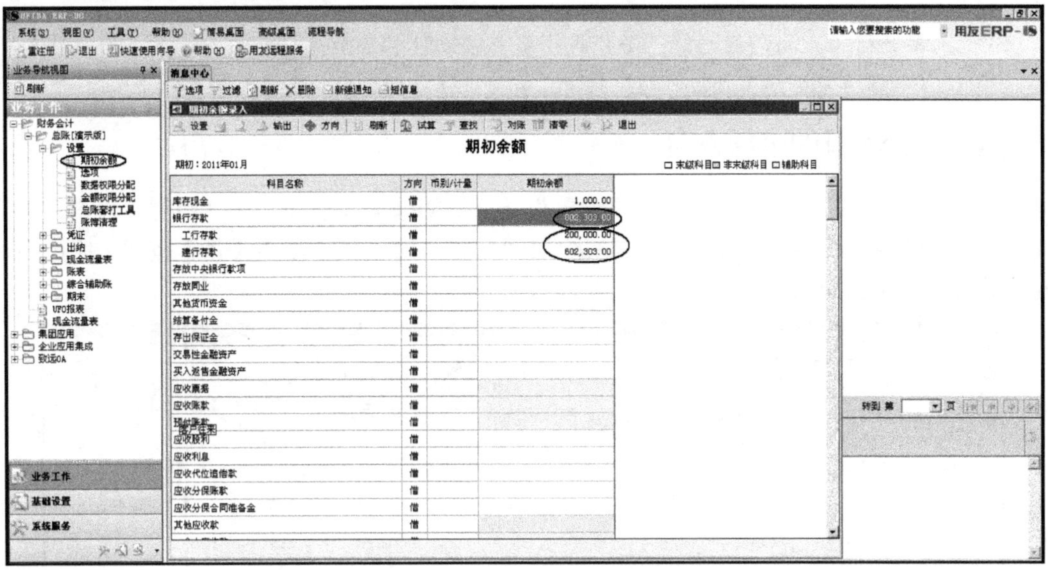

图 3-54 一般科目期初余额录入

提示

只要求录入最末级科目的余额和累计发生数，上级科目的余额和累计发生数由系统自动计算。若年中启用，则只要录入末级科目的期初余额及累借、累贷，年初余额将自动计算出来。

如果某科目为数量、外币核算，可以录入期初数量、外币余额。但必须先录入本币余额，再录入外币余额。若期初余额有外币、数量余额，则必须有本币余额。

2. 辅助核算科目的期初余额录入

选择“业务工作”→“总账”→“设置”→“期初余额”选项，在“期初余额录入”窗口中双击需录入期初余额的辅助核算科目，在“辅助期初余额”窗口中录入数据并按【Enter】键，完成后单击【退出】按钮，如图 3-55 所示。

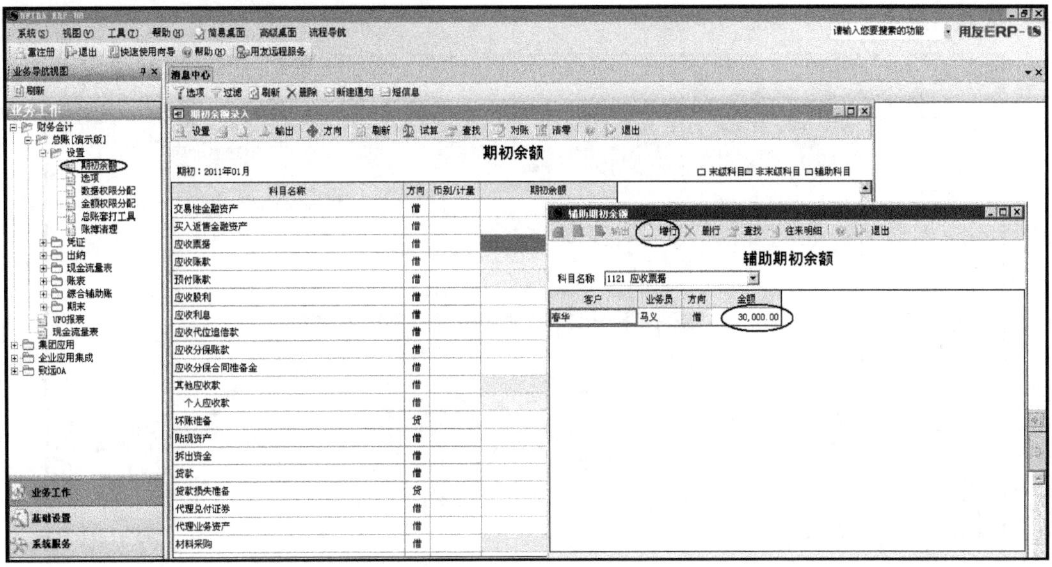

图 3-55 辅助期初余额录入

提示

在录入辅助核算期初余额之前，必须先设置各辅助核算目录。

无论往来核算在总账还是在应收应付系统，有往来辅助核算的科目都要按明细录入数据。

六、调整科目的余额方向

选择“业务工作”→“总账”→“设置”→“期初余额”选项，在“期初余额录入”窗口中选中需调整科目并单击【方向】按钮，在“总账”对话框中单击【是】按钮，完成后单击【退出】按钮，如图 3-56 所示。

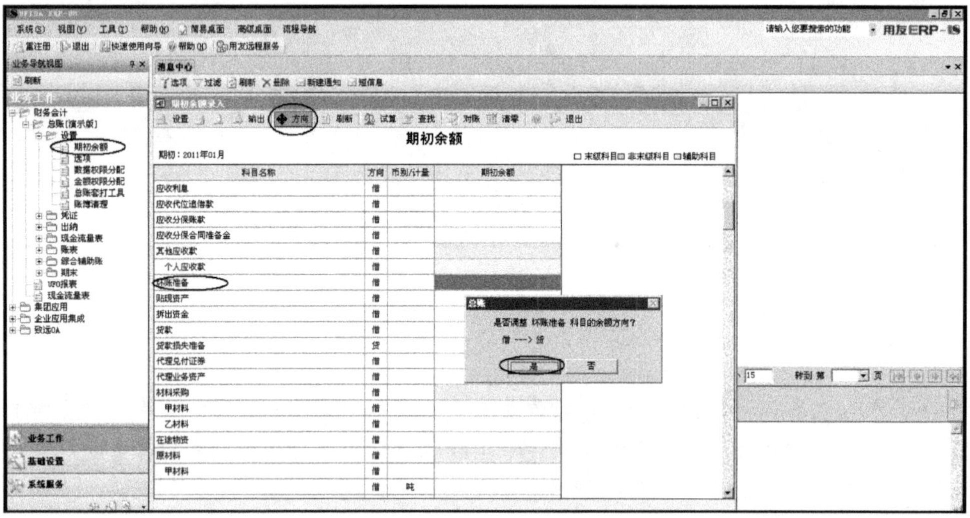

图 3-56　调整科目余额方向

七、试算平衡

选择“业务工作”→“总账”→“设置”→“期初余额”选项，在“期初余额录入”窗口中选中需调整科目并单击【试算】按钮，在“期初试算平衡表”对话框中检查“试算结果平衡”或“试算结果不平衡”，如图 3-57 所示。

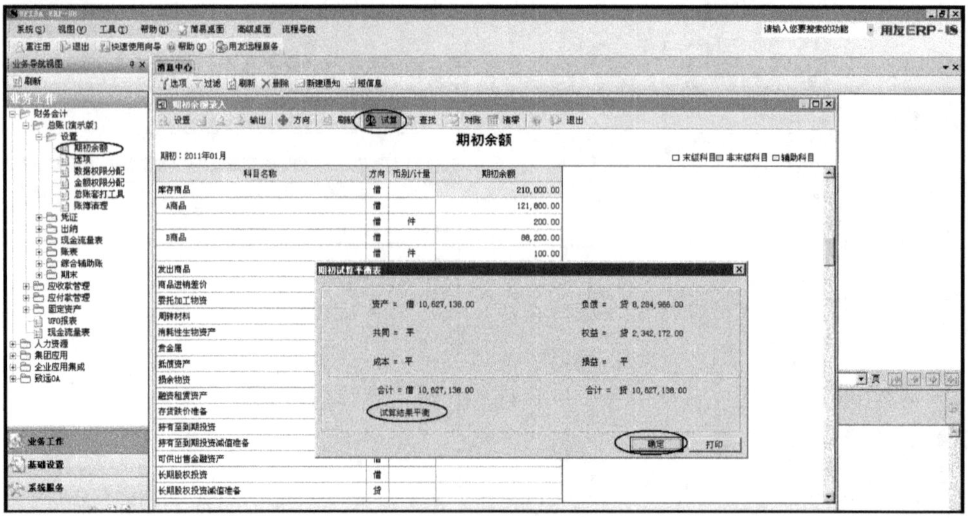

图 3-57　期初试算平衡

提示

若期初余额试算不平衡，将不能记账，但可以填制凭证。

若已经使用本系统记过账，则不能再录入、修改期初余额，也不能使用“结转上年余额”的功能。

——◎ 项目总结 ◎——

系统初始化任务较为烦琐，主要包括认识企业应用平台、基础档案设置、会计科目设置及余额录入 3 个任务。项目实施依托用友 EPR-U872 企业应用平台界面，主要由账套主管完成，项目实施重点在企业核算体系预先确定；难点在数据权限设置、科目辅助属性设置。通过本项目任务的操作完成了基础档案设置、科目设置及期初余额的录入等基础工作，将对电算会计的初始化有一个清晰的了解。本项目内容是各系统业务处理的基础，为后续项目操作提供共享的初始数据。

项目四 总账系统业务处理

学习目标

【知识目标】

1. 了解总账系统的基本功能与一般工作流程。
2. 熟悉总账系统的凭证处理。
3. 熟悉总账系统的出纳管理。
4. 熟悉总账系统的账表管理。
5. 熟悉总账系统的月末处理。

【技能目标】

1. 掌握总账系统凭证处理。
2. 掌握总账系统出纳管理。
3. 掌握总账系统账表管理。
4. 掌握总账系统期末业务处理。

任务一 总账系统凭证处理

任务解析

要求了解总账系统凭证处理的基本内容，掌握填制凭证、出纳签字、审核凭证、记账、恢复记账前状态等操作方法。

凭证的处理是总账系统日常业务中的关键环节，也是总账系统中最基本、最主要的数据来源，会计凭证的正确性将直接影响到整个会计信息系统的真实性、可靠性。如何快速、正确地录入凭证是凭证处理的重点。

知识链接

一、总账日常账务处理概述

总账系统日常业务处理工作繁杂，内容较多，主要包括填制凭证、审核凭证、修改凭证、凭证汇总、记账，查询和打印输出各种日记账、明细账和总分类账，同时对部门、项目、个人往来和单位辅助账进行管理。在总账管理系统中，当初始化设置完成后，就可以开始进行日常账务处理了。本项目以一般会计业务流程为线索，结合具体业务介绍日常会计凭证填制、修改、审核、汇总、输出、记账、出纳管理、账簿管理的各项基本操作。

总账日常账务处理操作流程如图 4-1 所示。

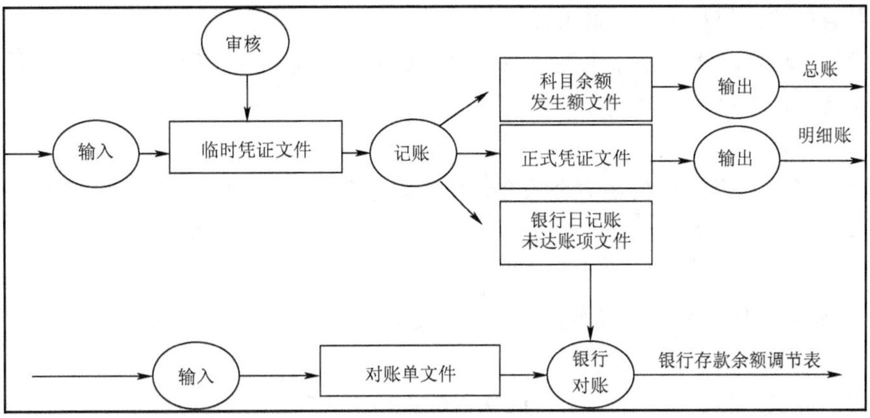

图 4-1　总账日常账务处理操作流程

二、凭证处理

1. 填制凭证

记账凭证是账务处理的起点，也是登记账簿的依据，是总账系统数据处理的唯一数据源。日常业务处理首先从填制凭证开始。

填制凭证是账务处理过程中最基础的工作。实行计算机处理账务后，电子账簿的准确性与完整性完全依赖于记账凭证，因而在实际工作中，必须确保准确完整地输入记账凭证。

（1）记账凭证录入方式。

产生记账凭证的途径有以下 3 种。

① 根据审核无误的原始凭证直接在计算机上编制记账凭证。

② 先由人工编制记账凭证，再输入计算机。

③ 计算机自动生成的机制凭证。

凭证输入采用键盘输入、磁盘引入、网络传输和自动生成机制凭证 4 种方式，键盘输入是最常用的形式。

（2）记账凭证的基本内容及其填制方法。

① 凭证日期。即填制会计凭证的日期。系统自动取当前业务日期为记账凭证填制的日期，可修改。

② 凭证种类。类型是在系统初始化时设定的，一般由操作员直接录入凭证类型代码，或录入凭证类型名称，也可以使用系统提供的引导功能录入凭证类别。

③ 凭证编号。编号的产生规则各不相同，有的以凭证类别为基本编号，如收款凭证类别代码为“1”，则收款凭证编号为“1-001”、“1-002”等。也有的以凭证类别名，如“收 001”或“收款 001”等。更多软件将凭证类别与凭证编号分别管理，如“收”字第 005 号、“转”字第 200 号等。

④ 摘要。手工处理时，一张凭证编制一个完整的摘要；信息化系统中，摘要是以“行”为单位编制的，即凭证中的每一行都要有一个相对独立的摘要。摘要库，是系统为了提高凭证录入速度，事先对一些使用频率较高、内容较为规范的凭证摘要所做的定义，如“提取现金”、“支付货款”、“收到销货款”等。

⑤ 会计科目。系统允许用户以输入科目编码、助记码和科目名称中的任意一项的方法来录入科目。会计科目输入过程中，系统将完成一些自动检查程序。例如，检查科目是否已经进行过设置，检查所输入科目是否为最末级科目等。

⑥ 金额。金额输入可分为直接输入和计算生成两种情况。根据系统提示输入数量外币等辅助信息，由计算机根据初始设置时确定的方法及用户输入的数量、单价或外币、汇率等要素自动计算生成发生额。

⑦ 合计。指一张凭证上的借方金额合计和贷方金额合计。在合计栏里可以看出借贷是否平衡。保存凭证时，若借贷不平衡，系统会拒绝存盘并提示用户进行修改，直到修改平衡后才准予存盘保存。

⑧ 附件张数。凭证所附的原始凭证张数，根据实际原始凭证数填入即可。

（3）辅助核算数据的输入方法。

① 数量辅助数据录入。在录入凭证时输入数量和单价，由系统根据数量和单价计算出金额，并在凭证的金额栏显示计算结果。

② 结算方式录入。要求用户输入结算方式和结算票据号，有的软件还要求录入业务发生的日期。其中“结算方式”是在系统初始化时由用户定义的，“结算票据号”则根据原始凭证中的号码填入。

2. 修改凭证

（1）记账凭证的直接修改。也称无痕迹修改，是指调出原已录入的凭证，直接修改其中的内容，而不留下任何曾经修改的痕迹或线索。凭证尚未审核，或审核未通过，可直接修改；凭证已审核但尚未登记入账，应先取消审核，再进行修改。

（2）记账凭证的间接修改。也称有痕迹修改，即留下修改的线索和痕迹。采取红字冲销或补充登记的方法来改正凭证中的错误。通常情况下，对已记账的错误凭证可以采用类似手工操作中的“红字冲销法”和“补充登记法”的方法进行修改。红字冲销和蓝字补充而增加的凭证，应视同正常凭证进行后续处理。

3. 审核凭证

记账凭证一般须经过审核人员的签章才允许作为记账依据。审核员和凭证制单员始终应是不同的操作员，这是软件内控规则所体现的强制要求。同时，做了审核标记的凭证是不可以随意更改的。如已审核凭证有错，则必须先清除已审核标记，然后才能修改。

记账凭证审核一般采用屏幕显示逐张核对的方法。计算机自动为“审核员”签字。清单核对法（凭证审核的专用方法），先将需审核的凭证打印输出，由审核员逐一审核，待审核完成后，再在系统内使用“成批签字”功能予以一次性签章。

4. 记账

记账是以会计凭证为依据，将经济业务全面、系统、连续地记录到具有账户基本结构的账簿中去的一种方法。在手工方式下，记账是由会计人员根据已审核的记账凭证及所附有的原始凭证逐笔或汇总后登记有关的总账和明细账。

在电算化方式下，记账是由有记账权限的操作员发出记账指令，由计算机按照预先设计的记账程序自动进行合法性检查、科目汇总、登记账簿等。

记账凭证经审核及出纳签字后，即可以进行登记总账、明细账、日记账及往来账等操作。本系统记账采用向导方式，使记账过程更加明确，记账工作由计算机自动进行数据处理，不用人工干预。

（1）未审核凭证不能记账，记账范围应小于等于已审核范围。

（2）作废凭证不需审核可直接记账。

（3）在设置过程中，如果发现某一步设置错误，可单击【上一步】按钮返回后进行修改。如果不想再继续记账，可单击【取消】按钮，取消本次记账工作。

（4）在记账过程中，不得中断退出。记账过程一旦断电或因其他原因造成中断后，系统将自动调用“恢复记账前状态”恢复数据，再重新记账。

如果由于某种原因，事后发现本月已记账的凭证有错误且必须在本月进行修改，利用“恢复记账前状态”功能，将本月已记账的凭证恢复到未记账状态，进行修改、审核后再进行记账。

任务实施

沿用新阳光有限公司的账套，进行总账系统会计凭证处理。

以吴英（制单）的身份登录企业应用平台，进行填制凭证、出纳签字、审核凭证、记账、恢复记账前状态等操作。

2015 年 1 月新阳光有限公司发生下列经济业务。

（1）1 月 1 日，收到某公司投入（二车间）的全新机器设备 1 台，价值 500 000 元。交接手续办理完毕，设备投入使用。

借：固定资产	500 000	
贷：实收资本		500 000

（2）1 月 5 日，办公室丁一报销办公用品 400 元，以现金支付。

借：管理费用	400	
贷：库存现金		400

（3）1 月 6 日，出纳员从工商银行提取现金 8 000 元，作为备用。（现金支票号为 000007）

借：库存现金	8 000	
贷：银行存款——工商银行		8 000

（4）1 月 7 日，向工商银行借入 3 个月期限的 73 200 元贷款到账。（转账支票号为 600007）

借：银行存款——工商银行	73 200	
贷：短期借款——工商银行		73 200

（5）1 月 10 日，一车间领用乙材料 10 吨，单价为 950 元/吨，总价为 9 500 元，投入生产。

借：生产成本——基本生产成本——直接材料（B 产品）	9 500	
贷：原材料——乙材料		9 500

（6）1 月 21 日，购入甲材料 3 吨，每吨 1000 元，用工商银行转账支票支付所购材料价税款 3 510 元，材料已验收入库。（转账支票号为 600027）

借：原材料——甲材料	3 000	
应交税费——应交增值税（进项税额）	510	
贷：银行存款——工商银行		3 510

（7）1 月 28 日，分别向春华、启明公司销售 A 产品一批，每件售价为 700 元，价税款未收。

借：应收账款——春华（150 件）	122 850	
——启明（50 件）	40 950	
贷：主营业务收入		140 000
应交税金——应交增值税（销项税额）		23 800

（8）1 月 29 日，从工商银行支付财务部职工工资 10 000 元。（现金支票号为 000009）

借：应付职工薪酬	10 000	
贷：银行存款——工商银行		10 000

（9）1 月 30 日，财务部周平出差归来，报销差旅费 800 元，交回现金 200 元。

借：库存现金	200	
管理费用——差旅费	800	
贷：其他应收款——周平		1 000

一、填制凭证

以吴英（制单）的身份登录企业应用平台后，选择“业务会计”→“财务会计”→“总账”→“凭证”→“填制凭证”选项，打开“填制凭证”对话框。

1. 填制凭证的基本操作

业务 4-1：1 月 6 日，出纳员从工商银行提取现金 8 000 元，作为备用。（现金支票号 000007）

（1）单击【增加】按钮或按【F5】键，增加一张新凭证，将光标定位在凭证类别上，输入或参照选择一个凭证类别字，如图 4-2 所示。

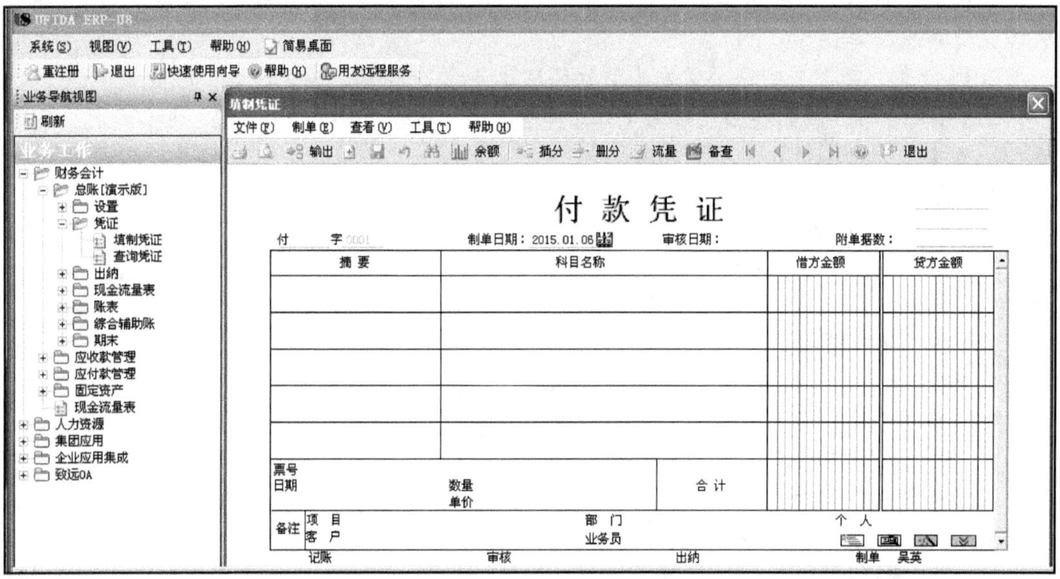

图 4-2 填制凭证

（2）凭证编号：如果在“选项”对话框中选中了“系统编号”单选按钮，则由系统按时间顺序自动编号。否则，请手工编号，允许最大凭证号为 32767。系统规定每页凭证可以有 5 笔分录，当某号凭证不只一页，系统自动将在凭证号后标上几分之一，如收 0001 号 0002/0003 表示为收款凭证第 0001 号共 3 页，当前为第二页。

（3）系统自动取当前登录账务系统的日期为记账凭证填制的日期。可以修改或参照输入。

（4）在“附单据数”处录入原始单据张数。当您需要将某些图片、文件作为附件链接凭证时，可单击“附单据数”录入框右侧的图标，选择文件的链接地址即可。

（5）录入凭证分录的摘要，按【F2】键或单击参照按钮输入常用摘要，但常用摘要的选入不会清除原来录入的内容，如图 4-3 所示。

（6）若科目为银行科目，且在结算方式设置中确定要进行票据管理，在“选项”对话框中选中“支票控制”复选框，那么这里会要求输入“结算方式”、“票号”及“发生日期”，如图 4-4 所示。

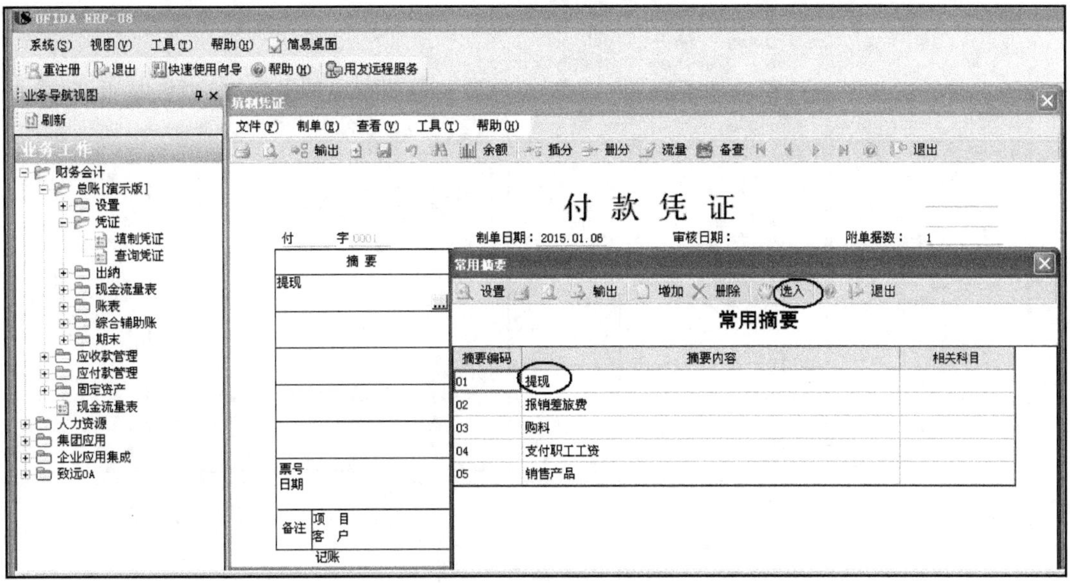

图 4-3　常用摘要设置

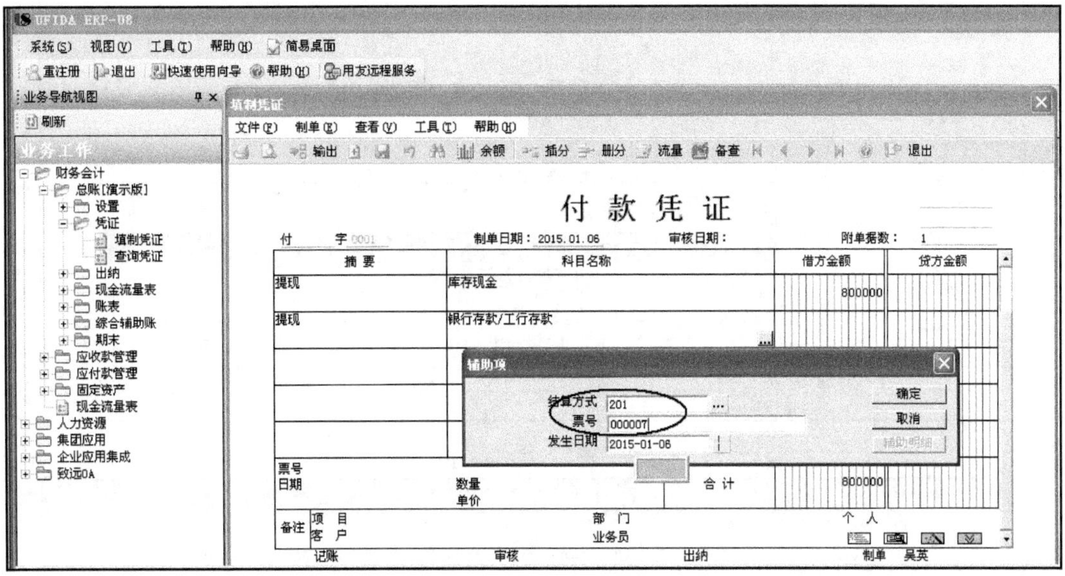

图 4-4　辅助项设置

业务 4-2：1 月 1 日，收到某公司投入（二车间）的全新机器设备 1 台，价值 500 000 元。交接手续办理完毕，设备投入使用。

（7）如果科目设置了辅助核算属性，则在这里还要输入辅助信息，如部门、个人、项目、客户、供应商、数量等。录入的辅助信息将在凭证下方的备注中显示，如图 4-5 所示。

（8）录入该笔分录的借方或贷方本币发生额，金额不能为零，但可以是红字，红字金额以负数形式录入。如果方向不符，可按空格键调整金额方向。

（9）若想放弃当前未完成的分录的录入，可单击【删分】按钮或按【Ctrl+D】组合键删除当前分录，如图 4-6 所示。

（10）凭证全部录入完毕后，单击【保存】按钮或按【F6】键保存这张凭证，如图 4-7 所示。

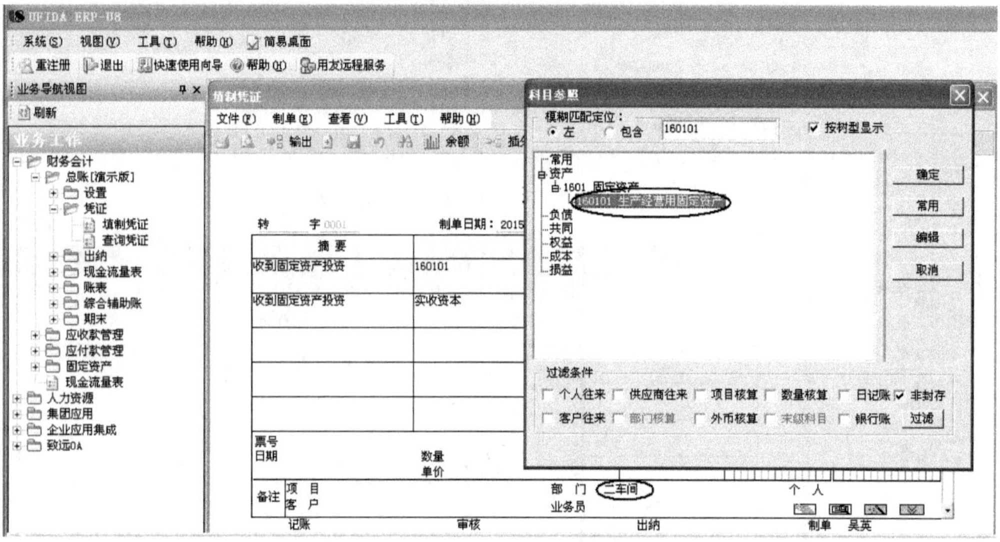

图 4-5　显示辅助项

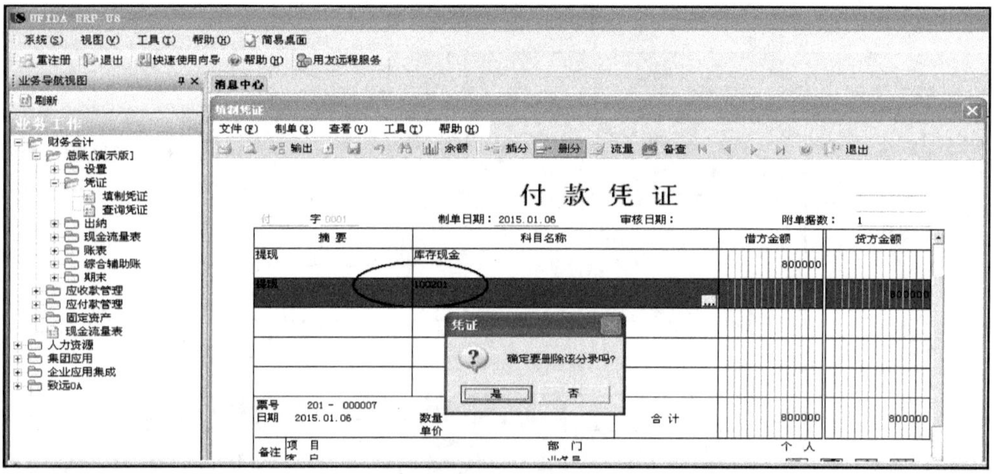

图 4-6　分录删行

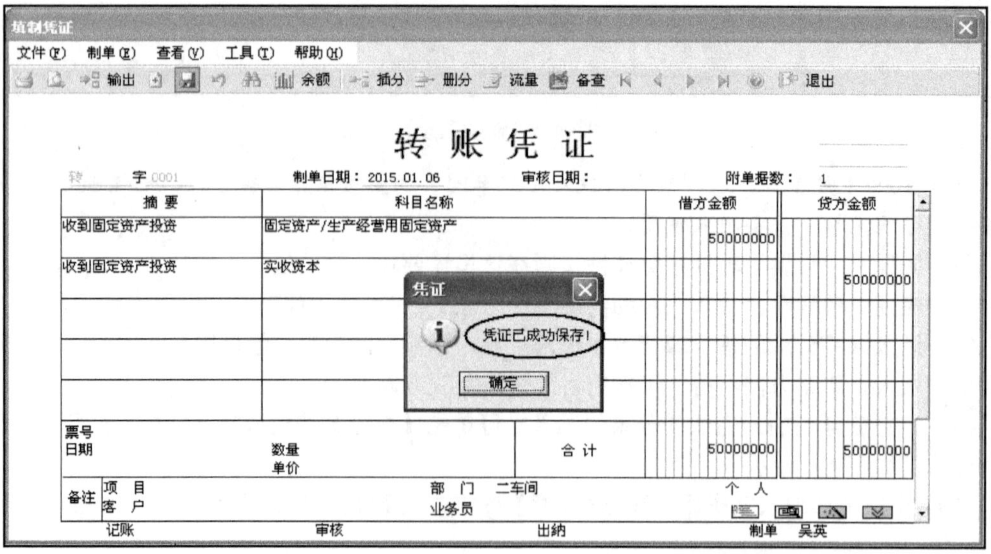

图 4-7　保存凭证

提示

如果在“选项”对话框中，选中了“制单权限控制到科目”复选框，那么在制单时不能使用无权限的科目进行制单。

项目核算的科目必须先在项目定义中设置好项目档案，才能在制单中使用。

在系统编号时：凭证一旦保存，其凭证类别、凭证编号将不能再修改；在手工编号时：凭证一旦保存，其凭证类别不能再修改、凭证编号可修改。

在录入辅助明细时，当数量、单价、金额 3 项都有数据时，系统提供反算功能，改变数量或单价反算金额，改变金额反算单价。

2. 填制凭证的其他操作

（1）作废和恢复凭证。

当某张凭证不想要或出现不便修改的错误时，在记账之前，可将其作废。

业务 4-3：1 月 30 日，摊销本月办公室报刊杂志费 4 505 元。（去年年底已预付全年报刊费 9 010 元）

① 在“填制凭证”对话框中，通过单击【首页】、【上页】、【下页】、【末页】按钮翻页查找或单击【查询】按钮录入条件查找要作废的凭证。

② 执行“制单”→“作废/恢复”命令，凭证左上角显示“作废”字样，表示已将该凭证作废。

③ 作废凭证仍保留凭证内容及凭证编号，只在凭证左上角显示“作废”字样。作废凭证不能修改，不能审核。在记账时，不对作废凭证做数据处理，相当于一张空凭证。在账簿查询时，也查不到作废凭证的数据，如图 4-8 所示。

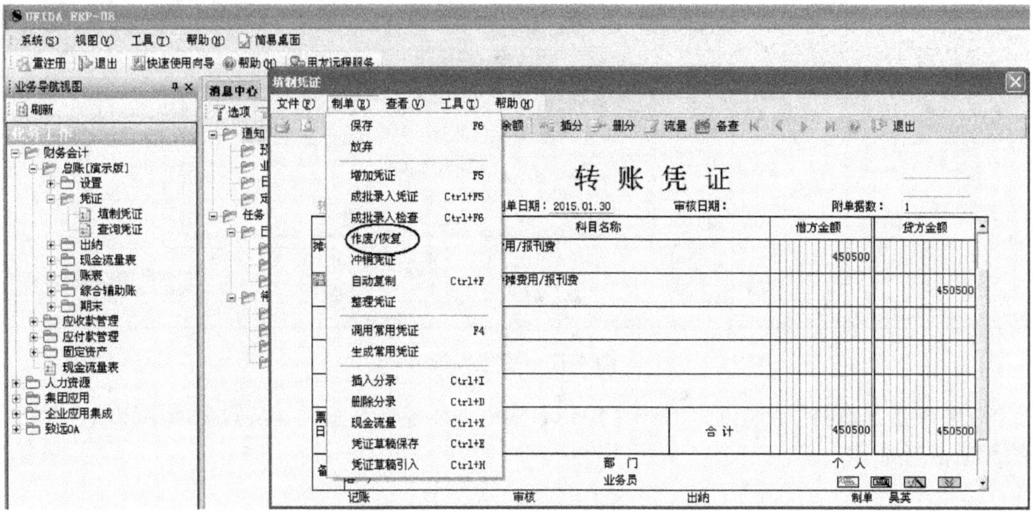

图 4-8 “作废/恢复”命令

④ 若当前凭证已作废，执行“制单”→“作废/恢复”命令，可取消作废标志，并将当前凭证恢复为有效凭证。

（2）整理凭证。

整理凭证就是删除所有作废凭证，并利用留下的空号对未记账凭证重新编号。

① 在“填制凭证”对话框中，执行“制单”→“整理凭证”命令，如图 4-9 所示。

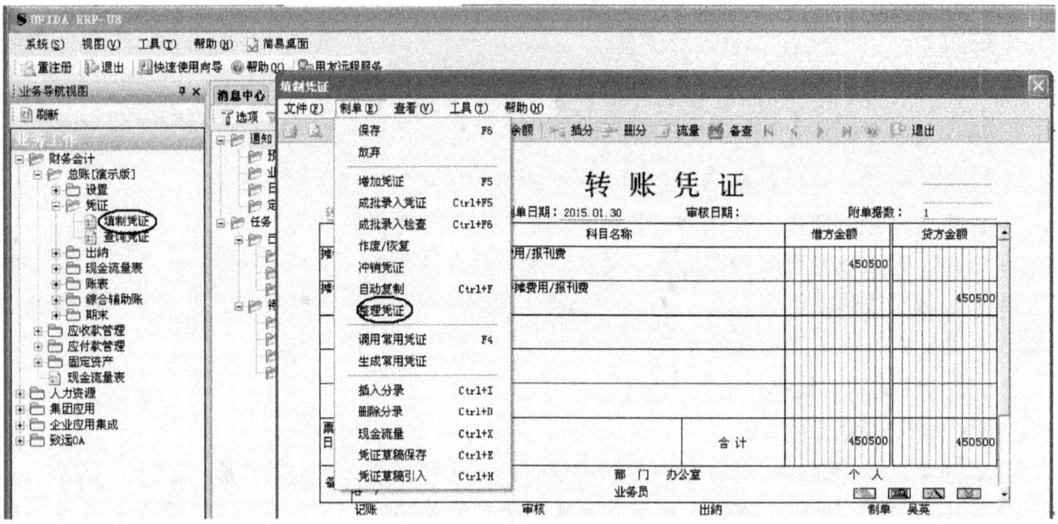

图 4-9 “整理凭证”命令

② 选择要整理的月份，单击【确定】按钮后，显示作废凭证整理列表，如图 4-10 所示。

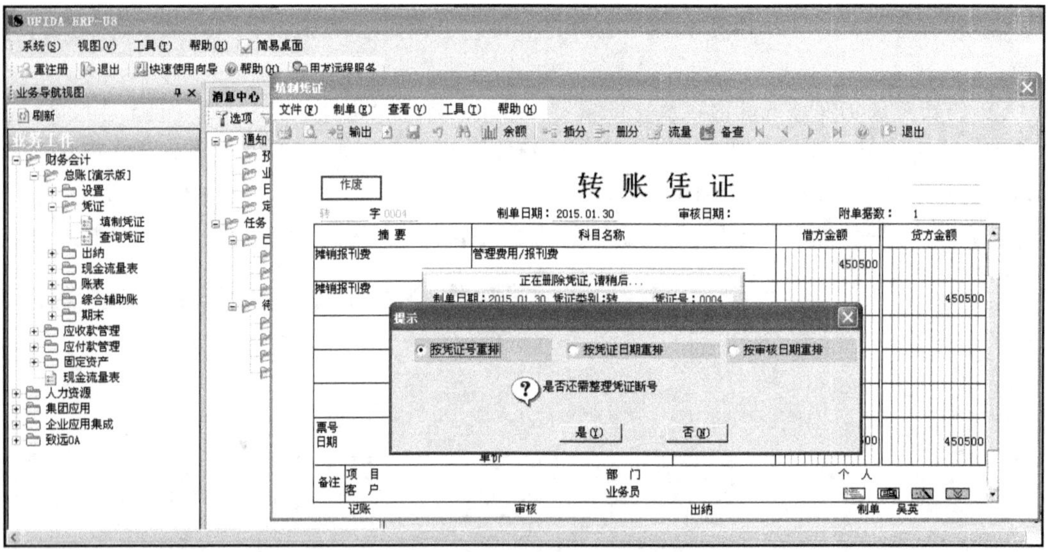

图 4-10 整理凭证

③ 选择要删除的作废凭证，单击【确定】按钮，系统将这些凭证从数据库中删除，并对剩下的凭证重新排号。

提示

若本月有凭证已记账，那么，本月最后一张已记账凭证之前的凭证将不能做凭证整理，只能对其后面的未记账凭证做凭证整理。若想对已记账凭证做凭证整理，先到“恢复记账前状态”功能中恢复本月月初的记账前状态，再做凭证整理。

若由于手工编制凭证号造成凭证断号，也可通过此功能进行整理，方法是选择完凭证号重排方式之后不选作废凭证，直接单击【是】按钮即可。对由系统编号时，删除凭证后系统提示是否整理空号凭证，若单击【是】按钮，则将作废凭证删除并重新排凭证编号。

二、修改凭证

1. 错误凭证的“无痕迹”修改

业务 4-4：1 月 30 日，财务部周平出差归来报销差旅费，交回现金 200 元。

对于未审核的凭证，直接在“填制凭证”对话框中，单击【查询】按钮，打开“查询凭证”对话框，查找出要修改的凭证直接进行修改后保存。

（1）在填制凭证中，通过单击【首页】、【上页】、【下页】、【末页】按钮翻页查找或单击【查询】按钮录入查询条件，找到要修改的凭证，如图 4-11 所示。

（2）将光标移到“制单日期”处，可修改制单日期。

（3）若要修改附单据数、摘要、科目、外币、汇率、金额，可直接将光标移到需修改的地方进行修改即可。

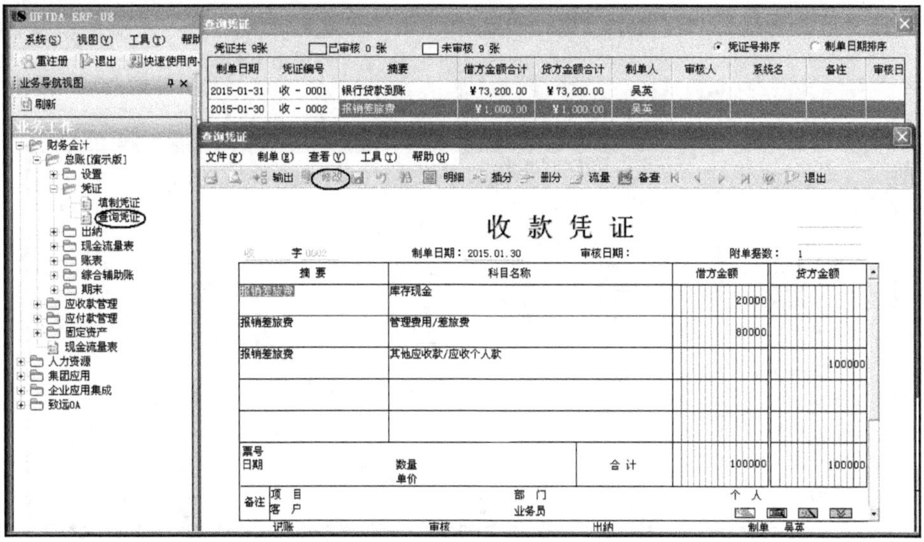

图 4-11　修改凭证查询

（4）凭证下方显示每条分录的辅助项信息，若要修改某辅助项，则将光标移到要修改的辅助项处，双击，打开“辅助项”对话框，可直接在上面修改，如图 4-12 所示。

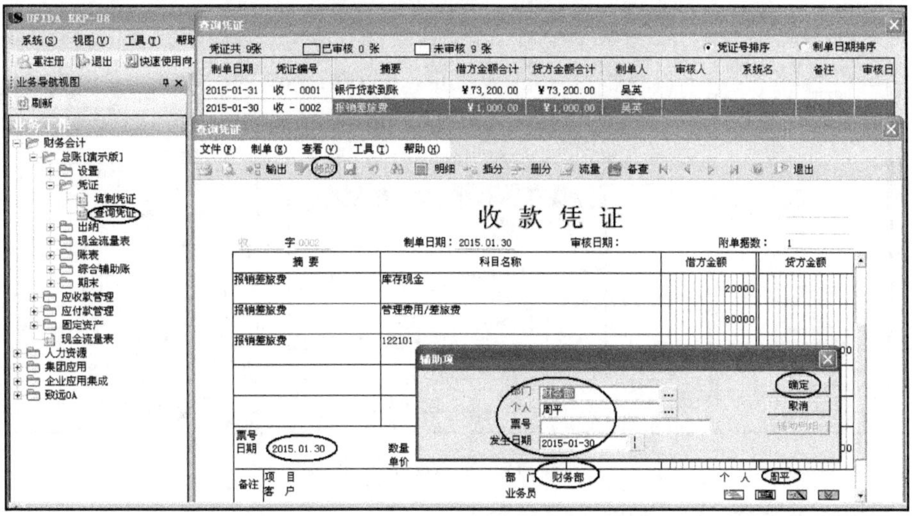

图 4-12　修改凭证

（5）若要修改金额方向，可在当前金额的相反方向按【Space】键。要希望当前分录的金额为其他所有分录的借贷方差额，则在金额处按【=】键即可实现自动找平。

（6）单击【插行】按钮或按【Ctrl+I】组合键可在当前分录前插入一条分录。单击【删行】按钮或按【Ctrl+D】组合键，可删除当前光标所在的分录。

（7）修改完毕后，单击【保存】按钮保存当前修改，单击【放弃】按钮放弃当前凭证的修改。

2. 错误凭证的“有痕迹”修改

所谓有痕迹，即留下曾经修改的线索和痕迹。

对已记账的错误凭证，在电算化总账系统中只允许采用“红字冲销法”进行修改。所谓红字冲销法，即将错误凭证采用增加一张“红字”凭证全额冲回。如有需要再编制正确的蓝字凭证进行补充，通过红字冲销法增加的凭证应视同正常凭证进行保存和审核、记账。

业务 4-5：1 月 7 日，向工商银行借入 3 个月期限的 73 200 元贷款到账。（转账支票号为 600007）

（1）在“填制凭证”对话框中，执行“制单”→“冲销凭证”命令，如图 4-13 所示。

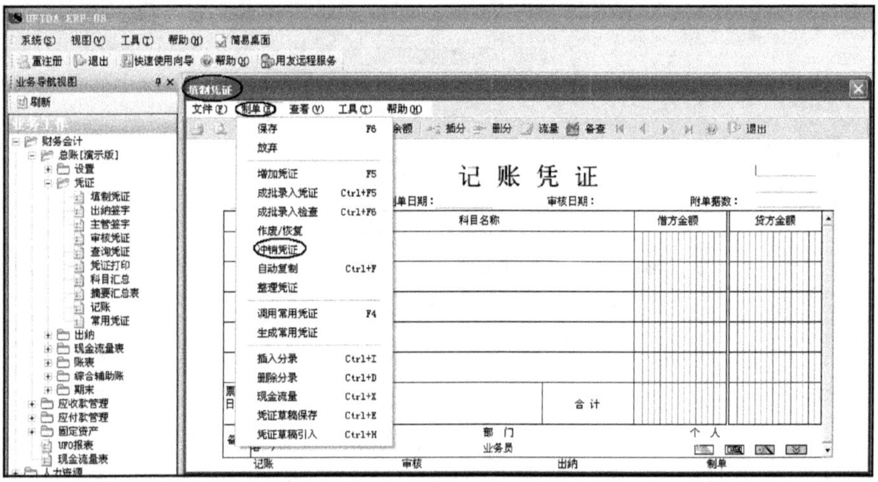

图 4-13 “冲销凭证”命令

（2）录入需冲销凭证的凭证号，如图 4-14 所示。

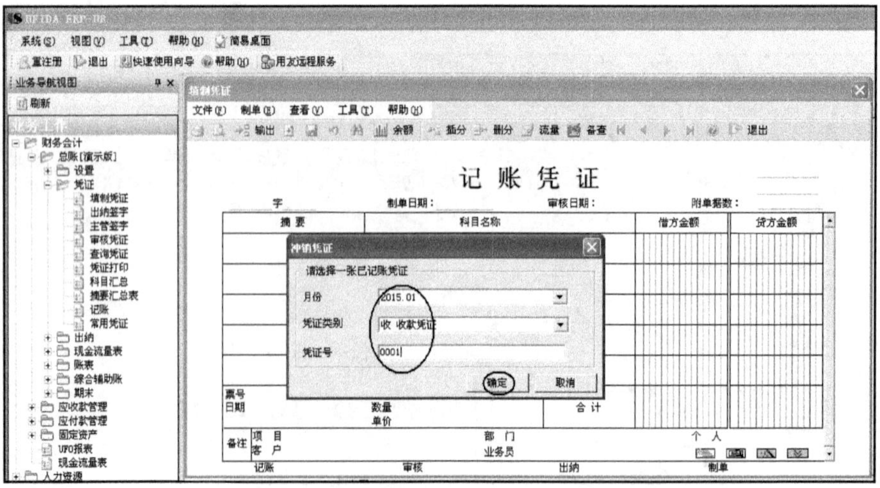

图 4-14 录入冲销凭证

（3）生成一张红字凭证，如图 4-15 所示。

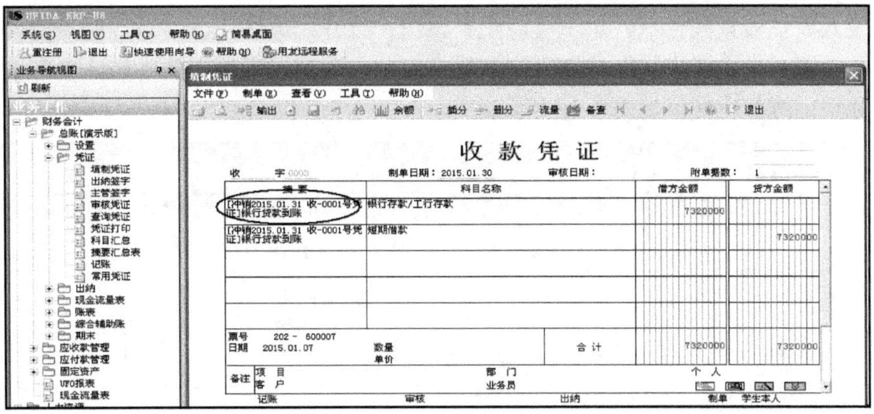

图 4-15　生成红字凭证

提示

对于录入而未做后续处理的记账凭证，一般可进行直接修改。

对于已审核或已由出纳员签字的记账凭证，则要求由原审核签字人员取消签字后，由原录入人员对凭证进行修改。

对于已登记入账的记账凭证，通常不允许对凭证进行直接修改，而应使用相应方法进行间接修改。

若账务系统月末结账后发现凭证有错，则只能在下月做相应的调整处理。

若在“选项”对话框中选中了“不允许修改、作废他人填制的凭证”复选框，则不能修改他人填制的凭证。

如果某笔涉及银行科目的分录已录入支票信息，并对该支票做过报销处理，修改该分录，将不影响“支票登记簿”中的内容。

外部系统传过来的凭证不能在总账系统中进行修改，只能在生成该凭证的系统中进行修改。

三、审核凭证

如果凭证选项中设置了出纳凭证必经出纳签字，则对于涉及现金、银行存款的收入与支出的凭证先要由出纳签字。如果凭证选项中设置了凭证必经主管签字，则所有凭证必须先进行主管签字，出纳签字、主管签字非系统必需流程，而审核凭证则是系统必需步骤。

（1）以审核员（学生本人）的身份重新注册登录企业应用平台后，选择“业务工作”→“财务会计”→“总账”→“凭证”→“审核凭证”，打开“凭证审核”对话框，如图 4-16 所示。

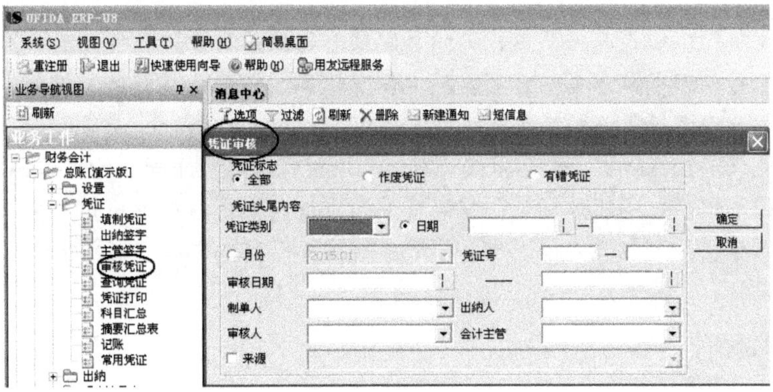

图 4-16　审核凭证

（2）录入审核查询条件后，单击【确定】按钮，打开“审核凭证”对话框，检查要审核的凭证，审核无误后单击【审核】按钮，则在凭证底部自动签上审核人的姓名。单击【下张】按钮则对其他凭证进行审核，如图 4-17 所示。

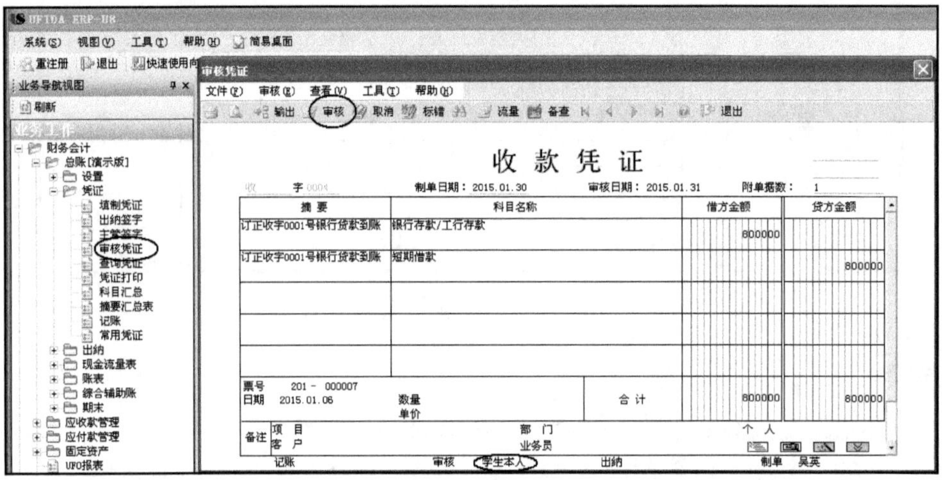

图 4-17 审核凭证

（3）在审核具体的凭证时，如果单击【取消】按钮，则可取消审核，如图 4-18 所示。

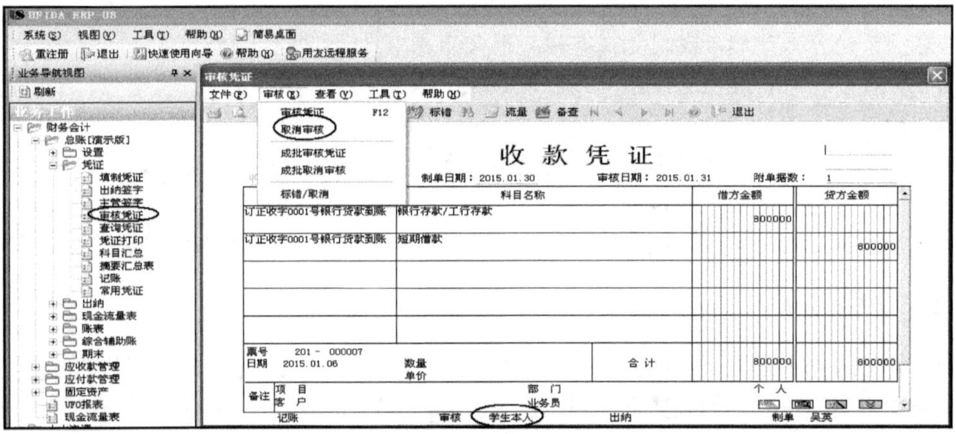

图 4-18 取消审核

提示

审核人和制单人不能是同一个人。审核员发现有错误或有异议的凭证后，应交予该张凭证填制人员修改后再重新审核。审核员若发现凭证有错误，可单击【标错】按钮，进行先行标错后，再由制单员自己进行凭证的修改。

已标错的凭证不能被审核，若想审核，需先取消标错后才能审核。已审核的凭证不能标错。作废凭证不能被审核，也不能被标错。凭证可单张审核，也可以成批审核。凭证一经审核，就不能被修改、删除；只有取消凭证审核签字后才能进行修改或删除；取消凭证审核签字只能由审核员本人完成。

四、凭证输出

记账凭证的输出可采用查询和打印两种方式。

业务 4-6：1 月 5 日，办公室丁一报销办公用品 400 元，以现金支付。

（1）在“凭证查询”对话框中，单击【查询】按钮，如图 4-19 所示。

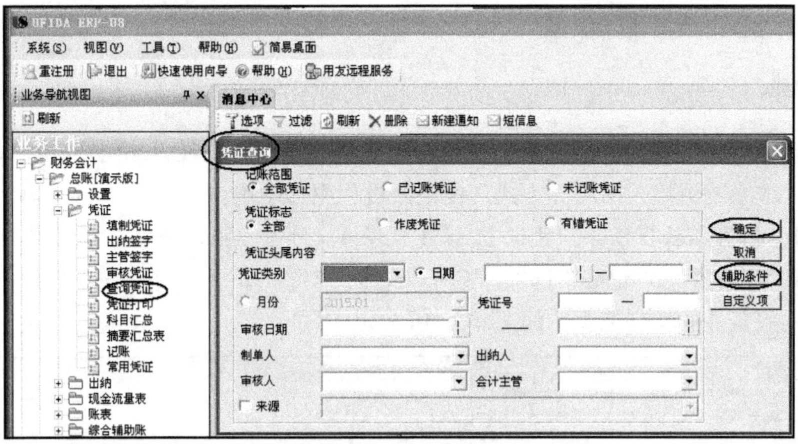

图 4-19　凭证查询

（2）录入要查询的凭证类别，选择在凭证类别中定义的类别名称，选择查询月份和凭证号范围，如图 4-20 和图 4-21 所示。

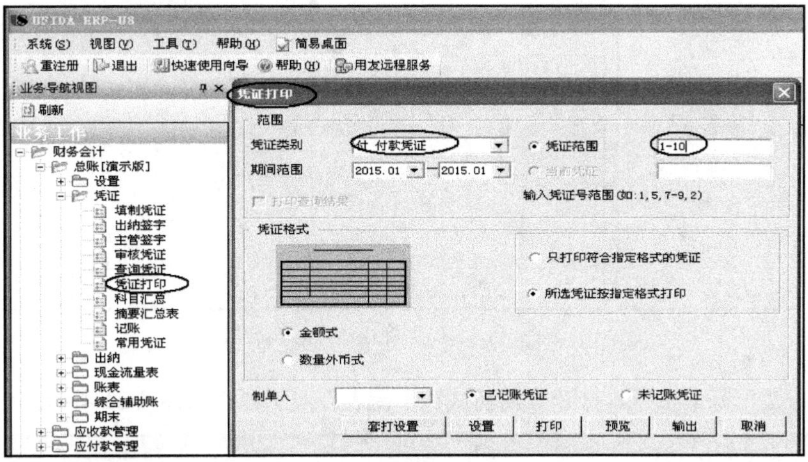

图 4-20　凭证打印

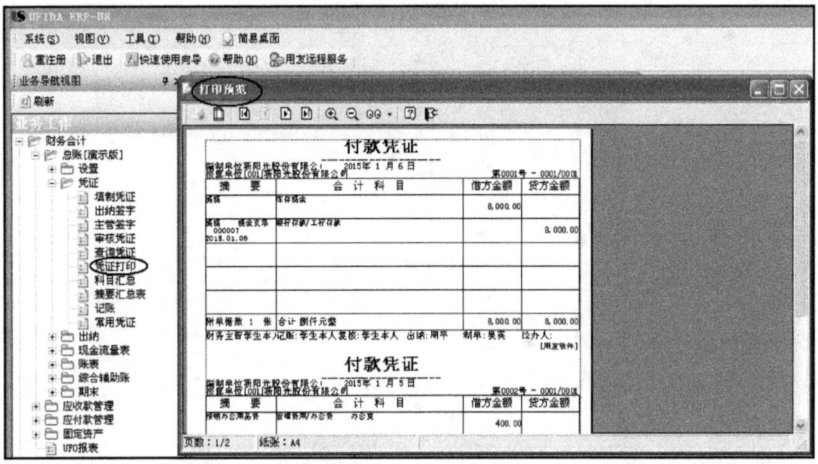

图 4-21　打印预览

（3）凭证打印时可只打印一张凭证，也可通过录入凭证号区间方式连续打印一组凭证。虽然具有打印已记账凭证和未记账凭证的功能，但通常在月底待本月凭证全部入账后才将全部凭证打印出来作为会计档案予以保存。

五、记账

记账凭证经审核签字后，即可用来登记总账和明细账、日记账、部门账、往来账、项目账及备查账等。本系统记账采用向导方式，使记账过程更加明确。

业务 4-7：根据本教程任务：凭证 11 张（收字 4、付字 4 张、转字 3 张）进行记账。

（1）选择"凭证"→"记账"选项，打开"记账"对话框，单击【全选】按钮，"记账范围"内出现具备记账条件的凭证范围，如图 4-22 所示。

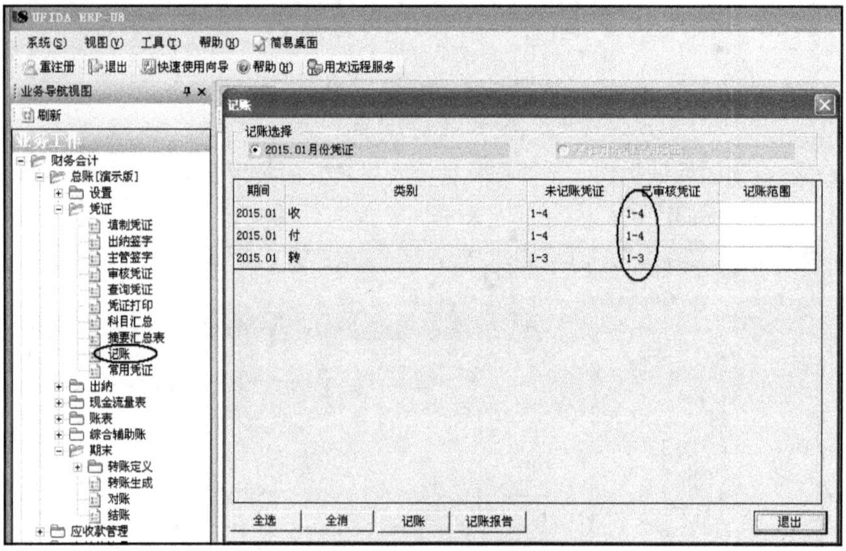

图 4-22 进入"记账"对话框

（2）单击【记账】按钮，打开"期初试算平衡表"对话框，如图 4-23 所示。

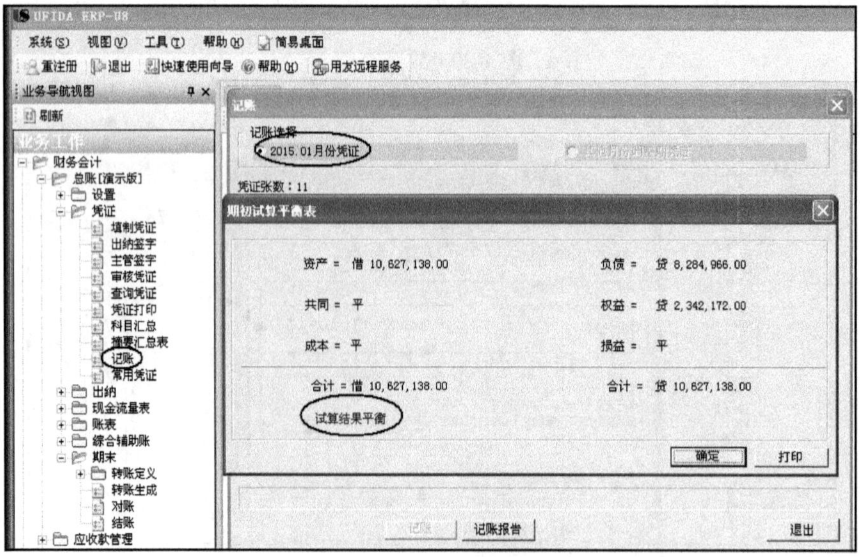

图 4-23 期初试算平衡表

（3）单击【确定】按钮，系统开始记账，如图 4-24 所示。

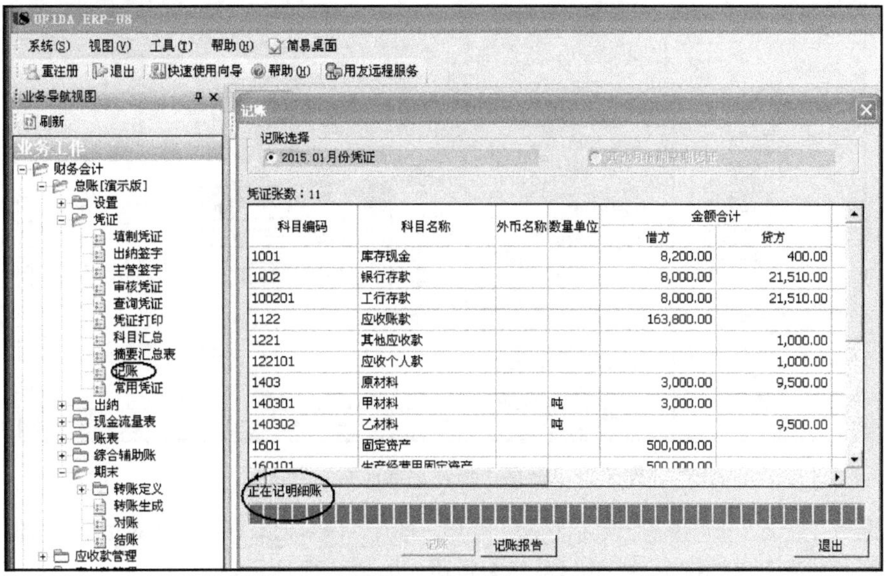

图 4-24 系统开始记账

（4）结束后系统提示“记账完毕！”，单击【确定】按钮返回，如图 4-25 所示。

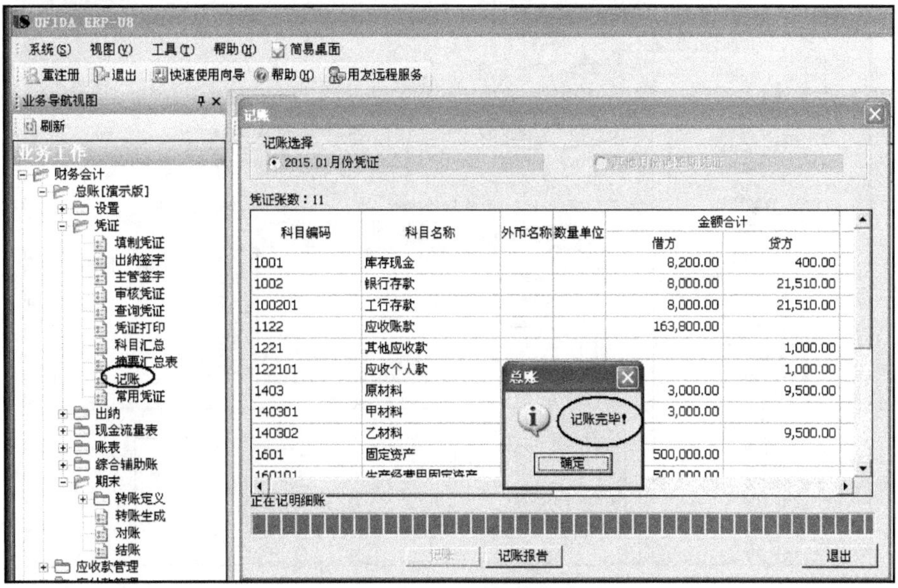

图 4-25 记账完毕

提示

在实际记账过程中出现以下情况的，需要“恢复记账前状态”。

六、恢复记账前状态

（1）选择“期末”→“对账”选项，打开“对账”对话框，按【Ctrl+H】组合键，激活“恢复记账前状态”功能，如图 4-26 所示。

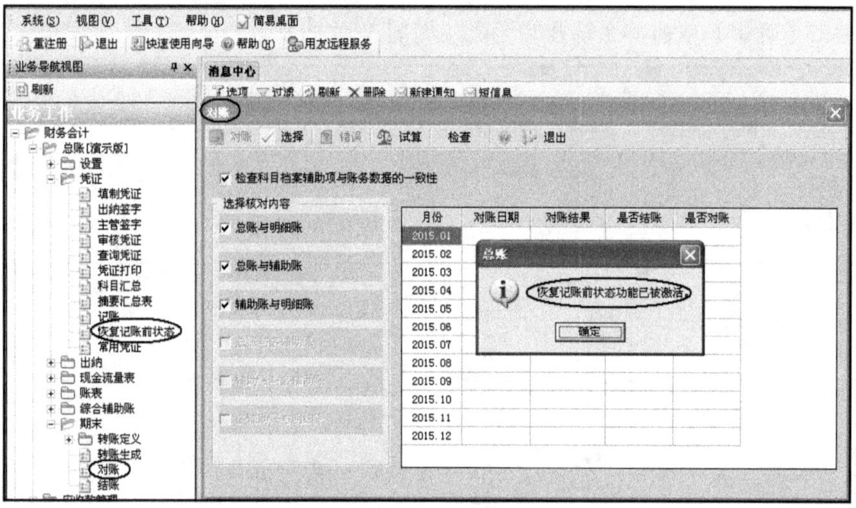

图 4-26　激活“恢复记账前状态”功能

（2）选择“凭证”→“恢复记账前状态”选项，打开“恢复记账前状态”对话框，本例点选“最近一次记账前状态”单选按钮，单击【确定】按钮，如图 4-27 所示。

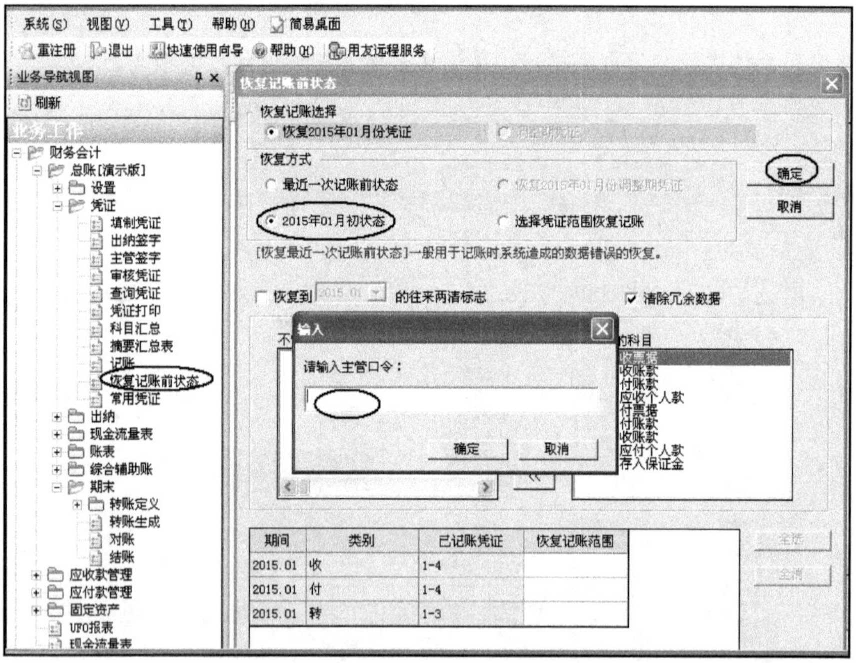

图 4-27　恢复记账前状态设置

（3）结束后系统提示“恢复记账完毕！”，单击【确定】按钮返回，如图 4-28 所示。

提示

凭证一经记账，就不能在这一凭证或登记这一业务的账簿上进行直接修改。

在记账过程中，不得中断退出，以免干扰系统运行而造成对数据文件的破坏。

期初余额借贷不平衡或总账期初余额与其所属明细账余额不平衡时，不能记账。

所选范围如有未经审核签字的凭证，系统提示是否只记已审核凭证或重选记账范围。

若月末结账后发现凭证有错，则只能在下月进行相应的调整处理。如果以前月份尚未结账，则本月不能记账。

记账功能随时可运行，每月可执行记账的次数是任意的。

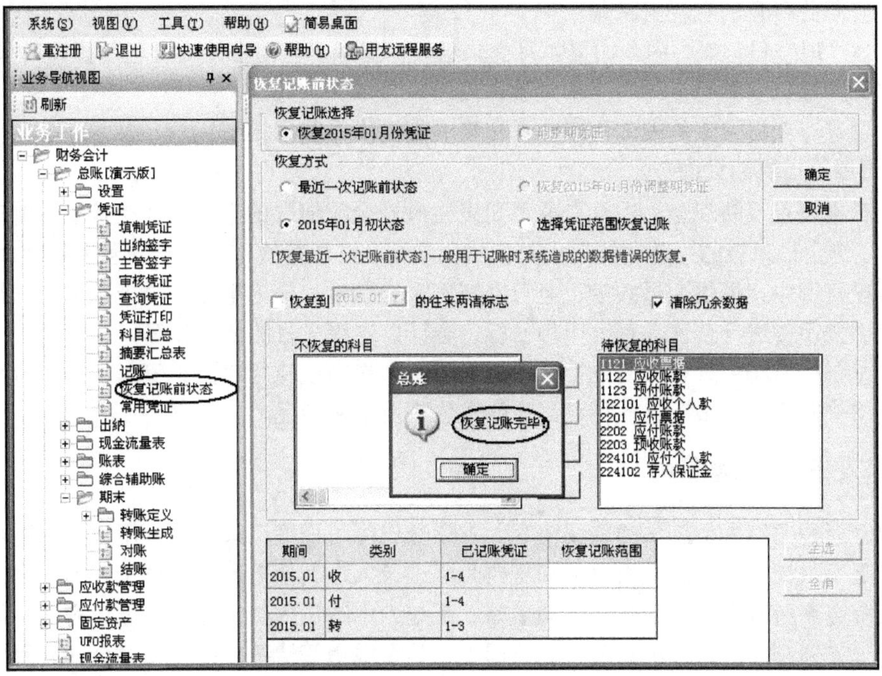

图 4-28 恢复记账完毕

任务二 总账系统出纳管理

任务解析

要求了解总账系统出纳管理的基本内容，掌握出纳签字，现金、银行存款日记账和资金日记账报表的查询，支票登记、银行对账等操作方法。

出纳管理是总账系统中为出纳人员提供的一套管理工具。它包括现金、银行存款日记账的查询和打印输出，支票登记簿的管理，资金日报表的查询，以及银行对账等。

知识链接

一、出纳签字

对于涉及现金、银行存款的收入与支出的凭证先要由出纳签字。出纳凭证由于涉及企业现金的收入与支出，应加强对出纳凭证的管理。出纳人员可通过“出纳签字”功能对制单员填制的带有现金银行科目的凭证进行检查核对，主要核对出纳凭证的出纳科目的金额是否正确，对审查认为错误或有异议的凭证，应交予填制人员修改后再核对。

二、出纳账查询

1. 日记账查询和输出

日记账功能设置的主要作用是用于查询和打印输出。日记账的打印输出：按照会计制度的规定，现金和银行存款日记账可通过计算机系统打印输出的活页账替代原来手工系统使用的订本账。

（1）查询日记账时还可以双击某行或单击【凭证】按钮，查看相应的凭证，单击【总账】按钮可以查看此科目的三栏式总账。

（2）在“现金日记账”中，如果本月尚未结账，显示“当前合计”、“当前累计”；如果本月已经结账，则显示“本月合计”、“本年累计”。

（3）银行存款日记账的查询与现金日记账的查询操作基本相同。

2. 资金日报表的查询

资金日报表是反映现金、银行存款每日发生额及余额情况的报表，在企业财务管理中占据重要位置。资金日报表的主要功能用于查询输出现金、银行存款科目某日的发生额及余额情况。资金日报表查询中，提供今日共借、今日共贷、今日余额、借方笔数、贷方笔数、昨日余额的合计数，并按币种进行合计，每个币种一行，合计以末级科目的金额计算。

在“总账”系统中选择“出纳”→“资金日报”选项或执行“出纳管理”→“资金日报”命令查询或输出现金、银行存款科目某日的发生额及余额情况。

三、支票登记簿管理

支票管理是出纳人员工作的重要内容。支票登记簿可详细记录支票领用人、领用日期、支票用途、是否报销等情况。领用日期和支票号必须录入，其他内容为可选录入项。当应收、应付系统或资金系统有支票领用时，自动填写。系统为出纳员提供了“支票登记簿”功能，以供其详细登记支票领用人、领用日期、支票用途、是否报销等情况。只有在“会计科目”中设置银行账的科目才能使用支票登记簿。

当需要使用支票登记簿功能时，应在系统初始化“结算方式”设置中对需使用支票登记簿的结算方式选中“是否票据管理”复选框。当支票支出后，经办人持原始单据（发票）到财务部门报销，会计人员据此填制记账凭证，当在系统中录入该凭证时，系统要求录入该支票的结算方式和支票号，在系统填制完成该凭证后，系统自动在支票登记簿中将该号支票写上报销日期，该号支票即为已报销。已报销的支票不能进行修改。若想取消报销标志，只要将光标移到报销日期处，按空格键后删掉报销日期即可。

四、银行对账

银行对账是企业出纳人员的最基本工作之一。企业的结算业务大部分要通过银行进行结算，但由于企业与银行的账务处理和入账时间不一致，往往会发生双方账面不一致的情况，即所谓的“未达账项”。为了能够准确掌握银行存款的实际余额，了解实际可以用的货币资金数额，防止记账发生差错，企业必须定期将银行存款日记账与银行出具的对账单进行核对，并编制银行存款余额调节表。

1. 录入银行对账期初数据

在使用“银行对账”功能之前，为确保银行对账的准确性，应根据给定的数据资料首先将银行日记账和银行对账单的未达账项录入总账系统中。第一次使用“银行对账”功能前，系统要求录入日记账及对账单未达账项，在开始使用“银行对账”之后不再使用。

2. 录入银行对账单

银行对账单由企业的开户银行提供。要实现计算机自动进行银行对账，在月末对账前，必须将银行开出的银行对账单输入计算机，存入“对账单文件”。根据给定的数据资料进行录入银行对账单。若企业在多家银行开户，对账单应与其对应账号所对应的银行存款下的末级科目一致。本功能用于平时输入、查询和引入银行对账单，在此功能中显示的银行对账单为启用日期之后的对账单。根据银行对账单资料手工输入。

3. 银行对账

银行对账采用自动对账与手工对账相结合的方式。自动对账是计算机根据对账依据自动进行核对、勾销，对于已核对上的银行业务，系统将自动在银行存款日记账和银行对账单双方写上两清标志，并视为已达账项，对于在两清栏未写上两清符号的记录，系统则视其为未达账项。手工对账是对自动对账的补充，使用完自动对账后，可能还有一些特殊的已达账没有对出来，而被视为未达账项，为了保证对账更彻底、更正确，可用手工对账来进行调整。

4. 银行存款余额调节表的生成

银行存款余额调节表是期末证实银行日记账和银行存款实际数额账相符的主要账表。

用友软件 U872 具有自动编制余额调节表的功能。系统将根据自动勾对与手工勾对的情况，在对账结束后自动编制银行存款余额调节表，格式与手工编制的调节表完全相同。

在对银行账进行两清勾对后，便可调用“余额调节表查询”功能查询银行存款余额调节表，以检查对账是否正确。进入此项操作，屏幕将显示所有银行科目的账面余额及调整余额。

说明

用友软件 U872 中另有一个独立的出纳管理系统，以方便设置多个出纳账户的企业对资金的收入、支出、结存进行登记与管理。

任务实施

沿用湖南新阳有限光公司的账套。以周平（出纳）的身份登录企业应用平台，按以下资料进行出纳管理操作。

（1）1 月 17 日销售部马义借建设银行转账支票一张，票号 600087，限额 5 000 元。

（2）工商银行对账期初：新阳光有限公司银行账的启用日期为 2015-01-01，工商银行人民币户企业日记账调整前余额与银行对账单调整前余额均为 200 000 元，无未达账项。

（3）2015 年 1 月工商银行对账单如下：

日期	结算方式	票号	借方金额	贷方金额
01.01	转账支票	600025	30 000	
01.07	转账支票	600007	73 200	
01.21	转账支票	600027		3 510
01.29	现金支票	000009		10 000

（4）工商银行对账处理：先自动对账，再手工对账。

（5）工商银行存款余款调节表生成与查询。

一、出纳签字

(1) 以周平（出纳）的身份登录企业应用平台后，选择“业务工作”→“财务会计”→“总账”→“凭证”→“出纳签字”选项，打开“出纳签字”对话框。录入查询条件，单击【确定】按钮，打开“出纳签字”凭证列表对话框，如图 4-29 所示。

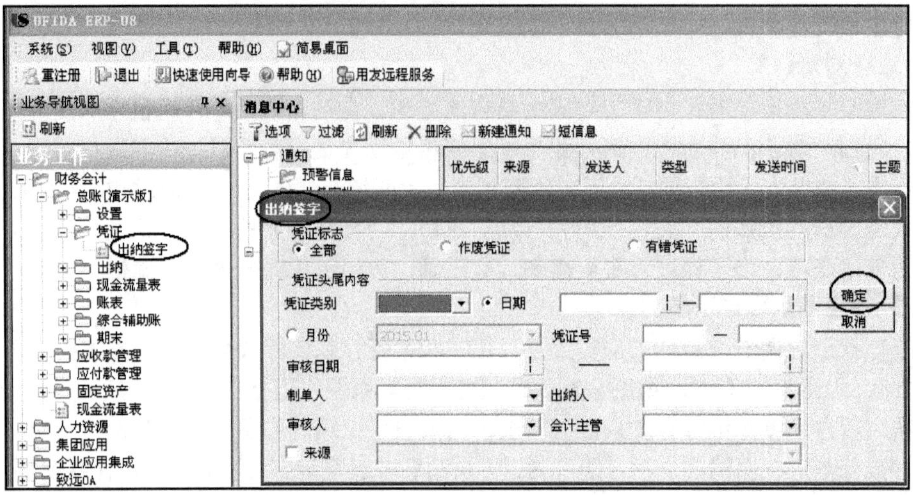

图 4-29　进入出纳签字

（2）单击【确定】按钮，执行“出纳”→“出纳签字”命令，凭证底部的“出纳”处自动签上出纳姓名。单击【下张】按钮，对其他凭证签字，签字完毕后退出，如图 4-30 所示。

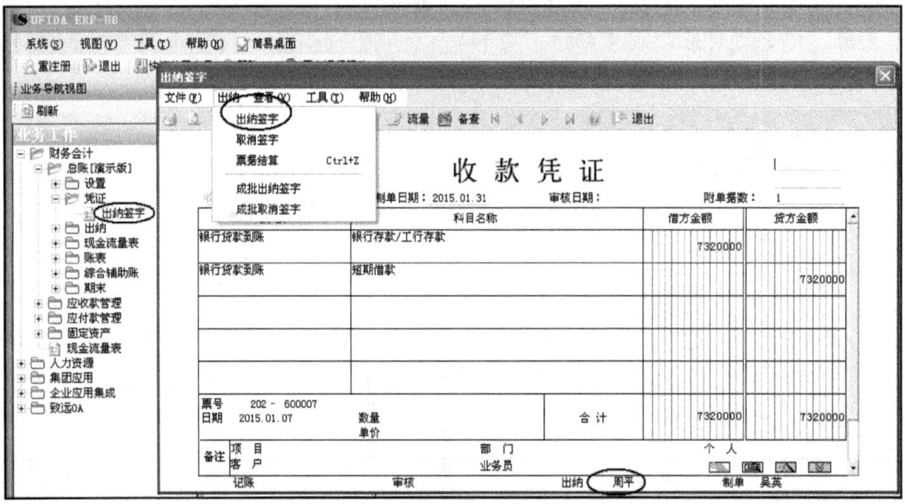

图 4-30　出纳签字完毕

提示

出纳签字前提：在总账系统初始参数选项中选中了“出纳凭证必须由出纳签字”复选框；同时在会计科目中指定出纳员的专管科目。

出纳签字注意事项：出纳员审查时发现了有错误或由异议的出纳凭证，应交予该张凭证填制人员修改后，核对无误再签字。如果出纳员对所有出纳凭证经核对确认无误后，可以执行“成批出纳签字”命令，以提高签字速度。凭证一经签字，就不能被修改、删除；只有取消出纳签字后才能进行修改或删除；取消出纳签字只能由出纳本人完成。

二、出纳账查询

1. 日记账查询和输出

（1）选择“出纳”→“现金日记账”选项，打开“现金日记账查询条件”对话框，如图 4-31

所示。

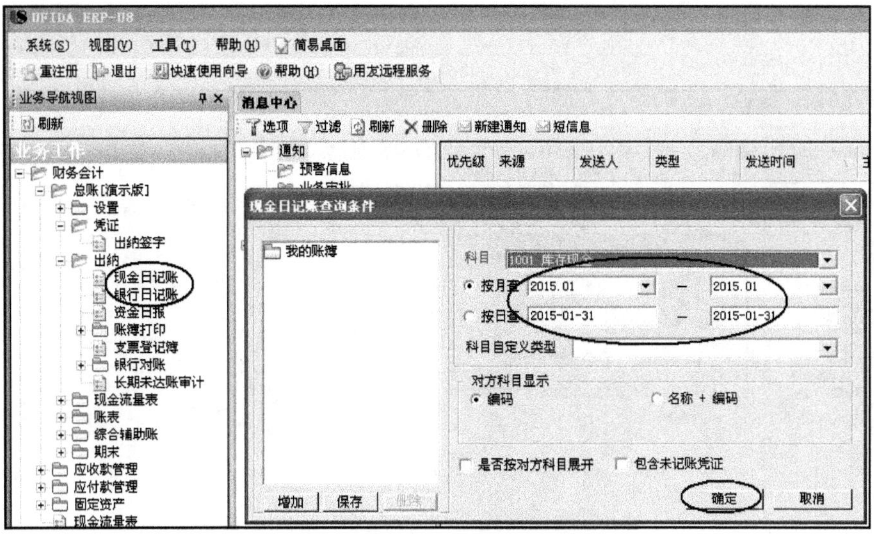

图 4-31　现金日记账查询条件

（2）在“科目”下拉列表框中选择要查询的科目，然后单击【确定】按钮就可进入“现金日记账”界面，如图 4-32 所示。银行存款日记账的查询步骤基本与现金日记账相同，所不同的只是银行存款日记账多一个结算号栏，主要是对账时用，如图 4-33 所示。

图 4-32　“现金日记账”界面

图 4-33　“银行存款日记账”界面

2. 资金日报表的查询

（1）在总账系统下，选择“出纳”→“资金日报表”选项，打开“资金日报表查询条件”对话框，如图 4-34 所示。

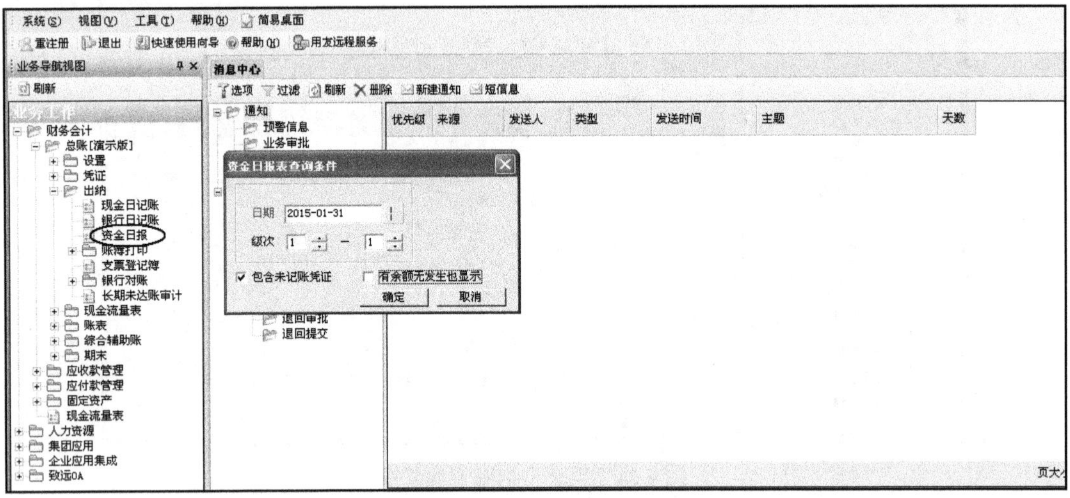

图 4-34　资金日报表查询条件

（2）在“日期”文本框中录入需查询的日期，选择相应的选项，然后单击【确定】按钮就可进入“资金日报表”界面，选择某一行并单击【日报】按钮，如需打印可直接单击【打印】按钮，如图 4-35 所示。

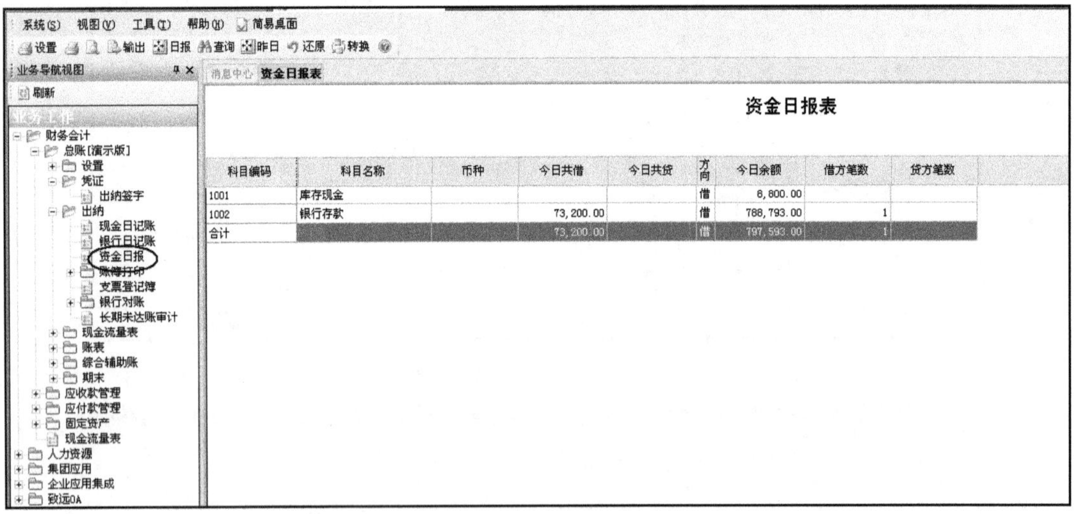

图 4-35　“资金日报表”界面

三、支票登记簿管理

业务 4-8：1 月 17 日销售部马义借建设银行转账支票一张。（票号为 600087，限额 5 000 元）

（1）选择“出纳”→“支票登记簿”选项，打开“银行科目选择”对话框，如图 4-36 所示，在该对话框中，选择登记支票所对应的银行存款科目，单击【确定】按钮。

（2）进入“支票登记簿”界面，在该界面中新增一空行，如图 4-37 所示，登记有关领用信息，登记完毕后，单击【保存】按钮退出。

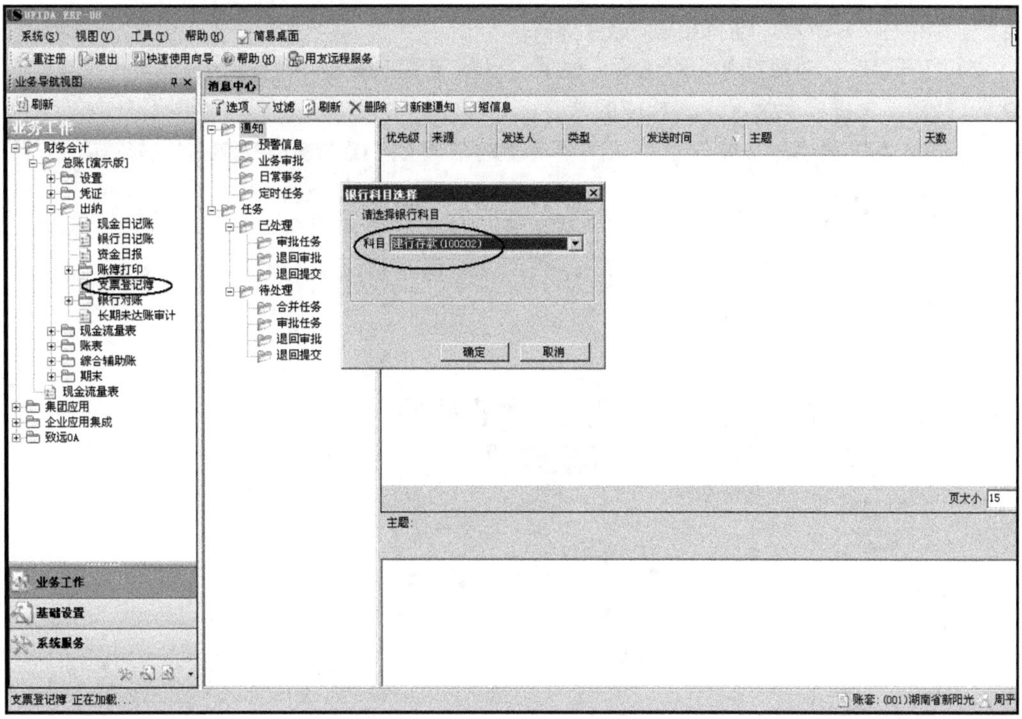

图 4-36　支票登记簿——银行科目选择

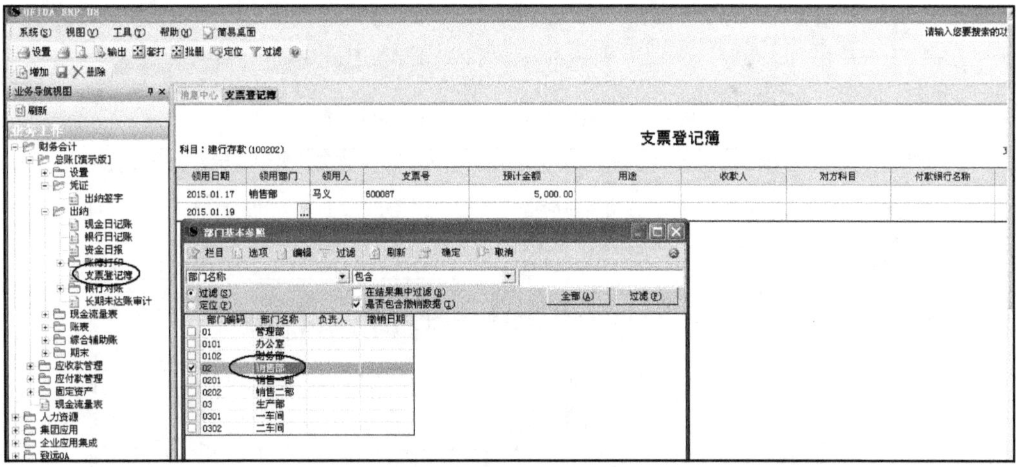

图 4-37　支票登记簿

提示

将光标移到需要修改的数据项上可直接修改支票登记簿内容。

“支票登记簿”中“报销日期”为空时，表示该支票未报销，否则系统认为该支票已报。

已报销的支票不能进行修改。若想取消报销标志，只要将光标移到“报销日期”处，按空格键后删掉报销日期即可。

四、银行对账

1. 录入银行对账期初数据

（1）选择“出纳”→“银行对账”→“银行对账期初录入”选项，打开“银行科目选择”

对话框，如图 4-38 所示，选择相应的银行科目。

（2）打开“银行对账期初”对话框，根据自己的需要，录入“调整前余额”（也可以运用系统默认内容），根据实际情况录入相应的内容，如图 4-39 所示。

图 4-38　银行对账——银行科目选择

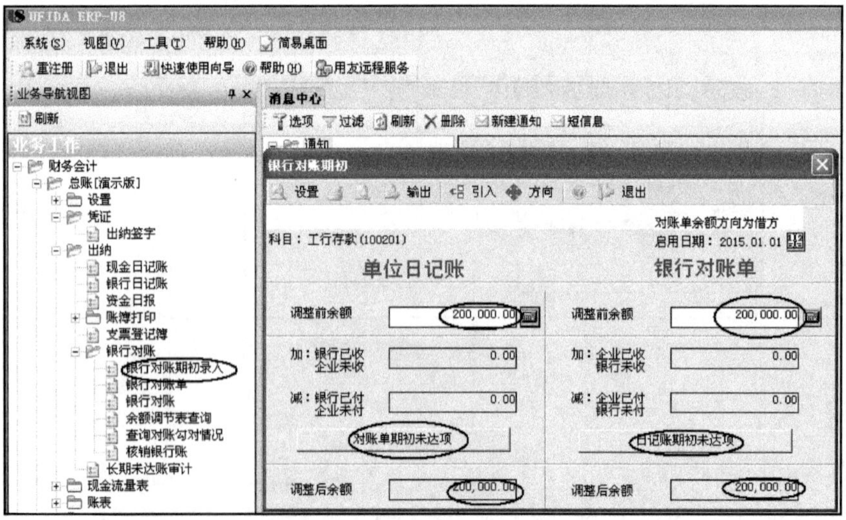

图 4-39　银行对账期初录入

提示

“调整前余额”应分别为启用日期时该银行科目的科目余额及银行存款余额。

“期初未达账项”为上次手工勾对截止日期到启用日期前的未达账项。

“调整后余额”应分别为上次手工勾对截止日期的该银行科目余额及银行存款余额。

在录入完单位日记账、银行对账单期初未达账项后，请不要随意调整启用日期，尤其是向前调，这样可能会造成启用日期后的期初数不能再参与对账；

若银行科目已进行过对账，在期初未达账项录入中，对于已勾对或已核销的记录不能再修改。

2. 录入银行对账单

（1）选择“出纳”→“银行对账”→“银行对账单”选项，打开“银行科目选择”对话框，选择相应的“科目”、“月份”，如图 4-40 所示；然后单击【确定】按钮，进入“银行对账单”界面。

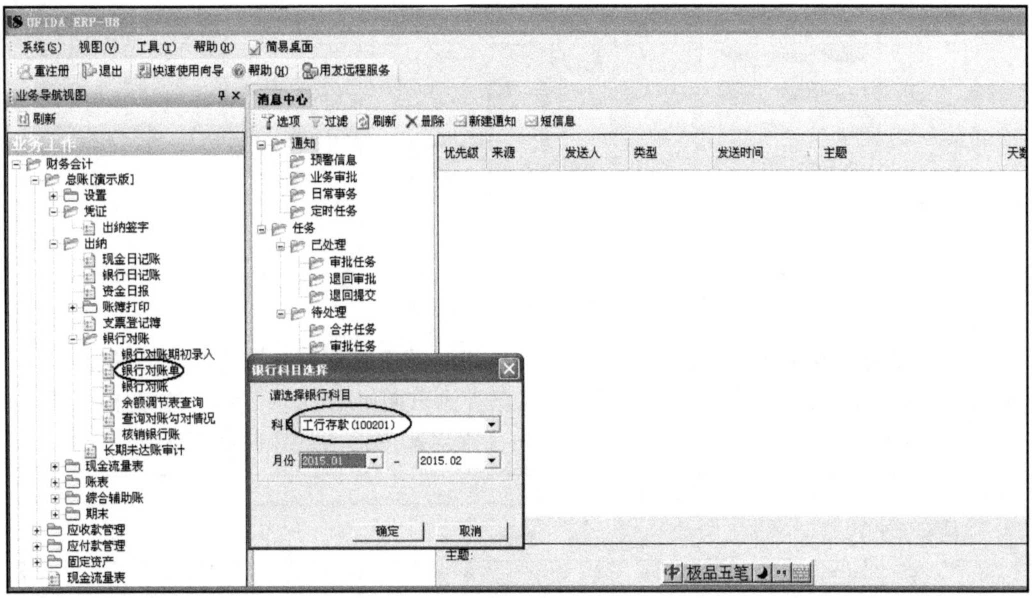

图 4-40　银行对账单——银行科目选择

（2）单击【增加】按钮，在空白行中录入给定的银行对账单的内容，录入完成后，单击【保存】按钮即可，如图 4-41 所示。

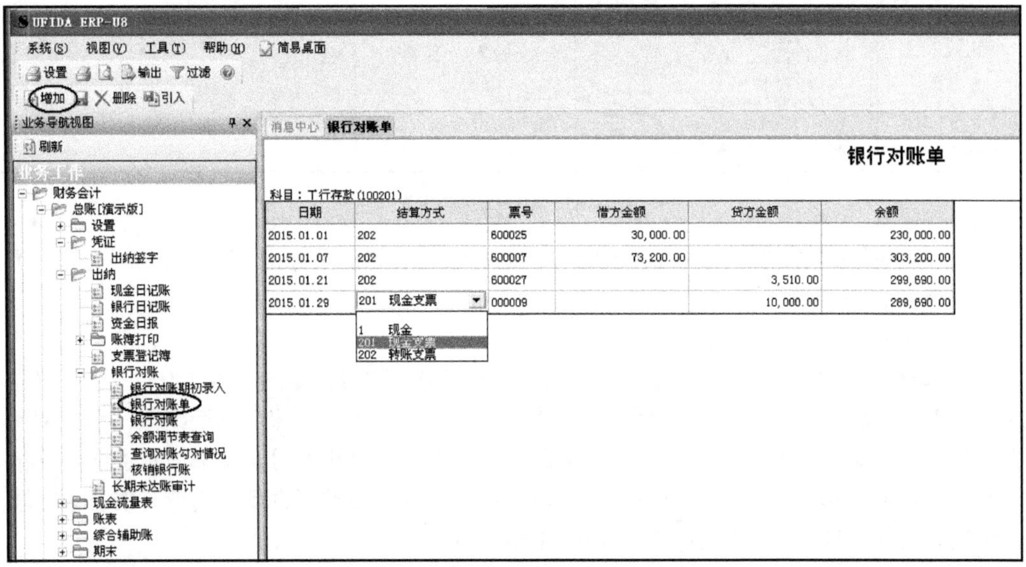

图 4-41　银行对账单录入

3. 银行对账

（1）自动对账。

① 选择“出纳”→“银行对账”→“银行对账”选项，选择要对账的银行科目（账户），再选择要对账的月份范围，终止月份大于等于起始月份。单击【确定】按钮，进入“银行对账”界面，左侧为“单位日记账”，右侧为“银行对账单”，如图 4-42 所示。

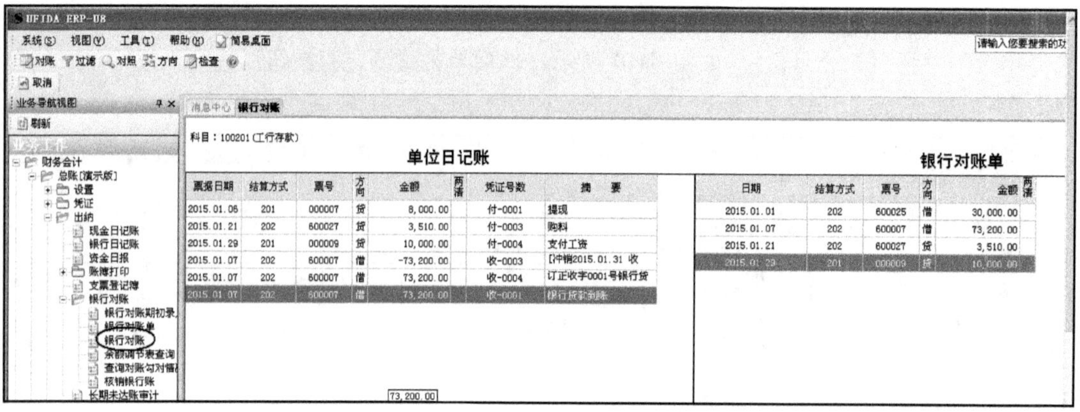

图 4-42 “银行对账”界面

② 单击【对账】按钮，打开“自动对账”对话框。录入对账截止日期，如果不录入则核对所有日期的账。选择对账条件：系统默认的对账条件为日期相差 12 天之内，结算方式、票号相同，可以根据业务需要确定自动对账条件。单击【确定】按钮，如图 4-43 所示。

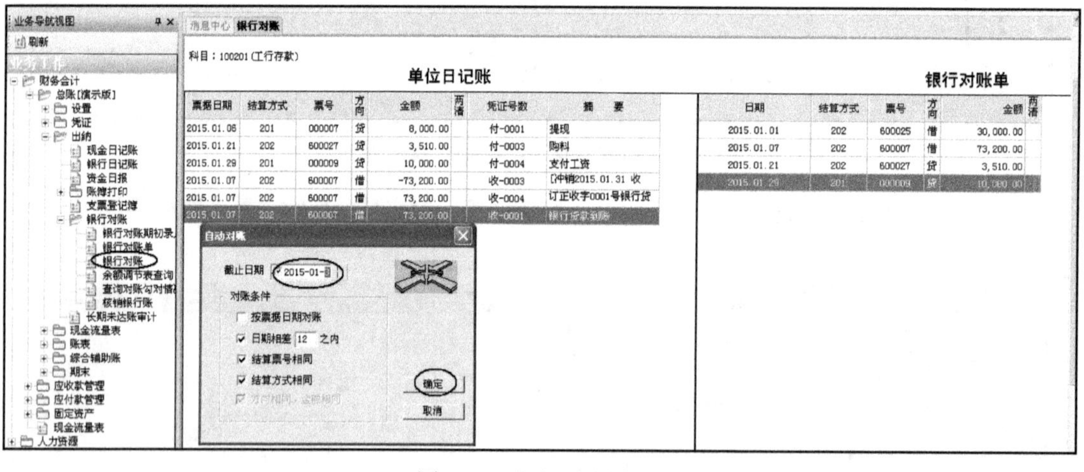

图 4-43 银行对账设置

③ 系统开始按照设定的对账条件对账，自动对账两清的记录标记“0”，且已两清的记录背景色为绿色，如图 4-44 所示。

（2）手工对账。

① 在单位日记账中选择要进行勾对的记录。在当前单位日记账的“两清”栏双击，将当前单位日记账标上两清标记“Y”；同样，双击银行对账单中对应的对账单的两清区，标上两清标记。如果在对账单中有两笔以上记录同日记账对应，则所有对应的对账单都应标上两清标记。将当前光标移到“单位日记账”中下一两清日记账上，以此类推，直到找出所有的已达账项为止。手工勾对的日期由进入日期决定，如图 4-45 所示。

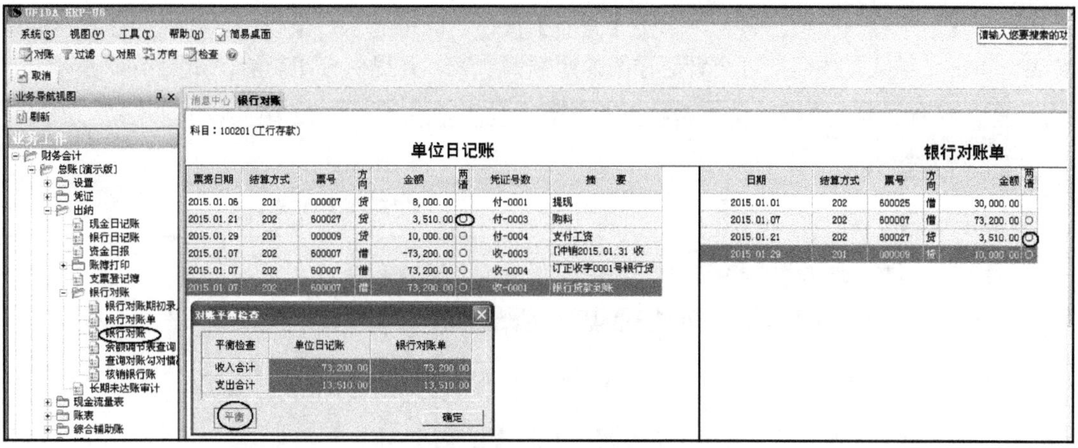

图 4-44　银行对账完毕

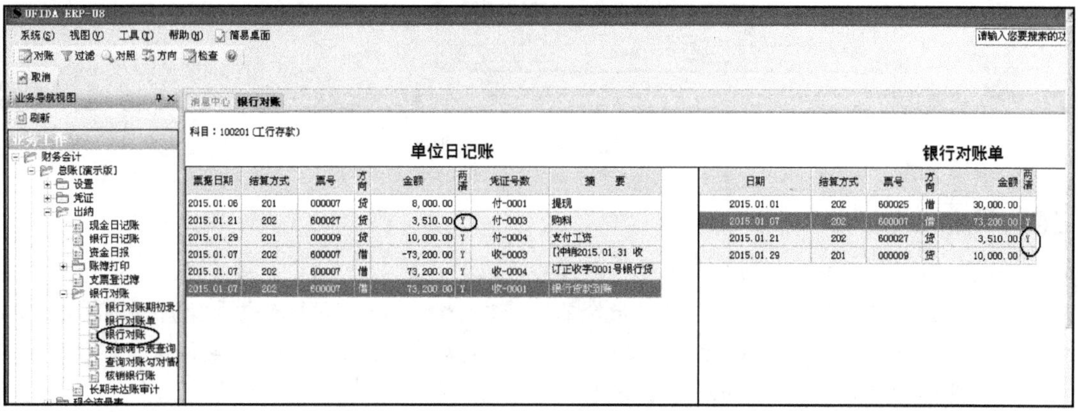

图 4-45　手工对账

② 单击【检查】按钮检查对账是否有错，打开“对账平衡检查”对话框，如果有错误，应进行调整，如图 4-46 所示。

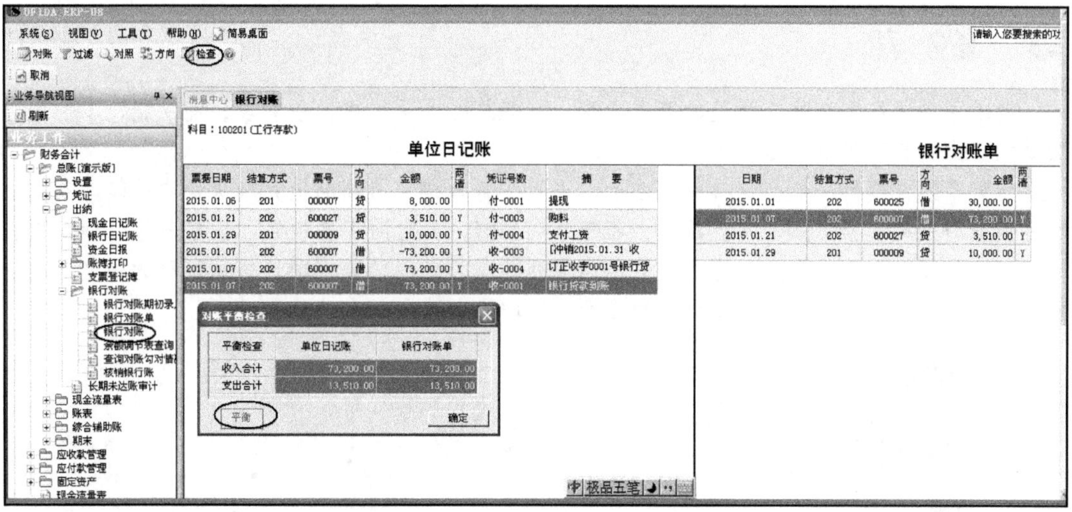

图 4-46　银行对账完毕（手动）

4. 银行存款余额调节表的生成

选择“出纳”→“银行对账”→“余额调节表查询”选项，打开“银行存款余额调节表”

对话框，从中选择一个银行科目，单击【查看】按钮，即可显示该银行账户的银行存款余额调节表。单击【详细】按钮，可查看更详细的余额调节表，并提供打印功能，如图 4-47 所示。

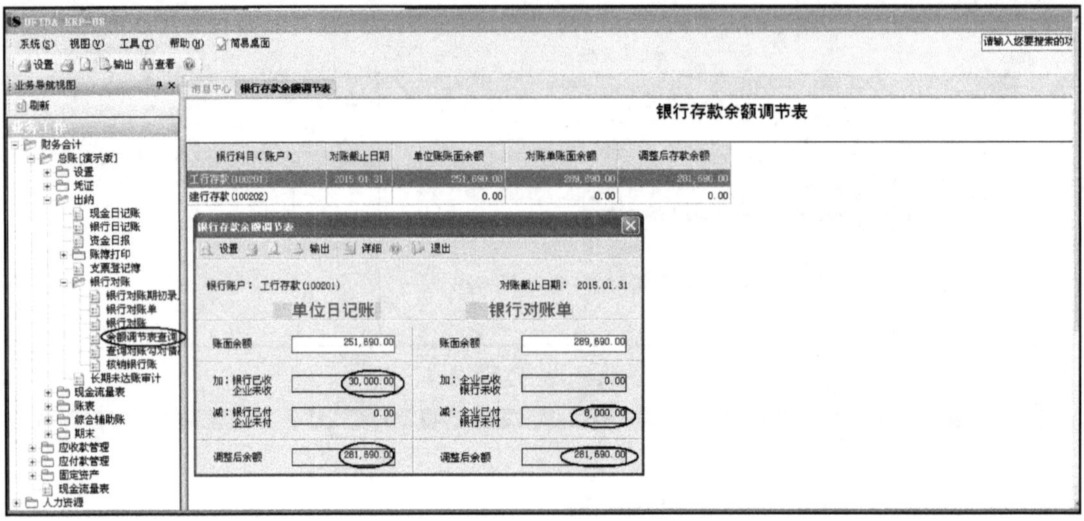

图 4-47 生成银行存款余额调节表

提示

如果余额调节表显示账面余额不平，可以查看以下几处。

（1）“银行期初录入”中的“调整后余额”是否平衡。如不平衡请查看“调整前余额”、“日记账期初未达项”及“银行对账单期初未达项”是否录入正确。如不正确请进行调整。

（2）银行对账单录入是否正确。如不正确请进行调整。

（3）“银行对账”中勾对是否正确、对账是否平衡。如不正确请进行调整。

任务三 总账系统账表管理

任务解析

要求了解总账系统账表管理的基本内容，掌握总账、明细账、余额表、辅助账、多栏账等账簿的查询和管理等操作方法。

总账系统在提供一般会计核算基础上，提供了基本核算与辅助核算账簿管理功能。基本核算账簿管理主要包括总账、发生额和余额表、明细账、日记账、多栏账、日报表等；辅助核算账簿管理主要包括个人往来、客户往来、供应商往来、部门核算、项目核算账簿的总账和明细账，以及部门收支分析、项目统计表的查询与打印输出等。

知识链接

一、科目账管理

1. 总账

总账查询不但可以查询各总账科目的年初余额、各月发生额合计和月末余额，还可查询所有二至六级明细科目的年初余额、各月发生额合计和月末余额。查询总账时，标题显示为所查科目的一级科目名称+总账，如应收账款总账。联查总账对应的明细账时，明细账显示为应收账款明细账。

2. 余额表

余额表用于查询统计各级科目的本期发生额、累计发生额和余额等。传统的总账，是以总账科目分页设账，而余额表则可输出某月或某几个月的所有总账科目或明细科目的期初余额、本期发生额、累计发生额、期末余额，在实行计算机记账后，我们建议用户用余额表代替总账。

3. 明细账

明细账用于平时查询各账户的明细发生情况，以及按任意条件组合查询明细账。在查询过程中可以包含未记账凭证。本功能提供了 3 种明细账的查询格式：普通明细账、按科目排序明细账、月份综合明细账。普通明细账是按科目查询，按发生日期排序的明细账；按科目排序明细账是按非末级科目查询，按其有发生的末级科目排序的明细账；月份综合明细账是按非末级科目查询，包含非末级科目总账数据及末级科目明细数据的综合明细账，使用户对各级科目的数据关系一目了然。

4. 多栏账

多栏账是总账系统中一个很重要的功能，用户可以使用本功能设计自己企业需要的多栏明细账，按明细科目保存为不同的多栏账名称，在以后的查询中只需要选择多栏明细账直接查询即可。方便快捷，自由灵活，可按明细科目自由设置不同样式的多栏账。

二、辅助账管理

总账系统中的辅助核算功能是渗透在几个功能模块中的，要实现辅助核算，首先在系统初始化时就要对有关的会计科目及有关的档案资料进行辅助核算的设置。

1. 个人往来辅助账管理

个人往来辅助账用于查询某个人往来核算科目下所有人的发生额及余额情况，能够及时地了解个人借款、还款情况，及时地清理个人借款。首先将需要进行往来核算的科目（如个人应收款、个人应付款等）设置成往来辅助核算科目，同时，还需要建立个人项目与并往来核算科目建立联系，如个人往来“财务部——周平”、个人往来“丁一”。

2. 客户、供应商往来辅助账管理

客户、供应商往来辅助账用于查询某个往来客户、供应商所有科目的明细账情况。首先将需要进行往来核算的科目（如应收账款、应付账款等）设置成往来辅助核算科目；同时，还需要建立往来单位项目目录，并建立往来核算科目与往来项目间的联系，如客户往来“春华”与“大光”、供应商往来“万达”与“光明”。

3. 部门辅助账管理

部门辅助账用于查询某部门的各项费用、收入科目（即在“会计科目”中账类设为部门核算的科目）的明细账。部门设置包括会计科目的部门核算设置和建立部门一览表。部门可以是实际中的部门机构，也可以是虚拟的核算单元。按照已经定义好的部门编码级次原则录入部门编号及其信息。最多可分 5 级，编码总长 12 位，部门档案包含部门编码、名称、负责人、部门属性等信息，如部门核算“二车间”、“财务部”。

4. 项目核算账管理

项目核算账用于查询某项目及部门的各项费用、收入科目的明细账。项目设置包括项目类别的设置与项目目录的录入。项目类别是指所设置项目的名称，如工程费用、业务费用等；而项目目录是指某一类项目的具体分类，如“生产成本——基本生产成本”下设置“直接材料”、“直接人工”、“其他费用”大类并分为“A 产品”、“B 产品”等项目。

任务实施

沿用新阳光有限公司的账套。以学生本人的身份登录企业应用平台，进行账表如下查询输出。

（1）查询“总账”→“科目账”中的“余额表”、“序时账”并以“学号+账表名”命名输出为 XLS 文件保存在 D 盘你的学号姓名文件夹中。

（2）查询“管理费用”科目总账及联查其明细账和凭证并按（1）方法输出。

（3）查询“应收账款——启明”客户明细账、“应付账款——光明”供应商明细账并按（1）方法输出；联查其凭证及总账。

（4）查询“其他应收款——个人应收账（周平）”明细账及联查其总账和凭证并按（1）方法输出。

（5）完成“应交税费——应交增值税”综合多栏账的定义与查询并按（1）方法输出。

（6）查询“生产成本”项目辅助核算明细账并按（1）方法输出。

一、科目账管理

以记账员（学生本人）的身份登录企业应用平台后，进行科目账和辅助账等账表的查询与管理操作。

1. 总账查询

总账查询功能用于可以查询和打印各总账科目的年初余额、各月发生额合计和月末余额。

（1）选择“账表”→“科目账”→“总账”选项，打开“总账查询条件”对话框。可将查询条件保存为“我的账簿”，或直接调用“我的账簿”即可，如图 4-48 所示。

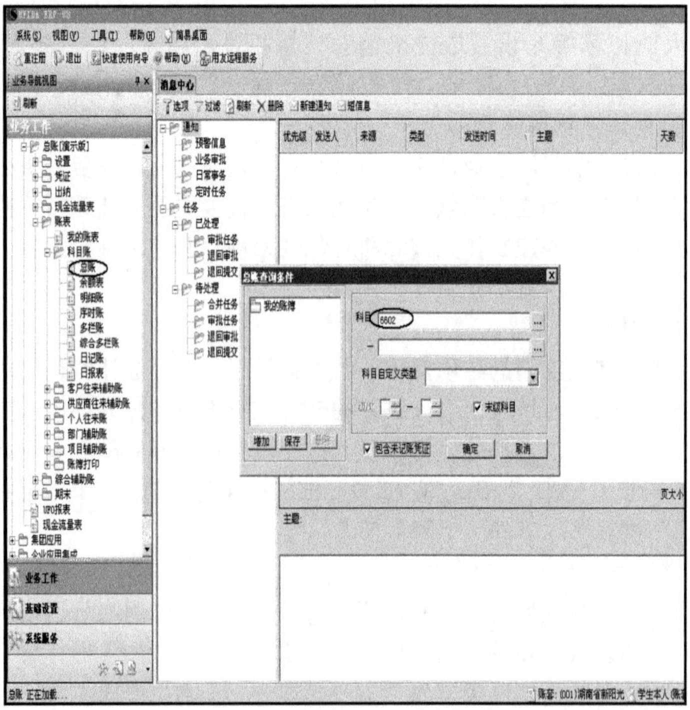

图 4-48 总账查询条件设置

（2）选择或录入要查询的科目和科目级次，或直接选择查询到末级科目；选择是只查询已记账凭证，还是包括未记账凭证；录入完成后，单击【确定】按钮进入“总账”界面，如图 4-49 所示。

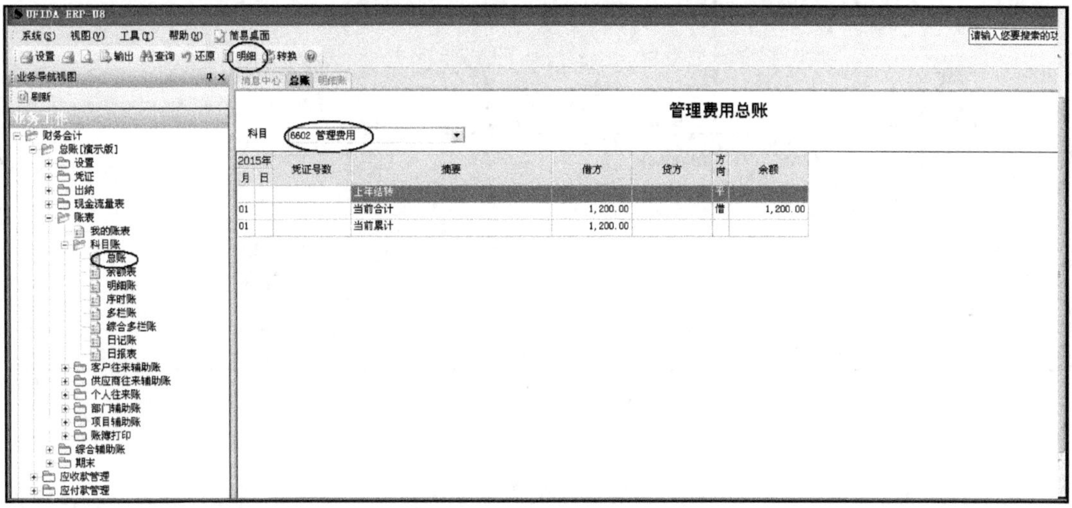

图 4-49　“总账”界面

（3）在查询结果界面，可以单击“科目”下拉列表框，选择需要查看的科目。单击【明细】按钮，即可联查到当前科目当前月份的明细账。当期初余额或上年结转所在行为当前行时，不能联查明细账，如图 4-50 所示。

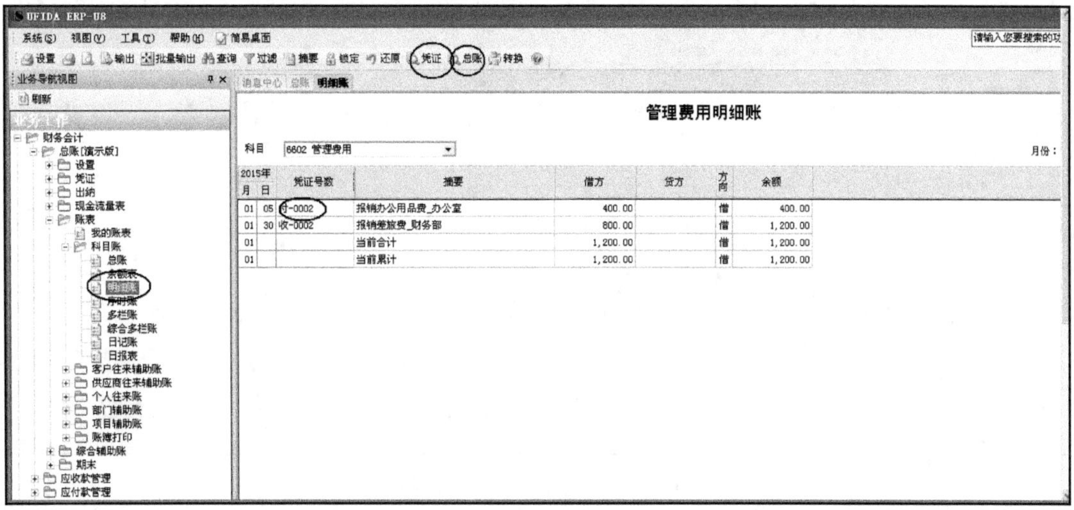

图 4-50　总账——“明细账”

单击【凭证】按钮，即可联查到当前科目当前月份的凭证，如图 4-51 所示。

提示

系统提供 4 种账页格式：金额式、外币金额式、数量金额式、数量外币式。在外币金额式显示格式中如为末级科目则显示外币名称，非末级科目则不显示。

显示外币金额式账簿同时可以按不同的币种提供月初余额、合计、累计。

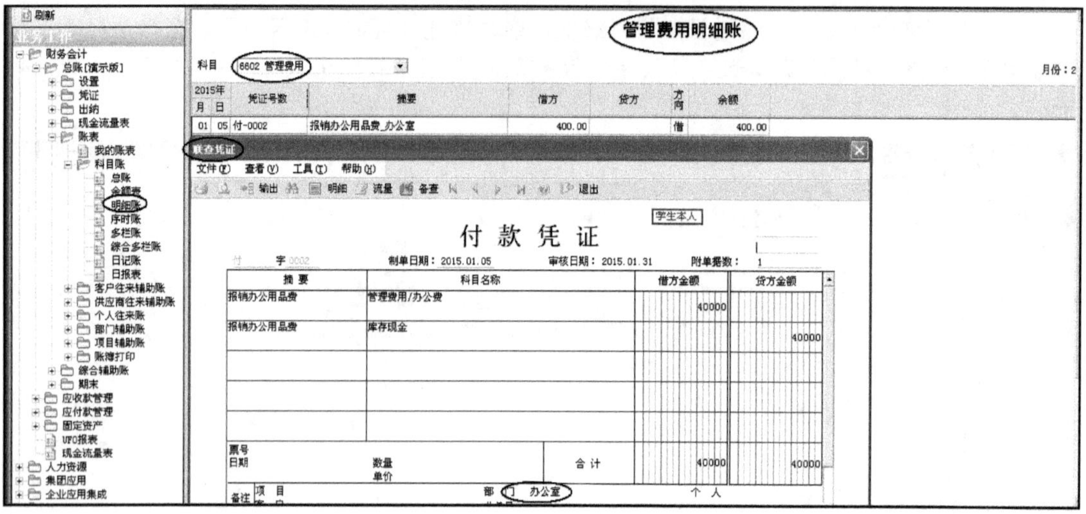

图 4-51　总账——联查凭证

2. 余额表查询

余额表查询功能用于查询和打印各级科目的本期发生额、累计发生额和余额等。具体操作步骤与总账类似。

（1）选择“账表”→“科目账”→“余额表”选项，打开“发生额及余额查询条件”对话框，根据需要录入查询条件，如图 4-52 所示。

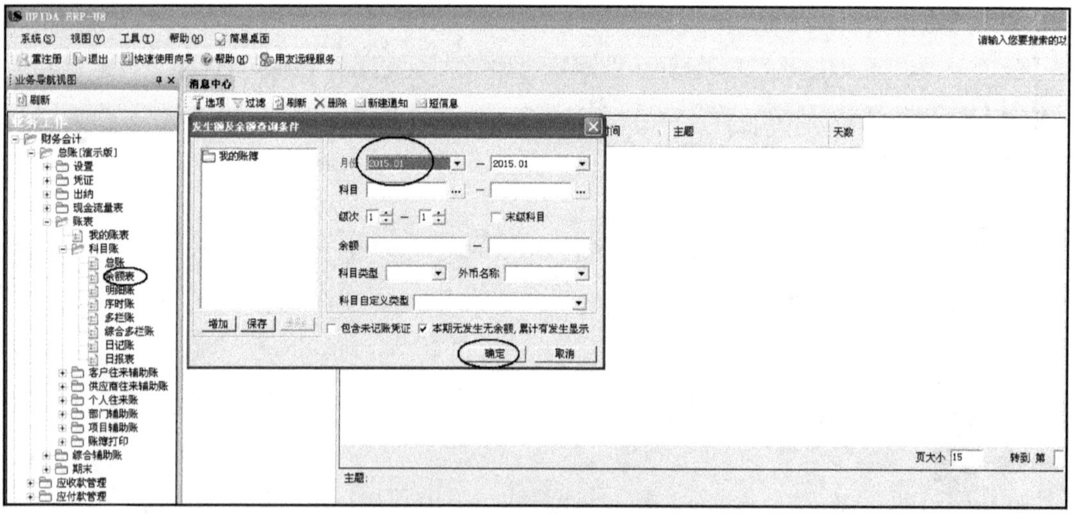

图 4-52　发生额及余额查询条件

（2）可参照录入具体科目查询，也可以选择某一科目类型查询这一类型的所有科目余额表；单击【确定】按钮进入“发生额及余额表”界面，如图 4-53 所示。

3. 明细账查询

明细账查询功能用于平时查询各账户的明细发生情况，以及按任意条件组合查询明细账。具体操作步骤与总账类似。

（1）选择“账表”→“科目账”→“明细账”选项，打开“明细账查询条件”对话框。可将查询条件保存为“我的账簿”，或直接调用“我的账簿”即可，如图 4-54 所示。

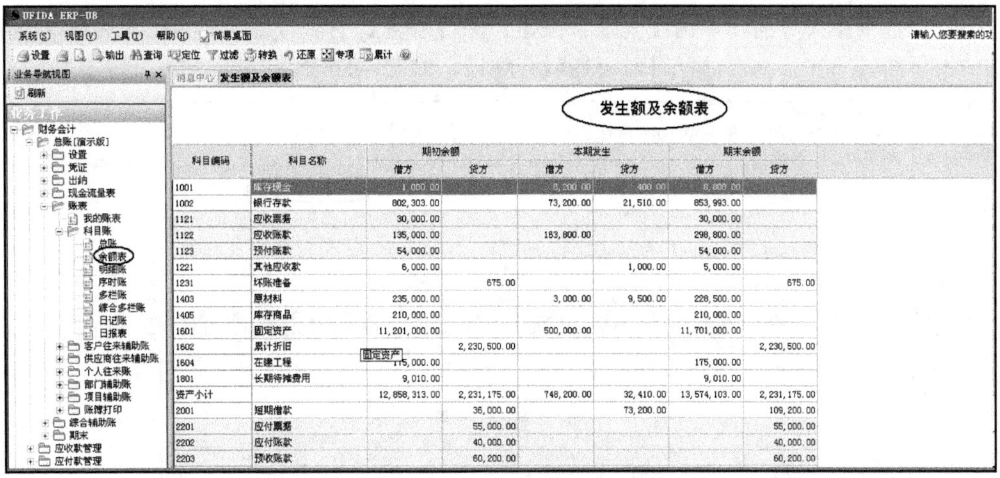

图 4-53　“发生额及余额表”界面

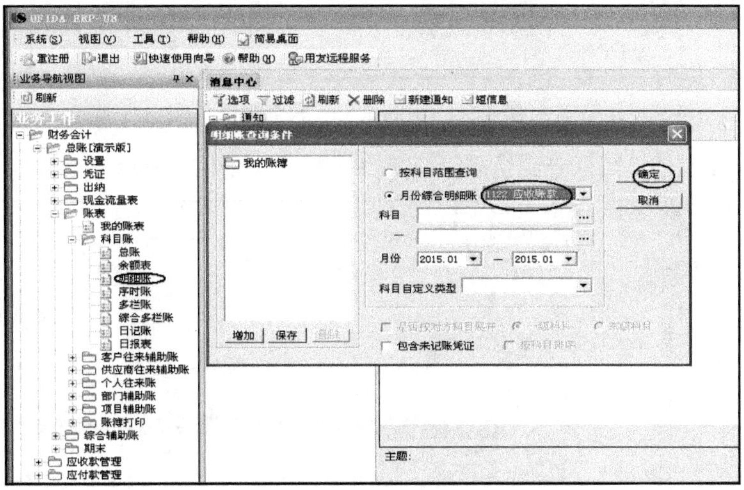

图 4-54　明细账查询条件

（2）选择或录入要查询科目的末级科目，单击【确定】按钮进入“明细账”界面，如图 4-55 所示。

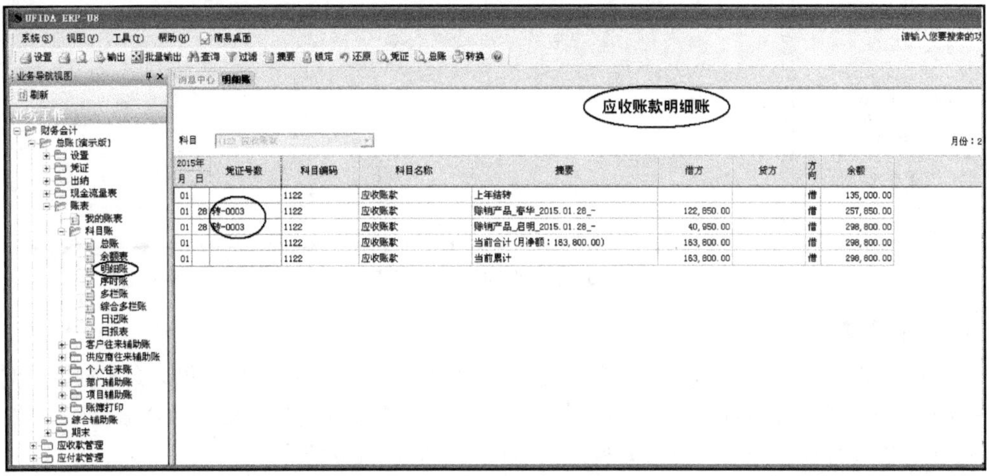

图 4-55　“明细账”界面

（3）在查询结果界面，单击【凭证】按钮，即可联查到当前科目当前月份的凭证，当期初余额或上年结转所在行为当前行时，不能联查凭证，如图 4-56 所示。

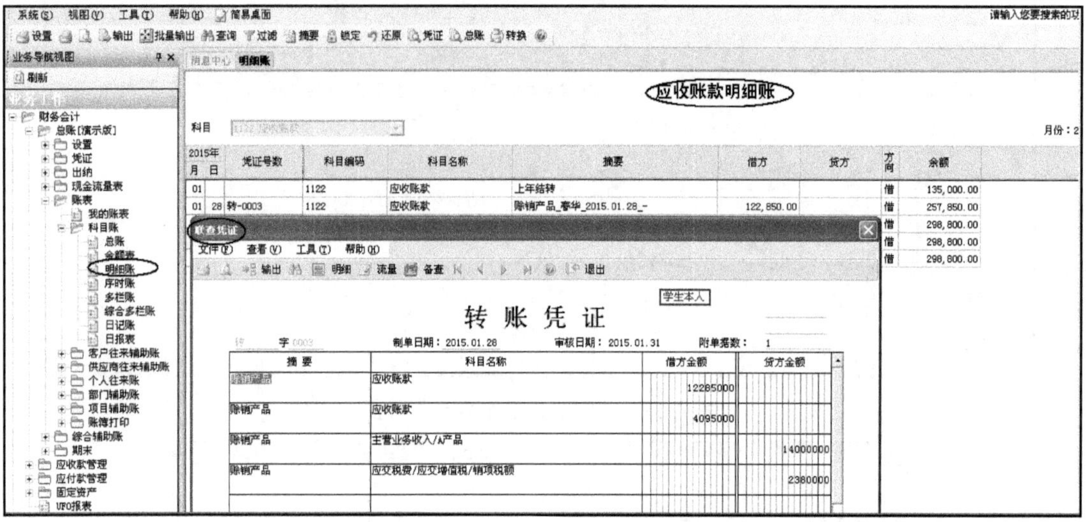

图 4-56 明细账——联查凭证

单击【总账】按钮，可联查到当前明细账的总账，如图 4-57 所示。

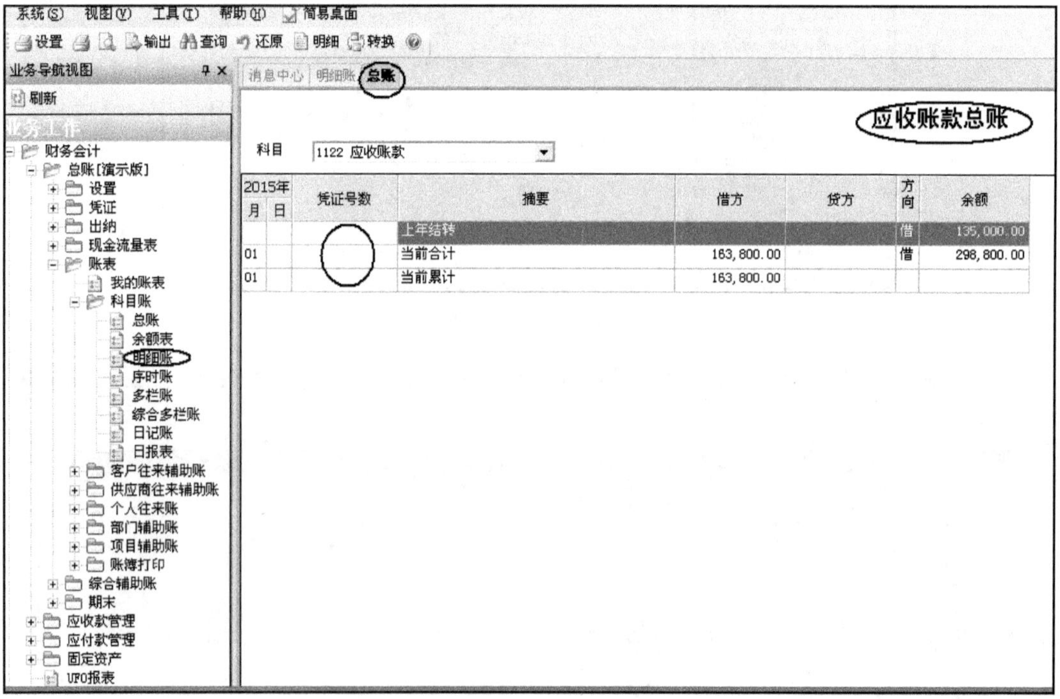

图 4-57 明细账——总账

4. 多栏账查询

多栏账查询功能用于查询和打印多栏明细账。多栏账包括普通多栏账和综合多栏账。例如，“管理费用”一般采用普通多栏账；而“应交税费——应交增值税”则采用综合多栏账。综合多栏账可做借贷双方栏目分析，普通多栏账只能作单方向栏目分析。

（1）单击【增加】按钮，进入“多栏账”定义界面，如图 4-58 所示。

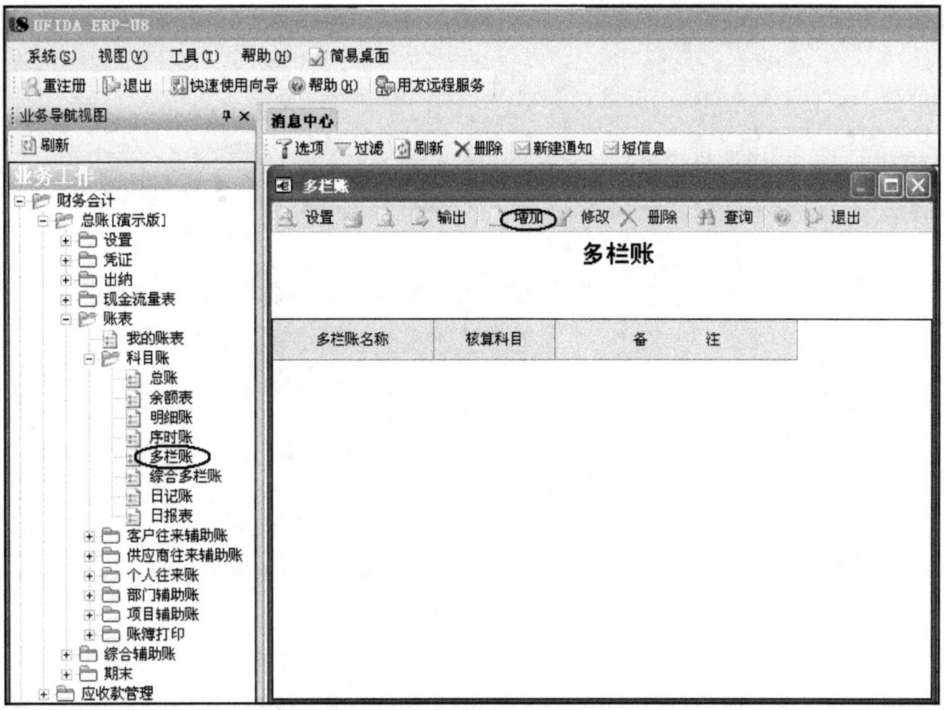

图 4-58　定义多栏账

（2）定义多栏账分析栏目，系统提供两种定义方式：手动编制栏目、自动编制栏目。手动编制：单击【增加栏目】按钮可自行增加栏目，选择栏目后单击【删除栏目】按钮可删除该栏目，双击表中栏目，或按空格键可编辑修改栏目。单击【∧】和【∨】按钮可调整栏目的排列顺序。自动编制：单击【自动编制】按钮，定义完毕后单击【确定】按钮即可，系统将根据所选核算科目的下级科目自动编制多栏账分析栏目，分析方向与科目性质相同。建议先进行自动编制再进行手动调整，可提高录入效率，如图 4-59 所示。

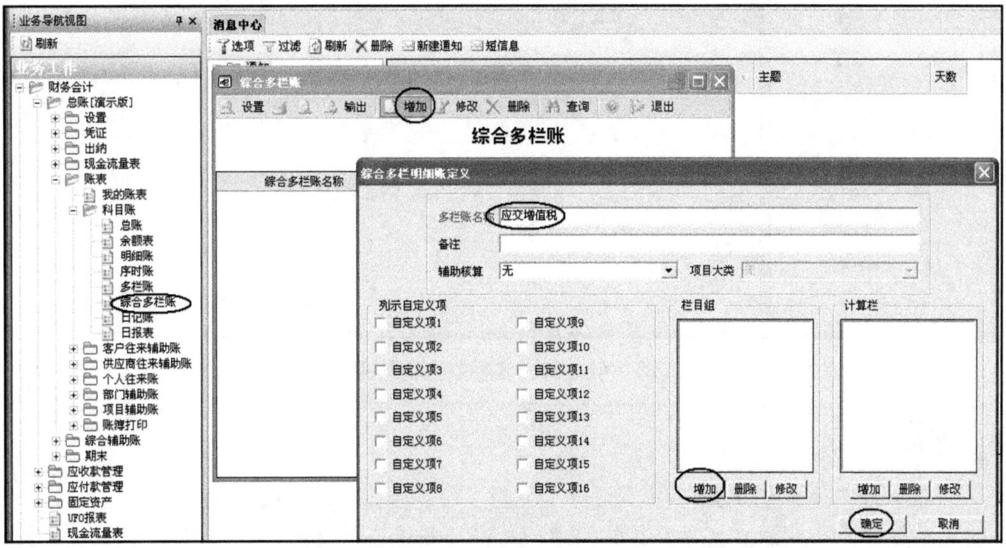

图 4-59　综合多栏账定义

（3）单击【查询】按钮，打开“综合多栏账查询”对话框，如图 4-60 所示。

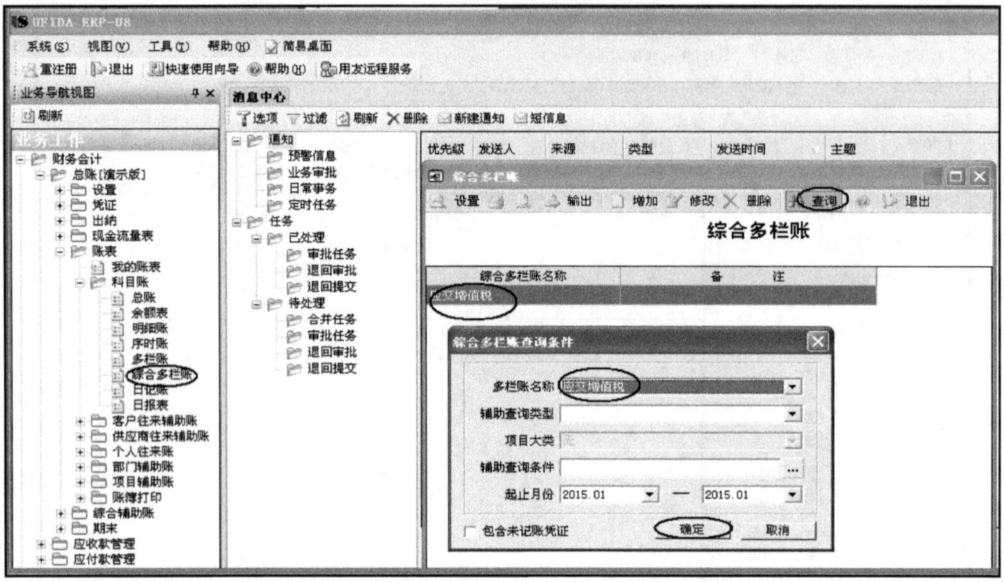

图 4-60　综合多栏账查询条件

（4）单击【确定】按钮，显示选定的综合多栏账，如图 4-61 所示。

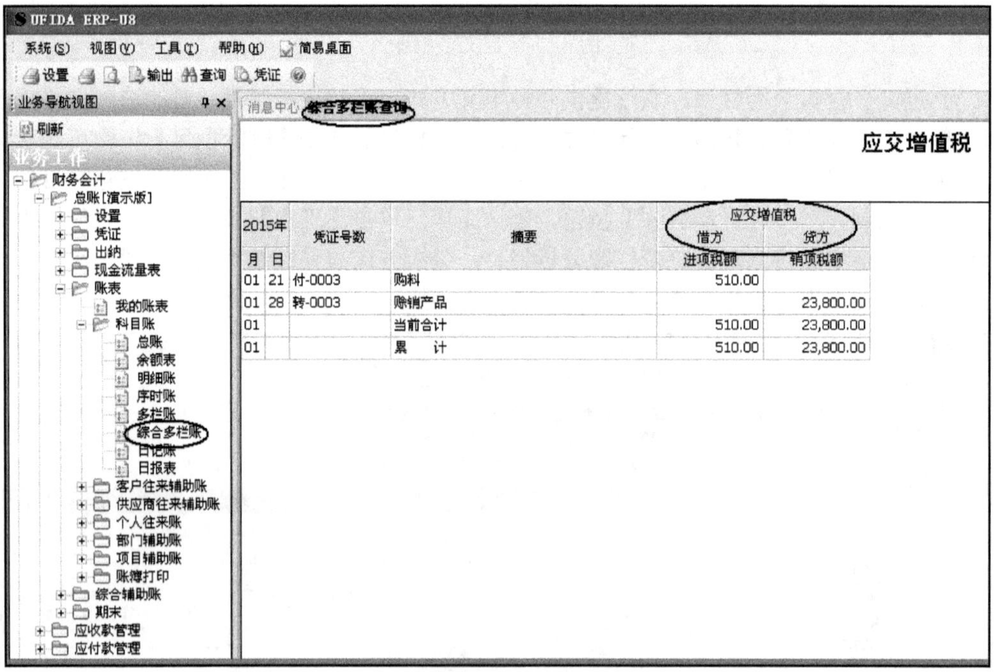

图 4-61　综合多栏账查询结果

提示

多栏账名称不能重复定义。

如果选择了“分析栏目后置”，则所有栏目的分析方向必须相同，且若选择“借方分析”则分析方向必须为“借”，若选择“贷方分析”则分析方向必须为“贷”。且不能输出外币及数量，若按金额分析，则需全按金额分析，若按余额分析，则需全按余额分析。

栏目中的科目不能重复定义。

二、辅助账管理

在凭证过账时，软件自动将辅助数据登记到相应的辅助账簿，同时提供总账与明细账的查询和打印输出功能。

1. 个人往来辅助账管理

个人往来辅助账管理用于查询某个人往来核算科目下所有人的发生额及余额情况，能够及时地了解个人借款、还款情况，及时地清理个人借款，如个人往来“财务部——周平”、个人往来“丁一”。

（1）选择“账表”→“个人往来账”→“个人往来明细账”→“个人明细账查询”选项，打开“个人往来_个人明细账”对话框，如图 4-62 所示。

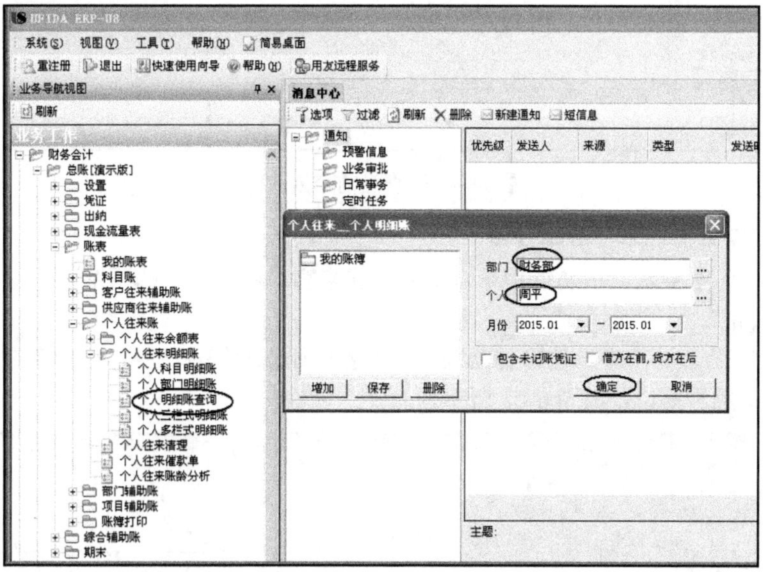

图 4-62　个人往来——个人明细账查询

（2）在查询过程中，可以单击个人及部门参照按钮或直接录入个人及部门编码（或个人及部门名称），选择需要查看的个人。选择屏幕右上方的账页格式下拉列表框，显示科目的数量、外币账，如图 4-63 所示。

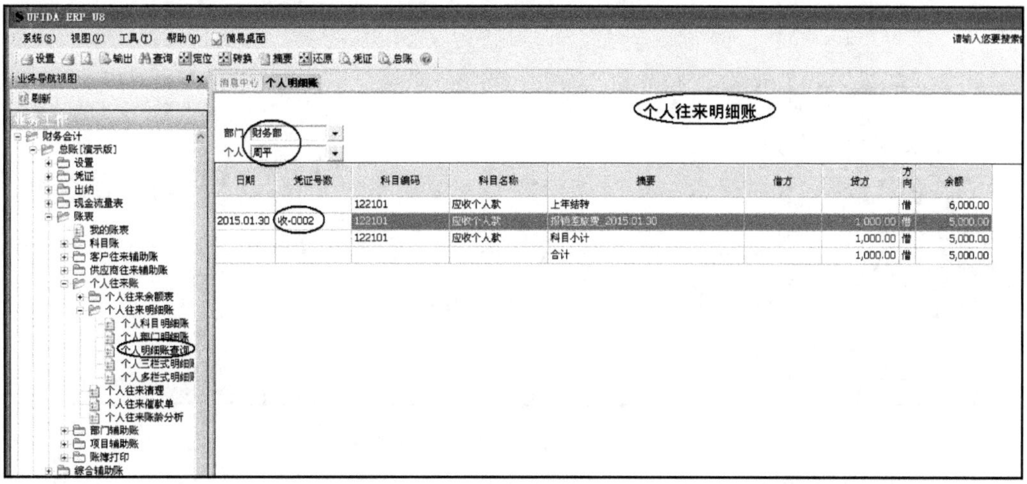

图 4-63　“个人明细账”界面

（3）单击【总账】按钮，可联查到当前个人的总账，如图 4-64 所示。

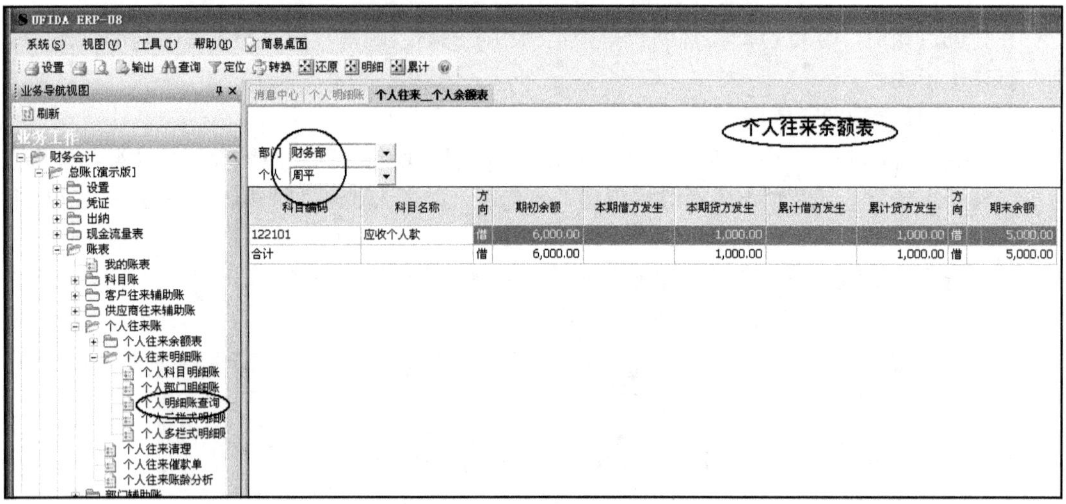

图 4-64　联查当前个人总账

2. 客户、供应商往来辅助账管理

（1）客户明细账查询。本功能用于查询某个往来客户所有科目的明细账情况，如客户往来“春华”与“大光”。

① 选择“账表”→“客户往来辅助账”→“客户往来明细账”→“客户明细账”选项，进入“客户基本参照”窗口，如图 4-65 所示。

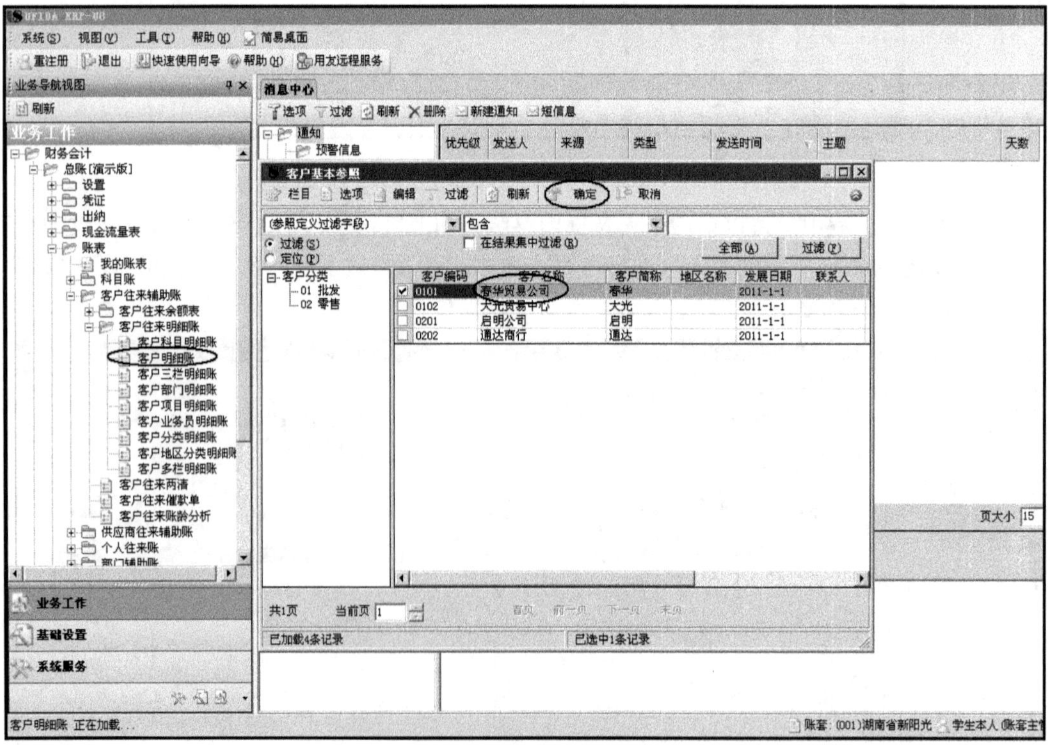

图 4-65　“客户基本参照”窗口

② 选择或输入完所需要的信息后，单击【确定】按钮，屏幕会显示按选择条件查询的结果。

单击【取消】按钮，则取消当前操作，如图 4-66 所示。

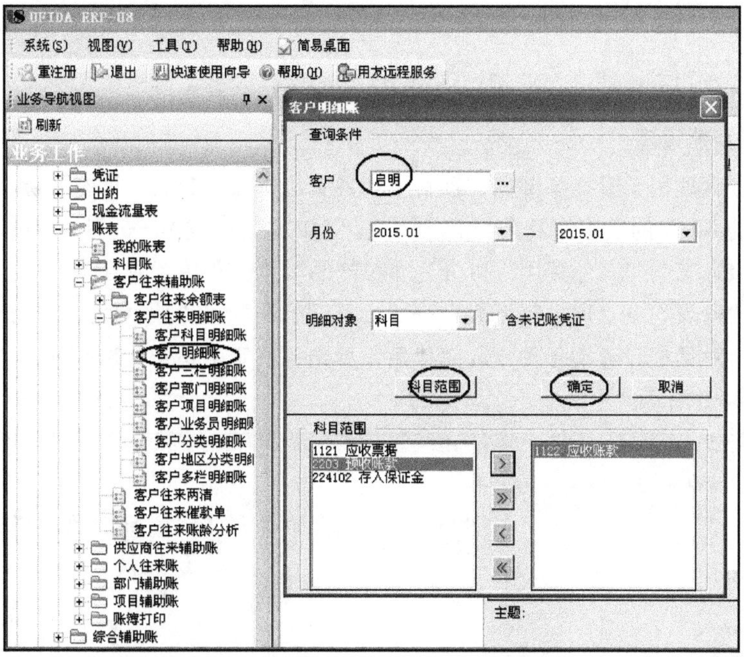

图 4-66　打开“客户明细账”对话框

③ 进入查询主界面后，在主界面的左上角，可以通过下拉列表框选择不同的客户，系统会重新进行查询。系统提供金额式、数量金额式、数量外币金额、外币金额式 4 种账簿格式，如图 4-67 所示。

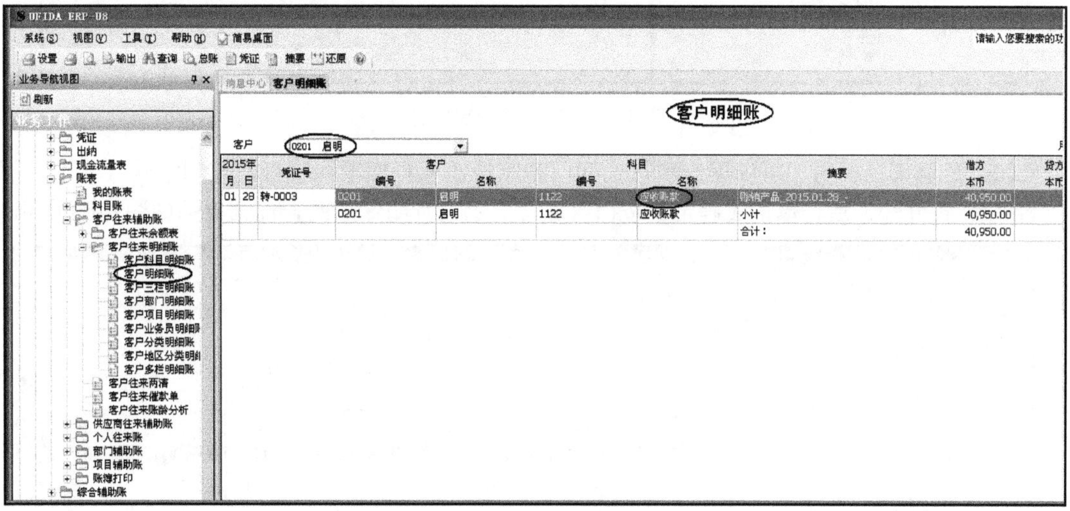

图 4-67　“客户明细账”界面

（2）供应商明细账查询。本功能用于查询某个往来供应商所有科目的明细账情况，如供应商往来“万达”与“光明”。具体操作步骤与客户明细账类似。

3. 部门辅助账管理

部门辅助账管理用于查询某部门的各个费用、收入科目（即在“会计科目”中账类设为部门核算的科目）的明细账，如部门核算“二车间”、“财务部”。具体项目操作步骤与项目明细账类似。

提示

在查询上级部门的数据时自动包含其所有下级部门的数据。

4. 项目核算账管理

项目核算账管理用于查询某部门、项目下的各费用、收入科目（即在“会计科目”中账类设为项目核算的科目）的发生额及余额汇总情况。例如，“生产成本——基本生产成本”下设“直接材料”、“直接人工”、“其他费用”可分为“A 产品”、“B 产品”项目等。

（1）选择“账表”→“项目辅助账”→“项目明细账”→“项目明细账”选项，打开“项目明细账条件”对话框。查询条件录入完毕后，单击【确定】按钮，屏幕显示项目明细账的查询结果，如图 4-68 所示。

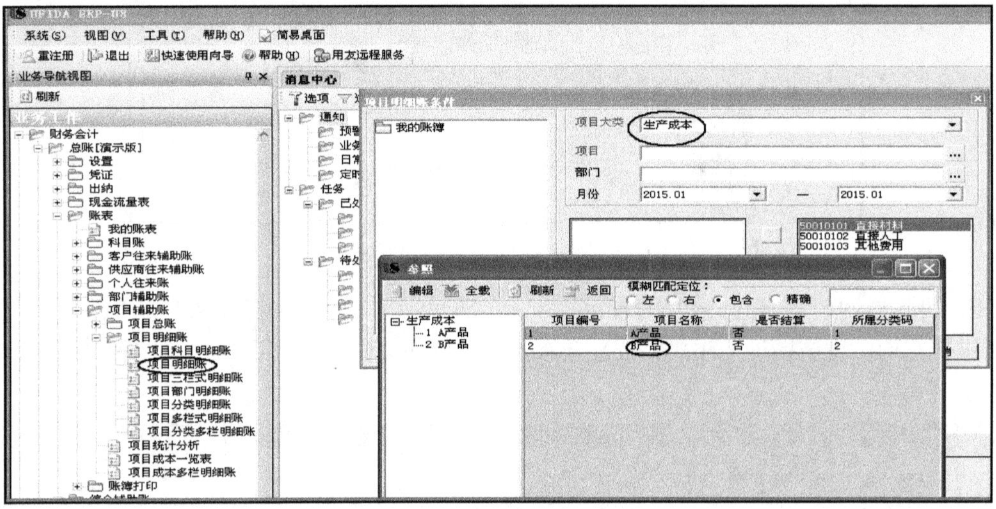

图 4-68 项目明细账条件

（2）在查询过程中，可以单击项目及部门参照按钮或直接输入项目及部门编码（或项目部门名称），条件输入后，单击【确定】按钮，屏幕显示项目明细账的查询结果，如图 4-69 所示。

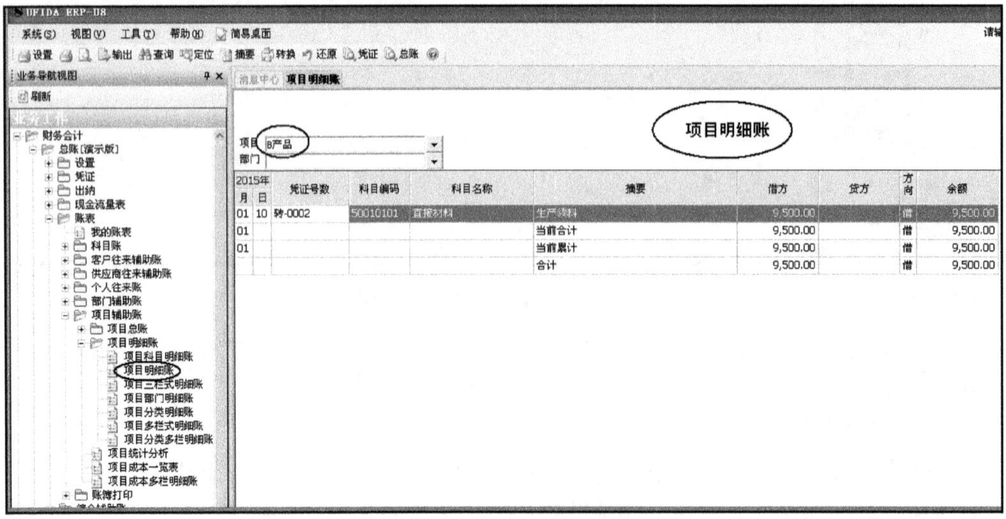

图 4-69 项目明细账查询结果

任务四 总账系统期末处理

任务解析

要求了解总账系统期末处理的基本内容，掌握总账自动转账定义、转账凭证生成及对账、结账等操作方法。

期末处理主要包括费用的计提、分摊，成本结转，各类账户试算平衡，对账，结账等内容。这些业务数据主要来源于账簿记录。各会计期间的多数期末处理数量不太多，但数据处理较复杂，具有很强的规律性，因此比较适合利用计算机进行自动处理。在总账系统中，期末处理主要是由计算机根据用户的设置自动进行的。

知识链接

一、自动转账的定义与生成

自动转账凭证是指将某一转账业务所涉及的摘要、借贷方科目、金额计算方法等预先存入软件环境，即建立一项业务的转账模型的过程。根据自定义转账凭证模型生成实际的记账凭证的过程称为自动转账。由自动转账产生的凭证称为机制转账凭证，简称机制凭证。

自动转账业务的特点：一是每期都会发生规范的转账业务，如计提税金、结转成本、结转损益等；业务发生的金额是可以事先预知或可以被描述的，如折旧额可按综合折旧公式计算，无形资产可按确定的数额或比例摊销等。

1. 自动转账的定义

自动转账的定义主要包括自定义结转、对应结转、销售成本结转设置、期间损益结转、汇兑损益结转、售价（计划价）销售成本结转。

（1）自定义结转。

自定义结转功能可以完成的转账业务主要有“费用分配”的结转、“费用分摊”的结转、“税金计算”的结转、“提取各项费用”的结转、“部门核算”的结转、“项目核算”的结转、“往来核算”的结转等。如果使用应收、应付系统管理客户和供应商，那么在总账系统中，不能按客户、供应商辅助项进行结转，只能按科目总数进行结转。

（2）对应结转。

对应结转不仅可进行两个科目一对一结转，还提供科目的一对多结转功能，对应结转的科目可为上级科目，但其下级科目的科目结构必须一致（相同明细科目），如有辅助核算，则两个科目的辅助账类也必须一一对应。本功能只结转期末余额，如果想结转发生额，则到自定义结转中设置。转入、转出科目可为上级科目，但其下级科目的科目结构必须相同，若转出科目定义辅助项，则转入科目的辅助项不能为空。

（3）销售成本结转设置。

自动转账的销售成本结转功能，是指在月末按一定的方法计算出库存商品（或产成品）的平均单价基础上，计算各类商品（或产品）销售成本，并对成本结转业务进行账务处理。在会计科目中必须指定“库存商品（产成品）”科目、“主营业务收入”科目和“主营业务成本”科目，且要求这 3 个科目具有相同的明细科目结构，库存商品科目和主营业务收入科目下的所有明细科目必须有数量核算，其辅助核算类型必须一致，且不能带有往来辅助核算，否则只能在自定义结转中设置。

（4）汇兑损益结转。

用于期末自动计算外币账户的汇兑损益，并在转账生成中自动生成汇况损益转账凭证，汇兑损益只处理以下外币账户：外汇存款户；外币现金；外币结算的各项债权、债务，不包括所有者权益类账户、成本类账户和损益类账户。

（5）期间损益结转。

用于一个会计期间终了时，将损益类科目的余额结转到“本年利润”科目中，从而及时反映企业利润的盈亏情况。主要是对于管理费用、销售费用、财务费用、销售收入、营业外收支等科目向本年利润的结转。使用自动转账功能定义期末结转凭证模型，然后按一般的自动转账方式生成结转损益的记账凭证。损益可按收入和支出分别结转，生成两张记账凭证；也可合在一起只生成一张记账凭证。当将期末业务集中于一张凭证时，一般由系统根据各收入项目和支出项目的余额情况自动安排“本年利润”科目的方向。若收入总额大于支出总额，“本年利润”科目在贷方，表示盈利；反之“本年利润”科目在借方，表示亏损。

2. 自动转账的生成

定义完转账凭证后，期末只需调用自定义凭证，计算机将自动快速生成转账凭证，并将当前凭证追加到未记账凭证，通过审核、记账后完成结转工作。转账凭证每月只生成一次。在进行转账生成之前，先将相关经济业务的记账凭证登记入账，注意转账月份为当前会计月份。另外，如果使用了应收应付系统，那么在总账系统中不能按客户、供应商进行结转，只能按科目总数进行结转。

定义完转账凭证后，每月月末只需执行本功能即可快速生成转账凭证，在此生成的转账凭证将自动追加到未记账凭证中。对应结转、期间损益结转、汇兑损益结转、销售成本结转等转账凭证的生成步骤基本与“自定义结转”类似。只是在“转账生成”对话框中分别点选“对应结转”、“期间损益结转”、“汇兑损益结转”、“销售成本结转”等单选按钮。

二、对账

对账是对账簿数据进行核对，以检查记账是否正确，以及账簿是否平衡。它主要是通过核对总账与明细账、总账与辅助账数据来完成账账核对（注：银行对账在出纳管理中单独介绍）。一般来说，实行计算机记账后，只要记账凭证录入正确，计算机自动记账后各种账簿都应是正确、平衡的。但由于非法操作、计算机病毒或其他原因有时可能会造成某些数据被破坏，因而引起账账不符。为了保证账证相符、账账相符，用户应经常使用本功能进行对账，至少一个月一次，一般可在月末结账前进行。

三、结账

在手工会计处理中，都有结账的过程，在计算机会计处理中也应有这一过程，以符合会计制度的要求，因此本系统特别提供了“结账”功能。结账只能每月进行一次。

结账功能主要完成以下几项工作：检查并停止本期各科目的各项数据处理工作；计算各科目的本期发生额和累计发生额；计算本期各科目期末余额并将余额结转至下期期初。

任务实施

沿用新阳光有限公司的账套。以学生本人（账套主管）的身份登录企业应用平台后，进行本账套以下期末处理。

（1）用自定义结转类型完成上年已预付的 9010 元的报刊费本月摊销；完成销售成本结转

定义与生成；完成期间损益结转定义与生成。

（2）进行对账处理。

（3）进行结账处理。

一、自动转账定义与生成

以学生本人（账套主管）的身份登录企业应用平台后，进行自动转账设置与生成。

1. 自动转账定义

1）自定义结转设置

业务 4-9：1 月 30 日，摊销办公室去年年底已预付的报刊杂志费 9 010 元。

（1）选择“期末”→“转账定义”→“自定义转账”选项，进入“自定义转账设置”窗口，如图 4-70 所示。

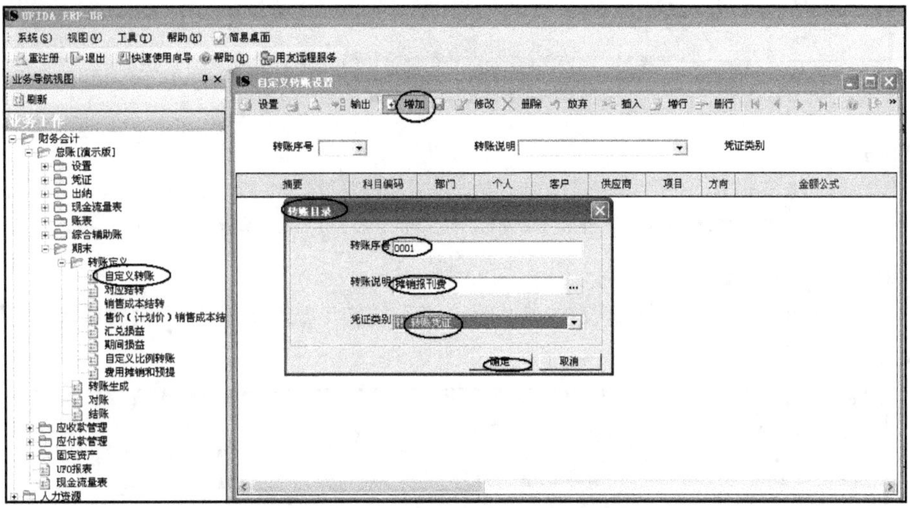

图 4-70　自定义转账设置

（2）单击【增加】按钮，可定义一张转账凭证。单击【增行】按钮，可插入一行，输入相关各项并录入借方公式“JG（180102)”，如图 4-71 所示。

图 4-71　自定义信息录入

（3）类似借方输入各项后，录入贷方公式“QC（180102,月,借）/2”，完成后单击【确定】按钮，如图 4-72 所示。

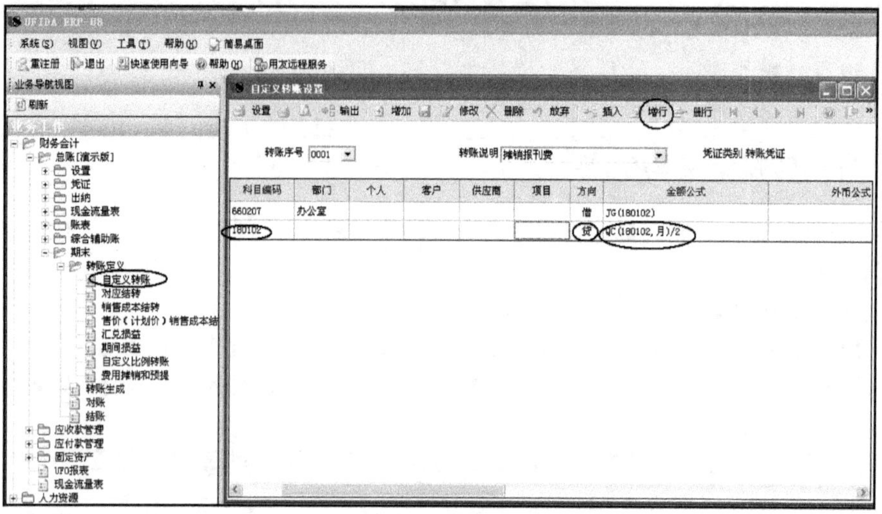

图 4-72 公式录入完毕

提示

结转凭证不受金额权限控制，不受辅助核算及辅助项内容的限制。

2）销售成本结转设置

（1）选择“期末”→“转账定义”→“销售成本结转”选项，打开“销售成本结转设置”对话框，如图 4-73 所示。

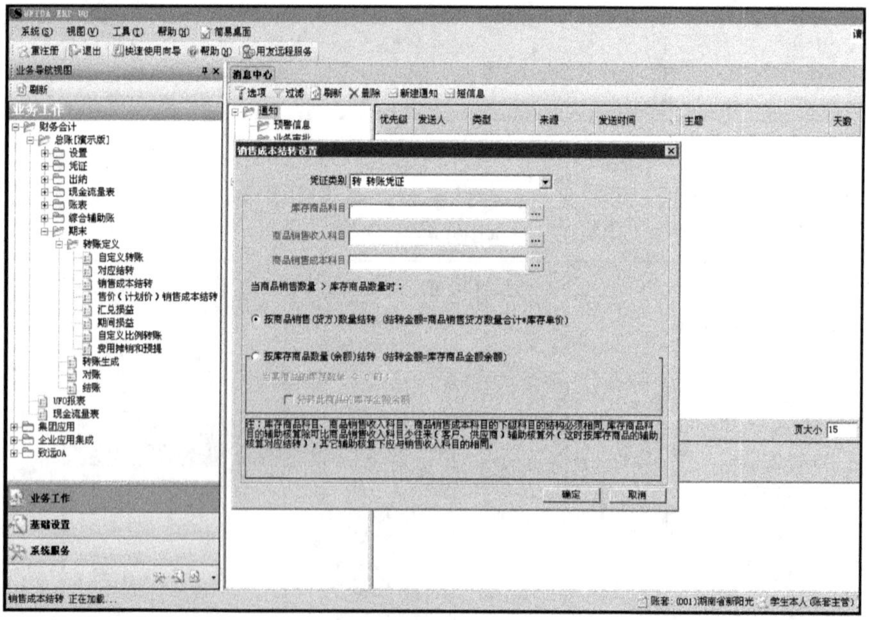

图 4-73 销售成本结转设置

（2）输入总账科目或明细科目，但输入要求这 3 个科目具有相同结构的明细科目，即要求库存商品科目和商品销售收入科目下的所有明细科目必须都有数量核算，且这 3 个科目的下级必须一一对应，输入完成后，系统自动计算出所有商品的销售成本。其中：数量=商品销售收入科目下某商品的贷方数量；单价=库存商品科目下某商品的月末金额/月末数量；金额=数量*单价，如图 4-74 所示。

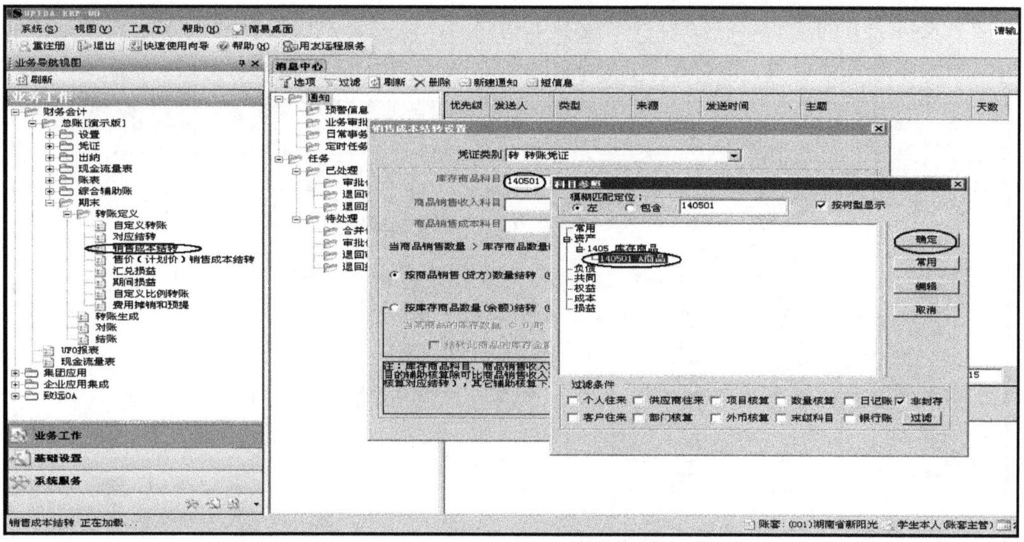

图 4-74 录入总账科目或明细科目

提示

库存商品科目、销售收入科目、销售成本科目可以有部门、项目核算、往来核算，若只有销售收入有往来核算，而此外两个科目的其他辅助核算完全相同，则结转时不按往来展开转账，而只按库存商品科目和销售成本科目的辅助核算结转，否则 3 个科目的辅助核算要完全一致。

当库存商品科目的期末数量余额小于商品销售收入科目的贷方数量发生额，若不希望结转后造成库存商品科目余额为负数，可选择按库存商品科目的期末数量余额结转。

只有在“选项”对话框中选中了“自定义项作为辅助核算”复选框，销售成本结转才按自定义项展开。

3）期间损益结转设置

（1）选择“期末”→“转账定义”→“期间损益”选项，打开“期间损益结转设置”对话框，如图 4-75 所示。

图 4-75 期间损益结转设置

（2）表格上方的“本年利润科目”是本年利润的入账科目，可按参照录入。如果本年利润科目又分为多个下级科目，则可在下面表格中录入，并与相应的损益科目对应，如图 4-76 所示。

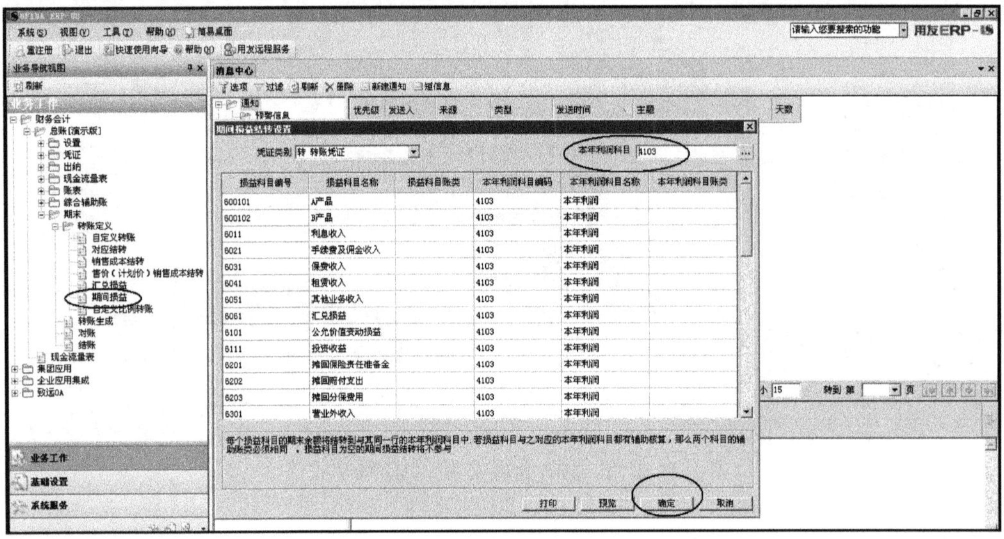

图 4-76 期间损益设置录入

提示

本年利润科目若有辅助账类，则必须与损益科目的辅助账类一致。

只有在“选项”对话框中选中了“自定义项作为辅助核算”复选框，期间损益才按自定义项结转。

结转期末损益只有在其他结转业务均已完成并已登记入账的情况下才可进行。

2. 自动转账凭证生成

（1）自定义结转、销售成本结转、期间损益结转的转账凭证生成步骤基本类似。选择“期末”→“转账生成”选项，打开“转账生成”对话框，右侧提供可供选择的自动转账类型；选择转账类型（如自定义转账、对应结转等），这里的转账凭证是在转账定义中设置好的凭证。自定义转账生成，如图 4-77 所示。

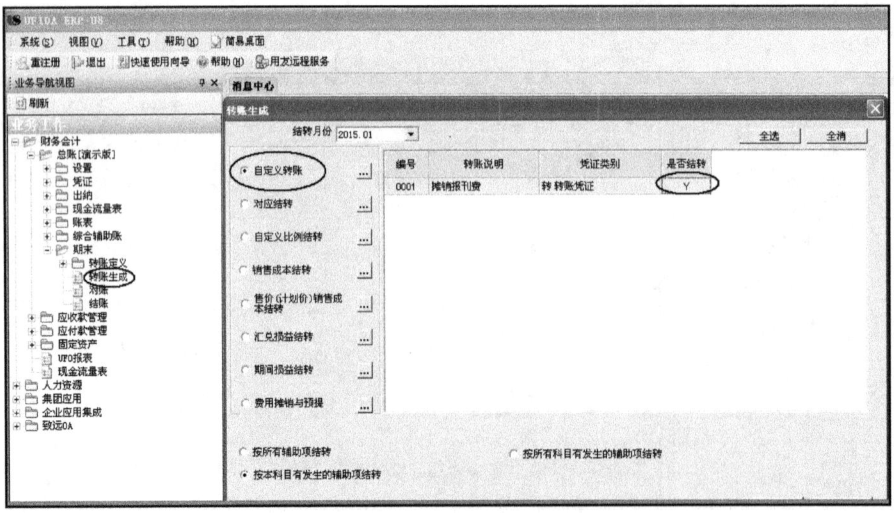

图 4-77 自定义转账生成

销售成本结转生成，如图 4-78 所示。

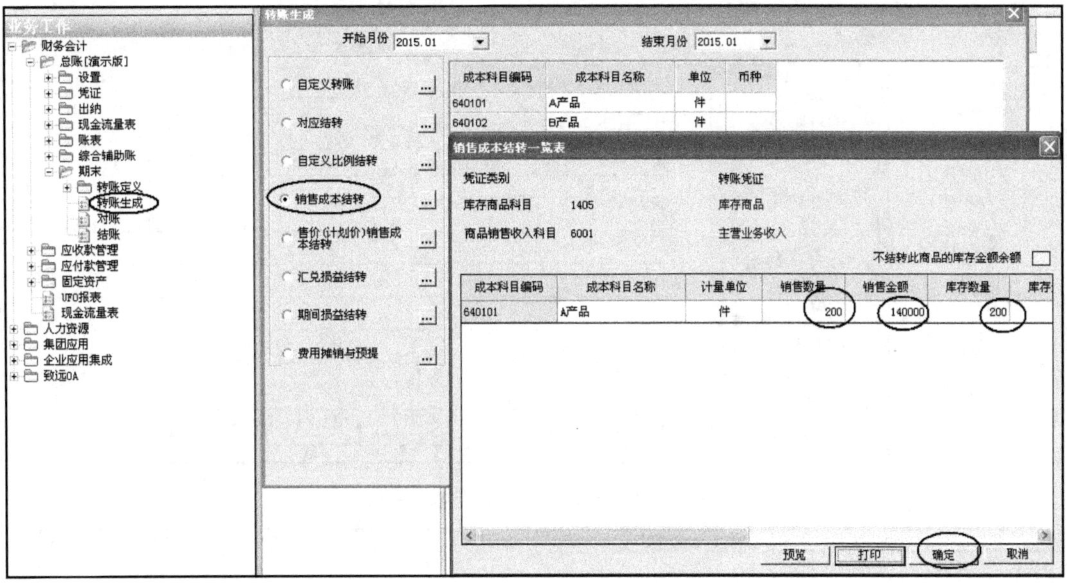

图 4-78　销售成本结转生成

期间损益结转生成，如图 4-79 所示。

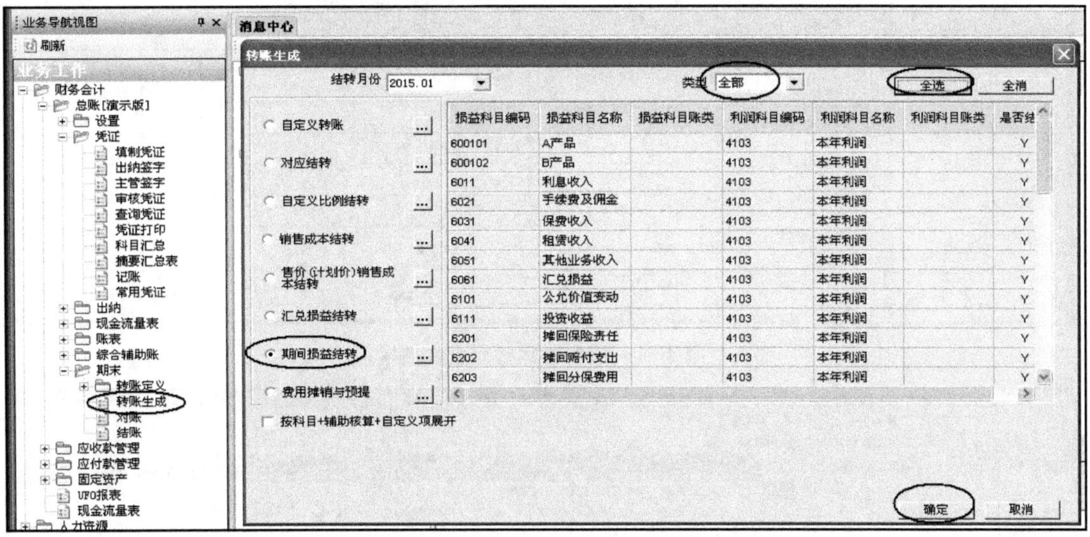

图 4-79　期间损益结转生成

（2）选择完毕后，单击【确定】按钮，显示将要生成的转账凭证。若凭证类别、制单日期和附单据数与实际情况略有出入，可直接在当前凭证上进行修改，单击【保存】按钮将当前凭证追加到未记账凭证中。自定义转账生成完毕，如图 4-80 所示。

销售成本结转生成完毕，如图 4-81 所示。

期间损益结转生成完毕，如图 4-82 所示。

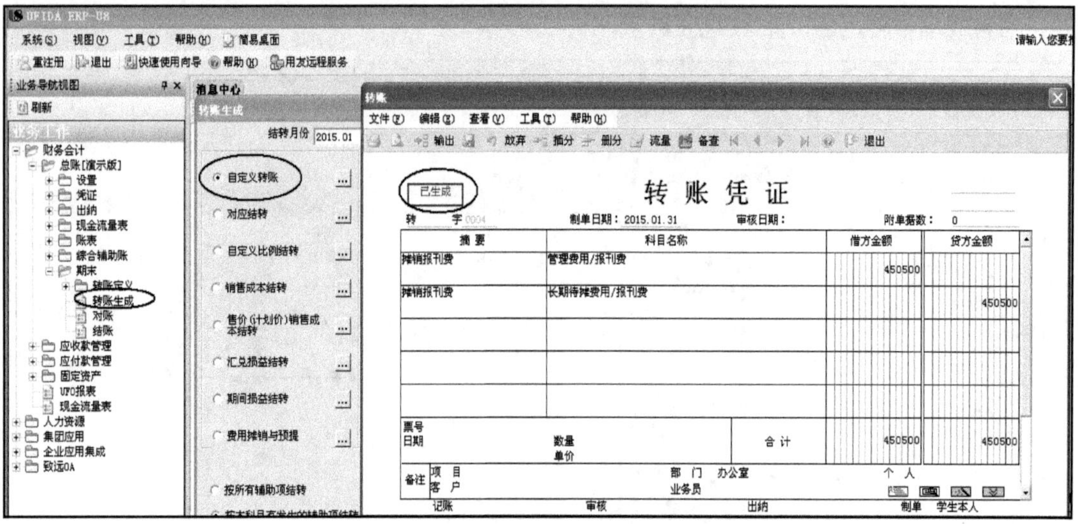

图 4-80　自定义转账生成完毕

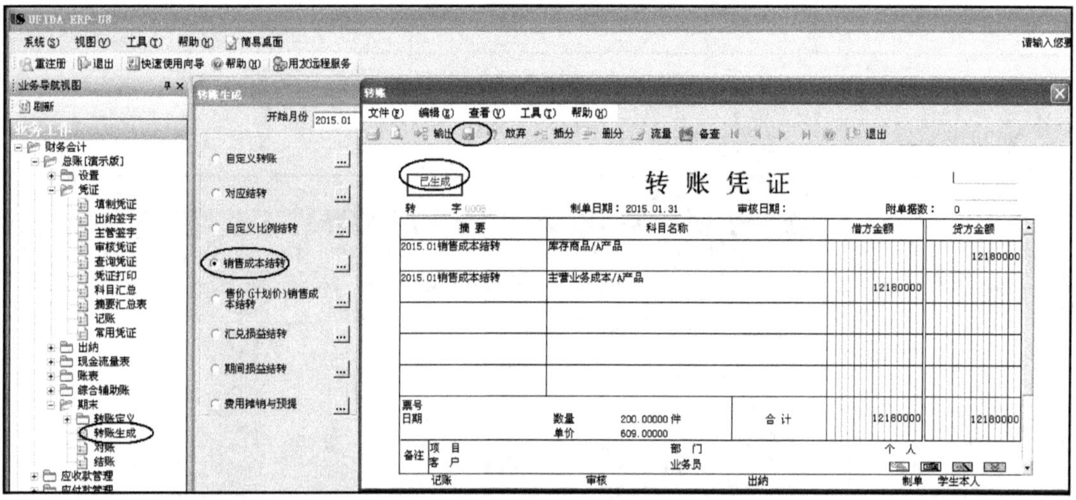

图 4-81　销售成本结转生成完毕

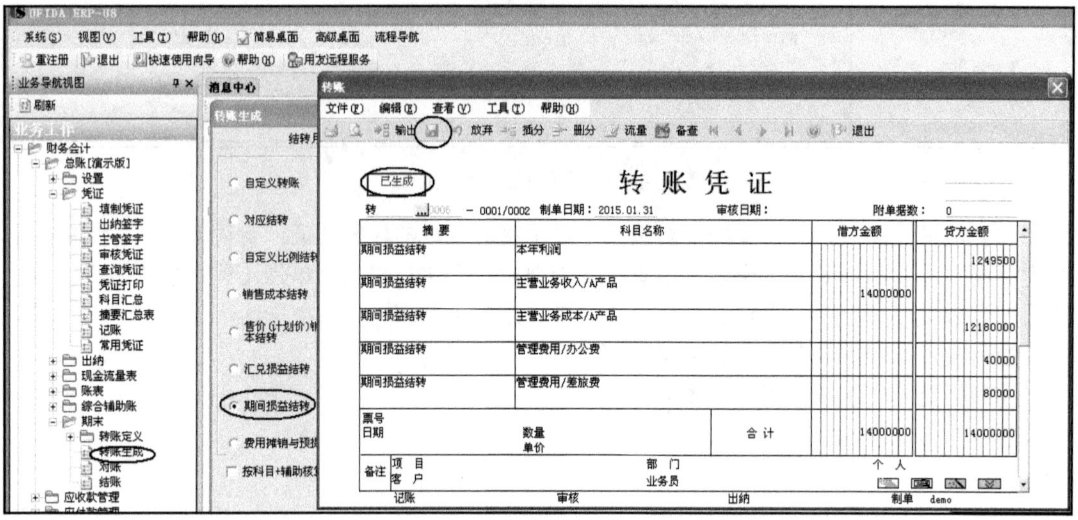

图 4-82　期间损益结转生成完毕

提示

由于转账是按照已记账凭证的数据进行计算的，因此在进行月末转账生成之前，请务必将有关联的记账凭证先行记账，否则，生成的转账凭证数据可能有误或无数据可取。

若凭证类别、制单日期和附单据数与实际情况有出入，可直接在当前凭证上进行修改，然后保存。转账凭证每月只生成一次。生成的转账凭证，仍需审核才能记账。在生成凭证时必须注意业务发生的先后次序，否则生成的金额就会发生差错。

二、对账

（1）选择“期末”→“对账”选项，打开“对账”对话框，如图4-83所示。

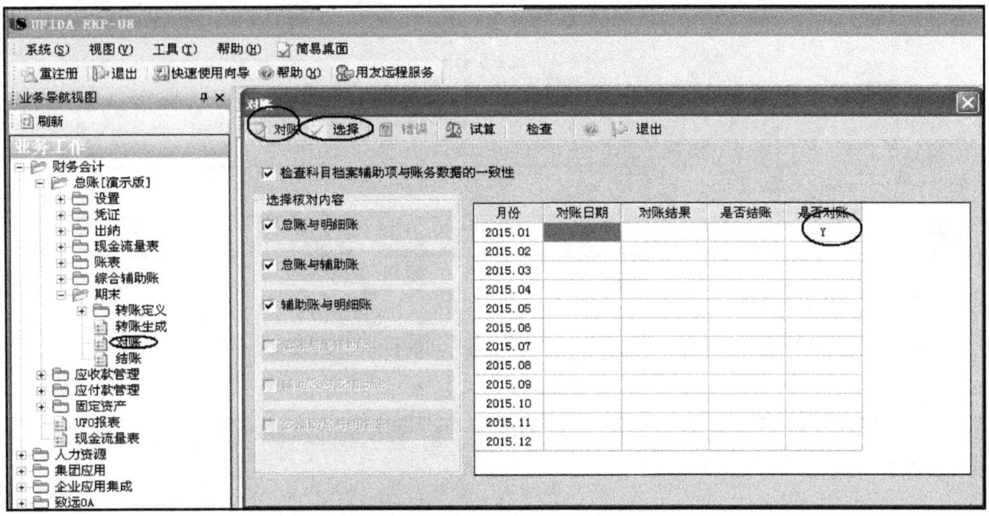

图4-83　进入“对账”对话框

（2）单击【对账】按钮，系统开始自动对账。若对账结果为账账相符，则对账月份的“对账结果”处显示“正确”；若对账结果为账账不符，则对账月份的“对账结果”处显示“错误”，单击【错误】按钮可查看引起账账不符的原因，如图4-84所示。

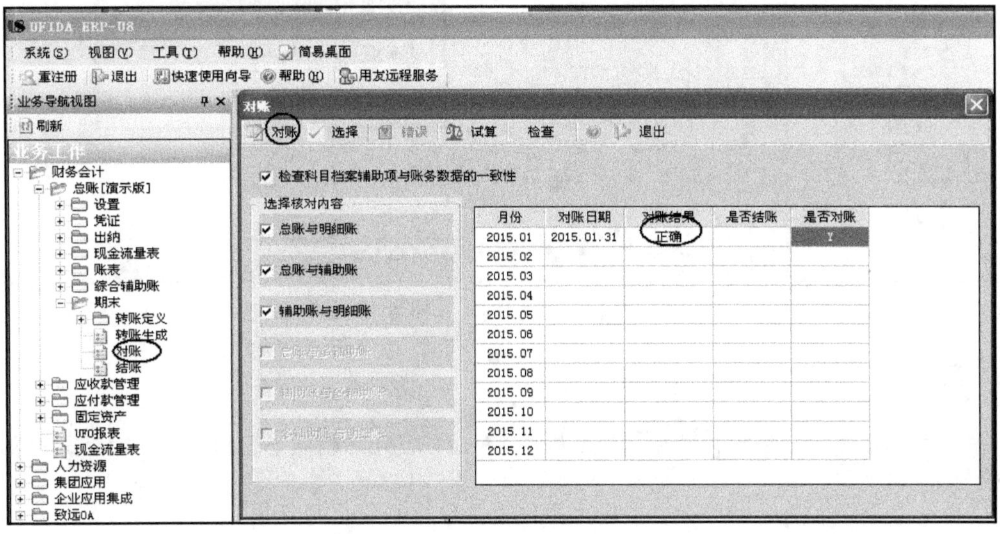

图4-84　对账结果

（3）单击【试算】按钮，可以对各科目类别余额进行试算平衡，显示试算平衡表，如图 4-85 所示。

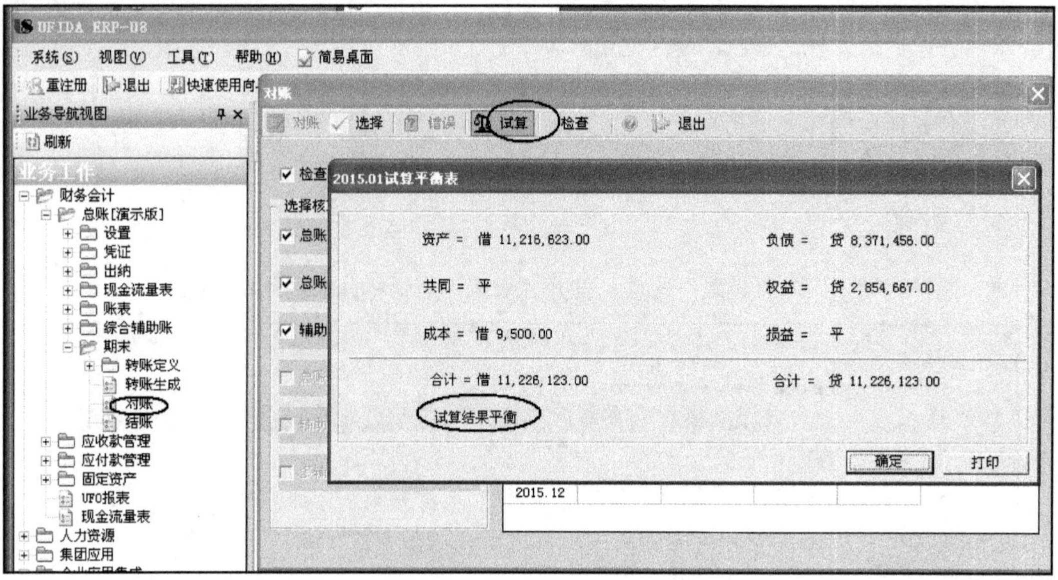

图 4-85　对账——试算平衡

（4）单击【检查】按钮，检查明细账、总账、辅助账自身的数据完整性及有效性，如图 4-86 所示。

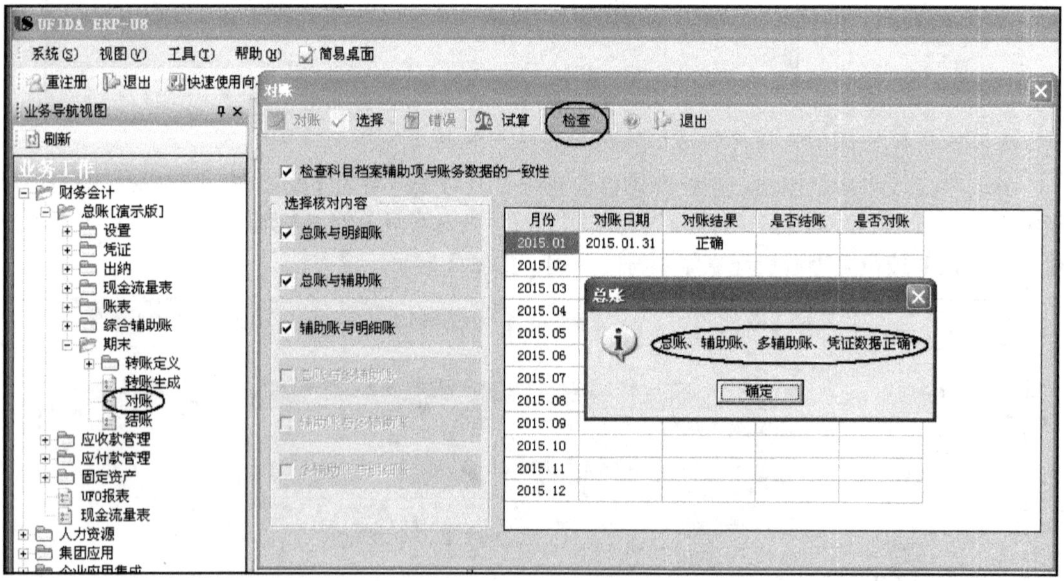

图 4-86　对账——检查

提示

当对账出现错误或记账有误时，系统允许使用“恢复记账前状态”功能，进行检查、修改，直到对账正确。

三、结账与反结账操作

以学生本人（账套主管）的身份登录企业应用平台，进行结账操作。

1. 结账

（1）选择“期末”→“结账”选项，打开“结账”向导，选择结账月份。单击要结账的月份，如图 4-87 所示。

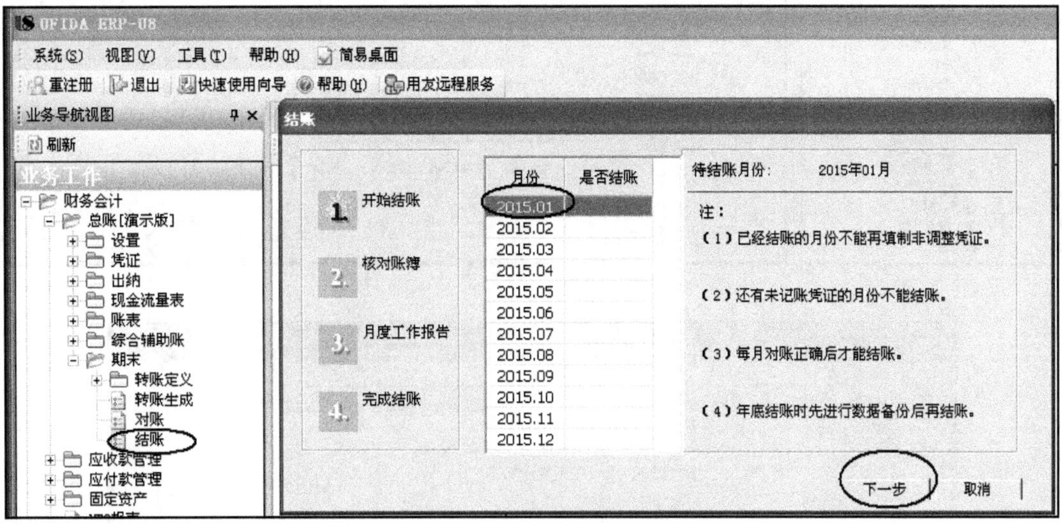

图 4-87　“结账”向导

（2）选择结账月份后单击【下一步】按钮，显示核对账簿。单击【对账】按钮，系统对要结账的月份进行账账核对，在对账过程中，可单击【停止】按钮中止对账，如图 4-88 所示。

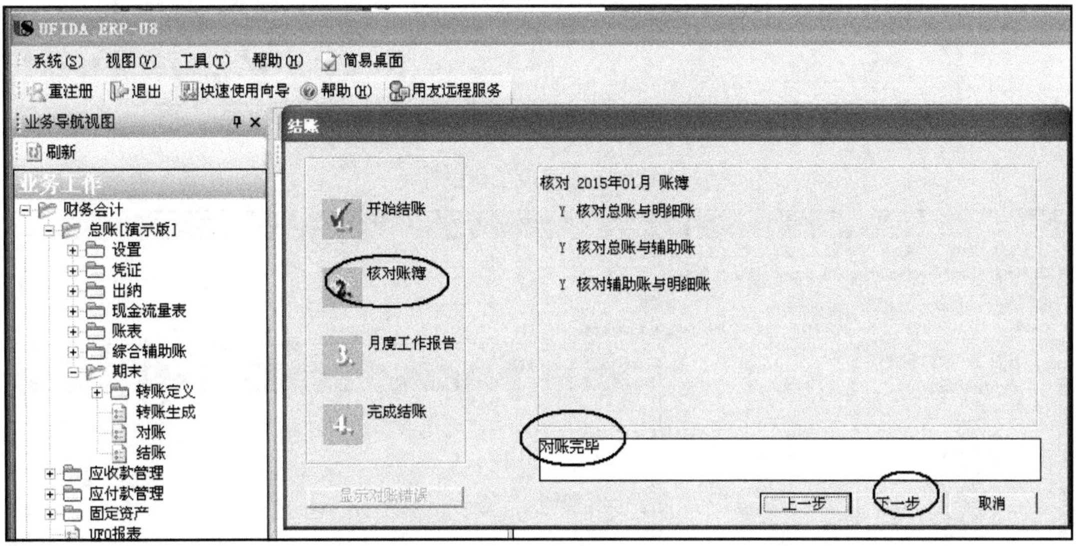

图 4-88　核对账簿

（3）对账完成后，单击【下一步】按钮，显示月度工作报告。若需打印，则单击【打印月度工作报告】按钮即可打印，如图 4-89 所示。

（4）查看工作报告后，单击【下一步】按钮，显示工作检查完成，可以结账。单击【结账】按钮，系统将进行结账，否则不予结账，如图 4-90 所示。

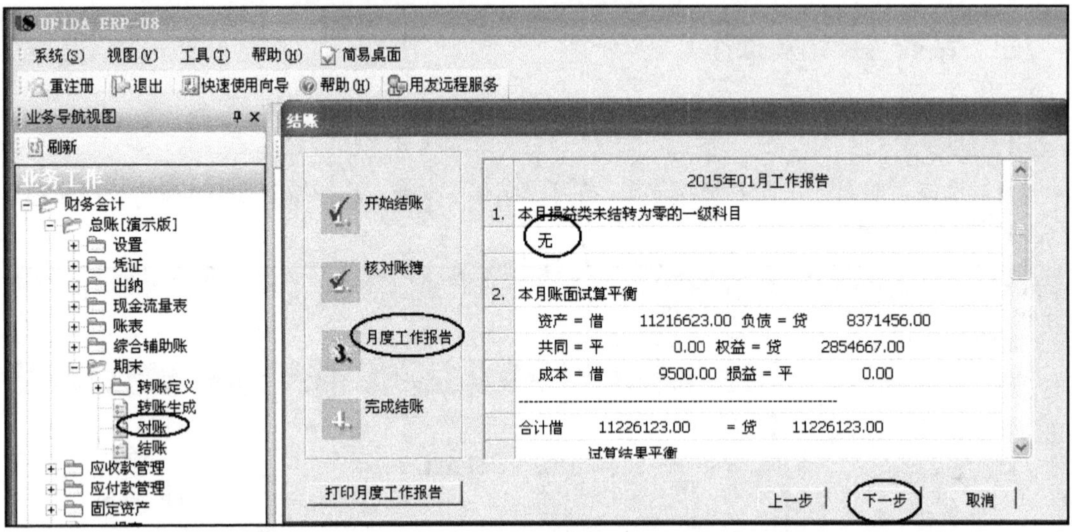

（a）

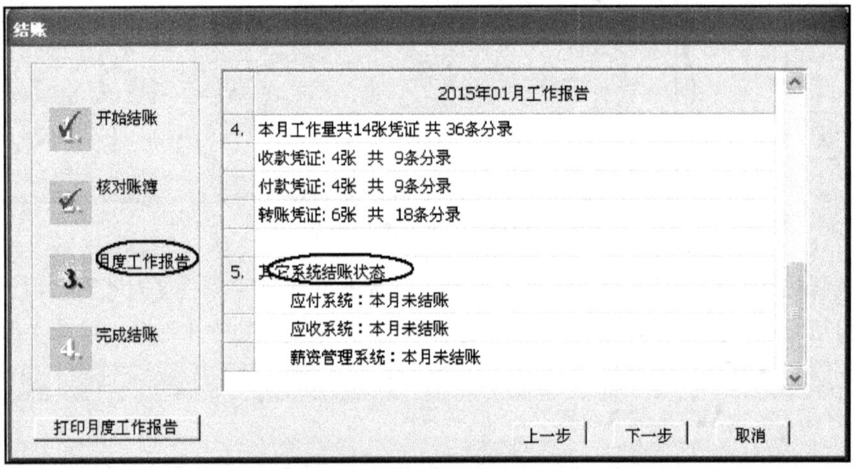

（b）

图 4-89　月度工作报告

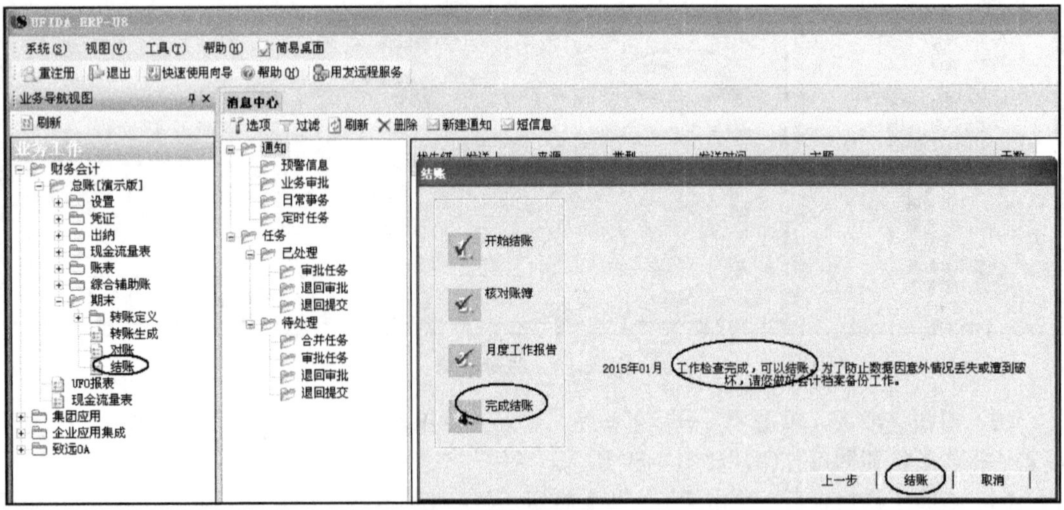

图 4-90　结账完毕

提示

从年度工作报告中可查看总账系统不能结账的可能原因：①损益类账户未结转为零；②有本月未记账的凭证；③期初余额试算不平衡；④其他子系统未结账；⑤上月未结账本月不能结账；⑥已结账月份不能再填制凭证。在结账的过程中，可以单击【取消】按钮取消正在进行的结账操作。

结账后，不能再录入这一会计期间的记账凭证或其他数据资料，也不能再进行记账。结账必须按月连续进行，且每月只能结账一次。

年终结账时，必须先进行数据备份或打印输出，以备操作出错时恢复至结账前状态。年终结账后，计算机会自动将年末余额结转到下年作为下年年初余额。

2. 反结账

（1）在“结账”向导中，选择要取消结账的月份，按【Ctrl+Shift+F6】组合键即可进行反结账，如图4-91所示。

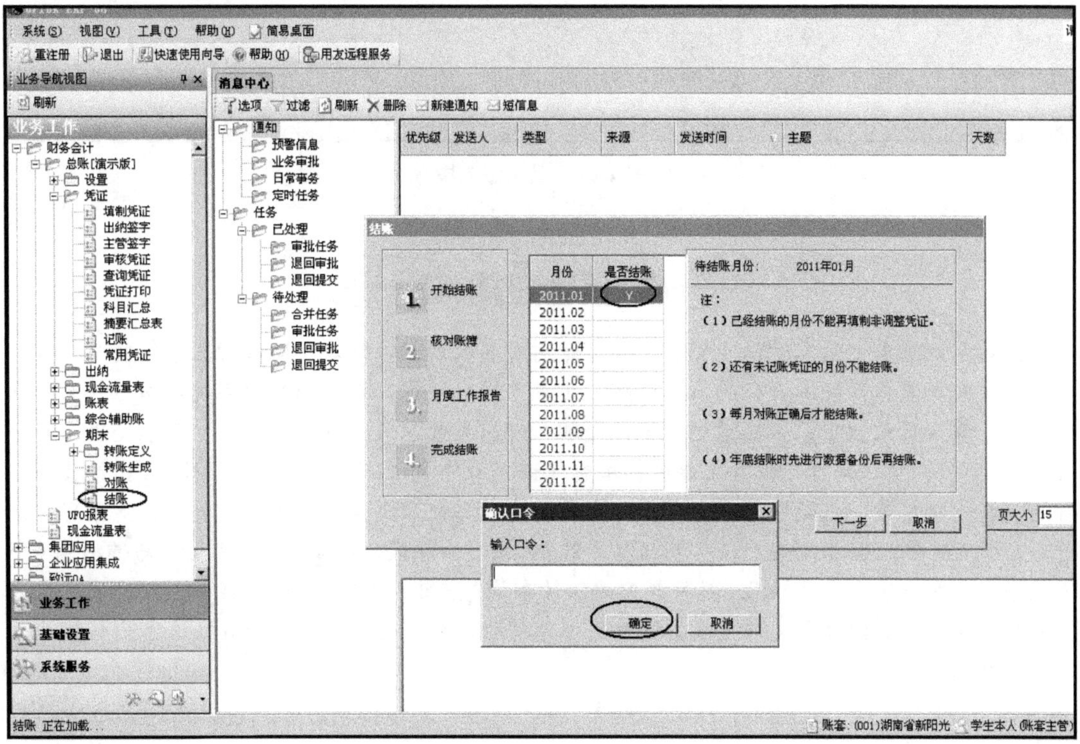

图4-91　取消结账

（2）在“结账”向导中，输入账套主管口令后，反结账完毕，如图4-92所示。

提示

反结账操作只能由账套主管执行。

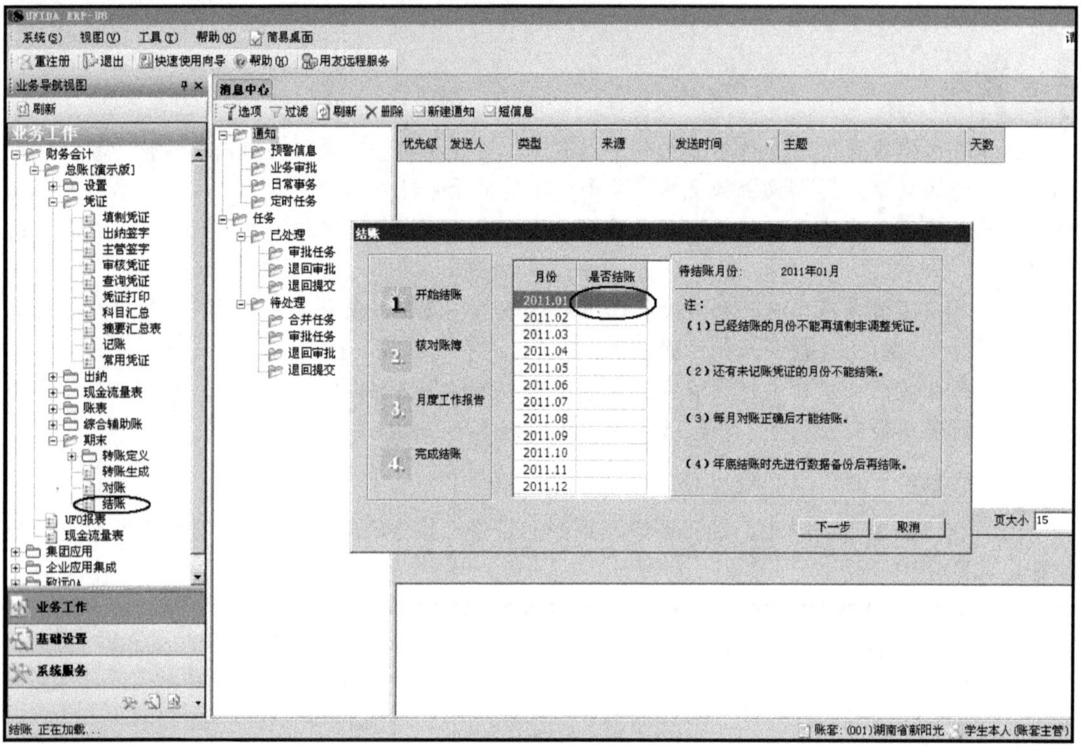

图 4-92　反结账完毕

项目总结

总账系统在整个用友软件 U872 中占有绝对重要的地位，它属于财务管理系统的一部分，而财务系统与其他系统成并行关系。总账系统既可独立运行，也可同其他系统协同运转。总账项目在电算会计过程中，主要通过“凭证处理”、“出纳管理”、“账表管理”、“期末处理” 4 个任务来实现。“凭证处理”任务主要包括填制凭证、审核凭证、修改凭证、记账；“出纳管理”任务包括出纳签字、出纳账（现金日记账、银行存款日记账及资金日报表）查询、支票登记簿管理、银行对账；“账表管理”任务包括科目账（总账、余额表、明细账和多栏账）与辅助账（个人往来、客户与供应商、部门、项目辅助账）的查询与输出；“期末处理”任务包括自动转账定义与生成（自定义结转定义与生成、销售成本结转账定义与生成、期间损益结转定义与生成）、对账与结账。

项目五 会计报表编制

学习目标

【知识目标】

1. 了解UFO报表系统的主要功能及操作流程，掌握UFO报表系统的基本概念。
2. 掌握固定报表和变动报表格式设计、公式编辑及图表处理等基本应用。
3. 理解报表管理功能，掌握报表模板的应用，编制不同会计报表。

【技能目标】

1. 具备编制自定义会计报表的能力。
2. 具备报表公式编辑和图表分析的能力。
3. 具备利用报表模板编制资产负债表、利润表和现金流量表的能力。

任务一　UFO报表日常应用

子任务一　固定报表格式设计

任务解析

本任务要求了解UFO报表系统的操作流程及主要功能，掌握UFO报表系统的基本要素。根据不同报表的格式定义要求不同，通过报表表尺寸、组合单元、表格画线、文字编辑、设置关键字等格式设计的操作方法，完成固定报表格式设计任务。

知识链接

会计报表是企业财务报告的主要部分，是企业向外传递会计信息的主要手段。它是根据日常会计核算资料为主要依据定期编制，综合反映企事业单位某一特定日期财务状况和某一会计期间经营成果、现金流量的总结性书面文件。企业实现电算会计后，根据总账系统及其他业务系统产生的会计数据，运用UFO报表系统完成会计报表的编制工作。

一、UFO报表系统的主要功能及操作流程

1. UFO报表系统的主要功能

（1）模板功能：提供34个不同行业的标准财务报表模板，编制不同行业不同会计报表编制。

同时，可根据需要自己制定会计报表模板。

（2）文件管理功能：对报表文件的创建、读取、保存和备份进行管理，提供了对各类文件的管理功能，能够进行不同文件格式的转换，如 Access 文件、MS Excel 文件、Lotus1-2-3 文件、文本文件、XML 格式文件、HTML 格式文件。并且提供了“导入”和“导出”功能，可以实现与其他流行财务软件之间的数据交换。

（3）格式管理功能：提供格式设计功能，可以进行报表尺寸、调整行高列宽、组合单元、表格边框、字体字号颜色等报表格式设计，满足各种报表编制的需要。

（4）数据处理功能：提供了数据排序、审核、舍位平衡、汇总功能，提供了种类丰富的函数，可以方便、迅速地定义计算公式，从不同的系统模块或多张相同格式的表页中提取数据，生成会计报表。

（5）图表管理功能：将数据表以图形的方式进行表示，方便数据的图形组织和分析，能够制作包括直方图、立体图、圆饼图、折线图等十多种分析图表。并通过采取“图文混排”的方式更加直观地展示数据。

（6）打印输出功能：提供了“所见即所得”和“打印预览”功能，可以随时观看报表或图形的打印效果。在报表打印时，可以根据需要进行选择性打印。

2. UFO 报表系统的操作流程

UFO 报表系统的基本操作流程如图 5-1 所示。

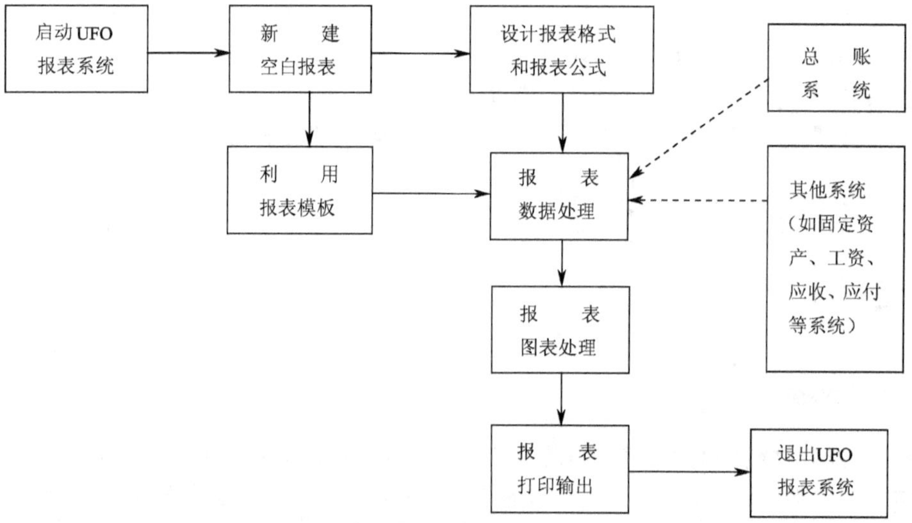

图 5-1 UFO 报表系统的基本操作流程

二、UFO 报表系统的基本概念

1. 格式状态和数据状态

UFO 报表系统将报表分为两种状态来处理：格式状态和数据状态，分别进行报表格式设计与报表数据处理工作。通过【格式/数据】状态按钮的选择来实现两种不同状态的切换。

（1）格式状态。设计报表格式，如表尺寸、行高列宽、组合单元、单元属性、关键字、可变区等，定义报表的单元公式（计算公式）、审核公式、舍位平衡公式。在格式状态下所进行的操作对本报表所有的表页都发生作用，并且此状态下所看到的只是报表的格式，不能进行数据的录入、计算等操作，报表的数据全部都隐藏了。

（2）数据状态。管理报表的数据，如输入数据、增加或删除表页、排序、审核、舍位平衡、制作图表、汇总、合并报表等。在数据状态下不能修改报表的格式，但能看到报表的全部内容，包括格式和数据。

2. 单元及单元属性

报表中由表行和表列确定的方格称为单元，是组成报表的最小单位。每个单元都可用一个名字来标志，称为单元名称。单元名称用所在行、列标识，行号用数字 1～9999 表示，列标用字母 A～IU 表示，如 B6 表示第 2 列第 6 行的单元。

单元属性主要是指单元类型、数字格式、文字设置、对齐方式和边框线等。设置好每一个单元的属性是设计好一个报表的关键。

单元类型分为数值单元、字符单元、表样单元 3 种。

（1）数值单元：用于存放报表数据，在数据状态下输入。数值单元的内容是 15 位有效数字，数字可以直接输入或由单元中存放的单元公式运算生成。建立一个新表时，所有单元的单元类型均默认为数值型。

（2）字符单元：用于存放报表数据，在数据状态或格式状态下均可输入，字符单元的内容可以是汉字、字母、数字及各种键盘可输入的符号组成的一串字符。一个单元中最多可输入 63 个字符或 31 个汉字。

（3）表样单元：用于存放报表格式，在格式状态下输入和修改，是定义一个没有数据的空表所需的所有文字、符号或数字。一旦单元被定义为表样，那么在其中输入的内容对所有表页都有效。

3. 区域与组合单元

区域由一张表页上的一组单元组成，自起点单元至终点单元是一个完整的长方形矩阵。最大的区域是表页中的所有单元（即整个表页），最小的区域是一个单元，如从 A3 到 D7 的长方形区域表示“A3:D7”。

组合单元由相邻的两个或更多的单元组成，这些单元必须是同一种单元类型（表样、数值、字符），在处理报表时将组合单元视为一个单元。可以组合同一行相邻的几个单元，可以组合同一列相邻的几个单元，也可以把一个多行多列的平面区域设为一个组合单元。组合单元的名称可以用区域的名称或区域中的单元的名称来表示。例如，把 A2 到 D3 定义为一个组合单元，这个组合单元可以用“A2”、“D3”、或“A2:D3”表示。

4. 表页

一个 UFO 报表最多可容纳 99999 张表页，每一张表页由许多单元组成。一个报表中的所有表页具有相同的格式，但其中的数据不同。表页在报表中的序号在表页下方以标签形式出现，称为“页标”。页标可以用“第 1 页”～“第 99999 页”表示。在表达式中表页以“@<表页号>”的形式来标识，如“@3”表示当前表的第 3 页。

5. 关键字

关键字是游离于单元之外的特殊数据单元，可以唯一标识一个表页，用于在大量表页中快速选择表页，其实质就是一个取值函数。

关键字的显示位置在格式状态下设置，关键字的值则在数据状态下录入，每个报表可以定义多个关键字。作为一个标识，它主要包括单位名称、单位编号、年、季、月、日 6 种。除此之外，为了满足需要，UFO 还有自定义关键字功能，在实际工作中可以根据具体情况灵活运用这些关键字。

6. 固定区及可变区

固定区是组成一个区域的行数和列数的数量是固定的数目。一旦设定好以后，在固定区域内其单元总数是不变的。

可变区是屏幕显示一个区域的行数或列数是不固定的数字，可变区的最大行数或最大列数是在格式设计中设定的。在一个报表中只能设置一个可变区，或是行可变区或是列可变区。行可变区是指可变区中的行数是可变的；列可变区是指可变区中的列数是可变的。设置可变区后，屏幕只显示可变区的第一行或第一列，其他可变行列隐藏在表体内。在以后的数据操作中，可变行列数随着需要而增减。

有可变区的报表称为可变表。没有可变区的报表称为固定表。

7. 筛选

筛选是在执行 UFO 的命令或函数时，根据用户指定的筛选条件，对报表中每一个表页或每一个可变行（列）进行判断，只处理符合筛选条件的表页或可变行（列）。

筛选条件分为表页筛选条件和可变区筛选条件。表页筛选条件指定要处理的表页；可变区筛选条件指定要处理的可变行或可变列。

8. 关联

UFO 报表中的数据有着特殊的经济含义，因此报表数据不是孤立存在的，一张报表中不同表页的数据或多个报表中的数据可能存在着这样或那样的经济关系或勾稽关系，要根据这种对应关系找到相关联的数据进行引用，就需要定义关联条件。UFO 在多个报表之间操作时，主要通过关联条件来实现数据组织。

三、固定报表格式设计

UFO 报表具有强大的格式管理功能。用户可根据需要自行设计报表格式，采用一次设置，长期有效的工作方式，可实现整个报表中的所有表页格式都是相同的。

固定报表是指报表行数和列数的数量固定不变，在格式状态下设计。主要包括设置表尺寸、定义行高和列宽、区域画线、设置单元属性、设置单元风格、定义组合单元、设置关键字等。

1. 设置表尺寸

设置表尺寸主要是设置报表的行数和列数，定义报表的大小。

2. 区域画线

一般情况下，报表输出时是没有任何表格线的。为了满足查询和打印的需要，在选定的目标区域画上表格线。

3. 设置单元属性和单元风格

设置单元属性和单元风格即对单元类型、数据格式、对齐方式、字体、字号、颜色及边框样式等内容的设置，其中单元类型在新建报表时都是系统默认的，也可根据用户的需要重新设置。

4. 定义组合单元

组合单元是把几个单元作为一个单元来使用，所有针对单元的操作对组合单元均有效。一般是为了录入标题、编制单位、日期及货币单位等在一个单元可能容纳不下的信息而定义的。

5. 设置关键字

关键字主要用于报表取数。主要包括单位名称、单位编号、年、月、日、季及自定义关键字，用户可自行设置，且设置合适的关键字是决定一张报表取数正确与否的关键。

任务实施

沿用新阳光有限公司的账套。自定义报表格式——设计如下货币资金表。

单位名称：新阳光有限公司	2015 年 1 月 31 日		单位：元
会计科目	行次	期初数	期末数
库存现金	1		
银行存款	2		
其他货币资金	3		
合计			

制表人：学生本人

一、UFO 报表系统的启动与注册

以学生本人的身份登录企业应用平台，启动 UFO 报表系统，进入 UFO 报表系统。

（1）执行“开始”→“程序”→“用友 ERP-U872”→“企业应用平台”命令，打开“登录”对话框，如图 5-2 所示。

图 5-2　“登录”对话框

（2）选择服务器，以学生本人（111）的身份，显示登录的账套号，录入 2011-1-31 操作日期，单击【确定】按钮，进入企业应用平台，选择“业务工作”→“财务会计”→“UFO 报表”，进入“UFO 报表”窗口，如图 5-3 所示。

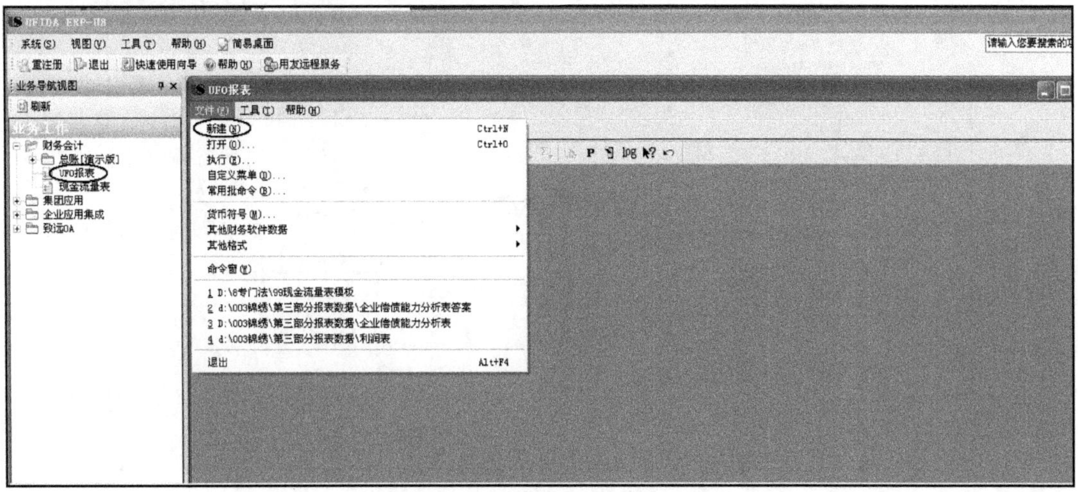

图 5-3　启动“UFO 报表”

二、固定报表格式设计

固定报表格式包括设置表尺寸、定义行高和列宽、画表格线、设置单元属性、设置单元风格、定义组合单元、设置关键字等。

（1）进入“UFO 报表”窗口，创建一张空表，单击【格式/数据】切换按钮，进入操作界面，如图 5-4 所示。

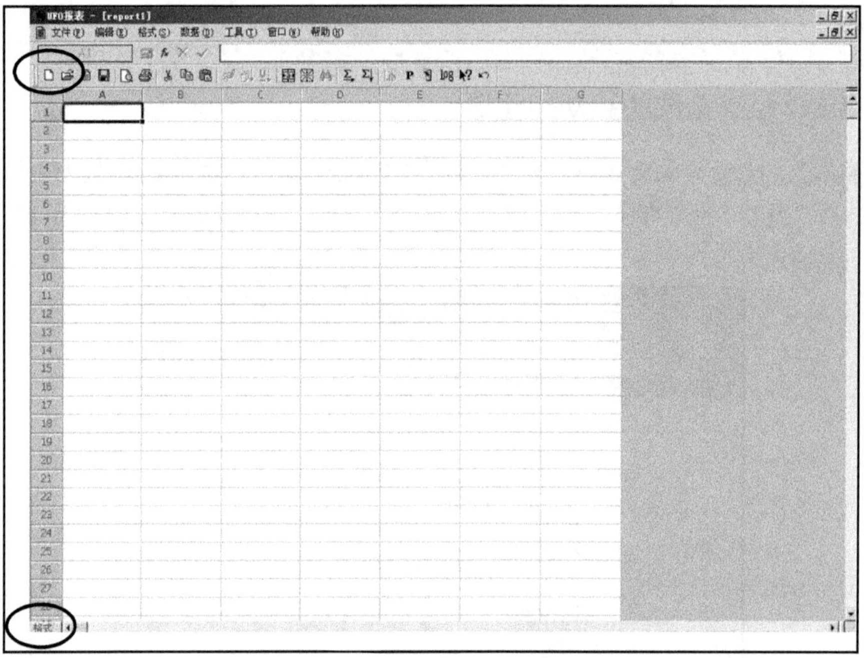

图 5-4 “UFO 报表”窗口

（2）执行“格式”→“表尺寸”命令，打开“表尺寸”对话框，设置货币资金表的表尺寸为“行数”“8”，“列数”“4”，单击【确认】按钮，如图 5-5 所示。

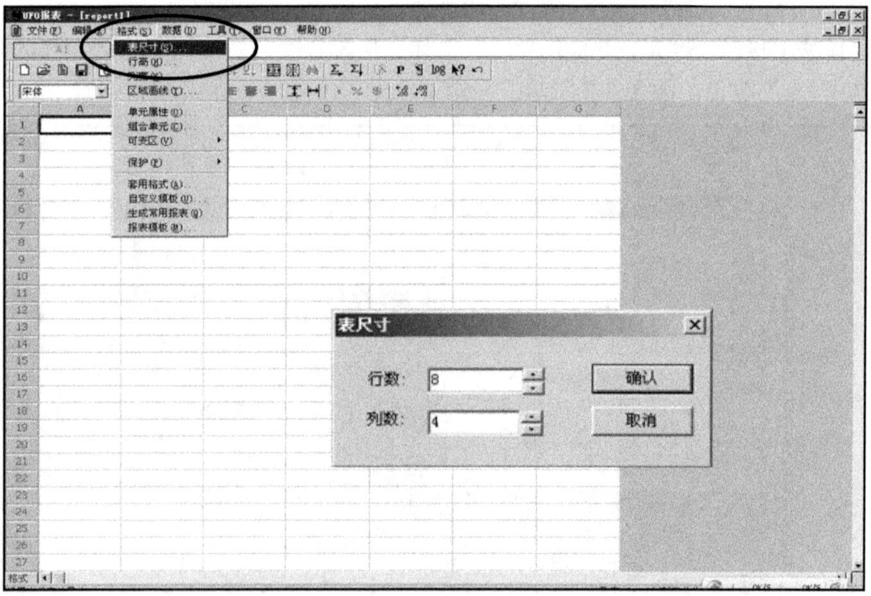

图 5-5 设置表尺寸

（3）选择所有单元，执行“格式”→“行高”命令，打开“行高”对话框，设置货币资金表的行高为“15”，单击【确认】按钮；执行“格式”→“列宽”命令，打开“列宽”对话框，设置货币资金表的列宽为“38”，单击【确认】按钮，如图5-6所示。

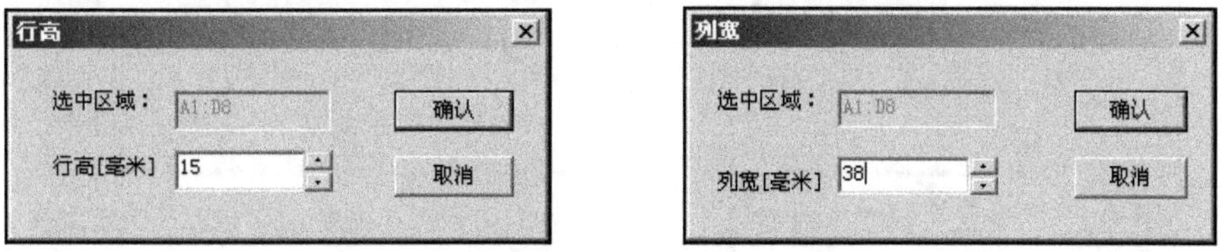

图5-6　“行高”和“列宽”对话框

（4）选择第1行，执行“格式”→“组合单元”命令，打开“组合单元”对话框，单击【整体组合】按钮；以此类推，合并第2行、第8行；选择“A3:D7”区域，执行“格式”→“区域画线”命令，打开“区域画线”对话框，选中“网线”单选按钮，单击【确认】按钮，如图5-7所示。

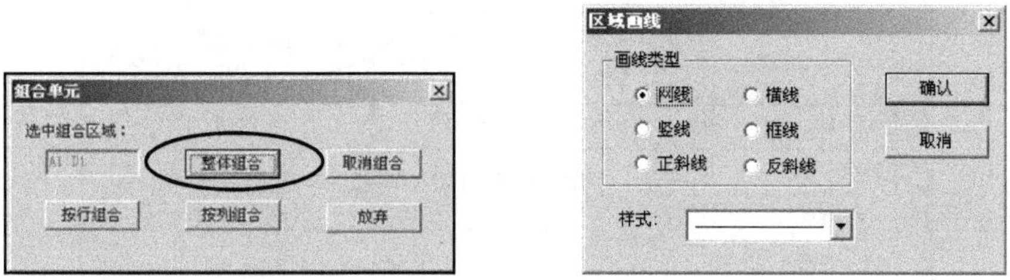

图5-7　“组合单元”和“区域画线”对话框

（5）录入文字，执行“格式”→“单元属性”命令，打开“单元格属性”对话框，选择“字体图案”选项卡，设置字体、字号（标题文字设置为“黑体”，“26”；其他文字设置为“黑体”，“16”）；选择“对齐”选项卡，设置对齐方式（除第2、第8行是垂直居下外，其他全部是水平居中、垂直居中），单击【确定】按钮，如图5-8所示。

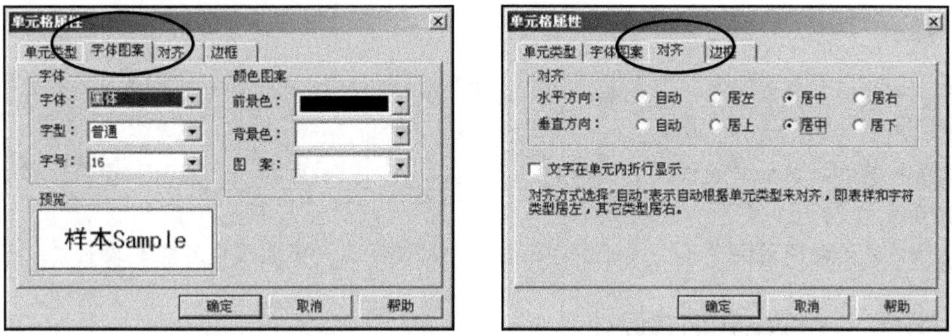

图5-8　“字体图案”和“对齐”选项卡

（6）选择第2行，执行“数据”→“关键字”→“设置”命令，打开“设置关键字”对话框，选中“单位名称”单选按钮，单击【确定】按钮。以此类推，再依次选中“年”、“月”、“日”单选按钮，如图5-9所示。

（7）选择第2行，执行“数据”→“关键字”→“偏移”命令，打开“定义关键字偏移”对话框，设置“年”为“-150”；“月”为“-110”；“日”为“-60”，单击【确定】按钮，如图5-10所示。（注：向左偏移为负数，向右偏移为正数）

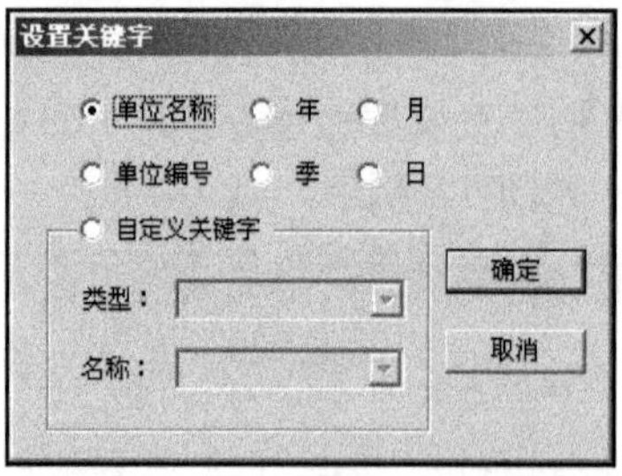

图 5-9 “设置关键字”对话框

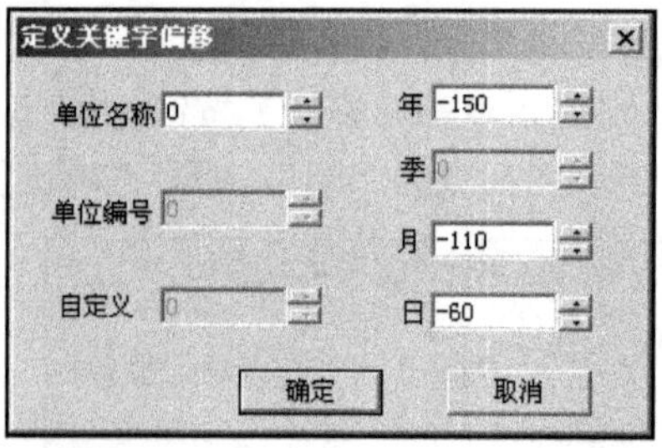

图 5-10 “定义关键字偏移”对话框

（8）保存报表。执行“文件”→“保存”命令，打开“另存为”对话框，选择保存位置，输入文件名“货币资金表”，选择文件类型为“ .rep 报表文件”，单击【确定】按钮，如图 5-11 所示。

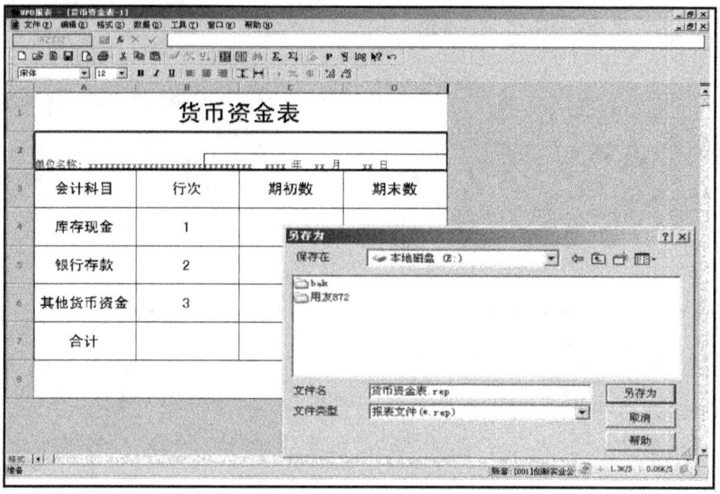

图 5-11 保存报表

提示

报表新建时，所有单元的单元属性均默认为“数值”单元。但在格式状态下输入内容后，单元属性则默认为“表样”单元。

如果关键字的位置设置错误，可以执行“数据”→“关键字”→“取消”命令，取消后再重新设置。

每张报表可以同时定义多个关键字，但每一个关键字在一张表页中只能定义一次。

子任务二 变动表格式设计

任务解析

本任务主要介绍可变动表的含义，理解变动表与固定表的区别，在固定报表格式设计的基础上，掌握变动表格式设计的方法。

知识链接

一般来说，企业常用报表的格式比较固定，即使有变化，也可以通过修改固定表来实现。

这里的可变表不是指固定表格式的变化，而是指那些行数或列数不固定，随实际需要变动的表。这些变动的行数和列数所组成的区域，称为可变区。即可变区是屏幕显示一个区域的行数或列数是不固定的数字，可变区的最大行数或最大列数是在格式设计中设定的。在一个报表中只能设置一个可变区，或是行可变区或是列可变区，行可变区是指可变区中的行数是可变的；列可变区是指可变区中的列数是可变的。设置可变区后，屏幕只显示可变区的第一行或第一列，其他可变行列隐藏在表体内。在以后的数据操作中，可变行列数随着需要而增减。

任务实施

沿用新阳光有限公司的账套。根据如下资料完成变动表的格式设计。

新阳光有限公司 4 月、5 月销售的产品有 3 种：A 产品、B 产品、C 产品。为考核各种产品的获利能力，设计了产品销售情况表。

单位：元

产品名称	4 月销售收入	4 月销售成本	5 月销售收入	5 月销售成本
A 产品	350 000	270 000	420 000	323 000
B 产品	180 000	140 000	170 000	130 000
C 产品	220 000	170 000	200 000	153 800
合　计	750 000	580 000	790 000	606 800

在表中产品的品种是可以变化的，假定在 2015 年度新阳光有限公司预计最多可以销售 10 种产品（包括 A 产品、B 产品、C 产品 3 种产品）。设计一个产品销售毛利分析表，如下表 5-2 所示。各种产品的销售收入和销售成本均根据实际发生数填列；每种产品的销售毛利是该种产品收入减去各项费用的结果。

产品销售毛利分析表

单位名称：　　　　　　　　年　　月　　　　　　　　单位：元

产品名称	销售收入	销售成本	销售毛利
合　　计			

制表人：学生本人

变动报表格式设计

（1）以学生本人的身份登录企业应用平台，进入“UFO 报表”窗口。

（2）制作表体。操作方法同固定报表格式设计。完成格式设计的效果如图 5-12 所示。

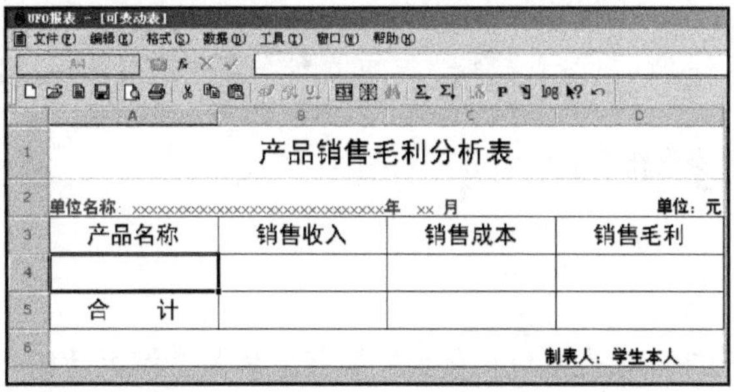

图 5-12　格式设计完成后的“产品销售毛利分析表”

（3）定义可变区。选择 A4 单元，执行“格式”→“可变区”→“设置”命令，打开“设置可变区”对话框，选中“行可变”单选按钮，输入数量“10”，单击【确定】按钮，如图 5-13 所示（注：第 4 行的行标以红色字体显示，第 5 行的行标变成 14）。

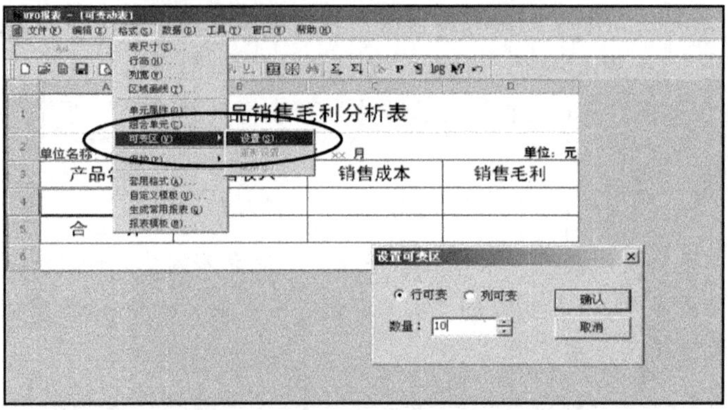

图 5-13 “设置可变区”对话框

（4）选择 A4 单元，执行“格式”→“单元属性”命令，打开“单元格属性”对话框，选择“单元类型”选项卡，选择“字符”单元类型，单击【确定】按钮，如图 5-14 所示。

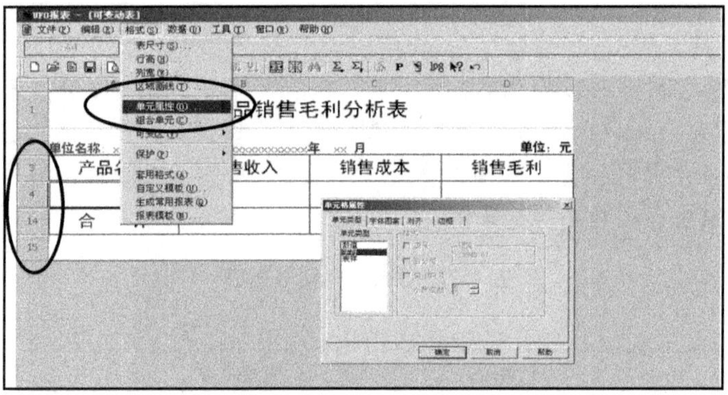

图 5-14 单元格属性

（5）保存报表。执行“文件”→“保存”命令，打开“另存为”对话框，选择保存位置，录入文件名“产品销售毛利分析表”，选择文件类型“.rep”，单击【确定】按钮。后续操作详见下节子任务 3。

提示

一个报表只能定义一个可变区。如果想重新设置可变区，首先取消现有可变区，再设置新的可变区。

设置可变区应注意，可变区的开始行列不能含有表样单元。

可变区数据增多时预留的行数或列数，只有在行或列中有数据时才显示出来。

子任务三 报表模板的应用

任务解析

本任务主要是通过 UFO 报表系统提供的不同行业的报表模板功能，从总账管理系统中取得有关的会计数据，自动编制资产负债表和利润表。重点掌握报表模板的应用。同时还要掌握表页管理，理解报表输出方式。

知识链接

一、会计报表模板

目前 UFO 报表系统提供了多个行业的标准财务报表模板，包括最新的《现金流量表》，既有自定义模板，又有根据单位的实际需要定制的模板。

1. 报表模板

最常用的是编制资产负债表和利润表模板。选择任一种报表模板即建立一张标准格式的会计报表。用户可以根据自己的实际情况进行修改，从而最大限度地减轻用户编制报表的工作量。

2. 自定义报表模板

自定义报表模板即内部报表模板，主要需要定义报表的所属行业及报表名称。用户可根据本行业、本单位的实际特征，增加或删除各行业及其内置的模板。

二、表页管理

在现实的会计报表运用过程中，每期的会计报表所依据的报表格式和计算公式基本一致，只是会计期间有所不同而已。为了便于用户的阅读和取数，通常将那些不同期间、相同类型的会计报表叠放在同一报表文件中，形成一个三维表来进行管理。同时，表页数和表页内容会随着会计期间的增加而不断增加。对表页的管理也就构成了日常报表管理的重要内容。

1. 增加表页

在 UFO 报表系统中增加表页有插入表页和追加表页两种方式，插入表页是指在当前表页前面增加新的表页；追加表页是指在最后一张表页后面增加新的表页。新增表页操作是在数据状态下进行的，并自动沿用格式状态下设计的报表格式，通过直接录入关键字即可显示报表数据。常用于相同类型，不同期间的会计报表。

2. 表页重算

当完成报表的格式设计并完成关键字的录入之后，便可以计算指定账套并指定报表时间的报表数据了。表页重算即按指令重新演算，是在数据状态下进行的。

3. 删除表页

删除表页是指将报表文件中的某张或多张表页从报表文件中删除。删除表页的类型有两种：一种是直接录入表页号进行删除；另一种是录入删除条件进行删除。在 UFO 报表系统中，删除表页是在数据状态下进行的，被删除的数据不能恢复。

4. 表页排序

表页排序是指按照一定的规则对报表文件中的表页进行排序整理，在“数据”状态下进行，可以按照关键字的值或按报表中任何一个单元的值重新排列表页。

三、数据透视

在 UFO 报表系统中，正常情况下只能看到一张表页。利用数据透视功能可以对各个表页的数据进行对比分析，把多张表页的多个区域的数据显示在一张报表中。

四、数据汇总

报表数据汇总是指对不同形式的报表数据按要求进行叠加、汇总到一张报表中的过程，可分为表页汇总和可变区汇总两种汇总方式。

1. 表页汇总

表页汇总是把整个报表的数据进行立体方向的叠加，汇总数据可以存放在本报表的最后一张表页或生成一个新的汇总报表。汇总时既可以汇总报表中所有的表页，也可以只汇总符合指定条件的表页。

2. 可变区汇总

可变区汇总是指将指定表页中的可变区数据进行平面方向的叠加，并把汇总数据存放在本可变区的最后一行或最后一列上。

五、会计报表输出

会计报表的输出形式一般包括屏幕查询、打印输出和磁盘输出等形式。

1. 屏幕查询

屏幕查询是 UFO 报表系统应用的一项重要内容。与手工方式下的会计报表查询相比，屏幕查询快速、方便、准确。可以对当前正在编制的报表予以查询，也可以对历史的报表进行迅速有效的查询。

2. 打印输出

打印输出是指以纸介质的形式打印输出。打印输出是将报表进行保存、报送有关部门而不可缺少的一种报表输出方式。UFO 报表系统提供了不同文件格式的输出方式，方便不同软件之间进行数据交换。包括：报表文件（*.rep）；文本文件（*.txt）；数据库文件（*.dbf）；Access 文件（*.mdb）；Excel 文件（*.xls）；Lotus1-2-3 文件（*.wk4）。

此外，将各种报表以文件的形式输出到磁盘上也是一种常用的方法。一般用于上报数据，会计档案保管等。

任务实施

沿用新阳光有限公司的账套。利用报表模板，编制新阳光有限公司 2015 年 1 月的资产负债表和利润表。假设新阳光有限公司已完成 2015 年 2 月的会计业务，并已结账，编制新阳光有限公司 2015 年 2 月的资产负债表。

一、编制资产负债表

（1）以学生本人（帐套主管）的身份登录企业应用平台，启动 UFO 报表系统。

（2）进入“UFO 报表”窗口，创建一张空表，单击【格式/数据】切换按钮，进入“格式”状态的操作界面。

（3）执行“格式”→“报表模板”命令，打开“报表模板”对话框，选择所在行业为“2007 年新会计制度科目”，财务报表为“资产负债表”，如图 5-15 所示。

（4）单击【确认】按钮，系统提示“模板格式覆盖本表格式！是否覆盖？”，单击【确认】按钮，系统调出 UFO 报表系统提供的资产负债表格式，如图 5-16 所示（注：若公式有默认，可以自行调整。如本模板中“未分配利润”、“存货”计算公式有缺省，应在相应单元公式中调增“本年利润”、“生产成本”等数据。）

（5）单击【格式/数据】切换按钮，进入“数据”状态操作界面。选择关键字所在单元，执行“格式”→“关键字”→“录入”命令，打开“录入关键字”对话框，在“年”、“月”、“日”文本框中依次录入“2015”、“1”、“31”。

（6）单击【确认】按钮，系统提示“是否要重算第 1 页”，单击【是】按钮，系统开始计算报表数据，计算完毕，如图 5-17 所示。

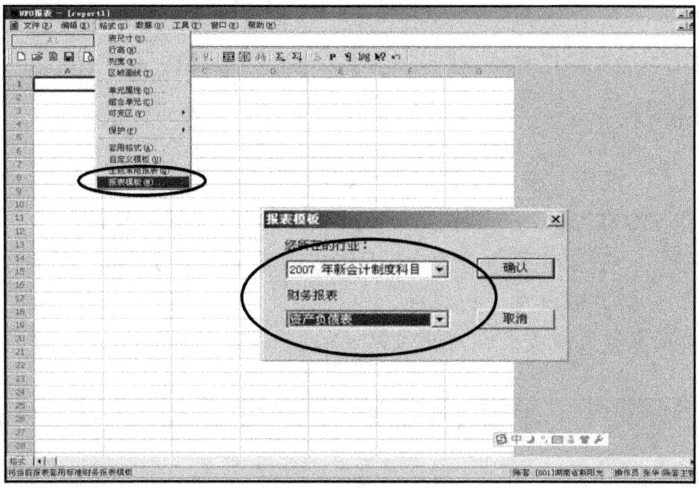

图 5-15　“报表模板”对话框

图 5-16　资产负债表模板

图 5-17　完成后的资产负债表

（7）保存报表。执行“文件”→“保存”命令，打开“另存为”对话框，选择保存位置，录入文件名“资产负债表”，选择文件类型“ .rep”（报表文件），或“.xls”（Excel 文件），单击【确定】按钮，即完成资产负债表的编制。

二、编制利润表

（1）以学生本人（帐套主管）的身份启动 UFO 报表系统，进入“UFO 报表”窗口，创建一张空表，单击【格式/数据】切换按钮，进入“格式”状态的操作界面。

（2）执行“格式”→“报表模板”命令，打开“报表模板”对话框，选择所在行业为“2007年新会计制度科目”，财务报表为“利润表”。

（3）参照“编制资产负债表”的方法按第（4）～（7）步的操作，完成利润表的编制，如图 5-18 所示。

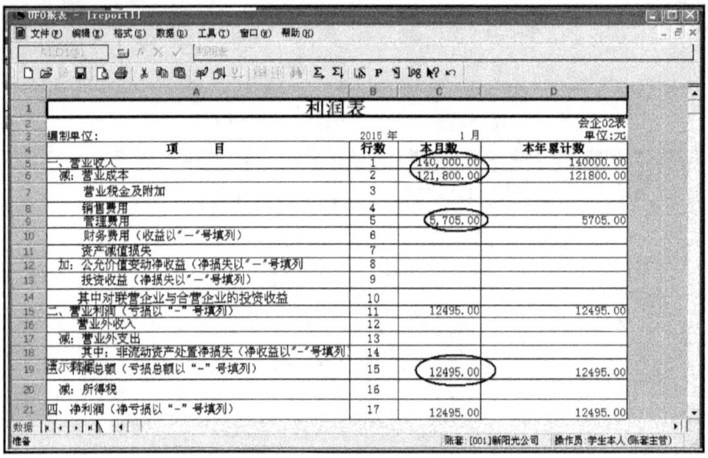

图 5-18　完成后的利润表

三、编制 2015 年 2 月的资产负债表

（1）以学生本人（帐套主管）的身份登录企业应用平台，启动 UFO 报表系统。进入“UFO 报表”窗口，打开 1 月生成的资产负债表。

（2）进入“数据”状态的操作界面，执行“编辑”→“追加”→“表页”命令，打开“追加表页”对话框，录入追加表页数“1”，单击【确认】按钮，如图 5-19 所示。

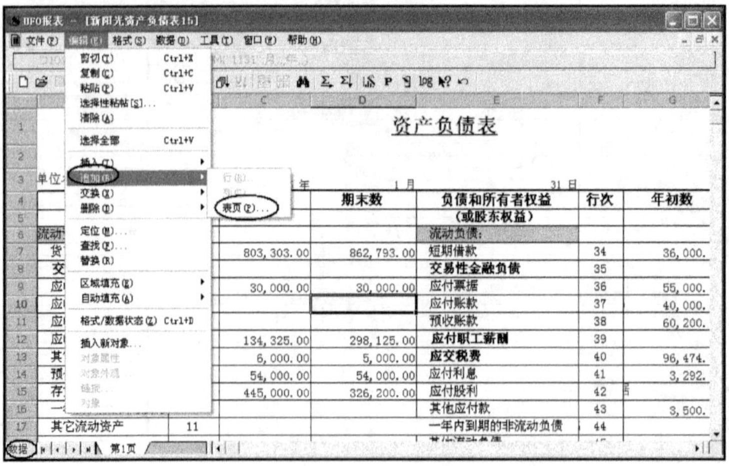

图 5-19　追加表页

（3）打开“第 2 页”表页，选择关键字所在单元，执行“格式”→“关键字”→“录入”命令，打开“录入关键字”对话框，在“年”、“月”、“日”文本框中依次录入“2015”、“2”、“28”。

（4）单击【确认】按钮，系统提示“是否要重算第 2 页”，单击【是】按钮，系统开始计算报表数据，计算完毕，显示 2 月的数据。

（5）保存报表。执行“文件”→“保存”命令。

（6）依次编制 2015 年 3～12 月的资产负债表，即在每月结账后重复前面的 5 个步骤，直接引用 1 月的资产负债表的公式。

提示

根据报表模板编制报表时，若公式有默认，可以自行调整。若在基础档案设置中有新增会计科目，则必须修改报表公式，在对应项目的报表公式中添加新增会计科目编码，以确保报表数据的正确性。

每月编制报表前首先应将当月业务处理完毕（既包括日常业务的处理也包括期末摊、提、结转业务的处理并结账），编制季度和年度报表也应按此原则处理。

任务二　公式编辑与图表处理

任务解析

本任务主要介绍 UFO 报表系统中计算公式、审核公式和舍位平衡公式的含义和作用，掌握报表公式定义的方法和步骤，认识报表公式的重要性。同时，理解图表处理的意义，解决如何将报表数据以图表的方式直观地反映出来，熟练掌握创建图表的操作方法。

知识链接

在 UFO 报表系统中，由于各种报表之间存在着密切的数据间的逻辑关系，因此报表中各种数据的采集、运算的勾稽关系的检测就用到了不同的公式。主要有计算公式、审核公式和舍位平衡公式。

一、报表公式编辑

报表公式指的是报表或报表数据单元的计算方法，用户可以有效地利用 UFO 报表系统提供的多种函数定义报表公式，由计算机自动根据已定义的报表公式自动从总账系统或其他业务系统中提取数据，并生成会计报表。正确合理地编辑报表公式能节约时间，提高工作效率。

报表公式可分为计算公式和非计算公式。计算公式即单元的取数和单纯的统计、计算公式。非计算公式包括审核公式、舍位平衡公式和图形公式等。

1．计算公式

计算公式可以直接定义在报表单元中，这样的公式称为单元公式。UFO 报表系统允许在报表中的每个数值型、字符型的单元内，写入代表一定运算关系的公式，用来建立表内各单元之间、报表与报表之间或报表系统与其他系统之间的运算关系。描述这些运算关系的表达式，称为单元公式。单元公式在格式状态下定义，在报表中选择要定义公式的单元，录入“=”，或在工具栏中单击【Fx】按钮，或执行“数据”→“编辑公式”命令可直接定义计算公式。账务取数函数的基本格式为函数名（“科目编码”,会计期间,[“方向”],[“账套号”],[会计年度],[“编码 1”],[“编码 2”]……）

参数说明如下。

（1）科目编码。也可以是科目名称，如果是科目名称，则不能重名，且必须用双引号将科目括起来。

（2）会计期间。可以是“年”、“季”、“月”变量，也可以是具体数字表示的年、季、月。

（3）方向。为科目的记账方向，如“借”或“贷”。

（4）账套号。为数字，默认时系统的默认数据来源为第一套账。

（5）编码 1｜编码 2。与科目编码的核算账类有关，可以取科目的辅助账，如部门编码、项目编码等；如无辅助核算则省略。

常用的账务取数函数如表 5-1 所示。

表 5-1　常用账务取数函数

函数名	中文函数名	函数定义
DFS	对方科目发生	取对方科目发生数
FS	发生	取某科目本期发生数
JE	净额	取某科目借、贷方发生净额
LFS	累计发生	取某科目累计发生额
QC	期初	取某科目期初数
QM	期末	取某科目期末数
SDFS	数量对方科目发生	取对方科目数量发生数
SFS	数量发生	取某科目本期数量发生数
SJE	数量净额	取某科目借、贷方数量发生净额
SLFS	数量累计发生	取某科目累计数量发生额
SQC	数量期初	取某科目数量期初数
SQM	数量期末	取某科目数量期末数

例如，在资产负债表中的“货币资金”期初数的单元录入公式：

=QC（"1001",月,,,,,）+QC（"1002",月,,,,,）+QC（"1012",月,,,,,）

其含义是：货币资金期初数的数值来源于账务系统默认账套中“库存现金”科目、“银行存款”科目和“其他货币资金”科目当月期初数之和。

总之，账务函数一般在编辑单元公式中运用，在使用编辑单元公式时，可以直接使用函数。如果不愿意记忆一连串的名字、参数、括号等复杂格式，可以单击【函数向导】按钮，在函数向导的指导下完成函数的设置。其他常用函数也可使用 UFO 的命令和程序编辑器录入函数名并直接使用。

2. 审核公式

审核公式是用以检查报表内及报表间表页数据的勾稽关系的公式。勾稽关系即在各类财会报表中数据间存在的某种对应关系。用户只需将报表数据之间的勾稽关系用审核公式表示出来，计算机即可按照审核公式定义的勾稽关系自动对报表进行审核。主要用于：报表数据来源定义完成后，审核报表的合法性；报表数据生成后，审核报表数据的正确性。审核公式格式为

〈表达式〉〈逻辑运算符〉〈表达式〉[MESS “说明信息”]

例如，货币资金表中 C7 单元为“期初货币资金合计”，D7 单元为“期末货币资金合计”，C4、C5、C6 分别为现金、银行存款、其他货币资金的期初余额，D4、D5、D6 分别为现金、银行存款、其他货币资金的期末余额，定义其审核公式为

C7=C4+C5+C6　MESS“期初货币资金合计数<>期初现金、银行存款及其他货币资金合计数”

D7=D4+D5+D6　MESS“期末货币资金合计数<>期末现金、银行存款及其他货币资金合计数”

3. 舍位平衡公式

在汇总报表时，各个报表的数据计量单位有可能不统一，则需要将报表的数据进行位数转换，如以“元”为单位的报表在上报时可能会转换为以“千元”或“万元”为单位的报表。由于报表数据进行进位，原来满足的平衡关系可能会被破坏，因此需要进行调整，使之符合指定的平衡公式。这种用于对报表数据舍位及重新调整报表舍位之后平衡关系的公式称为舍位平衡公式。定义舍位平衡公式需要指明舍位表名、舍位范围及舍位位数，并且必须录入。

二、图表处理

报表数据生成之后，为了对报表数据进行直观的分析和了解，方便对数据的对比、趋势和结构分析，可以利用图形对数据进行显示，使用户能够直观地得到数据的大小或变化情况。UFO报表系统提供了直方图、圆饼图、折线图、面积图等五大类共10种格式的图表。其是利用报表文件中的数据生成的，可以在图表窗口只以图表的存在，也可以以对象的方式插入到报表中。只有打开报表文件后，才能打开有关的图表。因此，它的存在依附于源数据所在的报表文件。

创建图表的基本步骤如下。

（1）选择创建图表所需的数据。

（2）插入图表对象，选择图形类型。

（3）根据系统提示生成图表。

任务实施

沿用新阳光有限公司的账套。完成报表系统以下任务。

1. 生成货币资金表

沿用子任务1的“货币资金表”，设定并录入报表公式，生成货币资金表数据，完成之后以原名保存。

2. 生成产品销售毛利分析表

沿用子任务2的“产品销售毛利分析表”，设定并录入“产品销售毛利分析表”中可变区统计函数公式，处理“产品销售毛利分析表”中的数据，完成之后以原名保存。

3. 货币资金表的图表处理

根据上面已完成的“货币资金表”，针对其报表数据创建立体成组直方图，进行图表处理。完成之后以“货币资金表——图表”为名保存。

一、生成货币资金表

（1）以学生本人（帐套主管）的身份登录企业应用平台，进入“UFO报表”窗口，打开1月已完成格式设计的货币资金表，如图5-20所示。

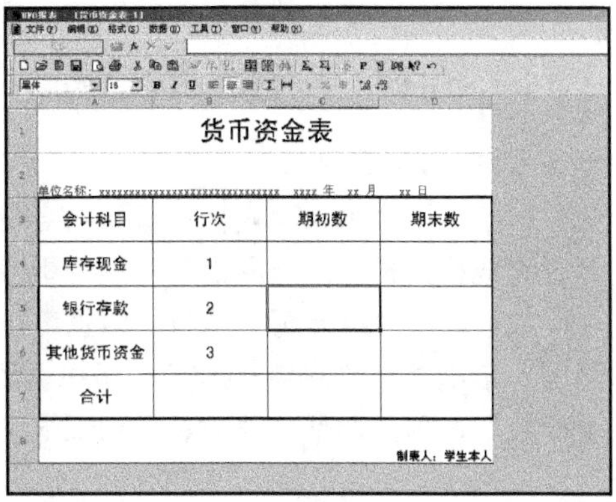

图5-20　“货币资金表”窗口

（2）单击【格式/数据】切换按钮，进入“格式”状态的操作界面，选择C4单元，执行“数据”→“编辑公式”→“单元公式”命令，进入“定义公式”界面，将报表项目“库存现金”的单元公式定义为“QC（“1001”,月,,,,,,,,）”，如图5-21所示（或键盘直接录入公式）。

（3）单击【函数向导】按钮，打开“函数向导”对话框，选择“函数分类”列表框中的“用友账务函数”选项，选择“函数名”列表框中的“期初（QC）”选项，单击【下一步】按钮，如图 5-22 所示。

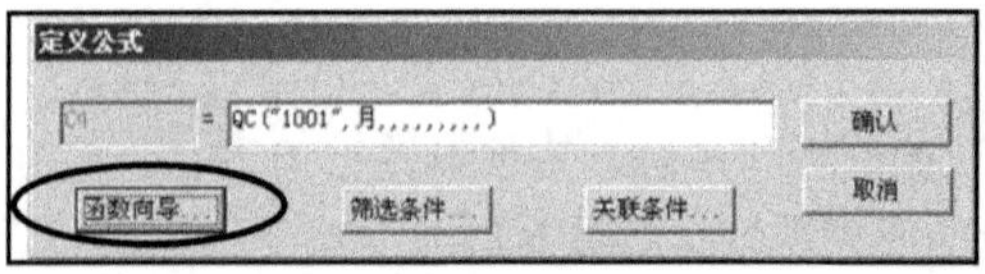

图 5-21 “定义公式”对话框

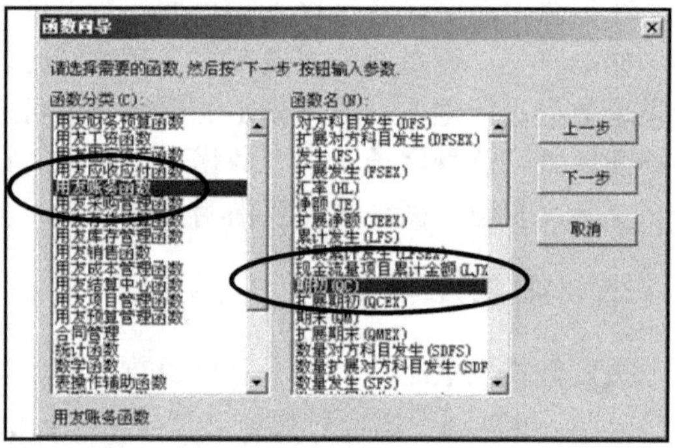

图 5-22 “函数向导”对话框

（4）单击【参照】按钮，打开“财务函数”对话框，依次选择：科目“1001”（库存现金），期间“月”，其他项目默认；单击【确定】按钮，完成账务函数的录入，如图 5-23 所示。以此类推，依次录入 C5、C6、C7、D4、D5、D6、D7 单元公式。

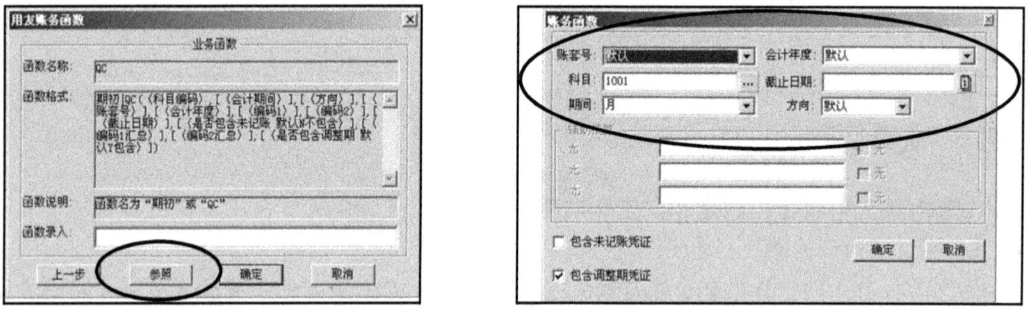

（a） （b）

图 5-23 “用友账务函数”对话框

（5）单击【格式/数据】切换按钮，进入“数据”状态的操作界面，执行“格式”→“关键字”→“录入”命令，打开“录入关键字”对话框，在“单位名称”、“年”、“月”、“日”文本框中依次录入“新阳光”、“2015”、“1”、“31”。

（6）单击【确定】按钮，系统提示“是否要重算第 1 页”，单击【是】按钮，系统开始计算报表数据，计算完毕，如图 5-24 所示。

（7）保存报表。执行“文件”→“保存”命令，即完成货币资金表的编制。

二、生成产品销售毛利分析表

1. 设置报表公式

（1）以学生本人（帐套主管）的身份登录企业应用平台，进入“UFO 报表”窗口，打开 4 月已完成格式设计的产品销售毛利分析表。

（2）选择 B14 单元，执行“数据”→“编辑公式”→“单元公式”命令，进入“定义公式”界面，单击【函数向导】按钮，打开“函数向导”对话框，选择“函数分类”列表框中的“统计函数”选项，选择“函数名”列表框中的“GTOTAL”选项，如图 5-25 所示。

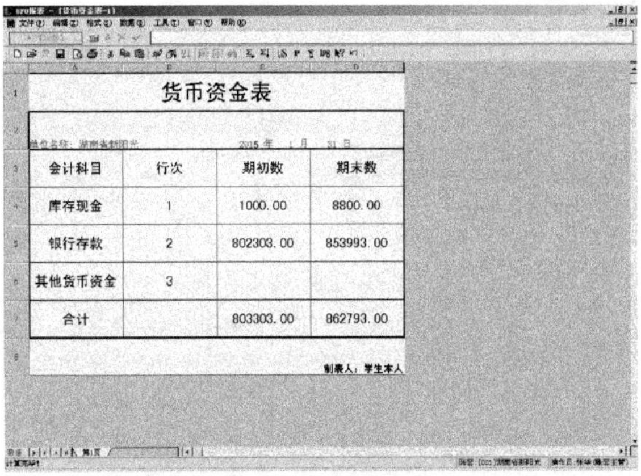

图 5-24　完成后的货币资金表

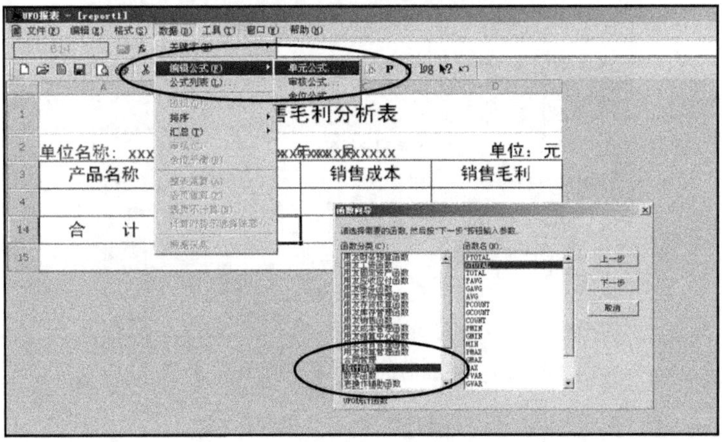

图 5-25　利用函数向导定义公式

（3）单击【下一步】按钮，打开“可变区统计函数”对话框，在“可变区字段单元”文本框中录入“b4:b13”，单击【确认】按钮，再单击【确认】按钮，如图 5-26 所示。同理定义 C14 和 D14 单元公式。

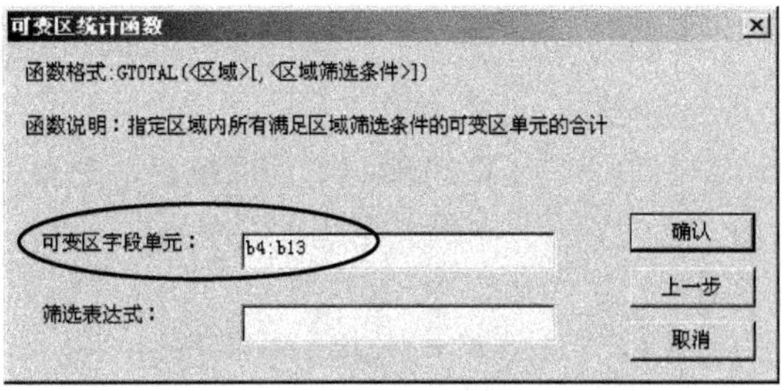

图 5-26　“可变区统计函数”对话框

2. **变动报表数据处理**

（1）单击【格式/数据】切换按钮，进入“数据”状态的操作界面，系统提示“是否重算第 1 页”，单击【是】按钮。选择关键字所在单元，执行“数据”→“关键字”→“录入”命令，打开“录入关键字”对话框，在“单位名称”、“年”、“月”文本框中依次录入“同创科技有限公司”、“2015”、“4”，如图 5-27 所示。

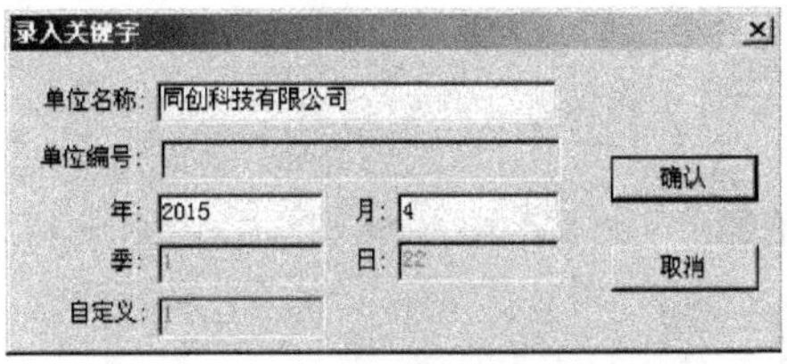

图 5-27　“录入关键字”对话框

（2）选择 A4 单元，执行“编辑”→“插入”→“行”命令，打开“插入行”对话框，输入插入行数量“2”，如图 5-28 所示，单击【确认】按钮，屏幕上增加了两行，行标分别是“5”和“6”。

（3）依次在第 4～6 行各单元输入数据，系统自动计算，完成变动报表——产品销售毛利分析表的编制，如图 5-29 所示。

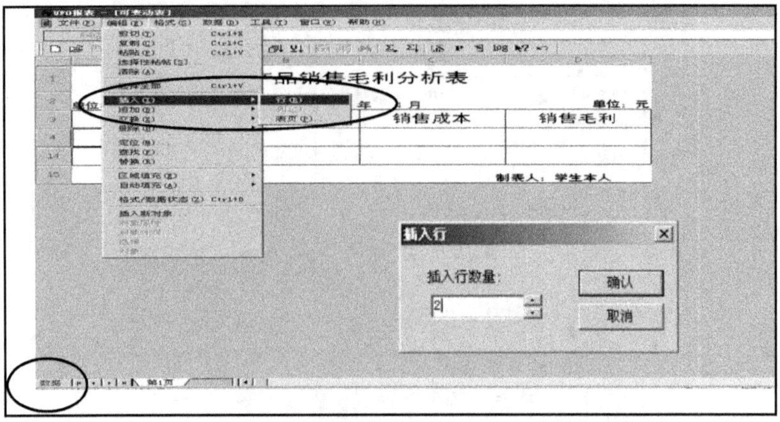

图 5-28 “插入行”对话框

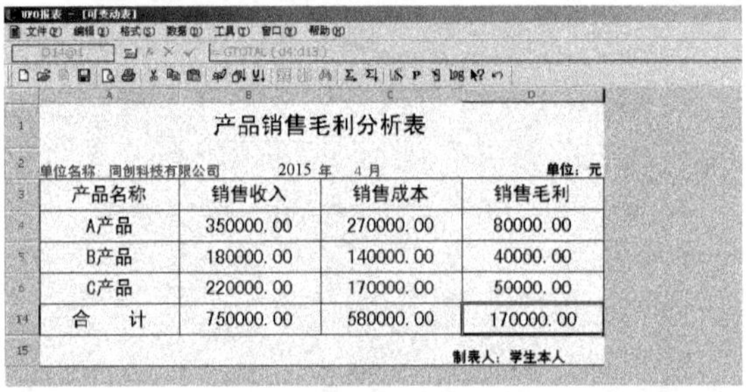
产品销售毛利分析表

单位名称 同创科技有限公司 2015 年 4 月 单位：元

产品名称	销售收入	销售成本	销售毛利
A产品	350000.00	270000.00	80000.00
B产品	180000.00	140000.00	40000.00
C产品	220000.00	170000.00	50000.00
合　计	750000.00	580000.00	170000.00

制表人：学生本人

图 5-29 完成后的产品销售毛利分析表

（4）保存报表。执行“文件”→“保存”命令，保存文件。

三、货币资金表的图表处理

（1）以学生本人（账套主管）的身份启动 UFO 报表系统，进入“UFO”报表窗口，打开 1 月已完成的货币资金表。

（2）单击【格式/数据】切换按钮，进入“格式”状态的操作界面，执行“编辑”→“追加”→“行”命令，打开“追加行”对话框，输入追加行数量“15”，单击【确认】按钮，如图 5-30 所示。

（3）单击【格式/数据】切换按钮，进入“数据”状态的操作界面，选择 A3∶D7 区域，执行“工具”→“插入图表对象”命令，打开“区域作图”对话框，选择“立体成组直方图”选项，单击【确认】按钮，如图 5-31 所示。

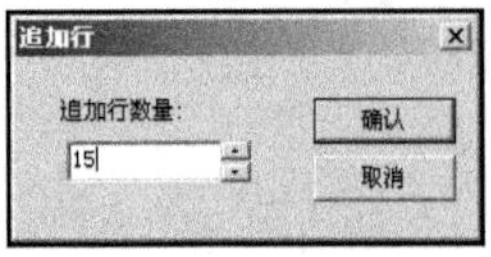

图 5-30 “追加行”对话框

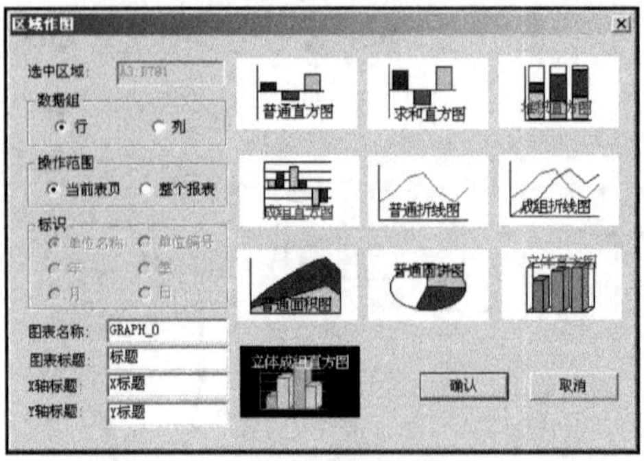

图 5-31 “区域作图”对话框

（4）保存报表。执行“文件”→“另存为”命令，打开“另存为”对话框，选择保存位置，输入文件名“货币资金表——图表”，选择文件类型“.rep”，单击【确定】按钮，完成后的货币资金表——图表如图 5-32 所示。

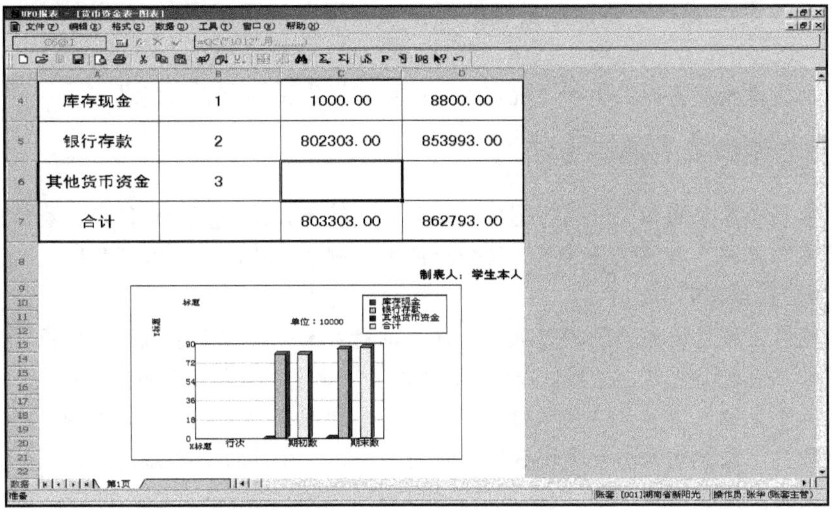

图 5-32　货币资金表——图表

提示

在输入单元公式时，凡是涉及数学符号和标点符号的均须输入英文半角字符，否则系统将认为公式输入错误而不能被保存。

审核公式在格式状态下编辑，在数据状态下执行。

任务三　现金流量表的编制

任务解析

本任务主要是理解编制现金流量表的目的和作用，掌握现金流量表的两种编制方法，即使用项目核算法和使用专门现金流量表法，理解两种编制方法的区别。

知识链接

现金流量是某一段时期内企业现金流入和流出的数量。现金流量表是反映企业在一定会计期间现金和现金等价物流入和流出的报表。它是以现金为基础编制的财务状况变动表。

一、现金流量表的编制目的

现金流量表中的“现金”是由库存现金、银行存款、其他货币资金和现金等价物几个部分组成的。编制现金流量表的目的，是为会计报表使用者提供企业一定期间内现金流入和流出的信息，便于报表使用者了解和评价企业获取现金的能力，并据以预测企业未来的现金流量，为其决策提供有力依据。

现金流量表完全以现金的收支为基础，是对资产负债表和利润表的重要补充，为报表使用者的决策提供更为有用的现金信息。现金流量表的作用有以下几个。

（1）现金流量表说明企业偿还债务及支付企业所有者的投资报酬能力。

（2）现金流量表说明了企业现金收支产生差异的原因。

（3）现金流量表能够评估企业未来获取现金的能力。

（4）现金流量表能够评估企业当期的现金与非现金投资和理财事项对企业财务状况的影响。

（5）现金流量表能够提供不涉及现金收支的重大投资和筹资活动信息。

二、现金流量表的编制方法

现金流量表根据账簿和凭证的数据分析填列，其编制方法与资产负债表、利润表等其他会计报表有较大的区别。电算化条件下，现金流量表的解决方法通常有以下两种。

1. 使用项目核算的方法

将现金流量表项目设为辅助核算项目，即在项目目录中设置现金流量表项目，建立现金流量项目。同时，指定现金类会计科目（“库存现金”、“银行存款”、“其他货币资金”等）作为现金流量科目。于是每一笔涉及这些科目的经济业务，即现金类增减业务的处理，必须指定所属的现金流量项目。这样就为每一个现金流量项目建立了一个明细分类账簿，相应的报表数据就可以直接根据其发生额填列。

（1）设置现金流量项目目录，如表 5-2 所示。

表 5-2 现金流量项目目录

项目编号	项 目 名 称	项目编号	项 目 名 称
01	销售商品、提供劳务收到的现金	13	购建固定资产、无形资产和其他长期资产所支付的现金
02	收到的税费返还	14	投资所支付的现金
03	收到的其他与经营活动的现金	15	取得子公司及其他营业单位支付的现金
04	购买商品、接受劳务支付的现金	16	支付的其他与投资活动有关的现金
05	支付给职工以及为职工支付的现金	17	吸收投资所收到的现金
06	支付的各项税费	18	借款所收到的现金
07	支付的与其他经营活动有关的现金	19	收到的其他与筹资活动有关的现金
08	收回投资所收到的现金	20	偿还债务所支付的现金
09	取得投资收益所收到的现金	21	分配股利、利润或偿还利息所支付的现金
10	处置固定资产、无形资产和其他长期资产所收回的现金	22	支付的其他与筹资活动有关的现金
11	处置子公司及其他营业单位收到的现金净额	23	汇率变动对现金的影响
12	收到的其他与投资活动有关的现金	24	现金及现金等价物净增加额

（2）日常现金流量核算。系统为了在现金类科目与现金流量项目之间建立联系，除了上述建立现金流量项目之外，还要在总账系统中指定现金类科目为现金流量科目，要求涉及现金流量科目必录现金流量项目。即在填制凭证时一旦使用现金类科目，则系统将提示用户指定该分录所涉及的现金流量项目。如此，则对企业所有涉及现金流变动的记账凭证及其分录逐一进行了现金流量的分类判断和记录，以作为编制现金流量表的重要依据。

（3）现金流量表查询。既然每一笔现金流量业务都经过了现金流量的项目核算，那么就可以随时查询现金流量项目的明细表和统计表记录，以得到每一种现金流量项目的发生数。

（4）利用 UFO 报表模板——现金流量表的计算公式取数。利用 UFO 报表系统中的报表模板，应用账务函数中的“现金流量项目金额（XJLL）”函数编辑计算公式，根据总账系统中现金流量变动的记录，从总账系统现金流量明细表中取数，生成现金流量数据，完成现金流量表的编制。例如，“销售商品、提供劳务收到的现金”的计算公式为

XJLL（,,"借","01",,,,月）

其中“01”表示“销售商品、提供劳务收到的现金”的现金流量项目。计算公式意为本月从现金流量明细表中的该现金流量项目取数。

该编制方法要求会计人员对现金流量非常熟悉了解，对每笔业务发生时，能准确判断出它所归属的现金流量项目。

2. 使用专门现金流量表的方法

系统除了提供 UFO 报表系统外，还有专门的现金流量表模块。用户可以直接利用该现金流量表模块来处理。此方法与上述项目核算方法的不同之处在于它不需要进行现金流量科目设置，填制凭证时无须指定现金流量项目。但需要先定义现金流量表的模板，进行基本科目、税率、凭证准备、定义填报项目、定义计算项目来源等内容的初始化设置。现金流量表数据的正确与否，其中有一个非常关键的因素是定义计算项目来源，其是描述具体的数据来源，即用户按照计算项目设定现金流量表的取数公式，然后指定计算项目和填报项目之间的关系。在编制现金流量表的过程中，定义计算项目来源主要是以“凭证分析”、“查账指定”、“取自报表”、“取自总账”4 种方式明确每一笔涉及现金类科目的经济业务归集于哪个现金流量项目，再通过自动计算和手动调整两种形式，生成现金流量表数据。

该编制方法必须是保证定义计算项目来源的正确性的前提下，否则编制出来的现金流量表就是错误的。

任务实施

沿用新阳光有限公司的账套，完成以下任务。

1. 采用“使用项目核算”方法，编制现金流量表。
2. 采用“使用专门现金流量表”方法，编制现金流量表。

一、使用项目核算的方法编制现金流量表

（1）以学生本人（账套主管）的身份登录企业应用平台。

（2）选择“基础设置”→“基础档案”→“财务”→“会计科目”选项，进入“会计科目”窗口，执行“编辑”→“指定科目”命令，打开“指定科目”对话框，选中“现金流量科目”单选按钮，在“待选科目”列表框中选择“库存现金”、“银行存款”、“其他货币资金”3 个现金类科目，依次单击【>】按钮，使之出现在“已选科目”列表框中，单击【确定】按钮，如图 5-33 所示。

（3）选择“基础设置”→“基础档案”→“财务”→“项目目录”选项，打开“项目档案”对话框，在“项目大类”下拉列表框中选择“现金流量项目”选项，选择“项目目录”选项卡，单击【维护】按钮，进入“项目目录维护”窗口，可以使用【增加/删除】按钮对项目进行编辑，如图 5-34 所示。

（4）选择“业务工作”→“财务会计”→“总账”→“设置”→“选项”选项，打开“选项”对话框，单击【编辑】按钮，再选择“凭证”选项卡，选中“现金流量科目必录现金流量项目”复选框，选中“现金流量科目”单选按钮，选中“自动显示”复选框。单击【确定】按钮，如图 5-35 所示。

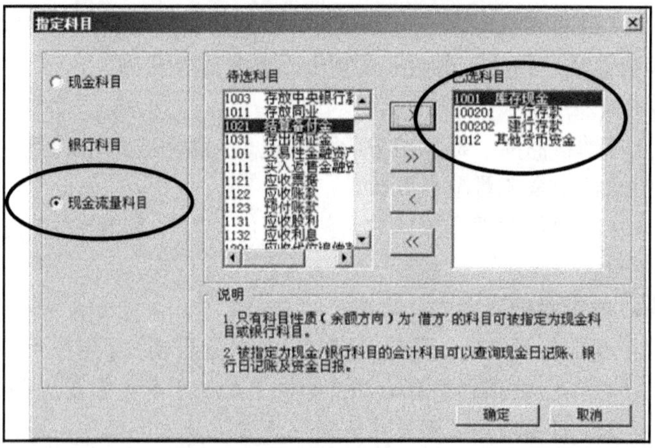

图 5-33 “指定科目”对话框

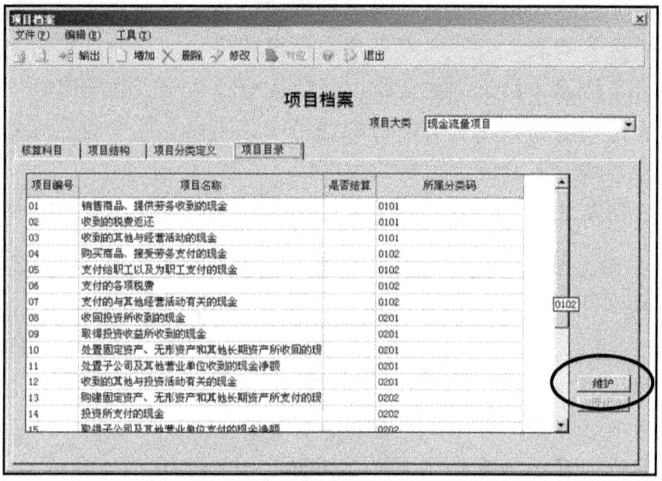

图 5-34 “项目档案”对话框

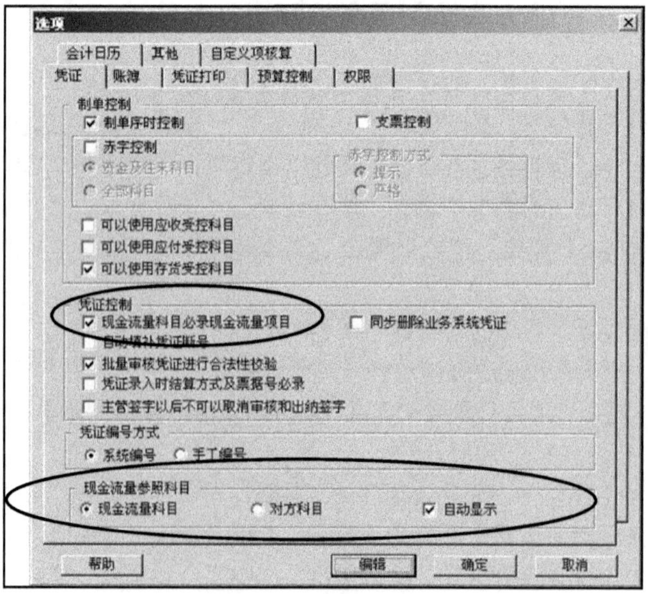

图 5-35 “选项”对话框

（5）以吴英的身份登录企业应用平台，根据 1 月的经济业务，开始填制凭证。

（6）选择“业务工作”→“财务会计”→“总账”→“凭证”→“填制凭证”选项，打开“填制凭证”对话框，录入凭证分录数据。单击【保存】按钮（或单击【流量】按钮），打开“现金流量录入修改”对话框，进行现金流量项目分配，单击【确定】按钮，如图 5-36 所示（注：以“5 日，报销办公用品 400 元”的经济业务来操作。其他涉及现金类科目的经济业务同此操作）。

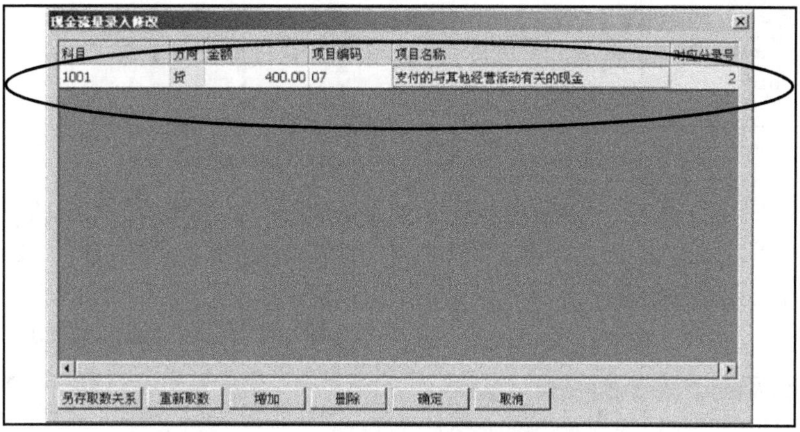

图 5-36　“现金流量录入修改”对话框

（7）以学生本人（账套主管）的身份登录企业应用平台，对所有记账凭证进行审核、记账。

（8）选择“业务工作”→“财务会计”→“总账”→“现金流量表”选项，依次选择“现金流量凭证查询”、“现金流量明细表”、“现金流量统计表”选项，进入 3 个不同的查询界面，显示现金流量数据，如图 5-37 所示。

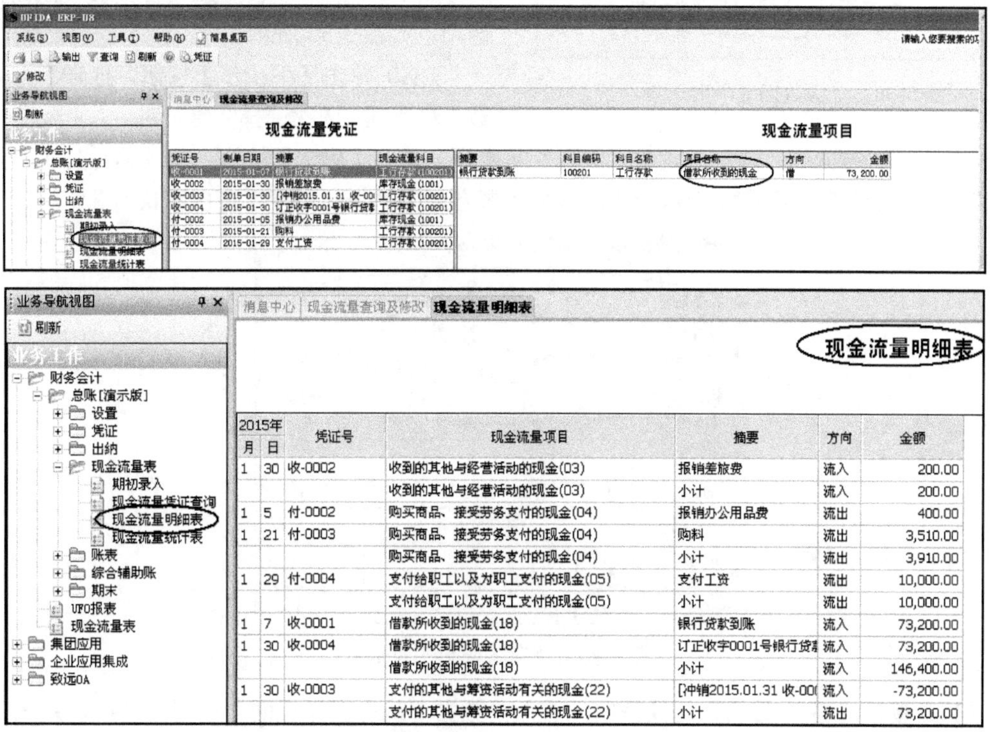

图 5-37　现金流量表—项目、明细表、统计表界面

图 5-37　现金流量表—项目、明细表、统计表界面（续）

（9）选择“业务工作”→“财务会计”→“UFO 报表”选项，进入“UFO 报表”窗口。单击【格式/数据】切换按钮，进入“格式”状态操作界面。利用报表模板，建立“2007 年新会计制度科目”的“现金流量表”。

（10）对涉及现金流入或流出的现金流量项目进行公式编辑。单击 C 列中未设置公式的单元，进行公式设置。例如，选择 C6 单元，执行“数据”→“编辑公式”→“单元公式”命令，进入“定义公式”界面，单击【函数向导】按钮，打开“函数向导”对话框，选择“函数分类”列表框中的“用友账务函数”选项，选择“函数名”列表框中的“现金流量项目累计金额（LJXJLL）”或“现金流量项目金额（XJLL）”选项，如图 5-38 所示。

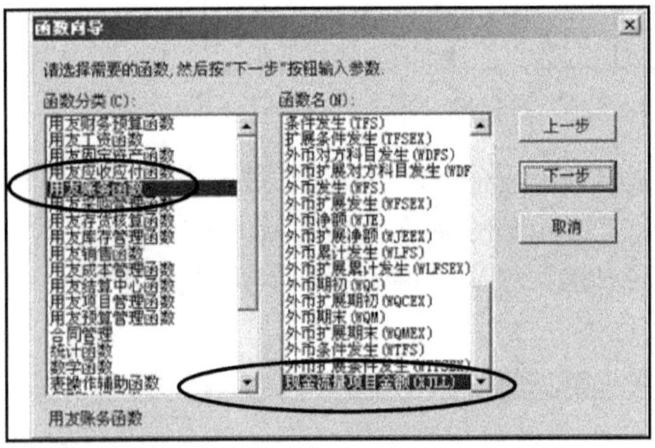

图 5-38　“函数向导”对话框

（11）单击【下一步】按钮，打开“账务函数”对话框，依次选择“会计期间”、“账套号”、“会计年度”、“方向”、“现金流量项目编码”等数据。单击【确定】按钮，生成单元公式，再单击【确定】按钮，如图 5-39 所示（注：其中“账套号”、“会计年度”可以默认）。

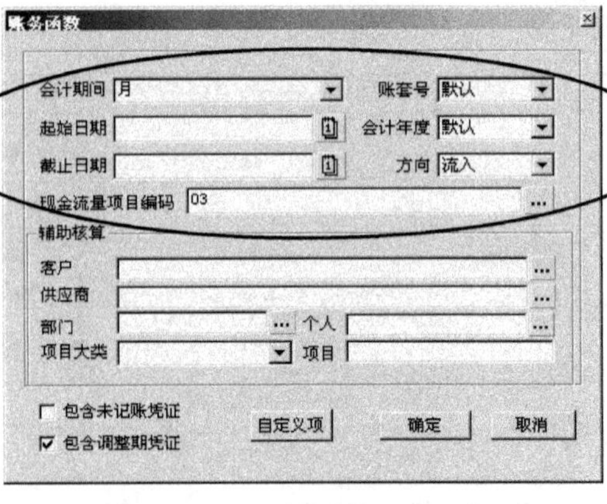

图 5-39　“财务函数”对话框

（14）单击【格式/数据】切换按钮，进入“数据”状态操作界面。设置关键字，系统提示“是否重算第 1 页”，单击【是】按钮，计算出该月的现金流量金额。执行“文件”→“保存”

命令，即完成现金流量表的编制，如图 5-40 所示。

	A	B	C
1	现金流量表		
2			会企03表
3	单位名称：新阳光股份有限公司	2015 年	1 月　单位：元
4	项　　目	行次	金额
5	一、经营活动产生的现金流量：		
6	销售商品，提供劳务收到的现金	1	
7	收到的税费返还	2	
8	收到的其他与经营活动有关的现金	3	200.00
9	现金流入小计	4	200.00
10	购买商品，接受劳务支付的现金	5	3910.00
11	支付给职工以及为职工支付的现金	6	10000.00
12	支付的各项税费	7	
13	支付的其它与经营活动有关的现金	8	
14	现金流出小计	9	13,910.00
15	经营活动产生的现金流量净额	10	-13,710.00
16	二、投资活动产生的现金流量：		
17	收回投资所收到的现金	11	
18	取得投资收益所收到的现金	12	
20	处置子公司及其他营业单位收到的现金净额	14	
21	收到的其他与投资活动有关的现金	15	
24	投资所支付的现金	18	
25	取得子公司及其他营业单位支付的现金净额	19	
26	支付的其他与投资活动有关的现金	20	
27	现金流出小计	21	
28	投资活动产生的现金流量净额	22	
29	三、筹资活动产生的现金流量：		
30	吸收投资所收到的现金	23	
31	借款所收到的现金	24	73200.00
32	收到的其他与筹资活动有关的现金	25	
33	现金流入小计	26	73,200.00
34	偿还债务所支付的现金	27	
35	分配股利，利润或偿付利息所支付的现金	28	
37	现金流出小计	30	
38	筹资活动产生的现金流量净额	31	73,200.00
39	四、汇率变动对现金的影响额	32	
40	五、现金及现金等价物净增加额	33	59,490.00

图 5-40　完成后的现金流量表

二、使用专门现金流量表的方法编制现金流量表

（1）以学生本人（账套主管）的身份登录企业应用平台。

（2）选择“业务工作”→“财务会计”→“现金流量表”选项，打开“现金流量表日期设置”对话框，选中“按月（分析现金流量主表和附表）”单选按钮，会计年度为 2015 年 1 月至 1 月，单击【确定】按钮，进入“现金流量表”窗口，如图 5-41 所示。

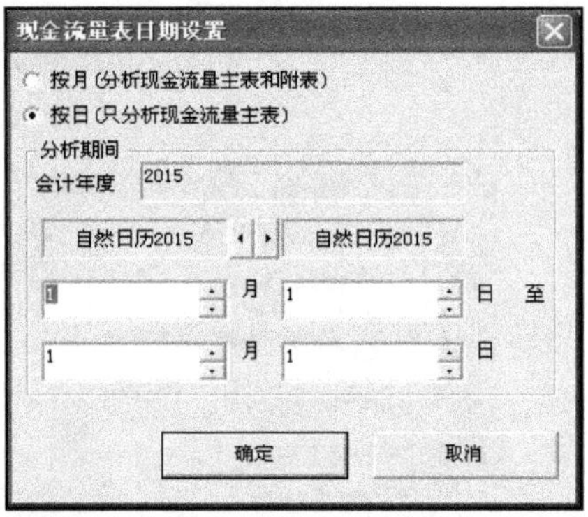

图 5-41　“现金流量表日期设置”对话框

（3）在“初始化”中，依次选择“模板选择”、“基本科目设置”、“税率、汇率设置”、“定义填报项目”等选项进行设置，如图 5-42 所示。

（4）选择“初始化”→“拆分凭证”→“拆分多借多贷”选项，打开“拆分多借多贷”对话框，对“多借多贷”凭证进行拆分，单击【比例分配】按钮，打开“现金流量表”对话框，选中【拆贷方】单选按钮，单击【确定】按钮，如图 5-43 所示（注：以“28 日，分别向春华、启明公司销售 A 产品一批，每件售价 700 元，价税款未收”为例）。

（5）选择“初始化”→“拆分凭证”→“凭证准备”选项，完成“凭证准备”工作。

（6）选择“初始化”→“定义计算项目来源”选项，进入“定义计算项目来源”界面，在“计算项目列”列表框中依次对不同的计算项目进行设置，如图 5-44 所示（注：以“5 日，办公室丁一报销办公用品 400 元，以现金支付”为例）。

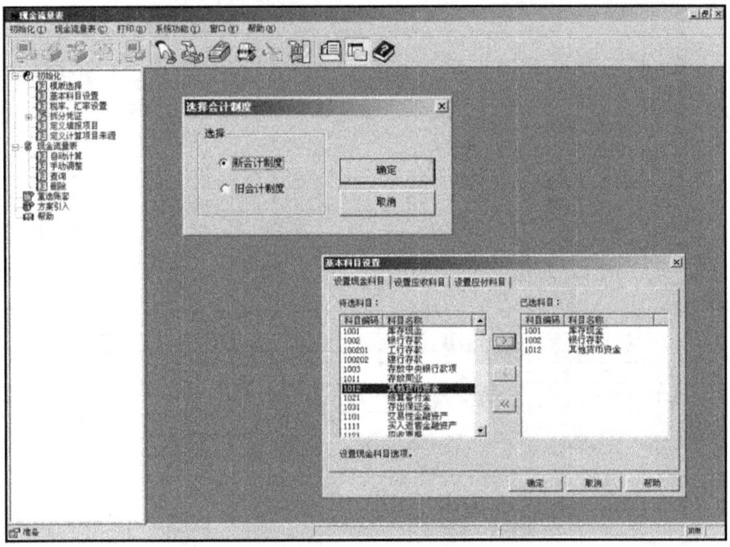

图 5-42　选择会计制度、基本科目设置

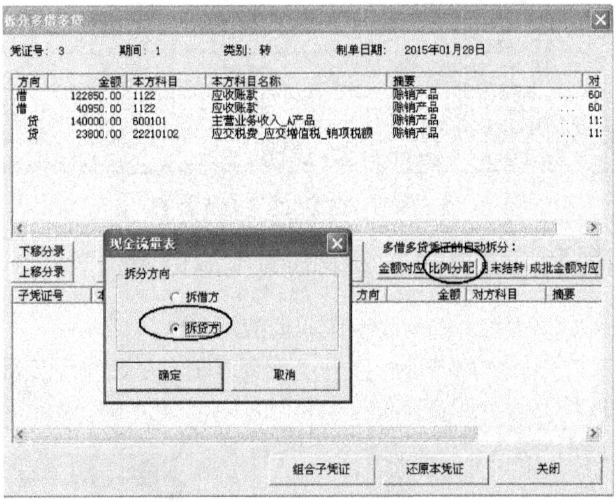

图 5-43　拆分多借多贷设置

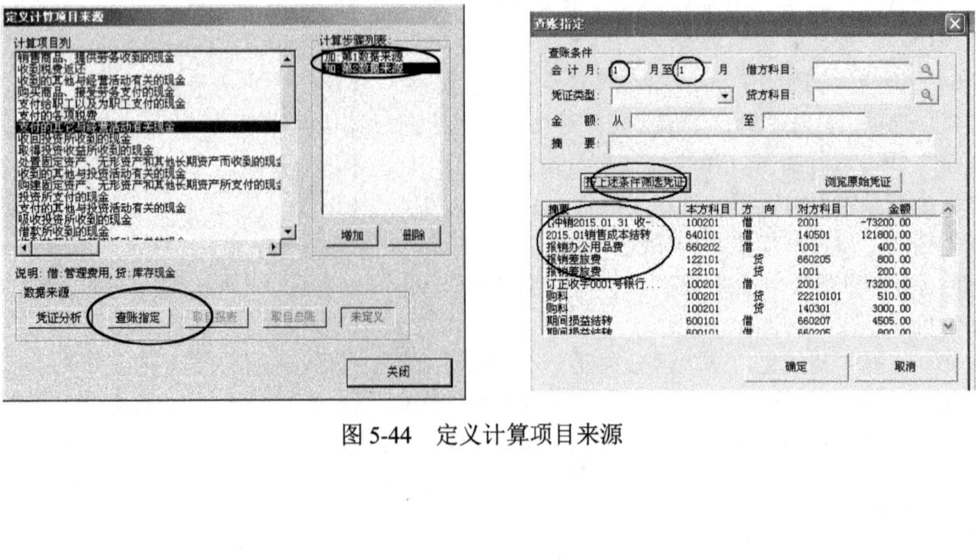

图 5-44　定义计算项目来源

（7）选择“支付的其他与经营活动有关现金”选项，单击【查账指定】按钮，打开“查账指定”对话框，选择会计月（1 月至 1 月），单击【按上述条件筛选凭证】按钮，从中选择归集该项目的凭证。单击【确定】按钮，如图 5-44 所示。其他现金流量的计算项目定义同此操作（注：根据计算项目的不同，相应的单击“计算步骤列表”中的【增加】按钮，增加数据来源）。

（8）双击【现金流量表】/【自动计算】按钮，进入“现金流量表”界面，自动生成现金流量数据，如图 5-45 所示。

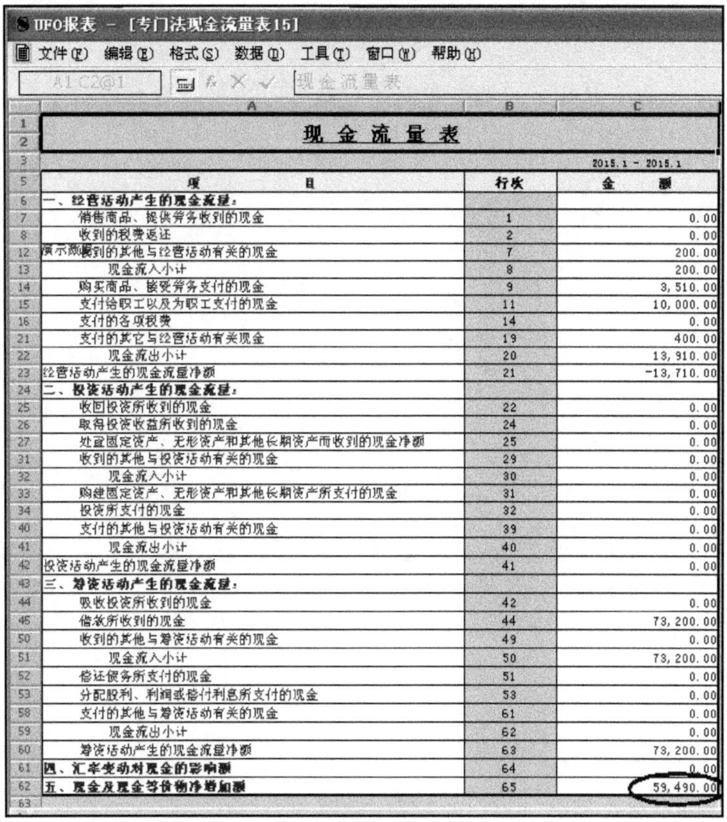

	A	B	C
1–2	现 金 流 量 表		
3			2015.1 - 2015.1
5	项 目	行次	金 额
6	一、经营活动产生的现金流量：		
7	销售商品、提供劳务收到的现金	1	0.00
8	收到的税费返还	2	0.00
12	演示数据 收到的其他与经营活动有关的现金	7	200.00
13	现金流入小计	8	200.00
14	购买商品、接受劳务支付的现金	9	3,510.00
15	支付给职工以及为职工支付的现金	11	10,000.00
16	支付的各项税费	14	0.00
21	支付的其它与经营活动有关现金	19	400.00
22	现金流出小计	20	13,910.00
23	经营活动产生的现金流量净额	21	-13,710.00
24	二、投资活动产生的现金流量：		
25	收回投资所收到的现金	22	0.00
26	取得投资收益所收到的现金	24	0.00
27	处置固定资产、无形资产和其他长期资产而收到的现金净额	25	0.00
31	收到的其他与投资活动有关的现金	29	0.00
32	现金流入小计	30	0.00
33	购建固定资产、无形资产和其他长期资产所支付的现金	31	0.00
34	投资所支付的现金	32	0.00
40	支付的其他与投资活动有关的现金	39	0.00
41	现金流出小计	40	0.00
42	投资活动产生的现金流量净额	41	0.00
43	三、筹资活动产生的现金流量：		
44	吸收投资所收到的现金	42	0.00
45	借款所收到的现金	44	73,200.00
50	收到的其他与筹资活动有关的现金	49	0.00
51	现金流入小计	50	73,200.00
52	偿还债务所支付的现金	51	0.00
53	分配股利、利润或偿付利息所支付的现金	53	0.00
58	支付的其他与筹资活动有关的现金	61	0.00
59	现金流出小计	62	0.00
60	筹资活动产生的现金流量净额	63	73,200.00
61	四、汇率变动对现金的影响额	64	0.00
62	五、现金及现金等价物净增加额	65	59,490.00
63			

图 5-45 现金流量表——主表

（9）保存报表。单击【🖨】按钮，打开“输出到”对话框，选择保存位置，输入文件名“现金流量表”，选择文件类型“ .rep”，单击【保存】按钮，即完成现金流量表的编制。

提示

编制现金流量表中进行现金流量项目归集时，可以利用【Ctrl】键进行不相邻数据的选择。

在“定义计算项目来源”时，计算项目的归集非常重要。归集正确与否直接影响到现金流量表中数据的正确性。

项目总结

UFO 报表系统是用友 ERP-U872 会计软件中相对独立的表格式数据处理系统，主要具有文件管理、格式管理、数据处理、图表管理和打印输出等功能。实现通过报表取数公式的设置直接从总账系统和其他业务系统中自动提取数据，能方便、快捷地完成资产负债表、利润表、现金流量表等标准类报表的编制任务。

本项目任务主要学习了自定义报表及常用资产负债表、利润表、现金流量表的编制方法。其中着重介绍了如何利用报表模板编制会计报表及报表公式的编辑。特别强调，会计报表数据的正确与否，关键在于报表公式的设置和关键字应用。

通过本项目的训练，可理解 UFO 报表系统完成会计报表编制的工作内容及操作流程，掌握利用 UFO 报表系统完成企业常用报表编制的操作技能。

项目六 薪资管理

学习目标

【知识目标】

1. 熟悉薪资管理系统的基本理论及主要功能。
2. 熟悉薪资管理系统业务处理流程。
3. 熟练掌握薪资管理系统建账、初始化。
4. 熟悉薪资管理系统日常数据处理、期末处理。

【技能目标】

1. 根据企业薪资核算要求建立工资账套。
2. 根据企业工资核算资料完成系统初始化。
3. 根据企业资料要求完成职工工资、所得税计算。
4. 根据资料完成工资数据分摊并生成工资分摊的凭证。
5. 完成薪资管理系统月末处理。

任务一 薪资管理系统初始化

任务解析

要求了解薪资管理系统的基本内容和操作流程，掌握薪资管理系统初始化设置的操作方法。

在本任务中要完成新建工资账套、设置工资类别、人员附加信息设置、工资发放次数设置、部门设置、人员档案设置、系统选项设置。

知识链接

一、薪资管理系统功能概述

1. 初始设置

（1）设置人员附加信息。

（2）工资类别适用部门（多工资类别）。

（3）工资人员档案。

（4）设置多次发放。

（5）自定义工资项目及计算公式。

（6）设置工资项目从人事系统获取数据的取数公式。

（7）提供多工资类别核算、工资核算币种、扣零处理、个人所得税扣税处理等账套参数设置。

2. 业务处理

（1）工资数据变动。进行工资数据的变动、汇总处理，支持多套工资数据的汇总。

（2）工资分钱清单。提供部门分钱清单、人员分钱清单、工资发放取款单。

（3）工资分摊。月末自动完成工资分摊、计提、转账业务，并将生成的凭证传递到总账系统。

（4）银行代发。灵活的银行代发功能，预置银行代发模板，适用于由银行发放工资的企业。可实现在同一工资账中的人员由不同的银行代发工资，以及多种文件格式的输出。

（5）扣缴所得税。提供个人所得税自动计算与申报功能。

3. 统计分析报表业务处理

（1）提供按月查询凭证的功能。

（2）提供工资表。工资发放签名表、工资发放条、工资卡、部门工资汇总表、人员类别汇总表、条件汇总表、条件明细表、条件统计表、多类别工资表等。

（3）提供工资分析表。工资项目分析表、工资增长分析、员工工资汇总表、按月分类统计表、部门分类统计表、按项目分类统计表、员工工资项目统计表、分部门各月工资构成分析表、部门工资项目构成分析表等。

二、薪资管理系统操作流程

进入系统后，必须按正确的顺序调用系统的各项功能，只有按正确的次序使用，才能保证数据的正确性，特别是第一次使用的用户，更应遵守使用次序。薪资管理系统操作流程如图 6-1 所示。

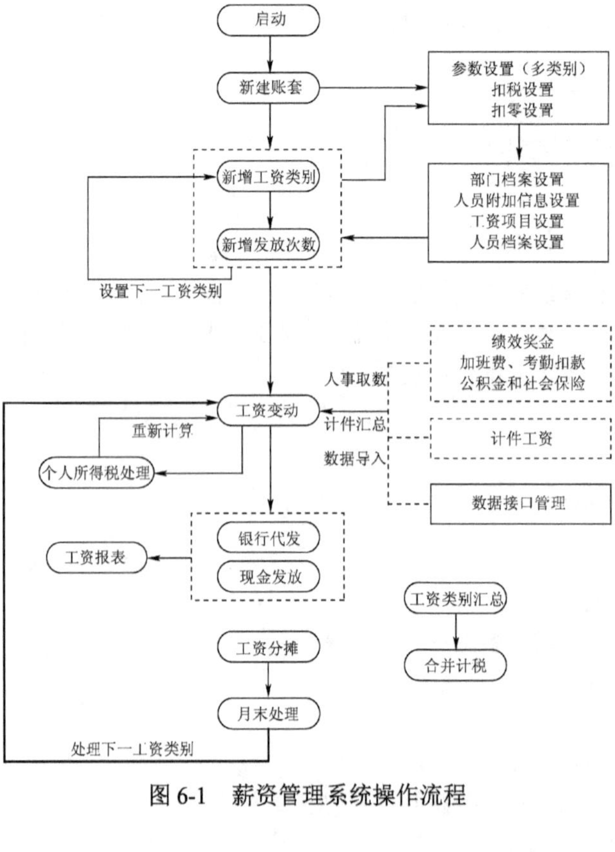

图 6-1　薪资管理系统操作流程

任务实施

沿用新阳光有限公司的账套。根据如下资料完成其薪资管理系统初始化。

（1）薪资管理系统账套参数如下。

新阳光有限公司从2015年1月1日起启用薪资管理系统。

工资类别：多个（正式职工工资、临时职工工资）。

人员编码长度：3。

代扣税；扣零设置：默认。

（2）部门档案。

部门编码	01	0101	0102	02	0201	0202	03	0301	0302
部门名称	管理部	办公室	财务部	销售部	销售一部	销售二部	生产部	一车间	二车间
人员类别	管理人员			营销人员			生产人员		

（3）人员附加信息设置：性别。

（4）工资项目设置（注：多工资类别下，此设置分3步，第一步关闭工资类别状态下进行设置；第二、三步分别打开正式职工、临时职工类别下按此表进行顺序设置）。

项目名称	类型	长度	小数位数	增减项
基本工资	数字	10	2	增
浮动工资	数字	10	2	增
应发合计	数字	10	2	增
请假扣款	数字	8	2	减
养老保险金	数字	8	2	减
扣款合计	数字	10	2	减
实发合计	数字	10	2	增
代扣税	数字	10	2	减
请假天数	数字	8	2	其他
计税工资	数字	8	2	其他

（5）代发银行：工商银行，个人账号定长为11，自动带出账号长度9位。单位账号长度定长12位。

（6）人员档案（打开正式职工工资类别下）。

编号	姓名	性别	所属部门	人员类别	账号	是否计税	基本工资
001	丁一	女	办公室	管理人员	20070010001	是	2 800
002	吴英	女	财务部	管理人员	20070010002	是	3 000
003	洪天	男	财务部	管理人员	20070010003	是	2 200
004	周平	男	财务部	管理人员	20070010004	是	1 800
005	马义	男	销售一部	营销人员	20070010005	是	4 000
006	赵月	女	销售二部	营销人员	20070010006	是	3 000
007	李明	男	一车间	生产人员	20070010007	是	4 000
008	张光	男	二车间	生产人员	20070010008	是	2 500

（7）相关工资项目计算公式如下：

a. 请假扣款 = 请假天数×20

b. 养老保险金 = 基本工资×2%

c. 计税工资 = 基本工资+浮动工资−请假扣款−养老保险金

d. 浮动工资：营销人员 800 元，其他人员 500 元（要求用 iff 函数定义公式）

一、建立工资账套

建账工作是整个工资管理正确运行的基础。建立一个完整的账套，是系统正常运行的根本保证。可通过系统提供的建账向导，逐步完成整套工资的建账工作。当启动薪资管理系统时，如所选择账套为首次使用，系统将自动打开建账向导。

系统提供的建账向导共分为 4 步：参数设置、扣税设置、扣零设置、人员编码设置。

1. 参数设置

（1）选择本账套处理的工资类别个数：单个或多个。如果单位按周或一月发多次工资，或者是单位中有多种不同类别（部门）的人员，工资发放项目不尽相同，计算公式亦不相同，但需进行统一工资核算管理，应选择“多个”工资类别。如果单位中所有人员的工资统一管理，而人员的工资项目、工资计算公式全部相同，选择“单个”工资类别，可提高系统的运行效率。

（2）选择币种名称和“是否核算计件工资”，系统根据此参数判断是否显示计件工资核算的相关信息，如图 6-2 所示。

2. 扣税设置

选中“是否从工资中代扣个人所得税”复选框，则工资核算时系统会根据输入的税率自动计算个人所得税额，如图 6-3 所示。

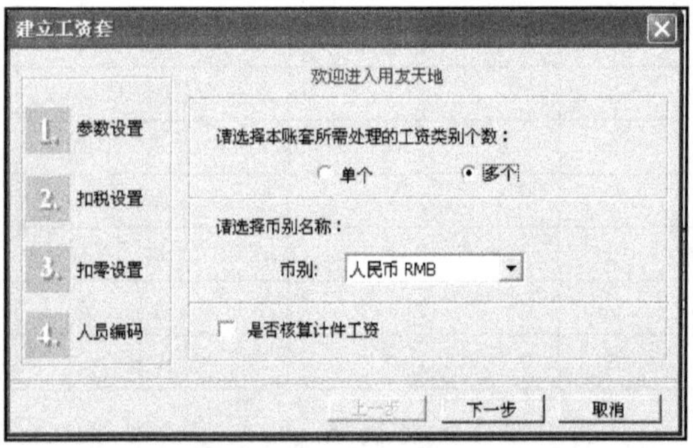

图 6-2 参数设置

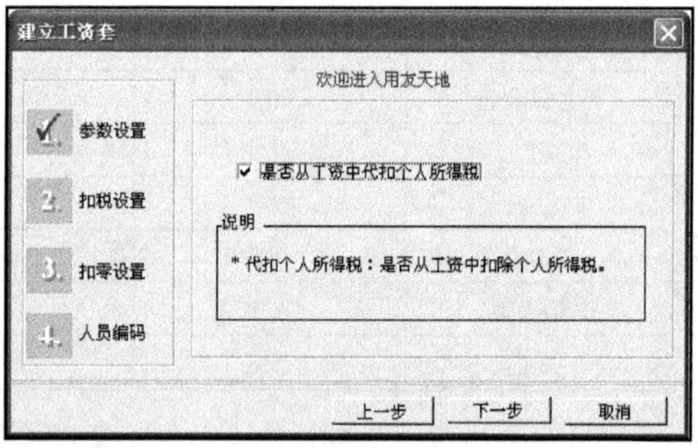

图 6-3 扣税设置

3. 扣零设置

确定是否进行扣零处理。若选择进行扣零处理，系统在计算工资时将依据所选择的扣零类型将零头扣下，并在积累成整时补上。扣零的计算公式将由系统自动定义，无须设置，如图 6-4 所示。

（1）扣零：即扣零处理，系统在计算工资时将依据扣零类型进行扣零计算。

（2）扣零至元：即工资发放时不发 10 元以下的元、角、分。

（3）扣零至角：即工资发放时不发 1 元以下的角、分。

（4）扣零至分：即工资发放时不发 1 角以下的分。

4. 人员编码设置

设置人员的编码与基础档案中的人员档案编码保持一致，如图 6-5 所示，单击【完成】按钮，如图 6-5 所示。

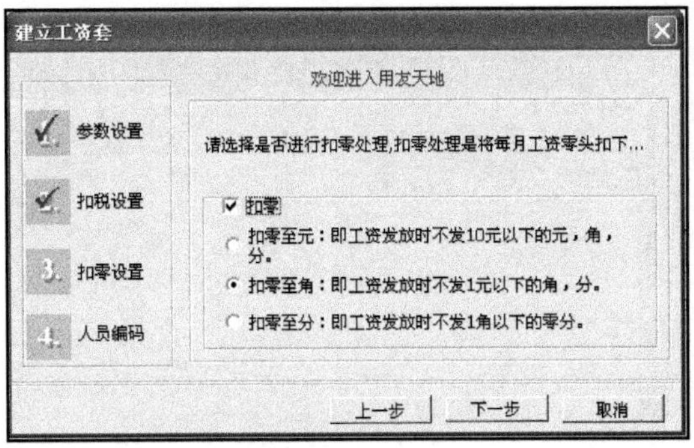

图 6-4　扣零设置

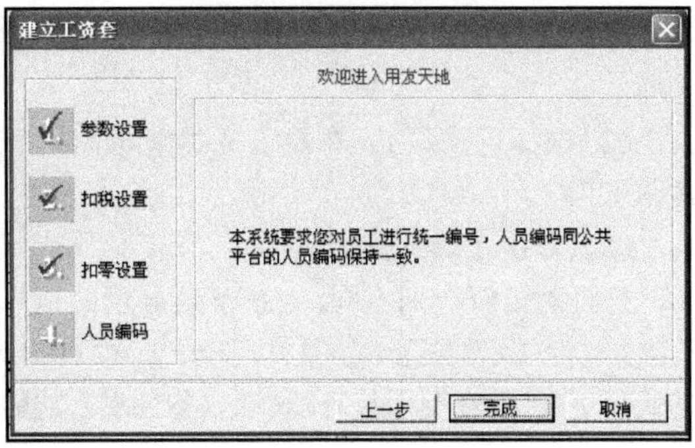

图 6-5　人员编码

二、工资类别管理

建立账套以后，若在参数设置中选择“多个”工资类别，则可进入工资类别管理功能。

工资类别是指一套工资账中，根据人员工资结构不同而设置的工资数据管理类别。例如，新阳光有限公司类别设置正式职工和临时职工两个工资类别，两类别对应同一账套。

1. 建立工资类别

正式职工：涉及的部门有办公室、财务部、销售一部、销售二部、一车间、二车间。

（1）选择“新建工资类别”。

输入新建工资类别名称，工资类别名称应简明扼要，不要超过 30 个字节，单击【下一步】按钮，如图 6-6 所示。

（2）选中“选定下级部门”。

选择新建工资类别所包含的部门，如图 6-7 所示。

如选中上级部门，还需选择所属的下级部门；即单击“+”号将部门树形结构打开，逐个选择工资类别包含的部门。

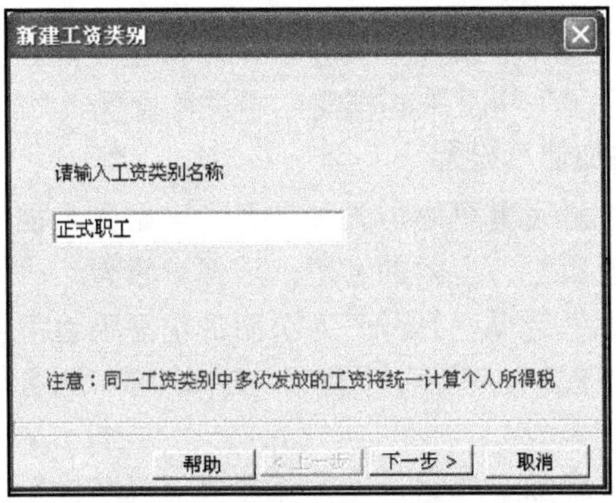

图 6-6　输入工资类别名称

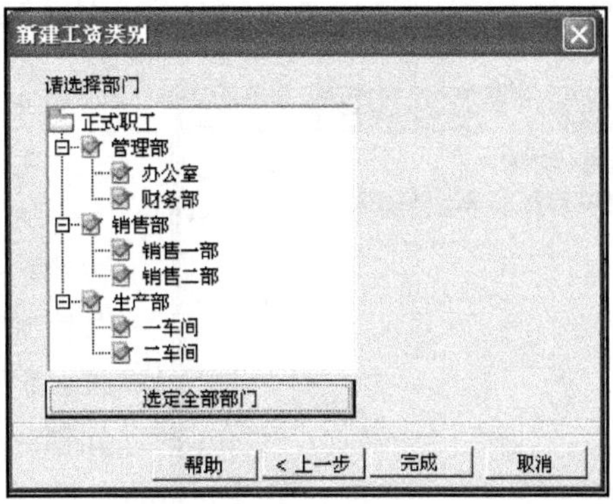

图 6-7　部门选择对话框

（3）确认当前工资类别的启用日期。

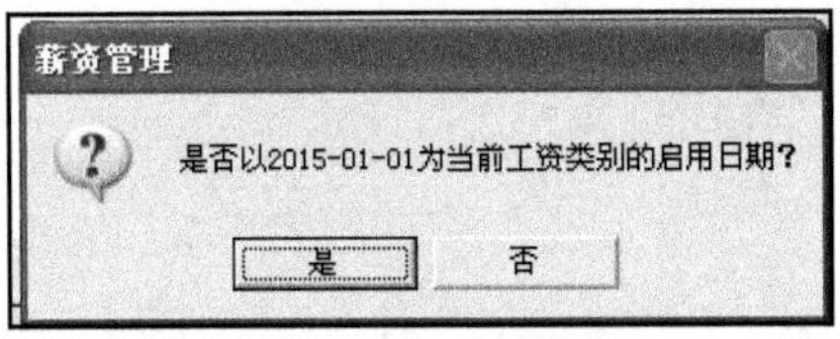

图 6-8　工资类别启用时间

单击【是】按钮，工资账套建立成功，如图 6-8 所示。

2. 打开工资类别

在工资业务处理时，系统要求分别对不同工资类别进行业务处理，操作时必须是在该工资类别打开后才能进行业务处理。例如，打开正式职工工资类别，如图 6-9 所示。

（1）选择“工资类别”→“打开工资类别”选项。

（2）选择正式职工，单击工资类别名称：“正式职工”。

（3）单击【确定】按钮。

打开的工资类别不同，则左下角显示的信息不同，本例显示“账套：(001)新阳光公司-(001)正式职工”。工资类别打开后，“业务处理”功能也发生变化。

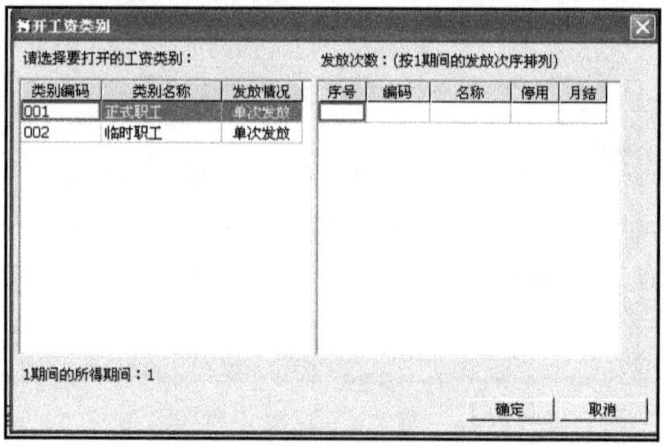

图 6-9　打开工资类别

3. 删除工资类别

如已确定不再用的工资类别可以进行删除。

（1）选择“工资类别”→“删除工资类别”选项。

（2）选择需删除的工资类别。

（3）单击【确定】按钮。

（4）单击【是】按钮，则将所选中的工资类别删除。

提示

只有主管才有权删除工资类别，且工资类别删除后数据不可再恢复。

4. 关闭工资类别

选择“关闭工资类别”选项，则关闭当前在用的工资类别及所有正在进行的功能操作。

三、基础设置

建立账套后，要对整个系统运行所需的一些基础信息进行设置，包括部门设置、人员类别设置、人员附加信息设置、银行档案设置、工资项目设置。

其中部门设置、人员类别设置、银行档案设置在企业应用平台的“设置”→“基础档案”中进行设置。

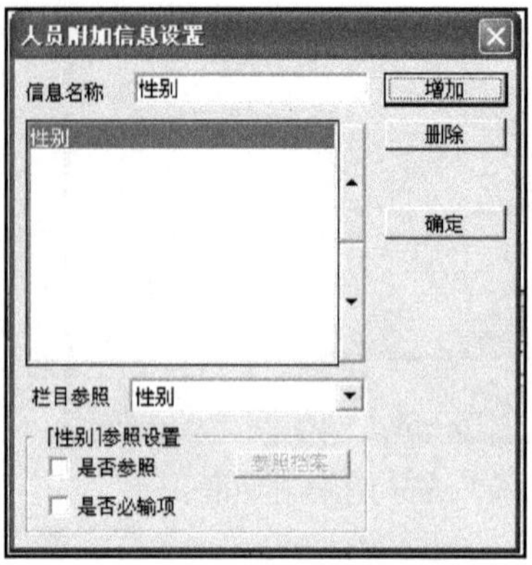

图 6-10　人员附加信息设置

1. 人员附加信息设置

人员附加信息设置可增加人员信息，丰富人员档案的内容，便于对人员进行有效的管理。选择“设置”→“人员附加信息设置”选项，打开“人员附加信息设置”对话框。例如，增加性别、年龄、民族、技术职称、职务等附加信息项。

（1）单击【增加】按钮，光标停在“信息名称”文本框处，可输入人员附加信息名称或从参照栏中选出系统提供的信息名称，如图 6-10 所示。

（2）单击【删除】按钮，返回系统主界面，可执行其他操作。

（3）单击【返回】按钮，返回系统主界面，可执行其他操作。

提示

在用的人员附加信息不允许删除。信息名称长度不超过 5 个汉字或 10 个字符。

2. 人员类别设置

例如，增加“管理人员”、“销售人员”、“生产人员”。

（1）选择“设置”→“基础档案”→“机构人员”→“人员类别”选项，单击【增加】按钮，光标停在“类别”文本框处，可输入本账套的人员类别，如“管理人员”，如图 6-11 和图 6-12 所示。新增人员类别名称将在人员类别名称栏内显示，将其他类别输入完毕。

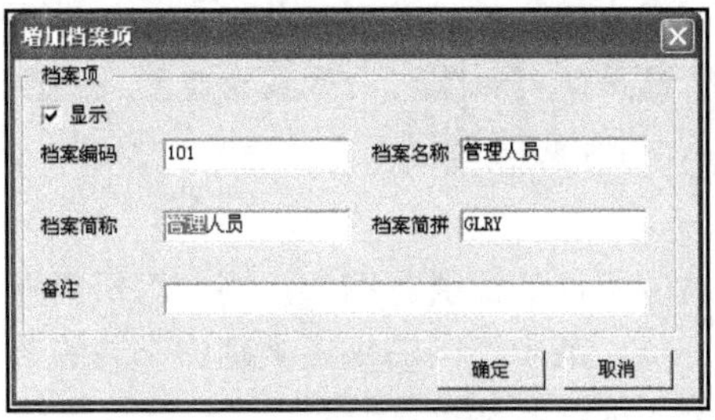

图 6-11　增加人员类别

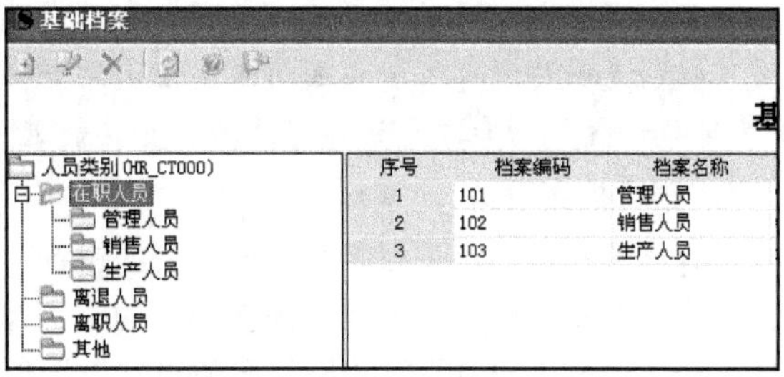

图 6-12　人员类别设置

（2）单击【删除】按钮，可在人员类别名称栏内，删除光标所在行的人员类别。

（3）单击【返回】按钮，确认本次操作的结果，返回系统主界面。

（4）可对人员类别栏框内的类别名称进行修改。

提示

人员类别设置应在人员档案录入之前。

设置人员类别是便于按不同的人员类别进行工资汇总计算，根据不同的人员类别进行工资费用核算，按不同人员类别进行人工成本的分配、分摊。选择“设置”→“人员类别设置”选项，进行人员类别设置，系统默认“无类别”。

3. 工资项目设置

设置工资项目即定义工资项目的名称、类型、宽度，可根据需要自由设置工资项目。系统提供了一些固定项目，是工资账套必不可少的，包括“应发合计”、“扣款合计”、“实发合计”，若设置了“扣零处理”，系统在工资项目中自动生成“本月扣零”和“上月扣零”两个指定项目，若选择了自动“扣税处理”，则系统在工资项目中自动生成“代扣税”项目。这些项目不能删除和重命名。其他各项可根据需要自由设置工资项目，如基本工资、浮动工资、请假扣款、养老保险等。

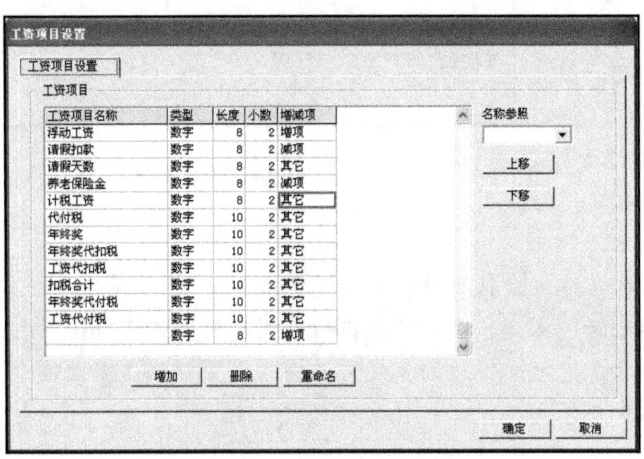

图 6-13　工资项目设置

（1）关闭所有工资类别，选择“设置”→“工资项目设置”选项，进入“工资项目设置”界面；

（2）单击【增加】按钮，在工资项目列表末增加一空行，可设置工资项目。系统提供了常用的工资项目供参考，用户可从“名称参照”下拉列表框中选择录入；对于系统没有的工资项目，可以在“工资项目名称”文本框内直接录入。

（3）输入工资项目的类型、长度、小数位数、增减项，如图 6-13 所示。

（4）单击【确定】按钮，保存设置，若放弃设置则单击【取消】按钮返回。

（5）单击【重命名】按钮，可修改工资项目名称；选择要删除的工资项目，单击【删除】按钮，即可将其删除。

提示

在多工资类别核算的情况下，关闭所有工资类别（或未建立工资类别之前），“工资项目设置”功能是针对所有工资类别所需要使用的全部工资项目进行设置；打开某个工资类别后，“工资项目设置”功能才是针对打开的工资类别进行工资项目的设置。

4. 银行档案设置

银行档案设置中可设置多个发放工资的银行，以适应不同的需要。例如，同一工资类别中的人员由于在不同的工作地点，需在不同的银行代发工资，或者不同的工资类别由不同的银行代发工资。选择“设置”→“银行名称设置”选项，进入银行名称设置界面。

（1）选择“设置”→“收付结算”→“银行档案”选项，进入“银行档案”窗口，如图 6-14 所示。

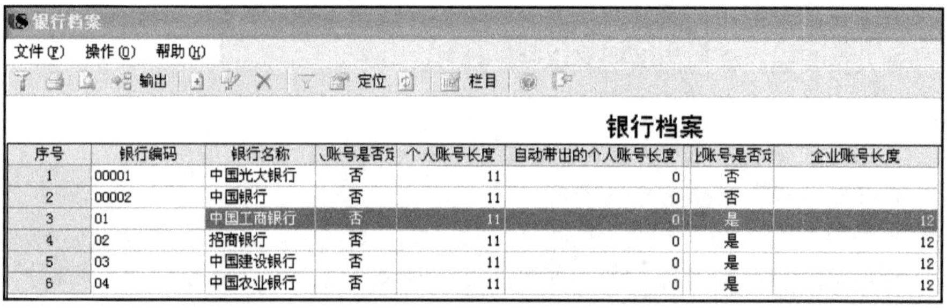

序号	银行编码	银行名称	账号是否定	个人账号长度	自动带出的个人账号长度	账号是否定	企业账号长度
1	00001	中国光大银行	否	11	0	否	
2	00002	中国银行	否	11	0	否	
3	01	中国工商银行	否	11	0	是	12
4	02	招商银行	否	11	0	是	12
5	03	中国建设银行	否	11	0	是	12
6	04	中国农业银行	否	11	0	是	12

图 6-14 “银行档案”窗口

（2）选择“中国工商银行”，确定银行个人账户长度及是否为定长，定义录入时需自动带出的账号长度为 9 位。银行个人账户定长是指要求所有人员的账号长度相同。注意银行账号长度不得为空，且不能超过 30 位；银行名称不允许为空，长度不得超过 20 个字符，如图 6-15 所示。

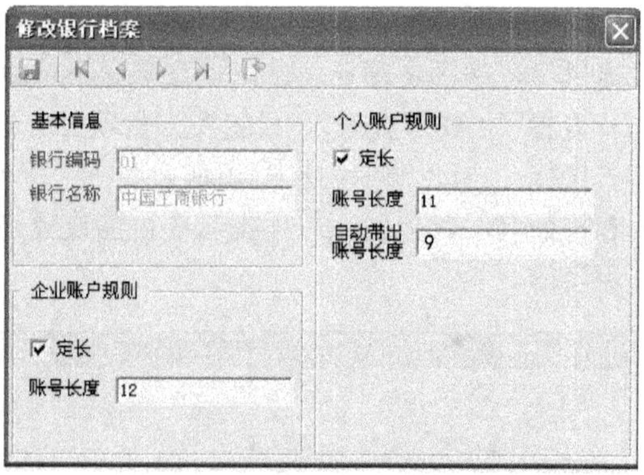

图 6-15 修改银行档案

（3）“自动带出账号长度”在录入“人员档案”的银行账号时，从第二个人开始，系统根据用户在此定义的长度自动带出银行账号的前 N 位，提高用户录入速度。

（4）银行名称、是否定长及账号长度可修改。

提示

银行编码不能修改，系统已提供的银行名称（除农业银行）不能修改。

系统提供的银行（除农行）数据不能删除。例如，删除农业银行或用户新增的其他银行名称，则与此银行有关的所有设置将一同删除，包括此银行的代发文件格式设置、磁盘输出格式及在此银行发放工资人员的银行名称和账号。

已使用的银行档案不允许修改。

5. 部门设置

设置部门档案是设置人员工资信息的基础，以便按部门核算各类人员工资，提供部门核算资料。部门档案与其他系统是共享的，所以设置时要考虑全面。设置的部门资料见项目二账套初始化。如所需的部门的数据已有，可直接调用。

6. 人员档案管理

人员档案用于登记工资发放人员的姓名、职工编号、所在部门、人员类别等信息，处理员工的增减变动等。

不直接在工资管理中增加人员，而是从基础平台“设置”中的“人员档案”中选入，有调出标志的人员不得选入。

增加人员的方式有两种：一种是逐个增加；另一种是批量增加，即可按照人员类别一次将多个人员档案选入。

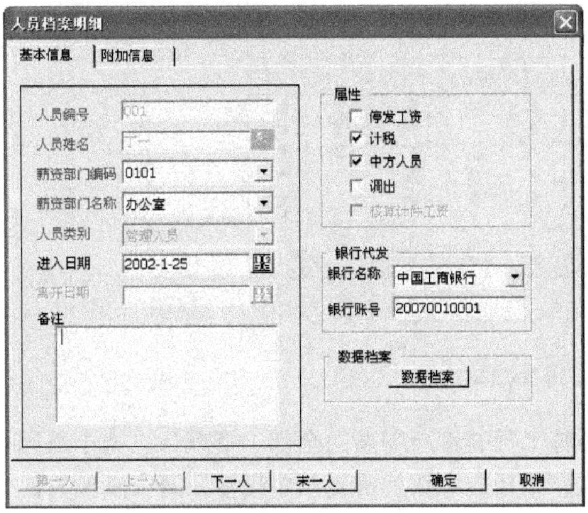

图 6-16　人员档案明细（基本信息）

（1）逐个增加人员的操作步骤。

① 打开正式职工类别，选择“设置”→“人员档案”选项，进入功能界面。

② 单击【增加】按钮，打开“人员档案明细”对话框。

③ 在“基本信息”选项卡中输入人员编号、人员姓名，所属部门编号、名称和人员所属类别。人员编号不可重复，且与人员姓名必须一一对应，只有末级部门才能设置人员，人员类别必须选择，如图 6-16 所示。

④ 选择是否计税，计税人员是否中方人员，该人员是否核算计件工资。

⑤ 设置代发工资银行的名称和银行账号。

⑥ 输入人员进入本单位的“进入日期”，人员的进入日期不应大于当前的系统注册日期。

⑦ 在“附加信息”选项卡中输入人员附加信息，如图 6-17 所示。

⑧ 设置完毕后，单击【确定】按钮保存并继续增加。

（2）批量增加人员的操作步骤。

① 选择“设置”→“人员档案”选项，进入功能界面。

② 单击【批增】按钮，进入“人员档案批量增加”界面，选择“管理人员”、“销售人员”、“生产人员”选项，单击【确定】按钮，人员批量增加完毕，如图 6-18 所示。

③ 单击【修改】按钮，录入人员相关信息，如图 6-19 所示。

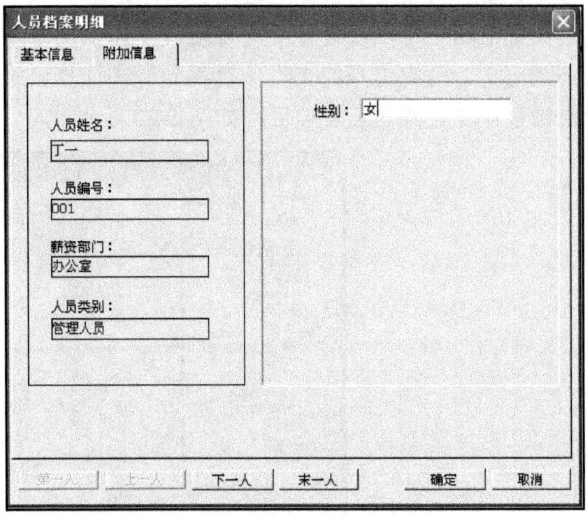

图 6-17　人员档案明细（附加信息）

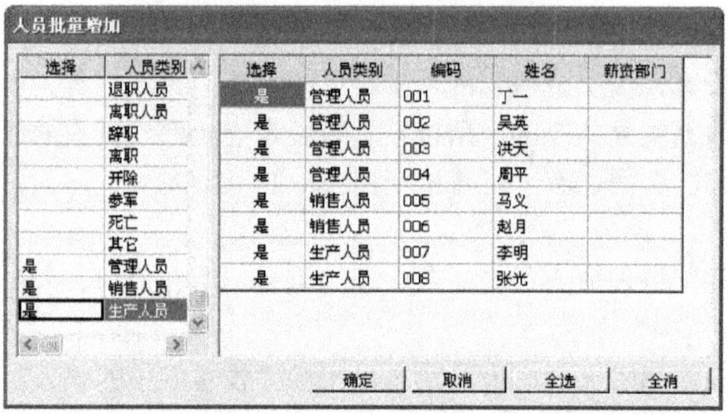

图 6-18　批量增加职工档案

薪资部门名称	人员编号	人员姓名	人员类别	账号	中方人员	是否计税	工资停发	核算计件工资	性别
办公室	001	丁一	管理人员	20070010001	是	是	否	否	女
财务部	002	吴英	管理人员	20070010002	是	是	否	否	女
办公室	003	洪天	管理人员	20070010003	是	是	否	否	男
财务部	004	周平	管理人员	20070010004	是	是	否	否	男
销售一部	005	马义	销售人员	20070010005	是	是	否	否	男
销售二部	006	赵月	销售人员	20070010006	是	是	否	否	女
一车间	007	李明	生产人员	20070010007	是	是	否	否	男
二车间	008	张光	生产人员	20070010008	是	是	否	否	男

图 6-19　批量增加职工档案结果

四、设置工资项目及定义工资项目计算公式

在基础设置中的工资项目设置是指本单位各种工资类别所需要的全部工资项目。由于不同的工资类别，工资发放项目不尽相同，计算公式亦不相同，在此应对某个指定工资类别所需的工资项目分别设置，并为此工资类别的工资项目设置计算公式。

1. 设置不同工资类别的工资项目

前面已经设置了工资项目即定义工资项目的名称、类型、宽度，现只能根据需要选择已经设置并适合该工资类别的工资项目，不能输入和修改。若要修改，应关闭所有工资类别，在基础设置下的工资项目设置中进行增改操作。工资项目不能重复选择，项目一旦选择，即可进行公式定义。没有选择的工资项目不允许在计算公式中出现。不能删除已输入数据的工资项目和已设置计算公式的工资项目，如图 6-20 所示。

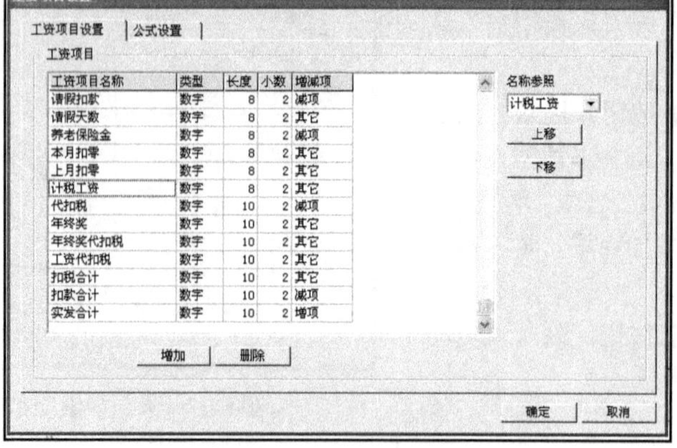

图 6-20　设置工资项目

（1）打开薪资管理系统中的“正式职工”工资类别。

（2）选择“设置”→“工资项目设置”选项，进入“工资项目设置”界面。

（3）选择“工资项目设置”选项卡，单击【增加】按钮，在工资项目列表末增加一个空行。

（4）在“名称参照”下拉列表框中选择本工资类别需要增加的工资项目，选择的项目增加到空行中。“名称参照”下拉列表框中列出了事先建立的所有工资类别的工资项目。

（5）单击【上移】或【下移】按钮，调整工资项目的排列顺序。若要删除某工资项目，则将光标移到该工资项目上，单击【删除】按钮即可。

提示

增加某个工资类别下的工资项目时，只能从系统提供的“名称参照”下拉列表框中选择，并且不能修改工资项目的任何属性。

如需要的工资项目不存在，则要关闭工资类别，然后增加工资项目，再打开工资类别进行选择。

不能删除已输入数据或已设置计算公式的工资项目。

2. 定义工资项目计算公式

选择“公式设置”选项卡后，固定的工资项目“应发合计”、“扣款合计”、“实发合计”等的计算公式，系统根据工资项目设置的“增减项”自动给出计算公式。用户在此可以增加、修改、删除其他非固定工资项目的计算公式。

（1）选择“设置”→“工资项目设置”选项，进入“工资项目设置”界面，选择“公式设置”选项卡。

（2）在“工资项目”列表框下单击【增加】按钮，在增加的空白框边单击下拉按钮选择“请假扣款”选项。

（3）在右边的公式定义文本框中输入“请假天数”，在运算符区单击【*】按钮，在公式定义区输入“20”。

（4）单击【公式确认】按钮。

（5）单击【确定】按钮，退出公式设置，如图 6-21 所示。使用同样的方式设置养老保险、计税工资的计算公式。

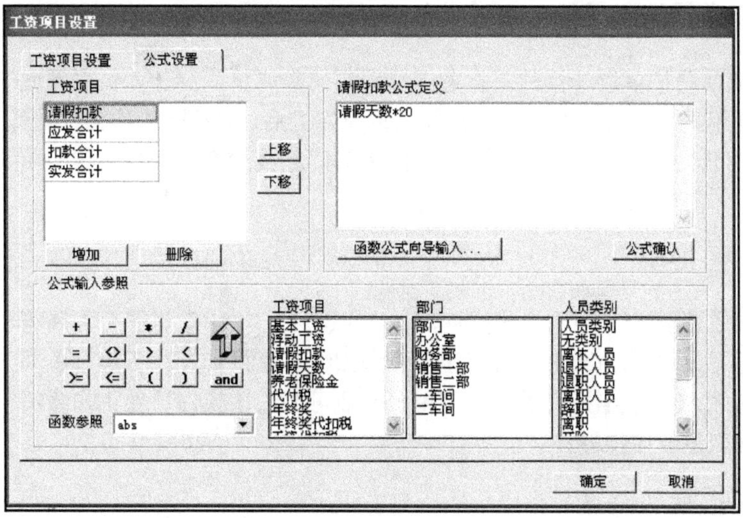

图 6-21 公式设置

（6）可通过单击【上移】、【下移】按钮调整计算公式的顺序。

定义工资项目的计算公式要符合逻辑，系统将对公式进行合法性检查，不符合逻辑的系统将给出错误提示。应发合计、扣款合计和实发合计公式不用设置。

工资项目中没有的项目不允许在公式中出现。

定义公式时要注意先后顺序，先得到的数据应先设置公式。应发合计、扣款合计和实发合计公式应是公式定义中的最后 3 个公式，并且实发合计的公式要在应发合计和扣款合计公式之后。可通过单击公式列表框的上下箭头调整计算公式顺序。如出现计算公式超长，可将所用到的工资项目名称缩短（减少字符数），或设置过渡项目。定义公式时使用函数公式向导参照录入。

提示

在定义工资项目计算公式前，必须建好工资类别和人员档案。

设置临时职工工资及计算公式与正式职工工资类别操作方法相同。

任务二 薪资管理系统本期业务处理

任务解析

要求掌握薪资管理系统本期业务处理的知识内容和操作方法。

薪资管理系统适用于各类企业、行政事业单位进行工资核算、工资发放、工资费用分摊、工资统计分析和个人所得税核算等。可以与总账系统集成使用，将工资凭证传递到总账中；可以与成本管理系统集成使用，为成本管理系统提供人员的费用信息。

知识链接

一、工资变动

用于日常工资数据的调整变动及工资项目增减等，如日常水电费扣发、事病假扣发、奖金录入等。首次进入时，需先进行工资项目设置，再录入数据。

二、工资分钱清单

工资分钱清单是按单位计算的工资发放分钱票面额清单，会计人员根据此表从银行取款并发给各部门。使用此功能必须在个人数据输入调整完之后，如果个人数据在计算后又做了修改，须重新执行本功能，以保证数据正确。本功能有部门分钱清单、人员分钱清单、工资发放取款单三部分。

三、扣缴所得税

为解决各地企业的个人所得税申报问题，在 ERP-U8.71 中改进了个人所得税报表功能，支持输出个人信息登记表、扣缴个人所得税报表和扣缴汇总报告表。各地税务局一般都开发了个人所得税申报软件（企业申报）供企业使用，企业可通过该软件导入“扣缴所得税”模块导出的 Excel 格式报表进行申报操作。

四、银行代发

银行代发即由银行发放企业职工个人工资。

目前许多单位发放工资时都采用工资银行卡方式。这种做法既减轻了财务部门发放工资工作的繁重，有效地避免了财务部门到银行提取大笔款项所承担的风险，又提高了对员工个人工资的保密程度。

五、工资费用分摊

财会部门根据工资费用分配表，将工资费用根据用途进行分配，并编制转账会计凭证，传递到总账系统供登账处理之用。工资分摊中能查询到无权限的部门工资数据。

任务实施

沿用新阳光有限公司的账套，按下列资料完成工资业务日常处理。

（1）工资数据。

编号	姓名	性别	所属部门	人员类别	账号	是否计税	基本工资/元
001	丁一	女	办公室	管理人员	20070010001	是	2 800
002	吴英	女	财务部	管理人员	20070010002	是	3 000
003	洪天	男	财务部	管理人员	20070010003	是	2 200
004	周平	男	财务部	管理人员	20070010004	是	1 800
005	马义	男	销售一部	营销人员	20070010005	是	4 000
006	赵月	女	销售二部	营销人员	20070010006	是	3 000
007	李明	男	一车间	生产人员	20070010007	是	4 000
008	张光	男	二车间	生产人员	20070010008	是	2 500

基本工资档案：见上表。

本月出勤：张光请假 3 天。

浮动工资：假定管理人员 500 元，销售人员 800 元，生产人员 500 元。

（2）2011 年最新个税税率表如下。个人所得税起征点为 3 500 元，应税金额为扣除五险一金与起征额 3 500 元后的金额。修改系统个税表在“设置”—“选项”—“编辑”中进行。

级数	全月应纳税所得额	税率	速算扣除数
1	应纳税额≤1 500 元	3	0
2	1 500 元＜应纳税额≤4 500 元	10	105
3	4 500 元＜应纳税额≤9 000 元	20	555
4	9 000 元＜应纳税额≤35 000 元	25	1 005
5	35 000 元＜应纳税额≤55 000 元	30	2 755
6	55 000 元＜应纳税额≤80 000 元	35	5 505
7	应纳税额＞80 000 元	45	13 505

（3）月末工资费用分配（定义转账）：工资总额按 100%分配；按应发合计计提 14%职工福利费。

一、人员变动

人员变动一般是指在日常工资核算业务中，对人员进行增加、减少等情况的调整，以及对人员档案信息进行各种修改。

1. 增加新员工档案信息

录入方法见任务 1 初始化人员档案部分。

2. 修改人员信息

（1）在“人员档案”窗口中，将光标定位到所要修改的人员所在行。

（2）单击【修改】按钮，或执行右键菜单中的“修改”命令，则进入“人员档案”编辑界面，此时则可对人员档案进行修改。

（3）可单击【第一人】、【上一人】、【下一人】、【末一人】按钮，修改其他人员的信息。

二、工资数据的输入及变动调整

1. 工资数据的输入

工资管理系统数据输入的工作量较大，固定数据很多，要在系统投入使用时集中录入，而平时新职工调入、职工提薪、内部调动等发生变动数据时要对其进行录入或编辑。这样就要求第一次使用工资系统时录入所有人员的工资数据，平时每月只对发生变动的工资数据进行调整。

当第一次使用工资系统录完所有人员的信息后，进入“工资变动”界面，如图 6-22 所示。该界面显示所有人员的所有项目以供查看，可在主界面直接修改数据，也可以使用页编辑方式对每一个人的信息进行修改，或通过以下方式加快录入或修改。

人员编号	姓名	部门	人员类别	基本工资	浮动工资	请假天数
001	丁一	办公室	管理人员	2,800.00		
002	吴英	财务部	管理人员	3,000.00		
003	洪天	财务部	管理人员	2,200.00		
004	周平	财务部	管理人员	1,800.00		
005	马义	销售一部	销售人员	4,000.00		
006	赵月	销售二部	销售人员	3,000.00		
007	李明	一车间	生产人员	4,000.00		
008	张光	二车间	生产人员	2,500.00		3.00

图 6-22 工资变动录入

2. 工资数据的变动调整

如果只对某些项目进行录入，如录入请假天数，可使用项目过滤功能，选择某些项目进行录入。如果只录入某个指定部门或人员的数据，可先单击【定位】按钮，让系统自动定位到需要的部门或人员上，然后录入。如果只需按某个条件统一调整数据，如将管理人员的浮动工资统一调为 500 元，这时可使用数据替换功能。如果只需按某些条件筛选符合条件的人员进行录入，如选择人员类别为管理人员进行录入，可使用数据筛选功能。

（1）工资项目过滤。

可选择某些工资项目进行数据录入，或将某些工资项目作为一种项目类别保存并定义类别名称，以便于录入工资数据时更加方便，项目下拉列表框默认过滤器名称为“所有项目”。

业务 6-1：将“请假天数”项目过滤出来。

① 在“工资变动”界面的“过滤器”下拉列表框中选择“过滤设置”选项，或执行右键菜单中的“项目过滤”命令，打开“项目过滤”对话框。选择所需的工资项目“请假天数”，如图 6-23 所示。

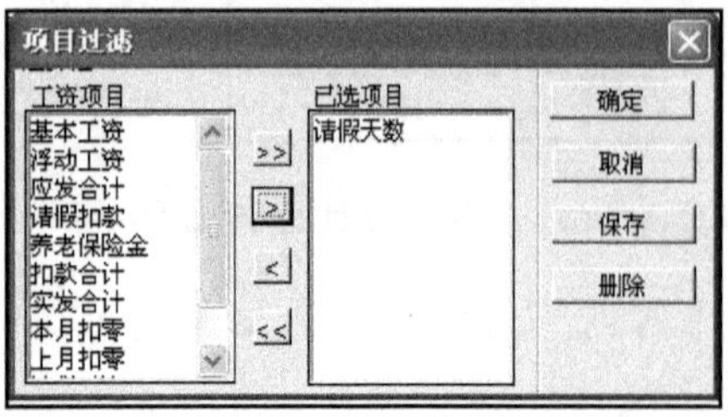

图 6-23 项目过滤

② 若单击【确定】按钮，则系统将这些工资项目显示到数据录入界面，可仅对这些项目进行数据录入。

③ 若单击【保存】按钮，则打开过滤器名称对话框，则可录入过滤器名称“请假天数”并单击【确定】按钮，则设置生效。

以后再录入“请假天数”数据时，在项目过滤中选出“请假天数”，即可进行数据录入。

（2）人员定位。

工资系统提供了可按部门、人员定位查询数据。在工资变动主界面，单击【定位】按钮后，按部门将定位某个部门。按部门定位时，系统提供部门名称、部门编码、人员类别参照。

按人员定位时，系统提供部门名称、人员姓名、人员编号参照。系统提供“模糊定位”选项，可按人员姓氏、部门等进行查询。选中“模糊定位”复选框时，系统不提供参照。本功能主要用于快速定位某类或某个员工记录。

业务 6-2：定位部门名称为“办公室”的人员。

① 选中“模糊定位”复选框。部门名称选择“办公室”即可定位，如图 6-24 所示。

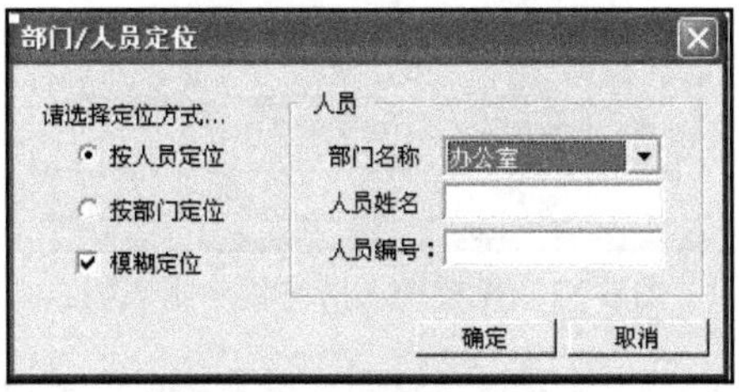

图 6-24 模糊定位

② 如选择按人员定位查询，需要选择人员所在的部门名称，然后从该部门所有人员中选择查询对象的姓名或编码，光标定位到符合条件的记录。

③ 如选择按部门定位查询，则选择部门编码，系统自动带出部门名称，或选择部门名称由系统自动带出部门编号，然后选择查询对象的人员类别，光标按指定条件定位到符合条件的记录上。

④ 当所要定位的人员有不确定的条件时，可以选择模糊定位方式查询。如要查询所有姓“周”的员工，可以按“人员定位+模糊定位”方式查询，在“人员姓名”栏输入“周”，光标自动定位到第一位符合条件的员工记录上。

（3）数据替换。

当个别人员的档案需要修改时，在“人员档案”界面可进行直接修改。当一批符合条件的某个工资项目的数据同时需要修改时，则可用到“替换”的功能。在“工资变动”界面中单击【替换】按钮，即可进入该功能界面，如图 6-25 所示。

业务 6-3：将人员类别为“销售人员”的浮动工资调为 800 元。

将工资项目“浮动工资”替换成 800，替换条件：人员类别=销售人员。

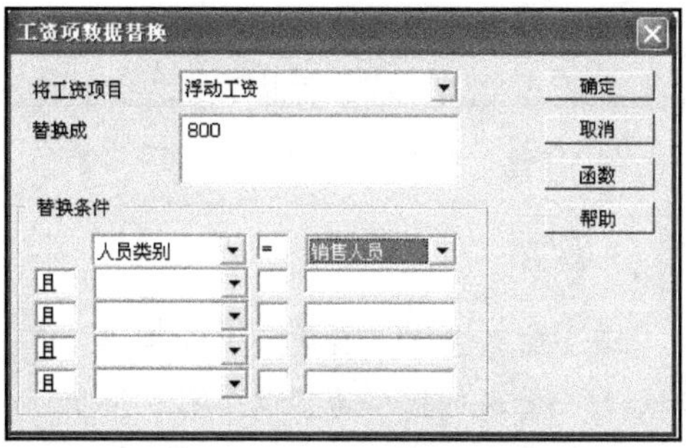

图 6-25 工资项数据替换

（4）数据筛选。

在工资管理系统中，如按照某个项目的某个数据（可等于、大于、小于等）的值进行数据处理，则可用到“数据筛选”的功能。

业务 6-4：若设置：“部门=财务部”且“基本工资＞2000”。

在“数据筛选”对话框中，选择上述两个条件，单击【确定】按钮，则系统自动将符合“基本工资>2000”且部门名称为“财务部”的人员调出，由用户录入数据，如图 6-26 所示。

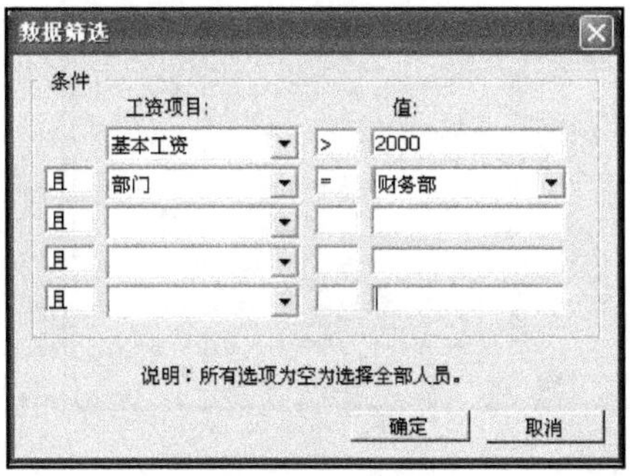

图 6-26 数据筛选

三、个人所得税计算与申报

个人所得税是根据《中华人民共和国个人所得税法》对个人所得征收的一种税。工资管理系统提供了个人所得税自动计算功能，用户只需自定义所得税税率，系统将自动计算个人所得税，既减轻了用户的工作负担，又提高了工作效率。

采用工资系统进行计算与申报个人工资所得税，主要包括以下几个步骤。

1. 设置个人所得税申报表栏目

系统提供了个人所得税申报表标准栏目，如“姓名”、“所得项目”、“所得期间”、“收入额合计”、“税率”、“币名”等，可以根据实际需要选择设置。

（1）选择“设置”→“选项”→“扣税设置”选项，单击【编辑】按钮，将“实发工资”改为“计税工资”，单击【税率设置】按钮，打开“税率设置”对话框。

（2）在“税率设置”对话框栏目中按最新个人所得税税率表修改原税率设置。

（3）单击【确定】按钮，完成税率设置，如图 6-27 所示。

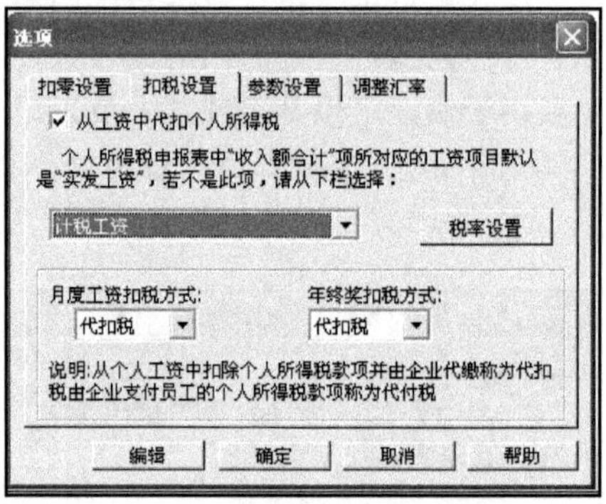

图 6-27 设置个人所得税申报表栏目

2. 设置个人所得税税率表

系统自动计算所得税是根据国家颁布的工资、薪金所得税适用的七级超额累进税率，税率为 3%～45%，级数为 7 级。税法第六条第三款所说的附加减除费用标准为 1 300 元。

级次	应纳税所得额下限	应纳税所得额上限	税率(%)	速算扣除数
1	0.00	1500.00	3.00	0.00
2	1500.00	4500.00	10.00	105.00
3	4500.00	9000.00	20.00	555.00
4	9000.00	35000.00	25.00	1005.00
5	35000.00	55000.00	30.00	2755.00
6	55000.00	80000.00	35.00	5505.00
7	80000.00		45.00	13505.00

图 6-28 个人所得税申报表——税率表

（1）在“个人所得税扣缴申报表”界面，单击【税率】按钮，显示系统已预置的九级超额累进税率表。

（2）修改费用基数、附加费用；按新颁布的税法将原九级超额累进税率表修改为七级超额累进税率表。

（3）单击【确定】按钮，系统重新计算，并保持此设置，如图 6-28 所示。

（4）选择“工资变动”选项，在“工资变动”界面单击【计算】按钮。

提示

如用户修改了“税率表”，则退出个人所得税功能后，必须到工资变动中进行重新计算，否则系统保留的数据为修改个人所得税前的数据。

3. 计算与申报个人所得税

个人所得税申报表显示栏目和税率确定以后，系统自动计算个人工资所得税申报表。采用“定位”和“过滤”功能，可以快速查找某个人和某些人的申报情况。

操作：选择“业务处理”→“扣缴所得税”→“扣缴个人所得税申报表”选项，单击【确定】按钮，如图 6-29 所示。

序号	纳税义务…	身份证照…	身…	国…	…	…	所得期间	收入额	…	…	费用扣除…	准…	应纳税所…	税率	应扣税额	已扣税额	备注
1	丁一	身份证					1	3300.00			3500.00		0.00	0	0.00	0.00	
2	吴英	身份证					1	3500.00			3500.00		0.00	0	0.00	0.00	
3	洪天	身份证					1	2700.00			3500.00		0.00	0	0.00	0.00	
4	周平	身份证					1	2300.00			3500.00		0.00	0	0.00	0.00	
5	马义	身份证					1	4800.00			3500.00		1220.00	3	36.60	36.60	
6	赵月	身份证					1	3800.00			3500.00		240.00	3	7.20	7.20	
7	李明	身份证					1	4500.00			3500.00		920.00	3	27.60	27.60	
8	张光	身份证					1	3000.00			3500.00		0.00	0	0.00	0.00	
合计								27900.00			28000.00		2380.00		71.40	71.40	

图 6-29 个人所得税扣缴申报表

四、银行代发

目前许多单位发放工资时都采用银行代发方式。这种做法既减轻了财务部门现金发放工资工作的繁重，有效地避免了财务部门到银行提取大笔款项所承担的风险，又提高了对员工个人工资的保密程度。

选择“业务处理”→“银行代发”选项，即进入该功能界面。

1. 银行代发文件格式设置

银行代发文件格式设置是指根据银行的要求，设置提供数据中所包含的项目，以及项目的数据类型、长度和取值范围等。

业务 6-5：工商银行代发要求提交的数据盘中包括的数据内容和顺序为：单位编号（6 位）、人员编号（10 位）、姓名（8 位）、账号（11 位）、人员发放金额（10 位）、录入日期。标志行在首行，标志行包括单位银行账号、银行代发金额合计数、代发工资人数。

银行文件格式设置数据如表 6-1 所示。

表 6-1 银行文件格式设置数据

栏目名称	数据类型	总长度	小数长度	数据来源
单位编号	字符型	6		666888
人员编号	字符型	10		人员编号
姓名	字符型	8		人员姓名
账号	字符型	11		账号
金额	数字型	10	2	实发合计
录入日期	字符型	8		20110101

标志行设置格式：07316688　　实发合计　　合计人数

（1）在“银行代发一览表”界面单击【格式】按钮，或执行右键菜单中的“文件格式设置”命令，即可设置银行文件格式。

（2）当进入“银行代发”功能后，第一次进入系统自动显示格式设计，单击【格式】按钮或执行右键菜单中的“文件格式设置”命令，即可设置银行文件格式，如图 6-30 所示。

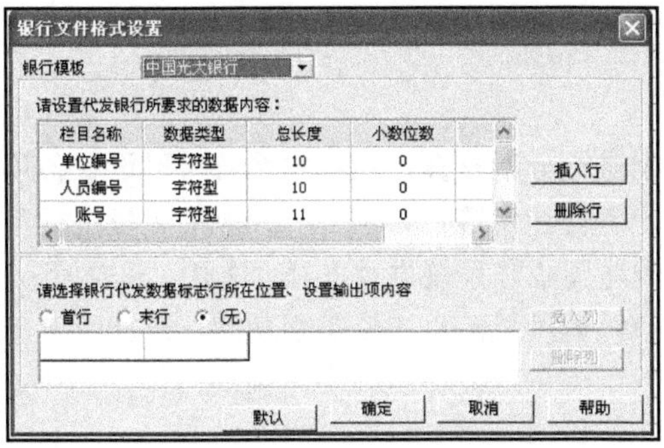

图 6-30 银行文件格式设置

（3）首先选择代发工资的银行模板，系统提供银行模板文件格式，若不能满足要求，可进行修改。每次修改都必须对栏目名称、数据类型、总长度、小数位数及数据来源进行设置。

（4）选择代发工资的银行：工商银行。输入栏目名称，选择数据类型，输入总长度、小数长度，输入数据内容或双击空白处，出现参照录入等。单击【插入行】、【删除行】按钮，增加或删除代发项目。

（5）选择银行代发数据标志行所在位置。若选择有标志行在首行或末行输出，则需设置输出内容，可利用【插入列】、【删除列】按钮增加或删除输出内容。

（6）单击【确定】按钮，系统保存设置，生成银行代发一览表。若录入的字段类型与数据内容不匹配，系统将给出提示“数据类型不符，转换吗?”，若单击【是】按钮，则系统自动将字段类型转换成与数据内容相符的格式；若单击【否】按钮，则需回到设置操作修改。

如果数据内容输入的不是工资项目，系统则自动将您输入的内容作为该栏目的数据，如上例中，单位编号为“2589666”，“2589666”不是工资项目，而是直接输入的内容。

2. 磁盘输出格式设置

银行代发文件格式设置：根据银行的要求，设置提供数据中所包含的项目，以及项目的数据类型、长度和取值范围等。

（1）进入“银行代发”功能后，单击【方式】按钮，即可设置银行代发磁盘文件，如图 6-31 所示。

（2）按银行规定在“常规”选项卡中选择文件输出类型。

TXT（定长文件）：扩展名为 TXT 的文本文件（固定宽度的文本文件）。

DAT（不定长文件）：在“DAT 文件类型”中，只有“字符型补位符”选项被选中时，“银行账号补位方向”才允许选择，否则该选项为不可用状态。

DBF（数据库文件）：所有设置均不可修改。

（3）选择“高级”选项卡，可对磁盘文件的格式进行查看和修改。

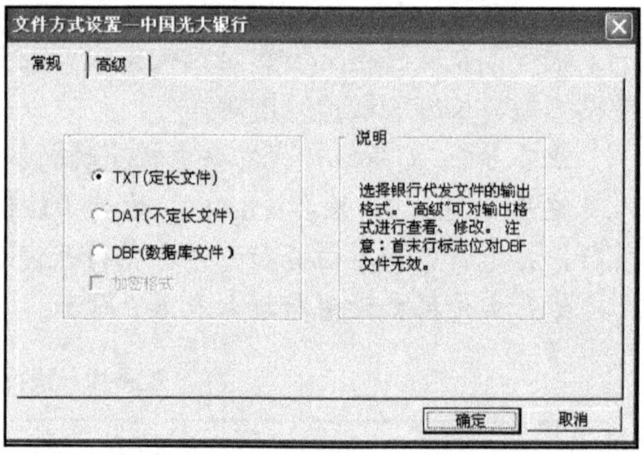

图 6-31 文件方式设置——中国光大银行

（4）选中“TXT（定长文件）”单选按钮，系统默认“字符型补位符”、“数值型补位符”为必选项目。可在其后的下拉列表框中选择银行规定的补位符，选“0”。系统对不同的文件格式都有一些默认值，如对其他可选项有要求可单击选取。

（5）银行账号补位方向有“左补位”和“右补位”两种选择，如果选择“左补位”，则当银行账号位数不足设置的输出长度时，系统输出时自动补位的方向是在左侧，如果选择“右补位”，则当银行账号位数不足设置的输出长度时，系统输出时自动补位的方向是在右侧，系统默认为“左补位”。

（6）单击【确定】按钮，则系统完成磁盘文件的格式设置。

磁盘文件的格式设置对标志行无效。前述设置完毕后，可以单击【磁盘输出】按钮，按银行要求的方式保存文件。

五、工资分摊凭证生成

月末，企业要对各部门、各类人员的工资等费用进行分配核算，通过本系统可以设置各项费用计提基数，并计提应付福利费、工会经费、职工教育经费等。对各部门人员的工资进行工资费用和其他费用的分配，编制动转账会计凭证，传递到总账系统供登账处理之用。

为了便于采用多种工资类别的企业进行管理，系统提供了汇总工资类别功能，统计所有工资类别本月发放工资的合计数。

1. 处理流程

打开工资类别→进行人工资分摊设置→选择日期和部门→确定基数→定义分摊类型→分摊工资费用→设置会计科目。

2. 工资分摊

业务 6-6：以工资总额的 14%计提福利费。

（1）工资分摊设置。

① 在“工资分摊”对话框中，单击【工资分摊设置】按钮。

② 单击【增加】按钮，打开“分摊计提比例设置”对话框，如图 6-32 所示，录入“计提福利费”和计提比率“14%”。

③ 单击【下一步】按钮，进入“分摊构成设置”界面。

④ 在“分摊构成设置”中，输入部门名称、人员类别、借方科目、贷方科目等，如图 6-33 所示。

⑤ 单击【完成】按钮。

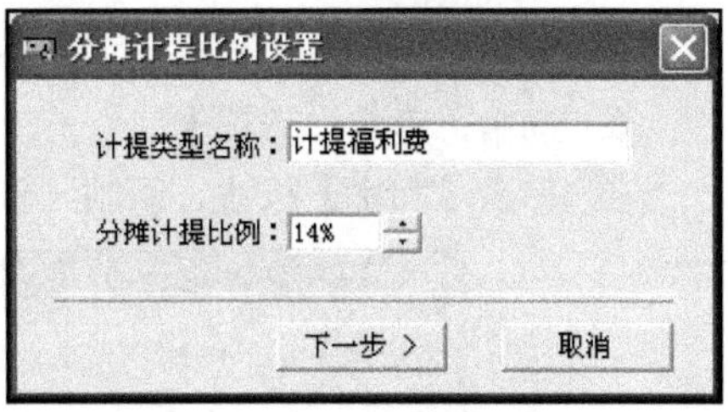

图 6-32 分摊计提比例设置

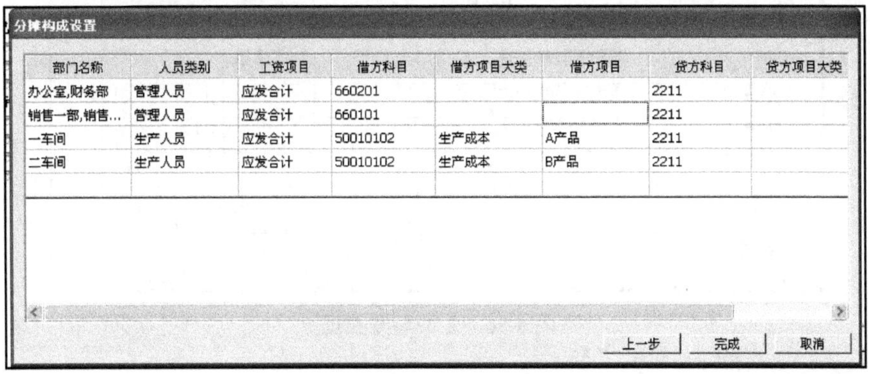

部门名称	人员类别	工资项目	借方科目	借方项目大类	借方项目	贷方科目	贷方项目大类
办公室,财务部	管理人员	应发合计	660201			2211	
销售一部,销售...	管理人员	应发合计	660101			2211	
一车间	生产人员	应发合计	50010102	生产成本	A产品	2211	
二车间	生产人员	应发合计	50010102	生产成本	B产品	2211	

图 6-33 分摊构成设置

（2）工资分摊。

① 选择“业务处理”→“工资分摊”选项。

② 确定分摊计提费用的类型：在项目前“□”图标上单击，即“√”选中。

③ 选择核算部门：在各核算部门前的“□”图标上单击，则“□”图标打上“√”标志。选中“明细到工资项目”复选框，如图 6-34 所示。

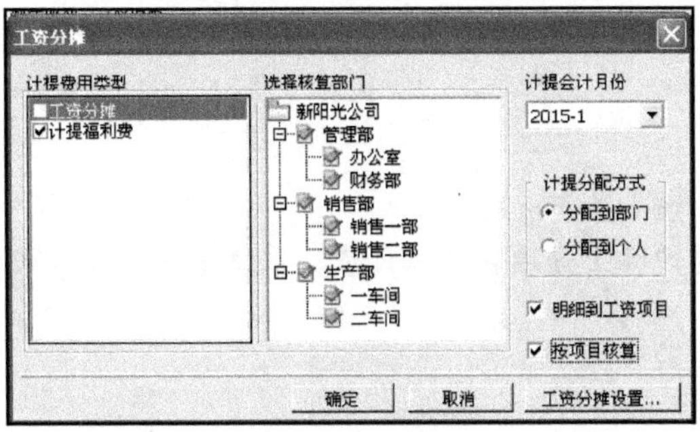

图 6-34 选择“计提福利费”分摊

④ 单击【确定】按钮，用户根据需要选择是否按“合并科目相同、辅助项相同的分录”显示一览表。

⑤ 在“类型”下拉列表框中选择分摊类型，系统按选择的分摊类型显示其他一览表。

⑥ 单击【重选】按钮，重新进行工资分摊类型、分摊计提比例和分类构成设置，如图 6-35 所示。

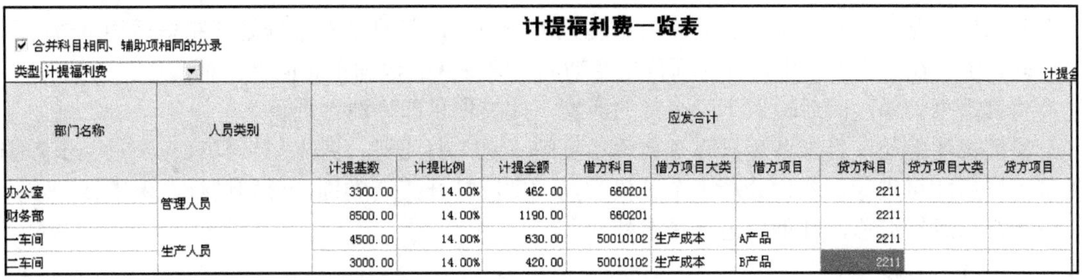

部门名称	人员类别	应发合计								
		计提基数	计提比例	计提金额	借方科目	借方项目大类	借方项目	贷方科目	贷方项目大类	贷方项目
办公室	管理人员	3300.00	14.00%	462.00	660201			2211		
财务部		8500.00	14.00%	1190.00	660201			2211		
一车间	生产人员	4500.00	14.00%	630.00	50010102	生产成本	A产品	2211		
二车间		3000.00	14.00%	420.00	50010102	生产成本	B产品	2211		

图 6-35 计提福利费分配表

（3）生成凭证。

① 选择“业务处理”→“工资分摊”选项，进行工资费用分摊。

② 选中“确定”选项卡。

③ 单击【制单】按钮，编制工资费用分配凭证，如图 6-36 所示。

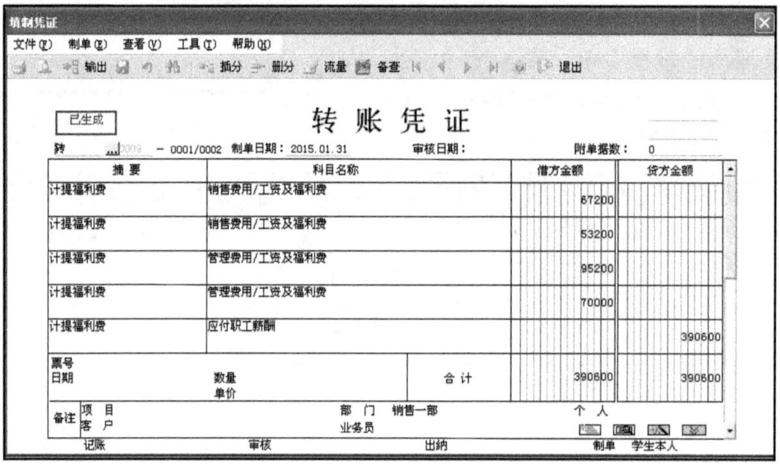

图 6-36 生成转账凭证

六、账表查询

在工资管理系统中，可以对各种工资表进行查询，而工资表主要包括“工资发放签名表”、“工资发放条”、“工资卡”、“部门工资汇总表”、“人员类别工资汇总表”等系统提供的原始表，它们用于本月工资发放和统计，工资表可以进行修改和重建。

任务三 薪资管理系统期末业务

任务解析

本次任务主要学习薪资管理系统期末业务的处理方法与流程。

当企业完成本期业务以后，就要进行期末处理，如工资项目清零处理、系统结账与反结账处理、年末结转处理。

知识链接

一、月末结账

月末结转是将当月数据经过处理后结转至下一个月，每月工资数据处理完毕后均可进行月末结转。由于在工资项目中，有的项目是变动的，即每月的数据不相同，在对每月工资处理时，均需将其数据清零，而后输入下一个月的数据，此类项目即为清零项目。

需要说明的是，月末结转只有在会计年度的 1～11 月进行；月末结转只有在当月工资数据处理完毕后才可进行；若为处理多个工资类别，则应打开工资类别，分别进行月末结转；本月工资数据未进行汇总，则不能进行月末处理。

二、反结账

在薪资管理系统结账后，发现还有一些业务或其他事项需要在已结账月进行账务处理，此时需要使用反结账功能，取消已结账标记。

注意有下列情况之一的，不允许反结账。

（1）总账系统已结账。

（2）本月工资分摊、计提凭证传输到总账系统，如果总账系统已制单并记账，需做红字冲销凭证后，才能反结账；如果总账系统未做任何操作，只需删除此凭证即可。

（3）如果凭证已经由出纳签字/主管签字，需取消出纳签字/主管签字，并删除该张凭证后，才能反结账。

三、年末结转

年末结转是每年 12 月的工资处理后将当年的工资数据转至下年。它与月末处理的功能类似，区别是要将本年度的重要数据进行备份，并可以对信息重组，为劳动管理积累资料，最后还要自动建立新年度的全套工资账。

任务实施

沿用新阳光有限公司的账套。

1. 对新阳光有限公司的薪资系统进行月末结账。

2. 选择浮动工资、请假天数、请假扣款、扣款合计、实发合计、计税工资、代扣税工资项目为清零项目。

3. 对新阳光有限公司正式职工工资类别 1 月薪资进行反结账。

一、月末结转

（1）选择“业务处理”→“月末处理”选项，打开“月末处理”对话框，如图 6-37 所示。

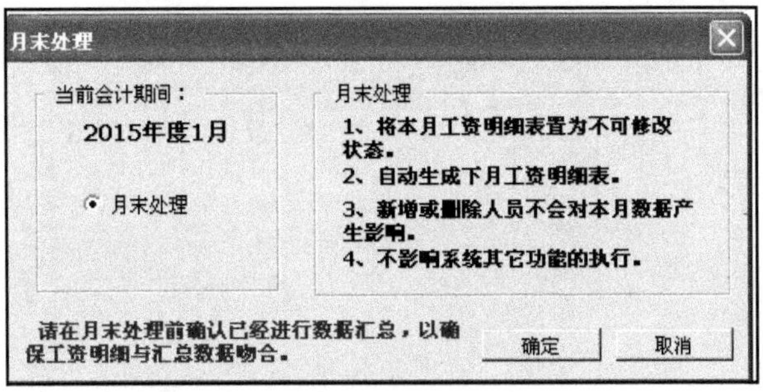

图 6-37 月末处理 1

（2）单击【确定】按钮，系统提示是否继续月末处理，如图 6-38 所示。

（3）单击【是】按钮，系统提示“是否选择清零项？”，如图 6-39 所示。

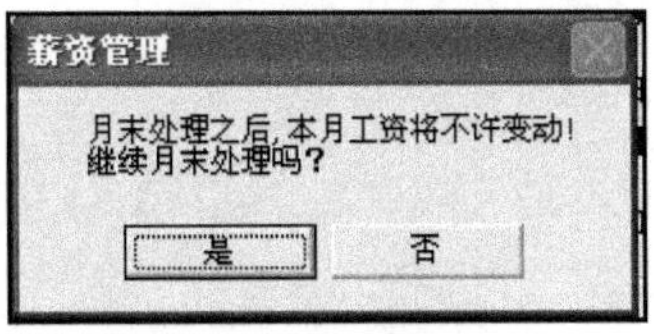

图 6-38 月末处理 2

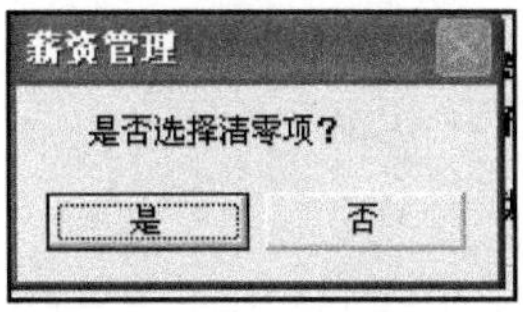

图 6-39 月末处理 3

（4）单击【是】按钮，打开“选择清零项目”对话框，选择清零的项目，单击【确定】按钮，如图 6-40 所示。

（5）系统提示“月末处理完毕!”，单击【确定】按钮，系统将清零项目数据清空，未清零工资项目数据转到下月。

（6）对“临时职工”工资类别结账，结账方法与“正式职工”工资类别结账方法相同。

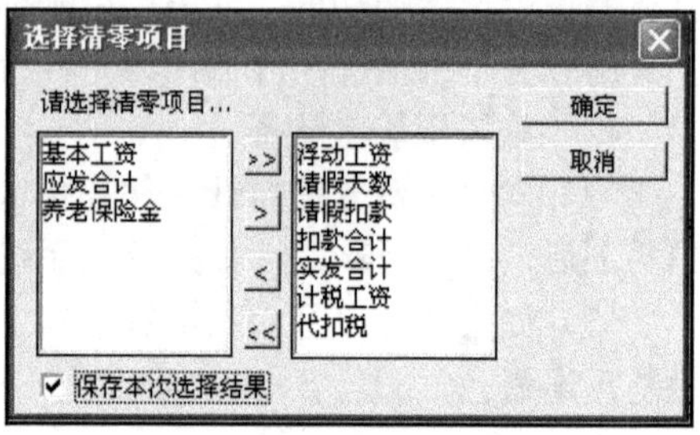

图 6-40　月末处理 4

二、反结账

选择“业务处理”→“反结账”选项，进入“反结账”界面。系统自动显示当前工资类别中最大的已结账会计月份，不允许修改。反结账只能由账套主管执行。

◎ 项目总结 ◎

薪资管理项目通过系统初始化、本期业务处理、期末处理 3 个任务来实现。其中初始化任务包括新建工资账套、设置工资类别、人员附加信息设置、工资发放次数设置、部门设置、人员档案设置、系统选项设置；本期业务处理任务包括工资核算、工资发放、工资费用分摊、工资统计分析和个人所得税核算；期末处理任务包括月末结账、反结账处理、年末结账处理。

项目七 固定资产管理

学习目标

【知识目标】

1. 熟悉固定资产管理系统的主要功能。
2. 熟悉固定资产管理系统账套设置及初始化操作。
3. 熟悉固定资产增加、减少、变动及折旧等日常处理操作。
4. 熟悉固定资产管理系统月末对账、结账操作。
5. 熟悉固定资产管理系统的账表管理。

【技能目标】

1. 根据企业固定资产核算要求建立固定资产账套。
2. 根据企业固定资产核算资料完成资产类别设置、固定资产卡片录入等系统初始化设置。
3. 根据企业资料要求完成固定资产变动操作。
4. 根据企业资料要求完成固定资产折旧计算。
5. 根据企业资料生成固定资产增减变动业务、计提折旧凭证。
6. 完成固定资产管理系统月末处理。

任务一 固定资产管理系统初始化

任务解析

要求了解固定资产管理系统的基本内容和操作流程，掌握固定资产管理系统初始化设置的操作方法。

固定资产管理系统初始化是根据单位的具体情况，建立一个适合单位需要的固定资产系统账套的过程。要设置的操作步骤主要包括约定及说明、启用月份、折旧信息、编码方式、账务接口和完成设置六部分。初始化后进行基础设置操作，包括卡片项目定义、样式定义、折旧方法定义、类别设置、部门设置、使用状况定义、增减方式定义、录入原始卡片。

知识链接

一、固定资产管理系统功能概述

固定资产管理系统适用于各类企业和行政事业单位进行固定资产管理、折旧计提等。可同时为总账系统提供折旧凭证，为成本管理系统提供固定资产的折旧费用依据。

1. 系统设置

系统设置包括提供外币管理资产设备，定义资产分类编码方式和资产类别，定义固定资产的使用年限、残值率，定义部门核算的科目，转账时自动生成凭证、定义使用状况，并增加折旧属性，使用更灵活、恢复月末结账前状态，又称反结账，是本系统提供的一个纠错功能。

2. 业务处理

业务处理功能包括设置卡片项目、固定资产卡片批量打印的功能、资产附属设备和辅助信息的管理、按类别定义卡片样式、固定资产卡片批量复制、原值变动表、启用记录、部门转移记录、大修记录、清理信息等附表、处理各种资产变动业务[原值变动、部门转移、使用状况变动、使用年限调整、折旧方法调整、净残值（率）调整、工作总量调整、累计折旧调整、资产类别调整等]。

3. 折旧相关设置

折旧相关设置包括自定义折旧分配周期，定义折旧公式，提供常用折旧方法，系统自动更改折旧计算，计提折旧，生成折旧分配表，并按分配表自动制作记账凭证。

4. 输出账表

输出账表包括输出固定资产总账、单个固定资产明细账、固定资产登记簿、部门类别明细账、各类固定资产分析表、统计表、折旧表、减值准备表。

二、固定资产管理系统操作流程

固定资产管理系统操作流程如图 7-1 所示。

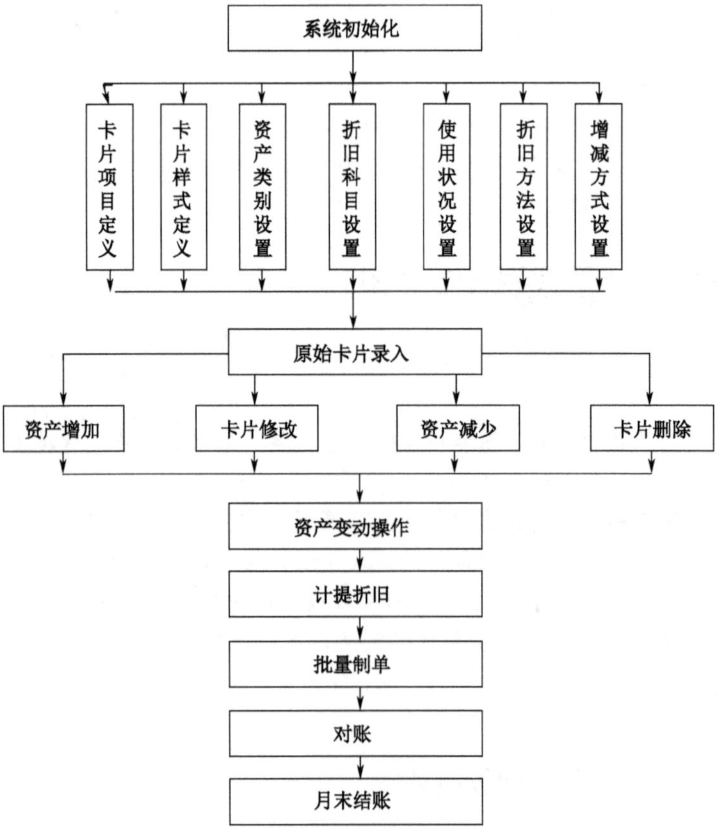

图 7-1　固定资产管理系统操作流程

任务实施

沿用新阳光有限公司的账套，根据以下资料进行固定资产系统的初始化。

（1）启用月份：2015 年 01 月 01 日。

（2）主要折旧方法：平均年限法（一），折旧汇总分配周期 1 个月。

（3）类别编码方式为 2112，固定资产编码方式：按“类别编码+序号”自动编码。

（4）卡片序号长度为 3。

（5）要求与总账系统进行对账，固定资产对账科目：“1601 固定资产”；累计折旧对账科目：“1602 累计折旧”。

（6）在对账不平情况下允许固定资产月末结账。

（7）部门档案及对应折旧科目：

<table>
<tr><th>部门编码</th><th colspan="2">部门名称</th><th>部门属性</th><th>对应折旧科目</th></tr>
<tr><td>01</td><td colspan="2">管理部</td><td>管理部门</td><td></td></tr>
<tr><td>0101</td><td colspan="2">办公室</td><td>综合部门</td><td>管理费用——折旧费</td></tr>
<tr><td>0102</td><td colspan="2">财务部</td><td>财务管理</td><td>管理费用——折旧费</td></tr>
<tr><td rowspan="2">02</td><td rowspan="2">销售部</td><td>销售一部</td><td rowspan="2">购销管理</td><td rowspan="2">销售费用——折旧费</td></tr>
<tr><td>销售二部</td></tr>
<tr><td rowspan="2">03</td><td rowspan="2">生产部</td><td>一车间</td><td rowspan="2">生产管理</td><td rowspan="2">制造费用——折旧费</td></tr>
<tr><td>二车间</td></tr>
</table>

（8）资产类别：

编码	类别名称	使用年限	净残值率	单位	计提属性	折旧方法
01	房屋建筑物		4%	栋	正常计提	平均年限法
011	办公楼	40	4%	栋	正常计提	平均年限法
012	其他建筑物	30	4%	栋	正常计提	平均年限法
02	办公设备		1%	台	正常计提	平均年限法
03	运输工具	10	4%	辆	正常计提	工作量法

（9）增减方式：

增减方式	对应入账科目
增加方式：自建	1604 在建工程
直接购入	100201 工行存款
减少方式：报废	1606 固定资产清理
毁损	1606 固定资产清理

（10）2015 年 01 月 01 日原始卡片资料：

卡片编号	00001	00002	00003	00004	00005	00006
类别编码	011	02	02	02	03	03
资产编号	011001	02001	02002	02003	03001	03002
资产名称	办公楼	联想电脑	方正电脑 1	传真机 1	小轿车	货车
所在部门	销售一部、销售二部 财务部、办公室	财务部	销售一部	办公室	办公室	一车间 二车间
增加方式	在建工程转入	直接购入	直接购入	直接购入	直接购入	直接购入

续表

使用状况	在用	在用	在用	在用	在用	在用
折旧方法	平均年限法（一）	平均年限法（一）	平均年限法（一）	平均年限法（一）	工作量法	工作量法
币种	人民币	人民币	人民币	人民币	人民币	人民币
对应折旧科目	管理费用 销售费用	管理费用	销售费用	管理费用	管理费用	制造费用
规格型号	砖混	万全	文祥	佳能	奔驰	东风
可使用年限	40 年	5 年	5 年	3 年	10 年	10 年
预计工作量					20 万公里	50 万公里
开始使用日期	2013-12-3	2013-12-3	2013-12-3	2013-12-3	2013-12-3	2013-12-3
固定资产原值	2 200 000	10 000	8 000	4 000	1 200 000	300 000
净残值率	4%	0	0	0	4%	4%
净残值	88 000	0	0	0	48 000	12 000
月折旧额	4 400	167	133.6	111.2		
累计折旧	52 800	2 004	6 400	1 320	640 000	160 000

备注：1. 办公楼折旧费用由销售一部、销售二部、办公室、财务部各占 25%。
2. 货车折旧费用由一车间、二车间各占 50%。
3. 折旧方法为平均年限法（一）。
4. 小轿车累计工作量为 10 万公里，货车累计工作量为 20 万公里。

一、初次启用固定资产管理系统的参数设置

第一次使用固定资产管理系统打开一账套时，系统会自动提示进行系统初始化，如图 7-2 所示，单击【是】按钮，打开固定资产初始化向导，进入系统初始化阶段。

账套设置包括约定与说明、启用月份、折旧信息、编码方式及账务接口等，这些参数在初次启动固定资产管理系统时设置，其他参数可以在“选项”对话框中补充。

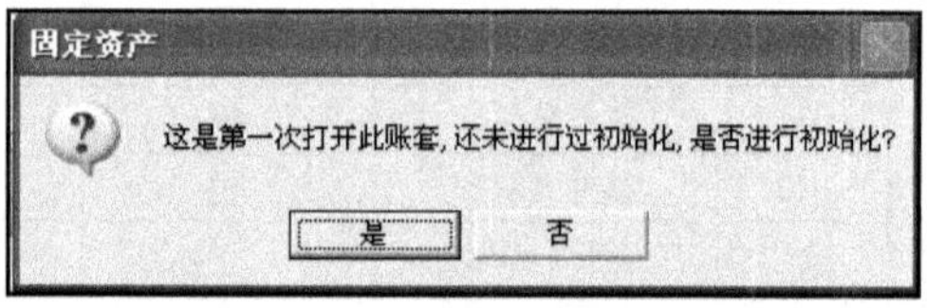

图 7-2 “固定资产”对话框

1. 约定及说明

约定及说明的内容是该账套基本信息和系统处理的一些基本原则，需要使用者认真检查、确定，如图 7-3 所示。单击【下一步】按钮，设置启用月份。

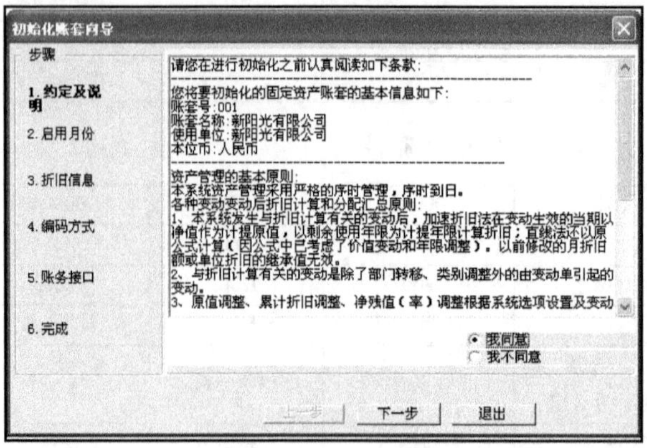

图 7-3 约定及说明

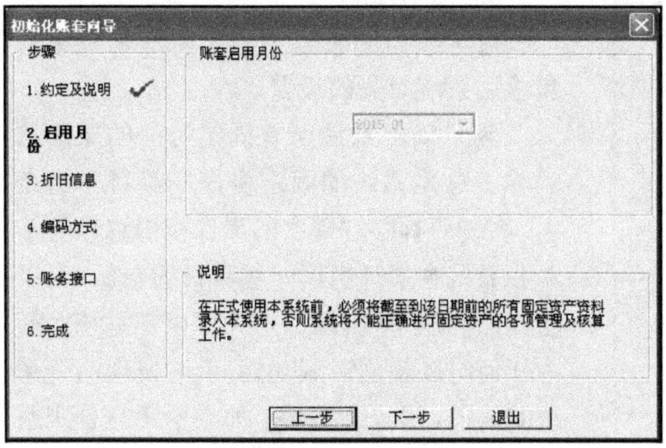

图 7-4 启用月份

2. 启用月份

如果需要向总账系统传递凭证，则固定资产管理系统的启用月份不得在总账系统的启用月份之前。在启用月份确定后，在该月前的所有固定资产都将作为期初数据进行处理，如图 7-4 所示。单击【下一步】按钮，设置折旧信息。

3. 折旧信息

系统提供了 5 种折旧方法，即不提折旧、平均年限法、工作量法、年数总和法和双倍余额递减法，企业根据自身的需要确定计提折旧的主要方法。如果不选中“本账套计提折旧”复选框，表示本账套不计提折旧。一旦确定账套不提折旧，账套内与折旧有关的功能将不能操作，该判断在初始化设置完成后不能修改。需要说明的是，此处选择一种折旧方法并不表示本账套所有的固定资产只能用这种方法来计算折旧。若此处选择“平均年限法(一)”选项，表明主要折旧方法为“平均年限法”，本账套某固定资产要采用“工作量法”计提折旧，同样可以设置。

折旧汇总分配周期是指企业在实际计提折旧时的时间间隔。企业在实际计提折旧时，不一定每个月计提一次，可根据所处的行业和自身情况确定计提折旧和将折旧归集成本和费用的周期。这里提供了 1、2、3、4、6、12 六种选择，若选择“3”选项，表明 3 个月一个周期进行折旧费用汇总分配，一个周期生成一张记账凭证，如图 7-5 所示。

设置完折旧信息后，单击【下一步】按钮，设置编码方式。

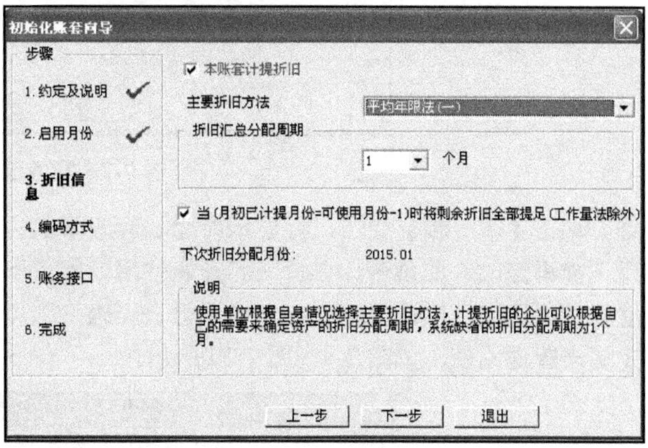

图 7-5 折旧信息

4. 编码方式

设置资产类别的编码方式。资产类别是根据单位管理和核算的需要给资产所做的分类，可参照国家标准分类，也可根据需要自己分类。本系统类别编码最多可设置 4 级 10 位码，可以设定级数和每一级的编码长度。系统推荐采用国家规定的 4 级 6 位码（2112）方式。

设置固定资产编码方式。固定资产编码是资产的管理者给固定资产所编的编号，可以在输入卡片时手工输入，也可以选用自动编码的形式自动生成。如果选中了“手工输入”单选按钮，则卡片输入时通过手工输入的方式录入资产编号。如果选中了“自动编码”单选按钮，可单击下拉列表框，从“类别编号+序号”、“部门编号+序号”、“类别编号+部门编号+序号”、“部门编号+类别编号+序号”选项中根据单位情况选择一种。序号的长度可自由设定为 1～5 位。建议初学者选中“自动编码”单选按钮，方便了解固定资产的基本情况，如图 7-6 所示。

经过以上设置，单击【下一步】按钮，设置账务接口。

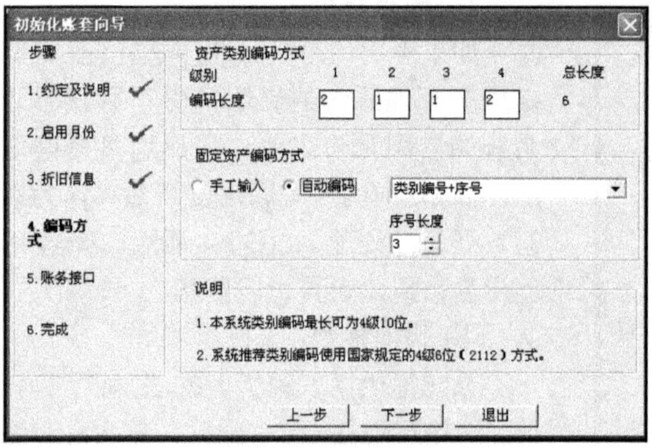

图 7-6 编码方式

5. 账务接口

财务接口的设置为固定资产管理系统和总账系统对账的设置。

为了确保系统所有固定资产的原值总额等于总账系统的固定资产一级科目的余额，系统所有固定资产的累计折旧总额等于总账系统中累计折旧一级科目的余额，可以选择与总账系统对账，这样可以在系统运行中任何时候使用对账功能，及时发现两个系统的偏差，并予以调整。如果不想与总账系统对账，可不进行选择，表示不对账。

如果选择了与总账系统进行对账，需要相应地确定固定资产管理系统和总账系统中选择哪一会计科目对账。一般情况下固定资产对账科目应选择总账系统内“固定资产”一级科目，累计折旧对账科目应选择总账系统中“累计折旧”一级科目，如图 7-7 所示。

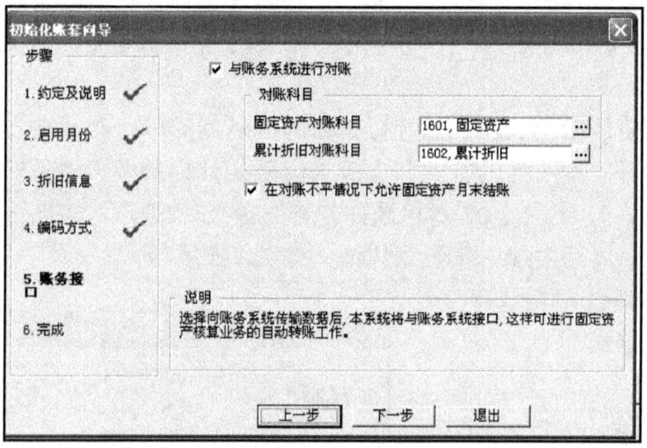

图 7-7 账务接口

单击【下一步】按钮，将显示前面 5 项设置的内容，需认真检查，因为有些内容在初始化后不能再修改，如是否计提折旧和开始使用期间是不能再修改的，其他上述各项可在“基础设置”的“选项”对话框中修改。如果检查正确，则可单击【完成】按钮，这样可以正式启用固定资产管理系统，如图 7-8～图 7-10 所示。

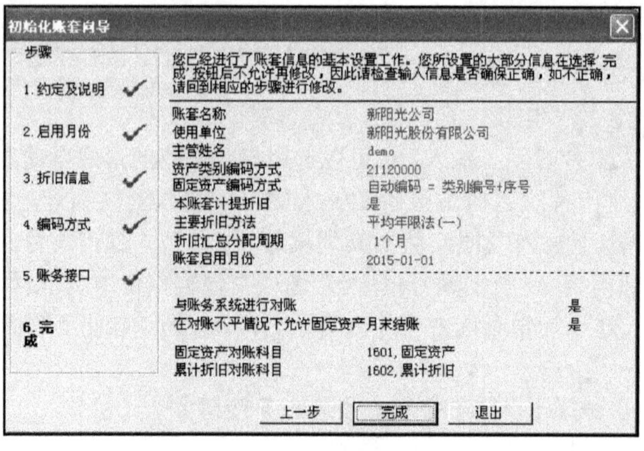

图 7-8 固定资产系统账务参数检查

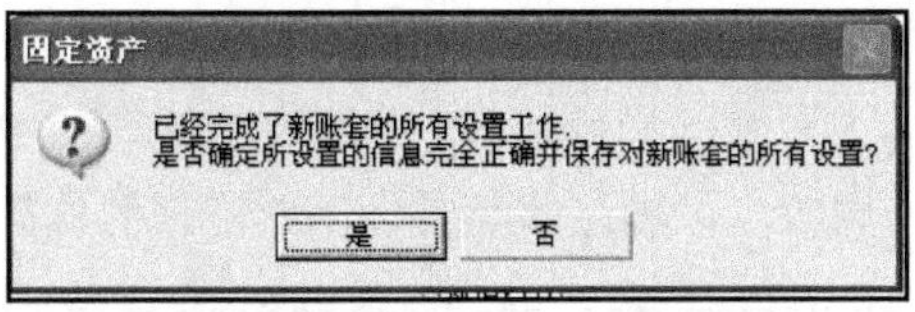

图 7-9　账务参数设置完成提示

图 7-10　账务参数设置完毕

二、基础设置

1. 部门对应折旧科目

部门档案在总账处理系统已经设置，此处可以共享。如果部门还没有设置，可在企业应用平台“基础档案”→“机构人员”→“部门档案”中设置部门，操作方法略。

资产计提折旧后必须把折旧归入成本或费用，根据不同企业的具体情况，可按部门进行归集或按类别进行归集。当按部门归集折旧费用时，一般情况下，某一部门内资产的折旧费用将归集到一个比较固定的科目，所以部门折旧科目的设置就是给部门选择一个折旧科目，录入卡片时，该科目自动生成在卡片中，不必逐个输入。

（1）选择“设置”→“部门对应折旧科目”选项，进入“部门编码表”窗口。

（2）选择要设置的部门，然后选择“单张视图”选项卡，单击【修改】按钮，选择或输入相应的折旧科目，如“办公室”相对应的折旧科目为“550203 管理费用_折旧费”。

（3）单击【保存】按钮，即可设置相应的折旧科目，如图 7-11～图 7-13 所示。

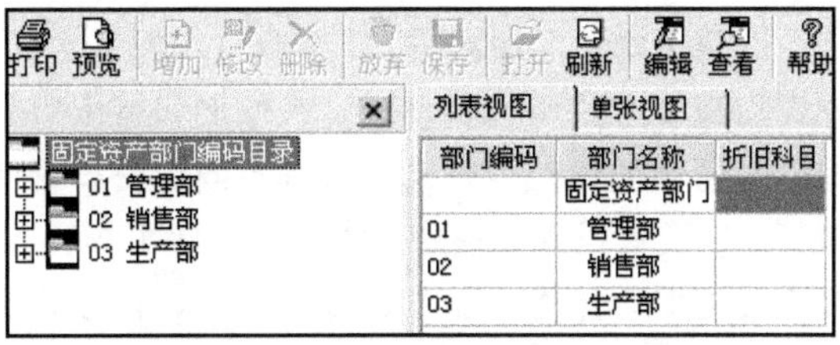

图 7-11　部门对应折旧科目设置 1

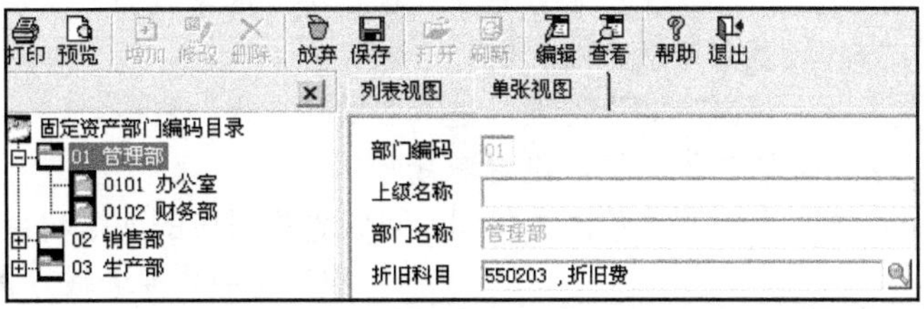

图 7-12　部门对应折旧科目设置 2

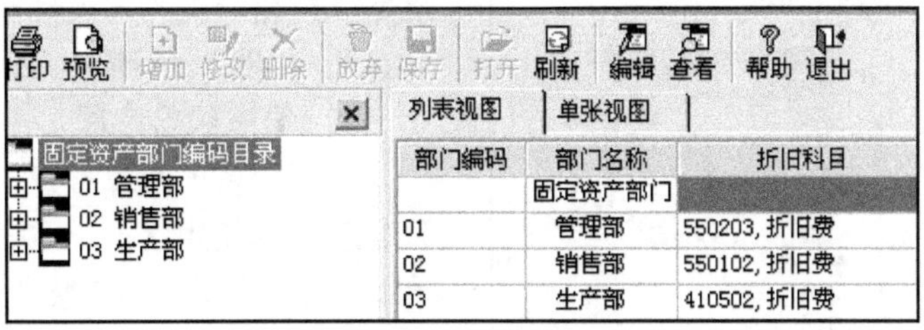

图 7-13　部门对应折旧科目设置 3

2. 资产类别设置

对固定资产进行分类有利于强化固定资产管理，及时准确做好固定资产核算，为核算和统计管理提供依据。在定义固定资产类别时，可以设置该类固定资产的类别编码、类别名称、使用年限、净残值率、计量单位、计提属性、折旧方法和卡片样式。定义了这些共性之后，在录入某类固定资产卡片时，系统自动将这些公共的项目复制到该类固定资产卡片中。当然，也可以对除类别编码、类别名称之外的其他项目进行修改，以满足该类某项固定资产的实际需要。

以新阳光有限公司为例。

（1）选择“设置”→“资产类别”选项，进入“类别编码表”窗口。

（2）单击【增加】按钮，进入“固定资产类别设置”窗口。

（3）按要求录入拟增加的类别编码、类别名称、使用年限、净残值率、计量单位、计提属性、折旧方法、卡片样式，如图 7-14 所示。

（4）单击【保存】按钮，保存设置内容。

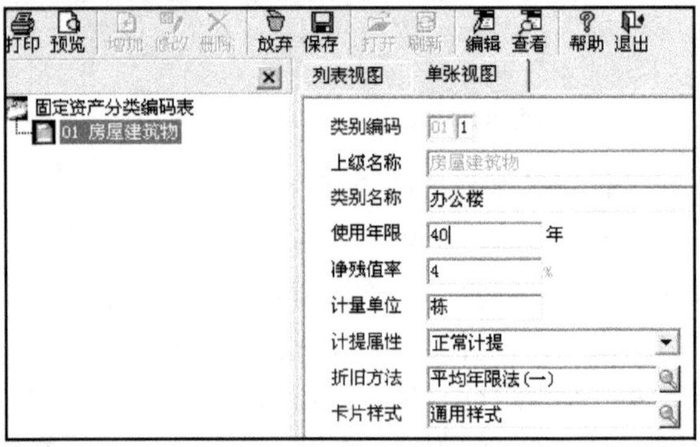

图 7-14 固定资产类别设置

提示

定义资产类别时，必须从上级开始定义。

资产类别编码不能重复，同级别的类别名称不能相同。

3. 增减方式设置

固定资产管理系统已经设置了常见的增减方式，企业可以根据实际情况设置其他增减方式。

增减方式包括增加方式和减少方式两类。设置资产增加和减少方式可以用以确定资产计价和处理的原则，同时明确资产的增加和减少方式可做到对固定资产增减的汇总管理心中有数。增加的方式主要有直接购买、投资者投入、捐赠、盘盈、在建工程转入、融资租入、债务重组、非货币性交易等；减少的方式主要有出售、盘亏、投资转出、捐赠转出、报废、毁损及融资租出、债务重组、非货币性交易等。

为了在增减业务发生时，固定资产管理系统能根据不同的增减方式自动地生成记账凭证，可以按照不同的增减方式设置对应的入账科目。

（1）选择“设置”→“增减方式”选项，进入“增减方式”窗口。

（2）单击【增加】或【删除】按钮，设置增减方式。

（3）选中某种增减方式，单击【修改】按钮，可设置相对应的入账科目。

（4）选中某种增减方式，单击【修改】按钮，选择或输入相应的对应入账科目，如“直接购入”相对应的入账科目为“100201，工行存款”，如图 7-15 所示。

图 7-15 增减方式设置

4. 使用状况设置

从固定资产核算和管理的角度，需要明确固定资产的使用状况，一方面可以正确地计算和计提折旧；另一方面便于统计固定资产的使用情况，提高资产的利用效率。主要的使用状况有使用中（又可以进一步分为在用、季节性停用、经营性出租、大修理停用）、未使用、不需用等。在设置时，根据不同类别的固定资产的不同使用状况决定是否要计提折旧。

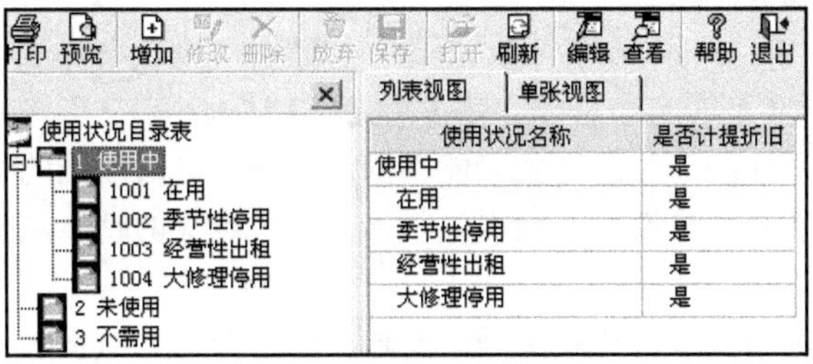

图 7-16　使用状况设置

固定资产管理系统提供了基本的使用状况，用户可以根据需要进行修改或定义新的使用状况。

（1）选择“设置”→“使用状况”选项，进入“使用状况”窗口，如图 7-16 所示。

（2）单击【增加】或【删除】按钮，设置使用状况。

（3）选中某种使用状况，单击【修改】按钮，可设置是否计提折旧。

5. 折旧方法设置

折旧方法设置是系统自动计算折旧的基础，系统提供常用的 7 种方法，即不提折旧、平均年限法（一）、平均年限法（二）、工作量法、年数总和法、双倍余额递减法（一）、双倍余额递减法（二），并列出了它们相应的折旧计算公式，如图 7-17 所示。这 7 种方法是系统提供的折旧方法，只能供选择，不能删除和修改。

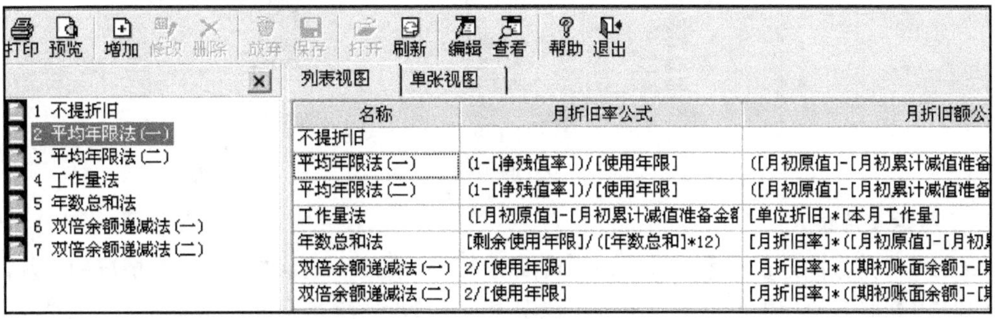

图 7-17　折旧方法设置

企业还可根据实际需要，增加适合自己需要的折旧方法。系统提供了折旧方法的自定义功能，企业可以定义折旧方法名称和计算公式。

三、卡片管理

1. 卡片项目定义

卡片项目是资产卡片上要显示的用来记录资产资料的栏目，如原值、资产名称、使用年限、折旧方法等是卡片最基本的项目。固定资产管理系统提供了一些常用卡片必需的项目，称为系统项目，但系统项目不一定能满足所有企业的需要，企业可以根据实际情况自定义卡片项目，自定义卡片项目时需定义名称、数据类型、字符长度和小数位长。数据类型一般包括数字型、字符型、标签型和日期型。如果选择了数字型，就需要定义小数位长，如图 7-18 所示，所

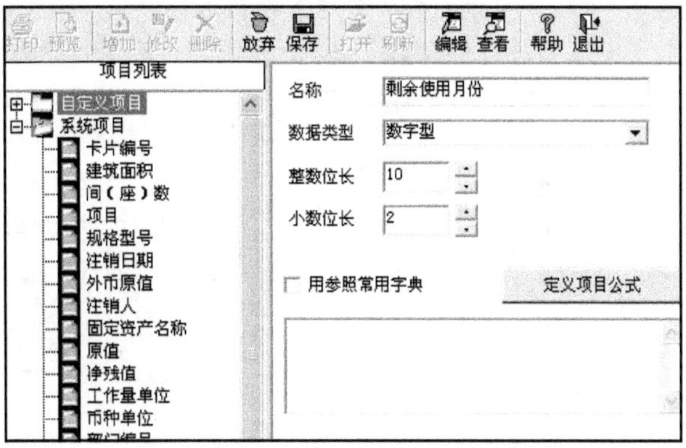

图 7-18　卡片项目自定义

定义的项目则称为自定义项目，这两部分构成卡片项目目录。

2. 卡片样式定义

卡片样式指卡片的整个外观，包括其格式（是否有表格线、对齐形式、字体大小、字形等）、所包含的项目和项目的设置。不同的企业所设计的卡片的样式可能不同，同一企业对不同的资产管理的内容和侧重点也可能不同，因此为了具有灵活性，则提供了卡片样式定义的功能，企业可采用系统通用的卡片样式，也可以定义新的卡片样式。

定义新的卡片样式比较复杂，尤其有很多系统项目样式上是不能缺少的，否则无法正确计算折旧，因此定义一个新的卡片样式是在选择已有样式的基础上得到的。为了简便，应该选择与要定义的样式比较接近的已有样式，以此为基础定义新的样式。通用样式卡片如图 7-19 所示。

图 7-19　通用样式卡片

3. 原始卡片录入

原始卡片是指固定资产系统开始使用日期时企业已有的所记录的固定资产情况的卡片，即已使用过并已计提折旧的固定资产卡片。在使用固定资产管理系统进行核算前，必须将原始卡片资料录入系统，保存历史资料的连续性，也为以后的日常管理奠定了基础。

以新阳光有限公司的固定资产卡片资料为例：在输入原始卡片时，系统会提供资产类别参照。因为一个资产类别对应着一种卡片样式，选择所属的资产类别后，才可进行相应的卡片输入。卡片输入如图 7-20 所示。

（1）选择“卡片”→“录入原始卡片”选项，打开“资产类别参照”对话框。

（2）选择固定资产类别“01 房屋及建筑物”下的子类别“011 办公楼”。

（3）单击【确认】按钮，进行固定资产卡片录入。

（4）录入固定资产卡片各项目数据。

（5）单击【保存】按钮，一张固定资产卡片录入完毕，其他信息资料按相同的方法进行设置。

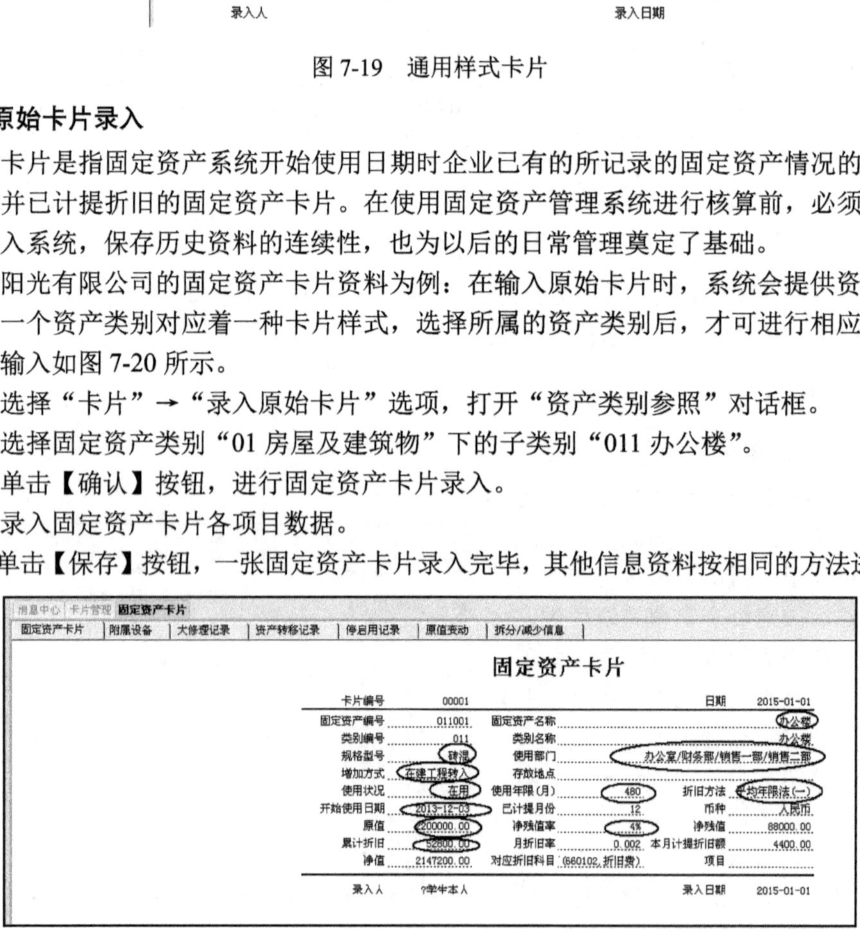

图 7-20　卡片输入

在原始卡片输入操作中，固定资产的资产编号和类别编号一般由系统根据前面的设置自动生成，固定资产名称需要人工输入，部门名称、增加方式和使用状况是参照输入，使用年限、净残值率、折旧方法及币种都是系统默认值，当然可以修改。此外，还要设置相关折旧信息，如开始使用日期、原值、累计折旧、净值、月折旧率、月折旧额、对应折旧科目，如选择工作量法计提折旧，还要输入工作总量、累计工作量和工作量单位等。

主卡输入后，选择其他选项卡，输入附属设备和输入以前卡片发生的各种变动。

任务二　固定资产管理系统本期业务处理

任务解析

要求掌握固定资产管理系统本期业务处理的知识内容和操作方法。

固定资产管理系统的日常操作不仅包括了卡片操作（新增资产卡片录入、固定资产卡片修改、删除、资产减少、卡片查询、卡片打印等）；还包括了资产变动操作[资产发生原值变动、部门转移、使用状况调整、折旧方法调整、累计折旧调整、净残值（率）调整、工作总量调整、使用年限调整、类别调整等]、计提折旧、制单操作。

知识链接

一、资产增加

资产增加即新增加固定资产卡片，在系统日常使用过程中，可能会购进或通过其他方式增加企业资产，该部分资产通过“资产增加”操作录入系统。当固定资产开始使用日期的会计期间等于或大于录入会计期间时，才能通过“资产增加”录入。

二、资产减少

资产在使用过程中，总会由于各种原因，如毁损、出售、盘亏等，退出企业，该部分操作称为资产减少。本系统提供资产减少的批量操作，为同时清理一批资产提供方便。

三、变动单

变动单是单位固定资产由于发生原值增加、原值减少、部门转移、使用状况调整、折旧方法调整、累计折旧调整、使用年限调整、工作总量调整、净残值（率）调整、类别调整等固定资产数据或相关信息发生变动而填制的单据。

四、计提折旧

自动计提折旧是固定资产管理系统的主要功能之一。系统每期计提折旧一次，根据录入系统的资料自动计算每项资产的折旧，并自动生成折旧分配表，然后制作记账凭证，将本期的折旧费用自动登账。使用此功能后，系统将自动计提各个资产当期的折旧额，并将当期的折旧额自动累加到累计折旧项目。

五、制作记账凭证

制作记账凭证即制单。固定资产管理系统和账务系统之间存在着数据的自动传输，该传输通过制作传送到账务的凭证实现。本系统需要制单或修改凭证的情况包括资产增加（录入新卡片）、资产减少、卡片修改（涉及原值或累计折旧时）、资产评估（涉及原值或累计折旧变化时）、原值变动、累计折旧调整、计提减值准备调整、转回减值准备调整、折旧分配等业务。

任务实施

沿用新阳光有限公司的账套，根据以下资料完成固定资产管理系统本期业务处理。

（1）2015 年 1 月固定资产增加情况如下表所示。

卡片编号	00007	00008	00009
类别编码	03	02	02
固定资产编号	03003	02004	02005
固定资产名称	汽车	方正电脑 2	传真机 2
所在部门	办公室	销售一部	销售二部
增加方式	直接购入	直接购入	直接购入
使用状况	在用	在用	在用
折旧方法	工作量法	平均年限法（一）	平均年限法（一）
币种	人民币	人民币	人民币
对应折旧科目	管理费用	销售费用	销售费用
规格型号	C01	文祥	佳能
可使用年限	10 年	5 年	3 年
开始使用日期	2015-01-10	2015-01-13	2015-01-13
固定资产原值	200 000	8 000	4 000
工作总量	200 000 公里		
净残值率	3%	0	0
净残值	6 000	0	0

（2）折旧信息：编号 03001 小轿车本月工作量 1 000 公里；编号 03002 货车本月工作量 3 000 公里。

（3）固定资产减少信息：编号 02002 方正电脑因保管不善提前报废，处理报废品收入 200 元。

一、固定资产增加

企业在日常工作中，可能会通过购进或以其他方式增加固定资产，该部分资产则通过“资产增加”操作将所增加的固定资产的相关信息录入系统。其实相当于新卡片输入，与原始卡片输入方法相同，不同之处在于：原始卡片的开始使用日期应在输入月份之前，新增卡片的开始使用日期应与输入月份相同；原始卡片中可以自动显示月折旧额和月折旧率，但是新增卡片由于还没有计提折旧，还不能显示月折旧额和月折旧率。

以新阳光有限公司新增固定资产“汽车”的资料为例。

（1）选择“卡片”→“资产增加”选项，打开“资产类别参照”对话框，选择“交通工具”选项。

（2）单击【确认】按钮，进入“固定资产卡片——新增资产”窗口。

（3）依次录入固定资产“汽车”的相关数据。

（4）单击【保存】按钮，系统提示“数据成功保存！”，单击【确定】按钮即可。

二、折旧处理

自动计提折旧是固定资产管理系统的主要功能之一。在手工状态下，计提折旧是一项烦琐且花费时间的工作。但在固定资产管理系统中通过“计提本月折旧”向导，这一项工作将变得非常轻松。

1. 工作量输入

如果有固定资产是按工作量法计提折旧的，则需要输入本月工作量。

选择“处理”→“工作量输入”选项，录入本月工作量，单击【保存】按钮，如图 7-21 所示。

图 7-21　输入工作量

2. 计提本月折旧

系统在一个会计期间内计提折旧一次，使用此功能，系统会自动打开如图 7-22 所示的对话框。

若工作量已经正确输入，或没有固定资产要使用工作量法计提折旧，则单击【是】按钮，会打开如图 7-23 所示的对话框。

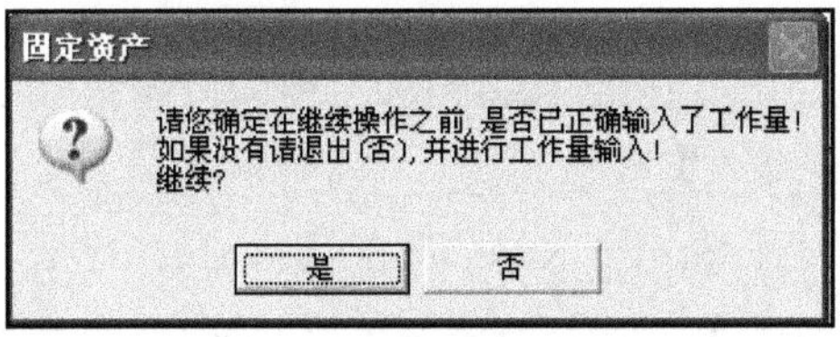

图 7-22　“固定资产”对话框

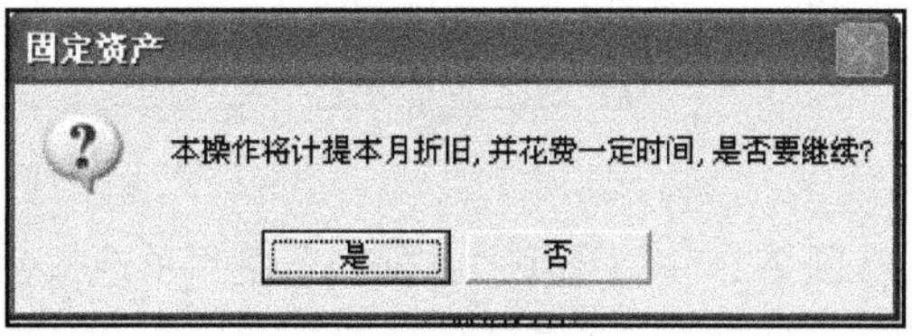

图 7-23　计提折旧提示

单击【是】按钮，系统将自动计提各个资产当期的折旧额，并将当期的折旧额自动累加到累计折旧项目，返回折旧清单，如图 7-24 所示。

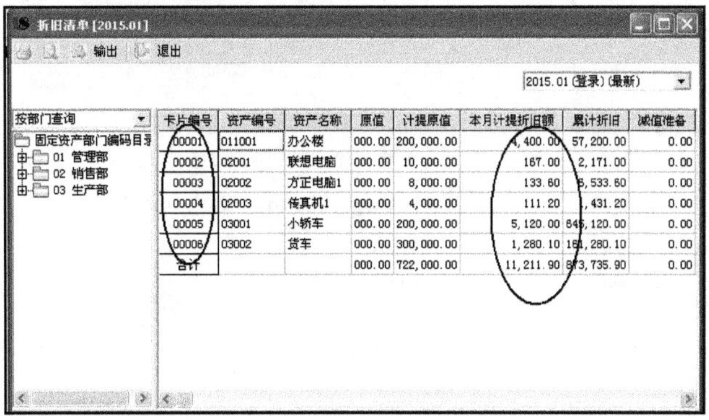

图 7-24　折旧清单

提示

本系统在一个期间内可以多次计提折旧，每次计提折旧后，只是将计提的折旧累加到月初的累计折旧，不会重复累计。

如果上次计提折旧已制单，把数据传递到总账系统，则必须删除该凭证或红字冲销后才能重新计提折旧。

计提折旧后又对该账套进行了影响折旧计算或分配的操作，必须重新计提折旧，否则系统不允许结账。

3. 折旧分配表

折旧分配表是编制记账凭证，把计提折旧额分配到成本和费用的依据。生成折旧分配凭证是根据用户在初始化或选项中选择的折旧分配汇总周期确定的，如果选择的是一个月，则每期计提折旧后自动生成折旧分配表；如果选择的是 3 个月，则只有到 3 的倍数的期间，即第 3、6、9、12 期间计提折旧后才自动生成折旧分配表。折旧分配表有两种类型，即按部门分配折旧和按类别分配折旧。

选择“处理”→“折旧分配表”选项，进入“折旧分配表”窗口，如图 7-25 所示。

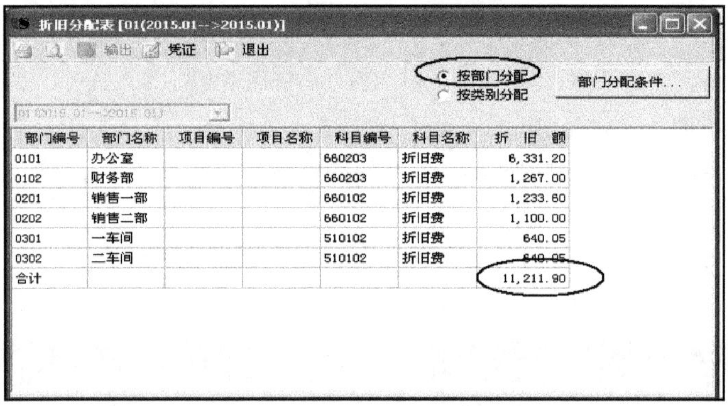

部门编号	部门名称	项目编号	项目名称	科目编号	科目名称	折 旧 额
0101	办公室			660203	折旧费	6,331.20
0102	财务部			660203	折旧费	1,267.00
0201	销售一部			660102	折旧费	1,233.60
0202	销售二部			660102	折旧费	1,100.00
0301	一车间			510102	折旧费	640.05
0302	二车间			510102	折旧费	640.05
合计						11,211.90

图 7-25 “折旧分配表”窗口

在图 7-25 中，选中“按部门分配”单选按钮，则按部门汇总分配折旧额的列表，显示了各部门内所有属于某一辅助核算项目，并且对应某一折旧科目的所有资产计提的折旧额。如果选中“按类别分配”单选按钮，则按类别汇总分配折旧额的列表，显示了属于某一类资产并属于某一辅助核算项目，并且对应某一折旧科目的所有资产计提的折旧额，如图 7-26 所示。

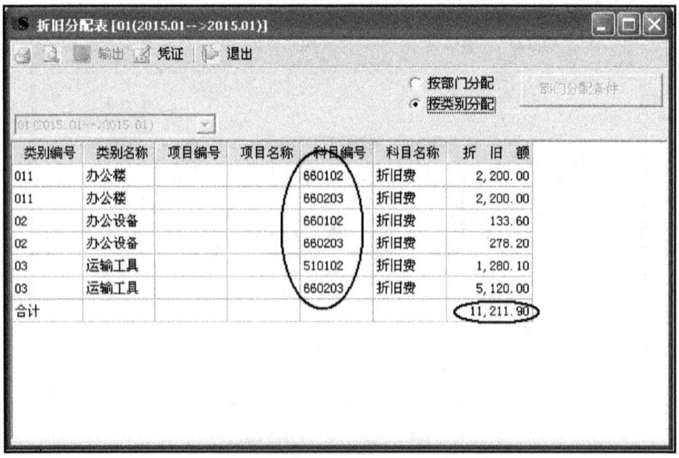

类别编号	类别名称	项目编号	项目名称	科目编号	科目名称	折 旧 额
011	办公楼			660102	折旧费	2,200.00
011	办公楼			660203	折旧费	2,200.00
02	办公设备			660102	折旧费	133.60
02	办公设备			660203	折旧费	278.20
03	运输工具			510102	折旧费	1,280.10
03	运输工具			660203	折旧费	5,120.00
合计						11,211.90

图 7-26 按类别分配的折旧分配表

三、固定资产减少

固定资产在使用过程中，由于各种原因，如出售、报废、毁损、盘亏等退出企业，称为资产减少。根据企业会计制度的规定，对于月份内投入使用的固定资产，当月不计提折旧，从次

图 7-27　“资产减少”窗口

月开始计提；对于月份内退出使用的固定资产，当月照常计提折旧，从次月开始不再计提折旧。因此，值得注意的是，使用固定资产管理系统，应先计提折旧后再减少固定资产。

系统提供的固定资产减少功能有两种方法可选择：如果减少的资产较少或者没有共同点，则可通过输入资产编号或卡片号，将资产选到资产减少表中；如果减少的资产较多且具有共性时，则可以通过输入查询条件，将符合该条件的所有资产选出来进行批量减少，如图 7-27 所示。

以新阳光有限公司减少固定资产“方正电脑 1”的资料为例。

（1）录入卡片编号或资产编号或单击【参照】按钮或单击【条件】按钮，通过输入条件找出减少的固定资产。

（2）单击【增加】按钮，将资产选到减少列表中。

（3）在表内输入资产减少的信息，如减少日期、减少方式、清理收入、清理费用和清理原因等，如图 7-28 所示。

（4）单击【确定】按钮。

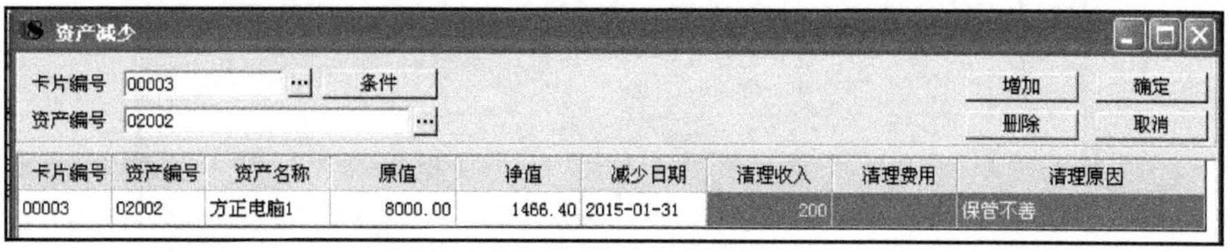

图 7-28　输入资产减少的信息

提示

在减少固定资产操作之前，一定要先计提折旧。

四、生成凭证

固定资产管理系统和总账系统之间存在着数据传递关系，该关系是通过制作记账凭证传送到总账系统中来实现的。固定资产管理系统需要生成凭证的有资产增加、资产减少、原值增加、原值减少、累计折旧调整、计提减值准备、折旧分配等。

1. 批量制单

在发生以上需要生成凭证的固定资产业务后，如果在“选项”对话框中选中了“业务发生后立即制单”复选框，则系统自动调出有一部分默认内容的不完整的凭证供用户完成。如果在“选项”对话框中没有选中“业务发生后立即制单”复选框，则可选择“处理”→“批量制单”选项，则打开“批量制单”对话框，如图 7-29 所示。

在“制单选择”选项卡中，选中需要连续制作凭证的业务；选择“制单设置”选项卡，根据具体业务设置应借应贷科目及部门核算，如图 7-30 所示。然后单击【制单】按钮，系统将根据用户的设置提供批量制单。

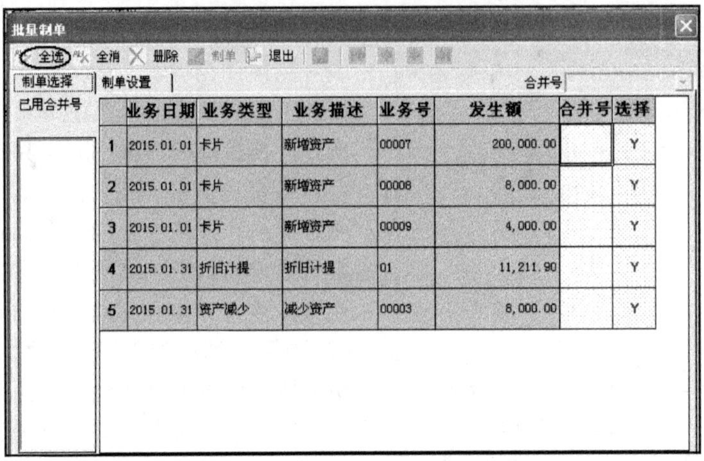

图 7-29 “批量制单”对话框

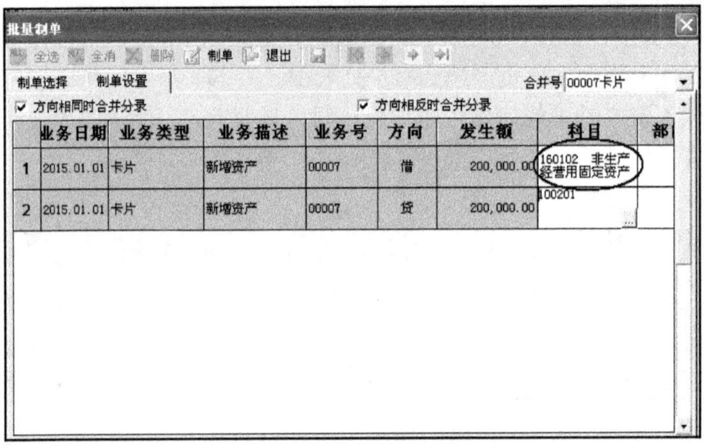

图 7-30 具体业务分录设置

提示

编号 02002 方正电脑报废业务有 200 元清理收入，操作者应在系统自动生成的凭证基础上手工调整，凭证分录如图 7-31 所示。

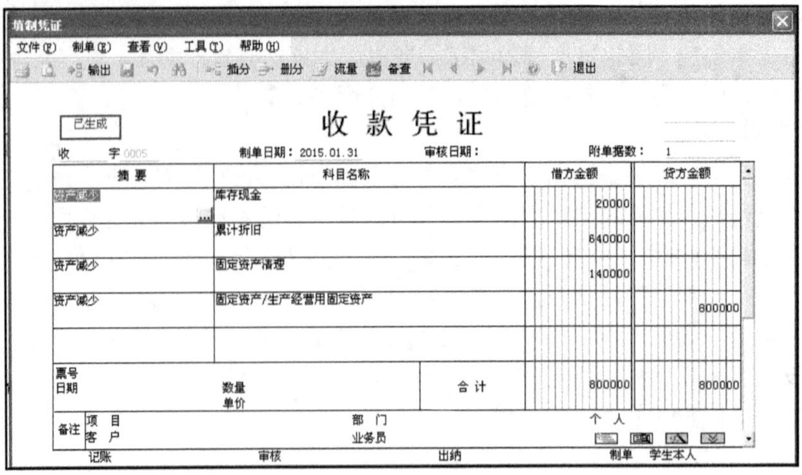

图 7-31 方正电脑减少凭证

2. 凭证查询、修改和删除

在固定资产管理系统中制作的传送到总账系统的凭证，如要修改和删除只能在本系统中完成，而总账系统无权删除和修改本系统生成的凭证。具体操作：通过凭证查询功能找到需要修改的凭证，然后视修改的内容等不同情况按以下要求进行修改和删除。

（1）当修改已制单的原始单据中的有关金额时，本系统限制进行无痕迹修改该单据，必须由用户对凭证做相应的处理，如删除或做红字冲销后，才能无痕迹修改。

（2）如果要删除已制作凭证的卡片、变动单、评估单，或重新计提、分配折旧，进行资产减少的恢复等操作，必须先删除相应的凭证，否则系统禁止这些操作。

（3）修改本系统的凭证时，能修改的内容只限于用户增加的分录、摘要和系统默认分录的折旧科目，如果默认分录的金额是与原始单据相关的，则不能修改（折旧分配表制作的凭证除外）。

五、资产变动

固定资产在使用过程中，可能会调整卡片上的一些项目，如固定资产发生原值的增减、部门转移、使用状况的变动、折旧方法的调整、累计折旧和使用年限调整等情况，在固定资产管理系统中，均通过各种变动单输入进行数据处理。

需要注意的是，当月录入的原始卡片和新增的资产若发现输入错误需要调整，不做资产变动处理，可以直接进行修改。所以新阳光有限公司固定资产变动业务操作应以 2 月的日期重新注册后完成。

下面以固定资产原值增加为例介绍变动单处理，其他变动以其为例，不做一一介绍。单击【变动单】、【原值增加】按钮后，如图 7-32 所示。

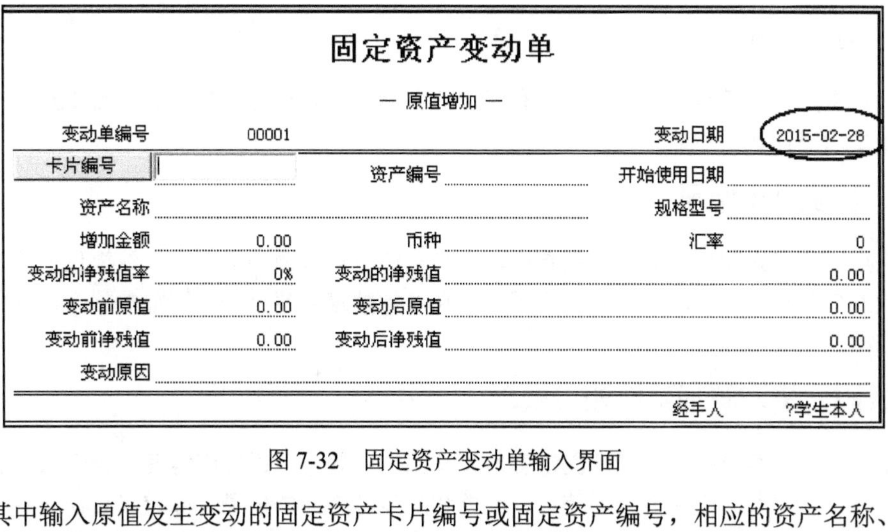

图 7-32　固定资产变动单输入界面

在其中输入原值发生变动的固定资产卡片编号或固定资产编号，相应的资产名称、开始使用日期、规格型号、变动前原值、变动前净残值都会自动列出，然后输入增加金额和变动的净残值率，自动计算出变动的净残值、变动后原值和变动后净残值，并且要求输入变动原因，不允许无故变动。

提示

变动单不能修改，只有在当月可删除重做，所以要仔细检查后再保存。

任务三　固定资产管理系统期末业务处理

任务解析

本次任务主要学习库存管理系统和存货核算系统的期末业务处理方法与流程。

本系统月末处理包括与相关系统的数据传送、对账、结账、恢复月末结账、查看及打印报表等操作。

知识链接

一、对账

固定资产管理系统对账是指固定资产管理系统中固定资产的价值和总账系统中固定资产科目的数值核对，固定资产管理系统中累计折旧的余额和总账系统中累计折旧科目的余额核对。只有在系统初始化设置时选择了与总账对账，对账功能才可使用。

固定资产管理系统生成凭证后，自动传递到总账系统，然后，在总账系统中经出纳签字、审核凭证、科目汇总后，进行记账。

当总账系统记账完毕，固定资产管理系统才可以进行对账。以保证本系统管理的固定资产的价值和账务系统中固定资产科目的数值相等。而两个系统的资产价值是否相等，通过使用本系统提供的对账功能来实现，对账操作不限制执行的时间，任何时候均可进行对账。系统在执行月末结账时自动对账一次，给出对账结果，并根据初始化和选项中的判断确定不平的情况下是否可以结账。

二、月末结账

当固定资产管理系统完成了本月所有经济业务后，可以进行月末结账。月末结账每月进行一次，结账后当期数据不能修改。

三、恢复月末结账

结账后，如果发现结账前的数据有误，就必须修改结账前的数据。系统提供了“恢复月末结账前状态”的反结账功能，通过使用反结账功能把数据恢复到未结账前的状态，就可以进行相应的修改。

四、固定资产管理系统账表管理

固定资产管理系统账表管理即固定资产管理系统的输出，通过固定资产管理系统提供的账表管理功能，可以及时掌握资产的统计、汇总和其他各方面的信息。固定资产管理系统提供的输出内容分分析报表、统计表、账簿和折旧表 4 类。另外，如果所提供的报表种类不能满足需要，系统还提供了自定义报表功能，可以根据实际要求进行设置。

1. 分析报表

分析类报表主要通过对资产的综合分析为管理者提供管理和决策依据。固定资产管理系统提供的分析类报表主要包括固定资产使用状况分析表、部门构成分析表、价值结构分析表和类别构成分析表。

2. 统计表

统计类报表主要是为满足资产管理的需要而按管理目的统计资产数据的报表。固定资产管理系统提供的统计类报表包括固定资产原值一览表、固定资产统计表、资产评估汇总表、固定资产统计表、资产评估变动表、逾龄资产统计表和役龄资产统计表。

3. 账簿

固定资产管理系统提供了 4 种账簿，即固定资产总账、（单个）固定资产明细账、（部门、类别）明细账和固定资产登记簿。另外，还能实现总账、明细账和卡片的互查，以及变动单和记账凭证的联查。

4. 折旧表

折旧类报表是反映固定资产折旧的详细资料及与折旧计算有关的报表。固定资产管理系统提供的折旧类报表包括（部门）折旧计提汇总表、固定资产折旧计算明细表、固定资产及累计折旧表（一）和固定资产及累计折旧表（二）。

任务实施

沿用新阳光有限公司的账套，完成固定资产管理系统期末如下任务。

（1）完成固定资产管理系统期末对账和结账。

（2）完成固定资产变动单业务。

2015 年 2 月 1 号，编号 011001 综合办公楼进行改扩建，改扩建支出为 100 000 元，按规定增加固定资产原值（在建工程转入）。

（3）完成账表查询与输出。

查询输出固定资产卡片。

按部门查询固定资产明细账。

按类别查询固定资产明细账。

查询输出固定资产折旧计算表。

按部门查询折旧汇总表。

一、对账操作

（1）选择“处理”→“对账”选项，打开“与账务对账结果”对话框。

（2）单击【确定】按钮。

二、月末结账操作

（1）选择“处理”→“月末结账”选项，打开“月末结账”对话框，如图 7-33 所示。

（2）单击【开始结账】按钮，系统自动结账。

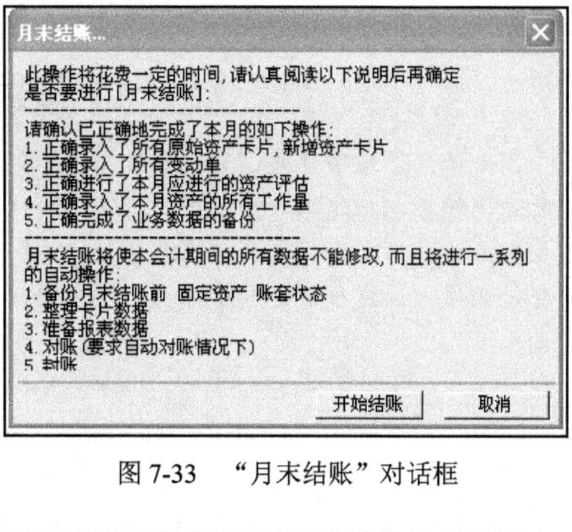

图 7-33　“月末结账”对话框

提示

在固定资产管理系统中，如果出现以下两种情况则不允许结账：一是还存在未制单的业务，不能结账；二是初始化时没有选中“对账不平允许月末结账”复选框，若固定资产管理系统与总账系统出现偏差，导致对账不平，就不能结账，而应当予以调整后才能结账。

结账完成后，系统会提示可操作日期已转入下一期间的日期，只有以下一期间的日期登录，才可对账套进行编辑。反过来，本期不结账，将不能处理下期的数据。

结账前一定要进行数据备份，否则数据一旦丢失，将造成无法挽回的损失。

只有在总账系统未进行月末结账时才可以进行反结账操作。如果使用的账套已经做了年末处理，那么就不允许再进行反结账操作。

三、账表查询与输出操作

以查询管理部门固定资产明细账为例。

（1）选择“账表”→“我的账表”选项，选择“账簿”→“账簿”→“部门、类别明细账”选项，如图 7-34 所示。

（2）选择“01-管理部”选项，选中“显示使用状况和部门”复选框，如图 7-35 所示。

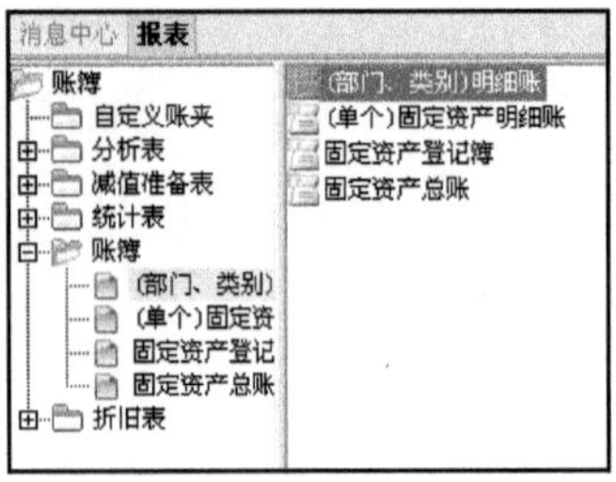

图 7-34 部门、类别明细账

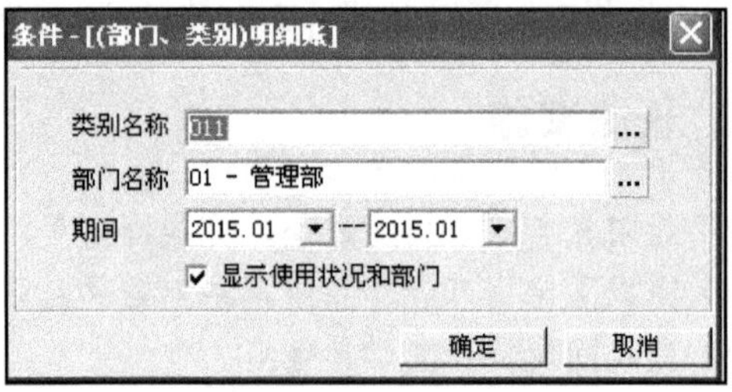

图 7-35 部门明细账条件选择

（3）单击【确定】按钮，输出管理部明细账，如图 7-36 所示。

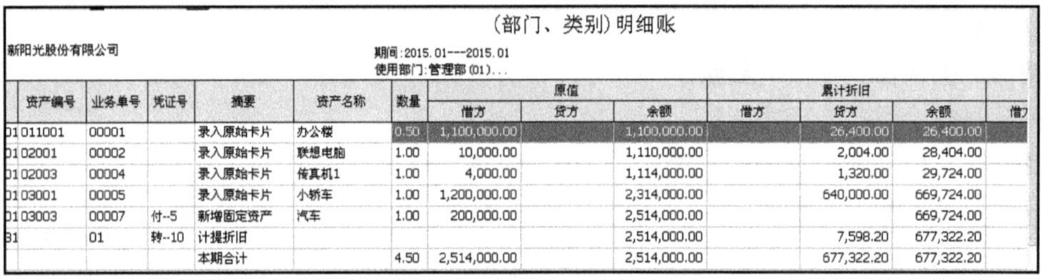

(部门、类别)明细账

新阳光股份有限公司

期间:2015.01---2015.01

使用部门:管理部(01)...

	资产编号	业务单号	凭证号	摘要	资产名称	数量	原值			累计折旧			
							借方	贷方	余额	借方	贷方	余额	借方
01	011001	00001		录入原始卡片	办公楼	0.50	1,100,000.00		1,100,000.00		26,400.00	26,400.00	
01	02001	00002		录入原始卡片	联想电脑	1.00	10,000.00		1,110,000.00		2,004.00	28,404.00	
01	02003	00004		录入原始卡片	传真机1	1.00	4,000.00		1,114,000.00		1,320.00	29,724.00	
01	03001	00005		录入原始卡片	小轿车	1.00	1,200,000.00		2,314,000.00		640,000.00	669,724.00	
01	03003	00007	付--5	新增固定资产	汽车	1.00	200,000.00		2,514,000.00			669,724.00	
31		01	转--10	计提折旧					2,514,000.00		7,598.20	677,322.20	
				本期合计		4.50	2,514,000.00		2,514,000.00		677,322.20	677,322.20	

图 7-36 管理部明细账

项目总结

固定资产管理项目通过系统初始化、本期业务处理、期末处理 3 个任务来实现。其中，系统初始化任务包括建账、卡片项目定义、样式定义、折旧方法定义、类别设置、部门设置、使用状况定义、增减方式定义、录入原始卡片；本期业务处理任务包括资产增加、资产减少、资产变动操作、计提折旧、制单操作；期末处理任务包括月末对账、结账、恢复月末结账、账表查询。

项目八 采购与应付款管理

学习目标

【知识目标】

1. 了解采购管理与应付款管理系统基本功能。
2. 理解采购管理系统与应付款管理系统及其他系统的关系。

【技能目标】

1. 掌握采购管理系统、应付款管理系统的初始化内容、方法与步骤。
2. 运用采购管理系统、应付款管理系统进行日常业务操作。
3. 掌握采购管理系统、应付款管理系统的期末处理。

任务一 采购与应付款管理系统的初始化

任务解析

采购管理是企业物资供应部按照企业物资供应计划，通过采购、加工、定制等渠道，取得对企业生产经营活动所需各种资料的管理。无论是工业企业还是商业企业，采购业务都会影响企业的整体运营状况，采购业务管理不善会使生产缺料或物料过剩，而无论是生产缺料还是物料过剩都会给企业造成无法估量的损失。

应付账款是企业负债的重要组成部分，是企业正常经济活动中，由于采购商品或接受劳务，而应向供货单位或提供劳务单位所支付的款项。企业除了对应付账款进行核算外，还要加强自身偿债能力的管理、应付票据的管理、预付款及其他业务往来交易记录等。

知识链接

一、采购管理系统

1. 采购管理系统功能概述

采购管理的目标是保障供给，降低采购成本，密切企业与供应商的关系。

采购管理的主要任务是在采购管理系统中处理采购入库和采购发票，并根据采购发票确定采购入库成本。采购管理系统与应付款管理系统联合使用可以随时掌握采购业务的付款情况；与库存管理系统联合使用可以随时掌握存货数量信息，从而减少盲目采购，避免库存积压；与存货核算系统联合使用可以为存货核算提供采购入库存货成本，便于财务部门随时掌握存货采购成本。

采购管理系统向库存管理系统传递购入库单，追踪存货的入库情况，把握存货畅滞信息，减少盲目采购，避免库存积压；向应付款管理系统传递采购发票，形成企业的应付账款；应付款管理系统为采购管理系统提供采购发票的核销情况。

（1）采购订单管理。采购订单管理包括采购订单的编制和采购订单的审核，它能动态掌握采购订单执行情况，并向拖期交货的供应商发出催货函。

（2）采购业务处理。采购业务处理主用包括采购入库、受托代销入库、采购退货和采购结算等内容。采购管理系统处理采购入库单和采购发票，并根据采购发票确定采购入库成本。

（3）采购账簿及采购分析。采购管理系统可以提供各种采购明细表、增值税抵扣明细表、各种统计表及采购账簿供用户查询。同时提供采购成本分析、供应商价格对比分析、采购类型结构分析、采购资金比重分析、采购货龄综合分析。

2. 采购管理系统的业务模式与应用

（1）企业类型。根据用户在新建账套时选择的“企业类型”，可以分为工业企业、商业企业、医药流通企业。

（2）采购业务类型。采购业务分为普通采购、受托代销、直运业务 3 种业务类型。

（3）可选的采购流程。用户可以根据企业的实际业务应用，结合本系统对采购流程进行可选配置。在采购流程中，采购请购单、采购订单、采购到货单为可选单据，用户可以使用，也可以不使用。

（4）必有订单业务模式。以订单为中心的采购管理是标准、规范的采购管理模式，订单是整个采购业务的核心，整个业务流程的执行都回写到采购订单，通过采购订单可以跟踪采购的整个业务流程。

（5）红字单据应用。管理者应熟悉采购红字单据的单据流程及业务应用，详见“任务实施”。

3. 采购管理系统与其他系统的主要关系

采购管理与系统管理共享基础数据，也就是说，采购管理需要的基础数据既可以在系统管理中统一设置，也可以在采购管理中自行录入，最终都是由各模板共享；采购管理中录入的采购入库单，可以在库存管理中审核确定，以证明入库单上的货物已经入库；采购管理中录入的采购入库单，需要在存货核算中记账，以确定存货的入库成本，并生成入库凭证；采购管理中录入的采购发票，在进行采购结算处理后，自动传递到应付管理，以记载应付款明细账；在应付款管理系统完成付款处理和编制记账凭证的同时，回写采购发票有关付款制单的信息。

采购管理系统与其他系统的主要关系如图 8-1 所示。

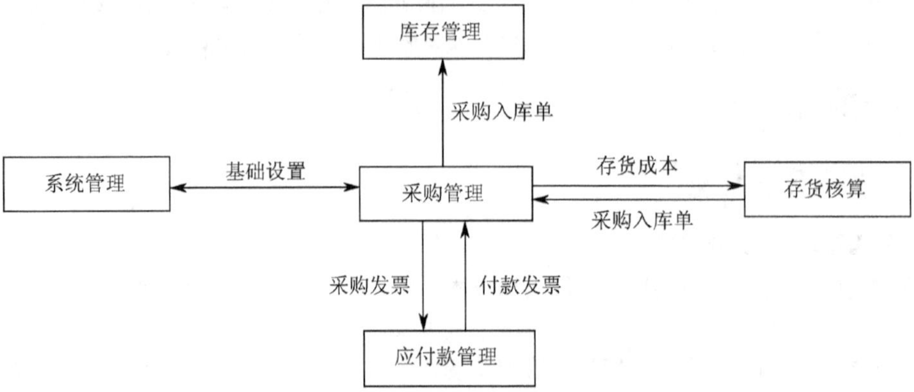

图 8-1　采购管理系统与其他系统的主要关系

4. 采购管理系统的启用

在完成了共用的基础设置以后，采购管理系统初始化主要包括业务处理控制参数、设置各种档案、输入期初业务数据及期初记账等。

启用采购管理系统有两种方法：一是在建账完毕后直接进入系统启用设置进行采购管理系统的启用；另一种方法是通过企业应用平台中的“基础信息”进入“系统启用”功能进行启用设置。

5. 采购管理系统的账套参数

第一次进入采购管理系统时，要进行采购管理系统的参数设置。系统选项也称系统参数、业务处理控制参数，是指在企业业务处理过程中所使用的各种控制参数，系统选项的设置将决定用户使用系统的业务流程、业务模式、数据流向。

6. 采购管理系统的基础信息

在采购管理系统中，查询系统中已设置的有关档案资料，在这里可以对不合适或不全面的资料进行修改或补充。由于在采购管理系统中要对存货进行核算，因此应设置“仓库档案”、“仓库存货”等内容。

7. 采购管理系统期初数据的录入

采购管理系统的期初业务数据，主要是指在启用采购管理系统前没有取得供货单位采购发票，不能进行采购结算的入库单的数据资料，即暂估入库的存货余额。

8. 采购管理系统期初记账

在确定采购管理系统初始化完成后可以进行期初记账，只有进行期初记账后，才能进行日常业务的处理。

二、应付款管理系统

1. 应付款管理系统功能概述

应付账款管理系统主要用于核算和管理企业和供应商的往来款项。该系统主要是对采购业务转入应付账款进行处理，记录采购及其他业务的往来交易。应付款管理系统通过采购发票、其他应付单、付款单等单据的处理，对企业供应商往来账款进行综合处理，及时准确地提供供应商的往来账款余额资料。

应付款管理主要实现企业与供应商业务往来账款进行核算与管理，在应付款管理系统中以采购发票、其他应付单等原始单据为依据，记录采购业务及其他业务所形成的应付款项，处理应付账款支付、冲销等情况；提供票据处理的功能，实现对应付票据的管理。

根据对供应商往来款项核算和管理的不同，系统提供“详细核算”和“简单核算”两种供应商往来款项应用方案。本书将以“详细核算”应用方案为标准进行展开。

（1）“详细核算”应用方案。

如果企业在采购业务中应付账款核算与管理内容比较复杂，需要追踪每一笔业务的应付款、付款等情况，并希望对应付款进行各种分析；或者需要将应付款核算到产品的一级，那么可以选择该方案。

采用“详细核算”应用方案，系统能提供以下功能。

① 如果与采购管理系统集成使用，系统根据由此采购管理系统传递过来的单据，记录应付款的形成。非商品交易形成的应付项目在应付款管理系统中记录；若应付款管理系统不与采购系统集成使用，采购发票和应付单都在应付款管理系统中直接记录。

② 处理应付项目的付款及转账情况。

③ 对应付票据进行记录和管理。

④ 在应付账款处理过程中生成凭证，并向总账系统进行传递。

⑤ 对外币业务及汇兑业务进行处理。

⑥ 提供针对多种条件的各种查询及分析。

（2）“简单核算”应用方案。

如果采购业务中应付账款业务并不复杂，或者现购业务很多，则可以选择“简单核算”应用方案。在该方案中，应付款管理系统只是连接总账与采购业务系统的一座桥梁，即只是对采购管理系统生成的发票进行审核并生成凭证传递到总账，而不能对发票进行其他处理，也不能对往来明细进行查询、分析。此时，往来明细只能在总账进行简单查询。其主要功能包括两个。

① 接受采购管理系统发票，对其进行审核。

② 对采购发票进行制单处理。

具体选择哪一种方案，可以在应付款管理系统中通过“应付账款核算模型”来设置。

2. 应付款管理系统与其他系统的主要关系

应用“详细核算”方案时，应付款管理系统和其他系统的关系如图 8-2 所示。

采购管理系统向应付款管理系统提供已结算的采购发票，由应付款管理系统生成凭证，并根据发票进行付款结算处理。应付款管理系统为采购管理系统提供采购发票的付款结算情况。

应付款管理系统向总账系统传递凭证，并能够查询其所生成的凭证。

应付款管理系统与应收款管理系统之间可以进行转账处理，如应付冲应收；同时对于既是客户又是供应商的往来业务对象，可以同时查询应收和应付往来明细。

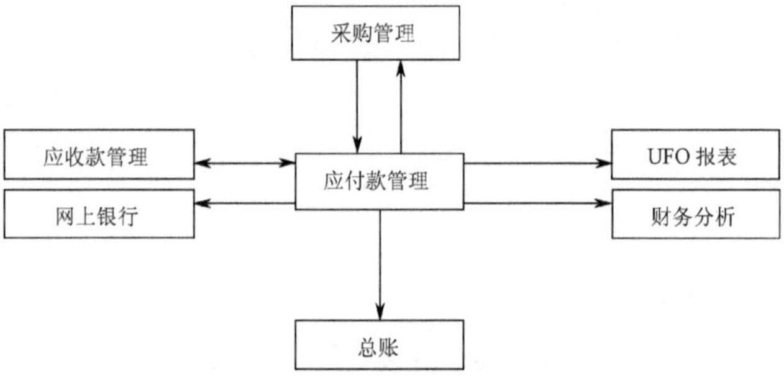

图 8-2 应付款管理系统和其他系统的关系

应付款管理系统向 UFO 报表系统提供应用函数。应付款管理与网上银行进行付款单的导入和导出。

3. 应付款管理系统的启用

系统初始化是指手工记账和计算机记账的交接过程。在启用应付款管理系统后，进行正常应付业务处理前，根据企业核算要求和实际业务情况进行有关的设置，主要内容包括选项设置、初始设置、基础档案、期初余额。应付款管理系统初始化设置流程如图 8-3 所示。

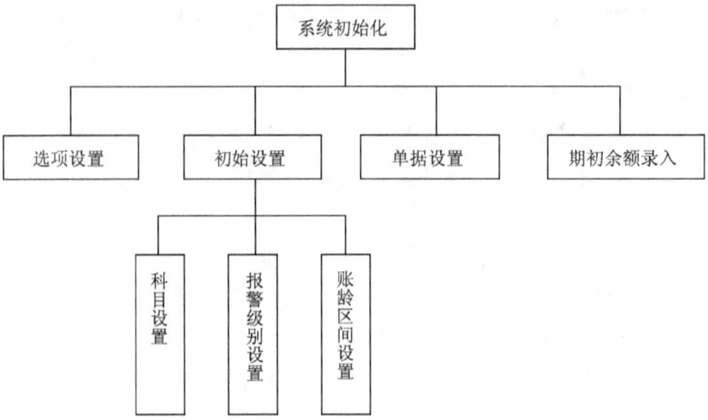

图 8-3 应付款管理系统初始化设置流程

启用应付款管理系统有两种方法：一是在建账完毕后直接进入系统启用设置进行应付款管理系统的启用；另一种方法是通过企业应用平台中的“基础信息”进入“系统启用”功能进行启用设置。

4. 应付款管理系统账套参数

设置账套参数时，选择“设置”→“选项”选项，打开“账套参数设置”对话框，其中包括 4 个选项卡，即“常规”、“凭证”、“权限与预警”、“核销”设置。

5. 应付款管理系统初始化的设置

如果企业应付业务类型较固定，生成凭证的科目也比较固定，则为了简化凭证生成操作，可在此处将各业务类型凭证中的常用科目预先设置好，生成凭证时，系统就会自动把相应科目带入。下面分别介绍初始设置中的几种科目设置的方法及步骤。

6. 应付款管理系统期初余额的录入

初次使用本系统时，要将启用应付款管理系统时未处理完的所有供应商的应付账款、预付账款、应付票据等数据录入本系统，以便于以后的核销处理，并且作为期初建账的数据，系统即可对其进行管理，这样既保证了数据的连续性，又保证了数据的完整性。当进入第二年度处理时，系统自动将上年度未处理完的单据转为下一年度的期初余额。在下一年度的第一个会计期间里，可以进行期初余额的调整。

任务实施

根据以下湘江商贸有限公司的账套资料，完成财务+供应链系统初始化。

1. 建立账套

（1）以系统管理员（admin）的身份进入系统管理，增加下列操作员。

编号	姓名	所属部门	权限
201	赵敏	财务部	账套主管、审核凭证、主管签字
202	钱河	财务部	公用目录设置、公共单据、应收、应付、除出纳外的总账权限
203	孙磊	财务部	公用目录设置、公共单据、固定资产、存货核算，工资管理
204	李英	财务部	公用目录设置、公共单据、出纳签字
205	周密	采购部	公用目录设置、公共单据、采购管理
206	吴健	销售部	公用目录设置、公共单据、销售管理
207	郑伟	仓管部	公用目录设置、公共单据、库存管理

（2）账套资料。

账套信息。账套号：002；账套名称：湘江商贸有限公司；启用会计期：2015 年 1 月。

单位信息。单位名称：湘江商贸有限公司；单位简称：湘江商贸；单位地址：长沙市韶山路 866 号；法人代表：李明；邮政编码：410004；联系电话及传真：0731-8741958；电子邮件：XJSM@163. com；税号：69723400533221。

核算类型。本币代码：RMB；本币名称：人民币；企业类型：商业；行业性质：2007 年新会计准则科目；账套主管：赵敏；按行业性质预制会计科目。

基础信息：存货、客户、供应商分类核算、无外币业务。

分类编码方案。科目编码级次：42222；客户权限组级次：223；客户分类编码级次：223；部门编码级次：223；收发类别级次：12；费用项目分类：11；数据精度定义均按默认值。

（3）2015 年 1 月 1 日，系统管理员启用总账、应收、应付、存货核算、采购管理、销售管理、库存管理系统。

2. 设置系统选项

（1）设置总账系统选项：制单不序时控制；制单权限不控制到科目；出纳凭证必须经由出纳签字；凭证必须经由主管会计签字；数量、单价小数位保留 2 位；部门、个人、项目排序方式均按编码排序。其他选项默认。

（2）设置应付款管理系统选项。应付款核销方式：按单据；单据审核日期依据：单据日期；应付账款核算模型：详细核算；不根据信用额度自动报警。其他选项默认。

（3）设置采购管理系统参数：普通业务必有订单；启用受托代销；商业版费用不分摊到入库成本。其他选项默认。

（4）设置库存管理系统选项：有受托代销业务；采购入库存审核时改现存量；销售出库审核时改现存量；不允许超可量出库；出入库检查可用量；自动带出单价的单据包括全部出库单；其他选项默认。

（5）设置存货核算系统选项。核算方式：仓库核算；暂估方式：单到回冲；销售成本核算方式：按销售发票；委托代销成本核算方式：普通销售发票；零成本出库按参考成本价核算；结算单价与暂估单价不一致需要调整出库成本；其他选项默认。

3. 系统初始化设置

（1）基础档案资料。

部门档案：

部门编码	部门名称	部门编码	部门名称
01	办公室	0401	销售一部
02	财务部	0402	销售二部
03	采购部	0403	销售三部
04	销售部	05	仓管部

职员档案：

职员编码	职员姓名	性别	人员类别	部门名称	职员属性	是否业务员
01001	赵明明	男	在职人员	办公室	总经理	√
02001	赵敏	男	在职人员	财务部	财务经理	√
02002	钱河	男	在职人员	财务部	会计	√
02003	孙磊	男	在职人员	财务部	会计	√
02004	李英	女	在职人员	财务部	出纳	√
03001	周密	男	在职人员	采购部	业务人员	√
04001	朱宝	男	在职人员	销售一部	业务人员	√
04002	王梅	女	在职人员	销售二部	业务人员	√
04003	吴健	男	在职人员	销售三部	业务人员	√
05001	郑伟	男	在职人员	仓管部	业务人员	√

供应商分类：

类别编码	类别名称
01	生产商
02	批发商

供应商档案:

供应商编码	供应商名称	供应商简称	所属分类	开户银行	账号	税号	专管业务员	分管部门
01001	蓝海公司	蓝海	生产商	工商银行	9876	111222333444555	周密	采购部
01002	娃哈哈公司	娃哈哈	生产商	工商银行	8765	222333444555666	周密	采购部
02001	东江公司	东江	批发商	工商银行	7654	333444555666777	周密	采购部
02002	城乡公司	城乡	批发商	工商银行	6543	444555666777888	周密	采购部
02003	百姓公司	百姓	批发商	工商银行	5432	555666777888999	周密	采购部

客户分类:

客户分类编码	客户分类名称	客户分类编码	客户分类名称
01	本地	0202	南方
02	外地	0203	西北
0201	北方	0204	西南

客户档案:

客户编码	客户名称	客户简称	所属分类	开户银行	账号	是否默认	税号	分管业务员	分管部门
01001	赤道公司	赤道	本地	工商银行	1234	是	123456789010001	朱宝	销售一部
01002	南极公司	南极	本地	工商银行	2345	是	123456789010002	朱宝	销售一部
02001	北筑公司	北筑	北方	工商银行	3456	是	123456789010003	朱宝	销售一部
03001	南车公司	南车	南方	工商银行	4567	是	123456789010004	王梅	销售二部
03002	南洋公司	南洋	南方	工商银行	5678	是	123456789010005	王梅	销售二部
04001	西北风公司	西北风	西北	工商银行	6789	是	123456789010006	吴健	销售三部
05001	紫薇公司	紫薇	西南	工商银行	7890	是	123456789010007	吴健	销售三部

存货分类:

存货分类编码	存货分类名称	存货分类编码	存货分类名称
01	甲类商品	03	丙类商品
02	乙类商品	04	应税劳务

仓库档案

仓库编码	仓库名称	计价方式
01	1#库	全月平均法
02	2#库	全月平均法
03	3#库	全月平均法

计量单位:

计量单位分组

计量单位分组	计量单位组名称	计量单位组类别
1	A 组	无换算
2	B 组	固定换算

计量单位

编码	名称	计量单位组名称	计量单位组类别	主计量单位标志	换算率
001	台	A 组	无换算	否	
002	件	A 组	无换算	否	
003	元	A 组	无换算	否	
004	双	B 组	固定换算	是	1
005	箱	B 组	固定换算	否	10

存货档案：

存货编码	存货名称	存货分类	主计量单位组	主计量单位	主要供货单位	默认仓库	存货属性
01001	101 商品	01	A	件	蓝海公司	1#仓库	外购，内、外销
01002	102 商品	01	A	件	蓝海公司	1#仓库	外购，内、外销
01003	103 商品	01	A	件	蓝海公司	1#仓库	外购，内、外销
02001	201 商品	02	A	台	娃哈哈公司	2#仓库	外购，内、外销
02002	202 商品	02	A	台	娃哈哈公司	2#仓库	外购，内、外销
02003	203 商品	02	A	台	东江公司	2#仓库	外购，内、外销
03001	301 商品	03	B	双	城乡公司	3#仓库	外购，内、外销
03002	302 商品	03	B	双	百姓公司	3#仓库	外购，内、外销
03003	303 商品	03	B	双	百姓公司	3#仓库	外购，内、外销
04001	运费	04	A	元			应税劳务

会计科目设置：

要修改的会计科目

科目编码	科目名称	辅助核算	受控系统
1121	应收票据	客户往来	应收款管理系统
1122	应收账款	客户往来	应收款管理系统
1221	其他应收款	个人往来	
1123	预付账款	供应商往来	应付款管理系统
2201	应付票据	供应商往来	应付款管理系统
220201	应付账款——应付货款	供应商往来	应付款管理系统
2203	预收账款	客户往来	应收款管理系统

需增加的会计科目：

科目编码	科目名称	科目类型	核算账类
100201	工行存款	资产	日记账、银行账
100202	建行存款	资产	日记账、银行账
220201	应付货款	负债	供应商往来
220202	暂估应付款	负债	供应商往来
222101	应交增值税	负债	
22210101	进项税额	负债	
22210102	销项税额	负债	
410415	未分配利润	权益	

续表

科目编码	科目名称	科目类型	核算账类
660101	运杂费	损益	
660102	广告费	损益	
660103	工资及福利费	损益	
660199	其他费用	损益	
660201	办公费	损益	
660202	差旅费	损益	部门核算
660203	折旧费	损益	部门核算
660204	工资及福利费	损益	
660205	业务招待费	损益	
660206	税金	损益	
660207	汽车费	损益	
660208	计提坏账准备	损益	
660209	工会经费	损益	
660210	职工教育经费	损益	
660211	养老保险	损益	
660299	其他费用	损益	

执行“编辑”→“指定科目”命令，将1001库存现金指定为现金总账科目，将1002银行存款指定为银行总账科目。其他需增加科目详见总账余额表或业务分录时再补增。

凭证类别：

类别字	类别名称	限制类型	限制科目
收	收款凭证	借方必有	1001，1002
付	付款凭证	贷方必有	1001，1002
转	转账凭证	凭证必无	1001，1002

结算方式：

结算方式编码	结算方式名称	票据管理标志
1	现金	否
2	支票	是
201	现金支票	是
202	转账支票	是
3	电汇	否
4	银行汇票	否
5	其他	否

开户银行资料：

编码	开户行名称	账　号	币种	所属银行编码	客户号	机构号	联行号
001	中国工商银行	201201010101	人民币	01			
002	中国建设银行	201201010102	人民币	03	002	002	002

收发类别：

类别编码	类别名称	收发标志
1	入库	收
101	采购入库	收
102	代销入库	收
103	盘盈入库	收
104	其他入库	收
105	采购退货	收
2	出库	发
201	销售出库	发
202	代销出库	发
203	盘亏出库	发
204	其他出库	发
205	销售退货	发

采购类型：

采购类型编码	采购类型名称	入库类别	是否默认值
01	商品采购	采购入库	是
02	采购退回	采购退货	否

销售类型：

销售类型编码	销售类型名称	出库类别	是否默认值
01	普通销售	销售出库	是
02	零售	销售出库	否
03	销售退回	销售退货	否

费用项目：

费用分类及编码	费用项目编码	费用项目名称	费用项目分类名称
费用 1	01	运杂费	费用
	02	代垫费用	费用

仓库存货对照表：

仓库	存货编码	存货名称
1#仓库	01001	101 商品
1#仓库	01002	102 商品
1#仓库	01003	103 商品
2#仓库	02001	201 商品
2#仓库	02002	202 商品
2#仓库	02003	203 商品
3#仓库	03001	301 商品
3#仓库	03002	302 商品
3#仓库	03003	303 商品

单据设置：单据编号设置中采购、销售专用发票、采购运费发票编号为“完全手工编号”。

（2）期初设置。

总账期初余额：

科目编码	科目名称	余额方向	期初余额
1001	现金	借	1 573.00
1002	银行存款	借	1 426 805.23
100201	工行存款	借	1 326 805.23
100202	建行存款	借	100 000.00
1012	其他货币资金	借	56 000.00
101206	存出投资款	借	56 000.00
1101	交易性金融资产	借	285 000.00
110101	股票	借	105 000.00
110103	基金	借	180 000.00
1121	应收票据	借	120 000.00
1122	应收账款	借	77 805.00
1221	其他应收款	借	1 500.00
1231	坏账准备	贷	396.53
1123	预付账款	借	50 000.00
1405	库存商品	借	26 577.00
1501	持有至到期投资	借	300 000.00
150101	债券投资	借	300 000.00
1601	固定资产	借	6 021 000.00
1602	累计折旧	贷	1 089 843.00
1701	无形资产	借	150 000.00
1801	长期待摊费用	借	83 600.00
2001	短期借款	贷	500 000.00
2202	应付账款	贷	20 124.00
220201	应付货款	贷	20 124.00
220102	暂估应付款	贷	
2203	预收账款	贷	60 000.00
2211	应付职工薪酬	贷	63 250.00
2221	应交税费	贷	74647.70
222101	应缴增值税	贷	29 700.00
22210101	进项税额	贷	
22210102	销项税额	贷	29 700.00
222102	未交增值税	贷	38 250.00
222108	应交城市维护建设税	贷	2 677.50
222112	应交个人所得税	贷	2 490.20
222113	其他应交款	贷	1 530.00
2241	其他应付款	贷	53 848.00
2501	长期借款	贷	400 000.00
4001	实收资本（或股本）	贷	5 000 000.00
4002	资本公积	贷	613 600.00
400201	资本（或股本）溢价	贷	600 000.00
400207	其他资本公积	贷	13 600.00
4101	盈余公积	贷	760 544.00
410101	法定盈余公积	贷	507 028.00
410103	法定公益金	贷	253 516.00
4104	利润分配	贷	202 800.00
410415	未分配利润	贷	202 800.00

辅助账期初余额

应收票据

日期	凭证号	客户	摘要	方向	金额
2014-12-16	转-21	紫薇公司	销货款	借	120 000

应收账款

日期	凭证号	客户	摘要	方向	金额
2014-12-26	转-52	赤道公司	销货款	借	60 021
2014-12-28	转-56	南车公司	销货款	借	17 784

其他应收款

日期	凭证号	部门	个人	摘要	方向	金额
2014-12-29	付-28	办公室	赵明明	出差借款	借	1 500

预付账款

日期	凭证号	供应商	摘要	方向	金额
2014-12-29	付-29	东江公司	预付款	借	50 000

应付账款

日期	凭证号	供应商	摘要	方向	金额
2014-12-30	转-58	百姓公司	购货款	贷	20 124

预收账款

日期	凭证号	客户	摘要	方向	金额
2014-12-30	收-16	南洋公司	预收款	贷	60 000

（3）采购管理系统初始设置：此账套无期初暂估入库与在途采购数据，操作员周密办理采购期初记账。

（4）应付款管理系统初始设置。

基本科目设置：应付科目为“2202，预付科目为“1123”，采购科目为“1401”，税金科目为“22210101”。

结算方式科自设置：现金结算对应 1001，支票结算、汇票结算、电汇结算、其他结算对应 100201。

逾期账龄区间设置：1～30，31～60，61～90，91～180，181～360，361 以上。

应付款管理系统期初数据。

a. 2014 年 12 月 29 日，向百姓公司购进 302 商品 30 双，单价 310 元，303 商品 50 双，单价 158 元，共计货款 17 200 元，税款 2 924 元，价税合计 20 124 元。（录入期初采购专用发票）

b. 2014 年 12 月 29 日，电汇预付东江公司货款 50 000 元。（录入期初付款单，款项类型选中预付款。）

（5）存货核算系统初始设置。

存货科目：

仓库编码	仓库名称	存货分类编码	存货分类名称	存货科目编码	存货科目名称
01	1#仓库	01	甲类商品	1405	库存商品
02	2#仓库	02	乙类商品	1405	库存商品
03	3#仓库	03	丙类商品	1405	库存商品

对方科目：

收发类别编码	收发类别名称	存货分类编码	存货分类名称	对方科目编码	对方科目名称
101	采购入库	01	甲类商品	1401	物资采购
101	采购入库	02	乙类商品	1401	物资采购
101	采购入库	03	丙类商品	1401	物资采购
201	销售出库	01	甲类商品	6401	主营业务成本
201	销售出库	02	乙类商品	6401	主营业务成本
201	销售出库	03	丙类商品	6401	主营业务成本

税金科目：

存货编码	存货名称	科目编码	科目名称
01001	101 商品	22210101	进项税额
01002	102 商品	22210101	进项税额
01003	103 商品	22210101	进项税额
02001	201 商品	22210101	进项税额
02002	202 商品	22210101	进项税额
02003	203 商品	22210101	进项税额
03001	301 商品	22210101	进项税额
03002	302 商品	22210101	进项税额
03003	303 商品	22210101	进项税额

存货期初余额按下表分仓库录入并记账，再与库存系统对账。

仓库	存货编码	存货名称	计量单位	数量	单价	金额	入库时间
1#仓库	01001	101 商品	件	20	700	14 000	2014-12-31
1#仓库	01002	102 商品	件	35	600	21 000	2014-12-31
1#仓库	01003	103 商品	件	48	500	24 000	2014-12-31
2#仓库	02001	201 商品	台	12	2 750	33 000	2014-12-31
2#仓库	02002	202 商品	台	25	2 160	54 000	2014-12-31
2#仓库	02003	203 商品	台	19	1 530	29 070	2014-12-31
3#仓库	03001	301 商品	双	190	280	53 200	2014-12-31
3#仓库	03002	302 商品	双	70	310	21 700	2014-12-31
3#仓库	03003	303 商品	双	100	158	15 800	2014-12-31

（6）库存系统期初数据分仓库从存货核算期初中取数并批审，再与存货系统对账。

（7）“系统服务”→“权限”→“数据权限控制设置”中“记录级”选项卡“用户”业务对象不控制。

一、采购管理系统的启用与注册

（1）执行“开始”→“程序”→“用友 ERP-U872”→“企业应用平台”命令。

（2）打开企业应用平台“登录”对话框，如图 8-4 所示。

（3）选择服务器，输入本次需登录的操作员编码或名称，系统会根据当前操作员权限显示该操作员可以登录的账套号。

（4）会计年度和操作日期可通过参照按钮重置。

（5）单击【确定】按钮，登录企业应用平台。

（6）选择“基础设置”→“基本信息”→“系统启用”选项，打开“系统启用”对话框，如图 8-5 所示。

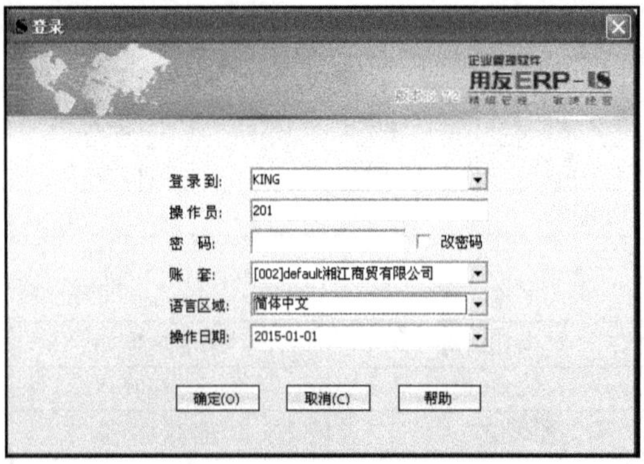

图 8-4　企业应用平台“登录”对话框

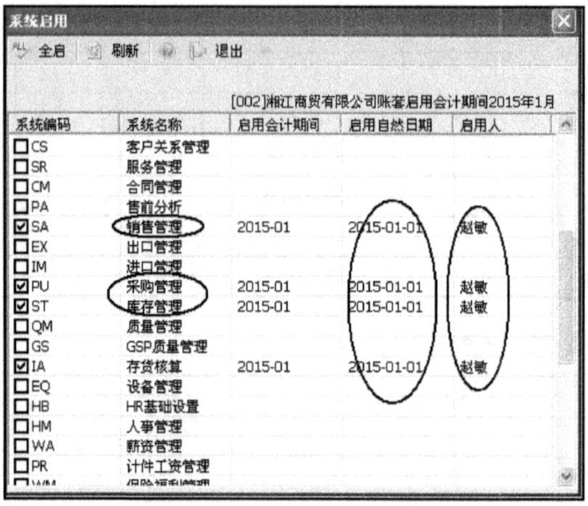

图 8-5　“系统启用”对话框

（7）选择采购管理系统，设置启用年月日，这里设为“2015-01-01”。

（8）单击【确定】按钮，核对启用自然日期。

提示

各系统的启用会计期间必须大于或等于账套的启用日期。

只有系统管理员和账套主管有系统启用权限。

启用人单击【是】按钮后，保存此项启用信息，并将操作人写入“启用人”。

二、定义相关子系统选项

（1）选择“业务工作”→“供应链”→“采购管理”→“设置”→“采购选项”选项，打开“采购选项设置”对话框，根据单位应用要求逐步选择。选中“普通业务必有订单”、“启用受托代销”、“商业版费用不分摊到入库成本”复选框，如图 8-6 所示。

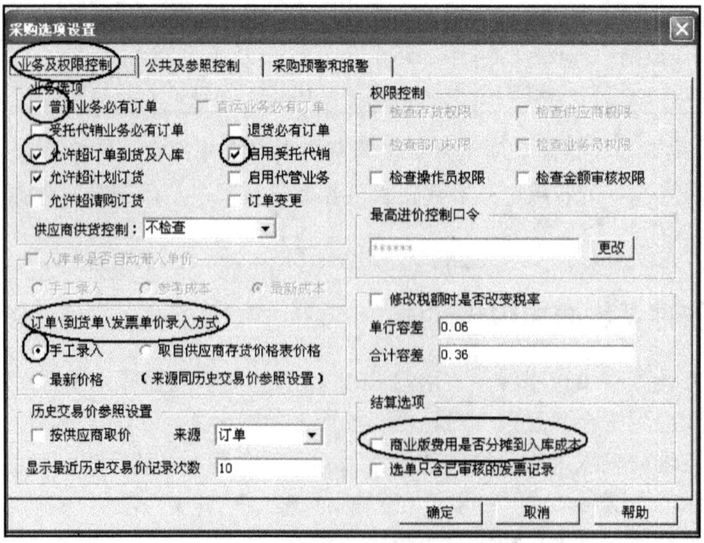

图 8-6　“采购选项设置”对话框

（2）库存系统选项设置如图 8-7 所示。

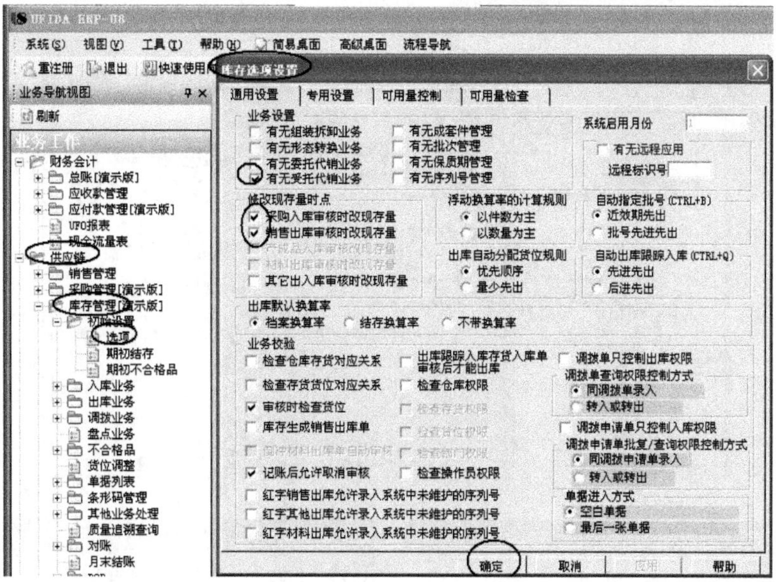

图 8-7　库存系统选项设置

（3）存货核算系统选项设置如图 8-8 所示。

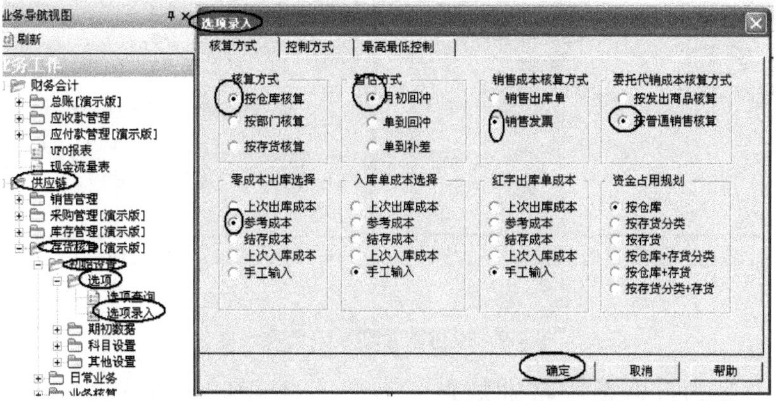

(a)

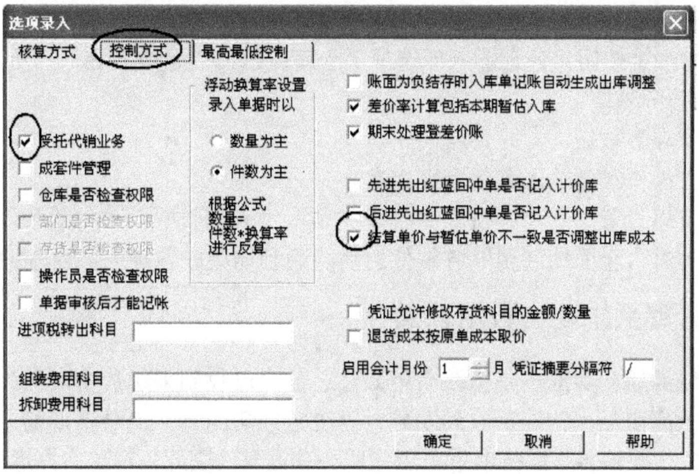

(b)

图 8-8　存货选项设置

（4）应付款管理系统选项设置如图 8-9 所示。

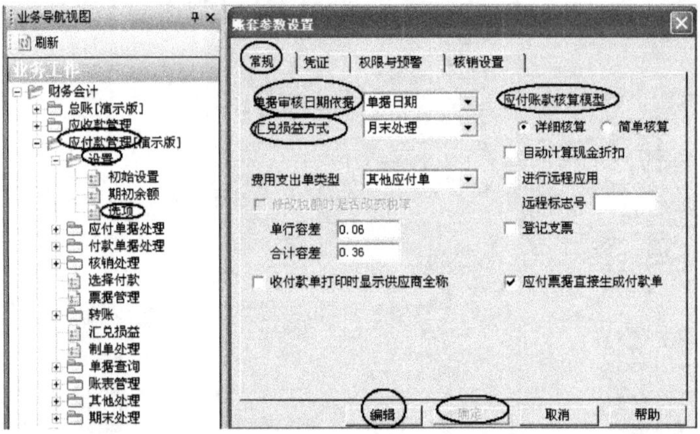

(a)

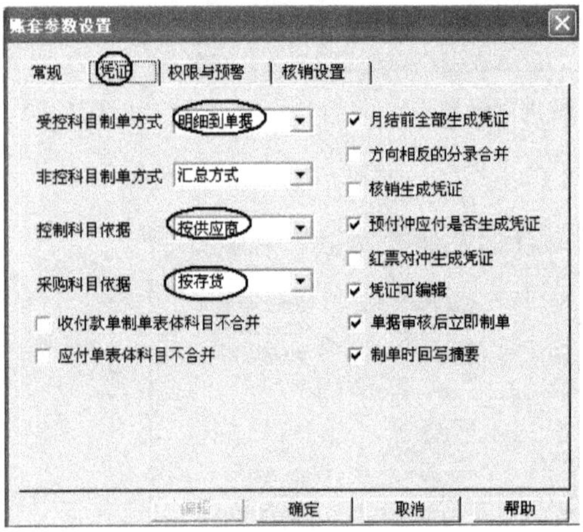

(b)

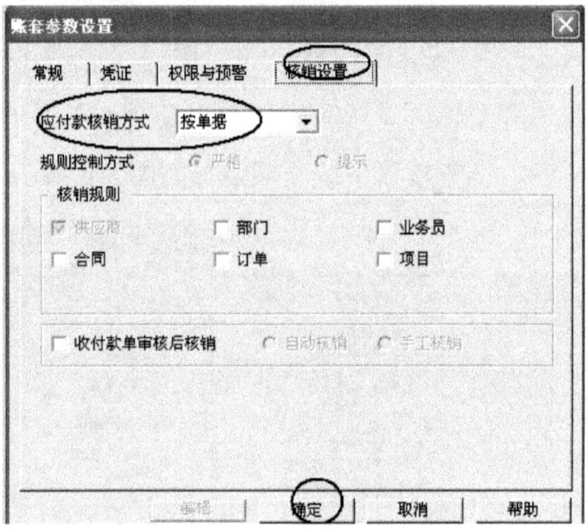

(c)

图 8-9 应付款管理系统选项设置

三、设置采购管理系统基础信息

（1）选择“基础设置”→“基础档案”→“业务”→“仓库档案”选项，设置仓库档案。

（2）单击【增加】按钮，分别输入或选择“仓库编码”、“仓库名称”、“所属部门”，并选择计价方式为“全月平均法”。

（3）单击【保存】按钮。

（4）重复以上操作继续输入其他仓库档案。

依此方法还可以设置“仓库存货”、“收发类别”、“采购类型”、“付款条件”等内容，以便进行采购业务处理时，全面地利用财务软件的功能顺利地完成各种业务内容的操作。

四、采购管理系统期初数据录入

采购管理系统的期初数据一是指在启用系统之前，已收到采购货物，但尚未收到对方开具的发票，即暂估入库商品。待以后收到发票，再进行采购结算。二是指期初期初收到委托单位代销的商品，尚未实现销售，需待销售之后才能办理结算。因此，对这些办理入库手续的货物，必须录入期初入库信息，以便将来及时进行结算。

选择“业务工作”→“供应链”→“采购管理”→“采购入库”→“采购入库单”选项，

进入“期初采购入库单”界面，如图8-10所示。

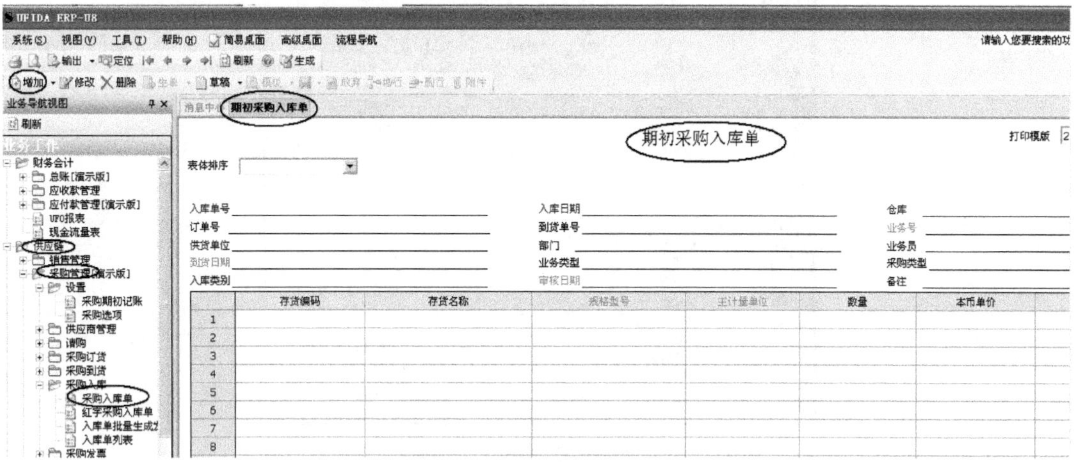

图8-10 采购期初数据录入

注：此账套无采购期初数据录入。

五、采购管理系统期初记账

采购管理系统期初记账是指期初暂估入库、在途货物、受托代销商品数据记入采购账中，以便日常业务的录入。

（1）在“采购管理”系统中，选择“设置”→“采购期初记账”选项，进入“期初记账”界面。

（2）单击【记账】按钮，完成采购期初记账工作，如图8-11所示。

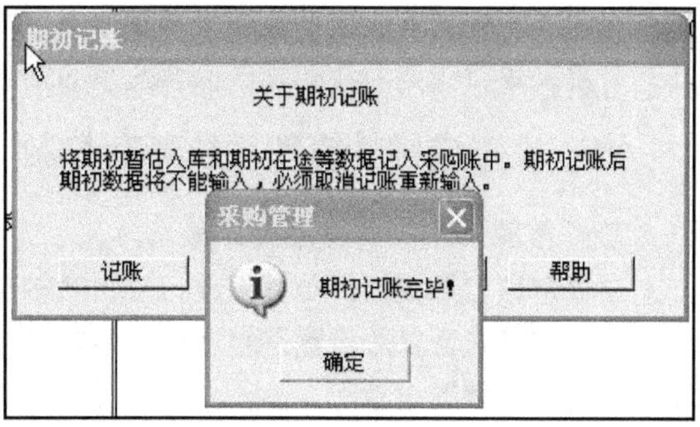

图8-11 期初记账

提示

没有期初余额数据时也应该进行期初记账，以便于日常采购单据的录入。

采购管理系统不执行期初记账，库存管理系统和存货核算系统不能进行期初记账。

在未进行日常业务处理之前，如果发现初始化资料需要更改，则可以在原期初记账的功能中执行“取消记账”的操作。

六、应付款管理系统的启动与注册

（1）执行“开始”→“程序”→“用友ERP-U872”→“企业应用平台”命令，打开“登录”对话框。

（2）选择服务器，录入本次需要登录的操作员编码或名称，系统会根据当前操作员的权限显示该操作员可以登录的账套号。

（3）会计年度和操作日期可通过参照按钮重新制定。

（4）单击【确定】按钮，登录企业应用平台。

（5）选择“基础设置”→“基本信息”→“系统启用”选项，选中“应付款管理”复选框，如图8-12所示。

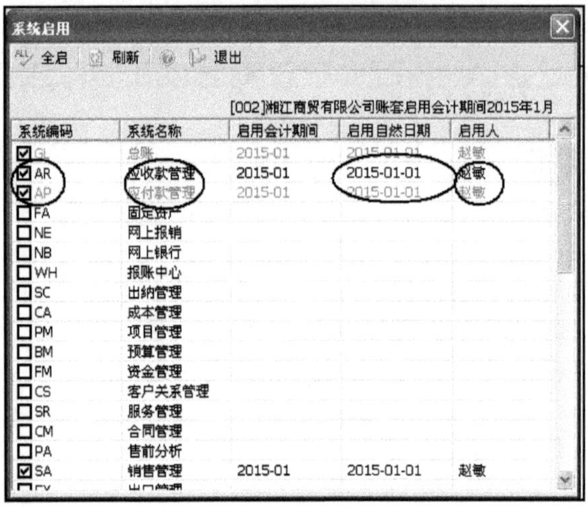

图 8-12 启用应付款管理系统

提示

各系统的启用会计期间必须大于或等于总账的启用日期。
只有系统管理员和账套主管有系统启用权限。
启用人单击【是】按钮后，保存此项启用信息，并将操作人写入“启用人”。

七、设置应付款管理系统账套参数

1. “常规”选项卡各选项设置

单据审核日期依据：单据日期；应付款核算类型：详细核算。

（1）在“账套参数设置”对话框中选择“常规”选项卡，如图 8-13 所示，单击【编辑】按钮，进行以下参数设置。

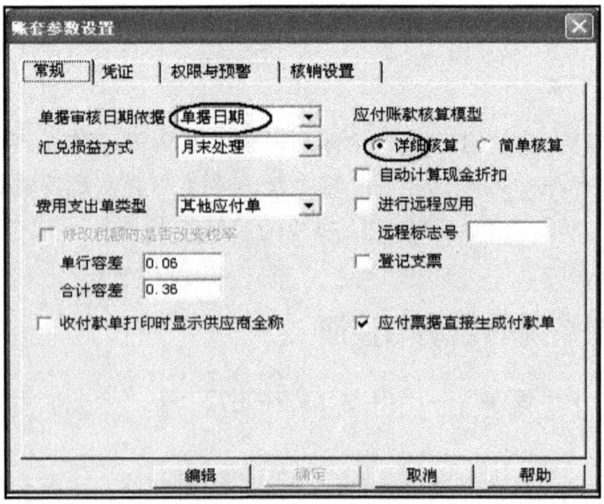

图 8-13 “常规”选项卡

（2）设置单据审核日期依据。

① 单据日期。在单据处理功能中进行单据审核时，自动将单据的审核日期（即入账日期）记为该单据的单据日期。

② 业务日期。在单据处理功能中进行单据审核时，自动将单据的审核日期（即入账日期）

记为当前业务日期（即登录日期）。

提示

如果使用单据日期为审核日期，则月末结账时单据必须全部审核。因为下月无法以单据日期为审核日期，业务日期无此要求。

（3）设置汇兑损益方式。

① 外币余额结清时计算。仅当某种外币余额结清时才计算汇兑损益，在计算汇兑损益时，界面中仅显示外币余额为零且本位币余额不为零的外币单据。

② 月末处理。每个月末计算汇兑损益，在计算汇兑损益时，界面中显示所有外币余额不为零或者本币余额不为零的外币单据。

（4）设置应付账款核算类型。有简单核算和详细核算两种。

提示

该选项在系统启用时或者还没有进行任何业务处理情况下（包括期初数据录入）才允许从简单核算改为详细核算；从详细核算改为简单核算随时可以进行，但要慎重，因为此过程不可恢复。

（5）是否自动计算现金折扣。为了享受到供应商在信用期间内提供的现金折扣政策，可选中“自动计算现金折扣”复选框，本例不选。

（6）是否进行远程应用。选中“进行远程应用”复选框，则系统在后续处理中提供远程传输付款单的功能，本例不选。

（7）是否登记支票。选中“登记支票”复选框系统自动将具有票据管理结算方式的付款单登记在支票登记簿中，本例不选。

2. “凭证”选项卡各选项设置

受控科目制单方式：明细到供应商；非受控科目制单方式：汇总方式；控制科目依据：按供应商；采购科目依据：按存货；月结前全部生成凭证；方向相反的分录合并；预付冲应付生成凭证。

（1）在“账套参数设置”对话框中选择“凭证”选项卡，如图 8-14 所示。

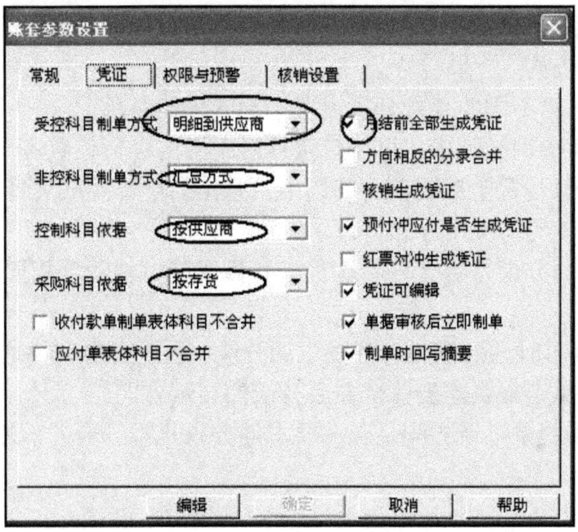

图 8-14　“凭证”选项卡

（2）设置受控科目制单方式。

① 明细到供应商是指将一个供应商的多笔业务合并生产一张凭证时，如果核算这多笔业务的控制科目相同，系统将自动将其合并成一条分录。这种方式的使用可以在总账系统中根据供应商来查询其详细信息。

② 明细到单据是指将一个供应商的多笔业务合并生成一张凭证时，系统会将每一笔业务形成一条分录。这种方式的使用可以在总账系统中查看到每一供应商的每笔业务的详细情况。

提示

受控科目在合并分录时若自动取出科目（带辅助核算）相同，辅助项为空，则不予合并成一条分录。

（3）设置非控科目制单方式。

① 明细到供应商是指将一个供应商的多笔业务合并生成一张凭证时，如果核算这多笔业务的非受控科目相同，且其所带辅助核算项目也相同，则系统将自动合并成一条分录。这种方式的使用可以在总账系统中能够根据供应商查询其详细信息。

② 明细到单据是指将一个供应商的多笔业务合并生成一张凭证时，系统会将每一笔业务形成一条分录。这种方式的使用可以在总账系统中也能查看到每个供应商的每笔业务的详细情况。

③ 汇总制单是指将多个供应商的多笔业务合并生成一张凭证时，如果核算这多笔业务的非控制科目相同，且其所带辅助核算项目也相同，则系统将自动将其合并成一条分录。这种方式的目的是精简总账中的数据，在总账系统中只能查看到该科目的一个总的发生额。

提示

非受控科目在合并分录时若自动取出的科目（带辅助核算）相同，辅助项为空，则不予合并成一条分录。

（4）设置控制科目依据。控制科目在本系统指所有带有供应商往来辅助核算且控制系统指定为应付系统的科目。本系统提供 3 种设置控制科目的依据。

① 按供应商分类。针对不同的供应商分类设置不同的应付科目和预付科目。

② 按供应商。针对每一个不同的供应商设置不同的应付科目和预付科目。这种设置适合特殊供应商的需要。

③ 按地区。针对不同的地区分类设置不同的应付科目和预付科目。

（5）设置采购科目依据。

① 按存货分类。针对不同的存货分类设置不同的采购科目。

② 按存货。如果存货种类不多，可以直接针对不同的存货设置不同的采购科目。

（6）设置月末结账前是否全部制单。若选中“月结前全部生成凭证”复选框，只有在所有的单据和业务处理都制单的情况下才允许月末结账。

（7）设置方向相反的分录是否合并。这是指科目相同、辅助项相同、方向相反的凭证分录是否合并。

① 选择合并。在制单时遇到满足合并要求的分录，系统会自动将这些分录合并成一条，根据在哪边显示为正数的原则来决定当前合并后分录的显示方向。

② 选择不合并。在制单时遇到满足合并要求的分录，不予合并，原样显示在凭证中。

提示

该选项对坏账收回制单无效。

（8）核销是否需要生成凭证。

① 不选择。不管核销双方单据的入账科目是否相同均不需要对这些记录进行制单。

② 选择。需要判断核销双方的单据当时的入账科目是否相同，不相同时，需要生成一张调整凭证。

（9）预付冲应付是否生成凭证。

① 选择。对于预付冲应付业务，当预付、应付科目不相同时，需要生成一张转账凭证。

② 不选择。对于预付冲应付业务不管预付、应付科目是否相同均不生成凭证。

（10）红票对冲是否生成凭证。

① 选择。当对冲单据所对应的受控科目不相同时，系统生成一张转账凭证。

② 不选择。对于红票对冲处理，不管对冲单据所对应的受控科目是否相同均不生成凭证。

3. “权限与预警”选项卡各选项设置

业务 8-1：如选择根据单据自动报警，信用方式提前 7 天；启用部门权限；根据信用额度自动报警，提前比率 20%；包含信用额度为零。

（1）在“账套参数设置”对话框中选择“权限与预警”选项卡，如图 8-15 所示。

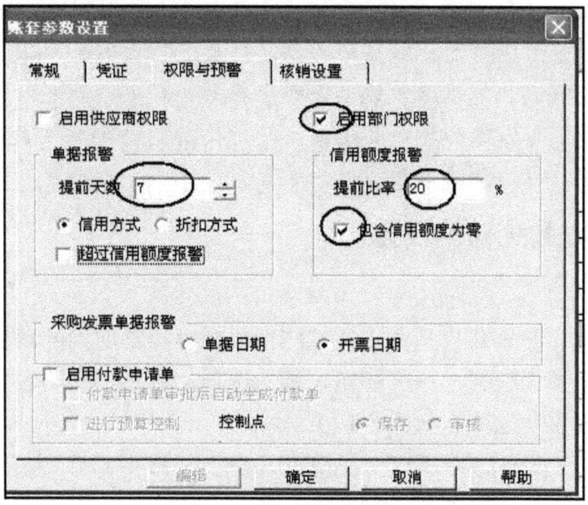

图 8-15　“权限与预警”选项卡

（2）是否启用供应商权限。只有在企业应用平台的“系统服务”→“权限”→“数据权限控制设置”中选择了供应商进行记录级数据权限控制时，此处该选项才可设置。

① 选择启用。在所有的处理、查询中均需要根据该用户的相关供应商数据权限进行限制。通过该功能，企业可加强供应商管理的力度，提高数据的安全性。

② 选择不启用。在所有的处理、查询中均不需要根据该用户的相关供应商数据权限进行限制。

（3）是否启用部门权限。只有在企业应用平台的“系统服务”→“权限”→“数据权限控制设置”中选择了对部门进行记录级数据权限控制时，此处该选项才可设置。

① 选择启用。在所有的处理、查询中均需要根据该用户的相关部门数据权限进行限制。通过该功能，企业可加强部门管理的力度，提高数据的安全性。

② 选择不启用。在所有的处理、查询中均不需要根据该用户的相关部门数据权限进行限制。

（4）是否根据单据自动报警。选择自动报警后，设置报警的提前天数，并选择信用方式或折旧方式。

（5）是否根据信用额度自动报警。用户可以选择是否需要根据供应商的信用额度进行自动报警。

选择自动报警时，系统根据设置的预警标准显示满足条件的供应商记录，即只要该供应商的信用比率小于或等于设置的提前比率时就对该供应商进行报警处理。若选择信用额度为零的供应商也预警，则当该供应商的应付账款月大于零时即进行报警处理。

以上选项卡各选项设置完成后，单击【确定】按钮，保存所做的修改。

4. “核销设置”选项卡各选项设置

选择“核销设置”选项卡，如图 8-16 所示，选择应付款核销方式：按单据。

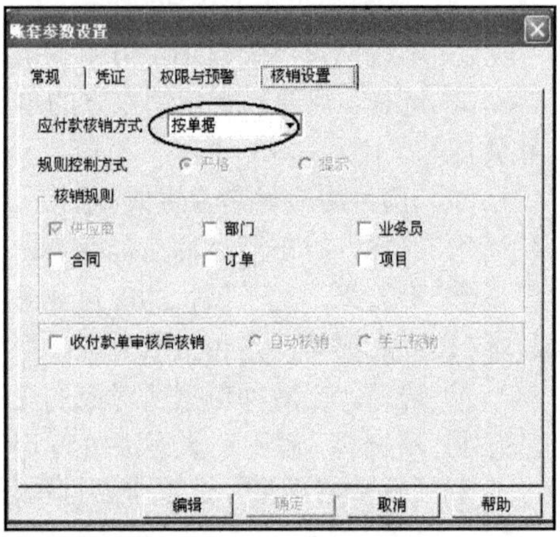

图 8-16 “核销设置”选项卡

提示

设置应付款核销方式：①按单据核销，系统将满足条件的未付款单据全部列出，选择要结算的单据，根据所选择的单据进行核销；②按产品核销，系统将满足条件的未核销发票、应付单按产品列出，选择要结算的产品，根据所选择的记录进行核销。

如果企业付款时，无须指定具体收取的是哪个存货的款项，则可以采用按单据核销。如果企业存货单位价值较高，可以选择按产品核销，即付款指定到具体存货上。

在账套使用过程中，可以随时修改参数的设置。

八、应付款管理系统初始设置

1. 设置科目

（1）基本科目设置。基本科目是指在核算应付款项时经常用到的科目，可以在此处设置应付业务的常用科目。选择“设置”→“初始设置”选项，进入“初始设置”界面。选择“设置科目”→“基本科目设置”选项，如图 8-17 所示。

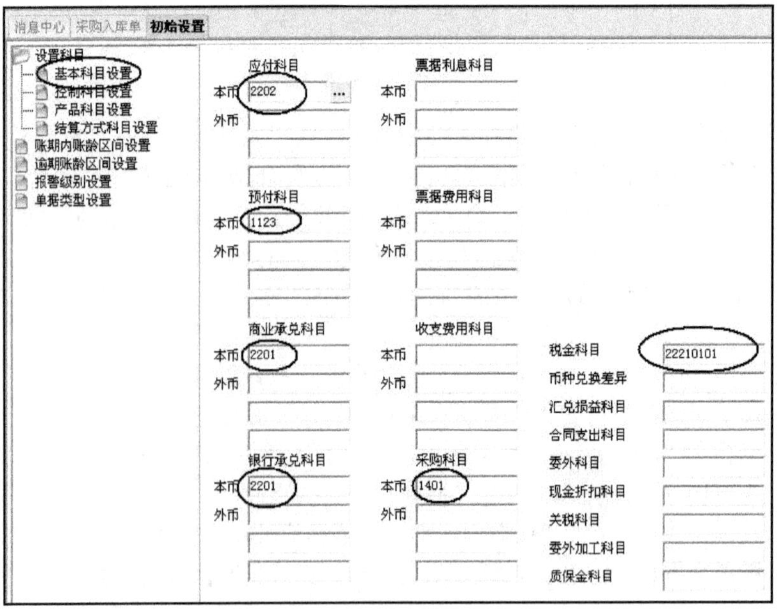

图 8-17 基本科目设置

在各栏内直接输入或参照输入有关的科目信息。各栏目说明如下。

① 应付科目。输入最常用的核算本位币和外币赊销欠款的科目，如“应付账款”科目。

② 预付科目。输入最常用的核算本位币和外币预付款的科目，如“预付账款”科目。

③ 采购科目。输入最常用的核算采购收入的科目，如“物资采购”科目。

④ 税金科目。输入核算进项税的科目，如“应交增值税——进项税”项目。

⑤ 银行承兑科目。输入核算银行承兑汇票的科目，如“应付票据”科目。

⑥ 商业承兑科目。输入核算商业承兑汇票的科目，如“应付票据”科目。

⑦ 现金折扣科目。若企业在销售过程中有现金折扣业务，则输入现金折扣费用的入账科目，如“财务费用”科目。

⑧ 票据利息科目。输入核算应付票据利息的科目，如“财务费用”科目。

⑨ 票据费用科目。输入核算应付票据费用的科目，如“财务费用”科目。

⑩ 汇兑损益科目。若供应商往来有外币核算时，输入核算汇兑损益的科目，如“财务费用”科目。

⑪ 币种兑换差异。输入异币种核销时形成的币种兑换差异科目，如“财务费用”科目。

⑫ 收支费用科目。输入在采购过程中发生的费用的入账科目，如“营业费用”科目。

⑬ U872 新增了委外科目、合同支出科目、关税科目、质保金科目等。

提示

若无外币核算，可以不输入外币应付预付科目；应付和预付科目必须是有“供应商”往来核算且受控于应付系统的科目，如果应付科目、预付科目按不同的供应商分别设置，则可在“控制科目设置”中设置，在此可不设；若要正对不同的存货分别设置采购核算科目，则在此不用设置，可在“产品科目设置”中进行设置；应付票据科目必须是应付系统的受控科目。

本系统只支持本位币票据。

所有以上科目必须是末级科目。

（2）控制科目设置。如果企业的应付、预付科目根据供应商的分类或地区分类不同分别设置不同的明细科目，则可以先在选项中选择设置的依据，并且在此处进行具体的设置。设置的科目必须是末级应付系统受控科目。

（3）产品科目设置。如果不同的存货（存货分类）分别对应不同的采购科目、应交进项税科目，先在选项中选择设置的依据，并且与基本科目设置中的科目不一致，则在此处设置具体科目。

（4） 结算方式科目设置。在“初始设置”界面中选择“设置科目”→“结算方式科目设置”选项，如图 8-18 所示。

图 8-18　结算方式科目设置

2. 账龄区间设置

为了对应付账款进行账龄分析，评估供应商所允许信誉，应首先在此设置账龄区间。

（1）在“初始设置”界面中选择“账期内账龄区间设置”选项，如图 8-19 所示。

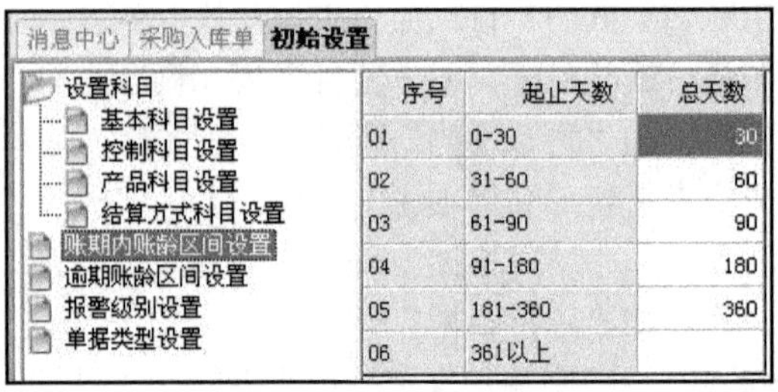

图 8-19 账期内账龄区间设置

（2）单击【增加】按钮，输入该区间的总天数，即可在当前区间之前插入一个区间。该区间后的各区间起止天数会自动调整。

① 序号。由系统自动生成，从 01 开始，不能修改和删除。

② 总天数。直接输入截止该区间的账龄总天数。

③ 起止天数。系统会根据输入的总天数自动生成相应的区间。

提示

最后一个区间不能修改和删除。

最后一个区间不能输入总天数，表示上一区间的最大天数到无穷大。

3. 报警级别设置

通过对报警级别的设置，将供应商按照欠款余额与其授信额度的比例分为不同的类型，以便于掌握各个供应商的信用情况，这里不必设置。

在“初始设置”界面中选择“报警级别设置”选项，如图 8-20 所示。

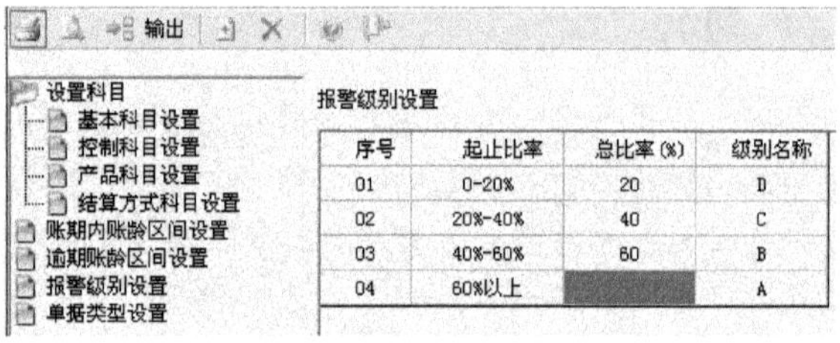

图 8-20 报警级别设置

提示

单击【增加】按钮，可在当前级别之前插入一个级别。插入一个级别后，该级别后的各级别比率会自动调整。

删除一个级别后，该级别后的各级比率会自动调整，最后一个区间不能修改和删除。

4. 单据类型设置

系统提供了发票和应付单两大类型的单据。

应付单记录采购业务之外的应付款情况。应付单可划分为不同的类型，以区分应付货款之外的其他应付款。在本功能中，只增加应付单的类型，如应付费用款、应付利息款、应付罚款、其他应付款等。

提示

只能增加应付单的类型，而发票的类型是固定的，不能修改和删除。应付单中的“其他应付单”为系统默认类型，不能删除和修改，不能删除已经使用过的单据类型。

九、录入应付款期初余额

1. 录入期初采购发票

业务 8-2：2015 年 12 月 29 日，向百姓公司购进 302 商品 30 双，单价 310 元，303 商品

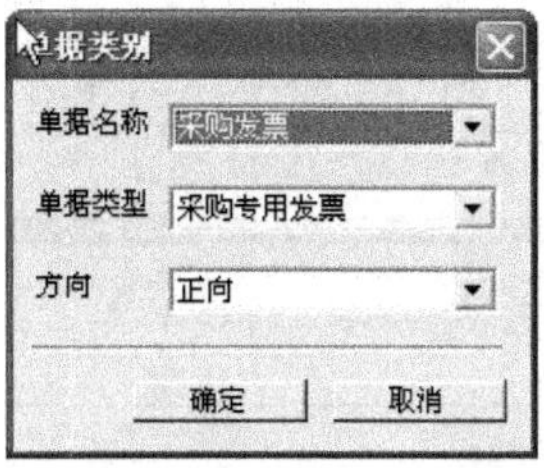

图 8-21　“单据类别”对话框

50 双，单价 158 元，共计货款 17 200 元，税款 2 924 元，价税合计 20 124 元，发票号 00000001。

（1）选择“设置”→“期初余额”选项，打开“期初余额—查询”对话框，单击【确定】按钮，进入“期初余额”界面。

（2）单击【增加】按钮，打开“单据类别”对话框，如图 8-21 所示。

（3）选择单据名称：采购发票；单据类型：采购专用发票；方向：正向。单击【确定】按钮，进入期初采购发票录入界面，如图 8-22 所示。

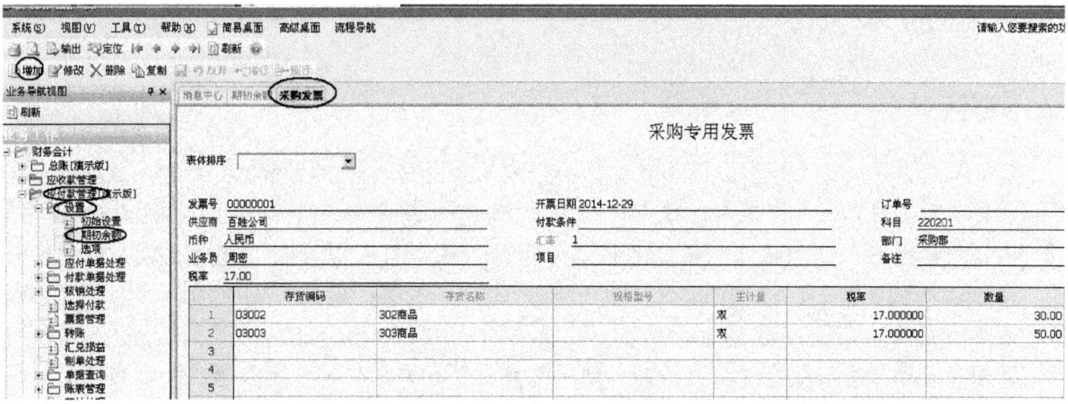

图 8-22　录入期初采购发票

（4）输入表头各项内容。

（5）输入表体各项内容。

2. 录入期初预付款

业务 8-3：2015 年 12 月 29 日，采购部周密预付东江公司货款 50 000 元，电汇支付。

（1）在“期初余额”界面中，单击【增加】按钮，打开“单据类别”对话框。

（2）选择单据名称：预付款；单据类型：付款单；方向：正向。单击【确定】按钮，进入付款单录入界面，如图 8-23 所示。

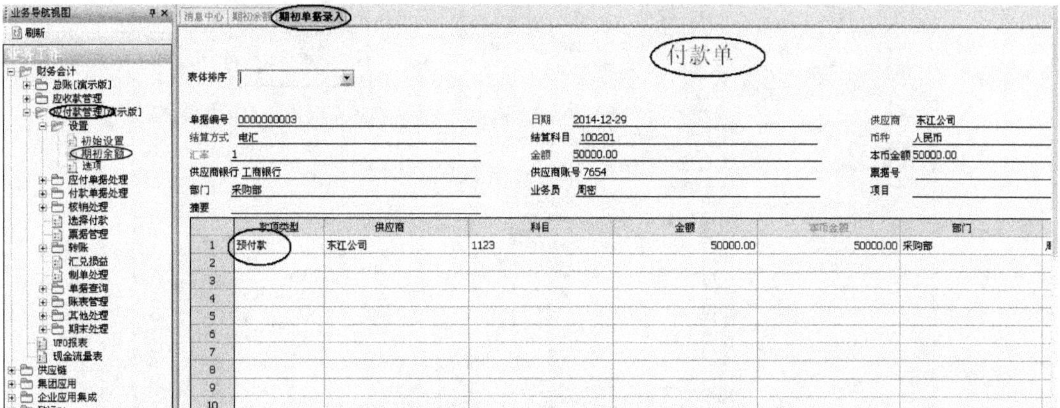

图 8-23　录入期初预付款

（3）输入各项内容，单击【保存】按钮，保存所进行的操作。

3. 期初对账

当完成全部应付款期初余额录入后，应通过对账功能将应付款管理系统与总账系统期初余额进行核对。在“期初余额”界面中单击【对账】按钮，如图 8-24 所示。

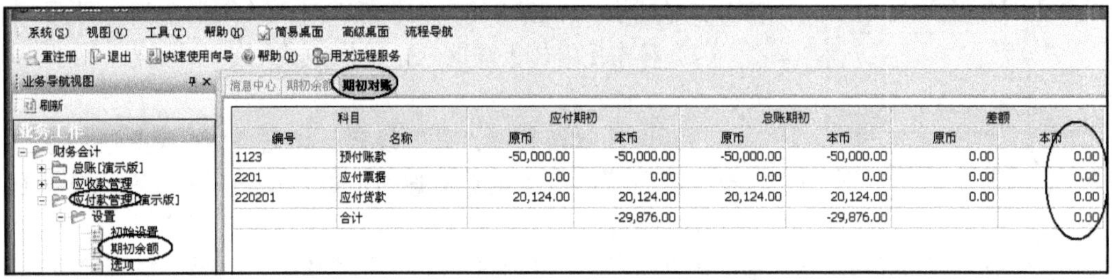

图 8-24 期初对账

提示

发票和应付单的方向包括正向与负向，类型包括系统预置的各类型及用户定义的类型。如果是预付款和应付票据，则不用选择方向，系统默认预付款方向为借，应付票据方向为贷。

单据中的科目，用于输入该笔业务的入账科目，该科目可以为空。建议在录入期初单据时，最好录入科目信息，这样不仅可以执行与总账对账功能，而且可以查询正确的科目明细账、总账。

当保存了期初录入结果，或在第二年使用需要调整期初余额时，先选取要修改的记录，单击【单据】按钮，进入 相应的界面，单击【修改】按钮保存即可，当第一个会计期已结账后，期初余额只能查询，不能再修改。

期初余额所录的票据保存后自动审核。

与总账系统对账，必须要在总账与应付款管理系统同时启用时才可以进行。

4. 用户数据权限控制设置

用户数据权限控制是指限制用户对其他用户所制的单据或凭证进行查询、删除、审核、弃审、关闭（订单），总账、库存、存货、销售、采购、委外、客户关系管理、Web 系统默认提供此限制功能。本账套为方便应收应付系统用户对采购销售系统制单发票审核，故应取消此限制。操作如图 8-25 所示。

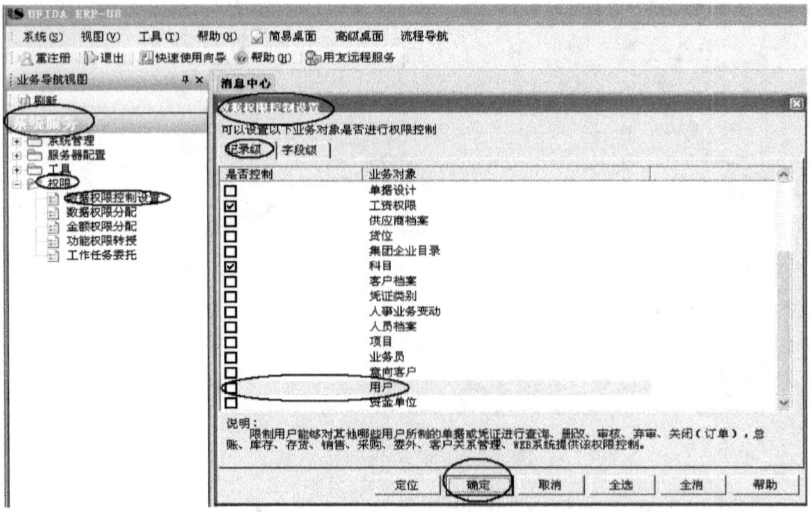

图 8-25 用户数据权限控制设置

任务二 采购与应付款管理系统本期业务处理

任务解析

本次任务要求掌握采购管理系统和应付款管理系统的本期业务处理的知识内容和操作方法。

当采购管理、库存管理、存货核算、应付款管理及总账系统集成使用时，一笔采购业务的发生，应根据不同情况在各个不同的系统中完成相应的业务处理和账务处理。在采购管理系统中输入采购入库单、采购发票，并对采购入库和采购发票进行采购结算；在库存管理系统中审核采购入库单；在存货核算系统中对采购入库单进行记账，登记存货明细账，同时依据记账后的采购入库单生成记账凭证，并将凭证传递到总账管理系统；在应付款管理系统中对结算后的发票制单，生成应付款凭证并在付款时录入付款单、核销应付款、生成付款凭证，并将已生成的凭证传递到总账管理系统，在总账管理系统中对凭证进行审核、记账。

知识链接

一、采购订单

采购订单也称采购合同，是企业与供应商之间签订的一种购销协议，主要内容包括采购货物名称、采购数量、由谁供货、到货时间、到货地点、运输方式、价格及运费等。

二、采购到货单

采购到货单是采购订货和采购入库的中间环节，一般由采购业务员根据供方通知或送货单填写，确定对方所送货物、数量、价格等信息，以入库通知单的形式传递到仓库作为保管员收货的依据。采购到货单是可选单据，企业可以根据业务需要选用。

三、采购发票

采购发票是供应商开出的销售货物的凭证，系统将根据采购发票确定采购成本，并据以登记应付账款。

采购发票按业务性质可分为蓝字发票和红字发票两种。

采购发票按发票类型可分为以下几种类型。

（1）增值税专用发票。增值税专用发票的单价为无税单价。

（2）普通发票。增值税普通发票包括普通发票、废旧物资收购凭证、农副产品收购凭证、其他收据，这些发票的单价、金额都是含税的。普通发票的默认税率为零，可修改。

（3）运费发票。运费主要是指向供货单位或提供劳务单位支付的代垫款项、运输装卸费、手续费、违约金（延期付款利息）、包装费、包装物租金、储备费、进口关税等。运费发票的单价、金额都是含税的。运费发票的默认税率为 7，可修改。

在收到供货单位的发票后，如果没有收到供货单位的货物，可以对发票压单处理，待货物到达后，再录入系统做报账结算处理；也可以先将发票录入系统，以便实时统计在途货物。

四、采购结算

采购结算也叫采购报账，是根据采购发票确定其采购成本。在手工业务处理中，采购业务员持经主管领导审批的采购发票和仓库确定的入库单到财务部门，由财务人员确定采购管理系统在完成采购结算后，则将“采购入库单”传递到库存管理系统，形成库存采购成本资料（“采购发票”传递到应付款管理系统形成采购应付款资料）采购结算从操作处理上分为自动结算、手工结算两种方式。自动结算是由计算机系统自动将相同供货单位的、存货相同且数量相等的采购入库单和采购发票，与多张采购入库单或一张采购入库单对应多张采购发票等不同情况的结算。

五、应付单据录入

日常处理是应付款管理系统的重要组成部分，是经常性的应付业务处理工作。日常业务主要完成企业日常的应付款入账、付款业务录入、付款业务核销、应付并账、汇兑损益计算，通过及时记录应付业务、付款业务的发生，为查询和分析往来业务提供完整、正确的资料，加强对往来款项的监督管理，提高工作效率。

采购发票与应付单是应付款管理系统日常核算的原始单据。

六、付款单据处理

付款单据处理主要是对付款单据（付款单、收款单即红字付款单）进行管理，包括付款单、收款单的录入，以及单张付款单的核销。应付款管理系统的付款单用来记录企业所支付的给供应商的款项，款项性质包括应付款、预付款、其他费用等。

七、应付款管理系统核销处理

应付款管理系统核销处理指日常进行的付款核销应付账款的工作。单据核销的作用是处理付款核销应付款，建立付款与应付款的核销记录，监督应付款及时支付，加强往来款项的管理。

八、应付款管理系统票据管理

应付款管理系统票据管理主要是对商业承兑汇票和银行承兑汇票进行日常的业务处理，所有涉及票据的开具、结算、转出、计息等处理都应该在票据管理中进行。

九、应付款管理系统制单

制单即生成凭证，并将凭证传递至总账记账。应付款管理系统在各个业务处理过程中都提供了实时制单的功能；除此之外，系统还提供了一个统一制单的平台，可以在此快速、成批生成凭证，并可依据规则进行合并制单等处理。

任务实施

根据湘江商贸股份公司 2015 年 1 月发生的如下有关采购与应付的经济业务，完成采购与应付款管理系统本期业务处理。

（1）3 日，向东江公司订购 203 商品 50 台，单价 1500 元，要求 6 日到货（注：本业务题中的单价均指不含税单价）（**货到单后到的普通采购业务——订货**）。

◆ 周密进入采购管理系统，开出采购订单并审核。

（2）4 日，向蓝海公司订购 101 商品 100 件，单价 680 元，102 商品 100 件，单价 590 元，103 商品 80 件，单价 500 元（**货到单后到的普通采购业务——订货**）。

◆ 周密进入采购管理系统，开出采购的订单并审核。

（3）5 日，电汇给百姓公司 20 124 元，支付前欠货款，票号 4561，附单据一张（**货到后**

付款的普通采购业务——付款）。

◆ 钱河进入应付款管理系统，录入付款单，赵敏审核后制单，生成付 0002 号凭证。

借：应付账款（百姓公司） 20 124.00

　　贷：银行存款——工商银行 20 124.00

（4）6 日，向百姓公司订购 302 商品 200 双，单价 300 元，303 商品 150 双，单价 160 元，13 日自备车辆提货（**单货同到、自动结算、采购即付的普通采购业务——订货**）。

◆ 周密进入采购管理系统，开出采购订单并审核。

（5）6 日，收到东江公司发来 203 商品，50 台，验收入 2#库（**货到单后到的普通采购业务——到货**）。

◆ 周密进入采购管理系统，参照订单生成采购到货单并审核。

◆ 郑伟进入库存管理系统，参照到货单生成采购入库单并审核。

◆ 孙磊进入存货管理系统，对采购入库单进行记账，并根据采购入库单生成转 0003 号凭证。

借：库存商品 75 000.00

　　贷：物资采购 75 000.00

（6）6 日，收到东江公司开来的专用发票 0001，列 203 商品 50 台，单价 1 500 元，货款 75 000 元，税款 12 750 元，共计 87 750 元（**货到单后到的普通采购业务——收单**）。

◆ 周密进入采购管理系统，开出专用采购发票，并办理采购结算。

◆ 钱河进入应付款管理系统，审核专用采购发票，生成转 0004 号凭证。

借：物资采购 75 000.00

　　应交税费——应交增值税——进项税额 12 750.00

　　贷：应付账款（东江公司） 87 750.00

（7）6 日，收到蓝海公司发来 101 商品 100 件，102 商品 100 件，103 商品 80 件，验收入 1#库（**货到单后到的普通采购业务——到货**）。

◆ 周密进入采购管理系统，参照订单生成采购到货单并审核。

◆ 郑伟进入库存管理系统，参照到货单生成采购入库单并审核。

◆ 孙磊进入存货管理系统，对采购入库单进行记账，并根据采购入库单生成转 0005 号凭证。

借：库存商品 167 000.00

　　贷：物资采购 167 000.00

（8）10 日，收到蓝海公司开来专用发票 0002，101 商品 100 件，单价 680 元，102 商品 100 件，单价 590 元，103 商品 80 件，单价 500 元，共计货款 167 000 元，税款 28 390 元，价税合计 195 390 元（**货到单后到的普通采购业务——收单**）。

◆ 周密进入采购管理系统，开出专用采购发票，并办理采购结算。

◆ 钱河进入应付款管理系统，审核专用采购发票，生成转 0006 号凭证。

借：物资采购 167 000.00

　　应交税费——应交增值税——进项税额 28 390.00

　　贷：应付账款（东江公司） 195 390.00

（9）12 日，开出商业承兑汇票 195 390 元，抵付蓝海公司货款，票据号 06001，期限一个月，0 利率（**货到单后到的普通采购业务——票据处理**）。

◆ 钱河进入应付款管理系统，开出商业承兑汇票，查找自动生成的付款单审核后进行付款单制单处理，生成转 0007 号凭证。

借：应付账款（蓝海公司） 195 390.00

贷：应付票据（蓝海公司） 195 390.00

（10）13 日，收到仓库通知，向百姓公司订购的 302 商品 200 双，303 商品 150 双已到货验收入库。收到专用发票 0003，货款 84 000 元，税款 14 280 元，共计 98 280 元，当即开出银行汇票付讫，票据号：7403（**单货同到、采购现付、自动结算的普通采购业务——验货付款**）。

◆ 周密进入采购管理系统，参照订单生成采购到货单并审核。

◆ 郑伟进入库存管理系统，参照到货单生成采购入库单并审核。

◆ 周密进入采购管理系统开出专用采购发票，并办理现付及采购结算。

◆ 孙磊进入存货核算系统，对采购入库单进行记账，并根据采购入库单生成转 0010 号凭证。

借：库存商品 84 000.00

贷：物资采购 84 000.00

◆ 钱河进入应付款管理系统，审核专用采购发票，生成付 0009 号凭证。

借：物资采购 84 000.00

应交税费——应缴增值税——进项税额 14 280.00

贷：银行存款（百姓公司） 98 280.00

（11）13 日，向娃哈哈公司订购 201 商品 20 台，单价 2 750 元，202 商品 30 台，单价 2 160 元（**货到单后到的普通采购业务——订货**）。

◆ 周密进入采购管理系统，参照订单生成采购到货单并审核。

（12）17 日，收到娃哈哈公司发来的 201 商品 20 台，202 商品 30 台，验收入 2#库（**货到单后到的普通采购业务——到货**）。

◆ 周密进入采购管理系统，开出采购到货单。

◆ 郑伟进入库存管理系统，参照到货单生成采购入库单并审核。

◆孙磊进入存货核算系统，对采购入库单进行记账，并根据采购入库单生成转 0011 号凭证。

借：库存商品 119 800.00

贷：物资采购 119 800.00

（13）17 日，收到娃哈哈公司专用发票：201 商品 20 台，单价 2 750 元，价款 55 000 元，税款 9 350 元；202 商品 30 台，单价 2 160 元，价款 64 800 元，税款 11 016 元（**货到单后到的普通采购业务——收单**）。

◆ 周密进入采购管理系统，开出专用采购发票，并办理采购结算。

◆ 钱河进入应付款管理系统，审核专用采购发票，生成转 0012 号凭证。

借：物资采购 119 800.00

应交税费——应缴增值税——进项税额 20 366.00

贷：应付账款（娃哈哈公司） 140 166.0

（14）18 日，汇给东江公司 37 750 元，并冲预付款 50 000 元，结清前欠购货款，票据号 4562（**货到后付款的普通采购业务——付款**）。

◆ 钱河进入应付款管理系统，录入付款单，审核后制单，生成付 0012 号凭证。

借：应付账款（东江公司） 37 750.00

贷：银行存款——工商银行 37 750.00

◆ 进行预付冲应付操作，生成转 0014 号凭证。

借：应付账款（东江公司） 50 000.00

贷：预付账款（东江公司） 50 000.00

（15）19 日，向城乡公司订购 301 商品 150 双单价 280 元（**单货同到、自动结算的普通采购业务——订货**）。

◆ 周密进入采购管理系统，开出采购订单并审核。

（16）23 日，19 日向城乡公司购进的 150 双 301 商品验收入库，同时收到专用发票，价款 42 000 元，税款 7 140 元，价税合计 49 140 元（**单货同到、自动结算的普通采购业务——验货收单**）。

◆ 周密进入采购管理系统，参照订单生成采购到货单并审核。

◆ 郑伟进入库存管理系统，参照到货单生成采购入库单并审核。

◆ 周密进入采购管理系统，开出专用采购发票，并办理采购结算。

◆ 孙磊进入存货管理系统，对采购入库单进行记账并根据采购入库单生成转 0016 号凭证。

借：库存商品　42 000.00
　　贷：物资采购　42 000.00

◆ 钱河进入应付款管理系统，审核专用采购发票生成转 0017 号凭证。

借：物资采购　42 000.00
　　应交税费——应交增值税——进项税额　7 140.00
　　贷：应付账款（城乡公司）　49 140.00

一、采购订单管理操作

1. 填制采购订单

当与供货单位签订采购意向协议时，可以将采购协议以订单的形式录入计算机，并打印出来报采购主管审批。

输入未审核的订单状态显示为“输入”，未经审核的订单可以修改、删除。

业务 8-4：2015 年 1 月 3 日，公司向东江公司订购 203 商品 50 台，单价 1 500 元，要求 6 日到货。

（1）在采购管理系统中，选择“采购订货”→“采购订单”选项，进入“采购订单”界面。

（2）单击【增加】按钮，在“订单日期”中输入“2015-01-03”，选择供货单位为“东江公司”，选择存货编码为“02003”，数量输入“50”，原币单价输入“1500”，计划到货日期为“2015-01-06”，如图 8-26 所示。

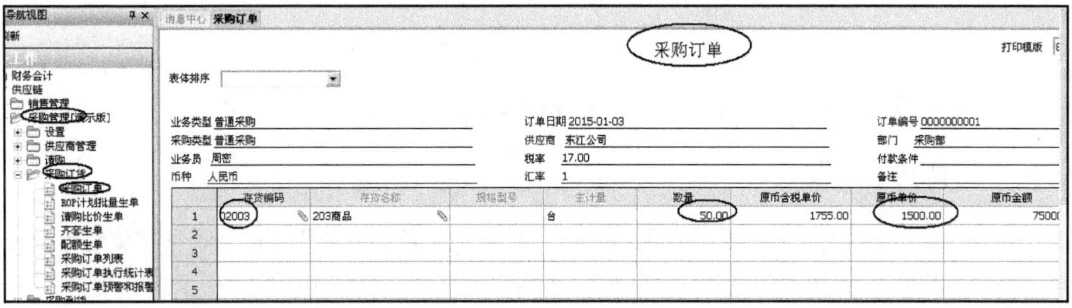

图 8-26　录入采购订单

（3）单击【保存】按钮，单击【退出】按钮退出。

2. 订单审核

订单输入计算机保存后，只有经过审核，才能在输入采购入库单或采购发票时参照使用。

审核订单可以有 3 种方法，要根据企业需要选择其中的一种。

（1）已由供货单位确定。

（2）如果订单是由专职输入员输入的，由业务员进行数据检查，确定订单内容是否正确。

（3）经过采购主管已批准了的订单。

已审核订单，在订单的底部显示审核人的姓名，状态显示为“审核执行”。已审核订单不能直接修改、删除。如果需要修改，必须先取消审核。

采购订单审核后，可以在“订单执行明细表”和“订货统计表”中查询。

3. 订单执行

订单执行分为两种：一种是以采购的货物入库为依据；另一种是以取得发票为依据。凡是根据采购订单进行的采购业务，货物到达后填制入库单、发票时，必须正确注明订单号，否则不能正确统计出订单的执行情况。

二、填制采购到货单

业务 8-5：2015 年 1 月 6 日，收到东江公司发来的 203 商品，50 台，验收入 2#仓库。

（1）在采购管理系统中，选择“采购到货”→“到货单”选项，进入“到货单”界面。

（2）单击【增加】按钮，在“日期”中录入“2015-01-06”，“供应商”中录入“东江公司”，“部门”中录入“采购部”，“存货编码”中录入“02003”，“数量”中录入“50”，“原币单价”中录入“1 500”，如图 8-27 所示。如果选中了“普通业务必有订单”复选框，只能参照订单录入存货。

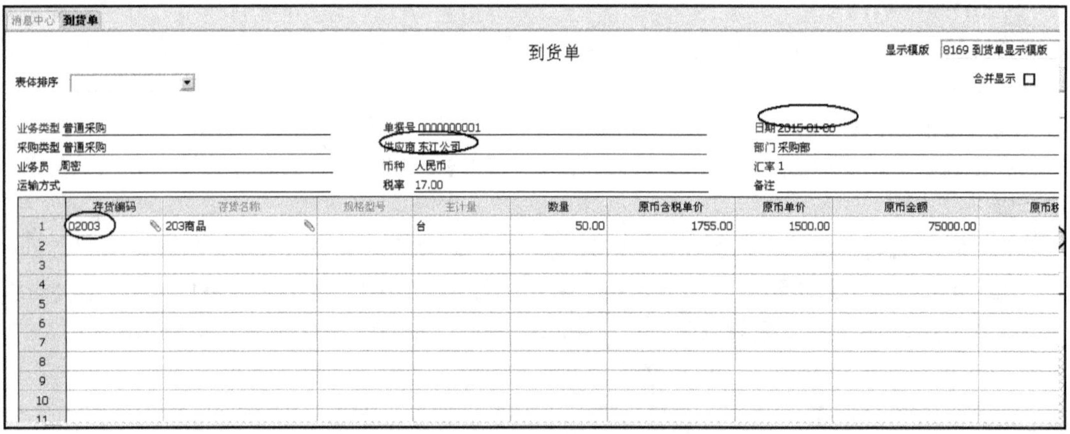

图 8-27 采购到货单生单

（3）单击【保存】、【审核】按钮，单击【退出】按钮退出。

三、填制采购发票

业务 8-6：2015 年 1 月 6 日，收到东江公司发来的 1 月 3 日购买 203 商品的增值税专用发票一张，列 203 商品 50 台，单价 1 500 元，货款 75 000 元，税款 12 750 元，共计 87 750 元，发票号为 0001。

（1）在采购管理系统中，选择“采购发票”→“专用采购发票”选项，进入“专用发票”界面。

（2）单击【增加】按钮，依次输入或选择“日期”、“供货单位”、“部门”、“存货编码”、“数量”、“原币单价”等相关信息，如图 8-28 所示。

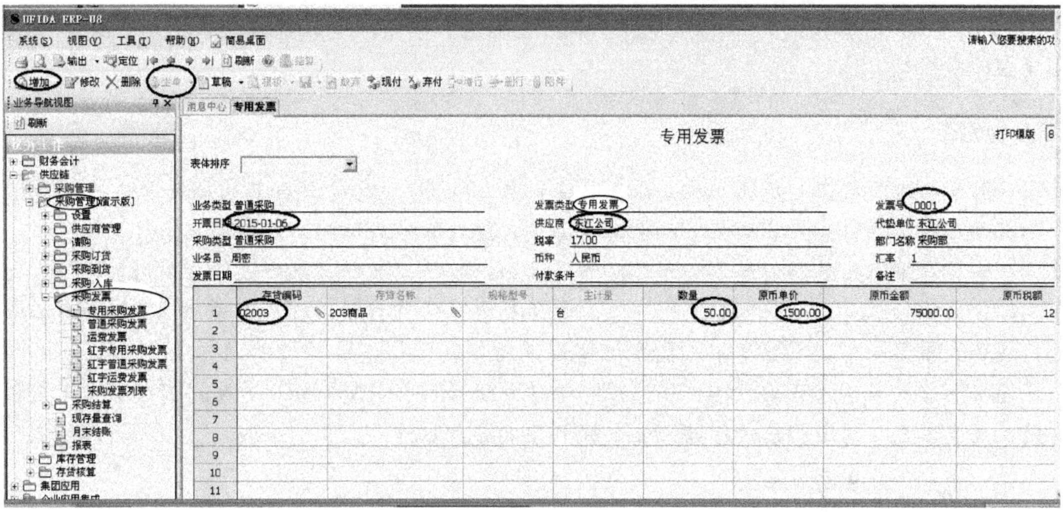

图 8-28　录入专用采购发票

提示

对于货、票同到的业务既可以先填制发票，也可以先填制到货单。

已进行结算的发票不能直接修改，只有取消结算后才能修改。

发票保存后，可以在“采购发票列表”中进行查询。

普通发票及运费发票的填制方法与专用发票的填制方法相同。

运费发票中所填制的存货的属性应为“劳务费用”，系统将根据所填制的税率自动计算出运费的进项税额。

采购发票也可用“生单”方式参照订单或入库单生成。

四、采购结算处理

（1）在采购管理系统中，选择“采购结算”→“自动结算”选项，打开“过滤条件选择-采购自动结算”对话框，选择自动结算模式，如图 8-29 所示。

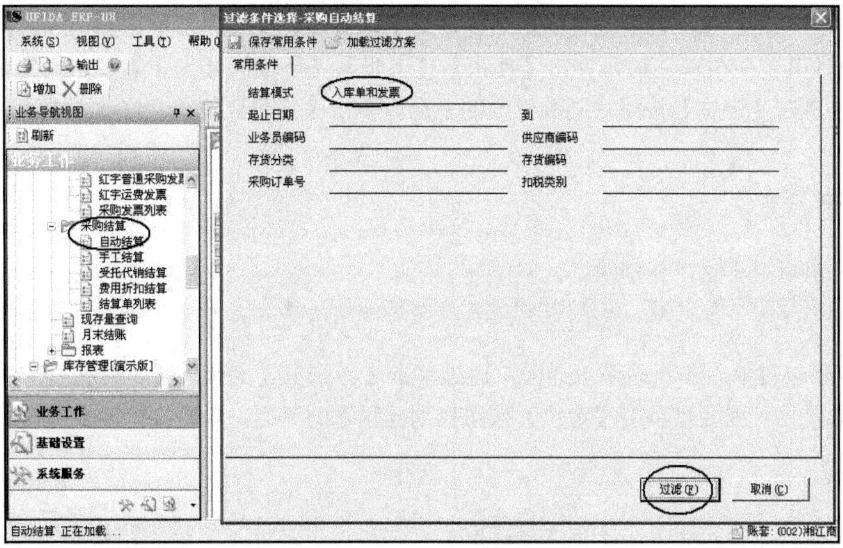

图 8-29　选择自动结算模式

（2）选择结算模式：入库单和发票。单击【确定】按钮，生成“自动结算成功报告”，单击【退出】按钮。

提示

计算机自动把采购入库单和采购发票相同供货单位、存货相同且数量相等的单据进行结算。

如果要结算的采购入库单及采购发票不符合自动结算的条件则应进行手工结算。

已经完成采购结算的入库单和发票不能直接进行修改，只能在取消采购结算后再修改。

取消采购结算是在“采购结算”→“付款单列表”→“付款单列表”中选择某项付款单，进入该付款单界面中，通过【删除】按钮完成的。

已经结算的采购入库单直接传递到库存管理系统和存货核算系统，形成库存商品。已经结算的采购发票直接传递到应付账款管理系统，形成应付账款。

五、应付单据处理

此处的应付单据包括其他应付单和应付采购发票。

1. 应付单据录入操作

（1）其他应付单录入及相关处理。

应付单是记录非采购业务所形成的应付款情况的单据，可理解为“其他应付单”，如应付代垫运费、保险费等。

① 在应付款管理系统中选择“应付单据处理”→“应付单据录入”选项，打开“单据类别”对话框。

② 选择单据名称“应付单”，单据类型“其他应付单”，单据方向“正向”，如图 8-30 所示。单击【确定】按钮，进入“应付单”界面。

图 8-30 “单据类别”对话框

③ 按要求进行单据录入。录入完成后，单击【保存】按钮，即可保存当前新增单据。

④ 在单据录入界面，单击【增加】按钮，则新增加的单据类型、单据名称和方向同上一张单据相同。如果新增加的单据名称、类型或方向与上张不同，则需退出当前单据录入界面，重新选择单据类别进入。

⑤ 修改其他应付单。通过单击【首张】、【上张】、【下张】、【末张】按钮找到要修改的单据，或通过单击【定位】按钮找到要修改的单据，单击【修改】按钮，修改单据有关内容后，保存。

提示

单据的名称和类型不能修改。

已审核的单据不能修改，已生成凭证或进行过核销的单据在单据界面不再显示。

⑥ 删除应付单。在单据录入界面，通过单击【首张】、【上张】、【下张】、【末张】按钮找到要修改的单据，或通过单击【定位】按钮找到要删除的单据，单击【删除】按钮即可。

提示

从采购管理系统中传入的单据不允许删除。

已审核的单据不能删除。

⑦ 审核其他应付单。既可以在单据录入完成后直接审核，也可以在“应付单据处理”→“应付单据审核”中对应付单据进行审核。在单据录入界面，单击【审核】按钮，系统提示“是否立即制单?”，若单击【是】按钮，系统自动带出凭证界面，可以进行修改并保存；若单击【否】按钮，暂不生成凭证，其后可以在“制单处理”中统一进行制单。

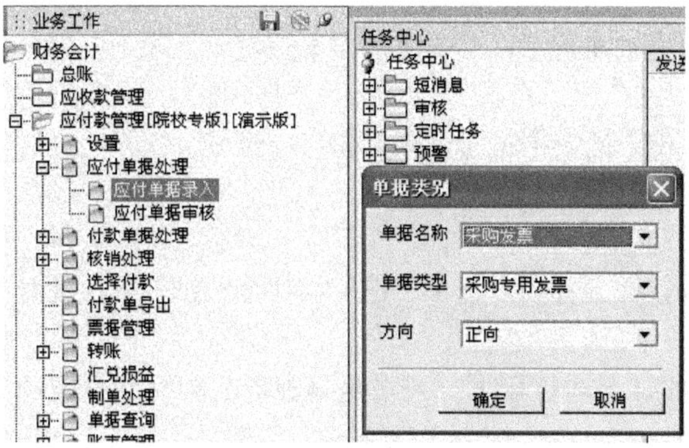

图 8-31　应付款管理系统发票录入

（2）录入采购发票。采购发票是供应商给企业开具的增值税专用发票、普通发票及附清单等原始采购票据。

① 选择“应付单据处理”→“应付单据录入”选项，打开“单据类别”对话框。

② 选择单据名称“采购发票”，单据类型“采购专用发票”，单据方向“正向”（若输入的单据为红字单据，则可选择方向为“负向”），如图 8-31 所示。单击【确定】按钮，进入“采购发票”界面。

③ 按要求进行单据录入。录入完成后，单击【保存】按钮，即可保存当前新增单据。

提示

本账套是采购管理系统与应付款管理系统的协同应用，故采购发票只能在采购管理系统中录入，在应付管理系统中审核。

图 8-31 是在采购管理系统没有启用的情况下录入的，本账套的应付款管理系统中单据类型中将无采购发票选项。

2. 应付单据审核操作

在“应付单据审核”界面中，系统提供手工审核、自动批审的功能。“应付单据审核”界面中显示的单据包括全部已审核、未审核的应收单据，也包括从采购管理系统传入的单据。

在“应付单据审核”界面，也可以进行应付单的增加、修改、删除等操作。

（1）自动批审。

① 选择“应付单据处理”→“应付单据审核”选项，打开“付款单过滤条件”对话框，如图 8-32 所示。

② 输入查询条件后，选中“未审核”复选框，单击【批审】按钮，系统根据当前的过滤条件将符合条件的未审核单据全部进行后台的一次性审核处理。批审完成后，系统显示统计结果，说明审核成功的发票张数及应付单张数。

③ 单击【>>】按钮，打开“单据审核报告”，显示成功审核的明细单据列表。

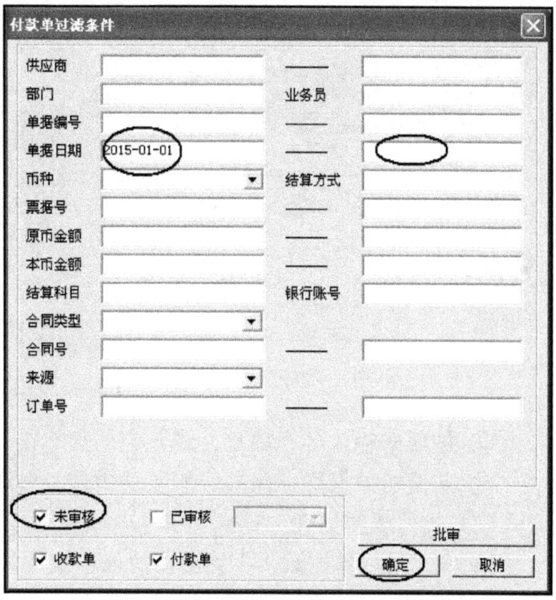

图 8-32　“付款单过滤条件”对话框

提示

自动批审不包括对现付采购发票的审核，对现付发票审核只能通过手工审核。

（2）手工审核。

① 在“付款单过滤条件”对话框中，输入查询条件后，单击【确定】按钮，进入“应付单据列表”界面。

② 在“选择”标志一栏里，双击将内容选中，然后单击【审核】按钮，即可对该张单据进行审核。也可以单击【全选】按钮将所有单据全部选中，进行审核。

（3）弃审。

① 在“付款单过滤条件”对话框中，输入查询条件后，选中“已审核”复选框，单击【确定】按钮，进入已审核“应付单据列表”界面。

② 单击【全选】按钮将列表中的记录全部打上选择标志，或在需要弃审的应付单据前的“选择”栏上打上选择标志。

③ 单击【弃审】按钮，对当前所选择的应付单据进行弃审。

④ 弃审完成后，系统提交单据弃审报告，报告显示弃审成功的张数及明细单据。

六、付款单据处理

付款单据录入及相关处理

业务 8-7：2015 年 1 月 5 日，电汇给百姓公司 20 124 元，支付前欠货款，票号为 1234，附单据一张。

（1）录入付款单。

① 选择“付款单据处理”→“付款单据录入”选项，进入“收付款单录入”界面，录入付款单，如图 8-33 所示。

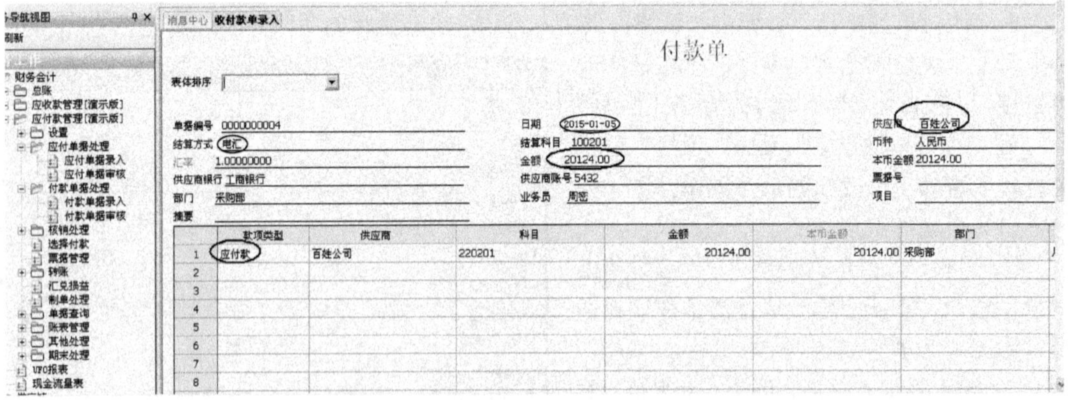

图 8-33 录入付款单

② 按要求输入各个项目，录入完毕后单击【保存】按钮。

③ 若要对单据进行修改、删除、审核、制单等处理，具体操作同“应付单据录入”。

（2）代付款的处理。

① 在“付款单据录入”界面，输入一张付款单，表头供应商输入收款单位信息，表头金额为总金额。

② 在表体中，输入此笔付款单中代付供应商的名称及代付金额。

提示

若一张付款单中，表头供应商与表体供应商不同，则视表体供应商的款项为代付款。

③ 单击【核销】按钮，输入过滤条件，既可对收款单位进行核销，也可在核销界面右上角切换成代付单位，进行核销。

（3）录入收款单。收款单用来记录发生采购退货时，供应商开具给企业的退付款项。该收款单可与应付、预付性质的付款单、红字应付单、红字发票进行核销。

在付款单录入界面，单击【切换】按钮，可以在付款单与收款单之间进行切换。

（4）核销处理。在“收付款单录入”界面执行单据审核操作后，可以直接进行核销处理，也可以在“核销处理”中进行核销。

业务 8-8：将 1 月 5 日公司电汇给百姓公司 20 124 元，支付期初所欠货款，进行核销。

① 在“收付款单录入”界面中，单击【核销】下拉按钮，从中选择核销规则“同币种”，打开“核销条件”对话框，可录入单据名称“采购发票”，也可直接单击【确定】按钮，进入“单据核销”界面，如图 8-34 所示。

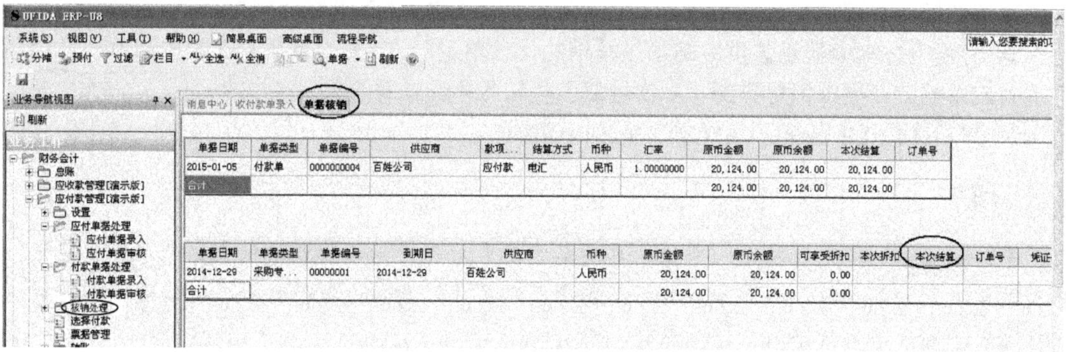

图 8-34　“单据核销”界面

② 界面上方显示付款信息，界面下方显示应付信息。在要核销单据的“本次结算”栏录入本次结算金额。

③ 单击【保存】按钮，完成本次核销操作。

（5）预付款的录入。在采购业务发生之前，如果预付给供应商的款项，也要在“收付款单据录入”界面中处理。以后可通过“预付冲应付”、“核销处理”使用此笔预付款。

在“收付款单列表”界面中，系统提供手工审核、自动批审的功能。“收付款单列表”界面中显示的单据包括全部已审核、未审核的付（收）款单，可以进行付（收）款单的增加、修改、删除等操作。

提示

在应付单和付款单录入的过程中可随时切换单据模板，最后单据的显示格式以保存前的模板为准，修改单据时不能再变换单据模板。

七、应付款管理系统核销处理

1. 核销方式

系统提供单张核销、自动核销和手工核销 3 种核销方式，单张核销已在付款单处理中介绍过，这里介绍后面两种。

（1）手工核销。

业务 8-9：将 1 月 5 日公司电汇给百姓公司支付期初所欠货款 20 124 元，取消已做的核销，再采用手工核销方式进行核销。

① 在应付款管理系统中，选择“其他处理”→“取消操作”选项，打开“取消操作条件”对话框，如图 8-35 所示。

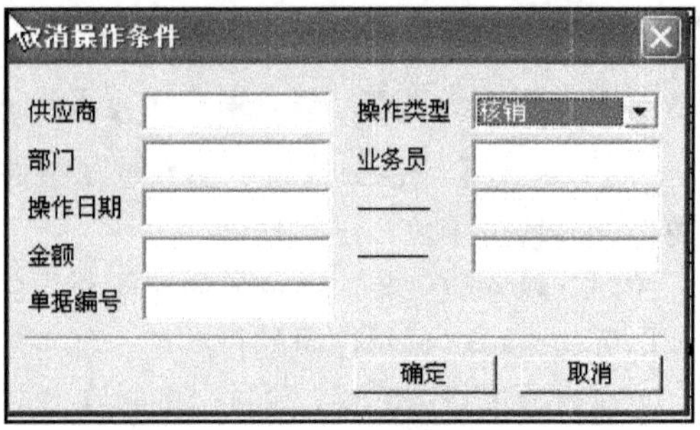

图 8-35 “取消操作条件”对话框

② 选择操作类型为“核销”，此处共提供“核销”、“转账”、“汇兑损益”、“票据处理”、“并账”5 种操作的取消，单击【确定】按钮。

③ 进入“取消操作列表”界面，“选择标志”中双击“Y”，单击【OK】按钮，则取消以前所做的单张核销。

④ 选择“核销处理”→“手工核销”选项，打开“核销条件”对话框。

⑤ 选择客户为“百姓公司”，输入付款单和被核销单据过滤条件，单击【确定】按钮，进入“单据核销”界面。

⑥ 界面上方列表显示该供应商可以核销的付款单记录，下方列表显示该供应商符合核销条件的对应单据。在要核销单据的“本次结算”栏输入本次结算金额。

⑦ 单击【保存】按钮，完成本次手工核销操作。

提示

手工核销时一次只能显示一个供应商的单据记录，且付款单列表根据表体记录明细显示。当付款单有代付处理时，只显示当前所选供应商的记录。若需要对代付款进行处理，则需要在过滤条件中输入该代付单位，进行核销。

一次只能对一种付款单类型进行核销，即手工核销的情况下需要将付款单和收款单分开核销。

手工核销保存时，若付款单列表的本次结算金额合计大于或小于被核销单据列表的本次结算金额合计，系统将提示用户“结算金额不相等，不能保存。”

核销的记账日期是处理时的注册日期。

若发票中同时存在红蓝记录，则核销时先进行单据的内部对冲。

用户可以根据付款单单张取消核销处理。

（2）自动核销。

① 选择“核销处理”→“自动核销”选项，打开“核销条件”对话框。

② 录入过滤条件，单击【确定】按钮，系统进行自动核销，并显示自动核销进度条。

③ 核销完成后，系统提交“自动核销报告”，显示已核销的情况和未核销的原因。

提示

自动核销可对多个供应商进行核销处理，依据核销规则对供应商单据进行核销处理。

自动核销允许在取消操作中按供应商分别进行取消核销处理。

2. 核销规则

对应付单据和付款单据进行核销时，分为以下几种情况（每种情况下都分为同币种核销和异币种核销）。

（1）付款单与原有单据完全核销。如果付款单的数额等于付款单据的数额则付款单与原有单据完全核销。

（2）在核销时使用预付款。如果事先预付给供应商一部分货款，在业务完成后又付清了剩余的款项，并且要求这两笔款项同时结算，则在核销时需要使用预付款。使用的预付款的币种必须与核销的应付单及第二笔付款单的币种相同，如果预付款的币种与需要核销的应付单的币种不一致，则需要分两次通过单张付款单异币种核销进行处理。

① 支付第一笔款项时，先录入一张付款单，款项类型为预付款，形成预付款。

② 支付第二笔款项时，再录入一张付款单，款项类型为应付款。

③ 在核销处理中，同时过滤出这两张付款单，用预付款+本次付款来核销应付款，这样可以同时对两次（或多次）付款进行一次结算。

提示

同币种核销时，如果结算的金额小于付款单应付款项类型金额与预付款项类型的使用金额之和，则系统优先使用应付款项类型的金额。

异币种核销只能对单张付款单进行核销。

（3）付款单的数额小于原有单据的数额，单据仅得到部分核销。如果支付的款项小于原有单据的数额，那么单据仅能得到部分核销，未核销的余款留待下次核销。

（4）预付款大于实际结算数，余款退回。如果预付往来单位款项大于实际结算的货款，可以将余款退付给往来单位。处理方法为：按余款数额输入红字付款单，与原付款单核销。

八、应付款管理系统票据管理

1. 增加票据

业务 8-10：2015 年 1 月 12 日，开出商业承兑汇票 195 390 元，抵付蓝海公司货款，票据号为 06001，期限一个月，票面利率 0。

（1）选择“票据管理”选项，打开“票据查询”对话框，单击【确定】按钮，进入“票据”界面。

（2）按要求录入票据内容。单击【确定】按钮，保存票据，如图 8-36 所示。

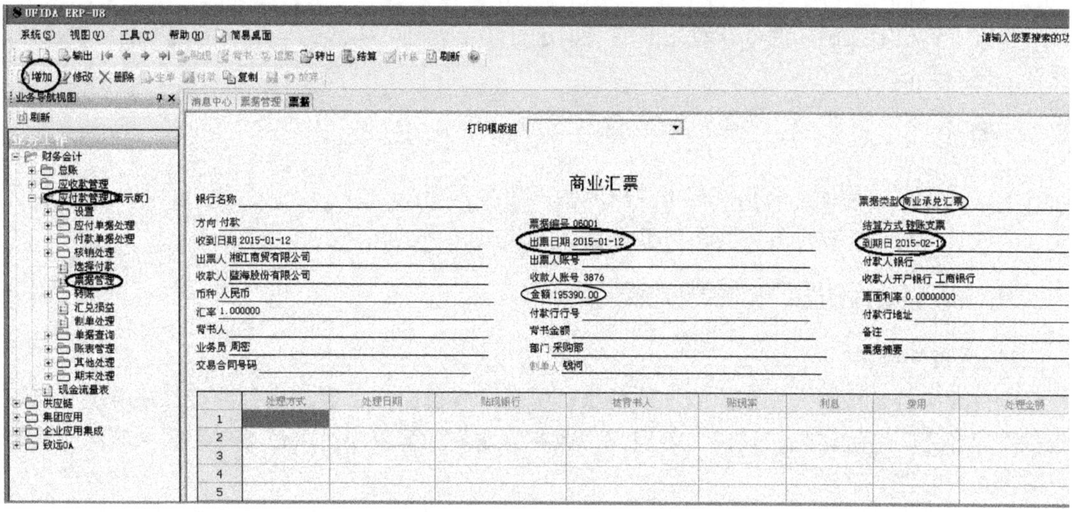

图 8-36　录入票据

提示

保存一张票据的结果是系统自动增加了一张付款单，票据生成的付款单不能进行修改。
商业承兑汇票不能有承兑银行，银行承兑汇票必须有承兑银行。

2. 修改票据

发现已录入的票据有错，可以利用系统提供的修改功能修改票据内容。

提示

票据形成的付款单已经审核，则该票据不能被修改。
已经进行过计息、结算、转出等处理的票据不能被修改。

3. 票据计息

票据分为带息票据和不带息票据。如果票据是一张带息票据就需要对其进行计息处理。

进行票据计息时，只需输入“计息日期”，利息金额由系统自动计算得出，确定后系统会自动把结果保存在票据登记簿中。

提示

再次计息时，系统自动扣除以前已计提过的利息。

4. 票据结算

当票据到期，持票付款时，执行票据结算处理。

进行票据结算时，结算金额不是票据余额，而是通过结算实际支付的现金等。

提示

结算金额减去利息加上费用的金额要小于或等于票据余额。
票据结算后，不能再进行其他与票据相关的处理。

5. 票据转出

由于某种原因导致票据不能结算，需要重新恢复应付账款。选择“票据管理”选项，打开“票据查询”对话框，输入各种条件后，单击【确定】按钮进入“票据”界面。选中一张票据，然后单击【转出】按钮，就可以对当前的票据进行转出处理。输入完毕后，单击【确定】按钮，保存上述的操作。

提示

票据转出后，系统自动生成已审核的一张“应付单”。
票据转出后，不能再进行其他与票据相关的处理。

九、应付款管理系统转账处理

1. 应付冲应付

应付冲应付是指将一家供应商的应付款转给另一家供应商。通过应付冲应付功能将应付账款在供应商之间进行转入、转出，实现应付业务的调整，解决应付款业务有不同供应商间入错户或合并户问题。

（1）选择“转账”→“应付冲应付”选项，打开“应付冲应付”对话框，如图 8-37 所示。

（2）在“货款”、“其他应付款”和“预付款”复选框中选择需要处理的单据。

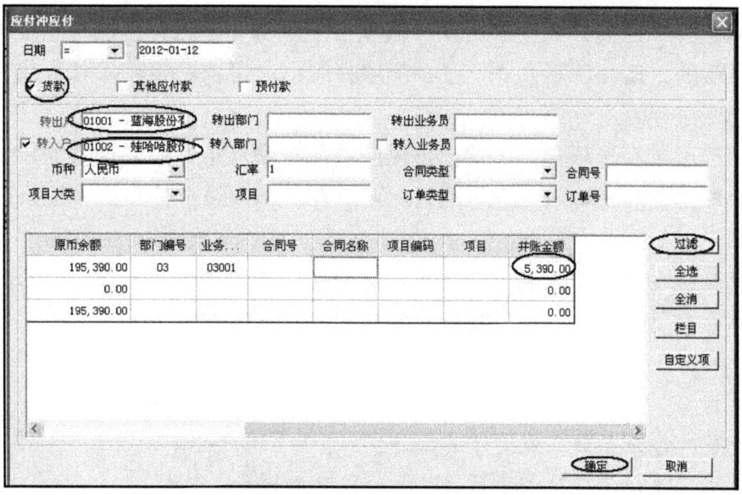

图 8-37 “应付冲应付”对话框

（3）输入转出户、转入户等过滤条件，单击【过滤】按钮，系统将该转出所有满足条件的单据全部列出。

（4）手工输入并账金额，单击【确定】按钮。

提示

每一笔应付款的转账金额不能大于其余额。

每次只能选择一个转入单位。

2. 预付冲应付

通过预付冲应付处理供应商的预付款、红字预付款与该供应商应付款、红字应付款之间的核销业务。

业务 8-11：2015 年 1 月 18 日，将期初预付东江公司的 50 000 元预付款冲抵其应付款。

（1）选择“转账”→“预付冲应付”选项，打开“预付冲应付”对话框，如图 8-38 所示。

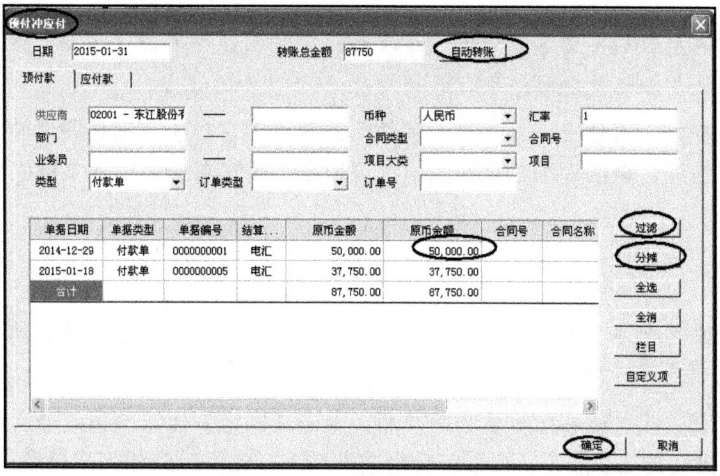

图 8-38 “预付冲应付”对话框

（2）可以直接录入转账总金额后单击【自动转账】按钮，系统自动根据过滤条件进行成批的预付冲应付款工作。

（3）也可以选择供应商，在“预付款”选项卡中单击【过滤】按钮，系统将该供应商所有满足条件的预付款的日期、转账方式、金额等项目列出。可以在“转账总金额”文本框中录入每一笔预付款的转账金额。

（4）选择“应付款”选项卡，过滤出该供应商所有满足条件的应付款的单据类型、单据编号、单据日期、单据金额、转账金额等项目。可以在“转账总金额”文本框录入每一笔应付款的转账金额。

（5）上述两个选项卡均可以通过录入转账总金额，单击【分摊】按钮，达到自动分摊该转账总金额到具体单据上的目的，且分摊好的各单据转账金额允许修改。

提示

每一笔应付款的转账金额不能大于其余额。

应付款的转账金额合计应该等于预付款的转账金额合计。

此处所说的“预付款”是指付款单表体款项类型为“预付款”的记录。

如果是红字预付款和红字应付单进行冲销，要把过滤条件中的“类型”选为“收款单”。

3. 应付冲应收

用供应商的应付账款来冲抵客户的应收款项。系统通过应付冲应收功能将应付款业务在供应商和客户之间进行转账，实现应付业务的调整，解决应付债务与应收债权的冲抵。

（1）选择“转账”→“应付冲应收”选项，打开“应付冲应收”对话框。

（2）如果需要用应付款冲抵应收款，则需选中“应付冲应收”单选按钮；选中“预付冲预收”单选按钮，则可选择预付款冲抵预收款操作；如果需要用红字应付单冲销红字应收单，则可以选中“负单据”复选框。

（3）选择“应付”选项卡，录入过滤条件，系统将该供应商所有满足条件的应付款的单据类型、单据编号、日期、金额等项目全部列出。可以在“转账总金额”文本框中录入每一笔应付款的转账金额。

提示

如果在“转账总金额”文本框中录入了数据，也可以通过单击【分摊】按钮，自动将转账总金额按照列表上单据的先后顺序进行分摊处理。

（4）选择“应收”选项卡，录入过滤条件，系统将该客户所有满足条件的应收款的单据类型、单据编号、日期、金额等项目全部列出。可以在“转账总金额”文本框中录入每一笔应收款的转账金额。

提示

如果在“转账总金额”文本框中录入了数据，也可以通过单击【分摊】按钮，自动将转账总金额按照列表上单据的先后顺序进行分摊处理。

（5）输入完有关应付款和应收款的信息后，单击【确定】按钮，系统会自动将两者对冲。

（6）单击【自动转账】按钮，则系统会根据先后选择的供应商和客户自动进行应付冲应收。

4. 红票对冲

红票对冲可实现供应商的红字应付单据与其蓝字应付单据、收款单与付款单之间进行冲抵的操作。

十、应付款管理系统制单处理

（1）选择“制单处理”选项，打开“制单查询”对话框，如图 8-39 所示。

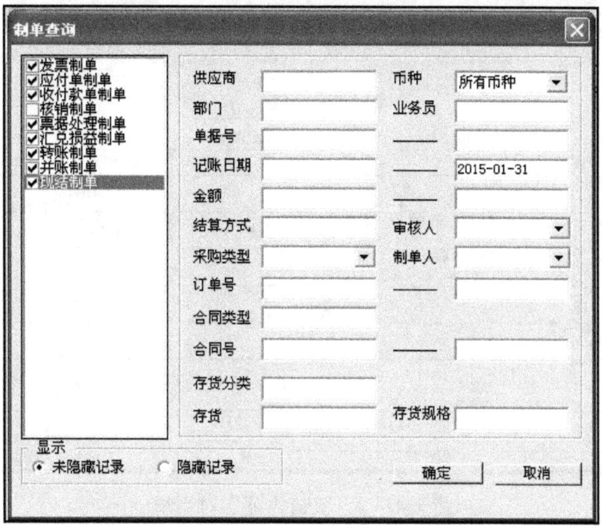

图 8-39　“制单查询”对话框

（2）选择制单类型，制单类型包括发票制单、应付单制单、收付款单制单、核销制单、票据处理制单、汇兑损益制单、转账制单、并账制单和现结制单。输入完查询条件，单击【确定】按钮，系统会将符合条件的所有未制单的原始单据列出，如图 8-40 所示。

图 8-40　制单列表

（3）选择凭证类别，输入制单日期，并在“凭证类别”栏目处，用下拉列表框为每一个制单类型设置一个默认的凭证类别，可以在凭证中修改该类别。

（4）选中某一记录，单击【单据】按钮，即可显示该条记录所对应的单据卡片形式。若该条记录所对应的单据有多条，则先显示这些单据记录的列表形式，双击可以打开成卡片形式。

（5）在单据的“选择标志”栏对需要制单的单据进行选择，或单击【全选】按钮选择所有单据制单。

（6）选择要进行制单的单据，双击“选择标志”栏，系统会在你双击的栏目给出一个序号，表明要将该单据制单，可以修改系统所给出的序号。

（7）选择完所有的条件后，单击【制单】按钮，打开“填制凭证”对话框，如图 8-41 所示。

（8）检查各项内容无误后，单击【保存】按钮，凭证左上角显示“已生成”，表明将当前凭证传递到总账系统。

（9）生成的凭证摘要默认为单据备注，如果单据没有备注信息则以业务类型为凭证摘要；

用户可以自己对凭证摘要的构成进行设置：单击【摘要】按钮，即可对各种制单类型的摘要进行设置。

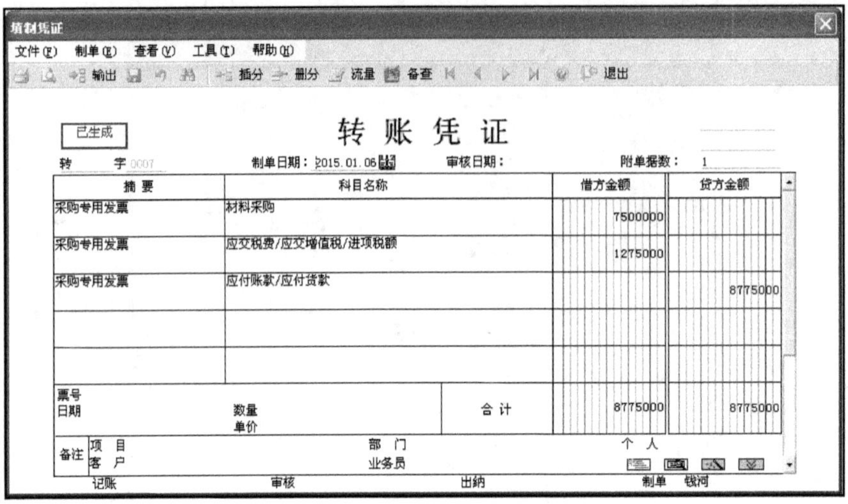

图 8-41 “填制凭证”对话框

提示

本系统的控制科目可在其他系统进行制单，在其他系统制单则会造成应付款管理系统与总账系统对账不平。

制单日期系统默认为当前业务日期。制单日期应大于或等于所选的单据的最大日期，但小于当前系统日期。

如果同时使用了总账系统，且总账选项要求制单序时，所输入的制单日期应该满足制单日期序时要求：大于同月凭证类别的最大日期。

一张原始单据制单后，将不能再次制单。

任务三　采购与应付款管理系统期末处理

任务解析

本次任务要求掌握采购管理系统和应付款管理系统的期末业务处理。

月末结账是逐月将单据数据封存，并将当月的采购数据计入有关账表中的方式。采购管理系统月末结账可以连续将多个月份的单据进行结账，但不允许跨月结账。

知识链接

一、采购账表管理

采购管理系统中账表管理的内容主要包括单据查询、账表查询、采购统计和采购分析。

通过入库单明细列表、发票明细列表、结算单明细列表和凭证列表查询等单据查询，可以分别对入库单、发票及结算单进行查询。

采购管理系统提供了多种明细表。包括采购明细表、入库明细表、结算明细表、货到票未到明细表、票到货未到明细表及费用明细表。明细表可以由使用者任选查询条件，将采购业务一笔一笔地显示出来。

采购统计是将采购业务中的采购发票、采购入库单及结算数据，由企业任选查询条件，汇总显示出来。采购统计提供的统计表包括采购统计表、入库统计表、结算统计表、货到票未到统计表、票到货未到统计表及综合统计表等。

通过对明细表、统计表、余额表及采购分析表的对比分析，实现了采购业务管理的事中控制和事后分析功能。

采购余额表包括在途货物余额一览表、暂估入库余额一览表、代销商品款余额表和代销商品款台账。采购分析包括采购成本分析、供应商价格分析、采购类开支分析和采购资金比重分析等。综合利用采购管理系统提供的各种账表及查询功能，可以全面提升企业的采购管理水平。

二、采购月末结账

月末结账后，该月的单据将不能被修改、删除。该月末输入的单据只能视为下个月单据处理。采购管理月末处理后，才能进行库存管理、存货核算、应付款管理系统的月末处理；如果采购管理系统要取消月末处理，必须先通知库存管理、存货核算、应付款管理系统先取消月末结账；如果库存管理、存货核算、应付款管理系统中的任何一个系统不能取消月末结账，那么就不能取消采购管理系统的月末结账。

三、应付款管理系统期末处理

1. 单据查询

应付款管理系统提供对发票、应付单、结算单、凭证等的查询。在查询列表中，系统提供自定义显示栏目、排序等功能，在进行单据查询时，若启用供应商、部门数据权限控制时，则在查询单据时只能查询有权限的单据。

2. 账表管理

通过业务账表查询，可以及时地了解一定期间内期初应付款发生、付款的汇总情况、累计情况及期末应付款结存汇总情况，从而及时发现问题，加强对往来款项的监督管理。

3. 其他处理

在应付款管理的各个业务处理环节，都可能由于各种各样的原因造成操作失误，为方便修改，系统提供取消操作功能。

任务实施

沿用湘江商贸股份公司的账套。根据以下任务资料完成采购、应收款管理系统期末处理。

（1）进行采购管理系统期末处理：关闭已经执行的采购订单，办理月末结账。

（2）进入应付款管理系统，执行自动核销操作，办理月末结账。

一、采购月末结账

（1）选择“期末处理”→“月末结账”选项，打开“月末结账”对话框，如图 8-42 所示。

（2）选择结账的月份，必须连续选择，否则不允许结账。

（3）单击【结账】按钮，计算机自动进行月末结账，将所选各月采购单据按会计期间分月记入有关账表中。

（4）月末结账后，可逐月取消结账，选中已结账最后月份，单击【取消结账】按钮，取消该月的月末结账。

图 8-42 “月末结账”对话框

提示

结账前必须检查本会计月工作是否已全部完成，只有在当前会计月所有工作全部完成的前提下，才能进行月末结账，否则会遗漏某些业务。

月末结账之前一定要进行数据备份，否则数据一旦发生错误，将造成无法挽回的后果。

没有期初记账，将不允许月末结账。不允许跳月结账，只能从未结账的第一个月逐月结账；不允许跳月取消月末结账，只能从最后一个月逐月取消。

上月未结账，本月单据可以正常操作，不影响日常业务的处理，但本月不能结账。

月末结账后，已结账月份的“采购管理”入库单、采购发票不可被修改、删除。

当新的会计年度开始后，应将上一年度会计数据结转到本会计年度，即将上年的基础数据和未执行完成的采购订单、未结算的入库单及采购发票记录到本年度数据库中，并将上年的余额一览表 12 月的余额作为本年 1 月的期初余额记录到本年度的数据库中。如果系统中没有上年度的数据，将不能进行结转。只有上年度 12 月进行月结账后，才能结转上年度的数据。

只有上年度与本年度存货编码完全相同的存货才能结转。

如果是启用了多个模块，应注意以下事项。

① “采购管理”月末处理后，才能进行“库存管理”、“存货核算”、“应付款管理”的月末处理。

② 如果“采购管理”要取消月末处理，必须先通知“库存管理”、“存货核算”、“应付款管理”的操作人员，要求他们的系统取消月末结账。

③ 如果“库存管理”、“存货核算”、“应付款管理”的任何一个系统不能取消月末结账，那么也不能取消“采购管理”的月末结账。

二、应付款管理系统期末处理

1. 单据查询

（1）凭证查询。通过凭证查询可以查看、修改、删除、冲销应付账款系统传到总账系统中的凭证。

① 选择“单据查询”→“凭证查询”选项，打开“凭证查询条件”对话框。

② 输入条件后，单击【确定】按钮，进入“凭证查询”界面，如图 8-43 所示。

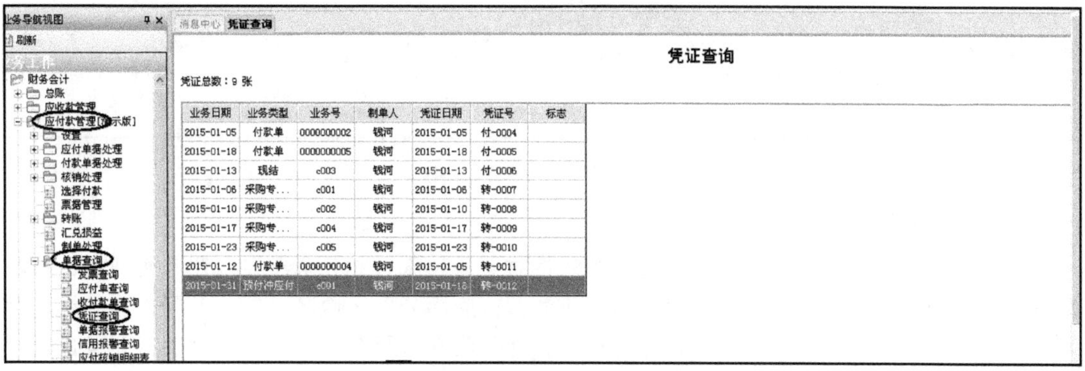

图 8-43 “凭证查询”界面

③ 在其中可以对凭证进行删除、修改、冲销等操作。

提示

如果凭证已在总账中记账，又需要对形成凭证的原始单据进行修改，则可以通过冲销方式冲销凭证，然后对原始单据进行其他操作后重新生成凭证。

如果要对一张凭证进行删除操作，该凭证的凭证日期不能在本系统的已结账月内。

一张凭证被删除后，它所对应的原始单据及操作可以重新制单。

只有未审核、未经出纳签字的凭证才能被删除。

（2）发票、应付单、收付款单据查询。

① 选择“单据查询”→“发票查询”选项（“应付单查询”、“收付款单查询”），打开“查询条件”对话框。

② 输入查询条件后，单击【确定】按钮，进入“查询结果列表”界面，不选择单据日期时，显示所有符合条件的单据。

③ 单击【查询】按钮，可以重新输入查询条件。

④ 单击【单据】按钮，可以调出原始单据卡片。

⑤ 单击【详细】按钮（也可在具体记录上右击），可以查看当前单据的详细结算情况。

⑥ 单击【栏目】按钮，可以设置当前查询列表的显示栏目、栏目顺序、栏目名称、排序方式，且可以保存当前设置的内容。

（3）单据报警查询。单据报警的作用是对快要到期的单据或即将不能享受现金折扣的单据进行列示，系统提供自动报警和人工查询两种方式。

① 自动报警。在“设置”选项中，如果设置了“根据单据自动报警”（信用方式），那么每次登录本系统时，系统自动将“单据到期日-提前天数≤当前注册日期”的已经审核的单据显示出来，以提醒用户哪些供应商的款项应该付款。

② 人工查询。如果没有设置自动报警，那么每次登录本系统时不会出现报警信息，需要查询时，可以选择“单据查询”→“单据报警查询”选项，打开“报警查询条件”对话框；选择报警类型和其他查询条件，单击【确定】按钮，显示信用期报警单，如图 8-44 所示。

（4）信用报警查询。在“设置”→“选项”中若设置了“根据信用额度自动报警”，则当有权限查看按供应商预警查询的用户登录时系统显示该预警表。

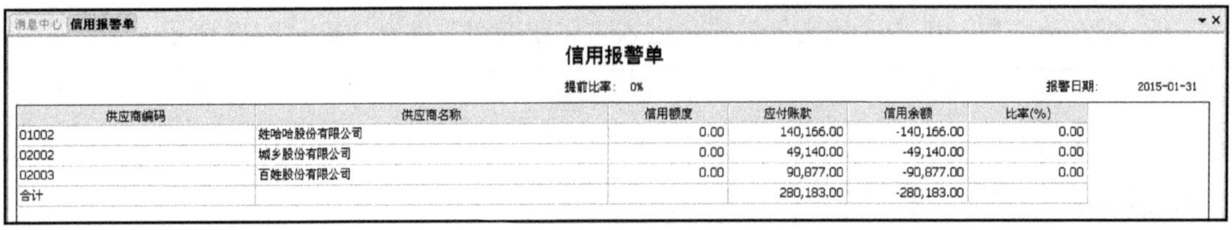

信用报警单

提前比率：0%　　报警日期：2015-01-31

供应商编码	供应商名称	信用额度	应付账款	信用余额	比率(%)
01002	娃哈哈股份有限公司	0.00	140,166.00	-140,166.00	0.00
02002	城乡股份有限公司	0.00	49,140.00	-49,140.00	0.00
02003	百姓股份有限公司	0.00	90,877.00	-90,877.00	0.00
合计			280,183.00	-280,183.00	

图 8-44　信用期报警单

2. 账表管理

（1）业务账表查询。业务账表查询内容包括对业务总账、业务余额表、业务明细账、对账单和与总账对账的查询。查询时可以按照供应商、供应商分类、地区分类、部门、业务员、存货分类、存货、供应商总公司、主管业务员、主管部门来进行细分；对于既是供应商又是客户的单位，可以把相关所有应收、应付业务信息在一张表中显示；可以包含未审核单据查询，还可以包含未开票已出库、已入库未结算的信息。

（2）统计分析。通过统计分析，可以按用户定义的账龄区间，进行一定期间内应付款账龄分析、付款账龄分析、欠款分析及付款预测，了解各个供应商应付款周转天数、周转率，了解对各个供应商应付款项的账龄及付款情况，便于企业掌握应付账款信用利用情况，加强对往来款项动态的监督管理。

（3）科目账查询。科目账是对已生成凭证的业务信息进行的综合反映。应付系统中的科目账查询结果一般来说应该与总账中的供应商往来账查询结果相同，但如果存在以下情况之一，就会导致两边不一致：其一，总账期初余额明细与应付期初明细不一致；其二，在其他系统使用应付控制科目进行了制单。这时不影响其他处理，不必进行任何调整，但为了保持账账相等，最好不允许其他系统对应付控制科目进行制单。

3. 其他处理

（1）取消核销。

① 选择“其他处理”→“取消操作”选项，打开“取消操作条件”对话框，如图 8-45 所示。

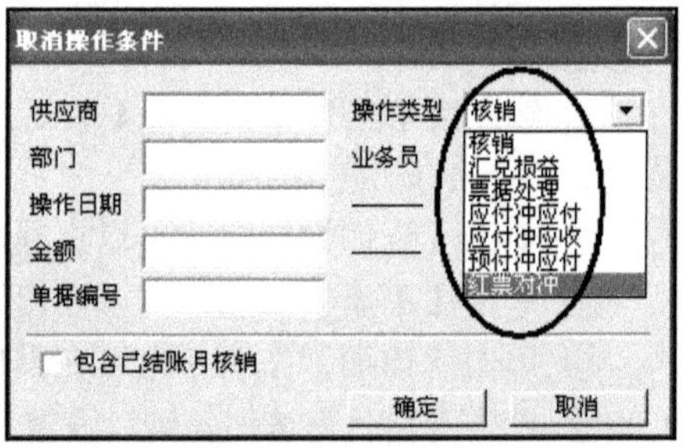

图 8-45　“取消操作条件”对话框

② 录入各项条件，在“操作类型”下拉列表框中选择“核销”选项，进入“取消操作”窗口，系统将满足条件的付款单列出。

③ 双击单据的“选择标志”一栏或单击【全选】按钮选择所有单据；如果双击有标记的一栏，即取消选择。

④ 选择完成后，单击【确定】按钮，保存此次操作。

提示

如果核销已经制单，应先删除其对应的凭证，再进行恢复。

（2）取消票据处理。已经进行票据处理，在以下情况下不能恢复。

① 如果票据在处理后已经制单，应先删除其对应的凭证，再进行恢复。

② 票据转出后所生成的应付单如果已经进行了核销等处理，则不能恢复。

③ 票据计息和票据结算后，如果又进行了其他处理，也不能恢复。

④ 如果票据处理日期在已经结账的月份内，不能被恢复。

4. 期末处理

如果当月业务已全部处理完毕，就需要执行“月末结账”功能。只有当月结账后，才可以开始下月工作。进行月末处理时，一次只能选择一个月进行结账；前一个月没有结账，则本月不能结账；付款单还有未审核的，不能结账；如果选项中选择单据日期为审核日期，则应付单据在结账前应该全部审核；如果选项中选择月末全部制单，则月末处理前应该把所有业务生成凭证；年度末结账，应对所有核销、转账等处理全部制单。在执行了“月末结账”功能后，该月将不能再进行任何处理。

（1）月末结账。

① 选择“期末处理”→“月末结账”选项，打开“月末处理”对话框，如图 8-46 所示。

② 选择结账月份，双击“结账标志”一栏。

③ 单击【下一步】按钮，系统列出月末结账的检查结果，如图 8-47 所示。若未能通过检查，不能结账，【完成】按钮为灰色，不能选择。

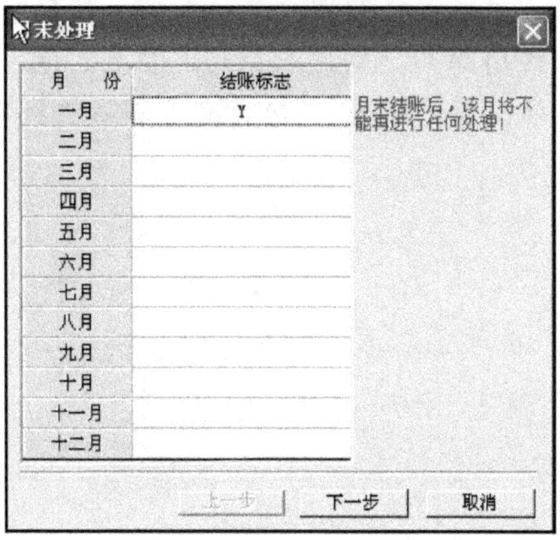

图 8-46　“月末处理”对话框

图 8-47　月末处理检查

④ 单击【完成】按钮，执行结账功能，系统提示“结账成功”。

提示

应付款管理系统与采购管理系统集成使用时，应在采购管理系统结账后，才能对应付款管理系统进行结账处理。

（2）取消结账。在执行了“月末结账”功能后，发现该月还有未处理的业务，可以进行取消结账处理。

① 选择“期末处理”→“取消月结”选项，打开“取消结账”对话框。

② 选择最后一个已结账月份，单击【确定】按钮，系统提示“取消结账成功”，如图 8-48 所示。

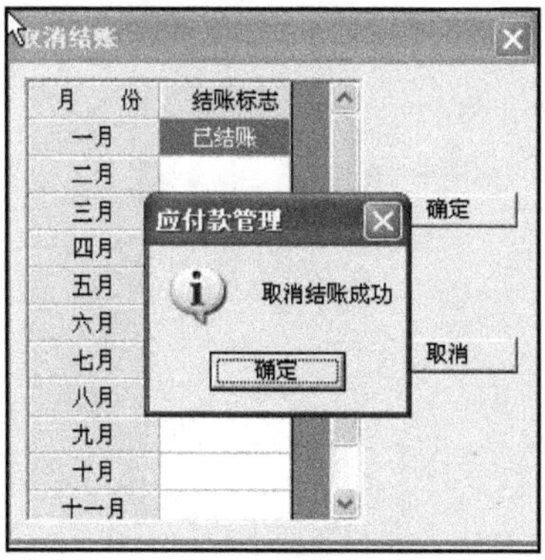

图 8-48　“取消结账”对话框

提示

如果当月总账系统已经结账，那么不能执行应付款管理系统取消结账功能。

◎ 项目总结 ◎

本项目通过系统初始化、本期业务处理、期末处理 3 个任务来实现。其中初始化任务包括系统选项设置、基础档案设置（地区、客商、存货分类体系设置、编码档案设置、采购类型、付款条件、发运方式、结算方式、外币设置等其他设置）、期初数据录入与记账；本期业务处理任务主要针对商贸企业普通采购业务中的请购业务、采购订单、采购到货、采购入库、采购发票、采购结算及应付款管理系统中的应付单据处理、付款单据处理、核销处理、票据管理、转账处理、单据查询、账表管理进行操作，对于受托代销业务、直运业务并未涉及。期末处理任务包括采购管理系统月末结账、账表查询（采购统计、采购分析）、应付款管理系统期末结账。

项目九 销售与应收款管理

学习目标

【知识目标】

1. 了解销售、应收款管理系统的基本功能与一般工作流程。
2. 熟悉销售、应收款管理系统的基础设置。
3. 熟悉销售、应收款管理系统的日常业务处理流程，理解相互间的逻辑关系。
4. 熟悉销售、应收款管理系统的月末处理。

【技能目标】

1. 掌握销售、应收款管理系统初始设置。
2. 掌握销售、应收款管理系统日常业务处理及系统间业务协同。
3. 掌握销售、应收款管理系统期末业务处理。

任务一　销售与应收款管理系统的初始化

任务解析

本次任务要求了解销售管理系统和应收款管理系统的基本内容和操作流程，掌握销售管理系统和应收款管理系统初始化设置的操作方法。

销售是企业生产经营或成果的实现过程，是企业经营活动的中心。通过销售订货、发货、开票，销售管理系统处理销售发货和销售退货业务，同时在发货处理时可以对客户信用额度、货物现存量、最低售价等进行检查和控制。已审核的发货单可以自动生成销售出库单，冲减库存的现存量；可以进行销售增长分析、货物流向分析、销售结构分析、销售毛利分析、市场分析和周转率分析等。

应收款是企业资产的一个重要组成部分，是企业正常经营活动中由于赊销商品、产品或提供劳务而产生的。企业除对应收账款进行核算以外，还要加强对客户信用额度的管理、应收票据的管理、坏账损失的处理，要对预收款及其他业务往来进行记录。

知识链接

一、销售管理系统

1. 销售管理系统功能概述

销售管理向库存管理系统传递销售出库单，冲减库存管理系统的货物现存量，同时库存管理系统为销售管理系统提供可供销售货物的现存量；向应收款管理系统传递销售发票，形成企业的应收账款；应收款管理系统为销售管理系统提供销售发票的核销情况。同时总账系统接收存货核算系统、应收款管理、应付款管理系统中生成的记账凭证，并审核、记账形成企业的有关总账信息。

（1）销售订单管理。销售订单管理包括销售订单的受订、销售订单的确定，同时提供 3 种报表，即订货执行汇总表、订货明细表和订货汇总表。

（2）销售业务管理。销售业务管理主要处理各种销售发货、销售开票、销售退回、发货折扣和委托代销业务等，并根据审核后的发票或发货单自动生成销售出库单，处理随同货物销售所发生的各种代垫费用，以及在货物销售过程中发生的各种销售支出情况。

（3）销售账簿及销售分析。销售系统可以提供销售明细账、销售明细表及各种统计表。销售系统还提供各种销售分析及综合查询统计分析。

2. 销售管理系统的业务模式与应用

（1）企业类型：分为工业版账套、商业版账套、医药流通账套。

（2）销售业务类型：销售业务分为普通销售、委托代销、直运销售、分期收款 4 种业务类型。

（3）销售调拨业务：一般是处理集团企业内部有销售结算关系的销售部门或分公司之间的销售业务。销售调拨单是一种特殊的确认销售收入的单据，与发票相比，销售调拨单处理的销售业务不涉及销售税金。

（4）零售业务：指商业、企业用户将商品销售给零售客户的销售业务，本系统通过零售日报的方式接收用户的零售业务原始数据。

（5）先发货后开票：指根据销售订单或其他销售合同，向客户发出货物，发货之后根据发货单开具发票。先发货后开票业务适用于普通销售、分期收款、委托代销业务。

（6）开票直接发货：指根据销售订单或其他销售合同，向客户开具销售发票，客户根据发票到指定仓库提货。开票直接发货业务只适用于普通销售。

（7）销售退货业务：指客户因货物质量、品种、数量等不符合要求而将已购货物退回给本单位的业务。

（8）必有订单业务模式：必有订单的销售管理是标准、规范的销售管理模式，订单是整个销售业务的核心，整个业务流程的执行都回写到销售订单，通过销售订单可以跟踪销售的整个业务流程。

3. 销售管理系统与其他系统的主要关系

销售管理系统与其他系统的主要关系如图 9-1 所示。

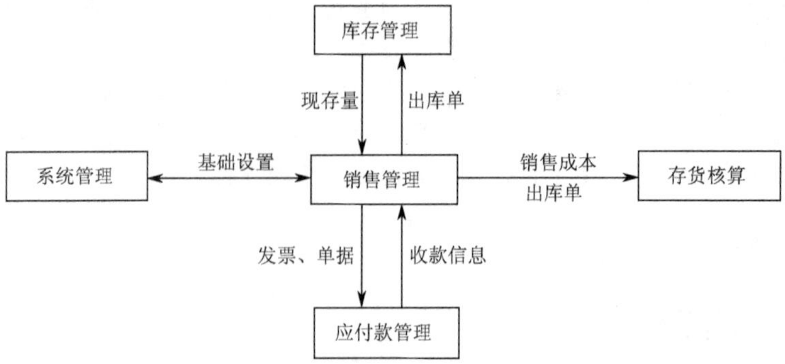

图 9-1 销售管理系统与其他系统的主要关系

销售管理与系统管理共享基础数据。销售管理系统的发货单、销售调拨单、零售日报等单据经审核后自动生成销售出库单传递给库存管理系统和存货核算系统；库存管理系统为销售管理系统提供可用于销售存货的现存量；存货核算系统将计算出来的存货的销售成本传递给销售管理系统。销售管理系统为应收账款管理系统提供销售发票、销售调拨单及代垫费用单；应收账款管理系统为销售管理系统提供销售发票、销售调拨单的收款结算情况及代垫费用的管理。

4. 销售管理系统启用

在供应链系统中公用基础参数设置完成后，销售管理系统可以根据企业的实际需要具体设置销售业务的业务范围。对在采购管理、库存管理及存货核算系统中已设置的业务控制参数，在销售管理系统中可以直接共享，不必另行设置。

启用销售管理系统有两种方法：一种方法是在建账完毕后直接进入系统启用设置进行销售管理系统的启用；另一种方法是通过企业应用平台中的“基础信息”进入“系统启用”功能进行启用设置。

销售管理系统启用的顺序如图 9-2 所示。

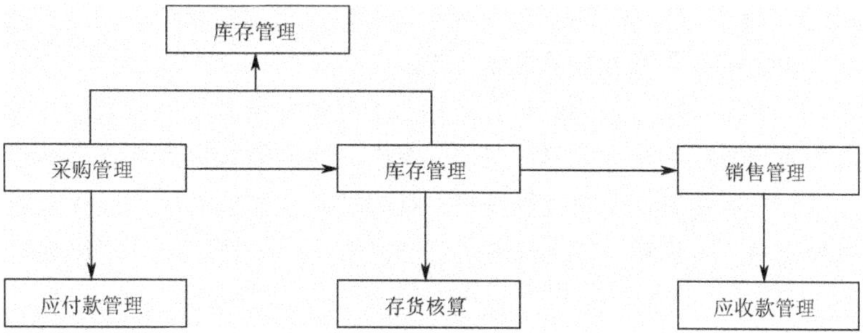

图 9-2　销售管理系统启用的顺序

5. 销售管理系统账套参数

系统选项也称系统参数、业务处理控制参数，是指在企业业务处理过程中所使用的各种控制参数，系统选项的设置将决定使用系统的业务流程、业务模式、数据流向。

在进行选项设置之前，一定要详细了解选项开关对业务处理流程的影响，并结合企业的实际业务需要进行设置。由于有些选项在日常业务开始后不能随意更改，因此最好在业务开始前进行全盘考虑，尤其对其他系统有影响的一些选项设置更要考虑清楚。

6. 销售管理系统初始设置

在供应链系统中公用基础参数设置完成后，销售管理系统可以根据企业的实际需要具体设置销售业务的业务范围。如果在采购管理、库存管理及存货核算系统中已设置的业务控制参数，在销售管理系统中可以直接共享，不必另行设置，只要进行其他设置即可。

其他设置包括销售类型、付款条件、发运方式、费用项目和开户银行等。

二、应收款管理系统

1. 应收款管理系统功能概述

应收款管理系统主要用于核算和管理企业与客户之间的往来款项，一方面，对销售业务、其他的应收业务产生的应收款项及对这些应收款项的收回进行处理，及时、准确地提供客户的往来账款余额资料；另一方面，应收款管理系统还提供各种分析报表，为企业制定销售政策提供依据，从而提高企业财务管理能力。

应收款管理系统主要实现企业与客户业务往来账款的核算与管理，在应收款管理系统中，以销售发票、费用单、其他应收单等原始单据为依据，记录销售业务及其他业务所形成的往来款项，处理应收款项的收回、坏账、转账等情况；提供票据处理的功能，实现对应收票据的管理。

根据对客户往来款项核算和管理的程度不同，系统提供了“详细核算”和“简单核算”两种应用方案。不同的应用方案，其系统功能、产品接口、操作流程等均不相同。

（1）“详细核算”应用方案。如果在企业销售业务中应收款核算与管理内容比较复杂，需要追踪每一笔业务的应收款、收款等情况，并希望对应收款项进行各种分析；或者需要将应收款核算到产品的一级，那么可以选择该方案。

采用“详细核算”应用方案，系统能提供以下功能。

① 记录应收款项的形成，包括由于商品交易和非商品交易所形成的所有应收项目。

② 处理应收项目的收款及转账情况。

③ 对应收票据进行记录和管理。

④ 随应收项目的处理过程自动生成凭证，向总账系统进行传递。

⑤ 对外币业务及汇兑损益进行处理。

⑥ 提供针对多种条件的各种查询及分析。

本项目将以“详细核算”应用方案为标准展开。

（2）“简单核算”应用方案。如果销售业务中应收账款业务并不十分复杂，或者现销业务很多，则可以选择“简单核算”应用方案。在该方案中，应收款管理系统只是连接总账与业务系统的一座桥梁，即只是对销售系统生成的发票进行审核并生成应收款凭证传递到总账，而不能对发票进行其他的处理，也不能对往来明细进行实时查询、分析。此时，往来明细只能在总账进行简单的查询。

其主要功能如下。

① 接收销售系统的发票，对其进行审核。

② 对销售发票进行制单处理，传递给总账。

具体选择哪一种方案，可以在应收款管理系统的选项中通过“应收账款核算模型”来设置。

2. 应收款管理系统与其他系统的主要关系

应用“详细核算”方案时应收款管理系统与其他系统的关系如图 9-3 所示。

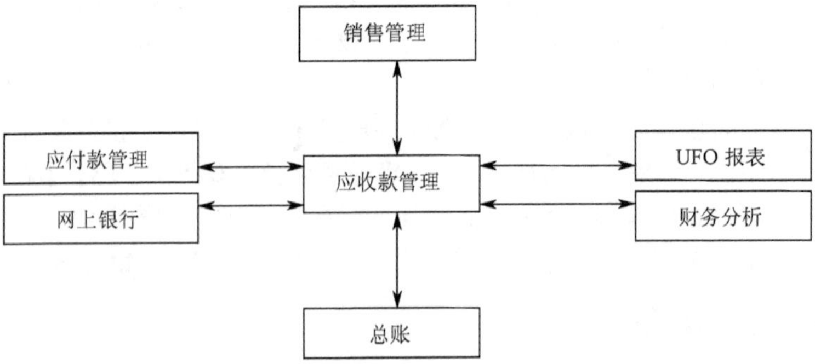

图 9-3 应收款管理系统与其他系统的关系

销售管理系统向应收款管理系统提供已复核的销售发票、销售调拨单及代垫费用单，在应收款管理系统对发票进行审核并据以进行收款结算处理，生成凭证。应收款管理系统为销售系统提供销售发票、销售调拨单的收款结算情况及代垫费用的核销情况。

应收款管理系统向总账系统传递凭证，并能够查询其所生成的凭证。

应收款管理系统与应付款管理系统之间可以进行转账处理，如应收冲应付；同时对于既是客户又是供应商的往来业务对象，可以同时查询应收和应付往来明细。

应收款管理系统可以向财务分析系统提供各种分析的数据。

应收款管理系统向 UFO 报表系统提供应用函数。

应收款管理与网上银行进行收款单的导入和导出。

系统初始化是指手工记账和计算机记账的交接过程。在启动应收款管理系统后，进行正常应收业务处理前，根据企业核算要求和实际业务情况进行有关的设置，主要内容包括选项设置、初始设置、基础档案、期初余额。应收款管理系统初始化设置流程如图 9-4 所示。

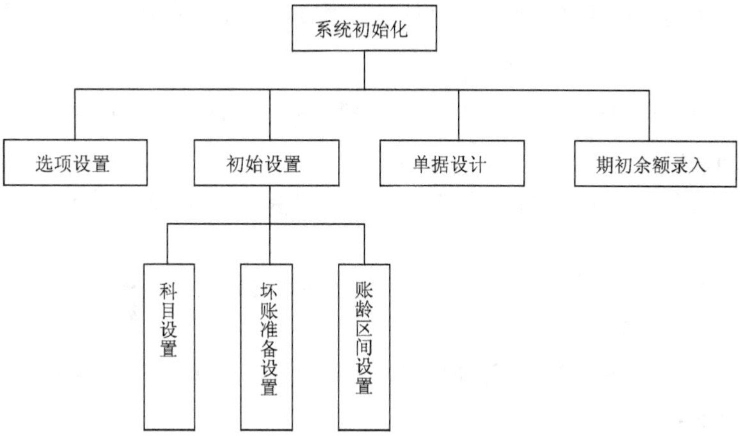

图 9-4　应收款系统初始化设置流程

3. 应收款管理系统启用

启用应收款管理系统有两种方法：一种方法是在建账完毕后直接进入系统启用设置进行应收款管理系统的启用；另一种方法是通过企业应用平台中的“基础信息”进入“系统启用”功能进行启用设置。

4. 应收款管理系统账套参数

设置应收款管理系统账套参数时，选择“设置”→“选项”选项，打开“账套参数设置”对话框，其中包括 4 个选项卡，即“常规”、“凭证”、“权限与预警”、“核销设置”。

5. 应收款管理系统初始设置

如果企业应收业务类型比较固定，生成凭证的科目也比较固定，则为了简化凭证生成操作，可在此处将各业务类型凭证中的常用科目预先设置好，生成凭证时，系统就会自动把相应科目带入。

6. 应收款管理系统期初余额录入

初次使用本系统时，要将启用应收款管理系统前未处理完的所有客户的应收账款、预收账款、应收票据等数据录入本系统，以便于以后的核销处理，并且作为期初建账的数据，系统才可对其进行管理，这样既保证了数据的连续性，又保证了数据的完整性。当进入第二年度处理时，系统自动将上年度未处理完的单据转为下一年度的期初余额。在下一年度的第一个会计期间里，可以进行期初余额的调整。

任务实施

沿用湘江商贸股份公司的账套。根据下列资料，完成销售、应收款管理系统的初始化任务。

（1）以赵敏的身份登录企业应用平台，设置销售与应收款管理系统的各模块参数。

销售选项：普通销售必有订单；新增发票默认参照发货单生成；取消选中“是否销售生成出库单”复选框；允许存货超可用量发货。

应收款核销方式：按单据；单据审核日期依据：单据日期；坏账处理方式：应收余额百分比法；应收账款核算模型：详细核算；不根据信用额度自动报警。

（2）完成系统初始化设置。

客户基础档案资料：客户分类及客户档案见项目八初始化资料。

应收款管理系统初始设置资料如下。

基本科目设置：应收科目为“1122”，预收科目为“2203”，销售收入科目为“6001”，税金科目为“22210102”。

结算方式科目设置：现金结算对应 1001，支票结算、汇票结算、电汇结算、其他结算对应 100201。

坏账准备设置：提取比率为“0.5%”，坏账准备期初余额为“396.53”，坏账准备科目为“1231”，对方科目为“6701”。

账龄区间设置：1～30，31～60，61～90，91～180，181～360，361 以上。

期初应收单据：

a. 2014 年 12 月 16 日，收到紫薇公司开出的由工商银行承兑的银行承兑汇票一份，票面金额 120 000 元，票据号 25006，2014 年 12 月 16 日签发，2015 年 1 月 16 日到期。

b. 2014 年 12 月 26 日，销售给赤道公司 102 商品 20 件，无税单价 780 元，201 商品 10 台，无税单价 3 570 元，共计货款 51 300 元，税款 8 721 元，价税合计 60 021 元。

c. 2014 年 12 月 28 日，销售给北筑公司 301 商品 20 双，无税单价 360 元，302 商品 20 双，无税单价 400 元，共计货款 15 200 元，税款 2 584 元，价税合计 17 784 元。

d. 2014 年 12 月 30 日，收到南洋公司公司预付款 60 000 元。

一、销售管理系统启用与注册

（1）执行“开始”→“程序”→“用友 ERP-U872”→“企业应用平台”命令。

（2）选择“基础设置”→“基本信息”→“系统启用”选项，打开“系统启用”对话框，如图 9-5 所示。

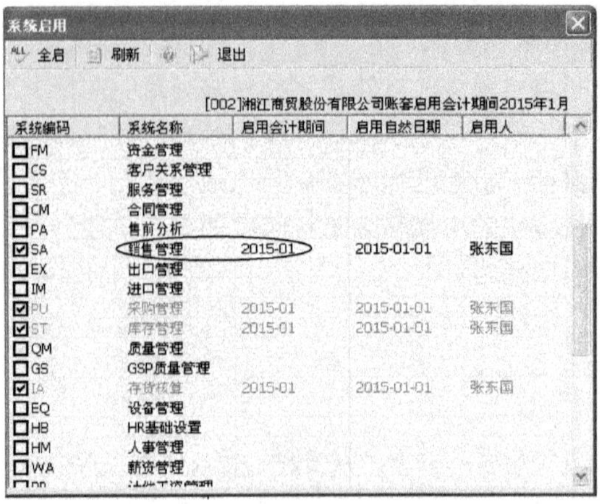

图 9-5 “系统启用”对话框

（3）选择销售管理系统，设置启用年月日，这里设为“2015-01-01”。

（4）单击【确定】按钮，核对启用自然日期。

提示

为避免启用后续系统时的麻烦，建议用户在启用系统时：库存与存货在同一月份启用；采购与存货、库存在同一月份启用；应付与采购在同一月份启用；应收与销售在同一月份启用。

库存管理、采购管理启用后，才可启用物料需求计划。

二、设置销售系统选项

用友 ERP-U872 设置账套参数有两种方法：一是在企业应用平台中选择“业务工作”→“供应链”→“销售管理”→“设置”→“销售选项”，打开“销售选项”对话框；二是在应用平台中选择“基础设置”→“业务参数”→“供应链”→“销售管理”选项，打开“销售选项”对话框，其中包括“业务控制”、“其他控制”、“信用控制”、“可用量控制”、“价格管理”5 个选项卡，如图 9-6 所示。

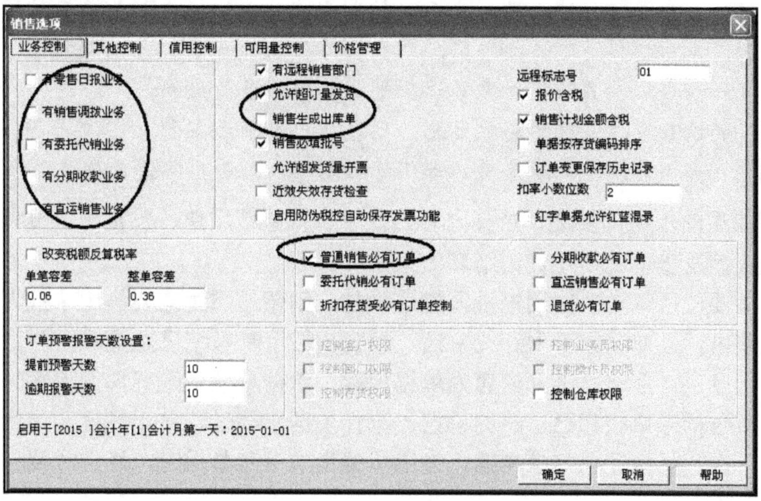

图 9-6　“销售选项”对话框

1. “业务控制”选项卡各选项设置

（1）是否有零售日报业务。若有，系统增加“零售”菜单项，相关账表如销售收入明细账中包含零售日报的数据，否则系统不能处理零售日报业务。此功能可以作为与前台销售收款系统的接口。

（2）是否有销售调拨业务。若有，系统增加“销售调拨”菜单项，相关账表如销售收入明细账中包含销售调拨单的数据，否则系统不能处理内部销售调拨业务。

（3）是否有委托代销业务。若有，系统增加“委托代销”菜单项，增加委托代销明细账等账表。否则系统不能处理委托代销业务。

（4）是否有分期收款业务。若有，填制销售单据时可选择分期收款的业务类型，否则不可用。

（5）是否有直运销售业务。可选择直运销售的业务类型，否则不可用。“销售管理”的直运业务选项影响“采购管理”的直运业务。

2. “其他控制”选项卡各选项设置

（1）是否在分页打印时将合计打印在备注栏。分页打印时（一张单据因行次较多在一个页面打不下）将整单的合计金额（大写）作为备注说明打印在备注栏。否则，不打印在备注栏。

（2）打印退补标志。录入左右标志，默认为[]。选择不同的退补标志，如数量为 60，退补标志可设为（60）、[60]、{60}。

（3）打印发票日期分隔符。录入年月日间的分隔符号，如“2015/3/11”、“2015-3-11”、“2015 年 3 月 11 日”。

3. “信用控制”选项卡各选项设置

（1）是否有客户信用控制。选择控制：根据信用检查点在保存、审核销售单据时（控制信用的单据），若当前客户的应收账款余额（应收账款期间）超过了该客户档案中设定的信用额度（信用期限），系统提示当前客户已超信用，并根据是否需要信用审批进行控制。否则，在进行以上操作时系统不做客户信用的检查。

（2）信用控制范围。单选，选择内容为信用额度+信用期间、只控制信用额度、只控制信用期间。

提示

客户、部门、业务员可复选，都选表示既控制客户信用，也控制业务员信用和部门信用；不选表示不控制。

在信用额度的检查中，若信用对象复选，则取其中额度最大的。

在信用期限的检查中，若信用对象复选，则取其中期限最早的。

控制业务员、部门信用时，业务员、部门为必输项，否则系统提示警告信息。

（3）控制信用的单据。复选，选择内容为订单、代垫费用单、发货单、发票、零售日报、调拨单、委托代销发货单、委托代销结算单。

（4）是否需要信用审批。信用审批人若选择是，则超信用时需要信用审批人进行审批，在该审批人的权限内，当前单据可保存或审核。否则超信用时系统只是提示。

（5）信用检查点。单选，选择内容为单据保存，单据审核。选择单据保存时，信用额度和信用期限计算时包括未审核和已审核的单据。选择单据审核时，信用额度和信用期间计算时只包括已审核的单据。只统计已审核单据，参照单据生成下游单据时，统计时要包括未审核下游单据的金额。

（6）整理信用。改变信用控制选项时，系统自动进行信用整理；也可以手动进行信用整理。

4. “可用量控制”选项卡各选项设置

若设置不允许超可用量发货，则系统进行严格控制，按“仓库+存货+自由项+批号”进行控制，当超过可用量时，单据不能保存。可以分别设置批次存货、非批次存货是否允许超可用量发货，出库跟踪入库存货不可超可用量发货。

（1）是否允许非批次存货超可用量发货。选择，即零（负）发货控制，是否允许大于可用量发货；若不允许，在增加、修改发货单、销售发票、委托代销发货单、销售调拨单、零售日报时，货物的发货或开票数量必须小于或等于该货物的可用量，否则单据不可保存。这时，需要选择发货未出库，否则发货已占用量不考虑会影响可用量控制。若允许，在进行以上操作时系统不与存货可用量做比较。

（2）是否允许批次存货超可用量发货。若选择批次管理的存货，需要检查的是存货的批次可用量。如果不控制，可以零出库，即出库数量可大于批次的可用量；否则不可零出库。

（3）发货单\发票非追踪型存货可用量控制公式。现存量+预计入库−预计出库。

（4）预计入库。复选，选择内容为到货未入库、调拨未入库。

（5）预计出库。复选，选择内容为发货未出库、调拨未出库、计划备料量。

5. “价格管理”选项卡各选项设置

在进行销售价格管理时，销售报价可以根据参数设置方式进行取值，称为取价方式。当录入期初单据或日常单据时，系统根据取价方式带入存货的报价，可进行修改。取价方式的设置减少了单据制作的工作量，避免了人工误差，为业务人员提供了可靠的参考价格。

（1）取价方式。销售开单时的销售报价取值方式。单选，可随时更改，报价根据报价是否含税计算无税单价或含税单价。在切换取价方式时，原设置所产生的单价不变。

（2）最新售价。系统自动取最近一次的设置单据上的报价，可修改。

（3）最新成本加成。从存货档案带入最新成本、销售加成率，报价；存货最新成本×（1+销售加成率），可修改。

（4）价格政策。按照价格政策的设置取报价和扣率，可修改。

（5）报价参照：参照报价可以进行设置，在销售单据中输入存货后，在报价表体项单击【参照】按钮或按【F2】键可以参照该存货的历史报价或存货价格。

三、销售管理系统初始设置

1. 付款条件设置

（1）选择“基础设置”→“基础档案”→“财务”→“收付结算”→“付款条件”选项，进入“付款条件”设置窗口，如图 9-7 所示。

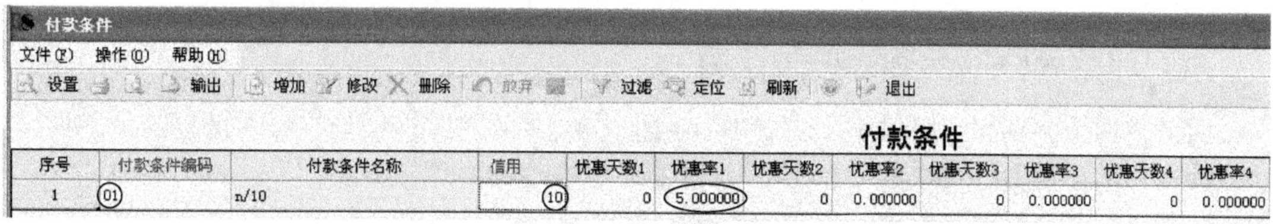

图 9-7 付款条件设置

（2）依次输入其他付款条件，单击【刷新】按钮，再单击【退出】按钮，退出操作。

2. 销售类型设置

（1）选择“基础设置”→“基础档案”→“业务”→“销售类型”选项，进入“销售类型”设置窗口，如图 9-8 所示。

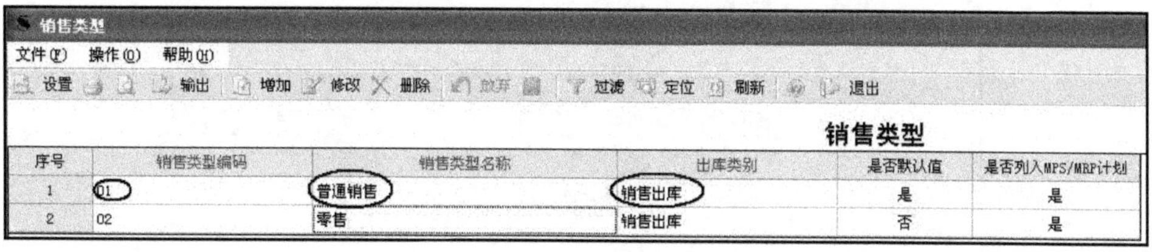

图 9-8 销售类型设置

（2）单击【增加】按钮，输入销售类型编码“01”，销售类型名称“普通销售”，录入或选择出库类别“销售出库”，单击【保存】按钮。

（3）重复步骤（2）可进行其他销售类型的设置，单击【刷新】按钮，再单击【退出】按钮，退出操作。

四、销售管理系统期初业务数据的输入

销售期初数据即期初发货单录入可处理建账日之前已经发货、出库，尚未开发票的业务，

包括普通销售分期收款发货单。本账套无销售期初数据。

（1）选择“设置”→“期初录入”→“期初发货单”选项，进入“期初发货单”界面。

（2）单击【增加】按钮，输入或选择发货日期，设置“业务类型”、“销售类型”、“客户”、“销售部门”、“存货名称”、“仓库”、“数量”、“单价”等相应信息，如图 9-9 所示。

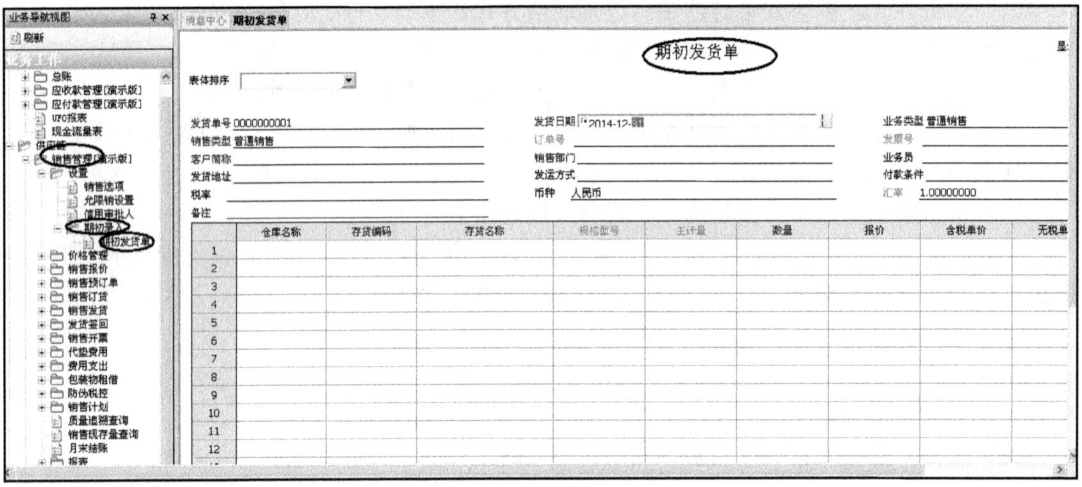

图 9-9　录入期初发货单

五、应收款管理系统启动与注册

（1）执行“开始”→“程序”→“用友 ERP-U872”→“企业应用平台”命令。

（2）打开“登录”对话框，如图 9-10 所示。

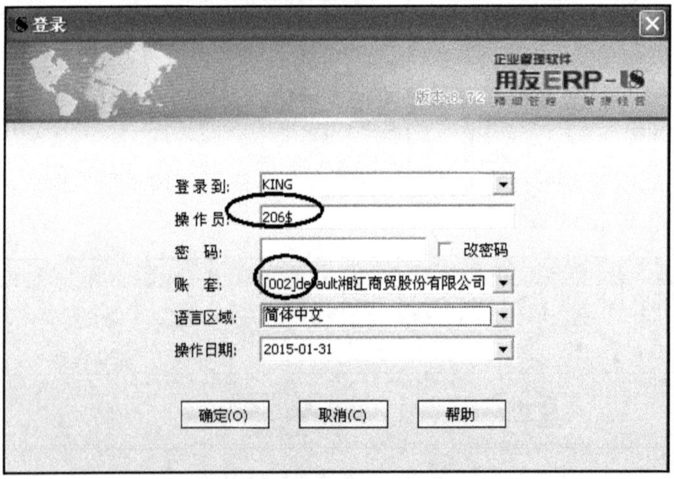

图 9-10　“登录”对话框

（3）选择服务器，输入本次需要登录的操作员编码或名称，系统会根据当前操作员的权限显示该操作员可以登录的账套号。

（4）会计年度和操作日期可通过参照按钮重新指定。

（5）单击【确定】按钮，进入企业应用平台。

（6）按前述项目操作步骤启用或检查应收款管理系统的启用及启用日期。

六、设置应收款管理系统选项

1. “常规”选项卡各选项设置

单据审核日期依据：单据日期；汇兑损益方式：月末处理；坏账处理方式：应收余额百分比法；代垫费用类型：其他应收单；应收款核算类型：详细核算。

（1）在“账套参数设置”对话框中，选项“常规”选项卡，如图 9-11 所示，进行以下参数的设置。

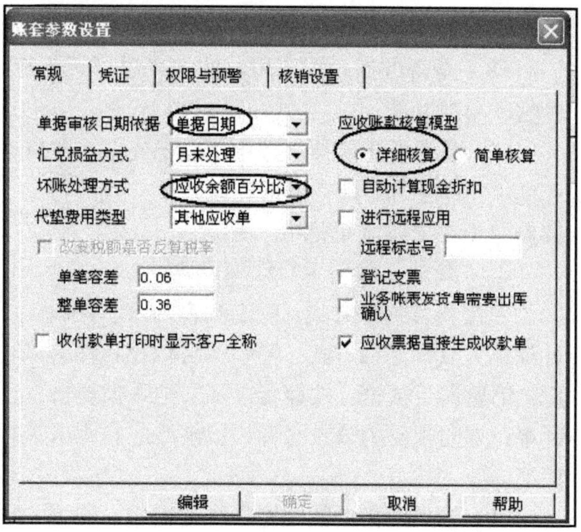

图 9-11　“常规”选项卡

（2）单据审核日期依据说明。

① 单据日期。在单据处理功能中进行单据审核时，自动将单据的审核日期（即入账日期）记为该单据的单据日期。

② 业务日期。在单据处理功能中进行单据审核时，自动将单据的审核日期（即入账日期）记为当前业务日期（即登录日期）。

提示

如果使用单据日期为审核日期，则月末结账时单据必须全部审核。因为下月无法以单据日期为审核日期，业务日期无此要求。

（3）汇兑损益方式说明。

① 外币余额结清时计算。仅当某种外币余额结清时才计算汇兑损益，在计算汇兑损益时，界面中仅显示外币余额为零且本币余额不为零的外币单据。

② 月末计算。每个月末计算汇兑损益，在计算汇兑损益时，界面中显示所有外币余额不为零或者本币余额不为零的外币单据。

（4）坏账处理方式说明。

① 备抵法。系统提供了 3 种备抵的方法，即应收余额百分比法、销售收入百分比法、账龄分析法。这 3 种方法均需要在初始设置中录入坏账准备期初和计提比例或录入账龄区间等。

② 直接转销法。当坏账发生时，直接在坏账发生的当期将应收账款转为费用。

提示

如果当年已经计提过坏账准备，则此参数不可以修改，只能下一年度修改。

（5）代垫费用类型。代垫费用类型解决从销售管理系统传递过来的代垫费用单在应收款管理系统中用何种单据类型进行接收的问题。

（6）应收账款核算类型分为简单核算和详细核算。

提示

该选项在系统启用时或者还没有进行任何业务处理情况下（包括期初数据录入）才允许从简单核算改为详细核算；从详细核算改为简单核算随时可以进行，但要慎重，因为此过程不可恢复。

（7）是否自动计算现金折扣。为了鼓励客户在信用期间内提前付款而采用现金折扣政策，可选中“自动计算现金折扣”复选框。

（8）是否进行远程应用。选中“进行远程应用”复选框，则系统在后续处理中提供远程传输收款单的功能。

（9）是否登记支票。选中“登记支票”复选框，系统自动将具有票据管理结算方式的付款单登记在支票登记簿中。

2. “凭证”选项卡各选项设置

受控科目制单方式：明细到客户；非控科目制单方式：汇总方式；控制科目依据：按客户；销售科目依据：按存货；月末结账前全部制单；方向相反的分录合并；预收冲应收生成凭证。

（1）在“账套参数设置”对话框中，选择“凭证”选项卡，如图 9-12 所示。

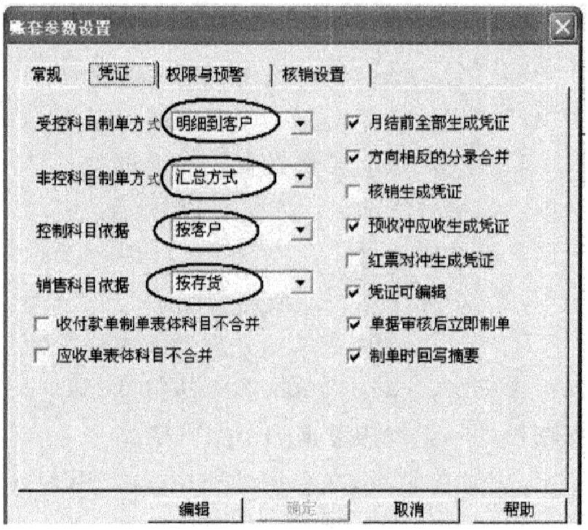

图 9-12 “凭证”选项卡

（2）受控科目制单方式。

① 明细到客户。是指将一个客户的多笔业务合并生成一张凭证时，如果核算这多笔业务的控制科目相同，系统将自动将其合并成一条分录。这种方式的使用可以在总账系统中根据客户来查询其详细信息。

② 明细到单据。是指将一个客户的多笔业务合并生成一张凭证时，系统会将每一笔业务形成一条分录。这种方式的使用可以在总账系统中查看到每个客户的每笔业务的详细情况。

提示

受控科目在合并分录时若自动取出科目（带辅助核算）相同，辅助项为空，则不予合并成一条分录。

（3）非控科目制单方式。

① 明细到客户。是指一个客户的多笔业务合并生成一张凭证时，如果核算这多笔业务的非控科目相同且其所带辅助核算项目也相同，则系统将自动合并成一条分录。这种方式的使用可以在总账系统中根据客户来查询其详细信息。

② 明细到单据。是指一个客户的多笔业务合并生成一张凭证时，系统会将每一笔业务形成一条分录。这种方式的使用也可以在总账系统中查看到每个客户的每笔业务的详细情况。

③ 汇总制单。是指多个客户的多笔业务合并生成一张凭证时，如果核算这多笔业务的非控科目相同且其所带辅助核算项目也相同，则系统将自动将其合并成一条分录。这种方式的目的是精简总账中的数据，在总账系统中只能查看到该科目的一个总的发生额。

提示

非受控科目在合并分录时若自动取出的科目（带辅助核算）相同，辅助项为空，则不予合并成一条分录。

（4）控制科目依据。控制科目在本系统指所有带有客户往来辅助核算且控制系统指定为应收系统的科目。本系统提供了以下 3 种设置控制科目的依据。

① 按客户分类。针对不同的客户分类设置不同的应收科目和预收科目。

② 按客户。针对不同的客户在每一种客户下设置不同的应收科目和预收科目。这种设置适合特殊客户的需要。

③ 按地区。针对不同的地区分类设置不同的应收科目和预收科目。

（5）销售科目依据。

① 按存货分类。针对不同的存货分类设置不同的销售科目。

② 按存货。如果存货种类不多，可以直接针对不同的存货设置不同的销售科目。

（6）月末结账前是否全部制单。若选中“月结前全部生成凭证”复选框，只有在所有的单据和业务处理都制单的情况下才允许月末结账的进行。

（7）方向相反的分录是否合并。指科目相同、辅助项相同、方向相反的凭证分录是否合并。

① 选择合并则在制单时遇到满足合并要求的分录，系统会自动将这些分录合并成一条，根据在哪边显示为正数的原则来决定当前合并后分录的显示方向。

② 选择不合并则在制单时遇到满足合并要求的分录，不予合并，原样显示在凭证中。

提示

该选项对坏账收回制单无效。

（8）核销是否需要生成凭证。

① 不选择则不管核销双方单据的入账科目是否相同均不需要对这些记录进行制单。

② 选择则需要判断核销双方的单据其当时的入账科目是否相同，不相同时，需要生成一张调整凭证。

（9）预收冲应收是否生成凭证。

① 选择则对于预收冲应收业务，当预收、应收科目不相同时，需要生成一张转账凭证。

② 不选择则对于预收冲应收业务不管预收、应收科目是否相同均不生成凭证。

（10）红票对冲是否生成凭证。

① 选择则当对冲单据所对应的受控科目不相同时，系统生成一张转账凭证。

② 不选择则对于红票对冲处理，不管对冲单据所对应的受控科目是否相同均不生成凭证。

3. “权限与预警”选项卡各选项设置

业务 9-2：根据单据自动报警，信用方式提前 7 天；启用部门权限；根据信用额度自动报警，提前比率 20%；包含信用额度为零；进行信用额度控制。

（1）在“账套参数设置”对话框中，选择“权限与预警”选项卡，如图 9-13 所示。

（2）是否启用客户权限。只有在企业应用平台的“系统服务”→“权限”→“数据权限控制设置”中选择了客户进行记录级数据权限控制时，此处该选项才可设置。

① 选择启用则在所有的处理、查询中均需要根据该用户的相关客户数据权限进行限制。通过该功能，企业可加强客户管理的力度，提高数据的安全性。

② 选择不启用则在所有的处理、查询中均不需要根据该用户的相关客户数据权限进行限制。

（3）是否启用部门权限。只有在企业应用平台的“系统服务”→“权限”→“数据权限控制设置”中选择了对部门进行记录级数据权限控制时，此处该选项才可设置。

① 选择启用则在所有的处理、查询中均需要根据该用户的相关部门数据权限进行限制。通过该功能，企业可加强部门管理的力度，提高数据的安全性。

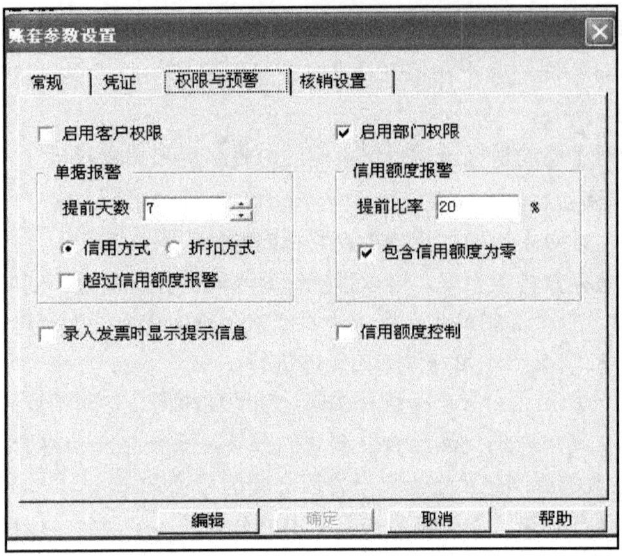

图 9-13 “权限与预警”选项卡

② 选择不启用则在所有的处理、查询中均不需要根据该用户的相关部门数据权限进行限制。

（4）是否根据单据自动报警。选择自动报警后，设置报警的提前天数，并选择信用方式或折扣方式。

（5）录入发票时显示提示信息。若选择显示提示信息，则在录入发票时，系统会显示该客户的信用额度余额，以及最后的交易情况。

（6）是否信用额度控制。选择信用额度控制则在应收款管理系统保存录入的发票和应收单时，若票面金额+应收借方余额-应收贷方余额大于信用额度，系统会提示本张单据不予保存处理。

提示

该参数的作用范围仅限于在本系统中增加发票和应收单时。

（7）是否根据信用额度自动报警。用户可以选择是否需要根据客户的信用额度进行自动报警。选择自动报警时，系统根据设置的预警标准显示满足条件的客户记录，即只要该客户的信用比率小于或等于设置的提前比率时就对该客户进行报警处理。若选择对信用额度为零的客户也预警，则对所有信用额度为零的客户，只要其有应收余额就进行报警。

4. “核销设置”选项卡各选项设置

选择“核销设置”选项卡，选择应收款核销方式：按单据。

七、应收款管理系统初始设置

1. 设置科目

（1）基本科目设置。基本科目是指在核算应收款项时经常用到的科目，可以在此处设置应收业务的常用科目。

选项“设置”→“初始设置”选项，进入“初始设置”界面。

选择“设置科目”→“基本科目设置”选项，如图 9-14 所示。

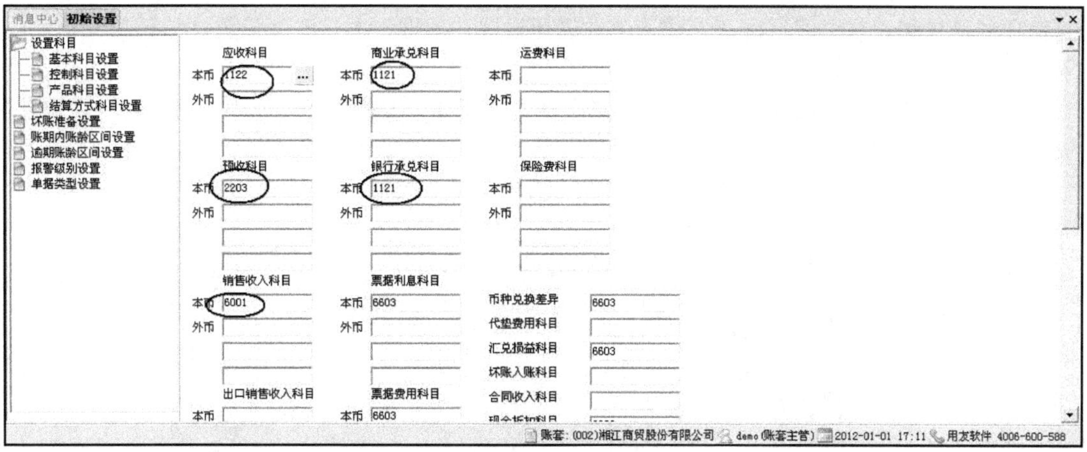

图 9-14　基本科目设置

在各栏内直接输入或参照输入有关的科目信息。

栏目说明如下。

① 应收科目。输入最常用的核算本位币和外币赊销欠款的科目，如“应收账款”科目。

② 预收科目。输入最常用的核算本位币和外币预收款的科目，如“预收账款”科目。

③ 销售收入科目。输入最常用的核算销售收入的科目，如“主营业务收入”科目。

④ 应交增值税科目。输入核算销项税的科目，如“应交增值税—销项税”科目。

⑤ 销售退回科目。输入最常用的核算销售退回科目，可以和销售收入科目相同。

⑥ 银行承兑科目。输入核算银行承兑汇票的科目，如“应收票据”科目。

⑦ 商业承兑科目。输入核算商业承兑汇票的科目，如“应收票据”科目。

⑧ 现金折扣科目。若企业在销售过程中有现金折扣业务，则输入现金折扣费用的入账科目，如“财务费用”科目。

⑨ 票据利息科目。输入核算应收票据利息的科目，如“利息收入”科目。

⑩ 票据费用科目。输入核算应收票据费用的科目，如“财务费用”科目。

⑪ 汇兑损益科目。若客户往来有外核算时，输入核算汇兑损益的科目。

⑫ 币种兑换差异科目。输入异币种核销时形成的币种兑换差异科目。

⑬ 收支费用。输入收付款单中款项类型为“其他费用”的记录所对应的科目。

提示

若无外币核算，可以不输入外币应收预收科目；应收和预收科目必须是有“客户”往来核算且受控于应收系统的科目，如果应收科目、预收科目按不同的客户分别设置，则可在“控制科目设置”中设置，在此可不设；若要针对不同的存货分别设置销售收入核算科目，则在此不用设置，可在“产品科目设置”中进行设置；应收票据科目必须是应收系统的受控科目。

本系统只支持本位币票据。

所有以上科目必须是末级科目。

（2）控制科目设置。如果企业的应收、预收科目根据客户的分类或地区分类不同分别设置了不同的明细科目，则可以先在选项中选择设置的依据，并且在此处进行具体的设置。设置的科目必须是末级应收系统受控科目。

（3）产品销售科目设置，如果不同的存货（存货分类）分别对应不同的销售收入科目、应交销项税科目和销售退回科目，先在选项中选择设置的依据，再在此处设置具体科目（销售收入科目和销售退回科目可以相同）。

（4）结算方式科目设置。在“初始设置”界面中选择“设置科目”→“结算方式科目设置”选项，如图 9-15 所示。

图 9-15　结算方式科目设置

2. 坏账准备设置

应收款管理系统可以根据发生的应收业务情况，提供自动计提坏账准备金的功能。根据应收款管理系统选项中选取的坏账处理方式不同，相应的坏账准备设置也不同，本章以应收余额百分比法为例。

业务 9-3：坏账准备参数设置，提取比率：0.5%，坏账准备期初余额：396.53。

（1）在“初始设置”界面中选择“坏账准备设置”选项，如图 9-16 所示。

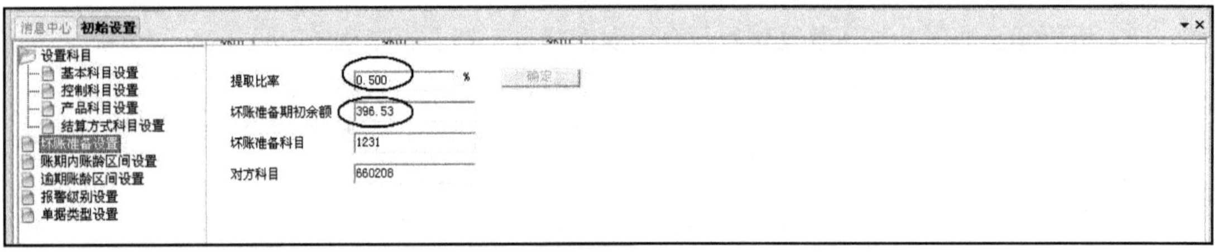

图 9-16　坏账准备设置

（2）按要求输入各项内容。栏目说明如下。

① 提取比率。输入计提的百分比。

② 坏账准备期初余额。在第一年使用系统时，直接输入期初余额，以后年度坏账准备的期初余额由系统自动生成，不能进行修改。

③ 坏账准备科目。直接输入或参照输入核算坏账准备的科目。

④ 对方科目。直接输入或参照输入坏账准备的对方科目。

⑤ 单击【确定】按钮，保存设置。

提示

做过任意一种坏账处理后，便不能再修改坏账准备数据，只能查询。下一年度使用本系统时，可以修改提取比率、区间、科目。

如果在系统选项中选择坏账直接转销，则不用进行坏账准备设置。

3. 账龄区间设置

为了对应收账款进行账龄分析，评估客户信誉，并按一定的比例估计坏账损失，应首先在此设置账龄区间。

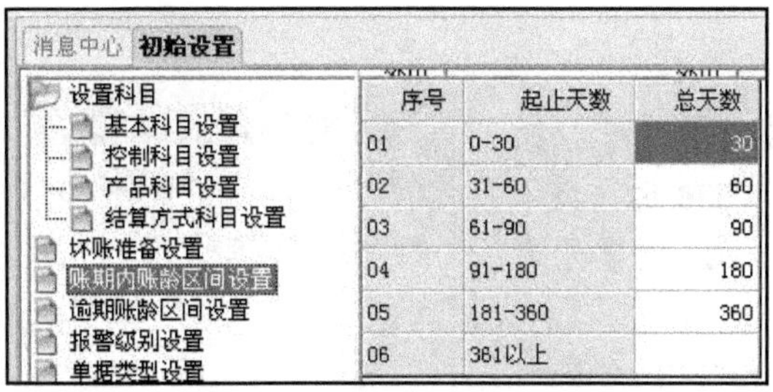

图 9-17　账期内账龄区间设置

（1）在“初始设置”界面中选择“账期内账龄区间设置”，打开账龄区间设置，如图 9-17 所示。

（2）单击【增加】按钮，输入该区间的总天数，即可在当前区间之前插入一个区间，该区间后的各区间起止天数会自动调整。

① 序号。由系统自动生成，从 01 开始，不能修改、删除。

② 总天数。直接输入截止该区间的账龄总天数。

③ 起止天数。系统会根据输入的总天数自动生成相应的区间。

提示

最后一个区间不能被修改和删除。

4. 报警级别设置

通过对报警级别的设置，将客户按照欠款余额与其授信额度的比例分为不同的类型，以便于掌握各个客户的信用情况。

在“初始设置”界面中选择“报警级别设置”选项，如图 9-18 所示。

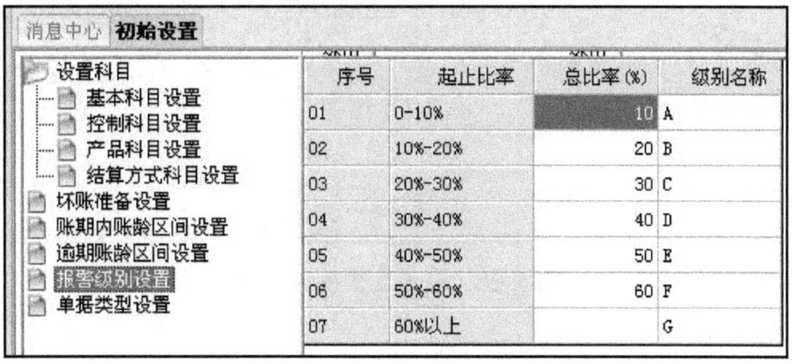

图 9-18　报警级别设置

提示

单击【增加】按钮，可在当前级别之前插入一个级别。插入一个级别后，该级别后的各级别比率会自动调整。

删除一个级别后，该级别后的各级比率会自动调整，最后一个区间不能被修改和删除。

5. 应收款管理系统单据类型设置

系统提供了发票和应收单两大类型的单据。

此处的应收单应理解为狭义的应收单，只记录销售业务之外的应收款情况。在本功能中，只能增加应收单下属类型，以区分应收货款之外的其他应收款，如应收代垫费用款、应收利息款、应收罚款及其他应收款等。

提示

只能增加应收单的类型，而发票的类型是固定的，不能被修改和删除；应收单中的“其他应收单”为系统默认类型，不能被删除、修改，不能删除已经使用过的单据类型。

八、录入期初余额

1. 录入期初销售发票

业务 9-4：2014 年 12 月 26 日，销售给赤道公司 102 商品 20 件，无税单价 780 元，201 商品 10 台，无税单价 3 570 元，共计货款 51 300 元，税款 8 721 元，价税合计 60 021 元，发票号为 XC001。

（1）选择“设置”→“期初余额”选项，打开“期初余额—查询”对话框，单击【确定】按钮，进入“期初余额”界面。

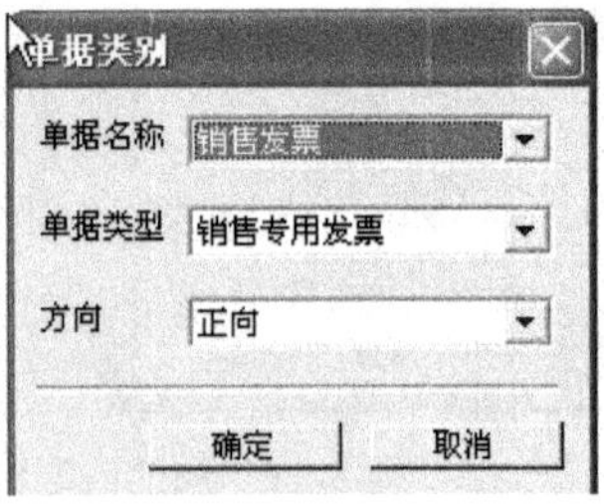

图 9-19 “单据类别”对话框

（2）单击【增加】按钮，打开“单据类别”对话框，如图 9-19 所示。

（3）选择单据名称：销售发票；单据类型：销售专用发票；方向：正向。单击【确定】按钮，进入期初销售发票录入界面，如图 9-20 所示。

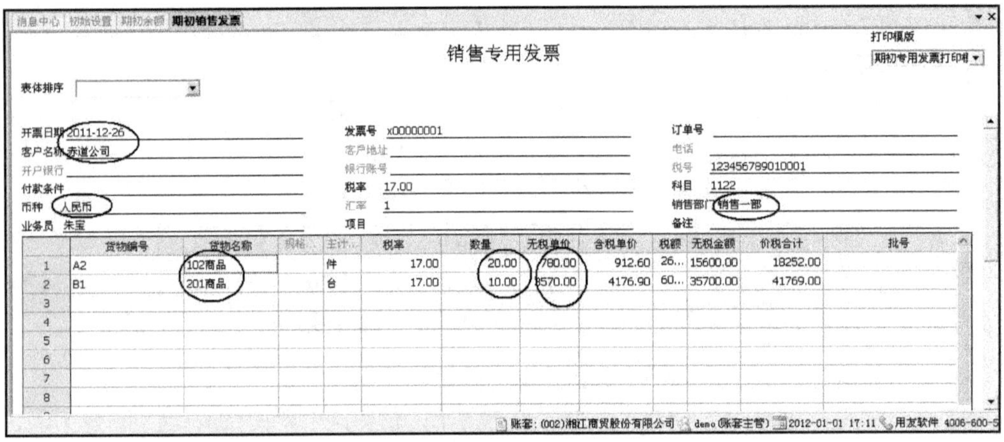

图 9-20 录入期初销售发票

（4）输入表头各项内容。

（5）输入表体各项内容。

2. 录入期初应收单

（1）在“期初余额”界面中，单击【增加】按钮，打开“单据类别”对话框。

（2）选择单据名称：应收单；单据类型：其他应收单；方向：正向。单击【确定】按钮，进入应收单录入界面，如图 9-21 所示。

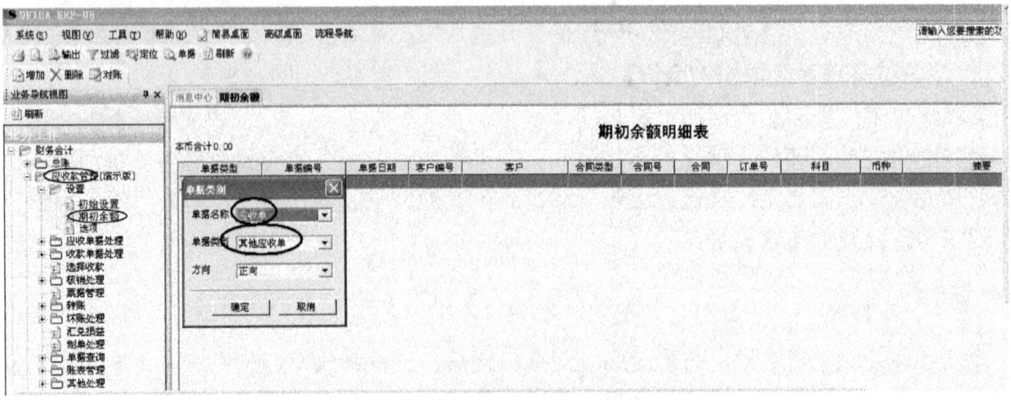

图 9-21 录入期初应收单

提示

单据编号根据编码方案自动生成，如果编码方案设置为“可以手工修改”，则用户可以修改应收单编号。

3．录入期初预收款

业务 9-5：2014 年 12 月 30 日，收到南洋公司预付款 60 000 元，以现金支票支付，票据号为 89000001。

（1）在“期初余额”界面中，单击【增加】按钮，打开“单据类别”对话框。

（2）选择单据名称：预收款；单据类型：收款单；方向：正向。单击【确定】按钮，进入收款单录入界面，如图 9-22 所示。

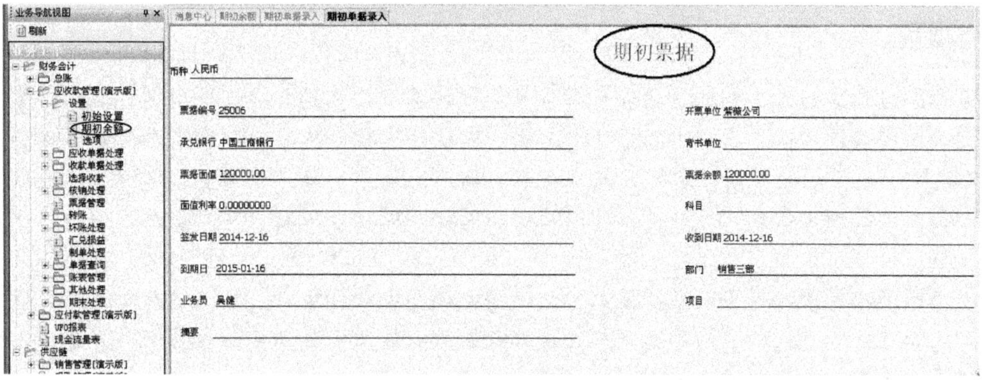

图 9-22　录入期初收款单

（3）录入各项内容，单击【保存】按钮，保存所进行的操作。

4．录入期初应收票据

业务 9-6：2014 年 12 月 16 日，收到紫薇公司开出的由工商银行承兑的无息银行承兑汇票一份，票面金额 120 000 元，票据号为 25006，2014 年 12 月 16 日签发，2014 年 1 月 16 日到期。

（1）在“期初余额”界面中，单击【增加】按钮，打开“单据类别”对话框。

（2）选择单据名称：应收票据；单据类型：银行承兑汇票；方向：正向。单击【确定】按钮，进入“期初单据录入”界面，如图 9-23 所示。

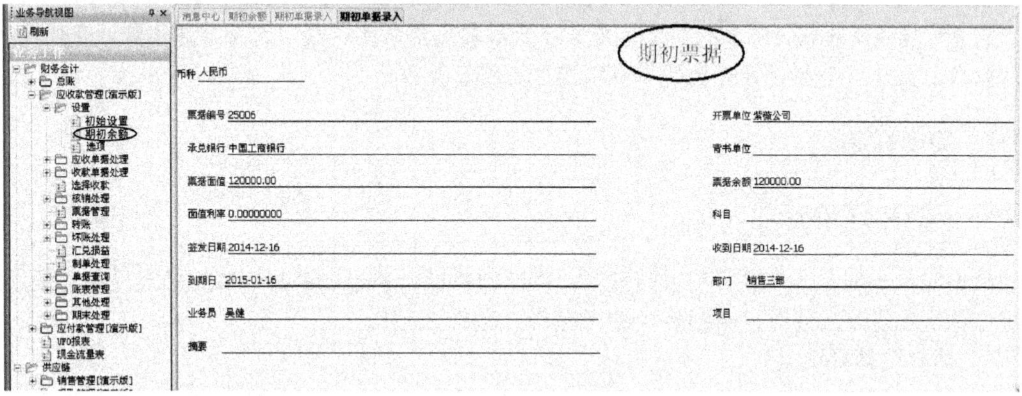

图 9-23　录入期初票据

（3）录入各项内容，单击【保存】按钮，保存所进行的操作。

5. 期初对账

当完成全部应收款期初余额录入后，应通过对账功能将应收款管理系统与总账系统期初余额进行核对。

在“期初余额”界面中单击【对账】按钮，如图 9-24 所示。

科目		应收期初		总账期初		差额	
编号	名称	原币	本币	原币	本币	原币	本币
1121	应收票据	120,000.00	120,000.00	120,000.00	120,000.00	0.00	0.00
1122	应收账款	77,805.00	77,805.00	77,805.00	77,805.00	0.00	0.00
2203	预收账款	-60,000.00	-60,000.00	-60,000.00	-60,000.00	0.00	0.00
	合计		137,805.00		137,805.00		0.00

图 9-24　应收期初与总账期初对账

提示

发票和应收单的方向包括正向和负向，类型包括系统预置的各类型及用户定义的类型。如果是预收款和应收票据，则不用选择方向，系统默认预收款方向为贷，应收票据方向为借。

单据中的科目栏目，用于输入该笔业务的入账科目，该科目可以为空。建议在录入期初单据时，最好录入科目信息，这样不仅可以执行与总账对账功能，而且可以查询正确的科目明细账、总账。

当保存了期初录入结果，或在第二年使用需要调整期初余额时，先选取要修改的记录，单击【单据】按钮，进入相应的界面，单击【修改】按钮修改保存即可。当第一个会计期已结账后，期初余额只能查询，不能再修改。

期初余额所录的票据保存后自动审核。

与总账系统对账，必须要在总账与应收款管理系统同时启动后才可以进行。

任务二　销售与应收款管理系统本期业务处理

任务解析

要求掌握销售管理系统和应收款管理系统的本期业务处理的知识内容和操作方法。

销售是实现企业价值的重要环节，是企业生产经营成果实现的过程，是企业经营活动的中心。销售管理系统提供了报价、订货、发货、开票的完整销售流程，支持普通销售、委托代销、分期收款、直运、零售、销售调拨等多种类型的销售业务。

知识链接

一、销售订单管理

销售订单是确定客户要货需求的过程。客户的要货需求通过销售订单的形式反映，是企业根据订单组织货源，并对订单的执行进行管理、控制和追踪。

1. 输入销售订单

当客户的要货需求初步确定时，可以以销售订单的形式输入计算机。销售订单作为合同或协议的载体而存在，主要内容包括销售发货的日期、货物明细、价格和数量等事项。

2. 审核销售订单

销售订单保存后，只有经过审核，订单数据才能记入相关的统计表。在填制销售发货单或销售发票时，所参照的销售订单必须是经过审核并处于进入状态的。

3. 销售订单查询统计

销售订单列表显示已输入系统中的订单的明细列表；销售订货明细表可以按单据→客户→部门→业务员→货物输出销售订货的明细总情况；销售订货执行汇总表可以按单据→客户→部门→业务员→货物汇总情况；销售订货执行汇总表可以按单据→客户→部门→业务员→货物→预发货日期汇总销售订货的发货执行情况。

二、销售发货业务

按销售发货业务处理模式的不同，销售业务分为先发货后开票和开票直接发货两种模式，企业只能选择其中一种。不同销售模式其相应的业务处理流程也不同。

1. 先发货后开票

当销售管理、库存管理、存货核算、应收款管理和总账系统集成使用时，先发货后开票销售业务模式的处理流程如图 9-25 所示。

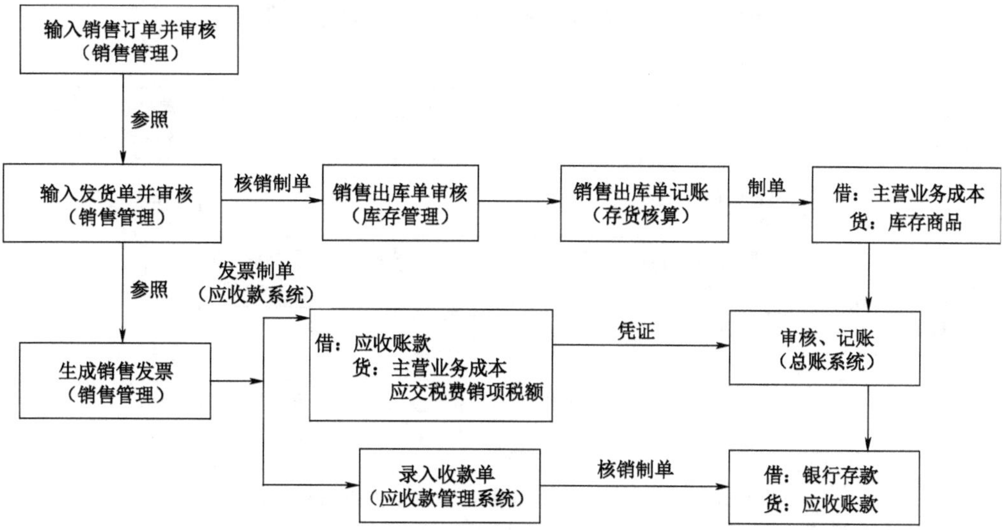

图 9-25　先发货后开票销售模式的业务处理流程

对于先发货后开票业务，在销售管理系统中需要做的工作有以下几项。

（1）输入并审核销售订单。在处理订货业务时，可以利用销售管理系统的订单管理功能进行处理。在销售订单保存后，可在“销售订单列表”中查询。

（2）参照销售订单生成发货单并审核。在先发货后开票的业务模式下，发货单可以参照销售订单，也可以直接录入。当发货单开出时，它只影响存货的现存量，不冲减存货的实际库存。保存后的发货单可以从“发货单列表”中进行查询。

发货单保存后，只有经过审核，发货单中的数据才能记入相关的统计表。发货单审核后，系统将分仓库生成销售出库单，并传递到库存管理系统，冲减库存量。也只有审核过的发货单，开具销售开发票时才能参照。

（3）销售开票。销售开票是销售业务的重要环节，它是销售收入的确定、销售成本计算、应交销售税金确定和应收账款确定的依据。在先发货后开票的业务模式下，销售发票只有根据发货单生成，对同一客户的发货单可以汇总生成销售发票。

销售发票按发票类型分为增值税专用发票、普通发票，按业务性质分为蓝字发票、红字发票。

在填制销售订单、销售发货和销售发票时，通常会涉及商业折扣的处理。系统提供了两种处理商业折扣的方法，即单笔商业折扣和总额分摊商业折扣。单笔商业折扣是指对销售单据中不同的货物，按照不同的扣率进行打折；而总额分摊商业折扣是指对销售单据中所有的货物，按照同一扣率进行打折。

2. 开票直接发货

开票直接发货与先发货后开票销售业务模式处理方法不同的是：首先根据销售订单填制销售发票并复核，复核后的销售发票自动生成相应的发货单、应收账款，并传递到库存管理系统和应收管理系统。

对于开票直接发货的销售业务模式，在销售管理系统需要做的工作有：录入销售发票；现结并复核销售发票；查找销售发票自动生成的发货单并审核。

三、销售退货业务

销售退货是指客户因质量、品种和数量不符合规定要求，将已购货物退回的行为。

（1）先发货后开票销售业务模式下的退货处理流程，如图 9-26 所示。

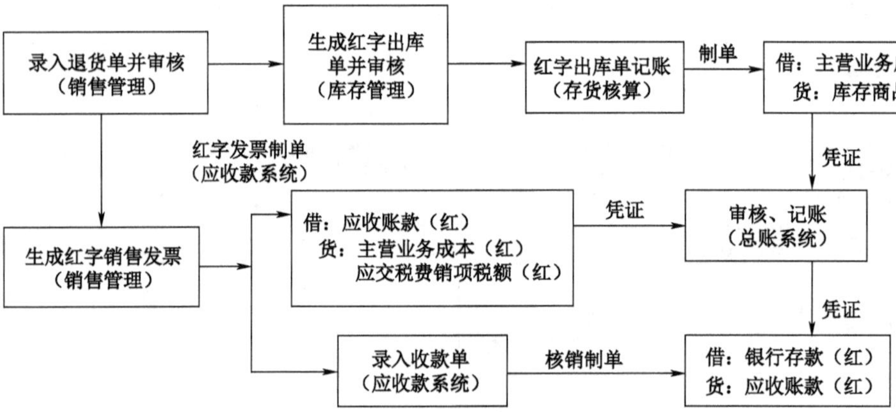

图 9-26 先发货后开票销售业务模式下的退货处理流程

（2）开票直接发货销售业务模式下的退货处理。开票直接发货销售业务模式下的退货处理流程为：填制并复核红字销售发票，复核后的红字销售发票自动生成相应的退货单，参照退货单生成红字销售出库单及红字应收账款，然后传递到库存管理系统和应收款管理系统。

四、现收业务

现收业务是指在销售货物的同时向客户收取货币资金的行为。在销售发票、销售调拨单和零售日报等销售结算单据中可以直接处理现收业务并结算，业务处理流程如图 9-27 所示。

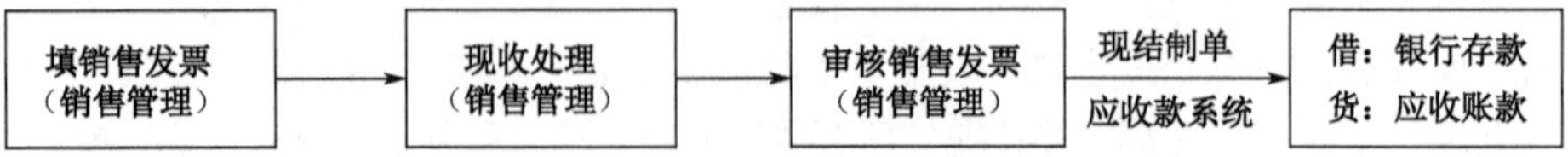

图 9-27 现收业务的业务处理流程

五、委托代销业务

委托代销是企业委托他人进行销售的一种销售方式。对于委托代销业务，在销售管理系统中需要做的工作有以下几个方面。

1. 委托代销发货

委托代销发货单由销售部门根据购销双方的委托代销协议产生，经审核后通知仓库备货。

委托代销发货只引起货物的保管权的转移，所有权不转移。因此，委托代销发货单保存后不会冲减库存，但会修改现存量表。

2. 委托代销调整

在委托代销业务中，如果结算金额与发货金额不一致可通过委托代销调整单进行调整；当结算金额大于发货金额时，应在“价税合计”栏中输入正数，否则输入负数。

3. 委托代销退货

委托代销退货业务是指客户因委托代销货物的质量、品种和数量不符合规定而将已受托代销商品退回给本单位的业务。

六、销售调拨业务

销售调拨业务一般是处理集团企业内部有销售结算关系的销售部门或分公司之间的销售业务。客户（即集团内部的销售部门或分公司）通过销售调拨单取得货物的实际所有权。与正常的销售行为相比，同样生成应收账款并减少库存，不同的是销售调拨业务不涉及销售税金。销售调拨业务的处理流程如下。

（1）当发生销售调拨业务时，在销售系统中填制并审核销售调拨单。

（2）审核后的销售调拨单自动生成发货单，同时分仓库生成销售出库单并传递到库存管理系统进行审核。

（3）审核后的销售调拨单自动生成应收账款并传递到应收款管理系统。

（4）与一般销售业务不同的是，在应收款管理系统中，根据销售调拨单生成的凭证不含税金。

七、销售管理系统零售业务

如果有零售业务，零售业务数据可以先按日汇总，然后通过零售日报进行处理。零售业务是指商业企业将商品销售给零售客户的销售业务。零售业务是根据相应的销售票据，按月汇总数据，然后通过零售日报进行处理。

对于零售业务，仓库指的是最终的出货地点。例如，零售商场的仓库指的是将货物交给客户的柜组的过程，属于库存的转库处理，由库存管理系统完成。

八、销售管理系统其他业务

1. 代垫费用

在销售业务中，有的企业随货物销售有代垫费用的发生如代垫运杂费、保险费等。

代垫费用用于记录需要向客户收取的费用项目。对代垫费用的处理有两种方法：一种是以应税劳务的方式直接录入在销售发票中，这样做的好处是能将代垫费用和销售发票直接关联起来；另一种是随同发票核销分摊到货物中，代垫费用如果不通过发票处理，就要通过系统中提供的代垫付费用单单独录入，并在应收款管理系统中自动生成其他应收单。在销售管理系统中仅对代垫费用的发生情况进行登记，收款核销由应收款管理系统完成。

2. 销售支出

在销售业务中，随货物销售可能向客户支付各种费用，如现金折扣等让利、业务招待费等。另外，如果向客户赠送未列入销售单据的货物，亦可按其他成本价登记到销售支出单中。记录销售支出的目的是便于企业掌握用于维系某客户的费用支出情况，以及承担这些费用的部门或业务员的情况，以此作为对销售部门或业务员的业绩考核的依据之一。

在销售管理系统中，仅提供对销售费用的登记和统计功能的销售支出单不能直接生成凭证，需要在总账系统中手工输入。

3. 包装物租借

随销售业务发生还可能有包装物租借业务，其业务处理流程如下。

（1）客户根据发货单或发票租入或借用包装物，缴纳押金并通知仓库进行包装物出库。

（2）客户退还包装物，企业办理包装物入库，核销客户的包装物租借数量、金额，退还押金，冲减客户的押金余额。

在销售管理系统中，仅提供包装物租借业务的登记和统计功能。财务核算需要在总账系统中进行。

九、应收款管理系统单据录入

日常处理是应收款管理系统的重要组成部分，是经常性的应收业务处理工作。日常业务主要完成企业日常的应收款入账、收款业务录入、收款业务核销、应收并账、汇兑损益及坏账的处理，及时记录应收业务、收款业务的发生，为查询和分析往来业务提供完整、正确的资料，加强对往来款项的监督管理，提高工作效率。

销售发票、应收单及收款单是应收款管理系统日常核算的原始单据。

十、收款单据处理

收款单据处理主要是对结算单据（收款单、付款单即红字收款单）进行管理，包括收款单、付款单的录入，以及单张结算单的核销。应收款管理系统的收款单用来记录企业所收到的客户款项，款项性质包括应收款、预收款和其他费用等。

十一、应收款管理系统核销处理

核销处理是指日常进行的收款核销应收款的工作。单据核销的作用是解决收回客户款项核销该客户应收款的处理，建立收款与应收款的核销记录，监督应收款及时收取，加强往来款项的管理。

十二、应收款管理系统票据管理

票据管理主要是对商业承兑汇票和银行承兑汇票进行日常的业务处理，所有涉及票据的收入、结算、贴现、背书、转出和计息等处理都应该在票据管理中进行。

十三、应收款管理系统坏账处理

坏账处理是指系统提供的计提应收坏账准备处理、坏账发生后的处理和坏账收回后的处理等功能。坏账处理的作用是系统自动计提应收款的坏账准备，当坏账发生时即可进行坏账核销，当被核销坏账又收回时，即可进行相应收回处理。

十四、应收制单处理

制单即生成凭证，并将凭证传递至总账记账。应收款管理系统在各个业务处理过程中都提供了实时制单的功能；除此之外，系统还提供了一个统一制单的平台，可以快速、成批地生成凭证，并可依据规则进行合并制单等处理。

任务实施

根据湘江商贸股份公司 2015 年 1 月发生的有关销售与应收业务，完成销售管理系统和应收款管理系统的本期业务处理。

（1）2 日，南车公司汇来前欠货款 17 784 元，票号 2201，附件一张（**普通销售业务——收款**）。

钱河进入应收款管理系统，录入收款单，审核后制单，生成收 0001 号凭证。

借：银行存款——工商银行　　17 784.00

　　贷：应收账款（南车公司）　　17 784.00

（2）2 日，南洋公司订购 202 商品 20 台，协议价格 2 780 元/台，301 商品 80 双，协议价格 350 元/双（**普通销售业务——订货**）。

吴健进入销售管理系统，开出销售订单并审核。

（3）4 日，仓库发出南洋公司 2 日所订商品，并开出专用发票，价款 83 600 元，税款 14 212 元，价税合计 97 812 元（**普通销售业务——先发货后开票**）。

吴健进入销售管理系统，开出发货单并审核（可合并开一张发货单）。开出并复核销售专用发票。

郑伟进入库存管理系统，参照发货单生单并审核销售出库单（2#库、3#分别审核）。

孙磊进入存货核算系统，对销售出库单进行记账。

钱河进入应收款管理系统，审核销售专用发票，并进行发票制单，生成转 0002 号凭证。

借：应收账款（南洋公司）　　97 812.00

　　贷：主营业务收入　　83 600.00

　　　　应交税费——应交增值税——销项税额　　14 212.00

（4）6 日，南极公司订购 101 商品 50 件，单价 910 元，102 商品 30 件，单价 780 元，103 商品 40 件，单价 650 元，商品自提；北筑公司订购 203 商品 30 台，单价 1 980 元，302 商品 30 双，单价 400 元，要求 12 日发货（**普通销售业务——订单**）。

吴健进入销售管理系统，分别开出销售订单并审核。

（5）6 日，仓库发出南极公司当日所订商品，开出专用发票，货款 94 900 元，税款 16 133 元，共计 111033.0 元，收到转账支票送存工商银行，票据号：4562，银行账号：2233（**普通销售业务——先发货后开票现结并复核**）。

吴健进入销售管理系统，开出发货单并审核。开出销售专用发票，办理现结后复核。

郑伟进入库存管理系统，参照发货单生单并审核销售出库单。

孙磊进入存货核算系统，对销售出库单进行记账。

钱河进入应收款管理系统，审核销售专用发票，并进行现结制单，生成收 0002 号凭证。

借：银行存款——工商银行　　111 033.00

　　贷：主营业务收入　　94 900.00

　　　　应交税费——应交增值税——销项税额　　16 133.00

（6）11 日，收到赤道公司 2187#转账支票，系上月货款 60 021 元。

钱河进入应收款管理系统，录入收款单，生成收 0003 号凭证。

借：银行存款——工商银行　　60 021.00

　　贷：应收账款；（赤道公司）　　60 021.00

（7）12 日，收到南洋公司电汇前欠货款 37 812 元，并以预收款 60 000 元冲应收该公司账款，票据号：3 276（**普通销售业务——收款、转账、核销**）。

钱河进入应收款管理系统，录入收款单，审核后制单，生成收 0004 号凭证。

借：银行存款——工商银行　37 812.00

　　贷：应收账款（南洋公司）　37 812.00

办理预收冲应收操作，生成转 0008 号凭证。

借：预收账款（青梅公司）　60 000.00

　　贷：应收账款（青梅公司）　60 000.00

进行自动核销操作。

（8）12 日，仓库发出北筑公司 6 日订购 203 商品 30 台，302 商品 30 双，以现金代垫运费 600 元，开出销售专用发票，货款 71 400 元，税款 12 138 元，价税合计 83 538 元（**普通销售业务——先发货后开票**）。

吴健进入销售管理系统，开出发货单并审核。开出并复核销售专用发票，开出代垫费用单。

郑伟进入库存管理系统，参照发货单生单并审核销售出库单。

孙磊进入存货核算系统，对销售出库单进行记账。

钱河进入应收款管理系统，审核销售专用发票，并进行发票制单，生成转 0009 号凭证。

借：应收账款（北筑公司）　83 538.00

　　贷：主营业务收入　714 00.00

　　　　应交税费——应缴增值税——销项税额　12 138.00

根据其他应收单，生成付 0008 号凭证。

借：应收账款（北筑公司）　600.00

　　贷：库存现金　600.00

（9）16 日，紫薇公司 2015 年 12 月 16 日签发的应收票据到期，款项收存银行，结算方式：其他（**普通销售业务——票据结算**）。

钱河进入应收款管理系统，进行票据结算，保存后制单，生成收 0005 号凭证。

借：银行存款——工商银行　120 000.00

　　贷：应收票据（紫薇公司）　120 000.00

（10）16 日，赤道公司订购 101 商品 40 件，单价 910 元，102 商品 50 件，单价 780 元，103 商品 30 件，单价 650 元（**普通销售业务——订货**）。

（11）18 日，仓库发出赤道公司 16 日订购 101 商品 40 件，102 商品 50 件，103 商品 30 件，开出专用发票，计价款 94 900 元，税款 16 133 元，价税合计 111 033 元（**普通销售业务——先发货后开票**）。

吴健进入销售管理系统，开出发货单并审核。开出并复核销售专用发票。

郑伟进入库存管理系统，参照发货单生单并审核销售出库单。

孙磊进入存货核算系统，对销售出库单进行记账。

钱河进入应收款管理系统，审核销售专用发票，并进行发票制单，生成转 0013 号凭证。

借：应收账款（赤道公司）　111 033.00

　　贷：主营业务收入　94 900.00

　　　　应交税费——应缴增值税——销项税额　16 133.00

（12）19 日，收到赤道公司转账支票一张，31 033 元，2 个月期限的银行承兑汇票一张，面值 80 000 元，结清前欠货款，票据编号：06002，结算方式：转账支票，承兑银行：工商银行（**普通销售业务——收到商业汇票**）。

钱河进入应收款管理系统，录入收款单，审核后制单，生成收 0006 号凭证。

借：银行存款——工商银行 31 033.00

贷：应收账款（赤道公司） 31 033.00

录入银行承兑汇票，审核自动生成的收款单后制单，生成转 0015 号凭证。

借：应收票据（赤道公司） 80 000.00

贷：应收账款（赤道公司） 80 000.00

（13）20 日，西北风公司业务员持 100 000 元银行汇票前来购货，订购 301 商品 60 双，单价 360 元；302 商品 100 双，单价 400 元；303 商品 100 双，单价 200 元，计价款 81 600 元，税款 13 872 元，价税合计 95 472 元。开出专用发票，填写进账单将银行汇票送存银行，实际结算 95 472 元，票据号：5782，账号：6789，商品已由 3#库发出（**普通销售业务—订货、先开票、现结、后发货**）。

吴健进入销售管理系统，开出销售订单并审核；开出销售专用发票，现结后复核；查找自动生成的发货单并审核。

郑伟进入库存管理系统，参照发货单生成销售出库单并审核。

孙磊进入存货核算系统，对销售出库单进行记账。

钱河进入应收款管理系统，审核销售专用发票，并进行现结制单，生成收 0007 号凭证。

借：银行存款——工商银行 95 472.00

贷：主营业务收入 81 600.00

应交税费——应缴增值税——销项税额 13 872.00

（14）23 日，紫薇公司订购 301 商品 70 双，单价 350 元；302 商品 70 双，单价 390 元；303 商品 70 双，单价 200 元（**普通销售业务——订货**）。

吴健进入销售管理系统，开出销售订单并审核。

（15）24 日，仓库发出紫薇公司 23 日订购的商品，销售部开出专用发票，价款 65 800 元，税款 11 186 元，价税合计 76 986 元（**普通销售业务——先发货后开票**）。

吴健进入销售管理系统，开出发货单并审核。开出并复核销售专用发票。

郑伟进入库存管理系统，参照发货单生单并审核销售出库单。

孙磊进入存货核算系统，对销售出库单进行记账。

钱河进入应收管理系统二审核销售专用发票，并进行发票制单，生成转 0019 号凭证。

借：应收账款（紫薇公司） 76 986.00

贷：主营业务收 65 800.00

应交税费——应缴增值税——销项税额 11 186.00

（16）25 日，南车公司订购 201 商品 20 台，单价 3 560 元；202 商品 20 台，单价 2 750 元；203 商品 20 台，单价 1 950 元（**普通销售业务——订货**）。

吴健进入销售管理系统，开出销售订单并审核。

（17）26 日，仓库发出南车公司 25 日订购的商品，销售部开出专用发票，价款 165 200 元，税款 28 084 元，价税合计 193 284 元（**普通销售业务——先发货后开票**）。

吴健进入销售管理系统，开出发货单并审核，开出并复核销售专用发票。

郑伟进入库存管理系统，参照发货单生单并审核销售出库单。

孙磊进入存货核算系统，对销售出库单进行记账。

钱河进入应收管理系统，审核销售专用发票，并进行发票制单，生成转 0020 号凭证。

借：应收账款（南车公司） 193 284.00

贷：主营业务收入 165 200.00

应交税费——应缴增值税——销项税额 28 084.00

一、销售管理系统业务操作

1. 销售订货[业务题见（2）、（4）、（10）、（14）、（16）题，操作类似]

（1）206 吴健进入销售管理系统，选择“销售订货”→“销售订单”选项，进入“销售订单”界面。

（2）单击【增加】按钮， 录入订单日期、客户、存货编号、数量、无税单价必录项，如图 9-28 所示。

（3）单击【保存】按钮并审核。

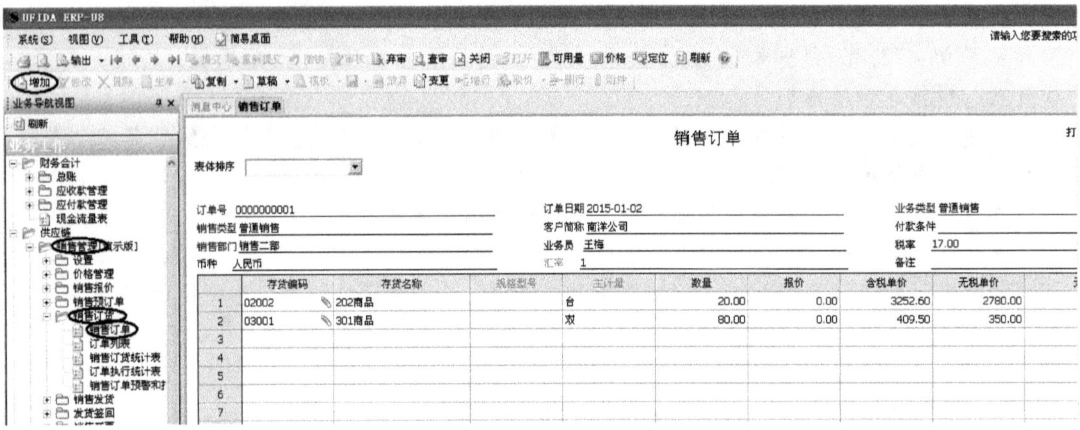

图 9-28 录入销售订单

2. 销售发货[业务题见（3）、（5）、（8）、（11）、（15）、（17）题，操作类似]

（1）206 吴健进入销售系统，选择“销售发货”→“发货单”选项，进入“发货单”界面。

（2）单击【增加】按钮，本账套选择了普通销售必有订单模式，打开“过滤条件选择-参照生单”对话框，如图 9-29 所示。

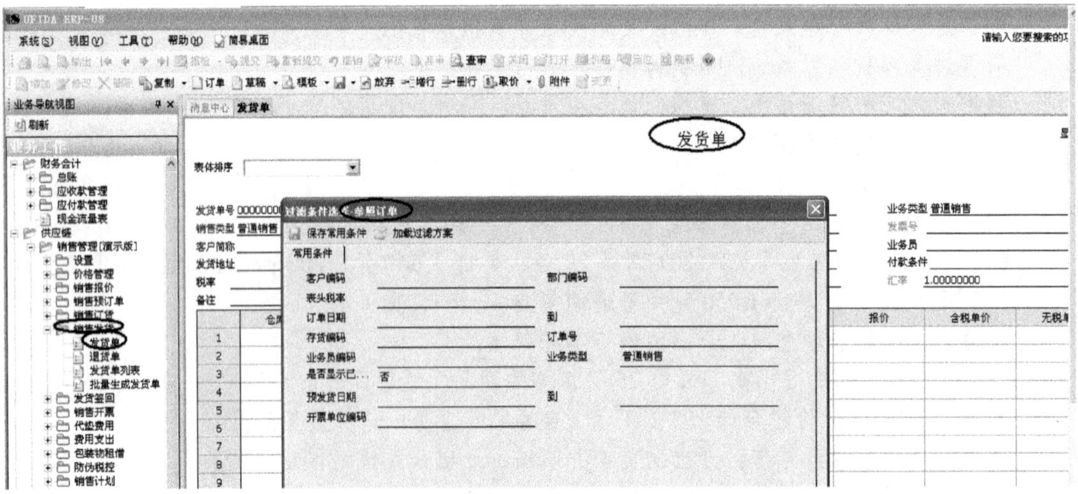

图 9-29 参照订单

（3）修改发货日期，单击【保存】按钮并审核，如图 9-30 所示。

提示

发货单可手工录入也可参照订单录入。不同客户、不同仓库应分开发货单。

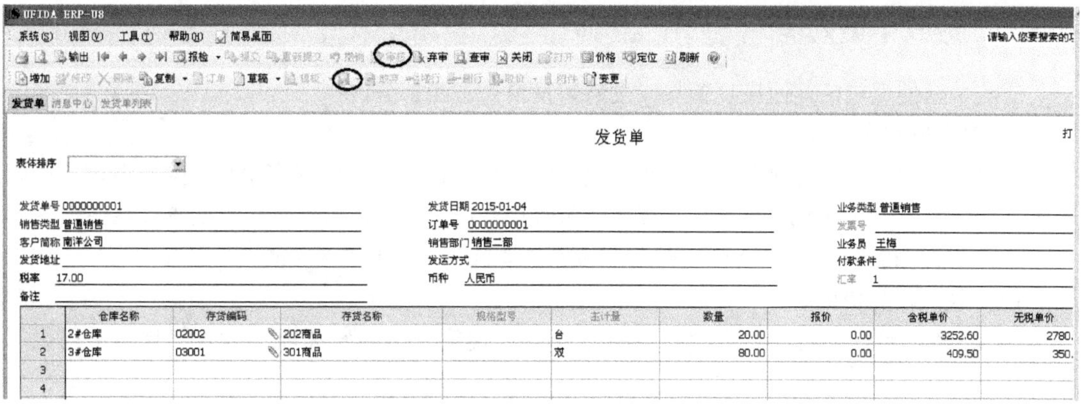

图 9-30　参照生成发货单

3. 销售开票：[业务题见（3）、（5）、（8）、（11）、（15）、（17）题，操作类似]

（1）吴健进入销售管理系统，选择“销售开票”→“销售专用发票”选项，进入“销售专用发票”界面。

（2）单击【增加】按钮，本账套因设置了新增发票参照发货单，打开“过滤条件选择-发票参照发货单”对话框，如图 9-31 所示。

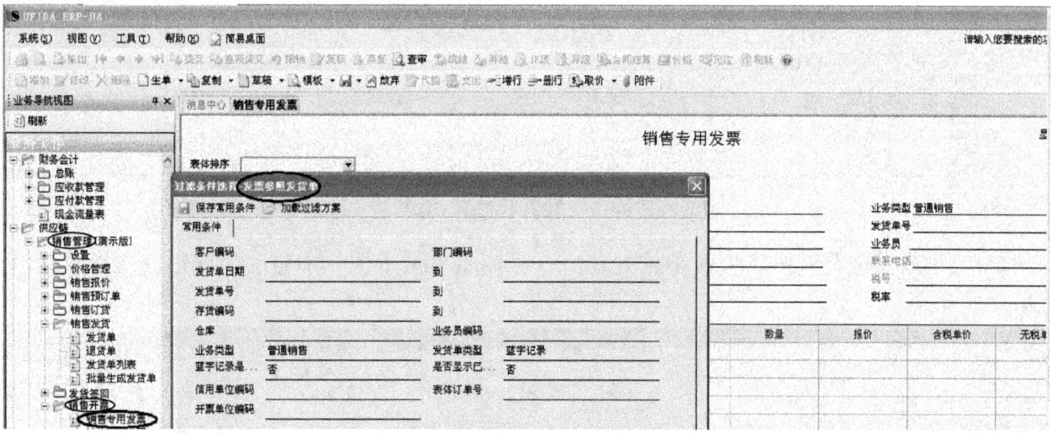

图 9-31　发票参照生货单

（3）录入发票号“X001”，修改开票日期，单击【保存】按钮并复核（如开票即付须先现付再复核），如图 9-32 所示。

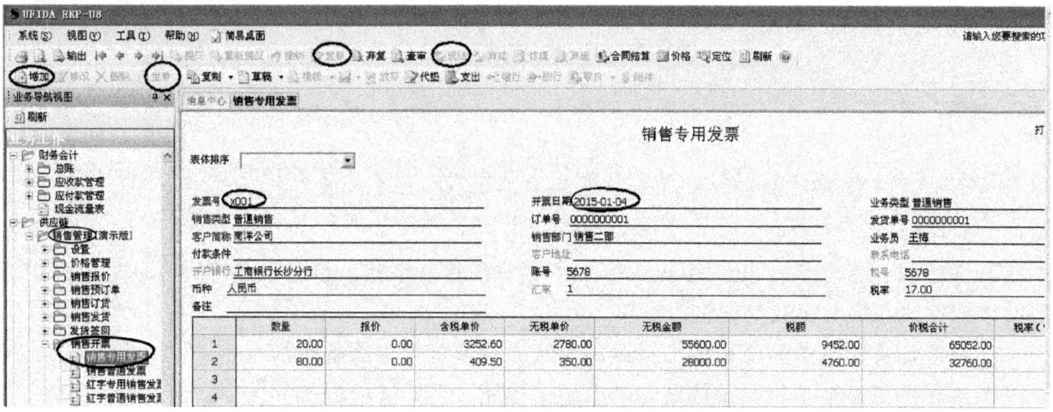

图 9-32　参照发货单生成销售专用发票

二、应收单据处理

应收单据处理包括其他应收单与应收销售发票处理两部分。

1. 其他应收单处理

其他应收单是记录非销售业务所形成的应收款情况的单据。本账套销售与应收联用，应收单据（销售发票、代垫费用单等）开票在销售管理系统中完成，审核在应收款管理系统中。

业务 9-7：2015 年 1 月 12 日，销售部为客户北筑公司代垫费用 600 元。

（1）录入代垫费用单。

① 在销售管理系统中选择“代垫费用”→“代垫费用单”选项，进入“代垫费用单”界面。

② 录入代垫单号、代垫日期、客户简称、销售部门、费用项目、代垫金额并保存，如图 9-33 所示。

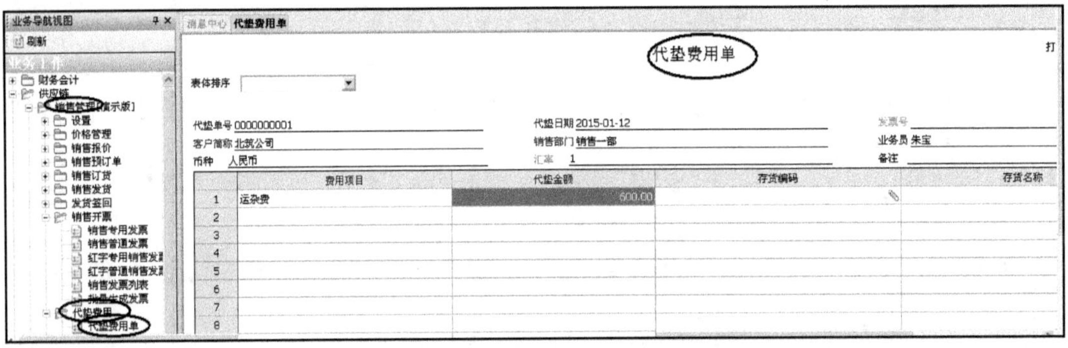

图 9-33 录入代垫费用单

③ 应收款管理系统中“应收单据处理”→“应收单据审核”中自动生成“其他应收单”，如图 9-34 所示。

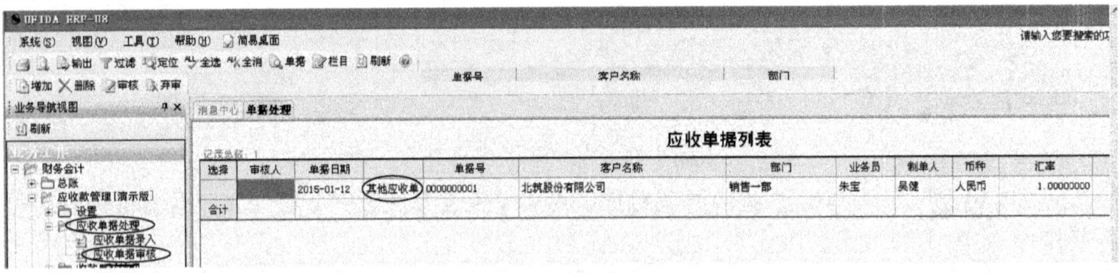

图 9-34 自动生成的其他应收单

提示

单据的名称和类型不能修改。从销售管理系统中传入的单据不允许删除
已审核的单据不能修改，已生成凭证或进行过核销的单据在单据界面不再显示。

（2）审核其他应收单。既可以在单据录入完成后直接审核，也可以在“应收单据处理”→“应收单据审核”中对应收单据进行审核。

① 在单据界面，单击【审核】按钮，系统提示“是否立即制单?”。

② 若单击【是】按钮，系统自动带出凭证界面，可以进行修改并保存。

③ 若单击【否】按钮，暂不生成凭证，其后可以在“制单处理”中统一进行制单。

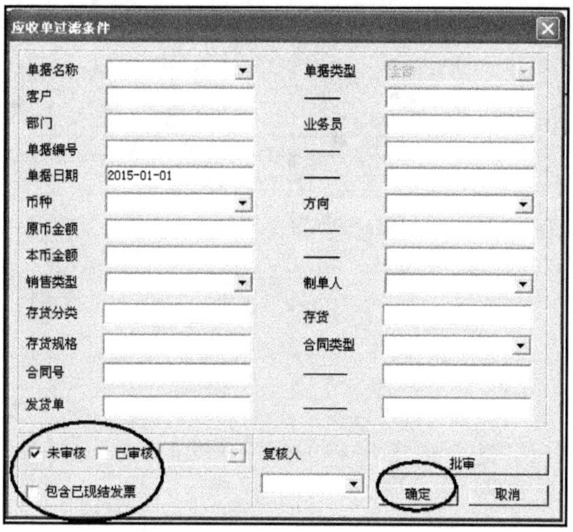

图 9-35 “应收单过滤条件”对话框

2. 应收单据审核

应收款管理系统中“应收单据审核”界面中，系统提供手工审核、自动批审的功能。“应收单据审核”界面中显示的单据包括全部已审核、未审核的应收单据，也包括从销售管理系统传入的单据。

在“应收单据审核”界面，也可以进行应收单的增加、修改、删除等操作。

（1）自动批审。

① 选择“应收单据处理”→“应收单据审核”选项，打开“应收单过滤条件”对话框，如图 9-35 所示。

② 录入查询条件后，选中“未审核”复选框，单击【批审】按钮，系统根据当前的过滤条件将符合条件的未审核单据全部进行后台一次性审核处理。批审完成后，系统显示统计结果，说明审核成功的发票张数以及应收单张数。

③ 单击【>>】按钮，打开“单据审核报告”，显示成功审核的明细单据列表。

提示

自动批审不包括对现结发票的审核，对现结发票审核只能通过手工审核。

（2）手工审核。

① 在“应收单过滤条件”对话框中，输入查询条件后，单击【确定】按钮，进入“应收单据列表”界面。

② 双击“选择标志”一栏，然后单击【审核】按钮，即可对该张单据进行审核。也可以单击【全选】按钮将所有单据全部选中，进行审核。

（3）弃审。

① 在“应收单过滤条件”对话框中，输入查询条件后，选中“已审核”复选框，单击【确定】按钮，进入已审核“应收单据列表”界面。

② 单击【全选】按钮，将列表中的记录全部打上选择标志，或在需要弃审的应收单据前的“选择”栏上打上选择标志。

③ 单击【弃审】按钮，对当前所选择的应收单据进行弃审。

④ 弃审完成后，系统提交单据弃审报告，报告显示弃审成功的张数及明细单据。

三、收款单据处理

1. 收款单据录入

业务 9-9：2015 年 1 月 2 日，南车公司汇来前欠货款 17 784 元，票号 2201。

（1）录入收款单。

① 选择“收款单据处理”→“收款单据录入”选项，进入“收付款单录入”界面，如图 9-36 所示。

② 按要求输入各个项目，录入完毕后单击【保存】按钮保存文件。

③ 若要对单据进行修改、删除、审核、制单等处理，具体操作同应收单据录入。

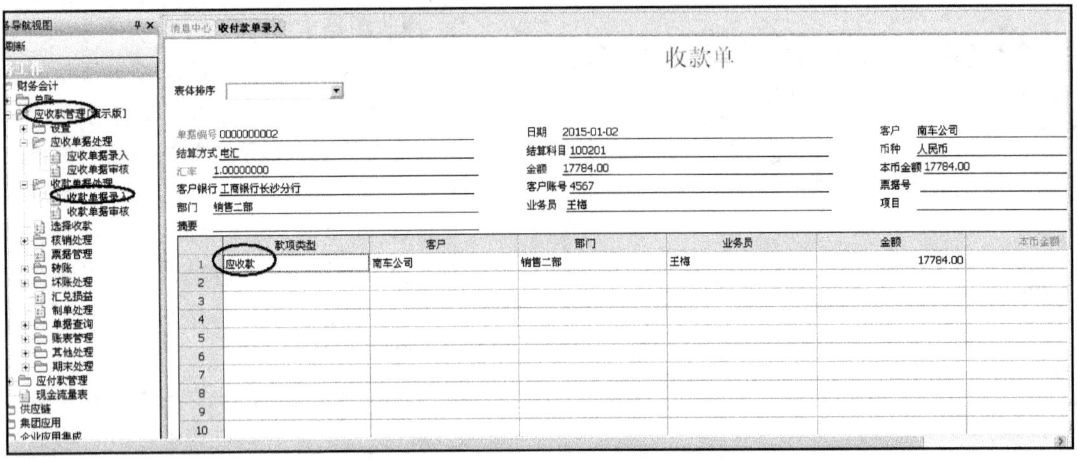

图 9-36　录入收款单

（2）代付款的处理。

① 在“收付款单据录入”界面，输入一张收款单，表头客户输入付款单位信息，表头金额为总金额。

② 在表体中，输入此笔收款单中，代付客户的名称及代付金额。

提示

若一张收款单中，表头客户与表体客户不同，则视表体客户的款项为代付款。

③ 单击【核销】按钮，输入过滤条件，既可对付款单位进行核销，也可在核销界面右上角切换成代付单位，进行核销。

（3）录入付款单。付款单用来记录发生销售退货时，企业开具的退付给客户的款项。该付款单可与应收、预收性质的收款单、红字应收单、红字发票进行核销。

在“收付款单录入”界面中，单击【切换】按钮，可以在收款单与付款单之间进行切换。

（4）核销处理。在“收付款单录入”界面中执行单据审核后，可以直接进行核销处理，也可以在“核销处理”中进行核销。

业务 9-10：将南极公司交来的 111 033 元银行汇票核销前欠货款。

① 在“收付款单录入”界面中，单击【核销】下拉按钮，从中选择核销规则“同币种”，打开“核销条件”对话框，如图 9-37 所示。

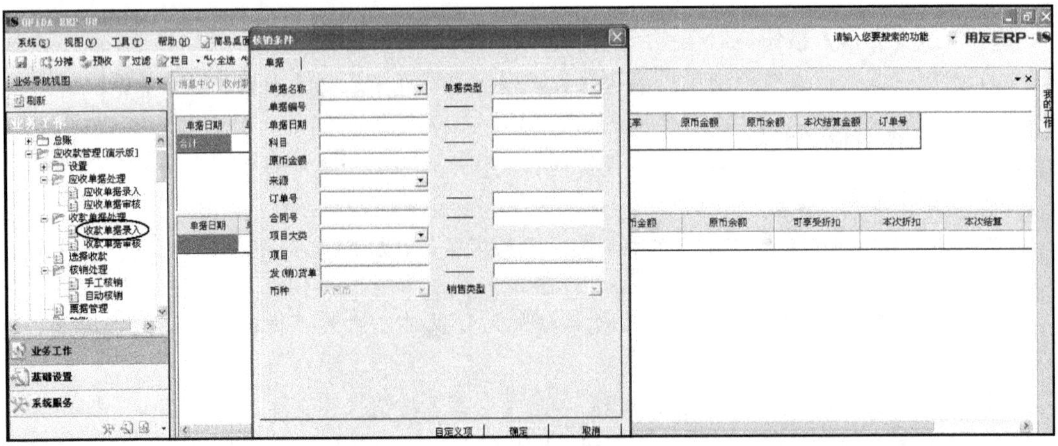

图 9-37　核销条件

② 对话框上方显示收款信息，对话框下方显示应收信息。在要核销的单据的“本次结算金额”栏输入本次结算金额，本例为无可结算的单据。

③ 单击【保存】按钮，完成本次核销操作。

（5）预收款的录入。在销售业务发生之前，如果预收了客户的款项，也要在“收款单据录入”中处理，以后可通过“预收冲应收”、“核销处理”使用此笔预收款。

2. 收款单据审核

在收款单条件过滤界面中，系统提供手工审核、自动批审的功能。收款单列表界面中显示的单据包括全部已审核、未审核的收（付）款单，可以进行收款单的增加、修改、删除等操作。

提示

在应收单和结算单录入的过程中可随时切换单据模板，最后单据的显示格式以保存前的模板为准；修改单据时不能再变换单据模板。

四、应收管理系统核销处理

1. 核销方式

系统提供单张核销、自动核销和手工核销 3 种核销方式，单张核销已在前面收款单处理中介绍过，这里再介绍一下后面两种。

（1）手工核销。

业务 9-11：2015 年 1 月 2 日，收到南车公司转账支票 17 784 元，票号为 2201，采用手工核销方式与其期初欠款进行核销。

① 在“收款单据录入”中录入收款单，审核并退出。

② 选择“核销处理”→“手工核销”选项，打开“核销条件”对话框。

③ 选择客户“南车公司”，输入结算单和被核销单据过滤条件，单击【确定】按钮，进入“单据核销”界面，如图 9-38 所示。

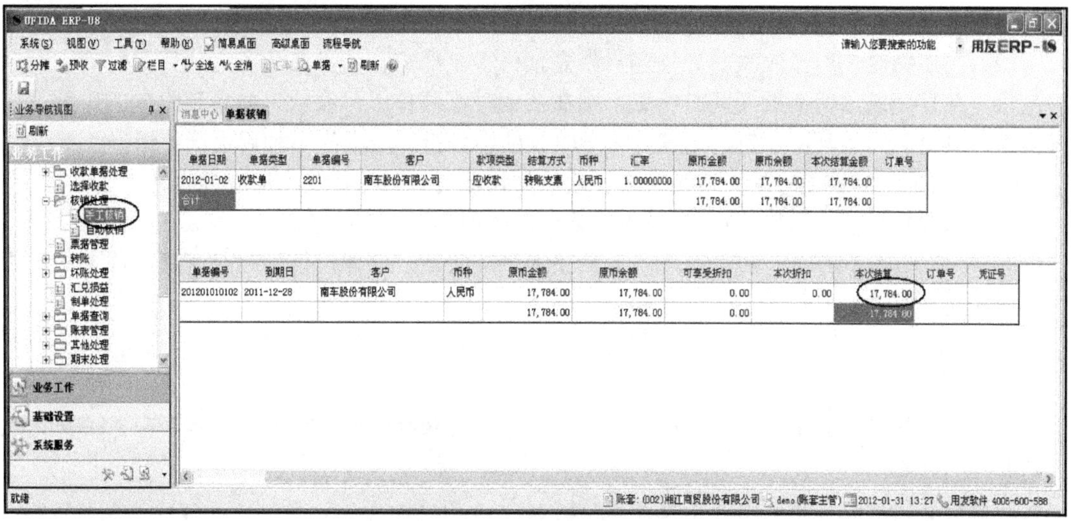

图 9-38　“单据核销”界面

④ 界面上方列表显示该客户可以核销的结算单记录，下方列表显示该客户符合核销条件的对应单据。在要核销单据的“本次结算金额”栏输入本次结算金额 17 784 元。

⑤ 单击【保存】按钮，完成本次核销操作。

提示

手工核销时一次只能显示一个客户的单据记录，且结算单列表根据表体记录明细显示。

当结算单有代付处理时，只显示当前所选客户的记录。若要对代付款进行处理，则需要在过滤条件中输入该代付单位，进行核销。

一次只能对一种结算单类型进行核销，即手工核销的情况下需要将收款单和付款单分开核销。

手工核销保存时，若结算单列表的本次结算金额合计大于或小于被核销单据列表的本次结算金额合计，系统将提示用户：结算金额不相等，不能保存。

核销的记账日期=处理时的注册日期。

若发票中同时存在红蓝记录，则核销时先进行单据的内部对冲。

用户可以根据结算单单张取消核销处理。

（2）自动核销。

① 选择“核销处理”→“自动核销”选项，打开“核销条件”对话框。

② 输入过滤条件，单击【确定】按钮，系统进行自动核销，并显示自动核销进度条。

③ 核销完成后，系统提交“自动核销报告”，显示已核销的情况和未核销的原因。

提示

自动核销可对多个客户进行核销处理，依据核销规则对客户单据进行核销处理。

自动核销允许在取消操作中按客户分别进行取消核销处理。

2. 核销规则

对应收单据和收款单据进行核销时，分为以下几种情况。每种情况下都分为同币种核销和异币种核销。

（1）收款单与原有单据完全核销。如果收款单的数额等于收款单据的数额，则收款单与原有单据完全核销。

（2）在核销时使用预收款。如果客户事先预付了一部分货款，在业务完成后又付清了剩余的款项，并且要求这两笔款项同时结算，则在核销时需要使用预收款。如果预收款的币种与需要核销的应收单的币种不一致，则需要将预收款的金额折算成中间币种后进行核销。

① 收到第一笔款项时，先录入一张收款单，款项类型为预收款，形成预收款。

② 收到第二笔款项时，再录入一张收款单，款项类型为应收款。

③ 在核销处理中，用预收款+本次收款来核销应收款，这样可以同时对两次（或多次）收款进行一次结算。

提示

同币种核销时，如果结算的金额小于收款单金额与预收款的使用金额之和，则系统优先使用收款单的金额。

异币种核销只能对单张结算单进行核销。

（3）收款单的数额小于原有单据的数额，单据仅得到部分核销，未核销的余款留待下次核销。

（4）预收款大于实际结算数，余款退回。处理方法为：按余款数额输入付款单，与原收款单核销。

五、应收款管理系统票据管理

1. 增加票据

业务 9-12：2015 年 1 月 19 日，收到赤道公司开来的 2 个月期限的工商银行承兑汇票一张，面值 80 000 元，结清前欠货款，票据编号为 06002。

（1）选择“票据管理”选项，打开“票据查询”对话框，单击【确定】按钮，进入“票据管理”界面。

（2）按要求录入票据内容，单击【确定】按钮，保存票据，如图 9-39 所示。

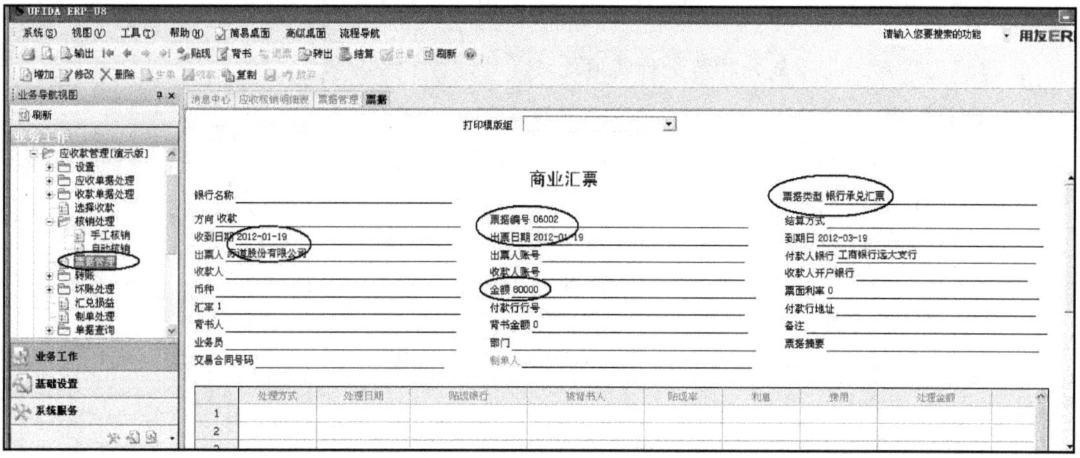

图 9-39 录入票据内容

提示

保存一张票据的结果是系统自动增加了一张收款单，票据生成的收款单不能进行修改。

商业承兑汇票不能有承兑银行，银行承兑汇票必须有承兑银行。

2. 修改票据

发现已录入的票据有错，可以利用系统提供的修改功能修改票据内容。

提示

已进行核销的票据不能被修改。

已经进行过计息、结算、转出等处理的票据不能被修改。

3. 票据贴现

票据贴现是指持票人因急需资金，将未到期的承兑汇票背书后转让给银行，贴给银行一定利息后取剩余票款的业务活动。

（1）在票据管理列表中，单击需要贴现的票据行，单击【贴现】按钮，打开“票据贴现”对话框，如图 9-40 所示。

（2）从“贴现银行”下拉列表中框选择贴现银行，也可直接输入。

（3）贴现日期是向银行申请贴现的日期，贴现日期可直接输入，也可根据日历参照输入，贴现日期应大于已结账月

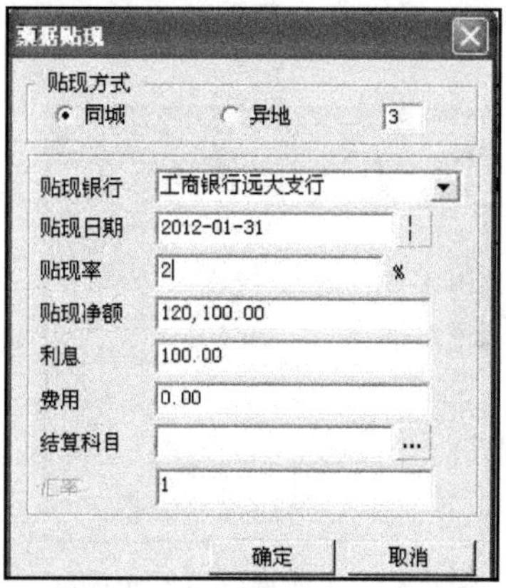

图 9-40 “票据贴现”对话框

及该票据签发日期，小于或等于本业务时间月。

（4）直接输入实际的贴现率，系统会根据输入的贴现率、贴现日期自动算出贴现净额，可以修改。

（5）如果贴现净额大于票据余额，系统自动将其差额作为利息，不能修改；如果贴现净额小于票据余额，系统自动将其差额作为费用，不能修改。

（6）结算科目即发生贴现业务时所对应的科目，可以直接输入或参照输入。

（7）单击【确定】按钮。

提示

票据贴现后，将不能再对其进行其他处理。

4. 票据背书

当无法支付其他单位的欠款时，可以将自己拥有的票据背书，冲减自己的应付款。

（1）在票据管理列表中，单击需要背书的票据行，单击【背书】按钮，打开“票据背书”对话框，如图 9-41 所示。

图 9-41 “票据背书”对话框

（2）选择背书方式。背书处理时只能且必须从系统提供的背书方式中选择其中的一种。可选择的内容有“冲销应付账款”、“其他”。

（3）背书期应大于已经结账月，小于或等于当前业务月。

（4）背书金额是背书票据所冲抵的现金金额，可以直接输入。

（5）选择被背书单位。

（6）如果背书金额大于票据余额，系统自动将其差额作为利息，不能修改。如果背书金额小于票据余额，系统自动将其差额作为费用，不能修改。

（7）如果背书方式为其他，则应输入票据背书时所对应的相关科目，也可以为空。

（8）单击【确定】按钮，系统会自动将相应的信息写入票据登记簿中，如果被背书单位是供应商，系统会调出该供应商所有背书日期之前未结算完的单据以供核销。

提示

票据背书后，将不能再对其进行其他处理。

当背书方式为“冲销应付账款”时，如果背书金额大于应付账款，则将剩余金额记为供应商的预付款，并结清该张票据。

5. 票据转出

当票据到期，而承兑单位无力付款时，应该将应收票据转入应收账款。

（1）在“票据管理”界面中选择要转出的票据，单击【转出】按钮，打开“票据转出”对话框，如图 9-42 所示。

图 9-42 “票据转出”对话框

（2）输入转出金额。如果转出金额大于票据余额，系统自动将其差额作为利息，不能修改；如果转出金额小于票据余额，系统自动将其差额作为费用，不能修改。

（3）选择票据转为应收款的单据类型及应收单科目。

（4）单击【确定】按钮，就可以对当前的票据进行转出处理。输入完毕后，单击【确定】按钮，可保存前述的操作。

提示

票据执行转出后，系统自动生成已审核的一张“应收单”。
票据转出后，不能再进行其他与票据相关的处理。

6. 票据计息

票据分为带息票据和不带息票据，如果票据是一张带息票据就需要对其进行计息处理。

进行票据计息时，只需输入“计息日期”，利息金额由系统自动计算得出，确定后系统会自动把结果保存在票据登记簿中。

提示

再次计息时，系统自动扣除以前已计提过的利息。

7. 票据结算

当票据到期，持票收款时，执行票据结算处理。

进行票据结算时，结算金额不是票据余额，而是通过结算实际收到的现金等。

提示

结算金额减去利息加上费用的金额要小于或等于票据余额。
票据结算后，不能再进行其他与票据相关的处理。

六、应收款管理系统转账处理

1. 应收冲应收

应收冲应收是指将一家客户的应收款转到另一家客户中。通过应收冲应收功能将应收账款在客户之间进行转入、转出，实现应收业务的调整，解决应收款业务有不同客户间入错户或合并户问题。

（1）选择“转账”→“应收冲应收”选项，打开“应收冲应收”对话框，如图 9-43 所示。

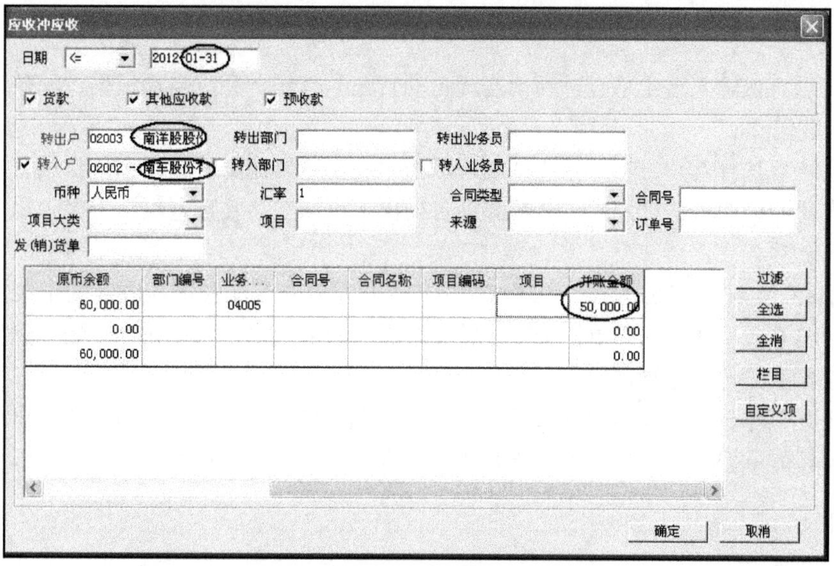

图 9-43　“应收冲应收”对话框

（2）在“货款”、“其他应收款”和“预收款”复选框中选择需要处理的单据。

（3）输入转出产、转入户等过滤条件，单击【过滤】按钮，系统将该转出所有满足条件的单据全部列出。

（4）手工输入并账金额，单击【确定】按钮。

提示

每一笔应收款的转账金额不能大于其余额。
每次只能选择一个转入单位。

2. 预收冲应收

通过预收冲应收处理客户的预收款（红字预收款）与该客户应收欠款（红字应收）之间的核销业务。

业务 9-16：2015 年 1 月 15 日，将期初预收南洋公司 60 000 元款冲抵其应收款。

（1）选择“转账”→“预收冲应收”选项，打开“预收冲应收”对话框，如图 9-44 所示。

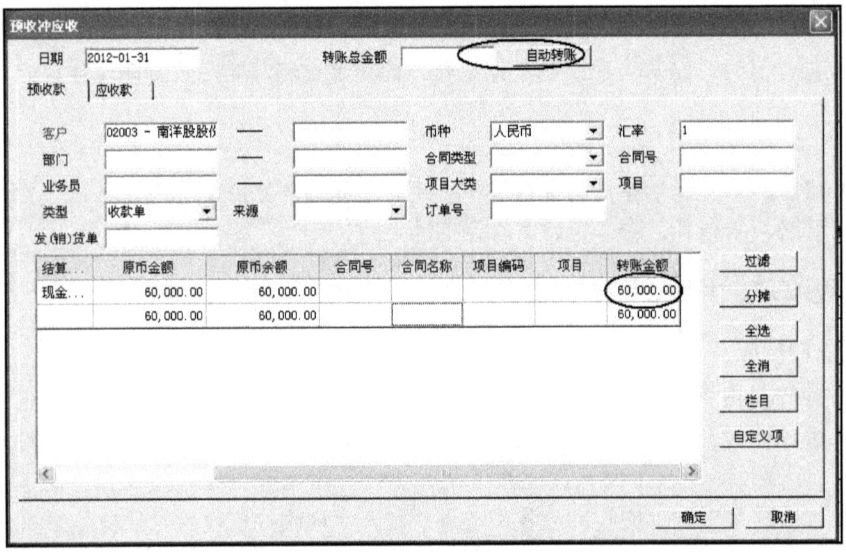

图 9-44 “预收冲应收”对话框

（2）可以直接输入转账总金额后单击【自动转账】按钮，系统自动根据过滤条件进行成批的预收冲应收工作。

（3）也可以选择客户，在“预收款”选项卡中单击【过滤】按钮，系统将该客户所有满足条件的预收款的日期、结算方式、金额等项目列出。可以在“转账金额”一栏中输入每一笔预收款的转账金额。

（4）选择“应收款”选项卡，“过滤”出该客户所有满足条件的应收款的记录，按照单据类型、单据编号、单据日期、单据金额、转账金额等项目列出。可以在“转账金额”一栏中输入每一笔应收款的转账金额。

（5）上述两个选项卡均可以通过输入转账总金额，单击【分摊】按钮，达到自动分摊该转账总金额到具体单据上的目的，且分摊好的各单据转账金额允许修改。

提示

每一笔应收款的转账金额不能大于其余额。

应收款的转账金额合计应该等于预收款的转账金额合计。
无论是手工输入的单据转账金额还是自动分摊添入的转账金额，均不能大于该单据的余额。
此处所说的“预收款”是指结算单表体款项类型为“预收款”的记录。
如果是红字预收款和红字应收单进行冲销，要把过滤条件中的“类型”选为“付款单”。

3. 应收冲应付

应收冲应付即用客户的应收账款来冲抵供应商的应付款项。系统通过应收冲应付功能将应收款业务在客户和供应商之间进行转账，实现应收业务的调整，解决应收债权与应付债权的冲抵。

（1）选择“转账”→“应收冲应付”选项，打开“应收冲应付”对话框。

（2）如果需要用应收款冲抵应付款，则需选中“应收冲应付”单选按钮；选中“预收冲预付”单选按钮，则可选择预收款冲抵预付款操作；如果需要用红字应收单冲销红字应付单，则可以选中“负单据”复选框。

（3）选择“应收”选项卡，输入过滤条件，系统将该客户所有满足条件的应收款的单据类型、单据编号、日期、金额等项目全部列出。可以在“转账金额”一栏中输入每一笔应收款的转账金额。

（4）选择“应付”选项卡，输入过滤条件，系统将该供应商所有满足条件的应付款的单据类型、单据编号、日期、金额等项目全部列出。可以在“转账金额”一栏中输入每一笔应付款的转账金额。如果在转账总金额中输入数据，则也可以通过单击【分摊】按钮，自动将转账总金额按照列表上单据的先后顺序进行分摊处理。

（5）输入完有关应收款和应付款的信息后，单击【确定】按钮，系统会自动地将两者对冲。

（6）单击【自动转账】按钮，系统会根据选择的客户和供应商自动进行应收冲应付。

4. 红票对冲

红票对冲可实现客户的红字应收单据与其蓝字应收单据、收款单与付款单之间进行冲抵的操作。

七、应收款管理系统坏账处理

1. 计提坏账准备

企业应于期末分析各项应收款项的可收回性，并预计可能产生的坏账损失。对预计可能发生的坏账损失，计提坏账准备，企业计提坏账准备的方法由企业自行确定。系统提供了几种备选的坏账处理方式，即应收余额百分比法、销售余额百分比法、账龄分析法和直接转销法。

本任务采用应收账款百分比法。

（1）选择“坏账准备”→“计提坏账准备”选项，如图 9-45 所示。

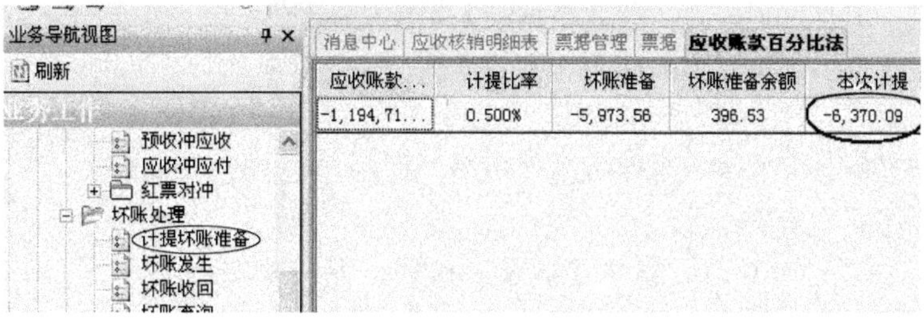

图 9-45　计提坏账准备

（2）系统自动算出当年度应收账款余额，并根据计提比率计算出本次计提金额。

提示

应收账款的余额默认值为本会计年度最后一天的所有未结算完的发票和应收单余额之和减去预收款数额。外币账户用其本位币余额，可根据实际情况进行修改。

计提比率在此不能修改，只能在初始设置中改变计提比率。

（3）如果确定此次计提成功，则单击【确定】按钮。确定后，本年度将不能再次计提坏账准备，并且不能修改坏账参数，不经确定退出，则此次操作无效。

2. 坏账发生

发生坏账是在应收款项不能收回时进行的确定。通过本功能用户可以选定发生坏账的应收业务单据，确定一定期间内应收款发生的坏账，便于及时用坏账准备进行冲销，避免应收款长期呆滞的现象。

业务 9-17：赤道公司 2015 年 12 月 26 日所欠的 55 021 元货款无法收回，做坏账发生处理。

（1）选择“坏账处理”→“坏账发生”选项，打开“坏账发生”对话框。

（2）输入客户信息后，单击【确定】按钮，进入“发生坏账损失”界面，如图 9-46 所示。

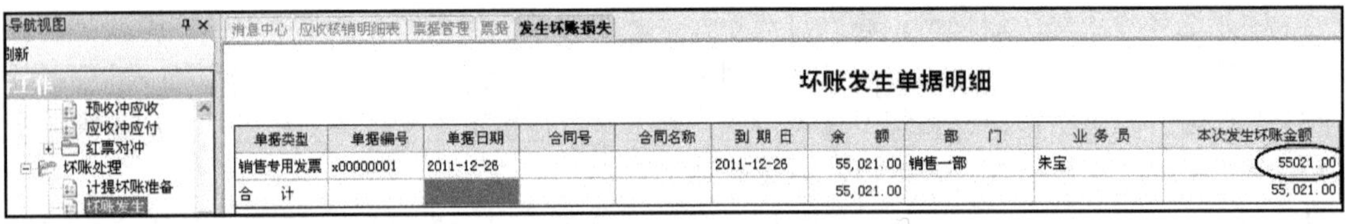

图 9-46 “发生坏账损失”界面

（3）在明细单据记录“本次发生坏账金额”栏中直接输入本次坏账发生金额。本次坏账发生金额只能小于或等于单据余额。

（4）单击【全选】按钮，系统将明细单据中的余额自动带入本次发生坏账金额，也可单击【全消】按钮，将本次发生坏账金额清空。

（5）输入完成后，单击【确定】按钮对所选的发票进行坏账处理，执行记账功能。在合计行中自动显示所有记录的各项数值型栏目合计。系统自动将已经输入本次发生坏账金额的单据一一记入应收明细账中。

3. 坏账收回

坏账收回是指系统提供的对已确定为坏账后又被收回的应收款进行业务处理的功能。

业务 9-18：收到赤道公司以转账支票（票号为 ZZ1234）支付的货款 5 000 元，此款项前期已做坏账处理。

（1）当收回一笔坏账时，在“收款单据录入”功能中录入一张收款单，该收款单的金额即为收回的坏账的金额，该收款单不需要审核。

（2）选择“坏账处理”→“坏账收回”选项，打开“坏账收回”对话框，如图 9-47 所示。

（3）选择客户、结算单号，单击【确定】按钮，保存此次操作。

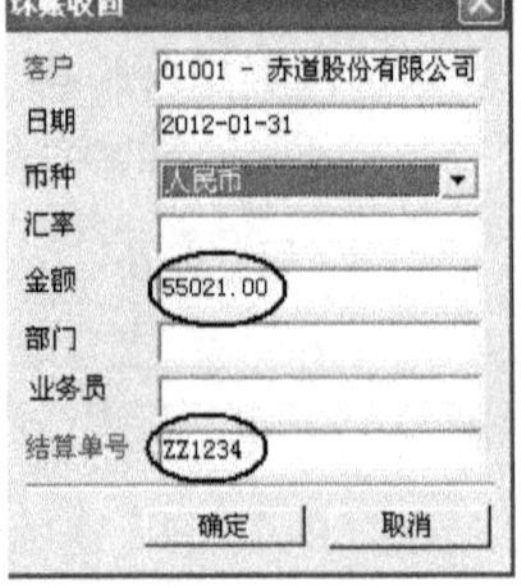

图 9-47 “坏账收回”对话框

提示

在录入一笔坏账收回的款项时，应该注意不要把该客户的其他收款业务与该笔坏账收回业务录入同一张收款单中，且该收款单一定不要审核；否则收回界面选择不到此结算单号。

坏账收回制单不受系统选项中“方向相反分录是否合并”选项控制。

4. 坏账查询

坏账查询是指系统提供的对系统内进行坏账处理过程和处理结果的查询功能。通过坏账查询功能查询一定期间内发生的应收款项坏账业务处理情况及处理结果，加强对坏账的监督。

（1）选择“坏账处理”→“坏账查询”选项，进入坏账查询界面。

（2）显示坏账发生和坏账收回的综合情况。

（3）单击【详细】按钮，可以查看每一笔坏账发生和收回的详细情况。

八、应收款管理系统制单

（1）选择“制单处理”选项，打开“制单查询”对话框，如图 9-48 所示。

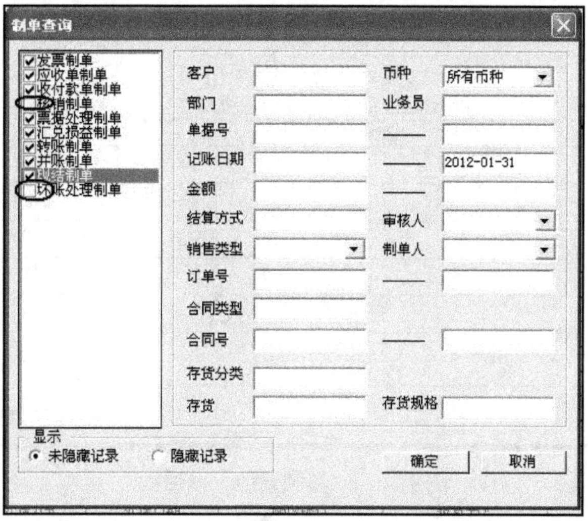

图 9-48　“制单查询”对话框

（2）选择制单类型，制单类型包括 10 种，即发票制单、应收单制单、收付款单制单、核销制单、票据处理制单、汇兑损益制单、转账制单、并账制单、现结制单和坏账处理制单。

（3）录入完查询条件，单击【确定】按钮，系统会将符合条件的所有未制单已经记账的单据全部列出，如图 9-49 所示。

（4）选择凭证类别，录入制单日期，并在“凭证类别”栏目处，用下拉列表框为每一个制单类型设置一个默认的凭证类别，可以在凭证中修改该类别。

（5）选中某一记录，单击【单据】按钮，即可显示该条记录所对应的单据卡片形式。若该条记录所对应的单据有多条，则先显示这些单据记录的列表形式，双击可以打开成卡片形式。

（6）在单据的“选择标志”栏对需要制单的单据进行选择，或单击【全选】按钮选择所有单据制单。

（7）选择要进行制单的单据，双击“选择标志”栏，系统会在你双击的栏目给出一个序号，表明要将该单据制单，可以修改系统所给出的序号。

（8）选择完所有的条件后，单击【制单】按钮，打开“填制凭证”对话框，如图 9-50 所示。

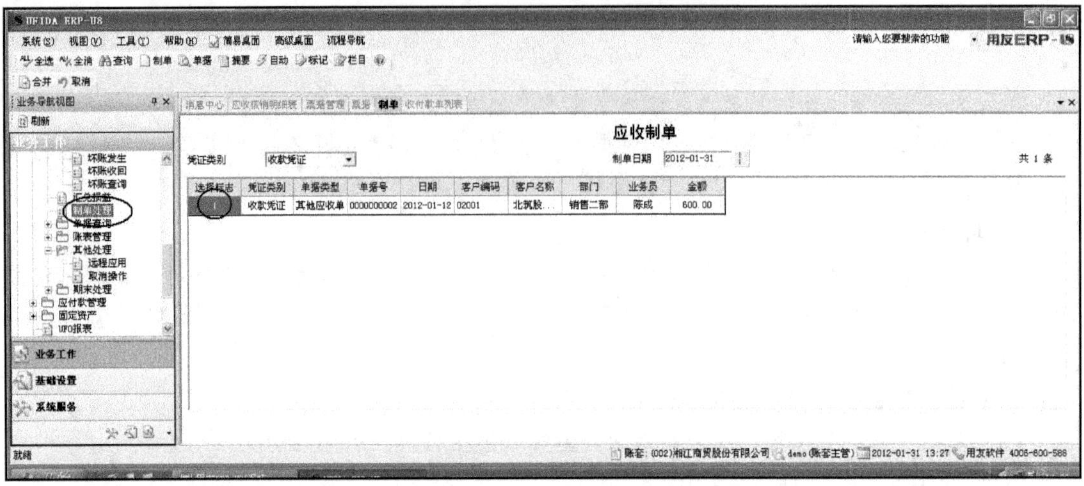

图 9-49　制单列表选择

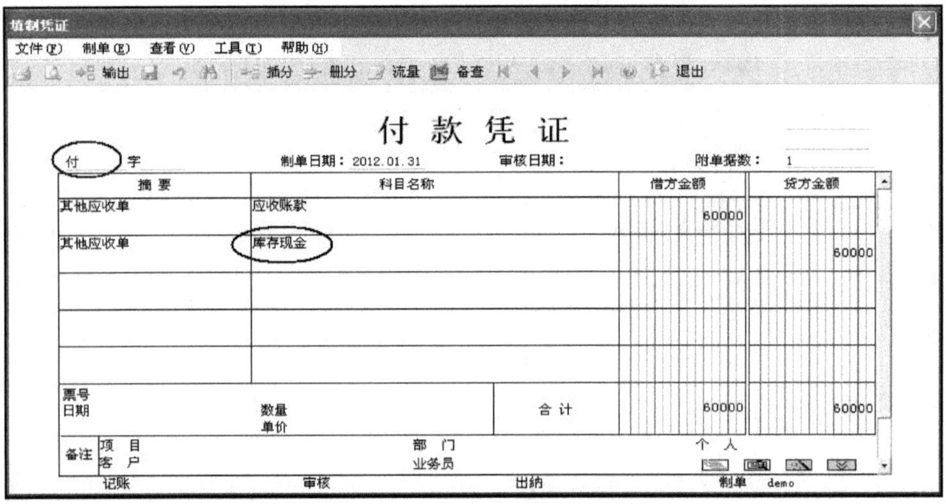

图 9-50　“填制凭证”对话框

（9）检查各项内容无误后，单击【保存】按钮，凭证左上角显示“已生成”，表明已将当前凭证传递到总账系统。

（10）生成的凭证摘要默认为单据备注，如果单据没有备注信息则以业务类型为凭证摘要；用户可以自己对凭证摘要的构成进行设置：单击【摘要】按钮进入“摘要设置”界面，即可对各种制单类型的摘要进行设置。

提示

本系统的控制科目可在其他系统进行制单，在其他系统制单则会造成应收款管理系统与总账系统对账不平。

制单日期系统默认为当前业务日期，制单日期应大于或等于所选单据的最大日期，但小于或等于当前系统日期。

如果同时使用了总账系统，且总账选项要求制单序时，所输入的制单日期应该满足制单日期序时要求：即大于同月凭证类别的最大日期。

一张原始单据制单后，将不能再次制单。

任务三　销售与应收款管理系统期末处理

任务解析

本次任务主要学习销售管理系统和应收款管理系统的期末业务处理。

销售与应收款管理系统进行月末结账时的操作和采购与应付款管理系统相似；销售管理系统月末结账后，才能进行库存管理、存货核算、应收款管理系统月末结账。

知识链接

一、销售管理系统期末处理

1. 账表查询

账表查询包括以下内容。

（1）我的账表。对系统所能提供的全部报表进行管理。

“我的账表”可以对系统所能提供的全部报表进行管理，账表通过账夹对报表进行管理。账夹就是放置系统报表的夹子，它分为系统账夹和新建账夹两种。

① 系统账夹。系统已给定的账夹。在系统账夹里存放的是基本报表，即系统自动生成的报表，可以对其进行编辑和修改，但不能再保存，只能另存在某个新建账夹下。

② 新建账夹。自行新建的账夹，新建账夹里放置的是自定义的报表和系统账夹下的基本报表经过编辑和修改后另存的报表，可以对新建账夹里的报表进行编辑和修改，并可直接保存。

（2）统计表。可以查询“销售管理”的各种统计表，具体包括销售统计表、发货统计表、发货单开票收款勾对表、销售综合统计表、发票日报、发票使用明细表、委托代销统计表和进销存统计表。

（3）明细账。用于查询“销售管理”的各类明细账。具体有销售收入明细账、销售成本明细账、发货明细表、销售明细表、销售明细账、发货结算勾对表和委托代销明细账。

（4）销售分析。可以对销售数据进行分析，包括销售增长分析、货物流向分析、销售结构分析、销售毛利分析、市场分析和货龄分析。

（5）综合分析。进行销售综合分析，综合分析只能在商业版中使用。

2. 月末结账

月末结账是将当月的单据数据封存，结账后不允许再对该会计期的销售单据进行增加、修改、删除处理的情况。

二、应收款管理系统期末处理

应收款管理系统提供对发票、应收单、结算单、凭证等的查询。在查询列表中，系统提供自定义显示栏目、排序等功能，在进行单据查询时，若启用客户、部门数据权限控制时，则在查询单据时只能查询有权限的单据。

任务实施

沿用湘江商贸股份公司的账套。根据以下任务资料完成销售与应收款管理系统期末处理。

（1）吴健进入销售管理系统，在销售订货批量处理中选定已执行订单的“批关”功能，关闭已经执行的销售订单，并办理销售月末结账。

（2）钱河进入应收款管理系统，执行自动核销，办理月末结账。

一、销售管理系统月末结账

（1）选择“月末结账”选项，打开“月末结账”对话框，如图 9-51 所示。

（2）单击【月末结账】按钮，系统开始进行合法性检查。

（3）如果检查通过，系统立即进行结账操作，结账后，结账月份的是否结账显示为“是”；如果检查未通过，系统会提示您不能结账的原因。

（4）当某月结账发生错误时，可以单击【取消结账】按钮恢复结账前，正确处理后再结账。不允许跳月取消月末结账，只能从最后一个月逐月取消。

图 9-51 “月末结账”对话框

提示

上月未结账，本月单据可以正常操作，不影响日常业务的处理，但本月不能结账。

本月还有未审/复核单据时，结账时系统提示“存在未审核的单据，是否继续进行月末结账?”，可以选择继续结账或取消结账，即有未审核的单据仍可月末结账，但年底结账时，所有单据必须审核才能结账。

如果“应收款管理”按照单据日期记账，“销售管理”如果本月有未复核的发票，月末结账后，这些未复核的发票在“应收款管理”就不能按照单据日期记账，除非在“应收款管理”中改成按业务日期记账。

结账前用户应检查本会计月工作是否已全部完成，只有在当前会计月所有工作全部完成的前提下，才能进行月末结账，否则会遗漏某些业务。

月末结账之前一定要进行数据备份，否则数据一旦发生错误，将造成无法挽回的后果。

只能对当前会计月进行结账，即只能对最后一个结账月份的下一个会计月进行结账。

月末结账后将不能再做当前会计月的业务，只能做下个会计月的日常业务。

本功能为独享功能，与系统中所有功能的操作互斥，即在操作本功能前，应确定其他功能均已退出；在网络环境下，要确定本系统所有的网络用户退出了所有的功能。

二、应收款管理系统期末处理

1. 单据查询

（1）凭证查询。通过凭证查询可以查看、修改、删除、冲销应收账款系统传到账务系统中的凭证。

① 选择“单据查询”→“凭证查询”选项，打开“凭证查询条件”对话框。

② 录入条件后，单击【确定】按钮，进入“凭证查询”界面，如图 9-52 所示。

图 9-52 “凭证查询”界面

③ 在其中可以对凭证进行删除、修改、冲销等操作。

提示

如果凭证已在总账系统中记账，又需要对形成凭证的原始单据进行修改，则可以通过冲销方式冲销凭证，然后对原始单据进行其他操作后再重新生成凭证。

如果要对一张凭证进行删除操作，该凭证的凭证日期不能在本系统的已结账月内。一张凭证被删除后，它所对应的原始单据及操作可以重新制单。

只有未审核、未经出纳签字的凭证才能被删除。

在应收款管理系统中删除的凭证，在总账系统中查看为“作废”，只有在总账系统中再“整理”，才能彻底删除。

（2）发票、应收单、结算单查询。

① 选择“单据查询”→“发票查询”（“应收单查询”、“收付款单查询”）选项，打开“查询条件”对话框。

② 录入查询条件后，单击【确定】按钮，进入“查询结果列表”界面，单据日期不选时，显示所有符合条件单据。

③ 单击【查询】按钮，可以重新录入查询条件。

④ 单击【单据】按钮，可以调出原始单据卡片。

⑤ 单击【详细】按钮（也可在具体记录上右击），可以查看当前单据的详细结算情况。

⑥ 单击【栏目】按钮，可以设置当前查询列表的显示栏目、栏目顺序、栏目名称、排序方式，且可以保存当前设置的内容。

（3）单据报警查询。单据报警的作用是对快要到期的单据或即将不能享受折扣的单据进行列示，系统提供自动报警和人工查询两种方式。

① 自动报警。在“设置”→“选项”中，如果选择了根据单据自动报警（信用方式），那么每次登录本系统时，系统自动将“单据到期日-提前天数≤当前注册日期”的已经审核的单据显示出来，以提醒用户及时通知客户哪些业务应该回款。

② 人工查询。如果没有设置自动报警，那么每次登录本系统时不会出现报警信息，需要查询时，可以选择“单据查询”→“单据报警查询”选项，打开“报警查询条件”对话框；选择报警类型和其他查询条件，单击【确定】按钮，显示信用期报警单，如图 9-53 所示。

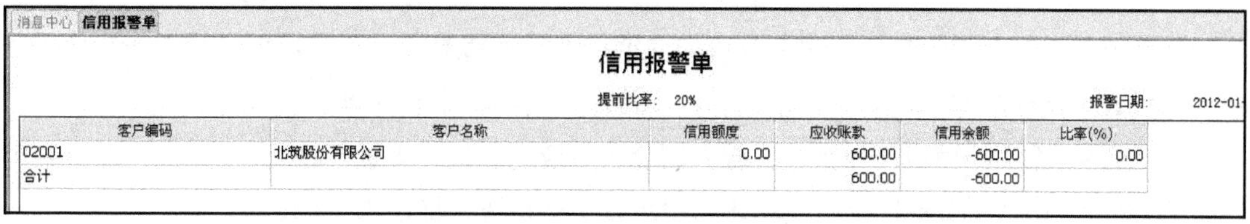
消息中心　信用报警单

信用报警单

提前比率：20%　　报警日期：2012-01-

客户编码	客户名称	信用额度	应收账款	信用余额	比率(%)
02001	北筑股份有限公司	0.00	600.00	-600.00	0.00
合计			600.00	-600.00	

图 9-53　信用期报警单

（4）信用报警查询。在“设置”→“选项”中若设置了根据信用额度自动报警，则当有权限查看按客户预警查询的用户登录时系统显示该预警表。

2. 账表管理

（1）业务账表查询。通过业务账表查询，可以及时地了解一定期间内期初应收款结存汇总情况、应收款发生、收款发生的汇总情况、累计情况及期末应收款结存汇总情况；还可以了解各个客户期初应收款结存明细情况、应收款发生、收款发生的明细情况、累计情况及期末应收款结存明细情况，及时发现问题，加强对往来款项的监督管理。

① 查询内容。业务账表查询包括对业务总账、业务余额表、业务明细账和对账单的查询。

② 查询方式。查询时可以按照客户、客户分类、地区分类、部门、业务员、存货分类、存货、客户总公司、主管业务员、主管部门来进行细分；对于既是客户又是供应商的单位，可以把相关所有应收、应付业务信息在一张表中显示；可以包含未审核单据查询，还可以包含未开票已出库、已出库未结算的信息。

（2）统计分析。通过统计分析，可以按用户定义的账龄区间，进行一定期间内应收款账龄分析、收款账龄分析、往来账龄分析，了解各个客户应收款周转天数、周转率，了解各个账龄区间内应收款、收款及往来情况，能及时发现问题，加强对往来款项动态的监督管理。

（3）科目账查询。科目账是对已生成凭证的业务信息进行的综合反映。应收款管理系统中的科目账查询结果一般来说应该与总账系统中的客户往来账查询结果相同，但如果存在以下情况之一，就会导致两边不一致：其一，总账期初余额明细与应收期初明细不一致；其二，在其他系统使用应收控制科目进行了制单。这时不影响其他处理，不必进行任何调整。但为了保持账账相等，最好不允许其他系统对应收控制科目进行制单。

3. 其他处理

在应收款管理系统的各个业务处理环节，都可能由于种种原因造成操作失误，为方便修改，系统提供取消操作功能。

（1）取消核销。

① 选择“其他处理”→“取消操作”选项，打开“取消操作条件”对话框，如图 9-54 所示。

② 录入各项条件，在“操作类型”下拉列表框中选择“核销”选项，进入“取消操作”界面，系统将满足条件的收款单列出。

③ 双击单据的“选择标志”栏或单击【全选】按钮选择所有单据；如果双击有标记的一栏，即取消选择。

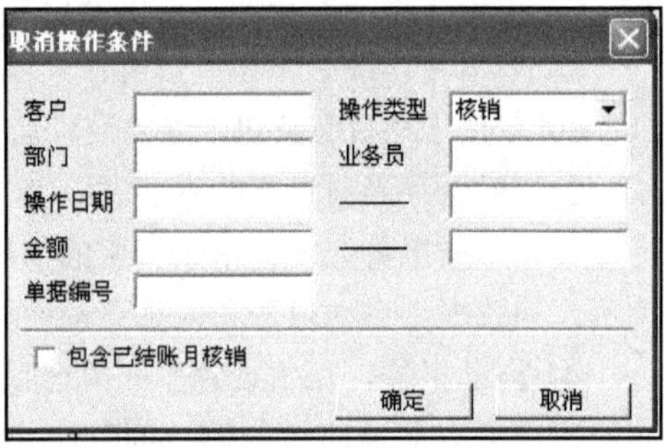

图 9-54 “取消操作条件”对话框

④ 选择完成后，单击【确定】按钮，保存此次操作。

提示

如果核销已经制单，应先删除其对应的凭证，再进行恢复。

（2）取消票据处理。已经进行票据处理，在以下情况下不能恢复。

① 如果票据在处理后已经制单，应先删除其对应的凭证，再进行恢复。

② 票据转出后所生成的应收单如果已经进行了核销等处理，则不能恢复。

③ 票据背书的对象如果是应付款管理系统的供应商，且应付款管理系统该月份已经结账，则也不能恢复。

④ 票据计息和票据结算后，如果又进行了其他处理，也不能恢复。

（3）取消坏账处理、转账处理、汇兑损益处理。已经进行坏账处理、转账处理、汇兑损益处理，在以下情况下不能恢复。

① 如果处理日期在已经结账的月份内，不能被恢复。

② 如果该处理已经制单，应先删除其对应的凭证，再进行恢复。

4. 期末处理

如果当月业务已全部处理完毕，就需要执行“月末结账”功能。只有当月结账后，才可以开始下月工作。进行月末处理时，一次只能选择一个月进行结账；前一个月没有结账，则本月不能结账；收付款单还有未审核的，不能结账；如果选项中选择单据日期为审核日期，则应收单据在结账前应该全部审核；如果选项中选择月末全部制单，则月末处理前应该把所有业务生成凭证；年度末结账，应对所有核销、坏账、转账等处理全部制单，在执行了“月末结账”功能后，该月将不能再进行任何处理。

（1）月末结账。

① 选择“期末处理”→“月末结账”选项，打开“月末处理”对话框，如图 9-55 所示。

② 选择结账月份，双击“结账标志”一栏。

③ 单击【下一步】按钮，系统列示月末结账的检查结果，如图 9-56 所示。若未能通过检查，不能结账，【确定】按钮为灰色，不能选择。

④ 单击【确定】按钮，执行结账功能，系统提示“结账成功”。

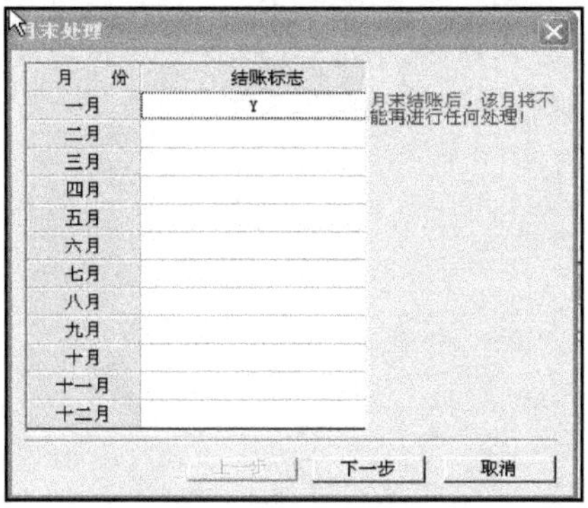

图 9-55　“月末处理”对话框

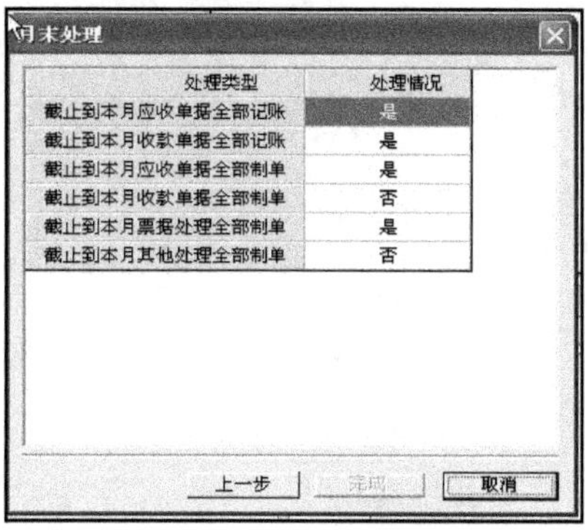

图 9-56　月末处理检查

提示

应收款管理系统与销售管理系统集成使用时，应在销售系统结账后，才能对应收款管理系统进行结账处理。

（2）取消结账。在执行了“月末结账”功能后，发现该月还有未处理的业务，可以执行取消结账处理。

① 选择“期末处理”→“取消月结”选项，打开“取消结账”对话框，如图 9-57 所示。

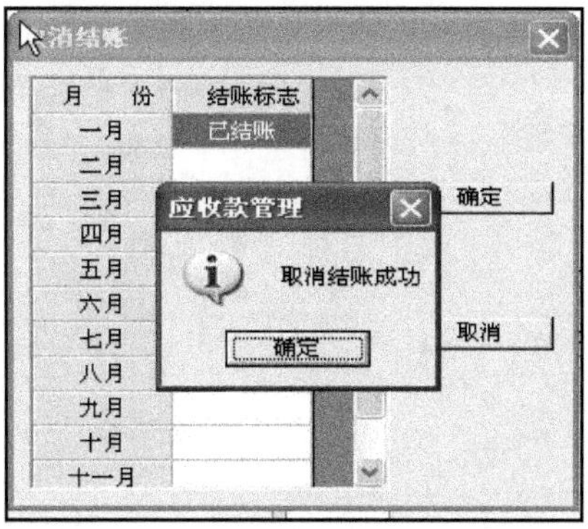

图 9-57　“取消结账”对话框

② 选择最后一个已结账月份，单击【确定】按钮，系统提示“取消结账成功”。

提示

如果当月总账系统已经结账，那么不能执行应收款管理系统取消结账功能。

——◎ 项目总结 ◎——

本项目通过系统初始化、本期业务处理、期末处理 3 个任务来实现。其中系统初始化任务包括系统选项设置、基础档案设置（地区、客商、存货分类体系设置、编码档案设置、销售类型、付款条件、发运方式、结算方式、外币设置等其他设置）可与项目八共享、期初数据录入与审核；本期业务处理任务主要针对商贸企业普通销售业务类型，包括销售系统中的销售报价、销售订货、销售发货、销售出库、销售开票、代垫费用及应付款管理系统中的应收单据处理、收款单据处理、核销处理、票据管理、转账处理、坏账处理、制单处理、单据查询、账表管理进行业务操作，而对于直运业务、分期收款、委托代销、销售调拨、零售管理、销售支出、包装物租借、价格管理、现存量查询、防伪税控业务并未涉及；期末处理任务包括销售管理系统月末结账、账表查询（采购统计、采购分析）、应收款管理系统期末结账。

项目十 库存与存货核算管理

学习目标

【知识目标】

1. 了解库存、存货核算系统的基本功能与一般工作流程。
2. 熟悉库存、存货核算管系统的基础设置。
3. 熟悉库存、存货核算管理系统的日常业务处理流程，并理解相互间的逻辑关系。
4. 熟悉库存、存货核算管理系统的月末处理。

【技能目标】

1. 掌握库存、存货核算管理系统初始设置。
2. 掌握库存、存货核算管理系统日常业务处理及系统间的业务协同。
3. 掌握库存、存货核算管理系统期末业务处理。

任务一　库存与存货核算管理系统的初始化

任务解析

要求了解库存管理系统和存货管理系统的基本内容和操作流程，掌握库存管理系统和存货管理系统初始化设置的操作方法。

库存管理系统的主要任务是通过计算机对企业存货进行管理，正确计算存货购入成本，促使企业努力降低存货成本；反映和监督存货的收发、领退和保管情况；反映和监督存货资金的占用情况，促进企业提高资金的使用效果。

存货是指企业在生产经营过程中为销售或耗用而储存的各种资产，包括商品、产成品、半成品、在产品及各种材料、燃料、包装物、低值易耗品等。

存货是保证企业生产经营过程顺利进行的必要条件。为了保障生产经营过程连续不断地进行，企业要不断地购入、耗用或销售存货。存货是企业的一项重要的流动资产，其价值在企业流动资产中占有很大的比例。

知识链接

一、库存管理系统功能概述

库存管理系统接收在采购和销售管理系统中填制的各种出入库存单；并向存货核算系统传

递经审核后的出入库单和盘点数据；接收存货核算系统传递过来的出入库存货的成本。

1. 日常收发存业务处理

库存管理系统的主要功能是对采购管理系统、销售管理系统及库存管理系统填制的各种出入库单据进行审核，并对存货的出入库数量进行管理。除管理采购业务、销售业务形成的入库和出库业务外，还可以处理仓库间的调拨业务、盘点业务、组装拆卸业务和形态转换业务等。

2. 库存控制

库存管理系统支持批次跟踪、保质期挂历、委托代销商品管理、安全库存管理，对超存、短存、呆滞积压和超额领料等情况进行报警。

3. 库存账簿及统计分析

库存系统可以提供入库流水账、库存台账、受托代销商品备查簿、委托代销商品备查簿和呆滞积压存货备查簿供用户查询，同时提供各种统计汇总表。

二、库存管理系统与其他系统的主要关系

库存管理系统与其他系统的主要关系如图 10-1 所示。

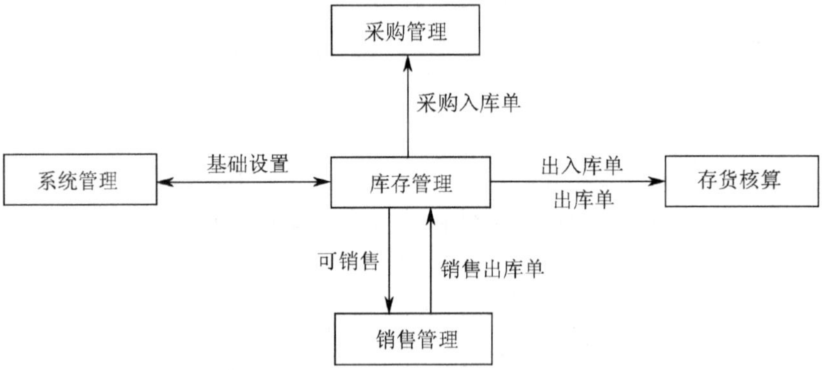

图 10-1　库存管理系统与其他系统的主要关系

库存管理与系统管理共享基础数据。也就是说，库存管理需要的基础数据既可以在系统管理中统一设置，也可以在库存管理中自行输入；最终都是由各模块共享；采购管理中输入的采购入库单和受托代销入库单，可以在库存管理中审核确定，以证明入库单上的货物已经入库；对销售管理根据发货单、委托代销结算单或发票生成的销售出库单，进行审核确定，以证明出库单上的货物已经出库；为销售管理提供存货的可销售量信息；可提供各仓库、各存货、各批次、各自由项的结存情况；库存管理为存货核算提供各种出入库单据，在存货核算中记账，并生成凭证。

在供应链系统共用基础参数设置完成后，库存管理系统可以根据企业的实际需要，通过系统初始化工作，具体设置库存业务的业务范围。

三、库存管理系统启用

启用库存管理系统有两种方法：一种方法是在建账完毕后直接进入系统启用设置进行库存管理系统的启用；另一种方法是通过企业应用平台中的“基础信息”进入“系统启用”功能进行启用设置。

库存管理系统启用的顺序如图 10-2 所示。

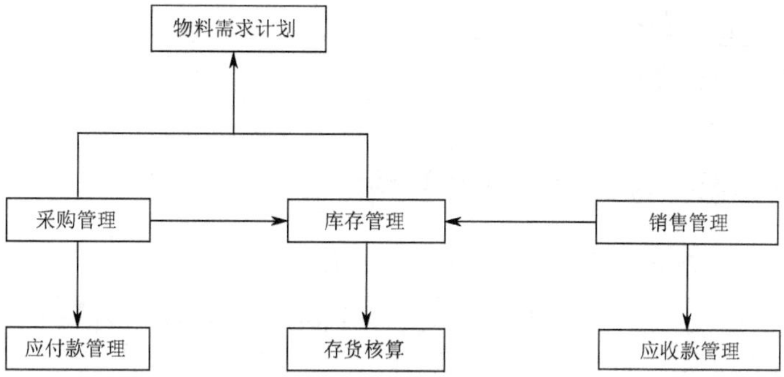

图 10-2 库存管理系统启用的顺序

四、库存管理系统选项

系统选项也称系统参数、业务处理控制参数，是指在企业业务处理过程中所使用的各种控制参数，系统选项的设置将决定使用系统的业务流程、业务模式和数据流向。参数选项具体包括“通用设置”、“专用设置”、“可用量控制”、“可用量检查”4 个选项卡。

在进行选项设置之前，一定要详细了解选项开关对业务处理流程的影响，并结合企业的实际业务需要进行设置。由于有些选项在日常业务开始后不能随意更改，最好在业务开始前进行全盘考虑，尤其一些对其他系统有影响的选项设置更要考虑清楚。

五、库存管理系统期初数据

由于库存系统和存货核算系统的期初数据是共用的，同时系统要求库存系统和存货核算系统必须同时启动；因此，初次使用时应先输入全部存货的期初余额，以保证其数据的连贯性。

六、存货核算系统主要功能

存货核算是企业会计核算的一项重要内容，进行存货核算，应正确计算存货购入成本，促使企业努力降低存货成本；反映和监督存货的收发、领退和保管情况；反映和监督存货资金的占用情况，促进企业提高资金的使用效果。

在企业中，存货成本直接影响利润水平，尤其在市场经济条件下，存货品种日益更新，存货价格变化较快，企业领导层更为关心存货的资金占用及周转情况，因而使得存货会计人员的核算工作量越来越大。随着先进的计算机技术不断发展，利用计算机技术来加强对存货的核算和管理不仅能提高核算的精度，而且更重要的是能提高及时性、可靠性和准确性。针对上述情况，用友软件（集团）公司根据手工存货核算系统的数据处理流程和存货核算数据量大、数据处理频率高的特点，开发了存货核算系统，以减轻财务人员繁重的手工劳动。该软件是通用的存货核算系统，适用于工商企业的各种存货核算形式。

存货核算系统是用友 ERP-U8 管理软件的主要组成部分，存货核算可分为工业版存货核算与商业版存货核算。

存货核算是从资金的角度管理存货的出入库业务，主要用于核算企业的入库成本、出库成本、结余成本，主要功能如下。

（1）提供按部门、按仓库、按存货核算功能。

（2）提供 6 种计价方式，满足不同存货管理的需要。

（3）可以进行出入库成本调整，处理各种异常。

（4）方便的计划价/售价调整功能。

（5）存货跌价准备提取、满足上市企业管理需要。

（6）自动形成完整的存货账簿。
（7）符合业务规则的凭证自动生成。
（8）功能强大的查询统计功能。

七、存货核算系统与其他系统的主要关系

存货核算系统与其他系统的主要关系如图 10-3 所示。

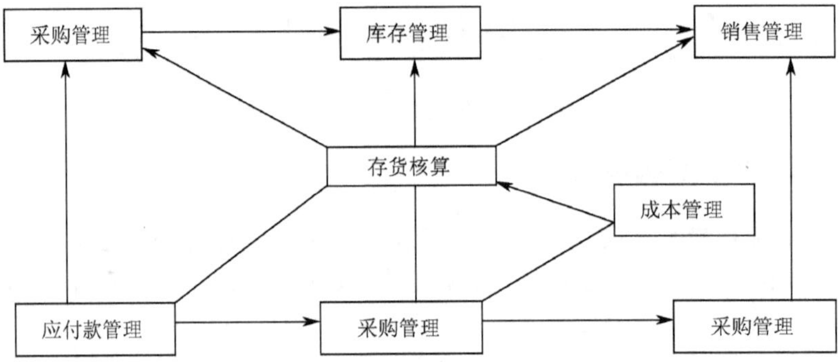

图 10-3　存货核算系统与其他系统的主要关系

（1）存货核算系统生成的各种单据、凭证，可用于账务处理系统生成总账。

（2）存货核算系统生成的各种单据及账簿，可用于成本核算系统进行存货成本核算；成本核算系统计算出的存货成本，可作为成本系统的产成品入库单价。

（3）存货核算系统可对采购入库单进行记账核算，对采购暂估入库单进行结算成本处理。

（4）存货核算系统可对销售出库单进行记账核算。

（5）存货核算系统可对销售管理系统生成的销售发票、发货单进行记账核算。

（6）存货核算系统可对库存管理系统生成的各种单据进行记账核算。

本系统主要用于对企业存货的出入库业务进行出库存货成本的核算及计算结存余额，涉及的单据主要有采购入库单、产成品入库单、其他入库单、销售出库单、材料出库单、假退料单、其他出库单、入库调整单、出库调整单、计划价/售价调整单、产成品成本分配单等，财务账主要有存货明细账（总账）、受托代销商品明细账（总账）、发出商品明细账、差异明细账、差价明细账，系统自动按照所选核算方式计算成本并记账。

八、存货核算系统启用

启用存货系统有两种方法：一种方法是在建账完毕后直接进入系统启用设置进行存货核算系统的启用；另一种方法是通过企业应用平台中的“基础信息”进入“系统启用”功能进行启用设置。

存货核算系统启用的顺序如图 10-4 所示。

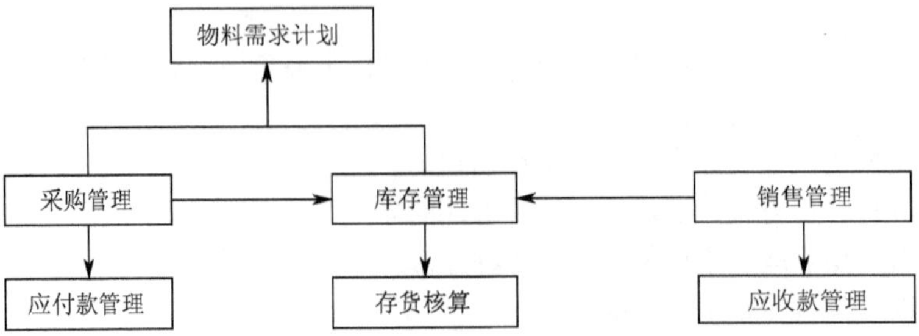

图 10-4　存货核算系统启用的顺序

九、存货核算系统账套参数

在应用系统之前，应在“系统设置”→“选项”中进行系统选项、凭证科目等的设置。用于定义所使用本系统的选项，包括核算方式、控制方式和最高最低库存控制。

十、存货核算系统初始设置

在应用系统之前，应进行系统选项、凭证科目等的设置，具体包括以下几项内容。

（1）选项定义。进行系统选项定义，是应用存货核算系统的基础。

（2）科目设置。进行存货科目、对方科目等的凭证科目的设置，是系统生成凭证科目的依据。

（3）其他设置。进行存货单价、差价率的设置，在系统移动平均、全月平均、计划价、售价法记账时进行更新入库成本，控制出库成本的依据；可对存货仓库的对应关系进行设置。

（4）期初数据。保证账簿的连续性及数据的完整性，是存货核算系统进行成本核算的前提。

（5）分类体系。建立一个科学、有效的分类，提高查询、统计、分析的利用率。

（6）基础档案。基础档案设置，解决用户随时对基础档案的录入，保持其基础信息的完整性。这些基础档案是用户进行系统应用的基础，一个完备的编码档案库，能够减少工作量，提高工作效率。

（7）单据设计。不同的用户在不同的业务模块中需要使用各种不同的单据。即使在同一单位、同一种单据类型中，也会因为使用的仓库、部门或用途不一样，需要不同的单据格式，所以系统提供对应同一种单据类型可以设置多个单据模版的功能，用户可自行定义单据的显示模式和打印模式。

任务实施

沿用湘江商贸公司账套资料，根据以下任务资料，完成库存管理与存货核算系统初始化：

（1）以赵敏身份登录“企业应用平台”，本任务的库存与存货核算系统选项均采用默认。

（2）共享湘江商贸账套的基础档案，其中存货分类、仓库档案、计量单位、存货档案、收发类别见项目八资料。

（3）进行存货核算系统初始设置（注：以下资料均在项目八中已完成）。

① 存货科目设置。

② 对方科目设置。

③ 税金科目设置。

④ 录入期初余额。

⑤ 办理期初记账。

（4）进行库存管理系统初始设置。

① 通过取数功能录入期初库存，并进行审核。

② 与存货核算系统进行对账。

一、库存管理系统的启动与注册

启动库存管理系统时，可以选择从“开始”菜单启动；也可以先注册进入供应链，然后通过供应链进入库存管理系统。

（1）执行“开始”→“程序”→“用友 ERP-U8”→“供应链”→“库存管理”命令，打开注册（库存管理）对话框。

（2）选择服务器，输入本次需要登录的操作员编码或名称，系统会根据当前操作员的权限显示该操作员可以登录的账套号。

（3）会计年度和操作日期可通过参照按钮重新指定。

（4）单击【确定】按钮，进入库存管理系统。

提示

为避免启用后续系统时的麻烦，建议用户在启用系统时：库存与存货在同一月份启用；采购与存货、库存在同一月份启用；应付与采购在同一月份启用；应收与销售在同一月启用。

库存管理、采购管理启用后，才可启用物料需求计划。

二、设置库存管理系统选项

设置账套参数时，选择“设置”→“库存选项”选项，打开“库存选项设置”对话框，其中包括 4 个选项卡，即“通用设置”、“专用设置”、“可用量控制”和“可用量检查”，如图 10-5 所示。

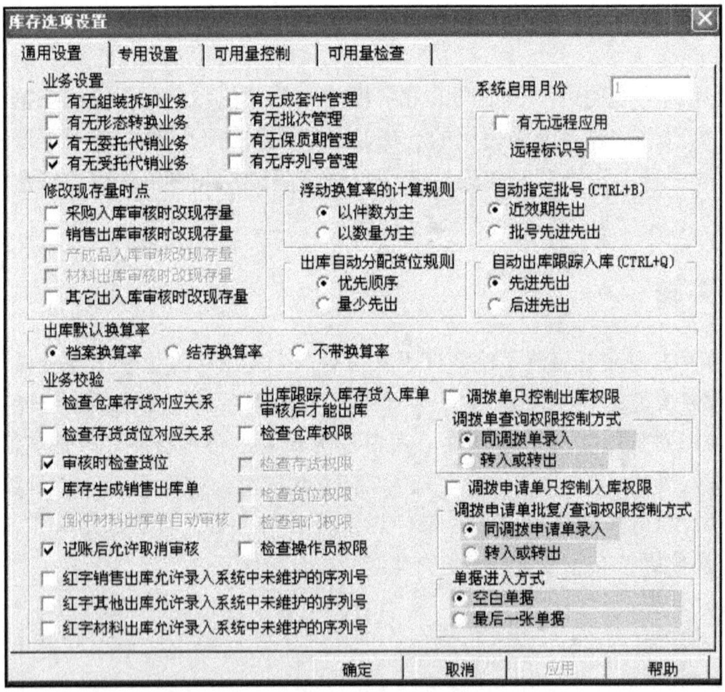

图 10-5 “库存选项设置”对话框

1. 通用设置

（1）有无组装拆卸业务。选择后不可随时修改。

（2）有无形态转换业务。选择后不可随时修改。

（3）有无委托代销业务。选择后不可随时修改。

① 有委托代销业务时，销售出库单的业务类型增加“委托代销”。

② 没有委托代销业务时，不能进行以上操作。

可以在“库存管理”中设置，也可以在“销售管理”中设置，在其中一个系统的设置，同时改变在另一个系统的选项。

2. 专用设置

（1）允许货位零出库。默认为否，可随时修改。货位零出库是指该货位在出库后，结存小于零，即负库存。如不允许，则指定货位时，如果有零出库，货位不能保存；如允许，则系统不控制。

（2）超单据出入库设置。如果允许超单据出入库，当出入库数量没有超过来源单据数量的超额上限，即来源单据数量×（1+出入库上限），可以出入库；超过上限时不可出入库。如果不允许超单据出入库，则出入库数量不可超过来源单据的数量。

（3）允许超发货单出库。默认为否，可随时修改。

（4）允许超调拨单出库。默认为否，可随时修改。

（5）允许超生产订单领料。默认为否，可随时修改。

三、录入库存管理系统期初数据

（1）选择“初始设置”→“期初结存”选项，进入“库存期初数据录入”界面。

（2）选择仓库，单击【修改】按钮，进入录入状态，单击【选择】按钮，选择存货，单击【增行】按钮增加存货，还可单击【删行】按钮删除行，单击【保存】按钮，保存操作，如图 10-6 所示。

图 10-6　库存期初录入

（3）可审核、弃审、批审、批弃。

（4）单击【退出】按钮，退出操作。

提示

如存货核算系统已录入期初数据，库存管理系统期初数据可分仓库直接从存货系统“取数”获得，以提高录入速度。

录入或取数前一定要单击【修改】按钮，进入编辑状态才可用。

四、存货核算系统的启动与注册

（1）执行“开始”→“程序”→“用友 ERP-U872”→“企业应用平台”命令，打开“登录”对话框。

（2）选择服务器，录入本次需要登录的操作员编码或名称，系统会根据当前操作员的权限显示该操作员可以登录的账套号。会计年度和操作日期可通过参照按钮重新指定。

（3）单击【确定】按钮，登录企业应用平台。

（4）选择“基础设置”→“基本信息”→“系统启用”选项，打开“系统启用”对话框。

（5）选择存货核算系统，设置启用年月日，这里设为“2015-01-01”。

（6）单击【确定】按钮，核对启用自然日期。

提示

为避免启用后续系统时的麻烦，建议用户在启用系统时：库存与存货在同一月份启用；采购与存货、库存在同一月份启用；应付与采购在同一月份启用；应收与销售在同一月份启用。

库存管理和采购管理启用后，才可启用物料需求计划。

五、设置存货核算系统账套参数

（1）选择“初始设置”→“选项”→“选项查询”选项即可进行选项的查询操作。选项查询可以任意查询，与其他功能不会产生互斥，如图 10-7 所示。

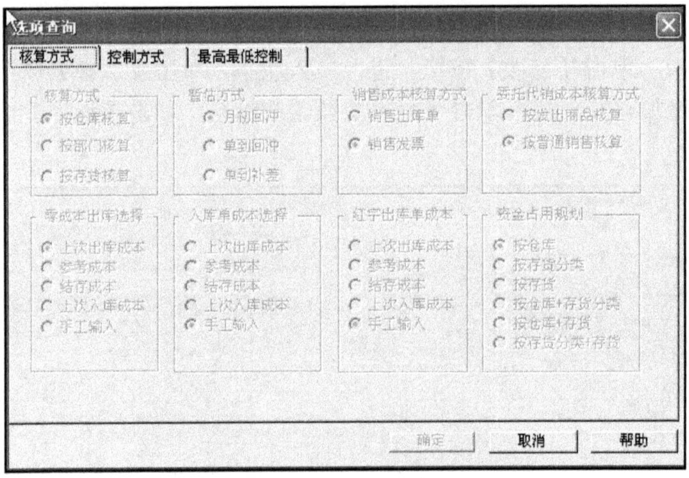

图 10-7 “选项查询”对话框

（2）若需要修改选项，则需要选择“选项录入”选项，打开“选项录入”对话框，即可进行选项的编辑、修改操作。选项录入时，会与某些功能产生互斥，用户应在退出这些功能界面后进行选项的修改、编辑操作。选择选项业务范围，并单击【确定】按钮保存，如图 10-8 所示。

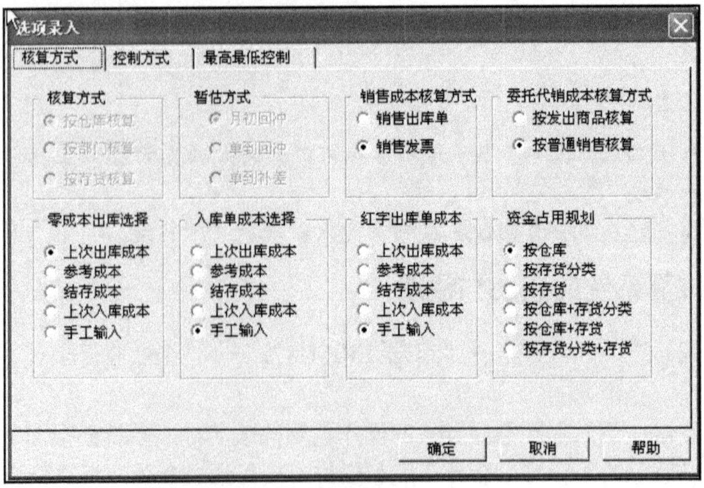

图 10-8 “选项录入”对话框

“选项录入”对话框中有“核算方式”、“控制方式”、“最高最低控制”3个选项卡，具体说明如下。

1. “核算方式”选项卡各选项设置

（1）按仓库核算，则按仓库设置计价方式，并且每个仓库单独核算出库成本。即不同仓库，相同存货可按不同计价方式核算成本，即按用户在仓库档案中设置的计价方式进行核算。

（2）按仓库中的所属部门设计价方式，并且相同所属部门的各仓库统一核算出库成本，即不同部门，相同存货可按不同计价方式核算成本，即按用户在仓库档案中设置的部门计价方式进行核算。

（3）按存货核算，通常情况下，企业应按存货进行核算。按存货核算，则无论部门或仓库，相同存货按相同计价方式核算成本，即按用户在存货档案中设置的计价方式进行核算。

一般来说，同种存货不论其所属仓库、所属部门，核算口径应是一致的，故建议可以采用按存货核算的方式。

2. “控制方式”选项卡各选项设置

（1）有无受托代销业务。只有商业版用户才有受托代销业务，工业版用户不能选择受托代销业务。

（2）有无成套件管理，成套件是指一种存货由其他几种存货组合而成。有成套件管理时，既可以统计单件的数量金额，也可以统计成套件的数量金额；无成套件管理时，只统计组合件的数量金额，可以随时对有无成套件管理进行重新设置。

（3）账面为负结存时入库单记账自动生成出库调整。如果选择账面为负结存时入库单记账自动生成出库调整，当入库单记账时，如果账面为负结存，按入库的数量比例调整结存成本，并自动生成出库调整单，此调整单的属性为销售调整。移动平均、全月平均、先进先出、后进先出法、个别计价可使用此选项，计划价/售价不支持此选项，此项可随时修改。

（4）差异率计算包括本期暂估入库。选中此复选框，即本期暂估入库的存货也参与计算差异率，此项可随时修改。

（5）期末处理登记差异账。期末生成差异结转单时，选中此复选框则登记差异账；不选则不登记差异账，期末无差异结转，此项可随时修改。

（6）入库差异按超支（借方）、节约（贷方）登记。如果选中此复选框，则按超支入库差异记借方，节约入库差异记贷方；否则所有入库差异全部记借方，此项可随时修改。

（7）进项税转出科目。在此可以手工输入或参照输入进项税转出科目。在采购结算制单时，如果在结算时发生非合理损耗及进项税转出，在根据结算单制单时，系统可以自动带出该科目，此项可随时修改。

（8）组装费用科目。在此可以手工输入或参照输入组装费用科目。组装单制单时，将组装单的组装费作为贷方的一条分录，其对应科目为组装费科目，制单时自动带出，此项可随时修改。

六、录入存货核算系统期初数据

（1）选择“初始设置”→“期初数据”→“期初余额”选项，进入“期初余额”设置窗口。

（2）选择仓库“1#仓库”，单击【增加】按钮，输入存货编码、数量和单价，如图10-9所示。

（3）重复步骤（2），录入各仓库的其他存货，单击【记账】按钮，系统自动将用户录入各仓库中存货的所有期初数据记入存货台账、总账等。

图 10-9 存货核算系统录入期初

提示

如果库存系统已录入期初数据，存货核算系统期初数据可分仓库直接从库存系统“取数”获得，再做记账与对账操作，以提高录入速度。

任务二 库存管理与存货核算系统本期业务处理

任务解析

要求掌握库存管理和存货核算的本期业务处理的知识内容和操作方法。

库存管理子系统能够满足采购入库，销售出库、批次管理、出库跟踪入库管理，可用量管理等全面的存货收、发、存数量信息。

存货核算系统的日常业务处理中每天都要处理大量的出入库单据，必须把这些单据录入计算机以后，系统才能进行记账、计算和分析等工作。当单据录入完成和审核以后，还需要进行单据记账，生成存货总账、明细账和各种报表所需要的数据信息。及时、准备和完整地输入、处理各种交易数据是存货管理系统日常处理的重要环节。

知识链接

一、库存管理系统采购入库单

采购入库单是根据采购到货签收的实收数量填制的单据。对于工业企业，采购入库单一般是指采购原材料验收入库时所填制的入库单据。对于商业企业，采购入库单一般是指商品进货入库时所填制的入库单据。

采购入库单按进出仓库方向分为蓝字采购入库单、红字采购入库单；按业务类型分为普通采购入库单、受托代销入库单（商业）。红字入库单是采购入库单的逆向单据。在采购业务活动中，如果发现已入库的货物因质量等因素要求退货，则对采购业务进行退货单处理。

如果发现已审核的入库单数据有错误（多填数量等），也可以填制退货单（红字入库单）原数冲抵原入库单数据。原数冲回是将原错误的入库单，以相等的负数量填单。

二、库存管理系统销售出库单

销售出库单是销售出库业务的主要凭据，在“库存管理”用于存货出库数量核算，在“存货核算”用于存货出库成本核算（如果“存货核算”销售成本的核算选择依据销售出库单）。

对于工业企业，销售出库单一般是指产成品销售出库时所填制的出库单据，对于商业企业，销售出库单一般指商品销售出库时所填制的出库单。

销售出库单按进出仓库方向分为蓝字销售出库单、红字销售出库单；按业务类型分为普通销售出库单、委托代销出库单、分期收款出库单。

三、库存调拨单

调拨单是指用于仓库之间存货的转库业务或部门之间的存货调拨业务的单据。同一张调拨单上，如果转出部门和转入部门不同，表示部门之间的调拨业务；如果转出部门和转入部门相同，但转出仓库和转入仓库不同，表示仓库之间的转库业务。

四、库存盘点单

为了保证企业库存资产的安全和完整，做到账实相符，企业必须对存货进行定期或不定期的清查，查明存货盘盈、盘亏、损毁的数量及造成的原因，并据以编制存货盘点报告表，按规定程序，报有关部门审批。

经有关部门批准后，应进行相应的账务处理，调整存货账的实存数，使存货的账面记录与库存实物核对相符。

盘点时系统提供多种盘点方式，如按仓库盘点、按批次盘点、按类别盘点、对保质期临近多少天的存货进行盘点等，还可以对各仓库或批次中的全部或部分存货进行盘点，盘盈、盘亏的结果自动生成其他出入库单。

盘点单是用来进行仓库存货的实物数量和账面数量核对工作的单据，使用空盘点单进行实盘，然后将实盘数量录入系统，与账面数量进行比较。

五、库存限额领料单

对于管理比较严格的工业企业，只靠配比出库功能并不能满足企业在领料出库方面的管理需要，用户可以采用限额领料单加强管理。

限额领料单可以手工填制，也可以根据《物料需求计划》的生产订单生成。限额领料单分单后系统自动生成一张或多张材料出库单，可以一次领料、多次签收；限额领料单审核后可以再次分单领料。

六、存货核算系统本期业务

存货核算系统的本期业务主要是进行日常存货核算业务数据的录入和进行成本核算。在与采购、销售、库存等系统集成使用时，本系统主要完成从其他系统传过来的不同业务类型下的各种存货的出入库单据、调整单据的查询及单据部分项目的修改、成本计算。

在单独使用本系统时，完成各种出入库单据的增加、修改、查询及出入库单据的调整、成本计算。

任务实施

提示：供应链业务处理是一个整体。存货核算系统本期业务在项目八、项目九业务处理中已执行，在本项目中只要求进行相关业务单据查询检查。

一、库存管理系统采购入库单处理

1. 增加采购入库单

（1）进入单据查询界面。

（2）单击【增加】按钮，进入单据录入状态：可以生单的，单击【生单】按钮进行参照生单。

（3）输入单据表头的各项内容，输入单据表体的各项内容。

（4）填写完毕，发现单据有错，可以直接将光标移到有关栏目进行修改。

（5）在单据保存前，可以放弃当前单据，返回单据查询界面。如未保存退出，系统提示“此单据尚未保存，确定退出吗？”，如果单击【是】按钮，则不保存单据退出；否则返回录入界面，如图 10-10 所示。

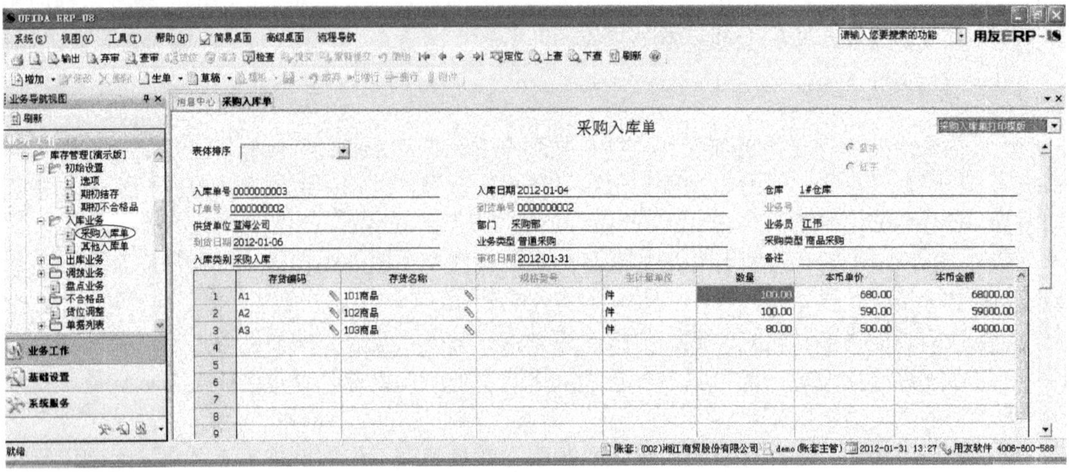

图 10-10 录入采购入库单

（6）保存单据，单据状态为未审核。未审核的单据可以修改和删除。

（7）审核单据。未审核的单据可以审核，单据状态为已审核，不能修改和删除。已审核的单据为有效单据，可被其他单据、其他系统参照使用。有下游单据生成的，系统视为该单据已执行，不能弃审。

（8）弃审单据。已审核的单据可以弃审，弃审后单据状态为未审核。

2. 修改采购入库单

修改已填制的单据有以下两种方法。

（1）在单据卡片界面进行修改。

（2）在单据列表界面选择单据，进入单据卡片界面进行修改。

3. 删除采购入库单

删除已填制的单据有以下 3 种方法。

（1）在单据卡片界面进行删除。

（2）在单据列表界面选择单据，进入单据卡片界面进行删除。

（3）在单据列表界面选择多张单据，进行批量删除。

二、库存管理系统销售出库单处理

1. 增加销售出库单

（1）进入单据查询界面。

（2）单击【增加】按钮，进入单据录入状态；可以生单的，单击【生单】按钮进行参照发货单生单。

（3）录入单据表头的各项内容，输入单据表体的各项内容。

（4）填写完毕，发现单据有错，可以直接将光标移到有关栏目进行修改。

（5）在单据保存前，可以放弃当前单据，返回单据查询界面。如未保存退出，系统提示“此单据尚未保存，确定退出吗？”，如果单击【是】按钮，则不保存单据退出；否则返回录入界面。

（6）保存单据，单据状态为未审核。未审核的单据可以修改和删除。

（7）审核单据。未审核的单据可以审核，单据状态为已审核，不能修改和删除；已审核的单据为有效单据，可被其他单据、其他系统参照使用；有下游单据生成的，系统视为该单据已执行，不能弃审。

（8）弃审单据。已审核的单据可以弃审，弃审后单据状态为未审核。

2. 修改销售出库单

修改已填制的单据有以下两种方法。

（1）在单据卡片界面进行修改。

（2）在单据列表界面选择单据，进入单据卡片界面进行修改。

3. 删除销售出库单

删除已填制的单据有以下3种方法。

（1）在单据卡片界面进行删除。

（2）在单据列表界面选择单据，进入单据卡片界面进行删除。

（3）在单据列表界面选择多张单据，进行批量删除。

三、存货核算系统本期业务

本功能是进行日常存货核算业务数据的录入和处理的主要功能块，主要以单据为载体，进行成本核算。对入库单据进行入库成本核算，对出库单据进行出库成本的核算（销售业务的成本核算可以通过系统选项选择是销售发票还是销售出库单进行出库成本核算）。

（1）入库业务。入库业务包括企业外部采购物资形成的采购入库单、生产车间加工产品形成的产成品入库单，以及盘点、调拨、调整、组装、拆卸等其他入库业务。

（2）出库业务。出库业务包括销售出库形成的销售出库单、车间领用材料形成的材料出库单，以及盘点、调整、调拨、组装、拆卸等其他出库业务。

（3）调整业务。调整业务包括入库调整单、出库调整单、系统自动生成的调整单及计划价/售价调整单。

（4）假退料业务。假退料业务可用于车间已领用的材料，在月末尚未消耗完，下月需要继续耗用，则可不办理退料业务，制作假退料单进行成本核算。

本系统的业务与库存管理的大部分业务基本一样，单据的处理参见库存管理。

任务三　库存管理与存货核算系统的期末业务

任务解析

本次任务主要学习库存管理系统和存货核算系统的期末业务处理方法与流程。

当企业完成本期业务以后，存货成本是按全月平均法和计划价、售价方式核算的就要进行期末处理，如果存货核算系统与采购管理、销售管理系统集成使用，应该在采购管理系统和销售管理系统已经结账后进行。

知识链接

一、库存管理系统期末处理

1. 库存管理系统对账

（1）库存管理系统内部对账。库存管理系统内部对账包括两部分，即明细数与汇总数核对、汇总数与现存量核对。

系统首先将库存系统的明细数与汇总数进行核对。如果核对正确，系统开始下一步对账；

如果核对有误，系统则将对不上的数据显示在对账报告中。退出对账报告时，系统将提示是否继续对账。如果选择继续对账，则开始下一对账工作，否则退出对账功能。只有对账月份已结账时，数据才有可能核对上。上一对账工作完成后，开始将库存系统的汇总数与现存量进行核对。如果核对不上，则将对不上的数据显示在对账报告中。完成本步骤对账操作后，本次对账工作就结束了。只有在当前月份已结账而且下月未输入任何单据的情况下，对账数据才有可能核对上。

（2）库存管理系统与存货核算管理系统对账。库存与存货核算管理系统对账的内容为某月份各仓库各存货的收发存数量。如果核对正确，提示对账工作全部完成，并退出对账功能；如果核对不上，则将对不上的数据显示在对账报告中。退出对账报告时，系统将退出对账功能。只有在库存系统和存货核算系统对账月份都已结账，而且在存货核算系统对账月份没有押单的情况下，数据才有可能核对上，如图 10-11 所示。

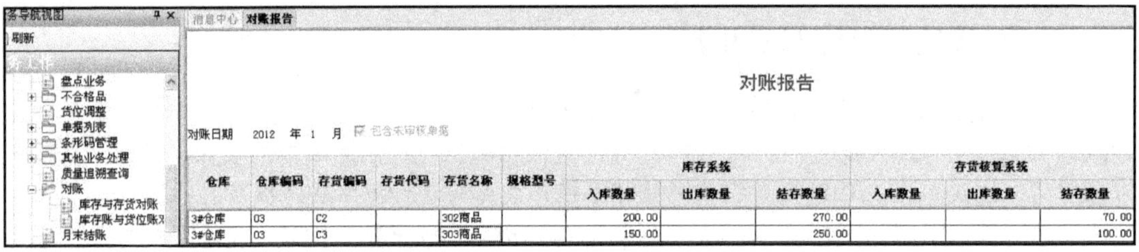

图 10-11 库存系统月末对账报告

2. 库存管理系统月末结账

月末结账是将每月的出入库单据逐月封存，并将当月的出入库数据记入有关账表中。在手工会计处理中，都有结账的过程，在电算化会计处理中也有这一过程，以符合会计制度的要求。结账只能每月进行一次，结账后本月不能再填制单据。

二、存货核算系统期末处理

用友 ERP-U8 管理软件系列产品下属子系统的“账表”菜单项下都有“我的账表”子菜单项，对系统所能提供的全部报表进行管理。选择“我的账表”选项，系统将进入“账表管理”界面，从界面上可以看出，“账表管理”是通过账夹来对报表进行管理的。

1. 存货核算系统账簿查询

（1）明细账。

（2）总账。

（3）出入库流水账。

（4）发出商品明细账。

（5）个别计价明细账。

（6）计价辅助数据。

2. 存货核算系统汇总表查询

（1）入库汇总表。

（2）出库汇总表。

（3）差异分摊表。

（4）收发存汇总表。

（5）暂估材料/商品余额表。

3. 存货核算系统分析表

（1）存货周转率分析。

（2）ABC 成本分析。

（3）库存资金占用分析。

（4）库存资金占用规划。

（5）入库成本分析。

4. 存货核算系统月末结账

月末结账是在进行库存系统与存货核算系统对完账的基础上进行的。库存系统与存货核算系统对账的内容为某月份各仓库、各存货的收发存数量。如果核对正确，系统提示对账工作全部完成，并退出对账功能；如果核对不上，系统则将对不上的数据显示在对账报告中；退出对账报告时，系统将退出对账功能。只有在库存系统和存货核算系统对账月份都已结账，而且存货核算系统对账月份没有押单的情况下，数据才有可能核对上。

任务实施

沿用湘江商贸股份公司的账套。根据如下任务资料完成库存管理与存货核算系统期末处理。

1. 库存管理系统期末处理

郑伟进入库存管理系统，执行与存货系统对账功能，办理月末结账。

2. 存货核算系统期末处理

（1）孙磊进入存货核算系统，进行 1#库、2#库、3#库期末处理。

（2）对平时零成本出库的销售出库单进行生成凭证操作，生成转 0029 号凭证。

借：主营业务成本　　507 101.90

　　贷：库存商品　　507 101.90

（3）办理月末结账。

一、库存管理系统月末结账

（1）选择“月末结账”界面，打开“结账处理”对话框，光标位于未结账的第一个月。

（2）单击【结账】按钮则对该月进行结账；单击【取消结账】按钮则对当前月的上月取消结账，即已结账的最后一个月才能取消结账，如图 10-12 所示。

（3）结账或取消结账成功，已经结账标志改变；若未成功，系统提示错误信息。

会计月份	起始日期	结束日期	已经结账
1	2012-01-01	2012-01-31	是
2	2012-02-01	2012-02-29	否
3	2012-03-01	2012-03-31	否
4	2012-04-01	2012-04-30	否
5	2012-05-01	2012-05-31	否
6	2012-06-01	2012-06-30	否
7	2012-07-01	2012-07-31	否
8	2012-08-01	2012-08-31	否
9	2012-09-01	2012-09-30	否
10	2012-10-01	2012-10-31	否
11	2012-11-01	2012-11-30	否
12	2012-12-01	2012-12-31	否

图 10-12　库存管理系统月末结账

提示

结账前应检查本会计月工作是否已全部完成，只有在当前会计月所有工作全部完成的前提下，才能进行月末结账，否则会遗漏某些业务。

不允许跳月结账，只能从未结账的第一个月逐月结账；不允许跳月取消月末结账，只能从最后一个月逐月取消。

没有期初记账，将不允许月末结账。上月未结账，本月单据可以正常操作，不影响日常业务的处理，但本月不能结账。

月末结账后将不能再做已结账月份的业务，只能做未结账月的日常业务。

月末结账之前一定要进行数据备份，否则数据一旦发生错误，将造成无法挽回的后果。

如果认为目前的现存量与单据不一致，可通过"整理现存量"功能将现存量调整正确。

本功能与系统中所有功能的操作互斥，即在操作本功能前，应确定其他功能均已退出；在网络环境下，要确定本系统所有的网络用户退出了所有的功能。

二、存货核算系统月末结账

（1）选择"企业应用平台"→"供应链"→"存货核算"选项，进入存货核算系统。

（2）选择"业务核算"→"期末处理"选项。

（3）选择仓库、部门或存货，单击【确定】按钮后进行结账处理，如图 10-13 所示。

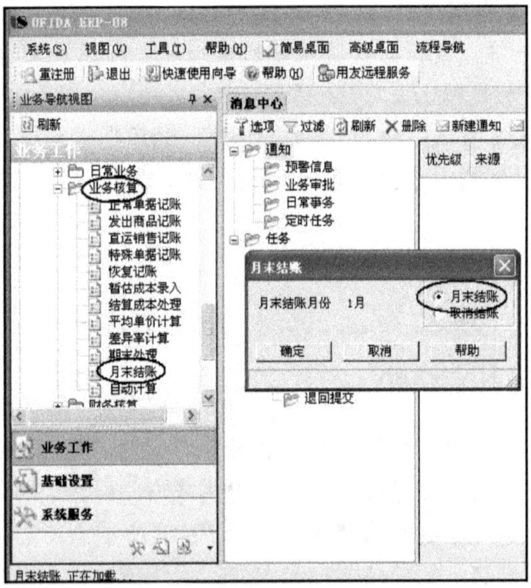

图 10-13　存货核算系统月末结账

——◎ 项目总结 ◎——

本项目通过系统初始化、本期业务处理、期末处理 3 个任务来实现。其中系统初始化任务包括系统选项设置、基础档案设置（与项目八、项目九共享）、期初数据录入或取数对账、存货核算系统共享取数与记账；本期业务处理任务包括库存管理系统中的入库业务、出库业务、盘点业务、调拨业务、货位调整、单据列表、其他业务处理和存货核算系统中的存货出入库业务、调整业务、假退料业务的业务核算、财务核算、账表查询；期末处理任务包括库存管理系统月末结账、存货核算系统期末结账。特别注意采购销售业务处理时供应链系统间的内部单据关系。

项目十一 综合实训

任务一 财务系统综合实训

【任务目的】

掌握用友 U872 管理软件中账务处理、工资管理、固定资产管理、应收应付及报表管理系统的综合运用。

【任务要求】

（1）信息整理、建立账套、完成账套及各子系统基础设置。

（2）在企业应用平台中完成各子系统的启用与参数设置。

① 总账系统启用与参数设置。

② 工资管理系统：生成人工费用凭证→“总账系统”。

③ 固定资产系统：生成计提折旧和在建工程等凭证→“总账系统”。

④ 应收款管理系统：生成销售业务及收款业务的凭证→“总账系统”。

⑤ 应付款管理系统：生成采购业务和付款业务的凭证→“总账系统”。

⑥ UFO 报表系统：无须启用，由“总账系统”提供数据→“UFO 报表”系统生成报表。

任务资料及步骤

第一部分 初始化设置资料

1. 企业基本情况

新阳光灯具厂为一般纳税人企业，共有职工 30 名，设置办公室、财务科、供销科、生产部 4 个部门，主要生产 A 型号的灯具产品，《税务登记证》编号为 430000000200601。

开户行：工商银行长沙分行五一路分理处，账号：201200001111。

该厂从 2015 年 1 月 1 日起实行电算会计。

2. 系统管理

1）系统注册

执行“开始”→“程序”→“用友 ERP-U872”→“系统服务”→“系统管理”命令，进入系统管理窗口→“系统”→“注册”，以系统管理员（admin）的身份登录，单击【确定】按钮。

2）设置用户及权限

（1）执行“权限”→“用户”命令，进入“用户管理”窗口，单击【增加】按钮，打开“增加用户”界面，输入操作员的相关信息，单击【增加】按钮并确认。

（2）执行“权限”→“权限”命令，选中操作员“004 刘清”，然后在界面最上一行选择相应的账套 003，单击【修改】按钮，进入增加和调整权限界面，最后选择设定权限的子系统即可。同理设置其他操作员权限，如表 11-1 所示，单击【退出】按钮。

表 11-1 操作员权限

编号	姓名	口令	所属部门	权限设置
003	学生本人	003	财务部	账套主管。负责会计凭证的审核、总账的登记 记账、对账、结账、UFO 报表编制
004	刘清	004	财务部	出纳。负责出纳业务和工资业务处理
005	李兰	005	财务部	会计负责记账凭证的填制，固定资产和应收应付账核算

3）建立账套

（1）执行“账套”→“建立”命令，打开“创建帐套”向导，设置账套信息。录入账套号：003；账套名称：新阳光灯具厂；账套路径：默认；启用会计期：2015 年 1 月。单击【下一步】按钮，设置单位信息。

（2）录入单位名称等信息后单击【下一步】按钮，设置核算类型。

（3）录入本币代码 RMB；本币名称：人民币；企业类型：工业；行业性质：2007 新会计准则；账套主管：学生本人，并选中“按行业预置会计科目”复选框，预置一级会计科目。单击【下一步】按钮，设置基础信息。

（4）选中“客户是否分类”和“供应商是否分类”复选框，单击【完成】按钮，系统提示“可以创建账套了吗？”，单击【是】按钮，打开“编码方案”对话框。

（5）将科目编码方案设置为 4-2-2-2-2、部门编码方案设置为 2-2、结算方式编码方案为 1-2，其余采用系统的默认值。

单击【确定】按钮，打开“数据精度定义”对话框；数据精度采用默认，单击【确定】按钮；系统提示账套创建成功，单击【是】按钮，账套创建成功。打开“系统启用设置”对话框。

（6）选择“总账”系统，在“启用会计期间”栏中录入“2015-01-01”，单击【确定】按钮，再单击【退出】按钮成功启动总账、薪资、固定资产、应收款、应付款管理子系统。

3. 总账系统初始化设置

以 003 学生本人的身份注册企业应用平台。执行“开始”→“程序”→“用友 ERP-U872”→“企业应用平台”命令，选择操作员 003，账套 003，操作日期 2015 年 1 月 1 日，单击【确定】按钮，登录企业应用平台。

1）部门档案

选择“基础设置”→“基础档案”→“部门档案”选项，单击【增加】按钮，录入相关的信息（表 11-2），录入完毕后，单击【保存】按钮。

表 11-2 部门档案

编码	01	02	03	04
名称	办公室	财务科	供销科	生产部

2）人员档案

选择“基础设置”→“基础档案”→“人员档案”选项，进入“职员档案”窗口，单击【增加】按钮，输入相关的信息（表 11-3），输入完毕后，单击【保存】按钮。

表 11-3 人员档案

编号	姓名	性别	所属部门	人员类别	编号	姓名	性别	所属部门	人员类别
001	何明	男	办公室	在职人员——管理人员 1001	016	李婷	女	生产部	生产人员
002	雷芳	女	办公室		017	申明	男	生产部	
003	学生本人	女	财务科		018	申杰	男	生产部	
004	刘清	女	财务科		019	张虹	男	生产部	
005	李兰	女	财务科		020	赵海	男	生产部	
006	邓平	男	供销科	在职人员——经营人员 1002	021	钱河	男	生产部	
007	邓磊	男	供销科		022	白雪	女	生产部	
008	柳也	男	供销科		023	李锋	男	生产部	
009	王力	男	供销科		024	赵可	男	生产部	
010	刘雅	女	供销科		025	耿菊	女	生产部	
011	罗贝	女	供销科		026	王刚	男	生产部	
012	彭丹	女	供销科		027	张力	男	生产部	
013	范兵	男	供销科		028	李涛	男	生产部	
014	张娟	女	生产部	在职人员——生产人员 1003	029	蒋勇	男	生产部	
015	王欢	女	生产部		030	徐州	男	生产部	

3）客户分类

选择“基础设置”→“基础档案”→“客商信息”→“客户分类”选项，进入“客户分类”窗口，单击【增加】按钮，输入相关的信息（表 11-4），输入完毕后，单击【保存】按钮。

表 11-4 客户分类

分类编码	分类名称
01	长期客户
02	中期客户
03	短期客户

4）客户档案

选择“基础设置”→“基础档案”→“客商信息”→“客户档案”选项，进入“客户档案”窗口，先选中相应的客户分类，然后单击【增加】按钮，录入相关的信息（表 11-5），录入完毕后，单击【保存】按钮。

表 11-5 客户档案

编号	客户名称	简称	所属分类	税号	开户银行	账号	信用额度	信用期限
001	华美贸易公司	华美	01	310003154	工行	112	150 000	60
002	新世界商行	新世界	01	310108777	中行	567	150 000	60
003	美诚公司	美诚	02	315000123	建行	158	100 000	30
005	精益公司	精益	03	315452435	招行	763		
005	牛津公司	牛津	03	315080809	工行	899		

5）供应商分类

选择“基础设置”→“基础档案”→“客商信息”→“供应商分类”选项，进入“供应商分类”窗口，单击【增加】按钮，录入相关的信息（表 11-6），录入完毕后，单击【保存】按钮。

表 11-6　供应商分类

分类编码	分类名称
01	批发
02	零售

6）供应商档案

选择“基础设置”→“基础档案”→“客商信息”→“供应商档案”选项，进入“供应商档案”窗口，先选中相应的供应商分类，单击【增加】按钮，输入相关的信息（表 11-7），输入完毕后，单击【保存】按钮。

表 11-7　供应商档案

客户编号	客户名称	客户简称	所属分类	税号
001	丰收商行	丰收	01	310821358
002	中正公司	中正	01	318967567
003	盛唐公司	盛唐	01	546788880
004	欧港公司	欧港	02	789012345

7）存货档案

（1）存货分类（表 11-8）。

表 11-8　存货分类

编号	类别
01	原材料
02	库存商品

（2）计量单位。

① 计量单位分组（表 11-9）。

表 11-9　计量单位分组

计量单位组编码	计量单位分组名称	计量单位分组类别
01	数量	无换算
02	重量	固定换算

② 计量单位（表 11-10）。

表 11-10　计量单位

单位编码	单位名称	单位组编码
0101	台	01
0201	吨	02
0202	kg	02

③ 存货档案（表 11-11）。

表 11-11　存货档案

存货编码	存货名称	计量单位	是否内外销	是否外购	计划价/售价	参考成本	增值税税率
001	A 灯具	台	√	√	300		17%
002	甲材料	kg	√	√	100		17%
003	乙材料	kg	√	√	100		17%

8）凭证类别

选择“基础设置”→“基础档案”→“财务”→“凭证类别”选项，选定为“收、付、转”，单击【确定】按钮，录入凭证的限制类型和限制科目（表 11-12）。

表 11-12 凭证类别

收款凭证	借方必有	1001，1002
付款凭证	贷方必有	1001，1002
转账凭证	凭证必无	1001，1002

9）结算方式

选择“基础设置”→“基础档案”→“结算方式”，进入“结算方式”窗口，单击【增加】按钮，录入结算方式编码和结算方式名称等信息，单击【保存】按钮。

本例中设置：1——现金结算；2——支票结算，201——现金支票，202——转账支票；3——银行汇票。

10）开户银行

选择“基础设置”→“基础档案”→“开户银行”选项，进入“开户银行”窗口，单击【增加】按钮，录入开户的相关信息，单击【保存】按钮。

本例中设置：工商银行五一路分理处，账号为201200001111，编码为001。

11）设置会计科目

有关资料如表11-13所示。

表 11-13 2015 年 1 月有关会计科目及期初余额表

单位：元

科目编码	科目名称	辅助类	方向	金额
1001	现金	指定科目	借	1 000
1002	银行存款	指定科目	借	712 303
100201	工行存款	指定科目	借	712 303
1121	应收票据	客户往来、受控	借	30 000
1122	应收账款	客户往来、受控	借	135 000
1231	坏账准备		贷	675
1123	预付账款	供应商往来、受控	借	54 000
1221	其他应收款		借	6 000
122101	个人应收款	个人往来	借	6 000
1401	物资采购		借	0
140101	甲材料		借	0
140102	乙材料		借	0
1403	原材料		借	235 000
140301	甲材料	数量金额（单价：100 元，数量：1 400kg）	借	140 000
140302	乙材料	数量金额（单价：100 元，数量：950kg）	借	95 000
1405	库存商品		借	300 000
140501	A 产品	数量金额（单价：300 元，数量：1 000 台）	借	300 000
1801	长期待摊费用		借	9 010
180101	保险费		借	9 010
1601	固定资产		借	11 201 000
160101	生产经营用固定资产	部门核算（生产部）	借	9 685 000
160102	非生产经营用固定资产	部门核算（办公室）	借	1 516 000
1602	累计折旧		贷	2 230 500
1604	在建工程		借	175 000
160401	出包工程		借	175 000
1606	固定资产清理		借	0

续表

科目编码	科目名称	辅助类	方向	金额
2001	短期借款		贷	36 000
2201	应付票据	供应商往来、受控	贷	55 000
2202	应付账款	供应商往来、受控	贷	40 000
2203	预收账款	客户往来、受控	贷	60 200
2211	应付职工薪酬	部门核算	贷	
2221	应交税费		贷	95 574
222101	应交增值税		贷	0
22210101	进项税额		贷	0
22210102	销项税额		贷	0
222102	未交增值税		贷	10 000
222103	应交营业税		贷	5 500
222104	应交城建税		贷	2 100
222112	应交个人所得税		贷	7 325
222106	应交所得税		贷	70 649
222113	其他应交款		贷	900
22211301	应交教育费附加		贷	900
2241	其他应付款		贷	3 500
224101	个人应付款	个人往来	贷	1 400
224102	存入保证金	客户往来	贷	2 100
2231	应付利息		贷	3 292
2501	长期借款		贷	7 990 500
250101	基本建设借款		贷	7 990 500
4001	实收资本或（股本）		贷	1 750 547
4002	资本公积		贷	27 850
400201	资本溢价		贷	27 850
4101	盈余公积		贷	48 775
310101	法定盈余公积		贷	48 775
4103	本年利润		贷	0
4104	利润分配		贷	515 000
410415	未分配利润		贷	515 000
5001	生产成本		借	0
500101	A 产品			
50010101	基本生产成本		借	0
5001010101	直接材料	项目核算	借	0
5001010102	直接人工	项目核算	借	0
5001010103	其他费用	项目核算	借	0
50010102	辅助生产成本		借	0
5101	制造费用	部门核算	借	0
510101	工资及福利费	部门核算	借	0
510102	折旧费	部门核算	借	0
510103	办公费	部门核算	借	0
6001	主营业务收入		贷	0
600101	A 产品	数量金额（台）	贷	0
6601	销售费用		借	0
660101	工资及福利费		借	0

续表

科目编码	科目名称	辅助类	方向	金额
660102	折旧费		借	0
660103	水电费		借	0
6401	主营业务成本		借	0
640101	A 产品	数量金额（台）	借	0
6402	营业税金及附加		借	0
640201	城建税		借	0
640202	教育费附加		借	0
6602	管理费用	部门核算	借	0
660201	工资及福利费	部门核算	借	0
660202	办公费	部门核算	借	0
660203	折旧费	部门核算	借	0
660204	水电费	部门核算	借	0
660205	差旅费	部门核算	借	0
6603	财务费用		借	0
660301	金融机构手续费			0
660302	利息支出			0
6711	营业外支出		借	0
6801	所得税费用		借	0

12）会计科目设置完毕

单击【退出】按钮返回企业应用平台，选择“财务会计”→“总账”选项，进入“注册总账”界面。输入操作员 003，账套 003，操作日期 2015 年 1 月 1 日，单击【确定】按钮进入总账系统。

13）录入总账及辅助账期初余额

选择“设置”→“期初余额”选项，录入相应科目的余额。如有下一级科目，则只录入下一级科目余额；如有辅助账，则双击辅助项，选择输入相关信息。录完余额单击【试算】按钮查看是否平衡。

辅助账期初余额资料如下。

（1）其他应收款余额（表 11-14）。

表 11-14　其他应收款余额

会计科目：1191 其他应收款　　　　　　余额：6 000 元

日期	凭证号数	部门名称	个人名称	摘要	方向	余额
2014.10.12	现付-45	供销部	王力	出差借款	借	6 000

（2）应收账款余额（表 11-15）。

表 11-15　应收账款余额

会计科目：1131 应收账款　　　　　　余额：135 000 元

日期	凭证号	客户	摘要	方向	金额	业务员	票号	票据日期
2014.7.11	转-34	牛津	销售商品	借	130 000	邓平	P111	2010.7.11
2014.11.1	转-45	新世界	销售商品	借	5 000	彭丹	P222	2010.11.1

（3）应收票据余额（表 11-16）。

表 11-16　应收票据余额

会计科目：1111 应收票据　　　　　　　　余额：30 000 元

日期	凭证号	客户	摘要	方向	金额	业务员	票号	票据日期
2014.11.22	转-30	美诚	销售商品	借	30 000	范兵	P110	2010.11.22

（4）应付票据余额（表 11-17）。

表 11-17　应付票据余额

会计科目：2111 应付票据　　　　　　　　余额：55 000 元

日期	凭证号	供应商	摘要	方向	金额	业务员	票号	票据日期
2014.10.20	转-28	盛唐	购买材料	贷	55 000	柳也	P267	2010.10.20

（5）应付账款余额（表 11-18）。

表 11-18　应付账款余额

会计科目：2121 应付账款　　　　　　　　余额：40 000 元

日期	凭证号	供应商	摘要	方向	金额	业务员	票号	票据日期
2014.8.22	转-65	丰收	购买材料	贷	14 000	柳也	P108	2010.8.22
2014.9.20	转-48	中正	购买材料	贷	26 000	柳也	P235	2010.9.20

（6）预付账款余额（表 11-19）。

表 11-19　预付账款余额

会计科目：1151 预付账款　　　　　　　　余额：54 000 元

日期	凭证号	供应商	摘要	方向	金额	业务员	票号	票据日期
2014.7.22	付-55	盛唐	购买材料	借	34 000	柳也	P88	2010.7.22
2014.7.20	付-53	欧港	购买材料	借	20 000	柳也	P87	2010.7.20

（7）预收账款余额（表 11-20）。

表 11-20　预收账款余额

会计科目：2131 预收账款　　　　　　　　余额：60 200 元

日期	凭证号	客户	摘要	方向	金额	业务员	票号	票据日期
2014.7.18	收-48	华美	销售商品	贷	60 200	王力	P85	2010.7.18

（8）其他应付款（表 11-21、表 11-22）。

表 11-21　其他应付款——应付个人款余额

日期	凭证号数	部门名称	个人名称	摘要	方向	余额
2014.11.26	转-58	生产部	张力	发放补贴	贷	1 400

表 11-22　其他应付款——存入保证金余额

日期	凭证号数	客户	摘要	方向	金额	业务员	票号	票据日期
2014.12.20	收-78	华美	销售商品	贷	2 100	王力	P198	2010.12.20

（9）固定资产余额（表 11-23、表 11-24）。

表 11-23 固定资产——生产经营用固定资产余额

会计科目：150101 固定资产—生产经营用固定资产 余额：9 685 000 元

部门	方向	金额
生产部	借	9 085 000
供销部	借	600000

表 11-24 固定资产——非生产经营用固定资产余额

会计科目：150102 固定资产—非生产经营用固定资产余额： 1516 000 元

部门	方向	金额
办公室	借	916 000
财务部	借	600 000

14）设置选项参数

选择“设置”→“选项”选项，选中“制单序时控制”、“支票控制”、“赤字控制”、“超出预算允许保存”、“打印凭证”、“批量审核凭证进行合法性校验”复选框，选中“系统编号”单选按钮。

单击【编辑】按钮，再单击【确定】按钮。

15）期末结转设置

（1）销售成本结转。在总账系统中，选择“期末”→“转账定义”→“销售成本结转设置”选项，进入“销售成本设置”窗口，选择凭证类别为“转账凭证”，再输入总账科目或明细科目，要求库存商品、商品销售收入和商品销售成本科目下的所有明细科目必须都有数量核算，输入完毕，单击【确定】按钮即可。

（2）期间损益结转。在总账系统中，选择“期末”→“转账定义”→“期间损益结转设置”选项，选择凭证类别为“转账凭证”，输入本年利润科目，输入完毕，单击【确定】按钮。

16）项目辅助核算设置（共 7 步）

①项目大类名称：生产成本；②项目分类编码级次：1-2-2；③项目栏目：采用默认；④项目结构：不变；⑤项目取数科目：直接材料、直接人工、其他费用；⑥项目分类定义：1——A 产品；101——基本生产成本；10101——直接材料；10102——直接人工；10103——其他费用；⑦项目目录维护：1——直接材料（分类编码 10101）；2——直接人工（分类编码 10102）；3——其他费用（分类编码 10103）。

4. 工资管理系统初始设置

（1）工资管理系统启动初始化设置。

建立账套后，执行“开始”→“程序”→“用友 ERP-U872”→“企业应用平台”命令，选择“业务工作”→“人力资源”→选择“薪资管理”选项，输入操作员 003，选择账套 003 和会计年度 2015 年 1 月 1 日，单击【确定】按钮，系统将自动进入建账向导，按提示输入相应的信息，单击【完成】按钮。

本例中选项设置如下。

新阳光灯具厂实行单个工资类别，币种：人民币，不核算计件工资，从工资中代扣个人所得税，工资发放不扣零，人员编码长度为 3。

（2）人员类别设置。

选择“设置”→“人员类别设置”选项，单击【增加】按钮，录入本账套的人员类别，返回确定本次操作结果。

本例在在职人员 10 类别下设置：管理人员 1001、经营人员 1002、生产人员 1003。

（3）人员档案。

选择“设置”→“人员档案”选项，单击【增加】按钮，录入人员相关信息，单击【保存】按钮。

名单参见总账部门档案中的人员档案，可批增导入本系统。录入给定的个人银行账号，按201500100××。

（4）工资项目设置。

选择“设置”→“工资项目设置”选项，单击【增加】按钮，从右侧的名称参照中选择输入，单击【确定】按钮。带“*”为系统自带项目，不可删除，如表 11-25 所示。

表 11-25 工资项目设置

项目序号	项目	类型	长度	小数位	增减项
01	基本工资	数字	8	2	增项
02	奖金	数字	8	2	增项
03	岗位津贴	数字	8	2	增项
04	*应发合计	数字	8	2	增项
05	事假天数	数字	2	0	其他
06	事假扣款	数字	8	2	减项
07	*代扣税	数字	8	2	减项
08	*扣款合计	数字	8	2	减项
09	*实发合计	数字	8	2	增项
10	计税工资	数字	8	2	其他

（5）工资计算公式。

选择“设置”→“工资项目设置”选项，单击【增加】按钮，选择事假扣款，在右侧输入公式：事假扣款=事假天数×10，同理设置“计税工资=基本工资+奖金+岗位津贴-事假扣款-养老保险金”。

（6）2015 年 1 月按人均基本工资 4 500 元发放本月职工工资，总计 135 000 元。

选择“业务处理”→“工资变动”选项，录入工资数据，录入完毕，单击【计算】按钮。

（7）选择“业务处理”→“扣缴个人所得税”选项，选择对应工资项目为“计税工资”，单击【确定】按钮，单击【税率】按钮，将基数（起征点）修改为 3 500 元即可修改九级税率表为最新七级，详见项目六。

5. 固定资产管理系统初始设置

1）固定资产管理系统启用初始化

执行“开始”→“程序”→“用友 ERP-U872”→“企业应用平台”命令，选择“业务工作”→“财务会计”→“固定资产”选项，根据系统提示进行设置。本例中数据设置：新阳光灯具厂固定资产账套启用月份 2015 年 1 月，折旧采用平均年限法（一）计提，资产类别编码设为 2 级，各级长度为 2-1，编码方式采用自动编码，形式为类别编码+序号，序号长度为 2 位，选择与账务系统对账，固定资产对账科目为 1601 固定资产，累计折旧科目为 1602 累计折旧，选择在对账不平情况下不允许固定资产月末结账。

2）设置折旧方法

选择“设置”→“折旧方法”选项，选择“平均年限法（一）”，单击【保存】按钮。

3）资产类别设置

选择“设置”→“资产类别”选项，单击【增加】按钮，先输入一级资产类别的相关信息

（表 11-26），单击【保存】按钮。然后选定一级资产类别，再单击【增加】按钮，输入二级资产的相关信息（表 11-26），单击【保存】按钮。

表 11-26 资产类别设置

类别编码	类别名称	计提属性	折旧方法	卡片样式
01	生产经营用固定资产	正常计提	平均年限法（一）	通用样式
011	房屋及建筑物	正常计提	平均年限法（一）	通用样式
012	通用设置	正常计提	平均年限法（一）	通用样式
02	非生产经营用固定资产	正常计提	平均年限法（一）	通用样式
021	房屋及建筑物	正常计提	平均年限法（一）	通用样式
022	通用设备	正常计提	平均年限法（一）	通用样式
023	交通运输设备	正常计提	平均年限法（一）	通用样式

4）部门对应折旧科目设置

选择"设置"→"部门对应折旧科目"选项，双击相关部门的折旧科目栏，单击【修改】按钮，录入相应的会计科目（表 11-27），单击【保存】按钮。

表 11-27 部门对应折旧科目设置

部门名称	对应科目设置
办公室	660203 管理费用——折旧费
财务部	660203 管理费用——折旧费
供销部	660101 销售费用——折旧费
生产部	510102 制造费用——折旧费

5）增减方式设置

选择"设置"→"增减方式"→"增加方式"选项，单击【增加】按钮，输入增加方式的名称和以该增加方式增加的资产对应入账科目（表 11-28），单击【保存】按钮；如为减少则在"增减方式"目录中选择"减少方式"选项。

表 11-28 增减方式设置

增加方式	对应入账科目	减少方式	对应入账科目
购入	银行存款	报废	固定资产清理
在建工程转入	在建工程		

6）固定资产原始卡片

（1）选择"卡片"→"录入原始卡片"选项。

（2）选择要录入的卡片所属的资产类别，单击【确定】按钮。

（3）在卡片界面处于编辑状态，除了默认的内容外，其他各项空白。录入各项目内容，填写一些主要项目的说明。在光标位于该项目时，按【F1】键得到在线帮助。

（4）资产的主卡录入后，选择"其他"选项卡，输入附属设备和录入以前卡片发生的各种变动信息。附属选项卡上的信息只供参考，不参与计算。

（5）单击【保存】按钮后，录入的卡片已经保存入系统（表 11-29）。

表 11-29 新阳光灯具厂固定资产一览表

名称	类别	所在部门	增加方式	可用年限	开始使用年限	原值	累计折旧	对应科目	使用状况	净残率
厂房 1	房屋建筑物	生产部	在建工程转入	50	2006 年 1 月 1 日	3 000 000	108 260	制造费用	在用	4%
机床	通用设备	生产部	购入	20	2006 年 1 月 1 日	6 085 000	1 462 816	折旧费	在用	4%
厂房 2	房屋建筑物	办公室	在建工程转入	50	2006 年 1 月 1 日	600 000	198 000	管理费用	在用	4%
厂房 3	房屋建筑物	财务部	在建工程转入	50	2006 年 1 月 1 日	600 000	198 000		在用	4%
厂房 4	房屋建筑物	供销部	在建工程转入	50	2006 年 1 月 1 日	600 000	198 000	销售费用	在用	4%
设备	通用设备	办公室	购入	20	2006 年 1 月 1 日	316 000	65 424	管理费用	在用	4%
合计						11 201 000	2 230 500			

6. 应收款管理系统初始设置

1）应收款管理系统启用

执行“开始”→“程序”→“用友 ERP-U872”→“企业应用平台”命令，选择“业务工作”→“财务会计”→“应收款管理”选项，输入操作员 003，选择账套 003，单击【确定】按钮。

2）基本科目设置

选择“设置”→“初始设置”选项，进入“初始设置”界面，选择“设置科目”→“基本科目设置”选项，选择科目（表 11-30）。

表 11-30 基本科目设置 1

基本业务	对应会计科目
销售收入科目	主营业务收入
应交增值税科目	应交税费——应交增值税（销项税额）
销售退回科目	主营业务收入
应收科目	应收账款
预收科目	预收账款
银行承兑科目	应收票据
商业承兑科目	应收票据
票据费用科目	财务费用——金融机构手续费
票据利息科目	财务费用——利息支出

3）结算科目设置

选择“设置”→“初始设置”选项，进入“初始设置”界面，选择“设置科目”→“结算方式科目设置”选项，选择相应的科目（表 11-31）。

表 11-31 结算科目设置

结算方式编码	结算方式名称	对应科目
1	现金	1001 现金
2	支票	
201	现金支票	1002 银行存款

续表

结算方式编码	结算方式名称	对应科目
202	转账支票	1002 银行存款
3	银行汇票	1002 银行存款
4	商业汇票	1002 银行存款
401	商业承兑汇票	1002 银行存款
402	银行承兑汇票	1002 银行存款

4）账龄区间设置

选择“设置”→“初始设置”选项，进入“初始设置”界面，选择“账期内账龄区间设置”，在“总天数”栏中输入相关信息即可（表 11-32）。

表 11-32 账龄区间设置

区间序号	区间起止天数/天	区间总天数/天
01	1～30	30
02	31～60	60
03	61～90	90
04	91 以上	

5）坏账准备设置

（1）选择“设置”→“选项”选项，单击【编辑】按钮，将坏账计提方式设置为“账龄分析法”。

（2）选择“设置”→“初始设置”选项，进入“初始设置”界面，选择“坏账准备设置”选项，输入相关信息（表 11-33）。

坏账准备提取方式：根据应收账款余额采用账龄分析法计提，各项其他应收款不计提坏账准备；坏账准备期初贷方余额：675，坏账准备科目：1231 坏账准备。坏账准备对应科目：6701 资产减值损失。

表 11-33 坏账准备设置

序号	起止天数/天	总天数/天	坏账准备计提比率/%
01	1～30	30	0%
02	31～60	60	0.5%
03	61～90	90	1%
04	91 以上		1.5%

6）应收款管理系统期初余额设置

选择“设置”→“期初余额”选项，录入相应的查询条件，单击【确定】按钮，再单击【增加】按钮，选择“单据名称”等信息后单击【确定】按钮，然后录入相关信息（表 11-34），单击【保存】按钮。

表 11-34 应收款余额一览表

科目	1122 应收账款	1121 应收票据	2203 预收账款
余额	135 000	30 000	60 200
说明：明细内容参见前面总账系统会计科目辅助账期初余额明细表			

7. 应付款管理系统初始设置

1）应付款管理系统启用

执行“开始”→“程序”→“用友 ERP-U872”→“企业应用平台”命令，选择“业务工作”→“财务会计”→“应付款管理”选项，录入操作员 003，选择账套 003，单击【确定】按钮。

2）基本科目设置

选择“设置”→“初始设置”选项，进入“初始设置”界面，选择“设置科目”→“基本科目设置”选项，选择科目（表 11-35）。

表 11-35　基本科目设置 2

基本业务	对应会计科目
采购科目	物资采购
采购税金科目	应交税费——应交增值税（进项税额）
应付科目	应付账款
预付科目	预付账款
银行承兑科目	应付票据
商业承兑科目	应付票据
票据利息科目	财务费用——利息支出
票据费用科目	财务费用——金融机构手续费

3）结算科目设置（与应收款结算科目设置相同）

4）账龄区间设置（与应收款账龄区间设置相同）

5）应付款管理系统期初余额录入（表 11-36）

表 11-36　期初余额

科目	2201 应付票据	2202 应付账款	1123 预付账款
余额	55 000	40 000	54 000
说明：明细内容参见总账系统会计科目辅助账期初余额明细表，录入方法与应收款相同			

第二部分　本期经济业务

2015 年 1 月发生的经济业务及分录，以操作员 005 李兰的身份填制凭证。

（1）1 月 1 日，办公室雷芳报销办公用品 500 元，以现金付讫。

借：管理费用——办公费　　500

　　贷：现金　　500

在总账系统中完成凭证的填制、审核和记账［业务（4）、(7)、(8)、(12)、(14）操作方法与此题相同］。

（2）1 月 3 日，向欧港公司开出 3 个月期的商业汇票，购买甲材料 26 000 元，增值税 4 420 元，共计 30 420 元，材料已验收入库。

借：物资采购——甲　　26 000

　　应交税费——应交增值税（进项税额）　　4 420

　　贷：应付票据——欧港公司　　30 420

① 在“应付款管理”→“日常处理”→“应付单据处理”中完成发票制单。

② 在“应付款管理”→“日常处理”→“票据管理”中增加一张应付票据，并审核制单。

（3）1 月 4 日，采用转账支票结算方式（支票号为 00087）向牛津公司销售 A 产品 20 台，单价 3 500 元，价款 70 000 元，增值税 11 900 元，增值税专用发票号为 04311，销售产品发货单编号为 XS1004，出库单编号为 110，已办理进账手续，附件 4 张。

借：银行存款　81 900

　贷：主营业务收入——A 产品　70 000

　应交税费——应交增值税（销项税额）　11 900

在“应收款管理”→“应收单据处理”中完成发票制单，单据制单。在“收款单据处理”中增加一张收款单，审核并制单。

（4）1 月 6 日，供销科刘雅借支 3 000 元出差，以现金支票（票号为 XJ00001）付讫。

借：其他应收款——刘雅　3 000

　贷：银行存款　3 000

（5）1 月 7 日，购入生产设备（机床）1 台，价款 200 000 元，以转账支票（票号为 Z0000103）付讫，设备已投入生产，使用年限 20 年，净残值率 4%。

借：固定资产——生产经营用固定资产　200 000

　贷：银行存款　200 000

在“固定资产”→“卡片”→“资产增加”中完成。

（6）1 月 8 日，接到商业承兑汇票付款通知，本企业向盛唐公司签发的商业承兑汇票到期，已兑付。

借：应付票据——盛唐公司　55 000

　贷：银行存款　55 000

在“应付款管理”→“日常处理”→“票据管理”中做结算处理并制单。

（7）1 月 10 日，交纳上月增值税。

借：应交税费——未交增值税　10 000

　贷：银行存款　10 000

（8）1 月 10 日，交纳上月城建税、教育费附加、营业税及个人所得税。

借：应交税费——应交城建税　2 100

　——应交营业税　5 500

　——应交个人所得税　7 325

　其他应交款——教育费附加　900

　贷：银行存款　15 825

（9）1 月 10 日，与丰收公司签订乙材料购货合同，以转账支票预付定金 17 600 元（票号为 Z0000104）。

借：预付账款——丰收公司　17 600

　贷：银行存款　17 600

在“应付款管理”→“付款单据处理”中增加一张付款单，审核并制单。

（10）1 月 12 日，牛津公司汇来 130 000 元，归还前欠货款。

借：银行存款　130 000

　贷：应收账款——牛津公司　130 000

在“应收款管理”→“日常处理”→“收款单据处理”中增加收款单并制单，再核销处理，不制单。

（11）1 月 15 日，本厂的厂房扩建工程，现已竣工并投入使用，并支付工程余款 17 922 元。

借：在建工程——出包工程　17 922

　贷：银行存款　17 922

借：固定资产——生产经营用固定资产　192 922

　贷：在建工程——出包工程　192 922

在“总账”→“凭证”→“填制凭证”中编制凭证。在“固定资产”→“卡片”→“资产增加”中完成并制单。

（12）1 月 20 日销售 A 产品 100 台，价款 350 000 元，增值税 59 500，价税款已收存银行。

借：银行存款　409 500
　贷：主营业务收入——A 产品　350 000
　　应交税费——应交增值税（销项税额）　595 000

（13）1 月 21 日，向精益公司销售 A 产品 80 台，单价 3 500 元，价款 280 000 元，增值税 47 600 元，已办妥托收手续，支付银行手续费 50 元。

借：应收账款——精益公司　327 600
　贷：主营业务收入——A 产品　280 000
　　应交税费——应交增值税（销项税额）　47 600
借：财务费用——金融机构手续费　50
　贷：银行存款　50

① 在“应收款管理”→“日常处理”→“应收单据处理”中完成发票制单、单据制单。

② 在“总账”→“凭证”→“填制凭证”中编制凭证。

（14）1 月 23 日，从银行提取现金 134 100 元，备发工资。

借：现金　134 100
　贷：银行存款　134 100

在“总账”→“凭证”→“填制凭证”中编制凭证。

（15）1 月 23 日，支付本月应付职工工资 135 000 元，代扣所得税 900 元。

借：应付职工薪酬　135 000
　贷：现金　134 100
　　应交税费——个人所得税　900

① 在“薪资管理”中设置个人所得税起征点为 3 500 元，选择“业务处理”→“扣缴所得税”选项，扣税依据为“计税工资”，调整“税率”起征点为 3 500。

② 在“总账”→“凭证”→“填制凭证”中完成，数据与薪资管理系统对应一致。

（16）1 月 31 日，分配工资费用。

借：生产成本——A 产品　76 500
　制造费用——工资及福利费　0
　管理费用——工资及福利费　22 500
　销售费用——工资及福利费　36 000
　贷：应付职工薪酬　135 000

004 在“薪资管理”→“工资分摊”中完成。

（17）1 月 31 日，计提固定资产折旧。

借：制造费用——折旧费　29 140
　管理费用——折旧费　3 184
　销售费用——折旧费　960
　贷：累计折旧　33 284

在“固定资产”→“处理”→“计提本月折旧”中完成。

第三部分　期末处理

将前 17 题记账凭证进行出纳签字、DEMO 审核，记账后继续下述业务。

（18）1 月 31 日，月末结转制造费用。

借：生产成本——A 产品　JG( )　29 140
　贷：制造费用　FS( )　29 140

在“总账”→“期末”→“转账定义”→“自定义转账”或“对应结转”中完成，003 审核并记账。

（19）1月31日，结转本月完工产品成本（A产品完工200台）。

借：库存商品——A产品 JG( ) 105 640

贷：生产成本——A产品 FS( ) 105 640

在“总账系统”→“期末”→“转账定义”→“自定义转账”中完成。

（20）1月31日，结转本月主营业务成本（A产品已销200台）。

借：主营业务成本——A产品 293 888.11

贷：库存商品——A产品 293 888.11

① DEMO在总账系统中完成以前凭证的审核和记账。

② 在“总账”→“转账生成”→“销售成本结转”中完成。

（21）1月31日，结转未交增值税。

① 自定义JG( )\FS( )结转进项：

借：应交税费——应交增值税（转出未交增值税） 4 420

贷：应交税费——应交增值税（进项） 4 420

② 自定义FS( )\JG( )结转销项：

借：应交税费——应交增值税（销项） 119 000

贷：应交税费——应交增值税（转出未交增值税） 119 000

a．003在总账系统中完成以前凭证的审核和记账。

b．在“总账”→“转账定义”中定义①和②为自定义结转。

c．在“总账”→“转账生成”→“自定义结转”中完成。

③ 自定义QM( )\JG( )结转未交增值税：

借：应交税费——应交增值税（转出未交增值税） 114 580

贷：应交税费—— 未交增值税 114 580

a．DEMO在总账系统中完成以上两凭证的审核和记账。

b．在“总账”→“转账定义”中用以上函数自定义。

c．在“总账”→“转账生成”→“自定义结转”中完成。

（22）1月31日，分别按本月应交增值税的5%、2%计提应交城建税和教育费附加。

借：营业税金及附加 JG( ) 8 020.60

贷：应交税费——应交城建税 FS（未交增值税） 5 729.00

其他应交款——应交教育费附加 FS（未交增值税） 2 291.60

① 003在总账系统中完成以前凭证的审核和记账。

② 在“总账”→“转账定义”中用以上函数自定义结转。

③ 在“总账”→“转账生成”→“自定义结转”中完成。

（23）1月31日，计提坏账准备。

借：资产减值损失 447

贷：坏账准备 447

① DEMO在总账系统中完成凭证的审核和记账。

② 在“应收款管理”→“处理”→“坏账计提”中完成。

（24）1月31日，结转收入和费用。

借：主营业务收入 700 000

贷：本年利润 700 000

借：本年利润 365 549.71

贷：主营业务成本		293 888.11
营业税金及附加		8 020.60
管理费用		26 184
销售费用		36 960
财务费用		50
资产减值损失		447

① 003 在总账系统中完成凭证的审核和记账。

② 在“总账”→“转账定义”→“期间损益结转”中定义。

③ 在“总账”→“转账生成”→“期间损益结转”中完成。

（25）1 月 31 日，计算本月应交所得税，并转入本年利润账户。

借：所得税	110 368.60	
贷：应交税费——应交所得税		110 368.60
借：本年利润	110 368.60	
贷：所得税		110 368.60

① DEMO 在总账系统中完成凭证的审核和记账。

② 在“总账”→“转账定义”→“自定义结转”中定义。

③ 在“总账”→“转账生成”→“自定义结转”中完成。

（26）1 月 31 日，结转利润入利润分配。

借：本年利润	224 081.69	
贷：利润分配——未分配利润		224 081.69

① 003 在“总账系统”中完成凭证的审核和记账。

② 在“总账”→“转账定义”→“自定义结转”中定义。

③ 在“总账”→“转账生成”→“自定义结转”中完成。

（27）1 月 31 日，按利润总额提取 10%盈余公积、5%公益金。

借：利润分配——提取法定盈余公积	22 408.17	
——提取法定公益金	11 204.08	
贷：盈余公积——法定盈余公积		22 408.17
——法定公益金		11 204.08

① DEMO 在总账系统中完成凭证的审核和记账。

② 在“总账”→“转账定义”→“自定义结转”中定义。

③ 在“总账”→“转账生成”→“自定义结转”中完成。

（28）1 月 31 日，将“利润分配”各明细账户的余额转入“利润分配——未分配利润”明细分类账户。

借：利润分配——未分配利润	33 612.25	
贷：利润分配——提取法定盈余公积		22 408.17
——提取法定公益金		11 204.08

① 003 在总账系统中完成凭证的审核和记账。

② 在“总账”→“转账定义”→“自定义结转”中定义。

③ 在“总账”→“转账生成”→“自定义结转”中完成。

（29）对 1 月全部凭证进行审核、记账，并进行对账与结账。

① 出纳签字。更换操作员 005 刘清，选择“凭证”→“出纳签字”选项，选中欲签字的凭证，单击【确定】按钮，执行“出纳”→“出纳签字”命令。

② 审核凭证更换操作员 003 学生本人，选择“凭证”→“审核凭证”选项，选中欲审核的

凭证。

③ 记账。凭证审核完毕后，选择“记账”选项，按系统提示进行记账。

④ 对账。选择“期末”→“对账”选项。选择要对账的会计期间和对账内容，选择总账与哪些辅助账进行核对。在“是否对账”栏，双击选择“Y”。

⑤ 结账。选择“期末”→“结账”选项，按系统提示进行，直至完成。

（30）编制 2015 年 1 月资产负债表、利润表、现金流量表

① 启动 UFO 报表。执行“开始”→“程序”→“用友 ERP-U872”→“财务会计”→“UFO 报表”命令，以账套主管 003 学生本人身份注册登录。

② 执行“文件”→“新建”命令，新建一个报表表页，执行“格式”→“报表模板”命令，选择报表“资产负债表”等，单击【确定】按钮。

说明 1：报表模板中经济业务或期初余额中没有涉及的会计科目，可以保留。

说明 2：经济业务或期初余额中涉及的会计科目而报表模板中没有，必须增加。

③ 执行“数据”→“编辑公式”→“单元公式”命令，修改相应单元公式。

④ 执行“格式”→“数据”命令，进入数据状态；执行“数据”→“关键字”→“录入”命令，录入关键字；按提示计算数据，自动生成会计报表。

⑤ 现金流量表由于事前未做现金流量表指定，建议采用专门现金流量表法编制。

任务二 财务业务一体化综合实训

【任务目的】

掌握用友 U872 管理软件中总账、薪资管理、固定资产管理、应收应付管理、供应链（采购、销售、库存、存货）管理及 UFO 报表管理系统的综合运用。

【任务要求】

（1）信息整理，建立账套，完成账套及各子系统的基础设置。

（2）在企业应用平台中完成各子系统的链接。

① 薪资管理系统：生成人工费用凭证→[总账系统]。

② 固定资产系统：生成固定资产变动和计提折旧等凭证→[总账系统]。

③ 应收款管理系统：生成客户往来业务有关的凭证→[总账系统]。

④ 应付款管理系统：生成供应商往来业务有关的凭证→[总账系统]。

⑤ 采购管理系统：生成与采购业务有关的凭证→[应收款管理系统]和[存货管理系统]。

⑥ 销售管理系统：生成与销售业务有关的凭证→[应付款管理系统]和[存货管理系统]。

⑦ 存货管理系统：对存货入库、出库等业务进行审核并生成有关的凭证→[存货核算系统]。

⑧ 存货核算系统：对存货入库、出库等有关的业务进行记账并生成凭证→[总账系统]。

⑨ UFO 报表系统：[总账系统]提供数据→[UFO 报表]系统生成报表。

任务资料及步骤

第一部分 初始化设置资料

1. 系统管理

1）建立新账套

（1）账套信息。2015 年 12 月 1 日，以 admin 的身份进入系统管理，密码为空，进行系统

建账及增加操作员。账套号：900；账套名称：金湘电子有限公司；采用默认账套路径；启用会计期：2015 年 12 月；会计期间设置：1 月 1 日至 12 月 31 日。

（2）单位信息。单位名称：金湘电子有限公司；单位简称：金湘电子；单位地址：长沙市天星区北京路 999 号；法人代表：张学友；邮政编码：410001；联系电话传真：82312632；电子邮件：JXDZ1234@126.com；税号：430108201011013。

（3）核算类型。

该企业的记账本位币为人民币（RMB）；企业类型为工业；行业性质为 2007 新会计准则科目；存货计价方法：收入——实际成本法，发出——采用全月一次加权平均法；税务事项：为一般纳税人，适用的增值税税率为 17%，劳务费增值税税率为 7%，城建税及教育费附加征收率为 7%和 3%，企业所得税税率为 25%。账套主管为陈明明，选中“按行业性质预置科目”复选框。

（4）基础信息。进行经济业务处理时，需要对存货、客户、供应商进行分类，该企业有外币核算。

（5）分类编码方案：科目编码方案为 42222；部门编码为 122；其他默认。

（6）数据精度：对存货数、单位小数位定为两位。

（7）系统启用：启用总账、工资管理、固定资产、应收款管理、应付款管理、供应链系统（采购、销售、库存、存货），启用时间为 2012-12-01。

2）财务分工

（1）01 陈明明（口令 1）——账套主管。

负责财务业务一体化管理，系统运行环境的建立，以及各项初始设置工作；负责管理软件日常运行管理工作；监督并保证系统的有效、安全、正常运行；负责总账系统的凭证审核、记账、账簿查询、月末结账工作；负责报表管理及其财务分析工作，具有系统所有模块的全部权限。

（2）02 王晶明（口令 2）——软件操作员。

负责现金、银行管理工作；具有出纳签字权，现金、银行存款和资金日报表的查询及打印权，支票登记及银行对账操作权限。

（3）03 马方明（口令 3）——软件操作员。

负责总账系统的凭证管理工作及客户往来和供应商往来管理工作，具有总账、UFO 报表、工资管理、固定资产、应收款管理、应付款管理系统的全部操作权限。

（4）04 白雪明（口令 4）——软件操作员。

负责采购业务；具有公共单据、公用目录设置、应收款管理、应付款管理、总账、采购管理、销售管理、库存管理、存货核算的全部操作权限。

（5）05 王丽明（口令 5）——软件操作员。

负责销售业务；具有公共单据、公用目录设置、应收款管理、应付款管理、总账、采购管理、销售管理、库存管理、存货核算的全部操作权限。

3）设置基础档案

金湘电子有限公司基础设置分类档案资料如下。

（1）部门档案（表 11-37）。

表 11-37 部门档案

部门编码	部门名称	部门属性
1	厂部	管理部门
101	总经理办公室	
102	财务部	
2	业务部	供销管理
201	销售部	
202	采购部	
3	生产车间	生产部门
301	一车间	
302	二车间	

（2）人员类别（表 11-38）。

表 11-38 人员类别

类别编码	类别名称
101	企业管理人员
102	经营人员
103	车间管理人员
104	生产工人

（3）职员档案（表 11-39、表 11-40）。

表 11-39 正式职工

人员编码	人员姓名	部门名称	人员类别	账户	中方人员及计税	是否业务员
101	肖剑	总经理办公室	企业管理人员	20120080001	是	是
102	陈明明	财务部	企业管理人员	20120080002	是	是
103	王晶明	财务部	企业管理人员	20120080003	是	是
104	马方明	财务部	企业管理人员	20120080004	是	是
201	王丽明	销售部	经营人员	20120080201	是	是
202	孙健	销售部	经营人员	20120080202	是	是
211	白雪明	采购部	经营人员	20120080211	是	是
212	李平	采购部	经营人员	20120080212	是	是
301	周月	一车间	车间管理人员	20120080301	是	是
302	孟强	一车间	生产工人	20120080302	是	是

表 11-40 临时职工

人员编码	人员姓名	部门名称	人员类别	账户	中方人员及计税	是否业务员
311	罗江	一车间	生产工人	20120080311	是	否
321	刘青云	二车间	生产工人	20120080321	是	否

（4）地区分类（表 11-41）。

表 11-41 地区分类

地区分类	分类名称
01	东北地区
02	华北地区
03	华东地区

续表

地区分类	分类名称
04	华南地区
05	西北地区
06	西南地区

（5）供应商分类（表 11-42）。

表 11-42　供应商分类

分类编码	分类名称
01	固定供应商
02	临时供应商

（6）客户分类（表 11-43）。

表 11-43　客户分类

分类编码	分类名称
01	批发
02	零售
03	代销
04	专柜

（7）付款条件（表 11-44）。

表 11-44　付款条件

编码	信用天数	优惠天数`1	优惠率 1	优惠天数 2	优惠率	优惠天数 3	优惠率
01	30	5	2				
02	60	5	4	15	2	30	1
03	90	5	4	20	2	45	1

（8）开户银行编码：01；名称：工商银行长沙分行天星区分理处；账号：4316578962；暂封标志：否。

（9）供应商档案（表 11-45）。

表 11-45　供应商档案

供应商编码	供应商名称	所属分类码	所属地区	税号	开户银行	银行账号	邮编	地址	发展日期
001	兴华公司	01	02	11056745369846201	中行	4872336701	410004	长沙市朝阳区十堡 8 号	2012-12-01
002	建昌公司	01	02	11047986526758302	中行	7647329302	410003	长沙市海淀区开拓路 108 号	2012-12-01
003	泛美公司	02	03	32088846537265703	工行	5556127803	230187	南京市湖北路 100 号	2012-12-01
004	艾德公司	02	03	31010369543101204	工行	8511507604	200232	上海市浦东新区东方路 1 号甲	2012-12-01

（10）客户档案（表 11-46）。

表 11-46　客户档案

客户编号	客户简称	所属分类	所属地区	税号	开户银行	银行账号	地址	邮政编码	扣率	付款条件	发展日期
001	华宏公司	01	02	120009980001	工行	73853654	长沙市海淀区上地路 1 号	410007	5	01	2012-12-01
002	昌新贸易公司	01	02	120000840002	工行	69325581	天津路南开区华苑路 1 号	300000			2012-12-01
003	精益公司	04	03	310106480003	工行	36542234	上海市徐汇区天平路 8 号	200032			2012-12-01
004	利氏公司	03	01	108369850004	工行	43810548	哈尔滨市平房区和平路 116 号	150008	10		2012-12-01

2. 总账系统设置

1）总账控制参数（表 11-47）

表 11-47　总账控制参数

选项卡	参数设置
凭证	制单序时控制
	支票控制
	赤字控制：资金往来科目
	不能使用应收、应付受控科目
	凭证编号方式采用系统编号
凭证	凭证审核控制到操作员
	取消现金流量科目必录现金流量项目
	外币核算采用固定汇率
	进行预算控制
账簿	账簿打印位数每页打印行数按软件的标准设定
	明细打印按年排页
凭证打印	打印凭证页脚姓名
预算控制	超出预算允许保存
权限	出纳凭证必须经由出纳签字，允许修改、作废他人填制的凭证，可查询他人凭证，明细账查询权限控制到科目
会计日历	会计日历为 1 月 1 日～12 月 31 日
其他	数量小数位和单位小数位设为两位
	部门、个人、项目按编码方式排序

2）外币及汇率

币符：USD；币名：美元；固定汇率：1∶6.9。记得在期初记账汇率中输入 12 月的记账汇率。

3）会计科目设置（按期初余额表中科目设置）

说明

将“1001 现金”科目指定为现金总账科目，将“1002 银行存款”科目指定为银行总账科目。

4）凭证类别（表 11-48）

表 11-48　凭证类别

凭证类别	限制类型	限制科目
记账凭证	无	

5）结算方式（表 11-49）

表 11-49　结算方式

结算方式编码	结算方式名称	票据管理
1	现金结算	否
2	支票结算	否
201	现金支票	是
202	转账支票	是
203	银行划转	否
3	汇票	否
301	电汇	否
302	票汇	否
303	信汇	否
4	银行汇票	否
5	银行本票	否
6	商业汇票	否
601	银行承兑汇票	否
602	商业承兑汇票	否
7	委托收款	否
8	托收承付	否
9	其他	否

6）项目目录（表 11-50）

表 11-50　项目目录

项目设置步骤	设置内容
项目大类	生产成本
核算科目	直接材料（500101）
	直接人工（500102）
	制造费用（500103）
项目分类	自行开发项目-1
	委托开发项目-2
项目名称	01 普通套打纸-A4　　所属分类码 1
	02 凭证套打纸-8X　　所属分类码 1
	03 计算机 103　　所属分类码 1

7）输入总账系统期初余额（表 11-51）

表 11-51 2015 年 12 月会计科目及期初余额表

科目名称	辅助核算	方向	币别计量及年初余额	累计借方发生额	累计贷方发生额	期初余额
库存现金(1001)	日记	借	6 846.70	18 889.65	18 860.65	6 875.70
银行存款(1002)		借	421 037.36	471 662.15	450 000.35	
工行存款(100201)	银行/日记	借	421 037.36	471 662.15	450 000.35	442 699.16
中行存款(100202)	银行/日记	借	美元	外币核算		
交易性金融资产		借				
应收票据	客户往来/应收控制	借				
应收账款(1122)	客户往来/应收控制	借	117 600	60 000.00	20 000.00	157 600.00
其他应收款(1221)		借		4 200.00	5 410.27	
应收单位款(122101)	客户往来	借				无受控
应收个人款(122102)	个人往来	借	5 010.27	4 200.00	5 410.27	3 800.00
坏账准备(1231)		贷	7 000	3 000.00	6 000.00	10 000.00
预付账款(1123)	供应商往来/应付控制	借				
材料采购(1401)		借				
原材料(1403)		借	922 300	293 180.00	211 480.00	
生产用原材料(140301)		借		293 180.00	211 480.00	1 004 000.00
材料成本差异(1404)		借				
库存商品(1405)		借	2 493 857.46	140 142.54	90 000.00	2 544 000.00
固定资产(1601)		借	261 260			261 260.00
累计折旧(1602)		贷	7 609.02		39 511.89	47 120.91
在建工程(1604)		借				
人工费(160401)	项目核算	借				
材料费(160402)	项目核算	借				
其他(160403)	项目核算	借				
在建工程转出						
无形资产(1701)		借	117 000		58 500.00	58 500.00
累计摊销						
待处理财产损失(1901)						
待处理流动资产损溢						
待处理固定资产损溢						
短期借款(2001)		贷			200 000.00	200 000.00
应付票据	供应商往来/应付控制	贷				
应付账款(2202)						
应付货款(220201)	供应商往来/应付控制	贷	372 607.26	150 557.26	63 400.00	285 450.00
暂估货款(220202)						
预收账款(2203)	客户往来/应收控制	贷				
应付利息		贷				
应付职工薪酬(2211)		贷				

续表

科目名称	辅助核算	方向	币别计量及年初余额	累计借方发生额	累计贷方发生额	期初余额
工资(221101)		贷				
职工福利(221102)		贷				
社会保险(221103)		贷				
住房公积金(221104)		贷				
非货币性福利(221105)		贷				
工会经费(221106)		贷				
职工教育经费(221107)		贷				
辞退福利(221108)		贷				
其他(221109)		贷				
应交税费(2221)		贷	4 339.64	36 781.37	15 581.73	−16 800.00
应交增值税(222101)		贷	4 339.64	36 781.37	15 581.73	−16 800.00
进项税额(22210101		贷	2 981.37	36 781.37		−33 800.00
销项税额(22210102)		贷	1 418.27		15 581.73	17 000.00
已交税金(22210103)		贷				
进项税额转出(22210104)		贷				
转出未交增值税(22210105)		借				
转出多交增值税(22210106)		贷				
未交增值税(222102)		贷				
应交营业税(222103)		贷				
应交城市维护建设税(222104)		贷				
应交教育费附加(222105)		贷				
应交企业所得税(222106)		贷				
应交个人所得税(222107)		贷				
应交房产税(222108)		贷				
应交消费税(222109)		贷				
其他应付款(2241)		贷			2 100.00	2 100.00
应付单位款(224101)	供应商往来	贷				无受控
应付个人款(224102)	个人往来	贷			2 100.00	2 100.00
实收资本(4001)		贷	2 609 052.00			2 609 052.00
本年利润(4103)		贷	1 478 000.00			1 478 000.00
利润分配(4104)		贷	−115 180.12	13 172.74	9 330.55	−119 022.31
未分配利润(410415)		贷	−115 180.12	13 172.74	9 330.55	−119 022.31
生产成本(5001)		借	18 576.01	8 711.37	10 121.64	17 165.74
直接材料(500101)	项目核算	借	11 171.00	4 800.00	5 971.00	10 000.00
直接人工(500102)	项目核算	借	4 039.74	861.00	900.00	4 000.74
制造费用(500103)	项目核算	借	3 365.27	3 050.37	3 250.64	3 165.00
制造费用(5101)		借				
工资(510101)		借				
折旧费(510102)		借				
其他(510103)		借				
主营业务收入(6001)		贷		350 000.00	350 000.00	
其他业务收入(6051)		贷		250 000.00	250 000.00	
营业外收入						
主营业务成本(6401)		借		300 000.00	300 000.00	

续表

科目名称	辅助核算	方向	币别计量及年初余额	累计借方发生额	累计贷方发生额	期初余额
其他业务成本(6402)		借		180 096.55	180 096.55	
营业税金及附加(6403)		借		8 561.28	8 561.28	
销售费用(6601)		借		5 000.00	5 000.00	
工资(660101)	部门核算	借		1 000.00	1 000.00	部门核算期初数据均假设为财务部
福利费(660102)	部门核算	借		1 000.00	1 000.00	
折旧费(660103)	部门核算	借		1 000.00	1 000.00	
运杂费(660104)	部门核算	借		1 000.00	1 000.00	
广告费(660105)	部门核算	借		1 000.00	1 000.00	
其他(660109)	部门核算	借				
管理费用(6602)				23 221.33	23 221.33	
工资(660201)	部门核算	借		8 542.96	8 542.96	部门核算期初数据均假设为财务部
福利费(660202)	部门核算	借		1 196.01	1 196.01	
办公费(660203)	部门核算	借		568.30	568.30	
差旅费(660204)	部门核算	借		5 600.23	5 600.23	
招待费(660205)	部门核算	借		4 621.56	4 621.56	
折旧费(660206)	部门核算	借		2 636.27	2 636.27	
其他(660209)	部门核算	借		56.00	56.00	
营业外支出（6711）						
资产减值损失（6701）						
财务费用(6603)		借		8 000.00	8 000.00	
利息支出(660301)		借		8 000.00	8 000.00	
汇兑损益(660302)						
手续费(660303)						
现金折扣(660304)						
其他(660305)						
以前年度损益调整（6901）						
合计			4 348 878.78			4 438 779.69

8）总账系统相关科目明细账余额（表 11-52～表 11-57）

表 11-52　应收账款明细账

开票日期	客户	销售部门	科目	货物名称	数量	单价	税率	金额	备注
2012-10-25	华宏公司	销售部	1122	鼠标	1 660	60（含税）		99 600	普通发票
2012-11-10	昌新贸易公司	销售部	1122	显示器	40	1 200	17%	56 160	专用发票
2012-11-10	昌新贸易公司	销售部	1122	代垫运费	其他应收单			1 840	应收单
小计								157 600	

备注：可在总账辅助账中直接录入明细，也可先在应收款管理系统录入，再在总账期初中引入。

表 11-53　其他应收款——应收个人款明细账

日期	凭证号	部门	个人	摘要	方向	期初余额	累计借方	累计贷方
2012-11-26	118	总经理办公室	肖剑	出差借款	借	2 000	4 200	5 410.27
2012-11-27	156	销售部	孙健	出差借款	借	1 800		
小计						3 800		

表 11-54　其他应付款——应付个人款明细账

日期	凭证号	部门	个人	摘要	方向	期初余额	累计借方	累计贷方
2012-11-25	117	一车间	罗江	收押金	贷	2 100		2 100
小计						2 100		

表 11-55　应付账款明细账

开票日期	客户	销售部门	科目	摘要	凭证号	方向	业务员	金额	备注
2012-9-20	兴华公司	采购部	2202	购买原材料	转-45	贷	李平	285 450	期初应付单——采购专票录入
小计								285 450	

备注：可在总账辅助账中直接录入明细，也可先在应付款管理系统录入，再在总账期初中引入。

表 11-56　生产成本明细账

科目名称	普通打印纸	凭证套打纸	计算机	合计			
直接材料(500101)	4 000	6 000	0	10 000			
直接人工(500102)	1 500	2 500.74	0	4 000.74			
制造费用(500103)	1 300	1 865	0	3 165			
小计	6 800	10 365.74	0	17 165.74			

备注：在产品期初数，在总账系统期初项目核算中录入。

表 11-57　银行存款余额

启用日期	工行人民币户	银行对账单	未达账项	日期	转账支票号			
2015-12-1	442 699.16	533 829.16	91 130	2015-11-1	1234			

备注：在银行对账期初中录入。

9）数据权限分配

操作员“马方明”只具有应收账款、预付账款、应付账款、预收账款、其他应收款 5 个科目的明细查询权限，具有所有部门的查询和录入权限及工资权限。

3. 薪资系统设置

1）工资基础设置

2015 年 12 月 1 日，以 01 账套主管的身份进入系统进行初始设置（弄清楚工资套、工资类别及人员类别的关系，工资套是核算工资数据的模块，工资类别是进行不同工资发放处理的分类，人员类别是进行工资费用分摊的分类）。

（1）建立工资类别个数：多个（正式职工；临时职工）；核算币别：人民币（RMB）；要求代扣个人所得税；不进行扣零处理，人员编码长度：3 位；启用日期：2015 年 12 月。

（2）基础信息设置。

① 人员类别设置（见总账系统公共基础档案）。

② 工资项目设置（表 11-58）。

表 11-58　工资项目设置

项目名称	类型	长度	小数位数	增减项
基本工资	数字	8	2	增项
奖励工资	数字	8	2	增项

续表

项目名称	类型	长度	小数位数	增减项
交补	数字	8	2	增项
应发合计	数字	10	2	增项
请假扣款	数字	8	2	减项
养老保险金	数字	8	2	减项
扣款合计	数字	10	2	减项
实发合计	数字	10	2	增项
代扣税	数字	10	2	减项
请假天数	数字	8	2	其他

③ 人员档案。

a. 打开正式职工工资类别：人员名单从总账系统批增导入 10 人；部门选择：所有部门；本类人员工资项目：基本工资、奖励工资、交补、应发合计、请假扣款、养老保险金、扣款合计、实发合计、代扣税、请假天数。

b. 打开临时职工工资类别：人员名单从总账系统批增导入 2 人；部门选择：生产车间；工资项目：计件工资，基本工资、奖励工资。

④ 公式定义（表 11-59）。

表 11-59　公式定义

工资项目	定义公式
请假扣款	请假天数*20
养老保险金	（基本工资+奖励工资）*0.05
交通补贴	iff（人员类别=“企业管理人员”or 人员类别=“车间管理人员”，100，50）
计税工资	基本工资+奖励工资+交通补贴-请假扣款-养老保险金

⑤ 银行名称：工商银行长沙分行天星区分理处，个人账号长度为 11。

2）工资数据（表 11-60、表 11-61）

表 11-60　正式人员工资基础数据

姓名	基本工资	奖励工资
肖剑	5 000	500
陈明明	3 000	300
王晶明	2 000	200
马方明	2 500	250
王丽明	4 500	450
孙健	3 000	300
白雪明	3 000	300
李平	2 000	200
周月	4 500	450
孟强	3 500	350

表 11-61　临时人员工资基础数据

姓名	基本工资	奖励工资
罗江	2 500	300
刘青	2 300	400

3）工资分摊设置

各类人员工资分摊项目为“应发合计”，工资分摊的转账分录模型如表 11-62 所示。

表 11-62　工资分摊转账分录模型

工资分摊 / 部门		应付职工薪酬		
		借方科目	项目目录	贷方科目
总经理办公室、财务部	企业管理人员	660201		2211
采购部、销售部	经营人员	6601		2211
一车间、二车间	车间管理人员	510101		2211
	生产人员	500102	普通套打纸、凭证套打纸、 计算机	2211

4. 固定资产系统设置

1）初始设置（表 11-63）

表 11-63　初始设置

控制参数	参数设置
约定及说明	我同意
启用月份	2015-12
折旧信息	本账套计提折旧
	折旧方法：平均年限法（一）
	折旧汇总分配周期：1 个月
	当（月初已计提月份=可使用月份-1）时，将剩余折旧全部提足
编码方式	资产类别编码方式：2112
	固定资产编码方式：按“类别编码+部门编码+序号”自动编码
	卡片序号长度：3 位
财务接口	与账务系统进行对账，对账不平不允许结账
	对账科目：固定资产对账科目——1601 固定资产，累计折旧对账科目——1602 累计折旧
补充参数	业务发生后立即制单，月末结账前一定要完成制单登账业务
	固定资产默认入账科目：1601；累计折旧默认入账科目：1602

2）资产类别（表 11-64）

表 11-64　资产类别

编码	类别名称	净残值率	单位	计提属性
01	交通运输设备	4%		正常计提
011	经营用设备	4%		正常计提
012	非经营用设备	4%		正常计提
02	电子设备及其他通信设备	4%		正常计提
021	经营用设备	4%	台	正常计提
022	非经营用设备	4%	台	正常计提

3）部门及对应折旧科目（表 11-65）

表 11-65　部门及对应折旧科目

部门	对应折旧科目
厂部、采购部	管理费用/折旧费(660206)
销售部	销售费用/折旧费(660103)
生产车间	制造费用/折旧费(510102)

4）增减方式的对应入账科目（表 11-66）

表 11-66　增减方式的对应入账科目

增减方式目录	对应入账科目
增加方式	按系统默认增减方式设置
直接购入	100201 工行存款
减少方式	按系统默认增减方式设置
毁损	1606 固定资产清理

5）原始卡片（表 11-67）

表 11-67　原始卡片

固定资产名称	类别名称	所在部门	增加方式	可使用年限	使用状况	开始使用日期	原值	累计折旧	对应折旧科目
轿车	011	总经理办公室	直接购入	72 月	在用	2013-10-1	215 870	37 254.75	管理费用/折旧费
笔记本电脑	022	总经理办公室	直接购入	60 月	在用	2013-11-1	28 900	5 548.8	管理费用/折旧费
传真机	022	销售部	直接购入	60 月	在用	2013-10-1	3 510	1 825.2	销售费用/折旧费
计算机 1	021	一车间	直接购入	60 月	在用	2013-11-1	6 490	1 246.08	制造费用/折旧费
计算机 2	021	一车间	直接购入	60 月	在用	2013-11-1	6 490	1 246.08	制造费用/折旧费
合计							261 260	47 120.91	

5. 供应链系统设置

参数设置：销售选项→业务控制→是否销售生成出库单：否

存货核算选项录入→核算方式→销售成本核算方式：销售出库单

1）存货分类（表 11-68）

表 11-68　存货分类

存货类别编码	存货类别名称
01	原材料
0101	主机
010101	芯片
010102	硬盘
010103	内存条
0102	显示器
0103	键盘
0104	鼠标

续表

存货类别编码	存货类别名称
02	产成品
0201	计算机
0205	其他
03	配套用品
0301	配套材料
0302	配套硬件
030201	打印机
030202	传真机
0303	配套软件
09	应税劳务

2）计量单位组及计量单位（表 11-69）

表 11-69　计量单位组及计量单位

计量单位组编号	计量单位组名称	计量单位组类别
01	无换算关系	无换算
计量单位编号	计量单位名称	所属计量单位组名称
01	盒	无换算关系
02	台	无换算关系
03	只	无换算关系
04	千米	无换算关系
05	根	无换算关系
06	块	无换算关系
07	个	无换算关系

3）存货档案（表 11-70）

表 11-70　存货档案

存货编码	存货名称	所属类别	主计量单位	税率	存货属性
001	CPU 芯片	芯片	盒	17%	外购、生产耗用、销售
002	硬盘	硬盘	盒	17%	外购、生产耗用、销售
003	显示器	显示器	台	17%	外购、生产耗用、销售
004	键盘	键盘	只	17%	外购、生产耗用、销售
005	鼠标	鼠标	只	17%	外购、生产耗用、销售
006	计算机	计算机	台	17%	自制、销售
007	打印机	打印机	台	17%	外购、销售
008	服务器	计算机	台	17%	外购、生产耗用、销售
009	内存条	内存条	根	17%	外购、生产耗用、销售
010	普通套打纸	其他	盒	17%	外购、生产耗用、销售
011	凭证套打纸	其他	盒	17%	外购、生产耗用、销售
012	主板		块	17%	外购、生产耗用、销售
013	光驱		个	17%	外购、生产耗用、销售
014	机箱		个	17%	外购、生产耗用、销售
015	运输费	应税劳务	千米	7%	外购、销售、应税劳务

4）仓库档案（表 11-71）

表 11-71　仓库档案

仓库编码	仓库名称	计价方法
1	原料库	移动平均法
2	成品库	移动平均法
3	配套用品库	全月平均法

5）收发类别（表 11-72）

表 11-72　收发类别

收发类别编码	收发类别名称	收发标志	收发类别编码	收发类别名称	收发标志
1	正常入库	收	2	正常出库	发
11	采购入库	收	21	销售出库	发
12	产成品入库	收	22	材料领料出库	发
13	退料入库	收	23	半成品出库	发
14	半成品入库	收	24	产品自用出库	发
15	委托加工入库	收	25	委托加工出库	发
16	调拨入库	收	26	调拨出库	发
17	盘盈入库	收	27	盘亏出库	发
18	其他入库	收	29	其他出库	发

6）采购类型（表 11-73）

表 11-73　采购类型

采购类型编码	采购类型名称	入库类别	是否默认值
1	普通采购	采购入库	是

7）销售类型（表 11-74）

表 11-74　销售类型

销售类型编码	销售类型名称	出库类别	是否默认值
1	经销	销售出库	是
2	代销	销售出库	否

8）设置存货科目：按照存货分类设置存货科目（表 11-75）

表 11-75　按照存货分类设置存货科目

仓库	存货科目
原料库	生产用原材料（140301 原材料—生产用原材料）
成品库	库存商品（1405）　委托代销按发出商品核算
配套用品库	库存商品（1405）　委托代销按发出商品核算

9）设置对方科目：根据收发类别设置对方科目（表 11-76）

表 11-76　根据收发类别设置对方科目

收发类别	对方科目
采购入库	材料采购（1401）
产成品入库	生产成本/直接材料（500101）

续表

收发类别	对方科目
盘盈入库	待处理财产损溢（1901）
销售出库	主营业务成本（6401）
领料出库	生产成本/直接材料（500101）

10）库存和存货系统期初数据（表 11-77、表 11-78）

表 11-77　原材料明细账（在供应链库存模块中录入）

仓库名称	存货名称	数量	结存单价	金额				
原料库	CPU 芯片	700	1 200	840 000				
	硬盘	200	820	164 000				
小计				1 004 000				

表 11-78　库存商品明细账（在供应链库存模块中录入）

仓库名称	存货名称	数量	单位	结存单价	金额	备注			
成品库	计算机	380	台	4 800	1 824 000				
配套用品库	打印机	400	台	1 800	720 000				
小计					2 544 000				

提示：录入以上存货期初在库存模块分仓库录入并批审；再在存货核算模块中分仓库取数并对账；采购管理系统中期初记账，存货核算系统期初记账。

11）发运方式

01——公路；02——铁路；03——水运；04——航空；05——快递。

12）费用项目

表 11-79　费用分类名称及编号

编号	费用项目名称	编号	费用项目名称	编号	费用项目名称	编号	费用项目名称
01	材料采购费	05	产品销售公关费	09	项目承揽招待费	013	包装费
02	材料整理费	06	产品发版招待费	010	项目承揽公关费	014	保险费
03	销售招待费	07	对外投资开发招待费	011	运输费	015	仓库保管费
04	广告宣传费	08	产品退货费	012	装卸费	016	安装费

6. 应收款管理系统设置

1）控制参数（表 11-80）

表 11-80　控制参数

控制参数	参数设置
坏账处理方式	应收余额百分比
是否自动计算现金折扣	是

应收账款核销方式：按单据；坏账处理方式：应收余额百分比；其他参数为系统默认。

2）设置科目（表 11-81）

表 11-81　设置科目

基本科目设置	应收科目（本币）：1122 应收账款；预收科目（本币）：2203 预收账款
	销售收入科目：6001 主营业务收入；应交增值税科目：22210102 销项税
控制科目设置	所有客户的控制科目：应收科目——1122 应收账款；预收科目——2203 预收账款

续表

结算方式科目设置	结算方式：现金支票；币种：人民币；科目：100201
	结算方式：转账支票；币种：人民币；科目：100201
说明	其他可先不设置，注意先在会计科目中设置受控系统，应收票据和应付票据也应设置

3）坏账准备设置（表 11-82）

表 11-82 坏账准备设置

控制参数	参数设置
提取比例	0.5%
坏账准备期初余额	10000
坏账准备科目	1231 坏账准备
对方科目	670101 资产减值损失——计提的坏账准备

4）账期内账龄区间及逾期账龄区间（表 11-83）

表 11-83 账期内账龄区间及逾期账龄区间

序号	起止天数/天	总天数/天
01	1～30	30
02	31～60	60
03	61～90	90
04	91～120	120
	121 以上	

5）应收款管理系统期初数据（见总账系统对应科目期初数。如前已录，此处从略）。

6）报警级别设置（表 11-84）

表 11-84 报警级别设置

序号	起止比率	总比率	级别名称
01	0 以上	10%	A
02	10%～30%	30%	B
03	30%～50%	50%	C
04	50%～100%	100%	D
05	100%以上		E

7. 应付款管理系统设置

（1）应付账款核销方式：按单据；其他参数为系统默认。

（2）科目设置：应付科目为 2202 应付账款；预付账款科目为 1123 预付账款；采购科目为 1401 材料采购；采购税金科目为 22210101 进项税额，其他可暂时不设置。

（3）结算方式科目设置：现金结算对应科目 1001；现金支票票和转账支票对应科目 100201。

（4）账龄区间及报警级别设置参照应收款管理系统设置。

（5）应付款管理系统期初数据见总账系统对应科目期初数。如前已录，此处从略。

第二部分 本期经济业务

（1）普通采购业务：以白雪明 04 身份进入系统进行操作。

① 12 月 1 日，业务员白雪明向建昌公司询问键盘的无税价格（95 元/只），评估后认为价

格合理，随后向公司上级主管提出请购要求，请购数量为 300 只，业务员据此填制请购单。

② 12 月 2 日，上级主管同意向建昌公司订购键盘 300 只，单价为 95 元，要求到到货日期为 12 月 3 日（增加订单，复制请购单）。

③ 12 月 3 日，收到所订购的键盘 300 只，填制到货单（复制订单）。

④ 12 月 3 日，将所收到的货物验收入原料库，填制采购入库单（生单）。

⑤ 当天收到该笔货物的专用发票一张，发票号 8001（拷贝入库单）。

（2）12 月 3 日，销售部王丽明购买了 200 元的办公用品，以现金支付（附单据一张）。

（3）12 月 3 日，财务部王晶明从工行提取现金 10 000 元，作为备用金。（现金支票号 XJ001）

（4）12 月 5 日，收到兴华集团投资资金 10 000 美元，汇率 1∶6.9，存入中行账户（转账支票号为 ZZW001）。

（5）12 月 5 日，向建昌公司购买 30 块主板（880 元/块）、30 根内存条（180 元/根）、30 个 DVD 光驱（190 元/个）、30 个机箱（200 元/个）和 30 台 17 英寸显示器（1 100 元/台）。收到所订购的货物，经过验收，全部合格入库。当天收到该笔货物的专用发票一张，票号为 86045。另外，在采购的过程中，发生了一笔运输费 210 元，税率为 7%，收到相应的运费发票一张，票号为 5878。财务部门开出转账支票一张，支票号 C1，支付采购货款。记材料明细账，确定采购成本，进行付款处理（银行账号为 831658796200）。

（6）12 月 8 日财务部门开出转账支票（票号 C2）一张，付清建昌公司 2 日的采购货款。

（7）12 月 10 日，销售部孙健收到华宏公司转来一张支票，金额 99 600 元，用以偿还前欠货款（转账支票号为 ZZR002）。

（8）12 月 16 日，销售部从成品库向昌新贸易公司发出 10 台计算机，报价为 6 500 元/台，据此开具专用销售发票一张（填开销售专用发票并复核自动生成发货单）。业务部门将销售发票交给财务部门，财务部门结转此业务的收入及成本（应收款管理系统审核并生成销售收入凭证→库存管理系统中审核销售出库单→在存货系统中对销售出库单记账并生成凭证）。

（9）12 月 17 日，财务部收到昌新贸易公司转账支票一张，金额 76 050 元，票号 1155，据此填制收款单并制单（在应收款管理系统中输入收款单并制单）。

（10）12 月 18 日，销售部向昌新贸易公司出售计算机 10 台，报价（无税单价）为 6 400 元，货物从成品库发出，同时收到客户以转账支票所支付的全部货款（票据号为 ZZ001188）。

（11）12 月 19 日，一车间领用 20 盒 PIII芯片、20 盒 40GB 硬盘、20 块主板、20 根 256MB 内存条、20 个 DVD 光驱、20 个机箱；二车间也领用 10 盒 PIII芯片、10 盒 40GB 硬盘、10 块主板、10 根 256MB 内存条、10 个 DVD 光驱、10 个机箱。

（12）12 月 20 日，成品库收到当月一车间加工的 20 台计算机，作为产成品入库。随后收到财务部门提供的完工产品成本，其中计算机的总成本为 94 000 元（其中：直接材料 35 000 元；直接人工 31 000 元；制造费用 28 000 元），立即做成本分配（存货系统中入库单修改录入成本资料），记账生成凭证。

（13）12 月 20 日，总经理办公室支付业务招待费 1 200 元（转账支票号为 ZZR003）。

（14）12 月 21 日，财务部购买扫描仪一台，价值 1 500 元，净残值率 4%，预计使用年限为 5 年（转账支票为 ZZR004）。

（15）以 01 身份或按授予 03 工资权限，工资套主管，用户仓库/汇总工资类别中正式人员及临时人员的权限，2015 年 12 月 25 日，以 03 身份进入系统进行工资日常处理。

① 考勤情况：王丽明请假 2 天；白雪明请假 1 天。

② 因需要，决定招聘李力（编号 213）到采购部担任经营人员，以补充力量，其基本工资为 2 000 元，无奖励工资（代发工资银行账号为 20120080011）。

③ 因上月销售部推广产品业绩好，每人增加奖励工资 200 元。

④ 代扣个人所得税：计税基数 3 500 元。

⑤ 工资分摊制单：利用工资分摊模型分别按正式职工、临时职工的“应发合计”进行分摊凭证生成。

（16）12 月 25 日，计提本月折旧费用。在折旧清单界面可以按【Ctrl+Alt+G】组合键对折旧额进行修改。

（17）12 月 25 日，一车间毁损计算机一台。

（18）发放本月职工工资，转账支票为 ZZR005。

出纳签字：02 重新注册进行出纳签字，登记支票。

审核凭证：01 重新注册审核凭证，然后记账。

第三部分　期末处理

1. 供应链期末处理

2015 年 12 月 31 日，以 03 身份登录企业应用平台进行期末处理。

（1）采购管理系统月末结账，结账前一定先备份。

（2）销售管理系统月末结账，结账前一定先备份，有未开票的发货单，是否月末结账：是。

（3）库存系统月末处理，结账前一定要先备份。

① 对账：“财务核算”→“与总账对账”→“12 月”，查看对账结果。

② 月末结账：“业务核算”→“月末结账”→“完成”。

（4）存货系统月末处理：先备份。

① 期末处理：“业务核算”→“期末处理”→“系统自动计算存货成本”→“完成”。

② 月末结账：“业务核算”→“月末处理”→“月末结账”→“完成”。

③ 与总账系统对账：“财务核算”→“与总账系统对账”→“完成”。

2. 应收应付期末处理

2015 年 12 月 31 日，以 03 身份登录企业应用平台进行期末处理。

在采购、销售系统、库存、存货系统月末结账后，进行应收、应付的月末处理。

选择“其他处理”→“期末处理”→“月末结账”选项，根据提示操作，应付中取消月结前全部制单。

3. 工资期末处理

2015 年 12 月 31 日，以 03 身份登录企业应用平台进行期末处理。

说明：凡采用试用版、教学版教学，12 月月末不能进行月末处理，1～11 月都可以进行月末处理。12 月不能直接进行月末处理，要先进行年结。

年结方法如下：以账套主管的身份进入系统管理→建立年度账（如以 2016 进入，建立 2016 年度账）→2016 年 1 月，再以账套主管的身份进入系统管理→结转年度账→选择薪资管理→自动完成工资年末结转。

4. 固定资产期末处理

2015 年 12 月 25 日，以 03 身份登录企业应用平台进行期末处理。

12 月 31 日，在总账记账完毕后，先进行对账：处理→对账，对账平衡就可以进行月末结账操作。

结账：处理→月末结账→由系统自动完成，一定要备份。

5. 银行对账及期末处理

2015 年 12 月 31 日，以 02 身份登录企业应用平台进行银行对账处理。

（1）银行对账期初：以 02 王晶明身份进入系统。

阳光公司银行对账的启用日期为 2015 年 12 月 01 日，工行人民币户企业日记账调整前余额为 442 699.16 元，银行对账单调整前余额为 533 829.16 元，未达账项一笔，系银行已收企业未收款 91 130 元。发生日期为 11 月 1 日，票号为 1234，在核销界面可以按【Alt+U】组合键进行反核销。

（2）银行对账单（表 11-85）。

表 11-85 银行对账单

日期	结算方式	票号	借方金额	贷方金额
2015-12-03	201	XJ001		10 000
2015-12-06				60 000
2015-12-10	202	ZZR001		58 500
2015-12-14	202	ZZR002	99 600	

以王晶明 02 身份进行银行对账操作。

6. 总账期末处理

2015 年 12 月 31 日，以 03 身份登录企业应用平台进行期末处理，以马方明的身份进行自动转账操作，以陈明明的身份进行审核、记账、对账、结账操作。

（1）自定义结转。

① 根据短期借款期末余额计提短期借款利息（短期借款年利率为 12%）。

借：财务费用/利息支出(660301) QM(2001,月)*0.12/12

贷：应付利息(2231) JG( )

② 转出进项税。

借：转出未交增值税(22210105) QM(22210101,月,借)

贷：应交税费/应交增值税(进项税额)(22210101) JG( )

③ 转出销项税。

借：应交税费/应交增值税(销项税额)(22210106) QM(22210106,月,贷)

贷：转出未交增值税(22210105) JG( )

④ 转出未交增值税。

借：转出未交增值税(22210105) QM(22210105,月,)

贷：未交增值税(222102) JG( )

⑤ 结转制造费用，本月全部用于生产计算机。

（2）期间损益结转。

（3）计算并结转所得税。

（4）自定义转账分录或手工填制。

借：本年利润(4103) QM(4103,月,贷)

贷：利润分配/未分配利润(4104) JG( )

（5）期末对账。

① 固定资产对账。

② 库存与存货核算对账，存货核算与总账对账（包括库存商品及发出商品）。

③ 应收与总账对账（包括对账单及与总账对账）。

④ 应付与总账对账（包括对账单及与总账对账）。

7. 编制会计报表

（1）2015 年 12 月 31 日，以 01 身份进入 UFO 报表，新建报表及生成报表。

（2）自动生成资产负债表及利润表。

生成资产负债表时，记得调整存货和未分配利润的单元公式，输入利润表的累计数单元公式。

参 考 文 献

[1] 何万能．会计软件操作．长沙：中南大学出版社，2006.
[2] 凌艳华，梁燕华，成志军．会计电算化．长沙：中南大学出版社，2006.
[3] 熊细银，李峻峰．会计电算化．北京：清华大学出版社，2004.
[4] 湖南省会计从业资格考试学习丛书编委会．初级会计电算化．北京：中国人民大学出版社，2006.
[5] 佘浩，董文秀．电算会计．长沙：湖南大学出版社，2011.
[6] 李春友，谢小春．电算会计实训教程．长沙：湖南大学出版社，2010.
[7] 张正平，蒋婵．会计电算化实用教程．北京：电子工业出版社，2006.
[8] 林琳．会计电算化．北京：北京交通大学出版社，2011.
[9] 用友软件公司．ERP 培训教程（供应链篇）．北京：中国物资出版社，2005.
[10] 张冬梅，成志军，姜雪英．会计电算化．长沙：湖南人民出版社，2007.
[11] 张辉．新会计电算化（第 2 版）．北京：机械工业出版社，2009.
[12] 蒋婵，刘白浪．会计电算化项目教程．北京：电子工业出版社，2010.
[13] 王剑盛，申屠新飞，姚军胜．会计电算化．北京：高等教育出版社，2006.
[14] 龚中华．用友 ERP-U8 标准财务培训教程．北京：人民邮电出版社，2007.
[15] 用友软件股份公司．用友软件股份公司使用帮助（已编译的 HTML 帮助文件），2008.
[16] 宋祥亮．用友 ERP-U8 财务管理实战详解．北京：电子工业出版社，2011.
[17] 张洪波．会计信息化．北京：高等教育出版社，2011.

反侵权盗版声明